노비와
쇠고기

노비와 쇠고기

– 성균관과 반촌의 조선사

강명관 지음

푸른역사

머리말

반인泮人은 성균관이 소유한 공노비公奴婢다. 이들은 성균관의 유지에 필요한 일체의 신체노동을 맡았다. 한편 반인은 현방懸房에서 소를 도축해 쇠고기를 판매하는 상인이기도 하였다. 현방과 쇠고기 판매는 상업사 연구[1]의 관심을 끌었다. 그 뒤 현방의 운영 주체인 반인 쪽으로 관심이 이어졌다. 최근에는 반인이 살던 성균관 부근의 동네, 곧 반촌泮村을 주제로 전시회가 열리기도 하고, 관련한 일련의 논문들이 나오기도 하였다.[2]

2003년《조선의 뒷골목 풍경》의 한 장에서 반인을 소개[3]한 이래 계속 반인에 대한 관심의 끈을 놓지 않았다. 문헌에 산재한 자료를 수습해 읽으면서 2008년 〈조선 후기 체제의 반인泮人 지배와 반인의 대응〉[4]이란 짧은 논고에서 재차 반인을 다룬 적도 있다. 조선 시대의 소수자로서 반인이 사족체제의 지배와 수탈에 어떻게 주체적으로 대응해나갔는가를 고찰한 것이다. 하지만 반인에 대한 사족체제의 지배 양상과 수탈의 구체성 및 반인의 대응을 총체적으로 밝히기에는 턱없이 부족하였다. 이 책은 동일한 문제의식에서 출발하되, 논문에서 다루지 못했던 부분을 보다 구체적으로 소상하게 다룰 것이다. 참고로 말하자면 이 책은 상업사 연구를 목적으로 삼지 않는다.

임병양란 이전 노비는 전체 인구의 30~50퍼센트를 차지했다. 경제는 노비의 노동에 결정적으로 의지하고 있었던 것이다. 조선 후기에 노비가 줄어든 것은 사실이다. 하지만 노비가 여전히 사족체제를 유지하는 데 필수불가결한 존재였다는 것은 부인할 수 없을 것이다. 그런데 주지하다시피 사족체제가 노비의 노동력과 성性을 수탈한 것은 분명한 사실이지만, 그 수탈의 구체적 양태가 남김없이 밝혀진 것은 아니라고 생각한다. 반인을 구체적으로 다룬다는 것은, 사족체제의 노비 수탈 양상의 일각을 또렷하게 드러내는 것일 터이다.

현재 남아 있는 자료에서 노비의 목소리를 듣기란 거의 불가능하다. 노비는 자신을 증명할 언어까지 박탈당한 존재였기에 수탈에 대한 그들의 대응을 소상하게 확인하기란 상당히 어렵다. 노비에 대해 언급하는 자료는 노비를 소유, 지배한 자들이 쓴 것일 뿐이다. 다만 성균관의 노비인 반인에 대해서는 성균관의 재정 및 현방, 그리고 그들의 직접적인 수탈 주체였던 삼법사三法司, 곧 사헌부·형조·한성부의 관련 자료가 풍부하게 남아 있다. 이 자료에서 드물지만 노비의 목소리를 간접적으로나마 들을 수 있다. 또한 자료의 뒷면에 비치는 그들의 생각도 짐작해볼 수 있다. 그런데 이 모든 것은 엉뚱하게도 쇠고기와 관계되어 있다. 따라서 성균관

노비를 이해하자면 자연 쇠고기 문제를 다루지 않을 수 없다. 이 책의 이름이 '노비와 쇠고기'인 것은 이 때문이다.

반인의 목소리와 생각을 자료를 통해 간접적으로 짐작할 수 있다는 것은, 반인이 오직 수탈의 대상으로만 존재했던 것이 아니라, 수탈에 대응하거나 저항하는 존재일 수도 있다는 것을 의미한다. 물론 우리가 기대하는 것처럼 그들의 대응과 저항이 신분제의 해체, 나아가 중세적 질서를 붕괴시켰다거나, 혹은 시키는 데 결정적으로 기여했다고 말하려는 것은 아니다. 그런 일은 있지 않았다. 다만 노비가 일방적으로 수탈당하는 피동적 주체가 아니라, 체제 속에서 생존을 위해 대응하고 저항했던 것은 분명하다. 이 점이 쉽게 외면되어서는 안 될 것이다. 지배에 대한 그런 대응과 저항이야말로 인간을 인간답게 만드는 가장 중요한 근거이기 때문이다. 다만 이 책에서 나는 반인을 대응과 저항이란 두 어휘로 애써 수렴하고 싶지는 않다. 그것은 물론 중요하겠지만 또 어떻게 보면 인간과 사회, 역사의 다채로움을 한두 추상적 언어에 파묻는 폭력일지도 모르기 때문이다. 이 책에서 조선사회의 여러 제한 속에서 살아갔던 반인의 모습을 조금이나마 구체적으로 드러내는 데 집중하고 싶다.

또 하나 주목하고자 하는 것은 조선 후기 국가 정책 결정 과정과 행정이 실제 작동하는 모습이다. 성균관과 삼법사는 반인에 대한 수탈을 강화했고 수탈의 양 역시 시간이 흐를수록 증가하였다. 냉정히 말해 조선 최고의 거룩한 교육기관과 근엄한 사법기관들은 성균관의 노비를 수탈함으로써 존립할 수 있었던 것이다. 그 수탈은 너무나도 과도하고 무자비하였다. 국가는, 아니 조금 좁혀 말한다면 이른바 왕과 대신 등 정책결정자들은 이 수탈이 야기하는 문제, 정확히 말해 약자의 고통이란 문제를 해결해야만 했다. 하지만 그것은 거의 불가능하였다. 고위 정책결정자들은 수탈의 양을 줄이거나 삼법사를 통제하는 데 실패하였다. 그들은 무능과 무책임으로 일관하였다. 이 책에서 미시적 차원에서 고위 정책결정자의 집합인 조정과 그 아래 배치된 행정기관의 구체적 작동 양상을 볼 수 있을 것인데, 그것은 우리가 알고 있던 매끈하게 포장된 조선 후기 역사상과는 달라도 아주 다를 것이다. 5장에서 나는 이 문제를 집중적으로, 아니 의도적으로 '지루하게' 다루었다. 어떤 변화도 없이 수탈이 완강하게 지속된다는 의미로서의 지루함이다. 이 지루함을 드러내는 것 역시 이 책의 중요한 목표다.

강명관
2023년 2월

쇠고기

반인은 현방에서 소를 도축해서 팔았다. 반인은 성균관의 노비이면서 동시에 쇠고기 판매업자였던 것이다. 그런데 조선은 법으로 소의 도축을 금하고 있었다. 하지만 쇠고기는 조선 사람들이 소비하는 육류의 거의 대부분을 차지하는 것이기도 하였다. 소의 도축과 쇠고기 판매가 금지된 사회에서 현방의 존재를 어떻게 이해해야 할 것인가? 이 문제를 검토하기 위해서는 한반도에서 쇠고기를 먹었던 역사를 먼저 검토할 필요가 있다.

삼한과 삼국시대

한국인은 언제부터 쇠고기를 먹기 시작했는가? 육식과 화식火食이 인류의 진화에 결정적인 역할을 했다는 것을 상기하건대, 고대 한국인의 육식 문화에 쇠고기는 당연히 포함되어 있었을 것이다. 하지만 모든 기원이 희미하듯 언제부터 쇠고기를 먹기 시작했는지 역시 확정할 수는 없다. 드물게 전해지는 정보의 내용 역시 빈약하다. 《진서晉書》〈동이열전東夷列傳〉의 마한馬韓 조에 의하면, 마한에서는 말과 소를 탈 줄 모르고, 길렀던 것은 단지 송장送葬에만 사용했다[1]고 한다. 여기서 '송장'은 장례란 말이다. 장례에 사용했다는 말의 의미는 불분명하다. 장례식에 참여한 사람들에게 쇠고기를 제공했던 것으로 이해할 수도 있겠지만 확언할 수는 없다. 이 자료에서 쇠고기를 먹었다는 해석을 끌어낼 수는 없지만, 소와 말을 기르는 상황에서 육식이 특별히 금지되지 않았다면, 사고로 혹은 늙어서 죽은 소의 고기를 먹었다고 보는 것이 자연스럽지 않겠는가. 아마 소를 길렀던 마한에서도 쇠고기를 먹었을 것이다.

01
삼한에서 고려까지

삼국시대로 들어오면 드문드문 참고할 만한 자료가 나타난다. 고구려 벽화에는 수레를 끄는 소가 보인다. 이 소의 고기 역시 먹지 않았을까? 《삼국사기》에 의하면, 신라 지증왕 3년(502)에 비로소 우경牛耕을 시작했다[2]고 한다. 정확한 작성연대는 미상이지만(695년, 755년, 815년 등 여러 설이 있다), 통일신라 이후의 문서인 〈신라촌장적新羅村帳籍〉에 실린 4개 촌락에서 말 61두, 소 53두를 키워 말과 소를 합쳐 호당 평균 2.4두를 키우고 있다. 이것은 1910년대 한국의 농가 1호당 소 0.3두, 말과 당나귀를 합쳐 호당 0.02두를 키우던 것에 비해 7~8배나 많은 것이다.[3] 이런 자료에는 쇠고기 식용에 대한 정보는 없다. 하지만 역시 소가 죽었을 때 그 고기를 먹는 것은 자연스러웠을 것이다. 신라는 농사가 잘 되기를 기원하면서 농사를 관장하는 신에게 소를 잡아 제사를 지냈고,* 다만 우경이 시작된 이상 단지 고기를 얻을 목적으로 소를 잡는 행위가 보편적이지는 않았을 것이다. 소의 노동력을 이용하는 것이 훨씬 더 생산적이기 때문이었다. 오로지 고기를 얻기 위해 소를 잡는 경우는 지배층에게만 허락된 일이었을 가능성이 크다.

이렇게 말한다면 결국 고대의 육식문화에 대해 아는 것이 없다는 것을 고백하는 꼴이 되겠지만, 쇠고기 섭취가 매우 제한적이었을 것이라는 증거는 분명히 있다. 《삼국사기》〈신라〉 직관職官 조에는 왕실의 조리를 담당하는 '육전肉典'이란 관청이 나오는데,[4] 경덕왕(742~765)이 상선국尙

---

* 《삼국사기三國史記》 권제32, 雜志 제1, 祭祀. "十二月寅日, 新城北門祭八蜡, 豊年用大牢, 凶年用小牢. 포항 냉수리冷水里 신라비(503)와 울진 봉평리鳳坪里 신라비(524)에서 볼 수 있듯, 여러 사람이 모여 중요한 일을 결정하면서 소를 잡아 다짐을 하기도 하였다. 이때 잡은 소를 매장했을 수도 있지만, 그보다는 고기를 나눠 먹었을 가능성이 높지 않을까?

膳局으로 바꾸었다가 뒤에 다시 육전으로 불렀다고 한다. 적어도 경덕왕 이전에 육전이 있었던 것이다. 그런데 이 조리를 담당하는 기구에 '육﹙肉﹚'자를 붙인 것은 왕실의 요리에 고기를 사용하는 것을 특별히 강조하기 위한 것으로 보인다. 이것은 육식문화가 있다는 것을 의미하는 동시에 그것이 다소 고급스러운 식문화였다는 것을 의미할 터이다.

한편 신라 법흥왕 16년(529)과 성덕왕 4년(705)·11년(711)에 왕명으로 '살생을 금'하거나 '도축을 금'[5]하고, 백제가 법왕 즉위년(599)에 왕명으로 살생을 금하고 민간에서 기르던 매를 놓아주고 어구漁具와 사냥도구를 모두 태워버리게 했던 것[6]은 분명 불교의 영향으로 육식을 금지하려는 의도에서 나온 것일 터이다. 이것은 육식문화가 존재하지만 한편에서 그것을 제한하려는 종교의 영향력이 작동하고 있다는 것을 의미할 것이다. 아마도 불교로 인해 왕실과 고위관료와 같은 사회 상층부를 제외하고는 육식문화는 부분적으로나마 제약을 받지 않았을까? 종교가 종종 음식문화를 제약하는 것은 이슬람과 돼지고기, 힌두교와 쇠고기의 관계를 떠올리면 충분히 짐작할 수 있다. 곧 불교의 국가종교화 이후 육식문화는 어느 정도 제한되었을 것이다. 물론 그 제한이 이슬람, 힌두교의 경우처럼 강력한 것은 아니었을 터이다.

고려

고려 역시 불교국가였기에 육식문화가 제한적이었던 것은 두말할 필요가 없다. 물론 그 제한은 상당히 융통성이 있었던 것으로 생각된다. 《고려사》〈최응열전崔凝列傳〉에 불교와 육식문화의 관계에 대한 중요한 자료가 실려 있다. 태조 왕건은 신임했던 최응이 병에 걸리자 동궁을 보내어 고기를 먹으라고 권한다. 그 설득의 논리는 이렇다. "다만 직접 죽이지 않는다는 것일 뿐이다. 고기를 먹는다 해도 무슨 해로울 것이 있겠는가?"[7] 최응은 불교의 살생금지란 금기를 충실히 따랐지만, 왕건은 자신이 직접 도살하지 않은 동물의 고기는 먹을 수 있다는, 금기를 회피하는 논리를 갖추고 있던 것이다. 결국 최응은 왕건의 명을 따라 고기를 먹고 병이 완쾌된다.

왕건의 논리는 불교국가에서 육식을 가능케 했을 것이다. 실제 지배층의 육식은 광범위하게 확인된다. 《고려사》에 종종 등장하는, 왕이 제사나 가뭄 등의 이유로 도축을 금지했다는 기사[8]는 평소 육식문화가 상당한 규모로 상존했음을 의미한다. 그렇다면 고기는 어떻게 공급된 것이었을까? 최승로崔承老는 성종 원년(982) 시무를 논한 〈상시무서上時務書〉를 올리는데, 그중 두 번째 조목에서 성종의 과도한 숭불崇佛을 비판한다. 이 중 일부가 육식문화와 관계가 있다.

또 살생을 금하시어 어주御廚의 육선肉膳을 재부宰夫에게 도살을 맡기지 않으시고, 시장에서 사서 바치게 하였습니다.[9]

성종이 불교를 깊이 믿어 왕이 먹을 고기 요리를 맡은 궁중의 주방에서 직접 짐승을 도살하지 않게 하고 시장에서 고기를 사서 바치게 했다는 것이다. 이것은 대단히 귀중한 정보다. 궁중에는 당연히 육식문화가 있었던 것이고, 궁중의 주방에서 직접 도살하는 관행까지 있었다는 것이다. 이어지는 부분, 곧 직접 도살하는 행위를 꺼려 "시장에서 사서 바치게 했다"는 부분도 주목할 만하다. 곧 고기가 판매되고 있었다는 것인데 실제 969년(광종 19)에 광종은 궁중에서의 도살을 금하고 육선肉膳, 곧 고기 요리의 재료를 '시전市廛에서 사서 올리게 했다'고 한다.[10] 이 자료의 시전이란 곧 개경의 시전을 말한다. 곧 개성 시민을 위해 개경에 개설된 시전에서 고기가 팔리고 있었던 것이다. 상설 시장에서 팔릴 정도라면, 고기에 대한 일정 규모 이상의 수요를 전제하지 않으면 안 될 것이다.

다만 육식문화가 사회 구성원 전체에게 보편적이었는지는 재고를 요한다. 1123년(인종 1) 고려에 파견되었던 宋末의 사신 서긍徐兢은《고려도경高麗圖經》에서 이렇게 말했다.

> 고려는 정치가 아주 어질고 부처를 숭상하고 살생을 꺼린다. 그러므로 국왕과 상신相臣이 아니면 양과 돼지의 고기를 먹지 않고 또한 도축에도 능하지 않다. 다만 사신이 올 경우에는 미리 짐승을 길러두었다가 사신이 도착하면 쓰는데, 수족手足을 꽁꽁 묶어 타오르는 불길 속에 던졌다가 숨이 끊어지고 털이 없어지기를 기다려 물로 씻는다. 만약 다시 살아나면, 몽둥이로 때려죽인 뒤 배를 갈라 내장을 깡그리 긁어내고 똥과 오물을 씻어낸다. 국이나 구이를 만들어도 악취가 계속 난다. 그 서툰 것이 이와 같다.[11]

고려의 숭불과 불교의 불살생의 계율이 육식을 제한했고 또 도축 방법과 요리법을 서툴게 만들었다는 것이다. 또한 '국왕과 상신相臣이 아니면'이라는 전제에서 육식문화가 지배계급에 한정된 것이었음을 미루어 짐작할 수 있다. 서긍은 고려에 파견되는 외국의 사신이 머무르는 사관使館에서 일하는 하인인 방자房子에 대해 서술하면서 "고려는 봉급이 아주 박해 오직 생쌀과 채소를 줄 뿐이라 평상시 고기를 아주 드물게 먹는다"고 말하고, 이어 방자들이 외국 사신이 먹고 남은 상한 음식(고기)을 아무렇지 않게 먹고 남은 것을 집으로 가지고 간다고 말하고 있는데,[12] 이것은 지배계급 외에는 고기가 평소 먹기 어려운 귀한 음식이었다는 것을 의미한다.[13] 개경의 시전에서 파는 고기는 아마도 지배계급에 공급되는 것이었을 터이다.

중국에서 파견되는 사신을 의식하여 미리 양과 돼지를 기른다고 말한 부분 역시 음미할 만하다. 왕과 상신 정도가 먹는 것이었으니, 양과 돼지는 흔하지 않았을 것이고, 그 때문에 중국 사신이 올 경우 미리 길렀다는 것이다. 물론 돼지와 양의 사육에 대한 정보가 이따금 나오기는 하지만, 그것으로 양과 돼지의 고기를 누구나 쉽게 일상적으로 먹었던 것이라고 할 수는 없을 것이다.[14] 참고로 조선 시대의 자료로 말하자면, 양은 거의 드물게 존재하는 가축이었고 돼지 역시 조선 전기까지는 크게 선호하는 고기는 아니었던 것으로 보인다. 1417년 명의 영락제永樂帝는 조선 사람은 돼지고기를 먹지 않는다면서 환관에게 조선 사신들에게 특별히 쇠고기와 양고기를 공급할 것을 지시하였다.[15] 이 자료를 근거로 하건대, 육식문화가 고려에 비해 좀 더 확산되었던 조선 초기까지 여전히 돼지고기는 크게 선호하지 않았던 것이 분명하다.[16] 돼지고기는 조선 후기에 가서야 본격적으로 먹기 시작했다.

농업 생산에 기반하고 있는 전근대사회에서 노동력을 제공하는 소는 가장 흔하고 중요한 가축이었다. 따라서 쇠고기를 먹는 것은 자연스러운 일이라고 할 수 있을 것이다. 물론 오로지 식용으로 소를 도축해 그 고기를 먹는 것은, 노동력을 이용하는 것에 견주어 이익이 작기 때문에 농민의 경우, 오로지 먹기 위해 소를 도축하는 경우가 흔하지는 않았을 것이다. 하지만 지배층이라면 서긍의 지적처럼 사정이 달라진다. 고려 성종 10년(991)의 자료를 보자.

겨울 10월 왕이 서도西都에 거둥하였다. 지나는 주州·현縣의 부로父老 중에 소와 술을 바치는 이가 있었다. 술은 군사에게 내려주고 소는 돌려주었다. 전염병 때문에 농사를 짓지 못한 민호民戶의 경우, 조세를 면제해주고, 중병이 들었거나 불구인 이에게는 약을 주었다.[17]

성종이 서도, 곧 평양에 행차하자, 왕이 지나는 주·현의 부로들이 소와 술을 바쳤다는 것이다. 소는 군사들이 도축하여 먹기를 바라서 바친 것이다. 곧 쇠고기를 바친 것과 동일하다. 쇠고기를 바친 사실을 특서한 것은 그것이 귀중한 음식이라는 것을 의미한다. 이것은 쇠고기를 먹기는 하였으나 그것은 누구나 얼마든지 언제든지 마음대로 먹을 수 있는 것이 아니라, 특별한 기회에만 먹을 수 있는 식재료였다는 것을 의미한다.

성종 10년으로부터 1세기 반 정도 뒤의 인물인 이규보李奎報(1168~1241)가 남긴 〈쇠고기를 끊다〉[18]란 시는 쇠고기에 대한 고려인의 생각과 태도를 엿보기 좋은 자료다. 시 앞에 서문이 붙어 있는데, 같이 인용하면 다음과 같다.

내가 지난날 오신五辛을 끊고 나서 시 한 수를 지은 적이 있다. 그때 쇠고기도 같이 끊었으나 마음으로 끊었을 뿐이었다. 그때 마침 쇠고기를 눈으로 보아 입으로 즉시 끊을 수가 없었으므로 그 시에서 쇠고기를 같이 언급할 수가 없었다. 지금은 쇠고기를 보고서도 물리쳐 먹지 않았으니 이제야 시로 쓰는 것이라 하겠다.

소는 능히 큰 밭을 갈 수 있어
농사지어 많은 곡식을 거두어내게 하네.

곡식이 없으면 사람이 어찌 살리오?

사람 목숨은 소에게 달렸다오.

거기에 무거운 짐까지 실어 날라

짧은 인력까지 대신해주니

그렇기는 하지만 이름이 소라 한다니

천한 짐승으로 볼 수는 없지

어찌 차마 그 고기를 먹고

야자椰子 열매 같은 배를 채운단 말인가?

우습구나, 두릉옹杜陵翁*이

죽는 날 쇠고기를 배불리 먹었던 것이

'오신'이란 불가에서 금하는 부추·염교[薤]·파·마늘·생강 등의 향신료를 말한다. 이규보는 한때 불교의 음식관에 근거해 오신채를 끊고 아울러 쇠고기까지 먹지 않으려 결심했던 것이다. 하지만 쇠고기가 눈앞에 놓이자 먹지 않을 수 없었다는 그의 발언에서 종교적 신념을 넘어서는 육식을 향한 강렬한 식욕의 존재를 확인하게 된다. 이어지는 시에 보이는, 경작과 운반 등에 노동력을 제공하는 소이기에 그 고기를 먹을 수 없다는 관념은 대개 생명에 대한 직관적인 연민의 감정이다. 이 감정의 존재는 뒷날 유가儒家가 쇠고기의 식용을 절제할 때 동원하는 중요한 근거가 되었다.

----

* 두릉옹은 두보杜甫. 두보가 뇌양현耒陽縣 악사岳祠에 있을 때 현령縣令이 구운 쇠고기를 보내주자 그것을 실컷 먹고 죽었다는 고사.

원간섭기 이후

이규보는 고려의 대몽항쟁기를 살았던 인물이다. 대몽항쟁이 1273년에 종식되자 고려는 몽골의 지배하에 들어가게 되었다. 이후 몽골의 유목문화에 바탕을 둔 육식문화가 고려사회에 깊은 영향력을 행사했던 것은 두말할 필요가 없을 것이다. 원 황제의 부마국으로서 세계제국의 일원이 된 고려는 대륙과의 인적·물적·문화적 교류가 긴밀해질 수밖에 없었다. 예컨대 충렬왕 10년(1284) 왕과 공주, 세자가 원나라에 갔을 때 호종하는 신료가 1,200명이 넘었다.[19] 이외에도 수많은 고려인이 포로로, 노비로, 때로는 공납 형태로 원으로 끌려갔다. 이 외에 고려 백성들이 몽골의 영역으로 유랑해 들어가는 일도 있었다.[20] 한때 원의 수도 북경에는 2만 명을 훨씬 넘는 고려인이 머물러 있기도 하였다.[21]* 고려 왕과의 결혼을 위해 고려로 오는 원의 공주를 수행하는 몽골인들 역시 고려의 입장에서는 원의 문화와 접촉하는 기회를 넓히는 계기가 되었을 것이다. 이런 기회가 음식문화에 변화를 불러일으켰던 것은 당연한 일이다. 주지하다시피 몽골의 음식문화는 육식이 중심이었으므로 고려인들은 자연스럽게 육식문화에 접하게 되었다. 예컨대 1300년(충렬왕 26) 6월 충렬왕이 원나라 상도上都에 머물면서 양 200마리와 술 200통을 올려 황제의 만수무강을 기원했던 것은 양고기를 주식으로 하는 몽골의 음식문화에 접촉한 간접적인

---

* 1354년 11월 원에서 돌아온 인안印安이 원의 군대가 고우성高郵城을 공격할 때 류탁柳濯이 거느린 군사 및 북경에 머무르고 있던 고려인 총 2만 3,000명을 선봉으로 삼았다고 보고하였다. 이때 류탁이 거느린 고려 군사는 2,000명이었다. 따라서 평상시 북경에 머무르고 있던 고려인 2만 1,000명이 동원된 것이다. 물론 이 사람들은 군사로 동원되었으니, 여성과 기타 북경에 잔류하고 있던 사람을 합치면 이보다 훨씬 더 많은 사람이 북경에 있었을 것이다.

1

증거가 될 것이다.[22] 원말元末을 배경으로 하는 한어 교재 《박통사朴通事》의 기록에 따르면 대도에 살던 고려인들도 양고기를 즐겨 섭취했던 것으로 보인다고 한다.[23]

원의 음식문화와 접촉하면서 몽골의 도살법과 여러 가지 육식 조리법이 수용되었던 것은 물론이다.[24] 그 영향의 흔적은 다양하지만 이 책의 주제인 쇠고기와 관련하여 말하자면, 오늘날 한국의 전통음식인 설렁탕이나 곰탕 등의 '국물(탕국)'과 고기를 속으로 넣는 만두와 짐승의 내장을 이용한 요리인 순대 등 고기를 이용하는 음식문화는 원과의 접촉 이후 시작된 것이다.[25] 불교로 인해 다분히 금기시되던 육류 섭취는 몽골의 지배 이후 곧 고려 후기가 되면서 활발해졌다고 보아도 무방할 것이다.[26]

원의 요리서인 《음선정요飮膳正要》와 《거가필용居家必用》도 주목할 만한 것이다. 원의 공주와 고려 왕의 결혼은 당연히 원의 궁중 음식이 고려의 궁중에 유입되는 계기가 되었을 것이다. 몽골 궁정의 요리서인 《음선정요》는 충정왕을 따라 원에 간 적이 있는 민사평閔思平이 언급한 바 있으니, 고려 후반에 이미 고려에 알려졌던 것이 분명하고,[27] 《거가필용》이 1445년(세종 27)에 편찬된 《의방유취醫方類聚》의 인용 목록에 올라 있는 것을 고려하면, 이 책 역시 고려 시대에 수입되어 있었던 것으로 보아도 무방할 것이다. 두 종류의 책에 실린 요리법이 고려에서 사용되었을 가능성[28]도 조심스럽게 추정할 수 있다.

탕국문화가 쇠고기를 중심으로 성립한 데서 보듯, 쇠고기를 본격적으로 먹기 시작한 것도 역시 몽골의 음식문화가 수용된 이후의 일이다. 1276년 탐라 다루가치는 둔전병屯田兵과 주민들로 하여금 호마, 우량소 목장을 개설하여 사육하게 했다고 한다.[29] 1297년(충렬왕 23) 고려는 낭장 황서黃瑞를 원에 보내어 금화자기金畫瓷器와 꿩과 탐라의 쇠고기를 바쳤고,[30] 이듬해인 1298년과 1300년 11월에도 탐라의 쇠고기를 바쳤다.[31] 쇠고기 공납은 1309년에 이르러서야 폐지되었다.[32]

이런 공납 행위 자체가 쇠고기에 대한 주목도를 높이고 육식문화에 대한 인식의 변화를 불러온 것은 부정할 수 없을 것이다. 예컨대 1310년(충선왕 2) 12월에 충선왕이 3년을 기한으로 사냥과 술잔치에서 소를 잡는 것을 금지시켰던 것은 연회에서 쇠고기를 차리는 관행이 상당히 확산되어 있었던 정황을 알리는 것이라 보아도 무방하다.[33] 쇠고기가 주목을 받은 것은 고려가 양의 사육에 적합하지 않은 기후풍토를 갖고 있었기 때문이었다. 예컨대 몽골의 탕은 주로 양고기를 이용했는데, 고려는 기후풍토 때문에 양을 기를 수 없었기에 양이 쇠고기로 바뀌었다고 한다.[34]

마지막으로 고려 말기를 살았던 문인 이색李穡의 시 한 수를 보자. 그는 밀직密直 벼슬에 있는 권 아무개가 쇠고기와 흰쌀과 감주甘酒를 보낸 데 감격하여 다음 시를 지었다.

요즘은 얻기 어려운 쇠고기에
예전에나 맛보던 향기로운 술에
흰쌀까지 보낸다는 편지를 보내시니,
초가집 오막살이 갑자기 훤해지네.[35]

친지가 보낸 쇠고기와 술을 보고 흥겨워하는 장면인데, '요즘 얻기 어려운 쇠고기'란 말에서 여전히 쇠고기가 평범한 식재료가 아니었음을 짐작할 수 있다. 다만 이규보처럼 불교적 금욕의 대상은 아니다. 이색의 이 시 한 편으로 판단하기는 곤란하지만, 원간섭기 이후 쇠고기는 어느 정도 금제 대상에서 풀려나 있었던 것으로 보인다.

한편 이색은 고려는 음식의 소비수준이 매우 낮아, 음식은 채소나 건어물 혹은 육포肉脯에 지나지 않는다고 지적했다. 때문에 모두들 병을 앓고 일어난 사람처럼 보인다는 것이다. 전반적으로 고려 사람들의 영양 상태가 좋지 않다는 것이다. 그는 이어 육식에 대해 귀중한 정보를 남긴다. 고려 사람들은 상을 치르거나 제사를 지낼 때는 채식을 하고 고기를 먹지 않다가 잔치가 있으면 소와 말을 잡고 야생동물을 사냥해 먹는데 닭이나 돼지보다 소와 말을 특별히 더 선호해 도축한다고 말하고 있다.[36] 그러니까 일상적으로 또는 상례와 제사 때 육식을 하지는 않지만, 잔치 때라면 닭이나 돼지보다 소와 말의 고기를 더욱 선호한다는 것이다.

고려는 불교국가였다. 살생과 육식을 금하는 불교의 음식관은 고기를 먹는 식문화를 제한했을 것이다. 하지만 자신이 도축하지 않은 짐승의 고기라면 먹을 수 있다는 변명의 논리 역시 마련되어 있었다. 주로 왕과 재상 등 귀족계급(이규보도 고급관료를 지냈다)을 중심으로 육식문화가 형성되어 있었고 이들은 쇠고기를 귀한 음식으로 여겨 먹었다. 다만 원간섭기 이후에는 몽골문화와 접촉하면서 육식문화가 점차 확산되고 있었고,[37] 특히 소와 말의 고기를 선호했던 것으로 보인다.

금도령과 '달단 화척'

조선은 신유학 곧 성리학에 입각하여 건국되었다. 성리학은 불교를 이단시하였기에 건국 이후 조선은 불교를 억압하기 시작하였다. 물론 유교로의 전환이 순식간에 이루어진 것은 아니었다. 일상문화의 유교적 재구성은 1392년 건국 이후 임진왜란이 일어났던 1592년까지 2세기 동안 느린 속도로 이루어졌다. 고려의 유제遺制는 그 2세기 중 전반기 1세기 동안 여전히 관철되고 있었고 후반 1세기 동안 천천히 소거되었던 것이다. 불교가 제한했던 육식문화 역시 다르지 않았다. 물론 육식은 조선조에 들어와 확실히 늘어나기 시작했다. 하지만 고려에 비해 늘어났다는 의미이지 우리가 앞으로 목도할 임병양란 이후 쇠고기의 대량 소비에 비하면 여전히 적은 양에 지나지 않았을 것이다.

조선 역시 고려와 마찬가지로 농업사회였다. 조선은 원元체제하에서 상대적으로 발달했던 상업이 농민을 파탄으로 몰아넣었던 것을 의식하

02
조선 전기

여 상업을 억제하고 농업에 집중하였다. 농업으로의 집중은 결과적으로 축력畜力의 보호, 곧 소의 도축을 강력하게 금지하는 정책으로 나타났다. 물론 고려라고 해서 소의 도축을 금지하지 않았던 것은 아니었다. 1362년(공민왕 11) 개경을 점령한 홍건적이 소와 말을 남살濫殺한 것을 계기로 금살도감禁殺都監을 설치하여 우마의 도축을 금지하기도 하였다.[38] 이것은 일시적 금령에 불과한 것이었다. 그런데 흥미롭게도 금살도감의 금도령禁屠令은 조선 건국 직전 정식 법령으로 제정된다.

1389년 대사헌 조준趙浚은 다음과 같은 내용의 상소를 올린다.

① 식량은 백성들이 하늘로 여기는 바이고, 곡식은 소로부터 나오는 것입니다. 이 때문에 우리나라는 '금살도감'을 둔 것이니, 소는 농사를 중히 여기고 민생을 후하게 하기 위한 수단이 됩니다.
② 달단韃靼의 수척水尺은 소를 도살하는 일로써 농사짓는 일을 대신하는데, 서북면西北面이 더욱 심하여, 주州·군郡의 각 참站마다 모두 소를 잡아 손님을 접대해도 금하지 않습니다.
③ 따라서 마땅히 금살도감과 주·군의 수령을 시켜 금령을 거듭 시행하게 하되, 만약 금령을 범하는 자를 잡아 관에 알리는 사람이 있으면 범인의 가산을 상으로 주고, 금령을 범한 자는 살인죄로 논죄하소서.[39]

조준은 소를 농업 생산을 위한 '축력'으로 인식하고 우마의 도축을 금지했던 27년 전의 금살도감을 소환한다. '도감'은 원래 특정 상황의 특정한 일을 처리하기 위해 설치하는 임시기관이다. 따라서 그 상황이 해소되고 일이 해결되면 자연스럽게 해체된다. 1389년은 1362년 금살도감의 설치로부터 27년이 지난 뒤다. 이 시기 금살도감은 유명무실한 것이었겠지만, 조준은 소의 도축을 금지하기 위해 이 임시기관을 다시 소환했던 것이다.

②는 대단히 흥미로운 내용을 포함하고 있다. 1389년 현재 소의 도축은 '달단의 수척'이 맡고 '도축'이 농사를 대신한다는 말은 도축이 특정한 부류의 직업이 되었음을 의미한다. 앞서 고려 사람들은 소의 도축에 아주 서투르다고 했던《고려도경》의 지적을 떠올려보자. 서긍의 지적은 고려에 소의 도축을 직업으로 삼는 부류가 없었음을 암시한다. 이런 이유로 이 자료에서 소의 도축을 전담하는 '수척'과 쇠고기를 먹는 습속이 서북면 곧 지금의 평안도 일대에 집중적으로 나타난 것은 대단히 흥미롭다 ③. '수척'의 종족적 유래는 평안도와 이어지는 만주 일대의 말갈·거란·여진족이라고 한다. 조선 초기 이들의 거주 지역은 평안도와 황해도에 국한되어 있었다.[40] 자료를 음미해보면 쇠고기 식용 풍습이 점차 확산되고 있기는 하되, 그것이 고려의 국경지대인 평안도 일대의 제한적인 현상이었다는 것을 미루어 짐작할 수 있다.

조준의 상소 3년 뒤인 1392년 조선이 건국되었다. 혁명 주역 조준의 금도禁屠 정책은 조선으로 그대로 이관되었다. 1392년 건국 직후 '달단 화척禾尺'에게 소를 팔았을 경우, 판 사람과 산 사람 모두 소를 도축한 자를 처벌하는 법으로 처벌하기로 결정했던 것이다.[41] 여기서의 '화척'은 수척과 동의어다.[42] 1425년 2월 4일 형조는 소와 말을 도축하는 자를 체포하여 처벌할 것을 강력하게 요청하면서《경제육전經濟六典》의 다음과 같은 도축 금지조항을 인용했다.[43] "식량은 백성들이 하늘로 여기는 바이고, 곡식은 소로부터 나오는 것입니다. 이 때문에 우리나라는 '금살도감'을 둔 것이니, 소는 농사를 중히 여기고 민생을 후하게 하기 위한 수단이 됩니다."《경제육전》은 1388년부터 1397년까지 반포된 법령을 수집한 조선 최초의 법전이다.《경제육전》의 주 편자主編者인 조준이 1389년의 금도령을 조선 최초의 법전에 실은 것은 당연한 일일 것이다. 다시 말해 1389년의 금도령과 위에서 언급한 1392년의 결정은《경제육전》에 실려 정식 법령이 되었던 것이다. 이와 아울러《경제육전》에는 소를 '달단 화척'에게 판 사람을 처벌하는 규정도 있었던 것 같다.《세조실록》에 의하면, 그 규정은 다음과 같다. "무식한 사람이 농우農牛가 늙고 병들었다고 핑계대고 '달단 화척'에게 판 경우, 판 사람과 '달단 화척'을 모두 우마牛馬를 도축한 율律로써 논죄하고, 그 자신은 수군水軍에 충군한다."[44]

이후 1406년(태종 6) '달단 화척'의 소와 말의 도축을 거듭 금지하였고,[45] 1407년(태종 7) 영의정부사 성석린成石璘이 올린 시무 20조 중 하나도 동일한 내용을 포함하고 있었다.[46] 금도령의 초점은 화척에 대한 강력한 통제로 나타났다. 곧 1407년 유목민의 생활방식을 갖고 있는 화척을 일정한 곳에 정착시켜 일반 백성과 섞여 살게 하고 종족내혼宗族內婚을 금지하였던 것이다.[47] 하지만 이 역시 큰 효과를 거둘 수 없었던 것으로 보인다. 1419년에 다시 일정한 장소에 정착하여 농사로 전업하고 양민과 결혼하지 않은 화척과 재인才人에 대해서 그들이 소유한 가축을 몰수하는 등의 법이 거듭 제정되었기 때문이다.[48]

불법 도축과 쇠고기 소비의 증가

개경에서 한양으로 천도한 뒤 도축을 직업으로 삼았던 자들 역시 일부 한양으로 옮겨왔던 것으로 보인다. 왜냐하면 1411년 '우마를 도살하는' 신백정新白丁, 곧 전술한 바 있는 '달단의 수척'을 1411년 도성 90리 밖으로 축출했지만, 1425년 현재 이들이 다시 모여서 우마를 훔쳐내어 도축을 자행하고 있다는 자료가 있기 때문이다.[49] 추측컨대 서울은 지배계급의 주거지고 경제력이 집중된 곳이기 때문에 쇠고기의 소비 역시 많았을 것이다. 이 조건이 신백정을 서울로 끌어들였을 것이다.

1411년 신백정을 도성 밖으로 축출하고 4년 뒤인 1415년(태종 15) 6월 5일 태종이 한재旱災를 자책하며 그 원인을 찾으라고 지시하자, 6조와 승정원은 그 원인으로 세 가지를 꼽았는데, 그중 하나가 소의 도축에 관한 것이었다. 소의 도살이 한재를 불러왔다는 것이다.

소의 도축은 일찍이 금령을 세운 적이 있습니다만, 최근 도축이 더욱 심합니다. 잡아서 고발하는 사람이 있으면 범인의 가산을 상으로 주게 하소서. 대소 인원은 쇠고기를 먹지 못하게 하고, 어기는 자는 논죄하소서. 저절로 죽은 소의 고기는 서울은 한성부에서 세稅를 매기고, 외방은 관사官司의 명문明文을 받은 뒤 그 매매를 허락하고, 어기는 자는 또한 율律에 의해 논죄하소서.[50]

신백정을 도성 밖으로 축출한 지 불과 4년 만에 도축이 다시 성행했던 것이다. 인용문에 의하면, 소의 도축에 대한 처벌법 역시 강력하였다. 도축한 자를 잡아 관에 고발하는 자는 범인의 가산을 상으로 주고, 쇠고기를 먹은 자 역시 처벌한다. 다만 '저절로 죽은 소의 고기'는 먹는 것이 허락되지만, 서울은 한성부에 세금을 납부하고, 지방의 경우 역시 관청의 허가를 얻어 고기를 매매할 수 있다. 그 허가를 얻는 과정은 약간 상세히 알 수 있는데, 한성부에서는 오부五部와 '성저城底 10리' 안의 물고物故된 소와 말을 직접 살펴보고 입안立案한 뒤 고기에 표시를 하고(가죽에는 표시를 하지 않는다) 내주었던 것으로 보인다.[51] 소의 주인은 허가를 얻는 대가로 세금을 냈는데, 원래 기한은 정해져 있지 않았지만, 1435년에 이르러 가죽은 15일 안에, 살코기의 경우 겨울은 10일, 여름은 5일 안에 납세하도록 규정하였다. 이 규정은 아마도 1461년 7월에 일단 완성된 《경국대전》〈형전刑典〉에 다음과 같이 실려 있었던 것으로 보인다.

《구대전舊大典》의 절도竊盜 조에 "우牛·마馬를 훔치면 수범首犯은 교형에, 종범과 타인의 우마를 죽인 자는 장杖 100대에 유流 3,000리에 처하고, 자신의 우·마를 사적으로 죽인 자는 장 100대에 도徒 3년에 처한다. 실정을 알면서도 그 고기를 먹은 자는 장 70대에 도 1년 반에 처하고, 병들어 죽었지만 관가에 신고하지 아니하고 가죽을 벗긴 자는 장 100대에 처한다" 하였습니다.[52]

눈에 띄는 것은 병들어 죽은 소를 관에 신고하지 않고 스스로 먹은 경우에 대한 처벌 규정이다. 곧 '저절로 죽은 소'란 대개 병들어 죽거나 사고로 다쳐 죽은 소를 의미할 것이다.

'자사自死'의 경우를 제외한 모든 도축은 불법이라는 것이 당시의 법적 판단이었다. 하지만 금법의 존재에도 불구하고 소의 도축은 그치지 않았다. 1424년(세종 6) 형조는 소와 말을 매매해 도축한 경우는 장 100대에 가산을 몰수한 뒤, 수군에 충정充定하는 재래의 기준을 유지하되, 장 100대에 도 3년에 처하게 되어 있는, '절도해서 도축한 경우'는, 장 100대에 자자刺字하여 수군에 충정하고 가산을 몰수하는 것으로 처벌 기준을 올리자고 제안했다. 1년 뒤 형조는 다시 형량을 강화했다. 형조는 신백정이 우마를 절도하여 도축하는 경우, 해변 고을로 옮기고 군역을 부과한 뒤 수시로 조사해 다시 원래 거주지로 돌아오지 못하도록 할 것을 요청했다. 형조는 쇠고기를 먹은 사람에 대한 처벌이 가벼운 것도 지적했다. 곧 쇠고기를 먹은 사람의 처벌은 태笞 50대를 치는 데 불과하기 때문에 고기의 출처를 묻지 않고 사서 먹고, 이로 인해 도축이 근절되지 않는다는 것이었다. 형조는 앞으로 제서유위율制書有違律(제서에 적힌 임금의 명령을 어긴 행위를 처벌하던 법규)을 적용하자고 제안했다.[53]

처벌이 점점 더 강력해지고 고발한 자에 대한 포상 원칙까지 만든 것은, 도리어 쇠고기 식용이 확산되고 있었다는 것을 반증하는 것이기도 하다. 1419년 3월 27일 형조판서 홍여방洪汝方은 소의 도축을 금지하면서 쇠고기를 먹은 사람까지 처벌하기 때문에 '저절로 죽은 소의 고기'를 먹은 자까지 처벌한다면서 이 경우 처벌하지 말자고 했지만, 그것은 밀도축의 길을 열 것이므로 허락할 수 없다는 강력한 반발에 부딪혔다.[54] 홍여방이 말하는 '저절로 죽은 소의 고기'는 매매 허가를 얻지 않은 쇠고기를 의미할 것이다. 이런 경우는 상당히 많았을 것이고 또 밀도축의 경우라 하더라도 '저절로 죽은 소의 고기'라고 말했을 것이다. 그것의 식용 역시 처벌 대상이지만 도축으로 판명된 쇠고기 경우보다는 처벌 수준이 낮았을 것이기 때문이다. '저절로 죽은 소의 고기'를 식용한 경우가 계속 문제가 되고 있다는 것은, 사실상 쇠고기 식용이 계속 확대되고 있었다는 것을 반증한다.

앞서 인용한 1415년(태종 15) 6월 5일 조《태종실록》기사에 의하면 저절로 죽은 소의 고기는 서울에서는 한성부, 지방에서는 지방 관청의 허가서를 받은 뒤에야 매매가 가능하였다. 관의 허락을 받지 않고 개인이 도축한 경우는 처벌 대상이지만, 자연사한 소의 경우는 합법적인 판매가 가능했던 것이다.* 1425년 한성부는 말고기 판매 허가에 대한 법규를 만들 것을 제안하는데, 이 제안은 쇠고기의 매매를 전제한 것이었다.

> 이제부터 말고기 매매를 쇠고기를 매매하는 예에 의해 서울에서는 한 성부가 표를 붙이고, 외방에서는 해당 관의 명문明文을 받고나서야 매 매를 허용하고 위반하는 자는 율에 의하여 논죄하소서.[55]

한성부의 허가를 얻은 뒤 죽은 소의 고기를 매매하듯, 말고기도 역시 같은 법을 따르게 하라는 것이다. 죽은 소의 고기를 관청의 허가를 얻어 판매하는 법이 여전히 작동하고 있었던 것이다.

쇠고기 소비가 증가하고 있었던 것은 분명한 사실이지만, 그렇다고 해서 금령이 사문화된 것은 아니었다. 소의 도축은 여전히 불법이고 금지 대상이었다. 밀도축을 막기 위해 1425년 도성 서쪽 무악산 아래 모여 살 던 신백정을 경기 밖으로 축출하는가 하면,[56] 1427년 금도령과 신백정과 평민이 섞여 사는 법을 거듭 천명하기도 하였다.[57] 금법은 언제나 작동할 수 있었다. 하지만 잦은 금령의 확인과 발동은 역으로 쇠고기 소비의 폭 증을 반증하는 것이기도 하였다.

1434년 세종은 연회 때 쇠고기를 쓴 승지들을 처벌해야 한다고 주장 하는 사헌부에 대해 이렇게 답했다. "쇠고기를 쓰는 것은 사람마다 범하 는 바이다. 예전에 허지許遲가 대사헌이었을 때 아뢰기를, '신은 항상 형

---

* 이 합법적 판매가 특정한 공간, 예컨대 조선 후기의 현방과 같은 상점에서 이루어졌는 지는 알 수 없다. 또한 '자사自死'한 소의 고기를 한성부의 허락을 얻은 뒤 매매하는 경우를 자료로 확인하기는 어렵다.

장 100대에 해당하는 죄를 범합니다' 하였으니, 이 말이 매우 곧다."[58] 세종의 말처럼 쇠고기의 주 소비층은 조정의 고위관료와 배후에 있는 거대한 예비관료군, 곧 사족들이었기 때문이다. 쇠고기는 관료들 사이에 뇌물로도 사용되었다.[59] 1473년(성종 4) 7월 30일 예문관 부제학 이극기李克基 등은 상소문에서 여러 가지 문제를 지적했는데, 그중 하나가 쇠고기에 관련된 것이었다. 그는 소의 도축을 금하는 법이 있음에도 불구하고 아침·저녁 식사나 손님을 접대하는 잔치와 관가에서 쓰는 쇠고기 모두가 저절로 죽은 소의 고기는 아닐 것이라고 지적했다.[60]

소의 도축과 쇠고기 소비의 폭증은 1467년 양성지梁誠之의 상소를 통해 충분히 짐작할 수 있다. 양성지는 서울의 시장에서 매일 사들이는 수십 마리 소를 모두 도축하는 이유는 이익이 많이 남기 때문이고, 또 그 때문에 소의 도축이 습속이 되었다고 지적했다.[61] 당연히 이것은 저절로 죽은 소가 아니고 고기와 가죽을 팔기 위한 도축이다. 죽은 소만을 한성부의 허락을 얻어 판매할 수 있다는 법은 유명무실화되었던 것이다. 양성지는 소의 도축 주체도 바뀌었다고 지적한다.

옛날에는 백정과 화척이 소를 잡았으나, 이제는 경외 양민들도 모두 잡습니다. 옛날에는 흔히들 잔치를 준비하느라 잡았으나, 이제는 시장에서 팔기 위해 잡고, 옛날에는 남의 소를 훔쳐 잡았으나, 지금은 시장에서 사서 잡습니다.

백정은 일정한 수가 있으나 양민은 수가 한정이 없고, 잔치는 일정한 수가 있으나 파는 것은 한이 없으며, 남의 소를 훔쳐 잡는 것은 일정한 수가 있으나 사서 잡는 것은 한이 없습니다. 일정한 수의 소를 한이 없도록 오랫동안 계속 잡는다면, 반드시 남산의 소나무처럼 다 베어낸 뒤에야 그칠 것입니다. 옛날에는 '소 잡는 도적[재우적宰牛賊]'이라 불렀으나 지금은 '거골장去骨匠'이라 일컫는 자들이 여염 곳곳에 뒤섞여 살면서 소를 잡아도 대소 이웃에서는 전혀 괴이하게 여기지 않습니다. 혹 고기를 쓸 일이 있어 시장에서 사려고 값을 가지고 가면 사지 못하는 경우가 없습니다. 신이 듣건대, 뭇 사람의 마음이 안정되면 풍속이라 이르니, 이 경우 풍속이 이미 이루어진 것입니다.[62]

서울의 경우 소의 도축 주체는 백정과 화척에서 일반 양민으로 옮겨갔고, 그중에서 전문 도축업자인 '거골장'이 출현했다. 도축은 잔치 등의 특별한 기회*에 비정기적으로 이루어지는 것이 아니라 시장에서의 판매를 위해서, 또 소는 절도가 아닌 구매를 통해서 도축되었다. 도축의 장소도 백정과 화척의 집이 아니라, 어디서나 가능했으며, 또 쇠고기의 구입 역시 언제라도 가능하게 되었던 것이다.[63]

양성지는 도축을 막기 위해 구입한 소이거나 절도한 소이거나 관계없이 소를 도축한 자를 주범과 종범을 불문하고 사형에 처하고, 처자를 전가사변全家徙邊하는 등 강력하게 처벌할 것을 주장했지만, 수용되지 않았다.[64] 요컨대 쇠고기를 먹는 식문화의 확산은 법으로 막을 수가 없었던 것이다. 또한 쇠고기 소비의 증가는 소의 도축으로 인한 이익이 증가한다는 것을 의미했다. 도축업에는 양민만이 아니라 지체가 높은 종실까지 뛰

---

* 사족의 경우 잔치가 있을 경우 사련소司臠所에 의뢰하여 소를 도축했다고 한다. 사련소는 조선 초부터 존재한 기관으로 짐승을 길러 국용國用에 대비했다. 사련소는 1460년 사축소司畜所로 바뀌었으니, 사련소에 소의 도축을 의뢰한 것은 적어도 1460년 이전의 습속이다.

어들었다. 정종定宗의 서자 이덕생李德生은 종친이라는 신분을 이용해 양인으로 추정되는 박만朴萬·원생元生을 자신의 집으로 불러들여 절도한 소와 말을 도축하였던 바, 그 수가 소 35두, 말 8두를 넘었다. 밀도축은 상당히 높은 수익을 보장하는 일이었기 때문에 종친까지 가담하는 경우가 있었던 것이다.[65]

1362년 금살도감의 설치 이래 소의 도축을 금지했던 법령들은 15세기 후반이면 사실상 사문화되고 있었다. 이후 도축자를 체포하여 처벌하는 한편 체포에 공을 세운 사람에게 논상論賞하는 절목을 마련하기도 하고,[66] 거골장이 4범할 경우 교형絞刑에 처하는 등 처벌을 강화하기 시작했다.[67] 이후 법사法司에서 도축 금지령을 신명하고[68] 소와 말을 절도하는 자는 교대시絞待時,[69] 강탈한 자는 참부대시斬不待時에 처하는 등 강력한 처벌이 따랐지만,[70] 이런 처벌로 소의 강·절도와 소의 도축을 막을 수는 없었다. 서울에는 거골장이 없는 곳이 없다 할 정도로 많았던 것이다. 1474년(성종 5) 2월 거골장이 나타나는 대로 전가사변하기로 했지만,[71] 같은 해 윤6월 거골장이 도축한 소의 뼈가 길가에 쌓여 있다 할 정도로 도축은 여전했던 것이다.[72] 다시 거골장을 전가사변하기로 결정했지만, 그 역시 별다른 효과는 없었을 것이다. 거골장은 종친처럼 지위가 높은 집안과 결탁하여 도축을 하기 때문에 금란관禁亂官이 적발할 수가 없었다.[73] 소의 도축자를 추적하면 역시 금란이 미치지 않는 사대부가의 행랑이었다.[74] 아마도 소의 도축 장소를 제공한 사대부는 도축의 이익을 공유했을 것이다.

이후 소의 도축을 금지하려는 국가와 도축하는 자들 사이에 지루한 싸움이 반복되었다. 1474년 윤6월 소와 말을 도축하는 자는 양인·천인을 가리지 말고 연로沿路 여러 고을과 역驛에 정역定役할 것을 명하기도

하고,[75] 불법 도축한 쇠고기인 것을 알고도 사 먹은 자는 1461년 《경국대전》〈형전〉 절도 조에 의거해 제서유위율로 처벌하기로 결정하기도 하였다.[76] 서울의 소 도축자를 거제·남해·진도에 유배한 것은 이런 일련의 조처의 결과겠지만, 수령의 감시 소홀로 이들은 거개 도망하고 말았다.[77] 늘 이런 식이었다. 거골장의 명단을 장부에 기록한 뒤 도축 여부를 감시하고 도축이 확인될 경우 당사자는 전가사변에 처하고, 관령管領과 인보隣保까지 '지정장닉죄인율知情藏匿罪人律'로 처벌했으나,[78] 얼마 지나지 않아 의금부 앞 인가에서 버젓이 도축이 이루어졌다.[79]

법이 이렇게 자주 바뀐다는 것은 쇠고기 식용이 보편화되는 상황을 전혀 통제하고 있지 못하고 있다는 것을 의미하였다. 납득이 가지 않는 것은 《경국대전》이었다. 1485년에 완성된 《경국대전》에는 소의 도축자에 대한 처벌법이 없었다. 〈형전〉 포도捕盜 조에는 단지 소와 말의 도축자를 잡았을 경우 포상하는 법만 실렸던 것이다.

절도 및 소와 말을 도축한 자의 경우, 1인을 잡으면 면포綿布 10필을 주고, 매 1인마다 더 주어 50필에서 그친다.[80]

소 도축, 쇠고기 판매를 그렇게 강력하게 단속했으면서도 그 처벌법이 《경국대전》에 실리지 않은 것은 정말 납득할 수 없는 일이다. 이것은 쇠고기 식용을 통제할 수 없었던 당대의 사회 분위기를 반영하는 것은 아닐까? 성종을 이어 등장한 연산군은 그런 분위기의 어떤 극점에 있었던 인물일 것이다. 당대인의 상식을 뛰어넘는 연산군의 광적인 낭비는 《연산군일기》에 치밀하고 소상하게 실려 있는데, 쇠고기에 대한 상식을 넘는 집착 역시 그중 하나다.[81] 1505년 4월 20일 그가 승지들과 나눈 대화를 보자.

앞서 연향宴享 때 쇠고기를 쓰지 않았던 것은 농사를 위해서였다. 하지만 중국에서는 우리나라 사람을 공궤供饋할 때 오히려 쇠고기를 쓰니, 지금 쓸 수 있는 것이다. 더구나 연향은 예삿일이 아니니 써도 무방하다. 아울러 정승과 예관禮官에게 물어보라.

어리석은 백성이 농사의 근본이 소에 있는 줄 모르고 함부로 도살하기에 금지한 것이나, 공상供上에는 써도 무방합니다.[82]

쇠고기를 좋아하여 날것을 씹기까지 한 연산군은 소의 도축에 대한 금령을 풀었고[83] 그의 통치 기간에는 모든 연회에서 쇠고기가 사용되었다.[84]

연산군의 폭정은 반동을 초래하였다. 중종이 즉위하자 즉각 지방의 쇠고기 봉진封進을 금지하고,[85] 쇠고기 식용을 금지하는 일에 대해 사헌부에서 절목을 마련해 올릴 것을 명했다.[86] 이것은 분명 연산군의 광포한 낭비와 쇠고기 탐식에 대한 반발이었을 것이다. 절목이 실제로 만들어졌는지는 확인할 수 없지만, 1534년 《대전후속록大典後續錄》에는 강력한 처벌법이 실렸다.

소와 말을 도축하는 자는 장 100대에 전가사변에 처하되, 수종자隨從者는 장 80대에 도형徒刑 2년에 처하고, 공간을 빌려준 집 주인은 장 100대에 도형 3년, 직접 도살을 한 자는 영원히 절도絶島의 관노官奴로 삼는다. 사정을 알고도 알리지 않은 삼절린三切隣(가장 친한 이웃 셋)과

관령管領은 제서유위율로 처벌한다. 잡아서 고한 자는 상을 준다.[87]

장 100대에 전가사변이란 대단히 엄중한 처벌이었다. 하지만 이미 형성된 쇠고기를 먹는 식문화를 돌이킬 수는 없었다. 이후의 자료들은 쇠고기 식용이 금지할 수 없는 대세였음을 증거하고 있다. 소의 도축은 서울만이 아니라 지방에서도 광범위하게 이루어졌고, 1556년 고의로 도축한 자를 장 100대에 전가사변하고, 거골장은 관노로 만들고 그의 가족 전부를 절도絶島에 입거入居하게 하며, 관련자 역시 강력하게 처벌하는 법이 시행되었으나, 효력은 전혀 없었다.[88] 임진왜란 중 선조는 의주로 피난하는 도중 각 고을에서 쇠고기를 올린 것을 지적하고 일체 쇠고기를 바치지 말도록 지시했다.[89] 같은 해 10월에는 소를 도축하는 경우 형조·한성부·사헌부에서 처벌할 것을 지시했다.[90] 하지만 이것이 효과가 있었던 것으로는 보이지 않는다.

법은 소의 도축과 쇠고기의 판매와 식용을 금지하고 있었다. 하지만 그것이 준행된 적은 없었다. 지배계급부터 쇠고기를 먹었기 때문이었다. 법은 고기를 먹고자 하는 욕망 자체를 없애지 않는 한 적용될 수 없었다. 또한 소는 오로지 고기만을 생산하는 것이 아니었다. 소의 뿔과 힘줄, 가죽, 뼈는 무기를 만드는 데 필요하였고, 신발과 빗, 장식품[화각畫角] 등 갖가지 생활용품을 만드는 데도 사용되었다. 이런 현실을 무시한 법이 지켜질 리 없었던 것이다. 쇠고기 식용을 금지한다면, 돼지나 양 같은 대체재를 적극 사육했어야만 했다. 하지만 돼지와 양의 사육이 쇠고기 식용을 대체할 정도로 이루어진 적은 없었다. 이것은 사족체제의 국가 통치 능력에 문제가 있다는 것을 의미하였다. 법 혹은 제도와 현실과의 괴리를 좁히기 위해 고민하기보다 방치해두는 것이 사족체제의 유일한 대응이었다. 이것은 19세기 말까지 계속될 것이고, 우리는 앞으로 그 무능하고 무책임한 대응의 현장을 끊임없이 확인하게 될 것이다.

임진왜란의 종식 직후인 1605년 충청도 안문어사按問御史 성진선成晋善은 복명 보고서에서 공주 판관 윤길尹㓛이 자신에게 불법적으로 쇠고기를 대접했다고 문제 삼았다.[91] 법적으로 쇠고기의 식용, 소의 도축이 여전히 불법이었던 것이다. 다만 선조는 성진선의 말에 심각하게 반응하지 않았다.

1605년 이후 상황은 어떻게 바뀌었을까? 17세기 말의 자료를 보자. 17세기 정계를 좌지우지 했던 송시열은 1683년(숙종 9) 1월 28일 숙종에게 12조목의 차자를 올리는데, 그중 하나가 쇠고기 먹는 것을 절제하자는 제안이었다.

우역牛疫 이후 남은 소가 많지 않은데 도축이 그치지 않고 있습니다. 우리나라 습속이 쇠고기를 으뜸가는 맛으로 여겨 먹지 못하면 마치 살 수 없는 것처럼 생각합니다. 비록 금령은 있지만 거들떠보지 않습니다. 만약 따로 금지 조목을 만들어 중앙과 지방에 반포하지 않으면 백성들이 실농失農하는 것이 가뭄의 재해보다 심할 것입니다.

03
조선 후기

정자程子는 "흉년은 소를 잡기 때문에 발생한다" 하며 사람들의 무지를 탄식했습니다. 대개 사람이 소의 힘으로 먹고 살면서 소를 도축하여 원한이 화기和氣를 손상시키기 때문입니다. 문성공 이이李珥는 평생 쇠고기를 먹지 않았습니다. 그래서 그 집안에서는 지금도 이이의 제사에 쇠고기를 쓰지 않는다 합니다. 아! 오늘날 어찌 이런 사람을 볼 수 있겠습니까? 엎드려 원하옵건대, 정자와 이이의 말로써 뭇 신하들에게 따르도록 권고하소서.[92]

'우역 뒤로 남은 소가 많지 않다'는 송시열의 말은 1680~1684년 사이에 크게 번졌던 우역을 말한다. 《숙종실록》에 의하면, 1689년에 4,775마리, 1681년에 3,178마리, 1682년에 2,500마리, 1683년에 1만 140마리, 1684년에 9,399마리가 우역으로 폐사했다.[93] 1636년 5월 심양瀋陽에서 발생한 우역은 병자호란을 계기로 유입되어 조선 전역으로 퍼져나갔고 1638년 2월경에야 종식되었다.[94] 경기도의 폐사율은 66.7퍼센트가량이었으며, 제주 지방 전체에서 50퍼센트가량이 폐사하였고, 감염된 소의 폐사율은 75퍼센트 안팎이었다.[95] 이후 우역은 지역화·토착화하면서 주기적으로 발생하였다. 1683년의 우역 역시 그 주기적 유행의 한 사례이다. 우역은 농우의 폐사로 경작을 불가능하게 만듦으로써 기근의 빈발, 전염병의 유행을 초래하고, 급기야 야생동물에까지 우역이 전파되어 결국은 대호환大虎患을 야기하는 고통의 연쇄를 일으키게 된다.[96] 이후 우역은 소의 도축을 논하는 자리에서 빈번하게 등장한다.

송시열은 우역이 종식된 것이 아니라(그는 아마도 우역이 종식되었다고 생각했을 수도 있다) 한창 번지고 있던 상황 속에서 '우역에도 불구하고 쇠고기를 탐식하는 식문화'를 언급한 셈인데, 단호하고 비타협적인 정치가 송시열의 성격을 생각한다면, 소의 도살과 쇠고기 식용을 강력하게 금지하자고 제안했을 법도 하지만, 그는 정작 우려를 말했을 뿐 강력한 처벌을 말하지는 않았다. 송시열은 왜 소의 도축을 강력히 금지해야 한다고 말하지 않고 단지 쇠고기를 먹는 것을 절제하자고 했을까? 거듭 말하지만 원천적으로 막을 수 있는 일이 아니었기 때문이었다. 왕실과 관료, 일반 사족 등 지배계급은 공식 담론의 영역에서는 농경에서의 소의 중요성을 역설할 수밖에 없었지만, 현실에서는 쇠고기의 주 소비자였다.

송시열이 쇠고기 먹는 것을 절제하자고 제안했을 숙종 당시 홍만선洪萬選이 저술한 《산림경제山林經濟》에는 앞서 언급한 원대의 요리서인 《거가필용》의 요리가 60퍼센트 이상 그대로 소개되어 있다. 다만 양의 도살법 및 요리법이 쇠고기나 돼지고기로 대체되었다.[97] 추측컨대 고려 후기에 전래된 《거가필용》의 요리법이 《산림경제》가 편찬된 17세기에 이르러 완전히 토착화되었던 것이고, 이것은 쇠고기를 먹는 식문화가 널리 확산되었다는 것을 의미한다. 이런 상황에서 쇠고기를 먹지 못하게 하는 것은 사실상 불가능한 일이었다. 곧 쇠고기를 향한 욕망은 너무나 강력한 것이었기에 송시열조차 조심스럽게 쇠고기 식용을 절제하자고 제안할 수밖에 없었던 것이다.

그렇다면 조선 후기에 소의 도축과 판매는 어떤 방식으로 이루어졌던가? 서울의 경우 이 책이 다룰 주제에 해당하는 현방에서 도축과 판매를 독점했다. 4장에서 현방에 대해 집중적으로 거론하겠지만 논의의 편의상 이곳에서 우선 아주 간단하게 언급해둔다. 현방은 소의 도축이 불법인 것을 전제로 벌금, 곧 속전贖錢을 형조·사헌부·한성부에 내고 공식적으로 도축과 판매를 허가받은 점포였다. 속전은 일종의 영업세인 셈이다. 현방의 영업 공간은 서울로 한정되었다. 현방의 경영자인 반인은 뒤에 지방에서도 일부 도축과 판매의 권리를 갖게 되지만, 그것은 국가가 일부 지방에 도축과 판매를 묵인하면서부터 가능해진 것이었다(이에 대해서는 후술한다). 현방의 영업 공간은 서울에 한정되었으니, 그 외 지방에서 쇠고기는 어떻게 공급되었던 것인가.

전술한 바와 같이 법은 사고나 병으로 죽은 소의 고기만 관청의 허락(지방에서는 지방관)을 받은 뒤 먹을 수 있도록 규정해놓고 있었다. 소의 도축과 판매는 불법이었고 처벌 대상이었다. 농민은 소의 다리가 부러졌다든지, 다른 중요한 신체 부위를 다쳤다든지, 우역에 걸렸다든지 하는 등의 불가피한 사정을 내용으로 지방관에게 소지所志를 올려 허락을 받은 뒤라야 소를 도축할 수 있었다.[98] 적어도 갑오개혁 이후 1895년 12월 3일 14개조의 〈포사규칙庖肆規則〉이 제정되기 전까지 국가는 현방을 제외하고는 소의 도축과 쇠고기 판매를 공식적으로 허락한 적이 없었다. 우금牛禁은 불변의 정책으로 시행되고 있었던 것이다.[99] 사고나 병으로 죽은 소의 고기 외의 모든 쇠고기는 불법 도축을 통해 얻은 것이었다. 그 불법 도축을 '사도私屠'라고 불렀다.

사도는 서울과 지방 어디서나 이루어졌다. 사도는 큰 이익을 거둘 수 있었기에 이루어진 것이다. 서울의 현방은 막대한 세금을 납부하고 소의 도축과 쇠고기 판매를 독점하고 있었다. 이것은 도축과 판매가 막대한 이익을 보장한다는 말이기도 하였다. 다만 현방은 한 현방당 하루에 소 1마리라는 도축 양의 제한이 있었다. 즉 공급에 제한이 있었다는 것이다. 이두 가지 조건이 현방 외의 도축과 판매, 곧 사도를 가능하게 하였다. 지방의 경우도 사도는 당연히 큰 이익을 보장하였다. 요약하자면, 임병양란 이후 사도는 지방과 서울을 가리지 않고 나타난 전국적 현상이었다.

소의 도축과 쇠고기 판매가 막대한 이익을 낳는다는 것이 알려지자,

1

국가기관에서도 소의 도축과 판매에 뛰어들었다. 물론 국가가 공인한 곳은 네 곳의 유수부留守府를 비롯한 몇 곳에 불과했지만, 곧 각 도의 관찰사영과 절도사영節度使營이 뛰어들었고, 이어 그 아래의 행정단위 주州·부府·군郡·현縣도 소의 도축과 판매를 시작했다. 국가기관이 소를 도축하고 쇠고기를 판매하였으므로, 이런 곳을 '관포官庖'라고 불렀다. 관포에서 공급하는 쇠고기 역시 막대한 양이었을 것으로 생각된다. 이하에서 사도와 관포에 대해 상론해보자.

서울의 사도

《중종실록》 1524년(중종 19) 10월 21일 조에 새로운 법의 제정에 반대하는 중종의 짧은 말이 실려 있다. 중종은 "고하지 않고 도살하는 자는 공천公賤·사천私賤을 막론하고 죄를 도역徒役(노동형勞動刑)으로 정하고, 고기를 먹은 자도 제서유위율로 논한다"는 새 법안은 기존의 《대명률》 및 《경국대전》의 법과 중복되므로 굳이 새로 제정할 필요가 없다는 것이었다.[100] 또 중종은 쇠고기를 먹은 사람의 경우, 관에 고하고 허락을 받은 고기인지, '사도私屠'로 얻은 것인지를 구별할 수 없다고 말하는데,[101] 이 것은 새 법으로 인해 쇠고기를 먹은 사람이 애매하게 처벌될 수 있다는 것을 지적한 것이다. 여기서 주목할 것은 이것이 '사도'의 최초의 용례라는 것이다. 곧 어떤 개인에 의해 이루어지는 소의 불법적인 도축과 판매를 싸잡아 '사도'라고 했던 것이다. 전술한 바와 같이 '사도'란 명사를 쓰지 않았을 뿐, 조선 전기에도 당연히 사도에 해당하는 불법 도축이 흔히 이루어지고 있었다. 다만 사도가 본격적으로 문제가 된 것은 임병양란 이후였다. 정확히 측정할 수는 없겠지만, 여러 문헌에 나타나는 자료를 보건대, 소의 도축과 판매, 쇠고기의 식용은 조선 후기에 와서 더욱 보편화되었던 것으로 보인다. 곧 사도의 본격적인 범람은 조선 후기에 와서였다. 그렇다면 조선 후기의 사도는 어떤 양상으로 이루어졌던가? 서울의 경우를 먼저 확인해보자.

1653년(효종 4) 6월 20일 사헌부는 "소의 도살을 금지하는 법을 궁가宮家의 행랑에는 적용할 수가 없어, 노비들이 사도를 하고 쇠고기를 판매하는 것이 지극히 낭자함에도 금리禁吏들이 감히 손을 쓸 수가 없다"[102]고 지적하고 강력한 단속과 처벌을 요청했다. 이는 왕의 피붙이였던 궁가에서 궁가 노비가 사도를 자행하지만, 단속 주체인 형조·사헌부·한성부, 곧 삼법사三法司의 금리가 손을 댈 수 없다는 것은, 금리와 사회적 위계차가 큰 자들, 예컨대 여기 등장하는 궁가(혹은 궁방宮房), 종친, 고위관료, 사족, 혹은 군문軍門 장교들의 사적 공간에서 그들과 일정한 관계가 있는 자(예컨대 노비)가 사도를 범하는 경우 법의 제재를 쉽게 벗어날 수 있다는 것을 의미했다. 사도는 세력 있는 집에서 이루어진다는 것이 당시 상식이었다.[103] 때로는 사도하는 자들은 왕릉의 화소火巢 안에서 소를 도축하기도 하였다. 금표禁標 안이기 때문에 금리가 들어갈 수가 없었던 것이다.[104] 이하에서 사도의 실제 사례 몇몇을 구체적으로 살펴보자.

권력 있는 궁방이나 권세가, 나아가 일반 사족들까지 금리와 결탁해 자기 소유의 은밀한 원림園林에서 도축을 하는 경우는 애초부터 단속을 벗어나 있었다.[105] 이익을 노리고 사도를 범하는 주체는 사대부가의 겸종傔從(청지기)이 아니면 무반武班 대가大家의 노비들이었다.[106] 무뢰배들은 양반가에 의지해 소를 잡아 판매했고 금리들도 어떻게 할 수가 없었다.[107] 또 사도로 체포되는 자는 모두 소민小民들이었고 세력 있는 집안에서는 소를 잡아도 체포 문서에 오르지 않았다.[108] 사도 현장이 발각될 경우 도리어 금리(의정부·사헌부 소속 하급 관료)를 구타하거나 구속하는 경우도 있었다. 예컨대 1772년 명례궁 소속이 작당하여 사도를 범했고 단속하는 금리를 결박하여 난타하고 금패禁牌를 탈취한 뒤 안으로 끌고 가서 차꼬를 채우고 구류한 일도 있었다.[109] 금군禁軍의 도축 현장을 적발한 금리는 체포는커녕 도리어 구타를 당하는 경우까지 있었다.[110] 소의 생명을 빼앗는 잔인한 과정을 거치는 도축은 결코 품위 있는 일이 아니었기에, 사족이 직접 도축에 참여하는 경우는 없었다. 자료에 주로 '무뢰배'라고 불리는 사도의 주체들은 보다시피 겸종, 노비, 소민 등으로 표현되는 중하층이었다. 이들은 자신을 비호해줄 궁가나, 벌열가, 장임가 등을 도축하는 공간으로 삼아, 단속을 피했던 것으로 보인다.

아이러니한 것은 사도를 단속하는 금리 역시 사도를 했다는 것이다. 1781년 대사성 서유방徐有防은 삼사의 출금에도 불구하고 사도를 완전히 막지 못하고 있으며 결국은 전복들이 지탱할 수 없을 것이라고 지적하였다. 그는 이어 삼사 금리들의 사도 문제를 꺼냈다. 삼사 금리들은 사도를 적발하지 못하면, 현방에 진열한 쇠고기를 '첩도疊屠'로 단정하고 속전을 거두기도 하고, 삼사 하예들은 고사를 핑계로 매년 10월 이전 필요량을 넘어 사도하여 그것을 자유롭게 매매한다는 것이다.[111]

사도를 법으로 멈추게 할 수 없었던 것은, 그것이 엄청난 이익을 보장했기 때문이었다. 예컨대 1682년 우역으로 현방을 일시 혁파하자 사도가 폭증했고,[112] 1689년 현방의 일시 혁파에 양반들까지 자신의 노비에게 행랑에서 도축을 하게 했던 것은[113] 모두 소의 도축과 판매를 통해 엄청난 이익을 남길 수 있었기 때문이었다. 현방을 경영하던 반인이 사족의 사도를 고발하자, 그 사족이 도리어 현방 사람들을 잡아다 자신의 집에서 결박하고 린치를 가하는 경우[114]까지 있었으니, 양반 사족까지 가세할 정도로 사도의 이익은 컸던 것으로 보인다. 쇠고기를 먹는 식문화의 확산이 사도의 배후에 있었던 것은 물론이다. 특히 정조 시기 이후 서울의 쇠고기 소비량은 급격히 늘어났던 것으로 보인다. 영조 통치 시기의 강력한 금주령 압박으로 양조와 음주는 처벌 대상이 되었고 시정에서 주점이 사라졌다. 그런데 정조 즉위 이후 술집의 제한이 없어지자, 술집이 폭발적으로 늘어났고, 이에 따라 쇠고기 소비가 늘어났다. 1792년 전 도사都事 김응두金應斗의 상소문 일부를 보자.

하나는 서울 시내에서 술을 많이 빚는 것을 마땅히 금해야 하는 일입니다. 근래에 온갖 물건들의 값이 뛰어오른 것은 전적으로 술을 많이 빚는 데서 유래한 것입니다. 대개 인심이 예전 같지 않아 오로지 놀고 먹는 것만 일삼고 있는데, 시정의 부요富饒한 백성들은 술장수를 직업으로 삼지 않는 경우가 없습니다. 이 때문에 10년 전후를 두고 말을 하자면, 옛날에는 주등酒燈을 내건 가게가 백에 한둘이었으나, 지금은 목로에 나앉은 여인이 열에 대여섯입니다. 사통팔달 큰 거리에서 마을의 좁은 골목길까지 그렇지 않은 곳이 없습니다. 술을 파는 사람이 더욱 많아졌으므로 다투어 호사스러움을 뽐내어, 술의 이름이 무수하고, 안주도 아주 잘 갖추어 날마다 시장에 쌓아두는 생선은 마치 다 팔지 못할 것처럼 보이지만, 삽시간에 깡그리 술집으로 들어가고 맙니다. 현방에서 도축한 쇠고기도 오히려 부족하여 사도가 날로 불같이 번집니다. 마침내 채소나 땔감, 기름까지도 따라서 값이 뜁니다.[115]

현방에서 공급하는 쇠고기만으로는 폭발적으로 증가하는 주점의 수요를 충족시킬 수가 없어 사도가 번진다는 주장이다. 즉 주점의 출현, 음주문화의 변화 역시 서울에서의 사도를 촉발시키고 있었던 것이다. 실제 사도는 갈수록 확산되었고 어떤 방법으로도 막을 수가 없었다. 예컨대 사헌부의 금리가 작당해 사도를 범하여 포도청에 체포되는 경우도 있었는가 하면[116] 사헌부 안에서 금리가 소를 도축하여 판매하고 있는데도 금리를 단속해야 할 사헌부의 감찰이 전혀 알지 못하는 경우도 있었다.[117] 형조의 금리들이 위세를 믿고 형조 담장 밖에서 소를 도축해 쇠고기를 판매하는 가게를 열기도 하였다.[118] 이런 현상은 19세기가 되면 거의 상식이 되었던 것으로 보인다.

지방 사도

사도는 지방에서도 동일하게 일어났다. 1687년 시독관侍讀官 김구金構는 자신이 충청도를 왕래할 때 보고 들었던 홍주·청양·남포藍浦 등에서 작당한 무뢰배들이 벌이는 소의 절도에 대해 보고했다. 그것은 사도업자에게 팔아넘기기 위한 것이었다. 김구는 서울의 사도와 외방의 도사屠肆를 엄격히 금지할 것을 요청하였다.[119] 김구의 지적이 지방에서 광범위하게 사도가 이루어지고 있었던 현실을 반영한 것임은 두말할 필요가 없다.

사도는 불법이었지만 그것은 종종 합법의 외피를 쓰기도 하였다. 적어도 17세기 말이면, 관은 지방 도사의 설치를 묵시적으로 허용하고 있었다. 아니, 묵인을 넘어 관에서 도리어 사도를 조장하기도 하였다. 예컨대 실제 지방관들은 관포官庖 외에 세금을 걷어 관청의 비용을 쓴다는 명분으로 각 시장과 가로街路에 도사의 설치를 허가했다.[120] 경기도의 경우,

이렇게 개설된 도사가 연로 시장과 주막에 즐비하였다.[121] 곧 지방에서도 서울의 현방처럼 일정한 세금을 내면 도사를 설치할 수 있다는 뜻이었다. 19세기 중반이면 서울에서는 현방의 첩도疊屠, 양반가를 핑계로 삼은 시정 무뢰배의 사설 포사, 지방 읍촌의 시장에서 감영과 고을의 허가 문서를 빙자해 도축하는 소의 수가 하루에 적어도 수천 마리에 이른다는 말이 나올 정도였다.[122] 쇠고기를 파는 시장과 여점旅店에서는 관포를 빙자하고 있었다.[123] 조정은 여러 차례 사설 도사의 철거를 시도하였으나 전혀 효과를 거둘 수가 없었다.[124] 영포營庖(감영에서 설치한 포사庖肆)와 읍포邑庖(지방 고을에서 설치한 포사)를 제외하고 나머지는 모두 금지하자는 말이 나올 정도였으니, 그것은 곧 감영과 이하 주·부·군·현의 읍치가 있는 곳의 포사를 공인한다는 말과 다르지 않았다.[125] 어떤 고을에는 많게는 3, 4곳이나 도사를 설치했는데, 이곳으로부터 거두는 세금이 적어도 수백 냥이었지만, 공용 여부를 알 수 없다는 말이 나올 정도였다.[126]

사도를 단속하는 것이 목적이 아니라, 사도를 빙자해 개인이 속전을 착복하는 일도 벌어졌다. 1792년 나주 영장營將 민수익閔修益은 나주 일대에서 사도를 범한 시기를 전혀 따지지 않고 18명의 사도자를 체포하여 속전을 감영에 바친다고 보고했다. 사도자를 검거할 경우 본읍本邑(여기서는 나주)에서 심문하여 자복을 받은 뒤 감영에 보고하여 조율하게 하는 것이 원래의 법규였다. 민수익은 이런 절차를 무시하고 임의로 속전을 받았고, 규정 밖의 1,000냥을 더 받아 착복했던 것이다.[127] 평안도 양덕 현감 황상원黃相轅은 민간에서 사도를 요청하면 즉시 허락하고, 여항을 수색하여 쇠고기를 먹은 백성을 찾아내면 사도라고 위협하여 1년 동안 소가죽 572장을 빼앗았다.[128] 경상도 의령의 경우 2년 동안 사도로 체포된 자가 100여 명에 이르렀다. 속전은 모두 창녕 현감이 횡령했다.[129] 지방의 포

1

사 설치를 쉽게 묵인하거나 허가했던 것은, 이미 감영을 위시한 주·부·군·현에 관포가 설치되어 있었기 때문이었다('관포'에 대해서는 다시 상세히 언급하겠다). 국가가 공식적으로 개설을 허가한 관포는 유수부와 감영 등 소수에 지나지 않았으니, 대부분의 관포는 사실상 불법이었다. 곧 대다수 관포가 원칙적으로 불법이었으므로, 굳이 사도를 막을 논리도, 방법도 없었던 것이다. 이것이 사도 확산의 또 다른 이유였다.

여기에 하나 덧붙일 수 있는 것이 '장패藏牌'다. 장패는 사도를 단속하는 담당관서인 형조·사헌부·한성부에서 금리들이 단속을 나갈 때 주는 금패를 주지 않는 것을 말한다. 그것은 일정한 기간 동안 소의 도축을 공식적으로 허가한다는 뜻이다. 장패가 언제부터 성립된 관행이었는지는 알 수 없으나, 1690년경에 새해 첫날을 전후한 3일 동안(곧 5일 동안으로 바뀜) 삼법사에서는 소의 도축에 대한 단속을 멈추었으니,[130] 약 10일 동안 소의 도축이 자유롭게 이루어질 수 있었다. 그런데 연말연초의 정해진 기간을 지나도 도축은 낭자하게 이루어졌으니,[131] 사실상 장패는 사도를 공식적으로 인정한 셈이 되었다. 조정으로서는 세시에 금령을 강화할 수도 없고, 늦출 수도 없었다. 강화하면 백성들이 고기를 먹을 수 없고 늦추면 도살이 지나치게 이루어졌기 때문이었다.[132] 장패의 명을 내리기 전에 이미 소의 도축이 급증하였다.[133] 일시 단속이 이루어지기는 했지만, 약간의 시간이 흐르면 같은 일이 반복되었다.[134] 장패는 사도의 확장판이었던 것이다.

이제 이 점을 염두에 두고 지방에서 사도의 범람을 증언하는 자료를 살펴보도록 하자.

(1791년) 근래 우금牛禁이 쓴 듯이 사라져 지방으로 말하자면, 장시場市

에서 도살이 낭자한데도 방백方伯(감사)과 수령이 금지하지 않을 뿐만 아니라, 도축세까지 받으므로 백성들이 법을 두려워하지 않고 심상하게 봅니다. 이 때문에 소 값이 날로 뛰어 올라 전에 비해 3~4배나 되어, 향촌에서 소를 기르는 집안은 겨우 몇 집이나 될 정도입니다. 아무리 농사를 짓고 싶어도 어떻게 땅을 깊이 갈 수가 있겠습니까?[135]

(1795년) 근년 이래로 시장에서 쇠고기를 판매하는 것이 이미 잘못된 규례가 되어 부촌富村에서 사도를 예삿일로 여깁니다. 내포內浦에서는 더욱 심해 이 때문에 소 값이 폭등하여 가난한 집에서는 소를 기를 수가 없습니다.[136]

(1819년) 점사店肆와 장시에 소를 낭자하게 도살하여 판매하며 조금도 거리낌이 없다고 하니, 법금이 씻은 듯 사라진 것이라, 너무나도 한심합니다.[137]

(1836년) 서울에 가까운 경기도 고을의 경우, 요충지 장시에 쇠고기를 쌓아놓고 마구 파는 것을 예사로 여기고 있습니다. 심지어 지나가는 소를 헐값으로 빼앗다시피 사들이고, 시골의 송아지를 훔쳐내는 폐단이 있는데도 서리들이 뇌물을 받아먹고 서로 한통속이 되고, 관장官長들은 대수롭잖게 여기고 따져 묻지 않습니다.[138]

(1837년) 사도의 폐단으로 말하자면, 거의 금법禁法이 없는 것과 같습니다. 이익을 노리는 무뢰배들이 아무렇지도 않게 법을 범하여 장시에 쇠고기 매매가 낭자합니다. 심지어 백성의 짐승을 강탈하고, 농우를

052
①

훔치는 지경에까지 이르렀는데, 기호 지방이 더욱 심하다고 합니다. 감영과 고을에서 버려두고 살피지 않으니, 정말 놀라운 일입니다.[139]

(1842년) 백성을 보존하는 근본은 농사에 힘쓰는 데 있고, 농사를 짓는 도구로는 소가 가장 중요합니다. 그런데 근년에 와서 금법이 아주 느슨해져서 시골의 장시에서 도축이 낭자합니다. 관에서는 금지하지 않을 뿐만 아니라, 더러는 포사를 열고 세금을 걷는 곳까지 있습니다. 소도둑이 날뛰고 소 값이 뛰어올라 가난한 시골에서는 소를 먹이는 사람이 거의 없고, 거친 농토에는 소로 경작을 하는 경우가 거의 없어졌습니다.[140]

(1846년) 근년 이래 장시와 점막店幕에 소의 도축과 쇠고기 판매가 낭자한데, 심상한 일로 볼 뿐 그 누구도 무어라 하지 않습니다. 심지어 관에서 세금을 거두는 고을까지 있습니다.[141]

(1874년) 근래에 우금이 아무런 효력이 없어 장시에 소의 도축이 낭자합니다. 관에서는 금지하지 않을 뿐만이 아니라, 더러는 포사를 열고 세금을 걷는 곳까지 있습니다. 게다가 우역까지 크게 번져 신이 본 바로는, 가난한 시골에서는 소를 먹이는 사람이 거의 없고, 거친 농토에는 소로 경작을 하는 경우가 거의 없어졌습니다.[142]

이 자료들은 모두 지방에서 사도가 광범위하게 일어나고 있던 사정을 알리고 있다. 소를 도축하고 쇠고기를 판매하는 곳은, 주로 지방의 시장·점포·주막 등이었다. 교통이 발달하고 향시鄕市가 대거 개설된 것에 상응하여 쇠고기 수요가 늘어났고 이에 대응하여 소의 도축과 쇠고기 판매가 증가했던 것이다. 이 자료들은 예외 없이 지방 사도로 인해 농사를 지을 농우가 줄어들기 때문에 사도를 금지해야 한다는 고위관료들의 요청에 포함된 것이다. 이 요청을 왕은 당연히 수용하는데, 그것은 하나의 관행이었을 뿐 현실적 구속력은 전혀 없었다. 예컨대 1842년, 1846년, 1874년의 자료를 보라. 동일한 표현이 반복되고 있다. 또한 실제 금지 명령이 지방에서 효력을 발휘하는 경우는 전무하였다. 최종적으로 말해 지방의 깊은 골목, 시골마을에도 포사가 없는 곳이 없었다는 것이 아닌가.[143]

관포

국가가 설치한 공식 관포

1708년 9월 29일 해서海西, 곧 황해도에 도사를 설치하는 문제로 조정에서 토론이 있었다.[144] 이 시기 황해도 관찰사 이언경李彦經은 군기軍器 제작에 필요한 근각筋角을 확보하기 위해 도사 한 곳의 설치를 요청했지만, 비변사는 허가하지 않았다. 이언경이 재차 요청하자 비변사는 불허가 원칙이지만, 5개월에 한정하여 포사 설치를 허가한다는 내용으로 회신한다. 이때 영의정 최석정崔錫鼎이 제시한 허가의 근거는 다음과 같았다. "서북 방면은 국방 요지이므로 전부터 경기의 광주·수원처럼 군기를 확보하기 위해 도사를 설치한 바 있다. 해서 지방은 현재 해방海防이 허술하므로 5개월에 한정하여 도사의 설치를 허락한다."

민진원閔鎭遠은 최석정이 제시한 근거를 비판했는데, 평안도의 포사는 원래 청淸의 칙사를 접대하는 데 필요한 쇠고기를 얻기 위해 개설한 것일 뿐 조정에서는 도사 설치를 허가한 적이 없고, 함경도에 설치된 도사에 대해서는 들어본 적이 없다는 것이었다. 황해도의 포사 설치는 결국 불허하는 것으로 결론이 났지만, 최석정과 민진원의 말을 요약하건대, 18세기 초 광주와 수원에 공식적으로 국가가 공인한 포사가 존재했으며, 평안도와 함경도 감영에도 포사가 있었다는 것이다. 물론 평안도와 같은 감영에서 포사를 설치한 것은 조정에서 허가한 바가 아니었다. 광주와 수원에 포사를 둔 것은 후술하겠지만 유수留守를 둔 유수부였기 때문이다. 아마도 이 두 곳의 포사는 17세기 말에 이미 설치되어 있었을 것이다.

1708년의 논란에서 알 수 있는 것은 첫째, 국가에서는 감영에 포사를 허가한 적이 없다는 것이다. 둘째, 광주와 수원 같은 곳은 국가가 정식으로 포사의 설치를 허락했는데, 그것은 수어청과 총융청이 주둔하는 곳으로, 군기 제작에 필요한 근각 등의 재료를 얻기 위한 것이었다는 사실이다. 군기 제작을 구실로 포사의 설치를 요구하는 것은 꽤나 오래된 일이었다. 1673년 훈련도감의 군기 제작을 이유로 폐쇄했던 서울의 현방 21곳을 복원시킨 것이 그 최초의 사례일 것이다. 이어 1676년 수어청은 근각을 얻는다는 이유로 '외방' 다섯 곳에 도사의 설치를 허용했다. 하지만 이미 수어청 몫으로 서울에 현방 5곳을 설치하여 근각을 가져다 쓰고 있었으므로 지방에 다섯 곳의 도사를 설치할 이유가 없었다. 사헌부는 "모리배들이 물금첩勿禁帖(국가에서 금한 일을 특별히 하도록 허가해주는 문서)을 받고 사방의 시골마을에 도사를 설치하여 민간에 작폐한다"고 수어청을 비판했는데,[145] 아마도 수어청이 물금첩의 발생을 핑계로 이익을 얻는 것을 지적한 것일 터이다.* 군문의 사례에서 보듯 도사의 설치는 원칙적으로 불법이지만, 국가에서 필요에 따라 도사의 설치를 허락할 수도 있었다.

1721년 1월 15일 성균관 대사성 김운택金雲澤은 '도축을 허가한 개성·강도江都(강화도)·평양' 등도 하루 도살하는 소의 수가 10마리 아래로 내려가지는 않을 것이므로 1년 총 도축 수는 거의 1만 마리에 이를 것'이라고 지적하고, 서울과 지방의 사도를 엄격하게 금지하되, 도축을 허락한 영문營門의 도축 수를 법으로 정할 것을 제안했다.[146] 거듭 말하거니와 1708년 현재 국가의 공인을 받은 포사는 광주·수원 두 곳뿐이었다. 평양은 공인된 것은 아니었지만 공인된 것으로 여겨지기도 한 곳이었다. 그런데 어떤 과정을 거쳤는지 알 수 없지만, 1721년에는 개성과 강도가 추가되었고 평양도 공인되어 있었던 것이다. 곧 1721년 당시 국가가 공인한 도사는 개성·강화·광주·수원 4곳과 평양이었던 것을 확인할 수 있다.

개성 등 4곳은 이른바 유수를 둔 유수부인데, 전술한 바와 같이 유수부는 조선 후기에 와서 수도 한양의 외곽을 방어하기 위한 곳이었다. 이곳은 일종의 군사 요충지로서 군기 제작에 필요한 근각 등이 다수 필요한 곳이었다. 곧 이런 수요에 응하기 위해 소의 도축을 국가가 인정했던 것이다. 비변사는 김운택의 요청을 즉시 검토했다. 검토 결과 양도兩都(강화부와 개성부)와 경기의 수원·광주, 그리고 여타 제도諸道의 도축을 허락하지 않을 수 없는 곳에 5일에 한 차례 도축을 허가하고, 만약 정해진 수를 넘어 도축할 경우, 해당 지방관을 엄중 처벌하는 것을 내용으로 한 새 법을 만들었다.[147] 1746년에 완성된 《속대전》의 다음 조문은 이때의 결정

———

* 수어청이 지방에 설치한 5곳의 도사는 혁파되었을 것이다.

내용을 그대로 옮긴 것이다.

> 양도兩都·수원·광주 등의 고을과 그 밖의 여러 도道 중에서 도축을 허
> 락하지 않을 수 없는 곳은 5일에 한 차례 도축을 허가한다. 규정을 어
> 기면 관장官長을 무겁게 논죄한다.[148]

이 법은 군기를 제작하는 데 필요한 '소가죽·힘줄·뿔을 진배進排하는 아문衙門이 아니라면 수령이 함부로 도축할 수 없음'을 함축하고 있었다.[149] 하지만 이 조문은 국가가 도사의 설치를 허용할 수 있는 길을 열어놓았던 것으로 여겨진다. 네 곳의 유수부 외에 '그 밖의 여러 도 중 도축을 허락하지 않을 수 없는 곳'이란 말은 사실상 도축의 공인 가능성을 확대한 것이었다. 1795년 한 관료는 유척기俞拓基가 경상도 감사였을 때(유척기는 1726·1737년 두 차례 경상도 관찰사에 임명되었다) 대구는 근각이 필요하지 않은 곳이라면서 원칙을 지켜 소를 도축하지 않았고, 병을 앓아 쇠고기가 필요했을 때는 도축이 허락된 상주의 권한을 대구로 가져와 소를 도축한 일화와 홍석보洪錫輔가 평안도 감사로 있을 때(홍석보는 1726년 평안도 관찰사가 되었다) 평양의 관포를 철거하고 쇠고기를 먹지 않았던 일화를 소개했다.[150] 이 일화를 통해 평양에 설치된 관포가 실제 근각을 진배하는 것을 근거로 설치되지 않았던 사실과 경상도에는 감영 소재지가 아닌 상주에 관포가 설치되었던 사실을 짐작할 수 있다. 이렇게 국가가 공인한 도축소屠畜所를 '관포官庖'라고 불렀다. 주로 18세기를 살았던 이익李瀷이 "지금은 '관포'에서 소를 도축해 백성들이 함께 먹는 것을 허락하고 있다",[151] 혹은 "지금 서울과 외방의 '관포'는 국가에서 허락한 것으로 곧 임금이 하사한 것이니, 사서 쓰는 것이 이치에 맞다"[152]라고 한 것

은 모두 관포에서 소를 도축하고 판매했던 사정을 밝힌 것이다.[153]

4도四都와 팔도 감영 등에 공식적으로 관포를 설치했다는 것은, 다른 지방행정 단위에서도 소를 도축할 가능성을 열어놓은 것이었다. 실제 이후 지방 관아에서 도축하는 소의 수가 지나칠 정도로 많다는 지적이 나왔고, 일정한 기간 일정한 수만 도축을 허락하자거나, 과도한 경우만 금지하자는 제안까지 있었다.[154] 하지만 단속에도 불구하고 관포의 도축은 멈추지 않았고 시장에 판매하는 것 역시 여전하였다.

국가가 묵인한 지방의 관포

앞서 직접 인용한 8건의 자료 중 1791년, 1842년, 1846년, 1874년의 자료는 관에서 지방 포사로부터 세금을 거두고 있음을 지적하고 있다. 이 것은 지방의 사도가 관의 묵인, 혹은 승인이나 허가로 가능할 수 있었던 상황을 의미한다.

1656년 사간원은 지례知禮 현감 강원희姜元禧가 부임 이후 부패와 수탈로 일관한 것을 지적하면서 그 증거의 하나로 도사를 설치하여 사적으로 이익을 거둔 것을 들었다.[155] 1661년 도신징都愼徵은 지방 수령과 백성들에 의해 군읍郡邑에 포자舖子,* 곧 소를 도축하는 도사와 같은 곳이 설치되어 있다고 말했다.[156] 두 사례를 통해 17세기 중반에 지방에서 도사가 널리 존재했던 상황을 짐작할 수 있다. 또 4장에서 상론하겠지만, 이것은 1638~1653년 사이에 서울에서 현방이 출현한 시기(곧 공인된 시기)와 거의 일치한다. 물론 위의 두 사례가 지방 도사의 최초의 출현을 알리는 것

---

* '舖子'의 '포'에는 쇠고기 혹은 소와 관련된 의미가 전혀 없다. 아마도 한자 표기가 잘못된 것이 아닌가 한다. 하지만 맥락상 도사屠肆와 동일한 것이 분명하다.

은 아닐 터이다. 임병양란 이전에도 지방에서 소의 도축과 쇠고기 소비가 이루어지고 있었던 것은 굳이 말할 필요조차 없는 명백한 사실이다. 다만 지방 도사의 명확한 존재형태를 확인할 수 없었을 뿐이다.

위의 두 사례에서 볼 수 있는 바와 같이 지방 도사의 설치에는 지방 수령이 개입하고 있었다. 도신징이 말한 '백성'이란 지방 수령의 허가를 받아 도사를 설치한 사람일 것이다. 소의 도축이 불법이었으므로 지방에서의 도사 설치 역시 불법이었다. 하지만 현실에서는 지방 수령이 직접 설치하는 경우도 있었고, 혹은 묵인하에 도사를 설치하는 경우가 허다하였다. 1671년 사헌부는 석성石城 현감 이진李晉의 아들 몇 명이 각자 도사를 설치하여 이익을 관아로 들여온 것을 문제 삼았던 것이 그 적실한 예가 될 것이다. 여기서 문제가 된 것은 도사를 설치한 것 자체라기보다는 이익을 독점한 데 있었다.[157] 반인의 생계를 위해 현방의 공식적인 설치를 주도했던 조복양趙復陽은 1670년 극심한 우역을 이유로 서울과 주관 관청과 외방의 각 읍에서 우역이 그칠 때까지 도사를 혁파할 것을 요청하였다.[158] 조복양의 말에서 지방의 도사가 이미 기정사실화한 것을 충분히 짐작할 수 있을 것이다.[159]

소의 도축 자체가 불법으로 규정되어 있었기 때문에 지방관의 도사 설치 역시 당연히 불법이었다. 예컨대 1694년 경기 감영에서 노량露梁에 설치한 도사의 경우를 들어보자. 당시 소를 절도한 자들은 노량의 도사에 팔았고 경기의 불법 도축은 모두 노량 도사 핑계를 대었다고 한다.[160] 그런데 이것은 경기 감영만의 문제는 아니었다. 4년 뒤의 자료에 의하면, 각 도의 감영이 '장사壯士의 지공支供(음식 대접)' 곧 장교와 병졸들에게 제공한다는 구실로 '잘못된 규례'를 따르는 자가 있었던 것이다.[161] '잘못된 규례'라는 것은 문맥상 도사의 설치, 운영이 잘못이라는 판단을 내포한다. 이 자료를 통해 곧 경기도만이 아니라 거의 모든 감영에서 불법적으로 도사를 설치하고 있었던 것을 확인할 수 있다.

지방 관포는 증설 일로에 있었다. 잦았던 우역과 기근 역시 지방 도사 증가의 원인으로 작용했다. 우역으로 인한 소의 폐사는 고의적 도축을 가리는 방편이 되어 결과적으로 우금정책이 해이해지기 시작했고, 한편 기근은 곡식을 사기 위해 소를 도축하여 판매한다는 명분을 제공했다.[162] 수령들은 구휼 자금 마련을 핑계 대고 도사를 설치하고 소를 도축한 뒤 백성에게 억매하는 경우까지 있었다.[163] 사실상 국가는 이런저런 핑계로 지방 도사의 설치를 주도 혹은 조장하고 있었다.

도사는 전국에 고르게 분포했다. 경기도의 경우, 길가의 시장과 주막 근처에 도사가 줄지어 있었다.[164] 17세기 말이면 각 도의 주·현에 '도사가 낭자하다'고 할 정도로 지방 곳곳에는 소를 도축하여 판매하는 것이 일반화되어 있었다.[165] 전라도의 경우, 소를 도축하여 쇠고기를 판매하여 기근 해결에 도움을 준다는 취지로 도사의 설치를 권장했던 바, 나주 38개 면마다 모두 도사가 설치되었다.[166] 조정은 종종 지방 도사의 철폐, 혹은 도축의 금지를 강력히 지시했지만, 감사도 엄격히 단속할 수 없었고 각 읍의 도사도 심상하게 여겨 전혀 효력이 없었다. 금령은 반년도 지속되지 않았고, 지방의 도사는 '없는 곳이 없다'고 할 정도로 흔한 것이 되었다.[167]

18세기 초가 되면 수령이 도사를 널리 설치하여 쇠고기를 마음대로 발매하고 세력을 믿는 토호들이 그것을 그대로 따라 판매를 일삼아 대낮의 시장에 황육黃肉(쇠고기)이 낭자하다는 지적이 나올 정도였다.[168] 심지어 역驛에서도 도한屠漢을 두고 소의 도축과 쇠고기 판매에 뛰어들었다.[169] 안기 찰방安奇察訪 권상명權尙名이란 자는 넉 달 동안 소 50마리를 도축하여 도형徒刑에 처해졌다.[170] 급기야 서울과 지방의 도사는 이루 셀 수가 없을 정도가 되었다.[171] 지방 도사가 폭발적으로 증가하자 소를 훔쳐 파는 우적牛賊, 곧 소도둑이 출현한 것은 당연한 일이었다. 이들은 대개 관에 소속된 '관도한官屠漢'과 결탁하고 있었고, 관도한의 도사는 훔친 소를 사들여 즉시 도살하여 그 흔적을 없애버렸다. 소를 잃은 농민들은 "도사를 혁파하면 폐농하는 근심이 없을 것"이라고 부르짖었다.[172]

18세기 후반이면 관포의 도축은 물론 시장에서 쇠고기가 팔리는 것을 통제할 수가 없었다.[173] 과도한 도축으로 지방 수령이 처벌되는 경우도 있었지만, 원천적으로 관포의 남설濫設·남도濫屠를 막을 수 없는 상황이 되었다.[174] 이런 상황을 두고 1771년 좌의정 한익모韓翼謩는 "여염에 사도가 낭자하고, 300곳 주·현의 수령이 된 자들은 한 사람도 소를 도축하지 말라는 금법을 범하지 않은 경우가 없다"[175]고 지적했다.

보다 구체적인 상황을 짐작하려면 1775년 인천 유학幼學 이한운李漢運의 상소를 인용하는 것이 도움이 될 것이다.

우리나라는 서울에는 24개의 현방이, 지방에는 360개 고을, **26개의 큰 병영과 여러 작은 병영**, 여러 진보鎭堡, 여러 우관郵官이 도축하는 바가 이미 500여 마리를 넘고 있습니다. 서울과 지방의 사도가 도축하는 것이 또 500여 마리를 넘으니, 통계하면 하루에 1,000여 마리가 되고, 한 달이면 3만 마리가 넘습니다. 또 4명일四名日(설·단오·추석·동지)에 서울과 지방에서 도축하는 것이 2만~3만 마리이니, 1년이면 38만~39만 마리가 됩니다. 해마다 이 수를 도축하니, 죽는 소의 수는 우역 때보다 더합니다.

옛날에는 소 값이 많아도 10여 냥을 넘지 않았습니다만, 지금은 30여 냥에 이르고, 소가 없는 농민이 열에 일고여덟입니다. 이 때문에 소를 빌려 늦게 밭을 갈기에 농기農期를 놓치기 일쑤고, 소가 없어 농사를 짓지 못하게 되어 밭이 묵어집니다. 비록 풍년이 든다 해도 부세賦稅를 내고 환자를 갚을 수가 없어 백성들은 풍년을 원치 않습니다. 이것은 다른 이유가 있어서가 아닙니다. 도축을 금하는 것이 엄하지 않아서이니, 어떻게 농사를 권할 수 있단 말입니까?

옛날 선조대왕께서는 의주에서 서울로 돌아오실 때 나인內人이 쇠고기를 구워서 먹는 것을 보시고, 하교하시기를, "소가 아니면 밭을 갈 수 없거늘, 사람이 소를 죽이니, 아주 어질지 못한 일이다. 지금 비록 소를 죽이는 것을 엄금해도 오히려 소가 불어나지 못할까 하는데, 하물며 거리낌 없이 도살하다니 말이 되겠는가? 나인은 이미 무겁게 다스렸으니, 본 고을의 수령을 처벌하도록 하라" 하셨으니, 성조聖祖께서 도축을 금한 것이 또한 엄하지 않았습니까?

신의 생각은 이러합니다. 외방의 대영으로서 도사를 설치하지 않을 수 없는 곳은 반예泮隸를 번갈아 보내고, 그 밖의 열읍列邑과 작은 영營, 여러 진鎭, 각 역驛은 단지 4명일에만 도축을 허락하고, 특별한 이유 없이 도축한다면 성조의 하교에 의거해 각별히 치죄할 것입니다. 별성別星의 주전廚傳에는 쇠고기를 쓰는 것을 금지하고, 서민은 세시歲時에만 도축을 허락하되, 특별한 이유 없이 금령을 범할 경우 속전을 받지 말고 법에 의거해 형장을 치고 유배해야 마땅합니다. 만약 이렇게 한다면 4~5년 지나지 않아 소가 불어나 집집마다 소를 키울 수 있게 될 것이라, 절로 늦게 농사를 짓는 폐단이 없어지고 곡식을 이루 다 먹을 수 없게 될 것입니다. 위로는 부세와 환자를 갚는 데 응할 수 있고, 아래로는 부모를 섬기고 처자식을 기르는 도리를 다할 수 있어 백성들이

모두 풍족해질 것입니다.[176]

26곳의 큰 병영(대영)과 여러 작은 병영(소영)이 가리키는 바는 분명하지 않다. 다만 이하 여러 진보, 여러 우관이 이어지는 것을 보건대, 큰 병영의 경우, 병마절도사 소재지의 병영과 수군절도사 소재지의 수영水營으로 짐작할 수 있다. 요컨대 문·무를 막론하고 지방관이 머무르는 지방 행정단위는 예외 없이 도사를 설치하고 있었다. 지방의 도사는 주로 관을 중심으로 설치되었던 것이다.

지방에서 도축을 담당하는 사람은 이른바 '백정'이었지만, 실제 도사를 설치하고 이익을 독점하는 자들은 감사와 수령, 세력가들이었다. 유최기俞最基는 이렇게 말한다.

근래 나라의 기강이 해이해져 방백方伯(감사)이 된 자 자신이 먼저 금법을 범하니, 열읍의 수령들이 그것을 본받고, 여염의 부호들이 또 따라하여 공·사가 한패가 되어 소의 도축이 낭자하니, 정말 놀라운 일입니다.[177]

심지어 지방관은 관에서 설치한 도사, 곧 관포 외에 세금을 거두기 위해 도사의 분점까지 설치하였으니,[178] 지방관은 사실상 도축업자와 다름이 없었다.

법의 무력화

《대전후속록大典後續錄》(1534)은 소와 말을 도살할 경우 장 100대에 전가 사변에 처하도록 규정하고 있었다.[179] 지방의 경우 전가사변에 처하되 속 전을 받는 것이 원칙이었다.[180] 그런데 4장에서 상론하겠지만, 국가가 현 방으로부터 속전을 받고 도축을 허락하자 장 100대에 전가사변에 처하 는 법은 사실상 적용 불가능한 것이 되었다. 속전을 받는 것이 형평성에 맞았기 때문이었다. 1695년(숙종 21) 형조판서 민진장閔鎭長의 건의로 사 도를 범한 자는 한 차례 형추刑推하고 속전을 받고, 늙고 병들어 형을 집 행할 수 없는 경우는 단지 속전만 받으며, 가난하여 속전을 바칠 수 없는 경우는 세 차례 형추한 뒤 풀어주기로 정했다.[181] 다만 사족의 경우 노비 가 대신 형장을 맞는 것이 원칙이었는데, 그럼에도 종을 보내지 않고 저 항하는 사족이 있어 '유류流 3,000리'에 처하기로 결정했다.[182] 하지만 법이 개정되었다 하여 개정된 법을 즉각 따른다면 그것은 조선 정부가 아니 다. 1714년 사헌부는 "일전의 사도를 범한 사람은 속전을 거두지 말고 그 가장에게 책임을 물어 정배定配하기로 탑전榻前에서 정탈定奪한 바 있다" 면서 이 새로운 법을 따르지 않고 계속 속전을 받는 형조를 문책할 것을 요청했다.[183] 이 새로운 규정은 1713년의 '범송犯松한 가장은 사도한 경우 의 가장과 마찬가지로 일체 도배徒配한다'는 새 법을 두고 한 말일 것이 다.[184] 사헌부의 요청에도 불구하고 새 법은 지켜지지 않았다. 여전히 전 가사변에 처하는 경우가 있었던 것이다.[185]

　법의 적용도 정확하지 않은 상황이었으니, 그 법으로 사도를 멈추게 할 수는 더더욱 없었다. 서울 도성 안의 사도는 전혀 그치지 않았고, 지방 은 더욱 심했다. 1720년 당시 이른바 도살을 국가에서 허락한 개성·강화도·평양 등의 하루 도축 수는 10마리 이상이며, 1곳의 1년 총 도살 수는 1만여 마리에 이르렀다. 당연히 도축을 허락한 영문營門의 도축 수를 제한해야 한다는 주장이 있었으나,[186] 늘 그렇듯 실행되지는 않았다. 각 읍의 관청에서 사도와 여항의 세력가들에 의해 잠도潛屠가 거리낌 없이 이루어지고 있었으나 처벌할 수가 없었던 것이다.[187] 또 1734년 헌납 안상휘安相徽는 삼법사가 사도를 범한 자를 적발해도 속전을 내고 처벌을 면하기 때문에 체포되면 속전을 내면서 다시 도살을 하는 일이 벌어진다고 지적했다.[188] 거기에 1733년부터 사도의 경우 죄명이 대단하지 않다고 하여 석방하는 관행까지 생겨났다.[189]

사도가 범람하는 기간이 지속되자 1744년 소의 도축에 대한 처벌 조항을 두고 조정에서 토론이 있었고,[190] '사도를 범하는 자는 세 차례 형문刑問한다'는 조항을 지우고 1746년 《속대전》의 다음 조항을 신설했다. "소와 말을 사도한 자, 서인庶人으로서 금법을 범한 자는 장 100대를 치고, 도 3년에 처한다. 사부士夫의 경우는 그 가장을 연좌시키고 같은 율을 적용한다."[191] 법은 확실히 간명해졌고 엄격해졌다. 하지만 법의 적용이 엄격하지는 않았다. 장 100대를 맞고 특정한 지역에 유배되어 3년간 도형에 처해지는 것이 정확한 처벌이지만, 장형은 보통 속전으로 대신했고 실제 유배되어 도형에 처해지는 경우는 드물었다. 이것은 《속대전》이후에도 여전하였다. 1752년 이천보李天輔는 삼법사에서 사도를 범한 자를 체포하면 즉시 속전을 거두고 풀어주므로, 한편에서는 체포되고 한편에서는 도살하여 남은 이익으로 벌금을 내기 때문에 사도가 갈수록 심해진다고 지적하고, 일체 속전을 받지 말고 형장을 집행하고 정배定配할 것을 요청하였다.[192] 당시 대리청정하고 있던 사도세자는 늘 그렇듯 아무 생각 없이 따랐으나, 그 요청대로 법이 집행되지는 않았다. 사도는 양반의 행랑에서 이루어졌고 적발될 경우 양반을 모욕한 죄를 금리에게 뒤집어씌우기 일쑤였다.[193] 실제 유배형에 처해지는 경우도 있었으나, 즉시 유배지를 벗어나 다시 사도를 하고, 체포하려는 금리를 칼로 찌른 사례도 있었다.[194] 유배형은 전혀 두려워할 만한 처벌이 아니었다. 정광세鄭光世라는 자는 사도를 범해 충청도 보은현으로 유배를 가던 도중 압령押領하던 군사를 위협해 집으로 돌아와 다시 소를 도축하였다.[195] 《속대전》의 처벌 조항은 전혀 두려워할 만한 것이 아니었다. 1859년 8월 사도를 범한 자 13명을 체포하여 처벌한 경우를 보자. 이 중 5명은 다년간 잠도를 하여 누차 처벌을 받았으나 도축을 다시 자행한 자였으므로 엄형 정배하고, 나머지 8명은 범죄가 가볍다고 하여 단지 1차 형문하고 석방했는데,[196] 5명의 누범자는 처벌을 전혀 두려워하지 않았다.

'처벌의 무력화'로 요약할 수 있는 이 상황의 전개는 서울과 지방의 사도, 국가가 공인한 혹은 묵인한 관포의 범람을 초래했다. 마침내 '쇠고기의 시대'가 도래하였다. 서울과 지방을 가릴 것 없이 소 값이 지극히 싼 것을 이롭게 여겨 곳곳에서 도축이 낭자하고(1762),[197] 큰 도회나 작은 취락을 막론하고 장시가 있으면, 감영의 허가증을 갖고 있는 포사가 반드시 있었으니,[198] 쇠고기를 길거리에 채소처럼 걸어놓고 파는[199] '쇠고기의 시대'가 도래했던 것이다. 마침내 소가 씨가 마를 것이라는 한탄이 그치지 않았다. 1851년 영의정 권돈인權敦仁은 이렇게 말하고 있다.

근래 사도의 폐단이 날로 달로 심해져 간악한 무뢰배들이 걸핏하면 양반가가 있는 마을이라는 핑계를 대고 현방이 있는 거리보다 심할 정도로 쇠고기를 어지러이 늘어놓고 팔고 있습니다. 만약 나라의 기강이 한 푼이라도 있다면, 어찌 이럴 수가 있겠습니까?

금지하는 방도는 오직 법사法司에 책임을 지우고 있는데, 이른바 금예禁隷 무리들이 사도하는 각 곳과 한 패가 되어 있습니다. 그놈들은 모두 받아먹는 것이 있기 때문에 눈으로 도축을 하는 것을 보고도, 애당초 체포할 생각도 하지 않습니다. 혹 체포되는 경우가 있다 하더라도 만약 '아무 곳'이라고 말하면, 밖에서 풀어줍니다. 책임을 때우는 것은 초라한 규모의 앉은 장사치일 뿐입니다. 당상堂上이 된 자가 과연 그 간악한 정상을 살펴 금령을 엄하게 적용했다면, 어찌 이렇게 금령이 쓴 듯이 사라진 지경에 이를 수 있겠습니까?

각 능침陵寢과 원소園所는 얼마나 중요한 것입니까? 그런데 능예陵隷 무리들이 잡류雜類와 결탁하여 능침과 원소 안이나 재실齋室 근처에서 아무렇지도 않게 도축을 하는데도, 능관은 그냥 예사로 보고 전혀 금지하지 않습니다. 맑고 엄숙해야 할 곳에도 너무나도 충격적인 일이 벌어지고 있습니다.

또 들으니, 이제 안으로는 경기 감영, 밖으로는 여러 도道에 이르기까지 도신道臣이 공문을 보내어 마치 응당 해야 할 일처럼 포사를 설치하고 고을의 원들은 이것을 본받아 서울과 지방 가릴 것 없이 한 고을의 경내에 관포라고 일컫는 것이 부지기수가 되었습니다. 이런 짓을 멈추지 않는다면, 얼마 지나지 않아 소가 씨가 마르고 농사를 모두 폐하고 말 것이니, 어찌 한심한 일이 아니겠습니까?[200]

그렇다면 얼마나 많은 소를 잡았던 것인가? 박제가는 《북학의》에서 "우리나라에서는 날마다 소 500마리를 도살하고 있다. 국가의 제사나 호궤犒饋에 쓰기 위해 도살하고, 성균관과 한양의 5부五部 안의 24개 푸줏간, 그리고 300여 고을의 관아에서는 빠짐없이 쇠고기를 파는 고깃간을 열고 있다. 작은 고을의 경우는 날마다 도살하지는 않지만, 큰 고을에서는 두어 마리씩 도살하므로(첩도疊屠) 결국은 날마다 잡는 셈이 된다. 또 서울과 지방에서 벌어지는 혼사, 연회, 장례, 활쏘기 할 때에 잡는 것과 법을 어기고 사사로이 도살하는 것(사도私屠)까지 포함하여 그 수를 대충 헤아리면 위의 500마리라는 통계가 나온다"[201]라고 말했다.[202] 1년의 총 도살 수는 18만 2,500마리이다. 여기에 세시歲時의 장패臟牌 기간에 이루어지는 도살 수를 합하면 거의 20만 마리에 이를 것이다. 앞서 검토한 이한운의 상소에서는 1년의 도축 수를 38만~39만 마리로 보았다. 박제가가 말한 수의 거의 배다. 당시 인구를 2천만 명으로 본다면, 100인당 1마리(박제가의 통계) 혹은 50인당 1마리(이한운의 통계)에 가까우니 결코 적은 수가 아니다. 조선은 박제가의 말처럼 작고 가난한 나라였으나, 쇠고기만큼은 적지 않게 공급되고 있었던 셈이다.

조선의 법은 원칙적으로 소를 죽이는 것을 금하고 있었다(우금牛禁). 하지만 그것은 조선 전기부터 거의 사문화된 법이었다. 쇠고기를 먹는 식문화는 조선 후기에 더욱 확산되었으니, 임병양란을 거친 뒤 조선에서는 값을 치르기만 하면, 누구나 쇠고기를 사서 먹을 수 있었다. 현실이 변하면 그 변화에 맞게 법을 바꾸거나 제도·관행을 능동적으로 수정해야 하지만 사족체제는 그렇게 하지 않았다. 요컨대 현실의 변화에 대한 대응력을 상실한 것이 조선 후기 사족체제의 특징이었다. 개혁이라 부를 수 있는 것은, 모순이 누적되고 더 이상 견딜 수가 없을 정도가 되면 겨우 미봉책을 세우는 것일 뿐이었다. 이제 반인과 현방의 문제를 다루면서 우리는 사족체제의 무능과 무책임성을 끊임없이 확인하게 될 것이다.

1

반인

앞 장에서 주로 조선 시대 소의 도축과 판매의 확산과 그것에 대한 금지의 역사에 대해 서술하였다. 요약하자면 조선 후기를 '쇠고기의 시대'로 부를 수 있을 정도로 소의 도축과 판매, 취식의 범위는 확대일로였다. 다만 한 가지 이 책의 주제와 관련하여 소의 도축과 판매에 관여한 사람들에 대한 서술은 자제하였다. 소를 도축하고 판매하는 사람을 일러 '백정'이라고 한다. 백정의 존재는 전국적이었다. 다만 서울의 경우 소를 도축하고 쇠고기를 판매하는 사람은 백정이 아닌 반인泮人이었다. 반인의 유래와 그 성격은 백정과는 확연히 구분된다. 조선 후기의 지방 백정은 조선 초기의 화척과 관계가 있겠지만, 그 관계 자체가 밝혀진 바는 없다. 그것은 흥미롭고 또 몹시 궁금한 주제이지만 이 책의 범위를 벗어나는 일이다. 이 책에서는 국가로부터 공식적으로 소의 도축과 쇠고기 판매를 공인받았던 반인만 집중적으로 다루기로 한다.

조선 최고의 국립교육기관 성균관의 재산은 토지와 노비였다. 노비는 둘로 나뉘었다. 성균관 주변에 거주하면서 성균관에 직접 신체노동을 제공하는 노비와 지방 여러 곳에 흩어져 살며 신공身貢을 바치는 외거노비가 그것이다. 전자를 특별히 '반인泮人'이라 부른다. 반민泮民·반한泮漢·반예泮隸라고 하기도 하고, 성균관 노비라고 해서 관인館人·관노館奴·관예館隸·전복典僕이라고 부르기도 한다. 다만 반인이란 말이 가장 보편적이었기에 이 책에서는 주로 반인이란 말을 사용한다. 물론 반인이 아닌 다른 용어가 나오는 자료도 허다하기에 다른 용어를 사용해도 모두 반인으로 이해해주기 바란다.

반인은 '반촌泮村 거주인'이란 뜻이다. 먼저 '반촌'이란 말부터 검토해보자. 반촌은 '반궁泮宮'이 있는 마을이란 뜻이다. '반궁'은 유래가 오랜 말이다. 서주西周 시대에 천자가 설치한 대학은 벽옹辟雍, 제후諸侯가 설치한 대학은 반궁이라 불렀다.[1] 벽옹은 사방이 물로 둘러싸인 건물이다. 못을 크게 파고 그 안에 섬을 만들고, 다시 섬에 건물을 짓는다. 그 건물이 벽옹이다. 벽옹으로 가기 위해서는 동·서·남·북 네 곳에 놓은 다리를 건

01

반촌

너야 한다. 이에 비해 반궁의 '반泮'은 반월형半月形의 못이다. 이 못을 반수泮水라고 한다. 천자의 벽옹에 비해 물[氵]이 '반半'밖에 되지 않는다. 이 반월형의 물이 학교 건물의 반쪽을 감싸도록 지었기에 '반궁'이다. 반궁은 동쪽 문과 서쪽 문을 연결하는 부분만 물이다. 원래 인공으로 조성한 못이었으나, 조선 시대의 반궁, 곧 성균관은 인공으로 못을 조성하지는 않았다. 조선 시대의 지도에 성균관 외곽을 두 갈래의 물이 감싸고 있는 것을 볼 수 있는데, 이것이 곧 성균관의 '반수'다.* 조선은 중국의 왕조에 대해 제후를 자처하고 최고의 교육기관을 반궁이라 하였다. 이것이 성균관을 반궁이라 부르게 된 유래다. 성균관 근처의 마을은 반궁이 있는 마을이므로 '반촌'이라고 불렀다.

반촌이 성균관 노비들의 집단 거주지로 인식된 것, 그리고 이곳을 반촌이라고 부른 정확한 연대는 미상이다. 이준경李浚慶의 연보를 보면, 1531년 과거에 합격했을 때 '반인泮人'들이 그의 옷을 벗기려고 했다는 기록[2]이 있다. 이것이 반인이란 용어가 쓰인 최초의 문헌자료이다. 이때 반인을 '반촌에 사는 사람'으로 볼 수도 있고, '반궁의 하예'로 볼 수도 있다. 곧 이준경의 연보에 나오는 '반인'에서 '반촌'이란 명사의 존재를 확실하게 끌어내기는 어렵다는 것이다.

반촌이란 명사가 최초로 쓰인 예는 1606년(선조 39) 성균관 벽서壁書 사건과 관련한 《선조실록》의 자료일 것이다. 벽서 사건이 일어났을 때 그 조사 과정에서 관노館奴, 곧 성균관의 노비를 추문할 필요가 있었다. 형조는 성균관에 통보하지 않고 '반촌'에 사령使令을 보냈다. 사간원에서 이

---

* 궁궐의 담을 넓힐 때 반수泮水 형태가 이지러진 것을 1470년 유생들의 요청으로 복구하기도 하였다.

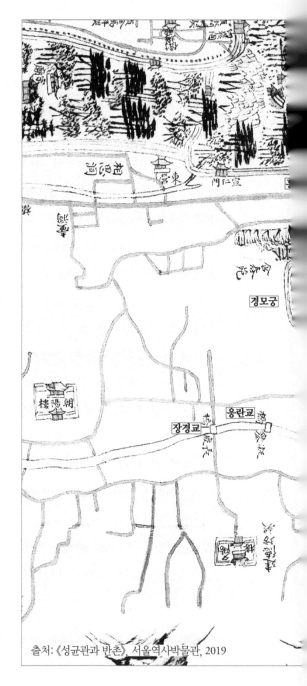

출처:《성균관과 반촌》, 서울역사박물관, 2019

《한양도성도》부분, 18세기 말

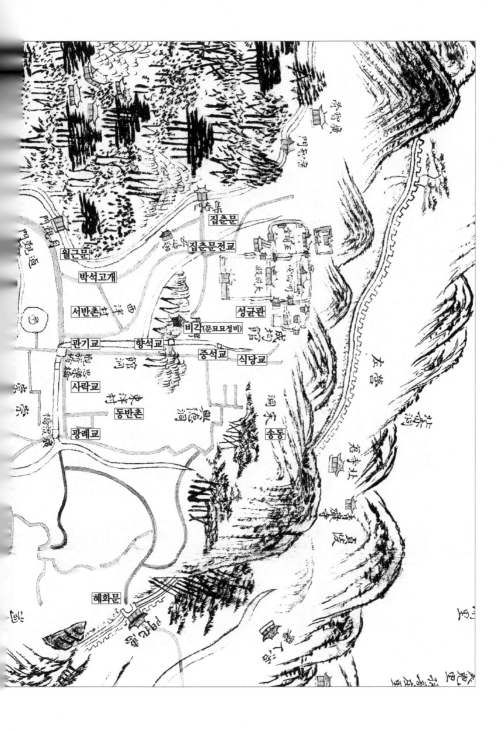

집춘문

집춘문전교

월근문

박석고개

서반촌

성균관

비각(문묘묘정비)

관기교 향석교

중석교 식당교

사락교

동반촌 송동

광례교

혜화문

반인

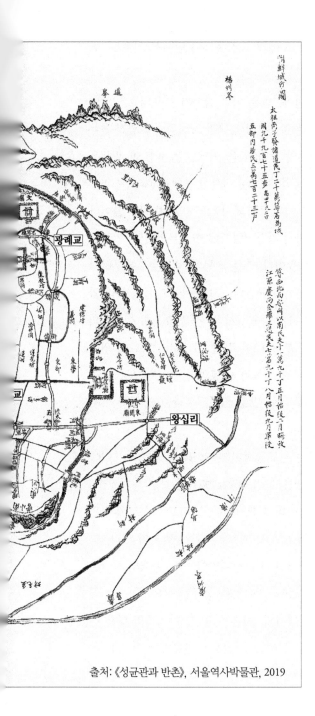

출처:《성균관과 반촌》, 서울역사박물관, 2019

《조선성시도》, 1830

《19세기 현방 분포 상황》
(점포수 22)

중부(5곳)

하량교河梁橋
이전履廛
승내동承內洞
향교동鄕校洞
수표교水標橋

북부(3곳)

의정부議政府
수진방壽進坊
안국방安國坊

서부(7곳)
-

태평관太平館
소의문 밖昭義門外
정릉동貞陵洞
허병문許屛門
야주현冶鑄峴
육조 앞六曹前
마포麻浦

동부(3곳)
-

광례교廣禮橋
이교二橋
왕십리往十里

남부(4곳)
-

광통교廣通橋
저동苧洞
호현동好賢洞
의금부義禁府

(규장각한국학연구원 소장본
《동국여지비고》 기준)

들 사령들의 죄를 다스릴 것을 선조에게 요청하는 장면에서 최초로 '반촌'이란 말이 나오는 것이다.[3]

이 자료에 근거해 17세기 초반에 '반촌'이란 명사가 사용되고 있었던 것을 확인할 수 있다. 다만 반촌은 처음부터 성균관 노비들의 독점적 거주지는 아니었다. 반인들은 한성부의 방역坊役을 면제받았는데, 이 관행은 18세기 초에 이미 있었다. 곧 1704년(숙종 30) 대사성 조태구趙泰耇는, 비우碑隅 안에 사는 전복典僕은 으레 방역에 포함되지 않았지만, 반민이 불어나고 그들의 집[가사家舍]이 '반촌'까지 확장되었기에 한성부의 일반 거주민과 같이 방역에 동원되고 있다는 것이다. 그는 전복이 성균관에 복무하고 있는 이상 방역에 동원할 수 없다며, 성균관의 노비문서에 이름이 올라 있는 전복은 거주지에 상관없이 방역에 동원하지 말 것을 요청하여 숙종의 허락을 받아내었다.[4] 그런데 이로부터 12년 전인 1692년의 자료에 의하면 반촌에 거주하는 사람은, 성균관 전복과 여염의 한잡인閑雜人을 합쳐 400여 호라고 했으니,[5] 17세기 끝 무렵 반촌에는 전복과 여러 부류의 사람들이 뒤섞여 살고 있었던 것이다.

조태구가 언급한 '비우碑隅'는 문묘묘정비文廟廟庭碑가 있는 모퉁이를 의미한다. 18세기 말에 그려진 〈한양도성도漢陽都城圖〉를 보면 향석교香石橋 왼쪽에 있는 비각 건물이 묘정비의 소재처이다. 그리고 향석교에서 관기교觀旂橋까지 이어지는 물길 좌우로 서반촌西泮村과 동반촌이 있다. 곧 전복의 주거지는 18세기 초 인구의 증가로 말미암아 비각 아래의 서반촌과 동반촌까지 확장되어 있었던 것이다. 이것은 성균관 전복들의 주거공간으로서 비우 안쪽의 좁은 의미에서의 '반촌'이 비각 아래쪽의 넓은 반촌으로 확장되기 시작했다는 것을 의미한다. 이후 반촌은 반인이 사는 곳으로 인식되기 시작했던 것으로 보인다.

1707년(숙종 33) 성균관의 전복, 곧 반인의 수가 점차 많아지는 데 반해 반촌은 아주 좁아 다 살 수가 없었으므로 사섬시司贍寺의 터를 특별히 하사한다.[6] 이곳은 현재 명륜3가 일대이다. 성균관대학교 정문 아래쪽 일대다. 지도를 보면 큰 길 위쪽까지가 반촌에 포함된다. 반촌은 이후 좀 더 확장되었다. 《매일신보》1916년 3월 11일부터 3월 26일까지 실린 〈경성행각京城行脚〉을 참고하자.

현금 경성식물원 입구 길 옆에 한 개의 석비石碑가 있으니, '응란교凝鸞橋'라 새겨져 있다. 이것은 정조대왕이 이곳에 다리를 놓게 하시고, 그 곁에는 연지蓮池를 파서 부근의 풍경을 돕게 하심이니, 지금은 연지도 없고 다리의 흔적도 없으나, 석비만은 홀로 남았으며, 이 석비의 북쪽은 반인이 거주하는 곳이요, 남쪽은 보통 인민의 주거지로 구별하였다.

경성식물원은 지금의 서울대병원과 동숭동 대학로 사이에 있었다. 그런데 이곳은 원래 경모궁景慕宮 터였다. 19세기 말의 서울 지도를 보면, 창경궁 오른편에 경모궁이 그려져 있고, 경모궁의 오른쪽 위편에 '궁지宮池' 또는 '연지蓮池'라는 이름의 연못이 보인다. 그리고 그 오른쪽에 작은 다리가 있는데, 이것이 정조가 세운 응란교다. 응란교는 지금의 종로구 연건동 29번지에 해당한다. 그러니까 창경궁로의 홍화문 북쪽 어림부터가 반촌이다.

윤기尹愭(1741~1826)의 〈반중잡영泮中雜永〉을 보면 보다 분명하다.

하마비 남쪽에 길 하나 가로로 뚫렸으니,
반촌의 경계는 여기서 분명히 정해지네.

지금 돌을 세워 표시한 곳 어디메뇨,
경모궁 연지의 연꽃이 핀 곳이라네.[7]

〈경성행각〉의 자료와 일치한다. 이 시의 주석도 참고가 된다.

옛날의 반촌은 관현에서 혜화문에 이르는 길을 경계로 삼았는데, 당저
조當宁朝(정조)에 경모궁 앞 연지 가에 돌을 세우고 반촌의 경계로 삼았
다. 연지 이북이 모두 반촌이다.[8]

원래는 관현館峴(창경궁과 성균관대학교 사이의 고갯길)에서 혜화문에 이
르는 길이 하한선이었는데, 정조 때 경모궁의 연지를 반촌의 하한선으로
고친 것이다.

이곳이 반촌에 포함된 것은, 당연히 경모궁의 조성과 관계가 있었다.
정조는 경모궁을 조성한 뒤 주변에 인가가 없는 것을 쓸쓸하게 여겨 인
가를 채워 넣을 생각으로 1782년 광례교廣禮橋 동쪽에 현방 한 곳을 더 설
치하고 연지 북쪽을 반인의 새로운 거주지로 삼았다.[9] 이것은 1707년 이
후 반촌의 범위가 다시 확장되었음을 의미한다. 한편 반촌은 성균관 쪽
에서 경모궁 방향으로 곧장 내려오는 길을 중심으로 하여 오른쪽은 동반
촌, 왼쪽은 서반촌으로 나뉘었다. 서반촌의 시작은 지금의 창경궁 월근
문月覲門 앞 박석고개부터다. 그리고 동촌의 동쪽 한계는 동소문, 곧 혜화
문이었다.

반인은 반촌에만 거주해야 했다.[10] '반촌 한 구역은 다른 사람의 입주
를 허락하지 않는'[11] 반인 이외는 거주를 불허하는 곳이었다. 이것은 법
적 구속력을 갖는 것은 아니었고 관행이었지만, 꽤나 힘 있는 관행이었던

것으로 보인다. 예컨대 반인이 아니면서 반촌에 거주지를 마련했다가 쫓겨난 경우도 있었다. 1743년 11월 6일 지평 조재덕趙載德이 외인의 거주를 불허하는 반촌의 땅을 재상의 아들들이 점유했다고 지적하며 조사해 처리할 것을 요청한 사건이 있었다.[12] 이것으로 미루어 사족이 반촌에 거주지를 마련하는 일이 없지 않았던 것이다. 다만 반촌은 소를 도축하여 판매하는, 사회적으로 꺼리는 일을 맡았던 반인들이 거주하는 곳이므로 사족들의 주거가 드물었을 것으로 생각된다. 반촌이 반인들의 집중적 거주 공간이 된 것은 18세기 초반으로 짐작된다. 조재덕이 지적한 '재상'은 홍호인洪好人인데, 그는 자신이 반촌에 집을 지은 것에 대해 극력 변명하면서 "반촌은 예부터 모두 사대부들의 집이었지만, 집을 팔고 이사를 간 것은 겨우 십수 년이고, 반촌이라 해도 금령禁令이 없었다"[13]고 주장하고 있기 때문이다.

예외는 항시 있는 법이니 절대적인 것은 아니지만, 반촌은 대체로 반인만 살 수 있는 특수한 거주지로 인식되었다. 역으로 반인은 반촌을 벗어나 살 수 없었다. 반인과 여염의 백성은 화華·이夷처럼 다르게 인식되었으므로, 반인은 반촌을 벗어나 살 수 없다는 금령이 있었고, 만약 이 금령을 어길 경우 반인은 반드시 소환되어야만 했다.[14]

18세기 초반 이후 반촌은 반인의 거주지라는 원칙은 대체로 준행되었으나 때로는 반인이 반촌을 벗어나는 경우가 없지 않았다. 반인의 반촌 이탈 이유는 주로 경제적인 문제였던 것으로 보인다. 1743년 영조는 "과거 반인은 묘정비를 세운 모퉁이에서 멀지 않았으나 지금은 물 흐르듯 떠나는 자가 많다고 들었다"면서 그것은 결국 '반인의 폐단泮人之弊' 때문이라고 하였다.[15] 반인의 폐단은 반인에 대한 수탈의 증가로 반인의 생활이 피폐해진 것을 의미한다. 1782년 광례교 부근에 현방을 추가로 설치하기

전 반촌을 벗어난 반인을 쇄환하라는 왕명이 있었고, 또 현방의 설치 역시 반인을 다시 불러들이고자 하는 의도를 갖고 있었던 것이다.[16]

반촌은 또한 금리와 순라군이 들어가 소란을 피울 수 없는 곳이었다.[17] 곧 금례들은 관현을 넘어 반촌으로 들어가지 못했다.[18] 반촌이 이렇게 금지가 된 것은, 그 내부의 성균관이 공자를 위시한 유가의 성인들을 모신, 성화聖化된 공간이었기 때문이다. 1606년(선조 39) 형조의 서리가 성균관의 하인을 체포하려고 하자, 수복守僕 한 사람이 성균관의 내정內庭으로 들어갔고 형조 서리 역시 쫓아 들어갔다. 예조는 이 문제에 대해 범죄자로 의심되는 자가 모두 동쪽 반수 밖에 살고 있는데, 성균관 안에서 소란을 피운 것은 전에 없던 일이라고 지적했다.[19] 1639년 김육金堉은 "성균관은 나라에서 크게 금하는 일이라 하더라도 그것을 구실로 향교香橋를 넘어 반중泮中에 들어갈 수 없고, 어기는 자를 처벌하는 것이 오래된 규례"[20]라고 하면서 성균관이 성화된 공간임을 말하고 있다. 이 전통은 16세기 중반에 이미 있었던 것으로 보인다. 명종은 1546년 승정원에 "전부터 금란禁亂하는 일이 있어도 성균관에는 들어갈 수 없다는 말이 있다"라고 말하고 있다.[21]

다만 이것은 성균관에 들어갈 수 없다는 것이었지 반촌에 들어갈 수 없었던 것은 아니었다. 반촌에 금리, 순라군, 포교 등 일체의 집법기관의 하예들이 들어가지 못한 것은 17세기 중반부터였던 것으로 보인다. 《연려실기술》에 의하면, 인조 때 밤에 순찰을 돌다가 반촌에 들어간 군교軍校를 왕명으로 치죄한 일이 있었다.[22] 단정하기는 어렵지만, 금리와 순라군, 포교 등 일체의 체포, 수사를 위해 집법리執法吏가 반촌에 들어갈 수 없는 금지의 전통은 인조 조 이후에 생긴 것이 아닌가 한다.[23]

실제 이후 이 금지의 전통이 현실적 구속력을 갖고 있었던 것을 확인할 수 있는 사례는 여럿이다. 1730년(영조 6) 10월 11일 우의정 조문명趙文命은 이렇게 말하고 있다.

> 형조판서 김취로金取魯의 말을 듣건대, 반인이 한 짓이 매우 해괴하다
> 합니다. 북부 장의동壯義洞 주위에 금송禁松의 정령이 행해지지 않기에
> 사람을 시켜 살펴보았더니, 반인의 무리가 생솔을 함부로 베어가고 있
> 었습니다. 사람들이 잡으려 하니 도끼로 사람을 찍고 성을 넘어 도주
> 하여 그대로 반촌 안에 숨었는데, 모든 금란에도 반촌엔 감히 들어갈
> 수 없기에 잡아낼 길이 없다 하니, 참으로 민망한 일입니다.[24]

영조는 성균관 대사성에게 일의 해결을 지시했지만, 성균관 유생들이 전통을 무시한다며 권당捲堂(성균관 유생들이 행하던 일종의 동맹휴학)을 하였다. 결국 반인은 체포되지 않았다. 동일한 사례는 두루 발견된다. 1775년 성균관 대사성 조준趙㻐은 형조의 금리가 반촌에 들어와 소란을 피운 것은 '금리는 반촌에 들어올 수 없다'는 400년 이래의 전통을 무시한 것이라면서 형조에 항의했으나, 금리를 처벌하지 않았다고 지적했다.[25]

반촌은 일종의 치외법권 지역이었다. 반인들 사이의 소송사건은 성균관에서 맡는 것이 법이었다. 다른 법사인 형조나 한성부가 개입할 수 없었다. 만약 일반 백성과 반인 사이에 송사가 있을 경우 형조에서 심리하였다. 일반 백성이 승소한다면 반인은 사건을 성균관으로 가져갔고 성균관에서는 대개 반인의 손을 들어주었다.[26] 반인은 갇혀 살았지만 그것을 도리어 이용하기도 하였다. 이들은 영조 대의 강력한 금주령에도 불구하고, 금주를 단속하는 삼법사의 하예들이 반촌에 들어오지 못한다는 점을 이용해 술을 빚어 팔기도 했던 것이다.[27]

반인의 유래

노비는 일반적으로 그 유래가 불분명하다. '말하는 동물'인 노비의 선조를 굳이 따져 밝히려는 관행 자체가 전근대사회에 흔할 리가 없다. 다만 반인泮人은 예외적으로 그 유래가 분명하다. 반인의 기원은 고려 말 성균관의 재정비에 크게 기여했던 안향安珦(1243~306)의 사노비私奴婢다. 안향은 성균관에 자신의 녹봉과 노비 100명을 바쳤다고 한다.[28] 고려 말기 성리학을 처음 한반도에 전한 인물로 알려진 안향은 당연히 성균관과 밀접한 관계가 있다. 안향은 유학의 진흥을 위해 1304년(충렬왕 30) 5월 관료들을 대상으로 모금운동을 벌여 성균관에 섬학전贍學錢을 조성하고, 이 돈의 일부를 중국 강남으로 보내 경전과 역사서 등을 수입하였던 바, 이로 인해 성균관의 분위기가 일신되었다고 한다. 같은 해 6월에는 또 성균관 대성전이 완성되어 학생들이 몰려들었다고 하니, 안향이야말로 고려말 성균관 부활운동을 주도한 인물이라 하겠다. 그런 그가 자기 소유의 노비를 성균관에 기증했던 것은 이상할 것이 없다. 물론 성균관의 모든

02
반인

노비가 안향이 하사한 노비의 후손은 아닐 것이다. 1407년 태종은 성균관에 노비 300명을 하사하여 복호復戶하고 '쇄소灑掃의 역' 곧 청소 등의 일을 맡게 했다고 하였으니,[29] 이때 태종이 성균관에 기증한 노비는 안향의 노비와는 상관이 없었을 것이다.

안향과 태종이 기증한 노비 중 일부는 서울에, 일부는 지방에 거주했다. 서울의 노비는 문묘의 제향과 유생들의 식사 등 학교에 노동력을 제공했고, 지방의 노비는 신공을 바쳤다. 지방 노비의 신공은 유생들이 사용하는 기름과 땔감, 기타 시설을 마련하는 비용으로 사용되었다.[30] 반인은 오직 성균관에 복무하는 것이 원칙이었다. 예컨대 세종은 자신이 부리던 시녀가 안향이 기증한 성균관의 노비라는 것을 알고는 다시 성균관에 돌려주기도 하였다.[31] 동일한 사례는 종종 발견된다. 1469년(예종 1) 예조에서는 성균관의 보고에 의거해 예종에게 '성균관의 노비는 안향이 바친 사노비'인 바, 다른 관청에서 부리는 것은 부당하니, 전적으로 성균관에 복무하게 할 것을 요청하여 승낙을 받았다.[32] 성균관의 노비가 안향이 공여한 노비의 후손이라는 특수성이 있다는 것은 조선 초기부터 이미 공지의 사실이었고, 이러한 역사성에 근거해 '9번의 선지宣旨'로 성균관에 복무하는 것 외에 다른 사역에 동원하는 것을 금지했던 것이다.[33] 다만 '9번의 선지' 곧 9차례의 왕명이 있었다는 것은, 역으로 성균관 노비를 다른 관청에서 사역하려는 시도가 끊임없이 있었다는 것을 의미한다. 실제 《예종실록》의 자료에서 보듯 성균관의 노비를 다른 관청에서 사역하는 일은 실제로 빈번하게 있었을 것으로 생각된다. 하지만 성균관 노비의 특수성을 들어 다시 성균관으로 복귀시키고자 하는 의지 역시 강력하게 작동하고 있었다는 것을 상기할 필요가 있다. 예컨대 1474년(성종 5) 예조는 역시 성균관의 보고에 의거해 동일한 논리로 공신의 노비로 주거나 다른

관청에 이속시킨 노비를 다시 성균관으로 돌려줄 것을 요청하여 성종의 허락을 받아내었다.[34]

　성균관 노비는 오직 성균관에서만 복무해야 한다는 것은 성균관 유생들도 공유하는 원칙이었다. 1476년 여산군驪山君 민발閔發이 성균관의 남자종 1명과 여자종 1명을 공신에게 지급되는 노비라는 핑계로 자신의 소유로 만들었을 때 성균관 유생들은 성종에게 상소하여 다시 성균관으로 돌려줄 것을 요청했다.[35] 성종은 끝내 해당 노비를 성균관으로 돌려보내지 않았지만, 성균관 유생들까지 성균관 노비를 성균관 외의 어떤 개인도, 관청도 소유할 수 없음을 주장했다는 사실 그 자체는 매우 중요한 의미를 갖는다. 곧 성균관 노비 곧 반인은 조선 시대의 여타 노비와는 달리 성균관이란 교육기관과 관련해 존재한다는 독특한 정체성을 인지하고 있었던 것이다.

　성균관의 노비 역시 자신들이 안향의 노비로부터 유래한 집단이라는 사실을 인지하고 있었던 것으로 보인다. 물론 1407년에 태종이 하사한 노비도 있었으니, 전부가 안향의 노비는 아니었겠지만, 그들이 내부적으로 자신들의 조상이 안향의 노비였다는 것을 믿고 있었다는 사실 자체가 중요하다. 성종 때의 문신 이륙李陸은 이렇게 말한다.

　　고려의 문성공은 학교를 수리하고 유학을 일으키는 것을 자신의 임무로 삼고, 노비를 성균관에 희사했다. 그래서 지금도 문성공의 이야기를 서로 전하면서 존경하고 사모한다. 문성공의 자손이 성균관에 입학하면 노비들이 "이분은 우리의 주인이다"라고 말한다. 성균관의 관리들 또한 여느 유생과는 달리 대우한다.[36]

성균관 노비 스스로 자신들이 안향의 노비의 후손이라고 인식하고 있었던 것이다. 성균관 노비의 이와 같은 자의식은 18세기 후반에도 그대로 계승되었다. 다시 윤기의 〈반중잡영〉을 참고하자.

동방에 안문성공安文成公(안향) 같은 분이 계시어
화상畫像을 구입하고 경서를 실어 와서 다시 국학 세우셨지.
바치신 노비 백 명 후손도 많을시고
지금도 제단에서 정성을 다하누나.[37]

반인들은 안향을 자신들의 상전으로 여기고, 반촌 북쪽에 제단을 만들어 안향의 기일에 제사를 지냈으며, 성균관에서도 제사 때면 쌀을 제수로 지급했다고 한다.[38] 이들은 '모두 준수하고 인물은 송도松都와 같다'는 평가를 받았다.[39]

성균관의 노비로서 반인은 당연히 성균관의 재산으로 파악되었고, 그러기에 당연히 관리 대상이었다. 이만부李萬敷가 1689년에 쓴 《태학성전太學成全》에 의하면 식년式年 곧 3년마다 한 차례 장무관掌務官이 경중의 노비를 추쇄하였다.[40]* 경중의 노비는 곧 반인을 의미한다. 성균관 소유의

───────

* 현재 《태학성전》은 필사본 2종이 전한다. 쉽게 이용할 수 있는 것은 《식산전서息山全書》, 3,233~3,345쪽에 영인되어 실린 것이다. 이 영인본 《식산전서》는 해제가 없기 때문에 《태학성전》의 원 소재지와 그 필사자에 대해서는 전혀 알려진 바 없다. 그런데 권3의 〈잡물용기雜物用記〉에 '中廢矣. 己巳十一月復舊'라는 기록이 있는 것으로 보아(영인본, 《식산전서》, 3,337쪽) 이 책은 적어도 1689년 11월 이후에 쓴 것이 분명하다. 좀 여유를 둔다면 영인의 대본이 된 필사본은 1690년 이후 필사 과정에서 필사자가 자료를 첨가했을 가능성도 있다. 다만 이 책에서는 1689년의 저작으로 보고 인용하겠다. 또한 이 영인본 《태학성

노비라는 속성으로 인해 반인은 성균관과 반촌이란 울타리를 벗어날 수 없었고 오로지 성균관에만 복무하는 것이 원칙이었다. 이러한 관행의 지속은 1746년부터 시행된 《속대전》의 "성균관 노비는 면천을 허락하지 않고, 면천해줄 만한 공로가 있어도 다른 상을 주며, 성균관 외에 다른 역사役事를 시키지 않는다"[41]는 조항으로 구체화되었을 것이다. 반인은 1801년 내수사와 중앙 행정기관의 노비를 혁파할 때 공식적으로 노비 신분에서 해방되었다. 하지만 이것이 큰 의미를 갖는 것은 아니었다. 성균관에 예속되어 노역을 제공하는 것은 동일하였고, 반주인, 현방 경영자로서의 위치도 바뀌지 않았다. 또한 그들을 바라보는 사회적 시선도 여전히 차별적이었다. 그들은 1894년 갑오개혁 전까지는 여전히 반인이었던 것이다.

반인의 수

반인이 반촌을 떠나 사는 경우는 다분히 예외적이었을 것이다. 그렇다면 반촌을 거주 공간으로 삼는 반인의 수는 얼마나 되었을까? 임병양란 이

전》은 온전한 상태가 아니다. 예컨대 《태학성전》은 모두 4권인데, 3권 첫머리의 목차는 '현방懸房'으로 끝나지만, 실제 내용에는 '현방'에 해당하는 부분이 없다. 아마도 원래 있었던 것이 유실된 것으로 보인다. 또한 〈각주 69〉에서 밝힌 것처럼 영인본 《태학성전》은 원본을 베끼는 과정에서 실수로 글의 차례가 뒤섞인 곳도 있다. 따라서 이용하는 데 유의해야 할 것이다. 영인본 《태학성전》 외에 성균관대학교에 《태학성전》이 또 하나 전한다. 비교해보면 자료의 양과 편차 등이 상당한 차이를 보인다. 성대본 《태학성전》은 내용이 정제되지 않은 것으로 보아 미정고未定稿일 가능성이 크다. 이 책에서는 영인본 《태학성전》을 자료로 삼되 앞으로 따로 출처를 밝히지는 않는다. 성대본 《태학성전》을 인용할 경우 따로 성대본이라는 것을 밝힌다.

전에는 짐작할 만한 자료가 전혀 없다. 다만 《태학성전》에 당시 성균관이 보유한 노비의 수와 지역적 분포를 소개한 자료가 있는데, 이 중 경안京案 이라 하여 서울 소재 성균관 노비의 수를 장노비壯奴婢 844구口, 약노비弱 奴婢 609구, 도합 1,453명으로 밝히고 있다. 얼마나 완벽하게 파악한 것 인지는 알 수 없지만, 대체로 1,500명 정도로 보인다. 현재 《승정원일기》 를 이용하여 《태학성전》이 작성되던 17세기 말경의 반인의 호구 수를 보 면 다음과 같다.

① 1682년(숙종 8년 9월 2일) 수천 명[42]

② 1682년(숙종 8년 10월 10일) 4,000여 명[43]

③ 1682년(숙종 8년 12월 25일) 340호 약 2,000명[44]

④ 1683년(숙종 9년 3월 9일) 수천 명[45]

⑤ 1689년(숙종 15년 6월 23일) 321호[46]

⑥ 1692년(숙종 18년 3월 9일) 약 400호[47]

⑦ 1698년(숙종 24년 1월 21일) 약 500호[48]

대부분 1682년에서 1698년까지의 인구 수 혹은 호구 수의 어림치이 다. 다만 이 중에서 특기할 만한 것은 ③과 ⑤이다. ③은 "관전복館典僕은 도합 340호이고, 그 남자와 여자, 노약자는 2,000명 아래로 내려가지 않 을 것"이란 상당히 구체적인 진술에서 나온 것이기 때문이다. 이 340호 는 7년 뒤인 1689년 ⑤의 321호와 아주 근접한 수이다. 그런데 ⑤의 경 우, 321호는 "대개 동부東部의 민호民戶 2,957호 중 성균관 노비 321호, 어의동 280호, 건덕방계建德坊契 408호를 합하면 모두 1,009호다"라는 진 술 속에 포함된 것이다. 이것은 당시 호적을 자료로 삼은 것이 분명하다.

따라서 1682년에서 1689년경의 반인의 수는 대체로 321~340호 정도, 인구로는 2,000명 정도로 추정할 수 있다. 이 수는 1689년 《태학성전》의 1,453명과 크게 차이가 나는 것은 아니다. 대체로 2,000명 안쪽이었을 것으로 추정된다. 여기에 약간의 의미를 더할 수 있는 것은 ⑥의 1692년 약 400호, ⑦의 1698년 약 500호라는 증가 추세이다. 확언할 수는 없겠지만, 즉 300호 대에서 400호, 500호로의 변화는 반인의 인구가 증가하고 있음을 나타내는 것이 아닐까? 이것은 앞서 검토한 1704년과 1707년 반촌 경계의 확대와 맞물리는 현상으로 추정된다.

반인의 인구는 계속해서 불어났던 것으로 보인다. 물론 18세기와 19세기에도 반인의 수에 대한 정확한 통계는 없으나, 인구가 불어났던 것은 다음 자료로도 충분히 짐작할 수 있다.

○ 1790년(정조 14년 3월 23일) 800호[49]
○ 1795년(정조 19년 8월 22일) 1,000여 호[50]

1세기가 지나면서 반인의 호수는 800호, 1,000여 호로 증가했던 것이다. 곧 17세기 말에서 1세기가 지나 18세기 말이 되면 반인의 수가 곱으로 늘어났다는 것을 의미한다. 정확하게 계수計數한 문서, 예컨대 호적과 같은 것이 아니면, 그 정확한 숫자는 알 수 없지만, 반인은 18세기 말이면 1만 명 정도에 이르렀던 것으로 보인다.[51]

반인의 노역

성균관은 대사성 이하 관료진과 교수진들이 있었으므로 이들을 위해 노역을 떠맡을 사람이 필요했다. 그 노역의 담당자는 반인일 수밖에 없었다. 또 성균관은 공자의 위패를 모신 대성전과 강의동인 명륜당 외에도 유생들의 기숙사인 동재東齋와 서재西齋, 식당 등 여러 건물이 있었다. 이 건물의 유지, 관리 역시 모두 반인의 몫이었다. 200명 정원의 성균관 유생을 위한 잡역도 모두 반인의 몫이었다. 성균관의 노비로서 반인은 성균관이란 교육기관의 유지에 필요한 일체의 신체노동을 떠맡았던 것이다.

성균관이 필요로 하는 노역은 다양했다. 노역은 세분화되어 있었는데, 그에 동원되는 반인의 명칭 역시 다양했다.[52] 《태학성전》에는 모두 약 30종을 상회하는 반인의 사역使役이 열기列記되어 있다. 세분화된 사역 상호 간 관계와 위계가 어떠하였는지는 정확히 알 수는 없지만, 그 정점에 서리가 있었던 것은 분명하다. 먼저 서리에 대해 검토해보자. 《경국대전》〈이전吏典〉 경아전京衙前 조에 의하면 성균관에는 사무를 위한 10명과 대사성 수행을 위한 1명, 합쳐서 모두 11명의 서리가 있었다.[53] 또 성균관의 속사屬司라고 할 양현고養賢庫에는 5명의 서리가 있었다. 그런데 1746년 《속대전》에 이르면 성균관 서리는 21명으로 늘어나 있었다.[54] 1785년의 《대전통편大全通編》에도 21명이었고,[55] 1865년 《대전회통》에 가서 28명으로 증가하였다.[56] 다만 이것은 법률상 정원이고 현실에서는 약간의 편차가 있었다. 《대전회통》과 같은 해인 1785년에 작성된 《태학지太學志》에는 서리 이하 원역들의 수를 다음과 같이 밝히고 있다.

○ 서리─서리 26명, 서사서리書寫書吏 1명. 책색서원册色書員 1명

○ 기타 원역—대청직大廳直 1명, 사령使令 40명, 구종丘從 7명, 고직庫
　　 直 2명

　총 78명[57]

　서리가 26명인데, 서사서리, 책색서원 역시 서리로 볼 수 있다. 따라
서 서리의 총수는 28명이다. 기타 원역은 서리 이하의 잡다한 노역을 담
당하는 사람들이다. 물론 이런 정원의 증가에 대해 큰 의미를 부여할 필
요는 없다. 이 책이 다루는 조선 후기 성균관에 20~30명 사이의 서리가
근무하고 있었다고 생각하면 그만이다. 정작 중요한 것은 서리 외의 잡역
들이다.

　서리 외에도 관료조직의 유지에는 다양한 노동이 필요하였던 바, 이
역시 모두 노비가 맡았다. 노비는 차비노差備奴와 근수노跟隨奴로 구분되
는데, 전자는 관서의 잡역을, 후자는 문무 관원에게 개인적으로 소속되
어 몸종 역할을 담당하였다. 근수노는 흔히 구종驅從, 별배別陪라고도 불
렀다. 조선 시대 관청에는 예외 없이 차비노와 근수노가 배치되어 있었
다. 《경국대전》에 의하면, 성균관의 차비노 정원은 38명, 근수노 정원은
15명이다.[58] 이것은 원칙일 뿐 정확하게 지켜진 것은 아니다. 차비노는
각 관청의 잡역을 담당하는데, 《경국대전》에 의하면 지방에서 선상選上되
는 노비로 1년에 6개월을 근무하게 하였다. 성균관의 경우, 반인이 있었
으므로 지방의 선상노는 필요하지 않았을 것이다. 성균관에는 법제상 모
두 37명에 이르는 관원이 있었으니,[59] 이들에게도 당연히 근수노가 지급
되었다.

　《경국대전》을 위시한 조선 시대 법전은 차비노와 근수노의 숫자만 밝
히고 있을 뿐 정작 그들이 관청에서 하는 일에 대해서는 말하지 않는다.

법전뿐만 아니라, 대부분의 문헌 역시 이들 노동의 구체성에 대해서는 침묵한다. 《태학지》역시 다를 바 없다. 다만 《태학성전》만은 예외다. 곧 이 책 3권의 '차역질差役秩'에 반인이 맡는 21개 직명의 인원 수, 입번入番과 입역立役 기간과 교체 시기, 담당 노동 등이 기록되어 있다. 이로써 반인이 담당했던 성균관에서의 노동의 내용과 성격을 알 수 있다. 이 자료는 17세기 말에 쓰인 것이지만, 성균관의 성격과 그 행정조직과 관료 구성원들이 조선조 말까지 거의 바뀌지 않았던 것을 생각하면, 이 자료는 대체로 19세기 말까지 적용 가능한 것으로 여겨진다.

'차역질'은 서리부터 시작한다. 이에 의하면 성균관 서리는 '본관서리本館書吏' 10명, 당상댁배서리堂上宅陪書吏 1명, 양현고서리 5명이다. 이것은 《경국대전》의 성균관 10명, 대사성 1명, 양현고 5명이라는 서리의 정원에 정확하게 상응한다. 즉 1689년까지 《경국대전》의 서리 정원은 원칙적으로 변화가 없었던 것이다. 다만 '차역질'의 경우, 실제 서리의 임무와 입역 기간 등을 구체적으로 정하고 있을 뿐이다.

본관서리는 장무서리掌務書吏 1인, 지통서리紙筒書吏 1인, 책색서리 1인의 보직이 있었다. 전체 10명 중 장무서리와 지통서리는 15일, 책색서리는 1년 간격으로 교체되었다. 장무서리는 거동擧動 및 좌기坐起(관아 우두머리가 출근하여 일을 시작함) 때 여러 사원司員에게 고목告目을 나눠 보내고, 유생의 어전御前 정거停擧, 사원司員의 숙배단자肅拜單子, 추치推治(죄인을 다스려 벌을 줌) 등의 일을 맡았다.[60] 지통서리는 식당을 감독하고 검사하는 데 필요한 편람便覽 책자, 유생들이 경서 암송시험을 칠 때 거안擧案(참석자 명단)을 수정하는 일, 반원점공문泮圓點公文, 식당의 분수分數 고목告目, 진지비자進止婢子의 점고點考, 성균관 유생의 정거, 사원의 명함을 써서 보내는 일을 맡아보았다.[61] 책색서리는 당연히 서책에 관한 일, 곧 전

강전講·고강考講·통독通讀 서책의 장첨長籤·원첨圓籤·과제課題 및 모든 서책을 간검看檢하고 출납하는 일을 맡았다.[62] 당상댁배서리는 곧 배서리陪書吏로 성균관 대사성을 개인적으로 수행하며 수발을 드는 일을 맡았다. 이상의 역할에 대해 소상히 소개하자면 상당한 지면이 필요할 것이다. 대충 이것으로 그치자.

이상 서리 10명과 당상댁배서리 1명을 간명하게 정리하면 다음과 같다.

　　○ 장무서리—1, 2, 15일
　　○ 지통서리—1, 2, 15일
　　○ 책색서리—1, 2, 1년
　　○ 공방서리—2, 4, 1년
　　○ 당상댁배서리—1, 1, 미기재

(*) 첫 번째 숫자는 인원, 두 번째 숫자는 총 인원, 세 번째는 근무일 수

근무하는 장무서리는 1명이다. 15일 근무하면 이어 다른 근무자가 들어와 15일을 근무한다. 총 2명이 장무서리인 셈이다. 당상댁배서리는 성균관 대사성이 정3품 당상관이기 때문에 '당상댁'의 배서리라 부른 것이다. 인원은 1명이다. 현직의 대사성이 누구냐에 따라 소속처가 달라지기 때문에 근무일 수를 적지 않은 것이다. 총 인원이 10명이라고 해놓았지만, 실제 그 이상일지도 모른다. 일단 1명으로 가정한다면, 서리는 총 11명이다.

위에 열기한 서리 중 공방서리 4명이 보인다. 공방서리는 본관서리에 포함되어 있지 않았다. 이것은 양현고와의 관계 때문이다. 양현고는 성

균관의 재정을 담당하는 관청이므로 그 성격상 성균관 내부 기관으로 보이지만, 《경국대전》 때부터 법적 차원에서는 독립적인 기관으로 존재했다. 양현고의 서리는 5명인데, 이 중 2명은 공방서리의 직임을 담당하는데, 1년을 주기로 교체한다. 공방서리는 명목상 양현고 소속이지만, 실제로는 성균관의 서리로서 성균관과 양현고의 미포米布의 회계문서, 채모菜母·식모食母의 번기番記, 반미飯米를 마련하는 일 등을 맡았다.* 더 이상 구체적으로 알 수 없지만, 공방서리 4명[63]을 장무서리 2명, 지통서리 2명, 책색서리 2명, 당상댁배서리 1명에 더하면 모두 11명으로 '차역질'에 제시된 숫자가 된다.

이상의 서리들은 당연히 삭료를 받았다. 곧 성균관 서리 10명과 양현고의 5명, 그리고 '무료서인無料書人' 3명, 여기에 근거를 밝히지 않은 7명(합쳐서 10명)은 관에서 매달 무명 2필을 지급받았다.[64] 서리들에게는 일정한 삭료가 지급되고 있었던 것이다. 이상 서리는 모두 25명 정도인데, 이들은 기본적으로 문서나 서책에 관한 일을 맡아보았다.

서리는 반인 중에서도 혈통이 약간 달랐다고 한다. 윤기는 반인이 맡은 일에 대해 "관비館婢의 소생은 직동直童이 되고, 다른 계집종 자식은 서리에 이름이 오른다네. 재직齋直(성균관 관비 소생의 소년)은 장성하여 수복守僕(서원 등지에서 청소 등을 맡아보던 구실아치)이 되니, 반인들이 지는 역役은 본디 길이 다르다네"[65]라고 하고, 여기에 주해를 달았다.

* '공방工房'은 이방吏房·호방·예방禮房·병방兵房·형방刑房·공방 등 관청의 업무를 여섯 가지로 분장하게 한 데서 나온 말인 듯한데, 실제 공방서리가 맡는 것은 성균관과 양현고의 회계. 이것은 원래 '호방'에서 맡아야 할 것 같은데, 왜 공방서리가 맡게 되었는지 알 수가 없다.

이것은 반인들의 신역身役이 각각 다름을 읊은 것이다. 관비의 소생은 재직이 되고, 다른 계집종에게서 난 자식은 서리가 된다. 재직은 장성하면 수복이 된다. 반인들 중에서도 그 신역이 각각 다른 것이다.[66]

반촌의 남자가 성균관 외부의 비녀婢女와 관계하여 자식(아들)을 낳을 경우, 그 자식은 서리가 되고, 반인 여성과 관계하여 자식을 낳을 경우, 그 자식은 성균관의 '재직(직동)'이 된다. 물론 서리라고 해서 반인이 아닌 것은 아니다.

서리 이하로 신체노동을 담당하는 25종류 직역이 있었다. 이들을 편의상 관리직역, 조달직역, 여성직역으로 나누어보자.[67]

■ 관리직역

○ 수복守僕─4명. 보름마다 2명씩 입번立番한다.

○ 책색고직冊色庫直─2명. 상번上番·하번으로 나누어 1년마다 교체한다.

○ 수노首奴─5명. 보름마다 교체한다.

○ 방색장房色掌─1명. 7일 반을 입역하면 교체한다. 한 달 동안 4명이 입역한다.

○ 대청직大廳直─1명. 보름 전과 보름 후에 번번을 바꾼다.

○ 연청직硯廳直─어린 노비 가운데서 눈치가 빠르고 문자를 조금 이해하는 자를 뽑아서 시킨다.

○ 서반당西泮堂 대청직─1명. 보름 전후에 교체한다.

○ 사학당四學堂 고직─보름 전후에 교체한다.[68]

○ 식당직食堂直─1명. 보름 전후에 교체한다.

○ 상직방직上直房直─1명. 보름 전후에 교체한다.

○ 향관청직享官廳直─1명. 보름 전후에 교체한다.

○ 서벽고직西壁庫直─1명. 보름 전후에 교체한다.

○ 양현고고직養賢庫庫直─1명. 1년마다 교체한다.

○ 도사령都使令─13명. 통틀어 1년이 되면 교체하여 입역한다. 어전
魚廛 1명을 더 내니 합쳐서 14명이다.

○ 아방사령亞房使令[69]

○ 양현고사령養賢庫使令─1명. 서벽에서 차정해 보낸다.

○ 양현고군사─1명. 위장소衛將所에서 정해 보낸다.

이상의 총 인원 수는 47명+α다. 이들의 업무는 다음과 같다.

○ 수복─대성전大成殿 안팎의 보호, 동재·서재에서의 예모禮貌, 재임
齋任이 가고 오는 일, 대성전 안팎의 뜰과 동·서 반수泮水를 보살피
는 일과 청소 및 포동계浦洞契와 입비우계立碑隅契의 방민坊民을 입
역入役하게 하는 일을 맡아보는데, 반드시 관에 고하고 거행해야 한
다. ○ 홍촉紅燭·재촉齋燭(동·서재의 초)·거자炬子(홰)·자촉刺燭과
절일節日에 동재·서재에 주는 별공別供 등의 물건을 하번下番 수복
한 사람에게 보름날마다 돌아가면서 갖추어 바치게 할 것. 그 값은
서벽에서 지급한다.

○ 책색고직─책색서리와 협력하여 서책을 간검하고 재중의 유생들
이 장서각의 책을 보고자 하면 당직 차지次知는 출납해야 한다.

○ 수노─매년 초봄의 기명器皿 가목은 7필[지금은 12필이고, 서벽에서
지급한다]. 식당의 찬물饌物과 각 차비差備의 기명 및 노비의 단속,

기지基地 주거인을 통솔하는 일, 연번烟燔·반혼返魂·혼례婚禮·창방
唱榜 때 시배侍陪(곁에서 모시는 사람)를 정해서 보내는 일을 맡는다.

　◌ 하전방下典房(아전 방)을 검칙하는 일은, 출번出番한 수노 1명의
차지다.

○ 방색장房色掌─동재·서재의 사환과 수노의 사환을 맡는다.

○ 대청직大廳直─인신印信과 지통궤紙筒櫃, 사중司中에서 쓰는 병풍과
장막을 설치하고 까는 등 여러 일을 맡는다.

○ 연청직─사중의 사환仕宦과 당상의 출입 때 의막依幕의 연갑硯匣을
맡아 대령하는 일을 맡는다.

○ 서반당 대청직─대청의 수직과 계단과 뜰, 담장을 수리하고 청소하
는 일을 맡는다.

○ 사학당 고직─서반당 계단 아래부터 대문 안의 담장을 수리하고 청
소하는 일 등을 맡는다.

○ 식당직─식당의 보진補陳(아마도 포진鋪陳인 듯)·도배, 담장 안팎 뜰
의 수리와 청소, 하재下齋에서 가고 올 때 떠드는 것을 금하는 일,
아침저녁 식당의 북을 치는 일을 맡는다.

○ 상직방직─은배銀盃 1벌 2개와 상직방 정록청正錄廳 등의 안팎 담
장과 뜰, 식당 도기에 원점을 계산해서 기입하는 일, 방중房中 소용
의 잡물 등을 맡는다.

○ 향관청직─안팎 담장과 뜰을 고치고 청소하는 일을 맡는다.

○ 서벽고직─수직守直의 쌀과 포목을 지급하는 일을 맡는다.

○ 양현고고직─쌀·밀가루·소금·장 등의 잡물과 재중齋中에 으레 들
이는 술, 좌기 때의 다담, 승보시陞補試 때의 호종呼鍾, 유생의 반미
飯米, 찬가태饌價太를 호조에 보고하고 받아오는 일을 맡는다.

○ 도사령─1월부터 9월까지 양도兩道의 차노差奴 7명이 입역한다. 1명이 36일 반을 입역해, 전체를 계산하면 255일 반이다. 6월 한 달 보름은 양현고고직이 입역한다.

○ 아방사령─봄가을의 석전제釋奠祭 및 유생이 상소했을 때 별색장청別色掌廳의 사환과 양현고에서 쌀과 콩을 지급할 때 역인役人을 차정하는 일을 맡는다. 동재·서재의 방의 온돌이 부서진 곳을 수리, 보수하고, 도배하는 사람을 돕고, 돌아가며 승보시의 좌기 때 사환하는 일을 맡는다.

○ 양현고사령─뜰에서의 사령과 금단禁斷·추치하는 일을 맡는다.

○ 양현고군사─대문의 자물쇠와 뜰의 보수와 청소, 사원司員이 상직上直 때문에 출입할 때 침롱寢籠을 실어 나르는 일, 사원이 타는 말의 여물과 콩죽, 상직방의 온돌, 횃불, 등유 등의 일을 맡는다.

이상의 여러 직역의 구체적인 내용을 파악하기 위해서는 상당히 많은 지면이 필요할 것이다. 여기서는 일단 성균관의 유지에 일상적으로 어떤 노동이 필요했는지, 또 그 노동이 반인에게 어떻게 분배되고 있었는지를 확인하는 정도로 그치자. 다만 이들이 실제 직역을 담당할 때의 구체적인 상황을 알아볼 필요는 있을 것이다. 역시 윤기의 〈반중잡영〉에서 인용한다. 시[70]에 딸린 주석이다.

아침에 북을 치면 동재와 서재의 부목負木이 동재·서재를 돌면서 뜰에서 읍을 하라고 외친다. 각 방의 재직들이 옷소매를 나란히하여 명륜당 뜰의 화나무 사이를 왔다 갔다 하면서 높게 소리를 뽑으면, 동서 양재의 유생들이 서로 향하여 읍하는 반열로 선다. 부목이 다시 읍하라

외치면 읍을 한 뒤 식당으로 들어간다. 부목은 역시 반인으로 삼는다. 동·서재에 각각 4명이 있다.

겨울에는 돈을 한 달에 15민緡을 받고 여름에는 반을 받아 온돌을 데우는 데 쓴다. 또 날마다 시키는 심부름을 맡아 한다. 장의掌議의 심부름과 동·서재의 공적인 일은 일차日次 부목이 하되 돌아가면서 한다. 또 식당의 아침과 재회齋會 때는 재직이 함께 와서 뜰에서 노래도 아니고 읊조리는 것도 아닌 소리를 낸다. 옛날부터 전해지기로 이것은 〈녹명장鹿鳴章〉이라고 하는데 아무리 해도 알아들을 수가 없다.[71]

부목·재직이 하는 일을 구체적으로 서술해놓았다. 이 외에 유생들의 식당에서 음식을 조리하고 차려내는 것, 성균관의 문묘 제향, 과거 등 주요 행사의 각종 노동, 유생들의 일상적인 심부름 등에 동원되었다.

조달직역은 다음과 같다.

■ 조달직역

○ 어전魚前─5명. 1년 동안만 입역한다. 한 달에 별좌반別佐飯의 가목價木 5필은 서벽西壁에서 지급한다. 위도蝟島에 진鎭을 설치한 뒤로는 1명을 더 주어 지금은 6필이다.

○ 원두園頭─6명. 1년 동안만 입역한다. 한 달에 지급하는 것은, 채소 가미價米 9석, 콩 1석(4월부터 9월까지는 양현고에서 지급하고 소금 5두를 더 지급한다), 매년 초봄의 종자種子 가목 4필이다(서벽에서 지급한다).

○ 수근원두水芹園頭—수노 5명 중에서 2년마다 1명씩 돌아가며 대답[*]
한다.

○ 부목負木—6명. 동재와 서재에 각 3명씩이다. 하루에 2명을 일차부
목日次負木이라 부르고 식당을 간검한다. 서반당西泮堂에 2명, 사학
당四學堂에 1명을 더 두어 모두 9명이다.

○ 재직齋直—상재上齋 방방房 하나마다 4명이다. 하재의 동재·서재에
각각 2명이다. 8세부터 15세까지 입역한다. 16세이면 실역實役을
대답한다.

어전부터 부목까지 총 인원은 22명이다. 동재·서재에서 생원시와 진
사시에 합격한 사람을 거재생居齋生이라 하고 그들이 기거하는 방을 '상
재'라고 한다. 상재는 동재와 서재 각각 12개 방이 있다. 생원·진사의 정
원이 차지 않을 경우 따로 뽑는 유생을 기재생寄齋生이라 한다. 동재·서
재 각각 2개의 방에 기거하는데 그 방을 '하재'라고 한다. 상재의 방 하나
에 재직이 4명이라면 모두 12개의 방에 4명이므로 모두 48명이고, 하재
가 방 4개에 2명씩 재직이 배치되므로 모두 8명이다. 재직의 총수는 모두
56명이다. 위 어전에서 부목까지 22명과 합하면 도합 78명이 된다.

조달직역의 업무는 다음과 같다.

○ 어전—해마다 사수斜水에서 바치는, 식당 소용의 좌반·젓갈[해물醢
物]·준치를 맡는다. ◯ 경기의 바닷가 각 읍에서 보내는 침해염沈醢
鹽(젓갈용 소금) 30석을 해마다 받아들이는 일, 강화에서 해마다 실

---

[*] '대답對畓'은 '맡는다'는 뜻으로 이해되는데, 정확하게는 무슨 뜻인지 알 수 없다.

어 보내는 백하해白蝦醢 15동이를 받아들이는 일, 석수어石首魚 270
속束을 매달 호조에 보고하고 받아오는 일. ○ 어물전과 생선전으
로부터의 수세收稅가 혁파된 뒤 해물醢物(젓갈)의 값은 한 달에 쌀
10석, 콩 6석이다(양현고에서 지급한다).

○ 원두──식당 소용의 침채沈菜·생채生菜·초채醋菜 등의 진배를 맡는
다(4월에서 9월까지). 참외는 재중齋中에 진배한다(6월 16일부터 7월
15일까지. 1인당 2개씩이다). 수박은 7월 16일부터 가을 석전釋奠 하
루 전까지 1인당 1개다. 4월에는 청총靑蔥을 준비한다. 9월에는 청
근菁根을 갖추어 수근원두에게 준다(경신년庚申年(1680)부터 시장에
서 수취하던 것을 혁파한 뒤 1인당 참외 2개, 수박 1개를 수복에게 돈
을 주고 사서 바치게 하는데, 2차례면 그친다). ○ 11월부터 정월까지
재중의 월동에 필요한 탄炭의 가미價米 12석을 호조에 보고하고 받
아와서 탄을 사서 진배한다(시장柴場을 복구한 뒤 가미를 받아오는
일은 혁파하였다). ○ 6월 한 달은 식당 소용의 빙정氷丁을 서빙고西
氷庫에서 돌아가면서 받아온다. 7월 한 달은 빙정을 더 사서 쓰는
데, 5일은 서벽에서 값을 지급하고 5일은 양현고에서 값을 지급한
다. 좌기 때와 모든 공회公會·차제差祭 때 따로 사용하는 얼음은 값
을 받아 사서 쓴다. ○ 사람마다 각각 관마官馬 한 필을 맡고 있다가
다른 사람에게 차례차례 넘겨 맡아보게 한다. ○ 동소문 밖 채전菜
田 18경耕을 두 사람이 3일경씩 나누어 받아 임의로 용도에 보태 쓰
게 한다.

○ 수근원두水芹園頭──탄정동灘井洞 근답芹畓 70배미. ○ 밭 반일경半日
耕, 동대문 밖 밭 반일경, 조전경朝前耕, 논 3곳, 마장리馬場里 밭 1
곳, 각심사角心寺의 복재답伏在畓 8두 등을 맡아본다. ○ 4월은 수근

과 침채沈菜이고 9월은 단지 수근과 생채의 비용이다.

○ 부목負木─재중의 사환 및 재사 담장 안팎의 뜰을 보살피고 청소하
는 일과 재방齋房의 온돌을 맡아본다. 보름이면 교체한다(전에는 시
목柴木을 스스로 갖추었으니, 지금은 서벽에서 한 달의 가목價木 4필을
지급한다).

○ 재직─동재·서재의 방에 필요한 등유를 맡아서 진배한다.

복잡하게 보이지만 내용은 간단하다. 어전은 주로 어물을, 원두는 김
치와 채소, 과일, 얼음 등을 맡아 조달하고, 수근원두는 미나리와 채소의
조달과 미나리가 나는 밭을 관리한다. 부목은 땔감과 온돌을, 재직은 유
생의 기숙사에 필요한 등불 기름을 조달한다.

여성직역도 있었다.

■ 여성직역

○ 수비首婢─1명. 비자婢子 중에서 일을 이해하는 자를 뽑아서 수비로
삼고, 채식모의 역役을 면제해준다.

○ 식모食母─5일마다 5명씩 입역한다.

○ 채모菜母─4월부터 9월까지 5일마다 2명씩 입역한다. 지금은 겨울
과 여름에 각각 1명을 더한다. ○ 10월부터 3월까지 5일마다 3명씩
입역한다.

○ 다모茶母─4명. 양현고에 속한다. 5일이면 서로 바꾼다. 연한은 재
직과 같다.

식모의 수가 가장 많은데 5일마다 5명이기 때문에 사실 매일 1명이

입역하는 것이다. 따라서 1년의 날 수와 같은 숫자가 되므로 360명 정도로 보아야 한다. 채모의 경우는 한 달에 12명인데 4월부터 9월까지이므로 12×6=72명이 된다. 10월부터 3월까지는 한 달에 18명인데, 모두 다섯 달이기 때문에 총 108명이다. 합하면 180명이 된다. 이것은 겨울과 여름에 1명을 더하는 것을 넣지 않은 수다. 다모는 4일마다 5명이기 때문에 (360÷4)×5=400명이다. 이상의 모든 인원을 합하면 360+180+400=940명이다.

여성직역의 업무는 다음과 같다.

○ 수비―아침저녁 식당의 진지비자進止婢子의 점고, 다모의 차송差送, 모든 좌기 때와 절일節日에 재중齋中에 제공하는 수단水團·두죽豆粥·고병糕餠 등을 만들 때 각색 비자의 차지次知를 검거하는 일을 맡는다.

○ 식모―5일마다 5명씩 입역한다. 5일 안에 1명은 밥을 짓고 4명은 기명을 씻고, 식전포食前布를 돌아가며 맡는다. 동재·서재의 세수 역시 돌아가면서 맡는다. 받아온 반미飯米를 유생의 분수分數에 따라 지급하고, 식당의 분수가 많으면 도기到記를 세어보고 선상미先上米를 더 주고, 분수가 적으면 선상미를 도로 징수한다. 양현고 차지次知의 시가柴價는 매달 무명 5필을 서벽에서 지급한다.

○ 채모―4월 이후 국·장醬·참기름·식초·생강·후추 등의 값을 올리면, 유생의 분수에 따라 지급한다. ◯ 10월부터 3월까지 5일마다 3명씩 입역立役하는데, 각인에게 청근菁根 5두斗를 나누어 지급한다. ◯ 10월 이후로는 국·장·침채·생채·숙채熟菜·참기름·식초·생강·후추 등의 값은 유생의 분수에 따라 지급한다. ◯ 감장甘醬 3두, 찬

2

가미饋價米 3두, 간장(한 사람마다 3승升), 소금(5명에 1두씩), 겨자의 가미價米는 5일마다 5승씩 지급한다(이상은 양현고에서 지급하는 것이다).

○ 다모茶母—사중司中의 수건·휘건揮巾·세숫대야 및 사원司員의 세수에 필요한 다탕茶湯의 진지進止와 모든 공회公會와 각처의 차제差祭 때 수비首婢를 차정하여 보내는 일을 맡는다.[72]

식모·채모·다모는 음식에 관련된 일, 예컨대 조리와 식당의 배설排設에 필요한 노동을 맡고, 수비는 이들을 관리하는 직역을 맡는다. 식당의 음식 마련과 차림을 여자 노비가 맡는 것이 예를 벗어난 것이라고 해서 1709년 일시 남자 노비로 바뀌었으나,[73] 이내 다시 여자 노비의 몫으로 돌아간 것으로 보인다.

이상에서 성균관에서 복무하는 서리 이하 원역의 수와 그들에게 의무로 주어진 노동에 대해 언급하였다. 서리를 제외한 직역을 성균관 차비노의 역할로 보면 될 것이다.

차비노의 직역 외에 당연히 근수노의 직역도 있었다. 곧 성균관 소속 관료들에게 개인적으로 딸린 노비 역시 반인들의 몫이었다. 《태학성전》은 이 수행노비의 수에 대해서도 소상히 밝혀 놓았다.

■ 각 사원司員의 청직廳直과 구종丘從의 수
○ 지관사知館事—청직 1, 구종(2).
○ 동지사同知事 2명—각각 청직(1), 구종(1).
○ 좨주祭酒—청직(2), 색구色丘(1), 인배引陪(1), 구종(2), 분발사령分發使令(1)(타직을 겸할 경우, 색구 1명, 청직 1명, 구종 2명을 정해 보낸다)

○ 대사성大司成—청직(2), 색구(1), 인배(1), 구종(2), 분발사령(1).

○ 사성司成—청직(2), 안롱청직(1), 구종(2)(분발사령 1명을 감했다).

○ 사예司藝 2명—각각 청직(1), 안롱사령(1), 구종(2).

○ 직강直講 4명—각각 청직(2)(구종 1명은 각각 감했다).

○ 전적典籍 13명—각각 청직(1), 구종(1).

○ 박사博士 3명—각각 청직(1), 구종(1).

○ 학정學正 3명—각각 청직(1), 구종(1).

○ 학록學錄 3명—각각 청직(1), 구종(1).

○ 학유學諭 3명—각각 청직(1), 구종(1).

○ 상관장上官長—구종(1).

○ 장무관掌務官—구종(1).

○ 사록司錄—청직(1), 구종(1).

○ 동서도東西道 기별사령(2).

지관자·동지관사가 실직實職이 없다면, 인배 1명, 분발사령 1명을 더 준다. 사성司成 이하는 직임이 갈린 뒤 데리고 있던 하인을 즉시 성균관에 돌려보낸다. 외임外任을 맡았을 경우, 숙배肅拜할 때까지는 수행할 수 있다.

이상의 근수노는 모두 98명이다. 이와는 별도로 정해지는 것인지는 미상이지만, 각 도에 노비신공을 걷기 위해 보내는 차인差人 역시 반인이 맡았다.

■ **각 도 수공차인收貢差人**

○ 전라도—수공차노 4명.

○ 경기·충청도─합쳐서 수공차노 3명.[*]

○ 경상도─수공서리收貢書吏 1인, 수노 1명.

○ 청주·연기─합쳐서 수공서리 1명, 수노 1명.

○ 보은─수공收貢 및 전답 수세서리 1인, 수노 1명.

○ 아산·직산─전답 수세서리 1인, 수노 1명.

각 도의 수공서리·수노·차노 등이 받는 공목貢木(전에는 절반을 바쳤
는데, 판부사 민정중閔鼎重이 대사성이었을 때(1662~1663) 3분의 1을 주
었고, 지금은 절반으로 복구했다).

1태駄마다 가목價木은 경상도·전라도는 15필, 충청도는 12필을 지급
한다(절반은 이 예를 적용하지 않는다).

서리와 '각 도 수공차인'를 제외한, 관리직역부터 근수노까지의 남성
의 수를 모두 합하면 47(+α)+78+98=223(+α)명이 넘는다.[74] 여성의 경우
입역 기간이 짧기는 하지만 940명에 이른다. 남성의 경우가 적은 것은 현
방의 경영, 반주인 등으로 빠져나가는 경우가 많기 때문일 것이다. 하지
만 어떤 형태로든 성균관에 매여 자신의 노동을 바쳐야 했던 것은 두말할
필요가 없다. 이런 각종 노동은 어떻게 분배되었을까? 정확하게 알 수는
없지만, 성균관 식당의 경우, 전복을 정간井間에 배정하고 식모가 돌아가
며 응역應役하는 것이 원래의 규정[75]이었다고 한다. '정간'은 바둑판처럼
가로 세로로 금을 그은 칸을 말한다. 곧 그런 칸을 그은 책을 마련해두고
반인의 이름을 차례로 적어, 그 순서대로 각종 노동에 동원했던 것이다.

─────

* 경기·충청도가 합쳐서 수공차노가 3명이라 했는데, 뒤에 충청도의 청주·연기·보은·아
산·직산에 다시 수공서리와 수노를 배정한 이유를 알 수 없다.

이상에서 확인했듯 성균관은 절대적으로 반인의 노동을 수탈하여 운영되고 있었다. 물론 조선의 모든 관청과 관료들은 동일하게 노비들의 노동 위에 존재할 수 있었던 것이지만, 성균관은 100명에서 200명에 이르는 유생이 기숙하고, 그들의 생활상 요구를 수용해야 한다는 점에서 각별히 방대한 양의 노동을 필요로 하였다. 그 노동량을 채우는 것은 반인일 수밖에 없었다. 또 그것은 지배계급이 이미 인지하고 있는 일이기도 하였다. 《태학성전》이 작성되기 7년 전인 1682년 영의정 김수항金壽恒은 "성균관의 거의 모든 사환使喚과 크고 작은 차역差役은 전적으로 전복에 의해 모양을 이룬다"고 말할 정도였다.[76] 1707년 대사성 이건명李健命은 좀 더 구체적으로 성균관 전복, 곧 반인의 노동에 대한 수탈이 가혹할 정도로 이루어지고 있음을 지적했다.

대개 공천公賤·사천私賤의 신역의 무거운 것을 말하자면, 성균관의 전복보다 더 한 경우는 없습니다. 옛날 백성을 부리는 것은 한 해 사흘을 넘기지 않았지만, 이 무리들은 1년 안에 여섯 달을 입역하고 있습니다. 심지어 비자婢子에 이르기까지 채모·식모의 역이 있으며, 재직은 7, 8세부터 입역합니다. 한 집안에 늙고 젊고를 물론하고 신역이 없는 사람이 없으니, 그 형편이 정말 지탱하기 어려운 상황입니다.[77]

이건명이 "한 집안에 늙고 젊고를 물론하고 신역이 없는 사람이 없다"고 말할 정도로 반인에 대한 노동 착취가 가혹한 수준으로 이루어졌기 때문에, 성균관이 스스로 나서서 이들의 혹사를 멈추자고 제안할 정도였다. 예컨대 부목은 원래 유생들의 심부름을 위해 둔 것은 아니지만, 거의 매일 지방으로 심부름을 보내고 있었고, 일차부목日次負木의 경우는 원래의 임무인 식당을 살피고 챙기는 일조차 하지 못할 정도였다.[78] 유생들은 원래 연청직硯廳直을 마음대로 처벌할 수 없었으나 현실은 전혀 달랐다. 작은 잘못이 있을 경우에도 곧장 회초리와 매를 쳤고, 심지어 채모·식모 역시 작은 과실에도 회초리가 난무하여 여러 곳에서 벌을 받는 일이 있었다.[79] 서리는 다른 직임에 비해 높은 축이었고 동재·서재의 일에 관여하지 않는 것이 원칙이었으나, 동재·서재의 서역書役과 홍의紅衣(이 시기 거재유생居齋儒生들이 입던 옷)를 무수히 책정하였고 만약 그대로 거행하지 않으면 역시 혹심한 처벌이 따랐다.[80] 한편 비자는 유생의 기숙 공간인 동재·서재의 출입이 금지되어 있었으나 그 원칙은 지켜지지 않아 '출입이 무상'하였고 때로는 유생들이 강제로 잡아가서 처벌하는 경우도 있었다. 그 와중에 성희롱에 가까운 일도 있었다.[81]

반인은 노비였기 때문에 이들의 노동은 '신역'이었고 당연히 대가는 없었다. 정식 관직체계에 포함된 20명 정도의 서리는 요포料布가 지급되었지만, 이들은 전체 반인 중에서 예외적인 소수였다. 이런 이유로 반인들 중에는 신역을 피하고자 하는 움직임이 뚜렷이 있었다. 예컨대 원두園頭는 성균관의 신역 중에서 가장 고통스러운 것이었기에 재산이 조금이라도 있는 자들은 재물을 바치고 모면하려고 하였던 것이다. 그렇게 해서 빠져나간 수는 《태학성전》이 작성되었을 당시(1689) 150명에 이르렀고 실제 원두의 역役을 맡은 사람은 반밖에 되지 않았다. 이 때문에 재물을 바치고 원두를 면하는 것을 금지하기도 하였다.[82]

아방사령亞房使令의 경우를 보자.

아방사령은 인원이 저고 여이 번다하여 견뎌낼 수가 없다. 그래서 본관本館(성균관)에 투속投屬하여 외방노비의 문서에 이름을 올린 뒤 해마다 신공으로 면포 2필을 내고 종신토록 편안히 지낸다. 관원들은 단지 노비가 불어나는 것을 이롭게 여기고 투탁投托하는 것을 잘못이라고 생각하지 않는다.[83]

아방사령의 경우 외방노비로 이름을 올려 신공으로 면포만 2필 내고 성균관에서 직접 복역하는 것을 한사코 피하려 했던 것이다. 성균관에서는 이 점을 이용해 돈을 받고 면역첩免役帖을 발급하는 경우도 있었다. 1791년 성균관 유생들은, 병자호란 때 문묘의 공자 이하의 위패를 챙겨 남한산성까지 갔던 수복守僕 정신국鄭信國의 사당을 세울 것을 발의하며 그 비용을 반인들에게 내게 하였는데, 반인은 비용을 마련하는 과정에서 반인의 자제로서 아직 입방入房*하지 않는 자 20명에게 면역첩을 발급해주면, 각인에게 30냥을 거두어 사당 영건소營建所에 납부하겠다고 제안하였다.[84] 이것은 기회가 있으면 돈으로 역을 면하려고 하는 반인의 의지를 반영한 것이라고 할 수 있을 것이다.

반인의 노동에 대한 대가는 공식적으로는 없다. 약간의 배려가 없지 않았지만[85] 그것이 온전한 배려일 수는 없었다. 예컨대 방역坊役의 문제가 그렇다. 반인은 서울 거주민이었지만, 방역에 동원되지 않았는데, 이 관행의 기원은 확실하지 않지만, 적어도 1704년(숙종 30)에는 성립되어 있었던 것으로 보인다. 곧 이때 비우碑隅 안에 사는 전복은 으레 방역에 포함되지 않았지만, 반민이 불어나 그들의 주거가 반촌까지 확장되자 한성부의 일반 거주민과 다를 바 없게 되어 방역에 동원되고 있다는 것이

---

* 입방入房은 아마도 동재, 서재의 방에 소속되어 유생의 잡사雜事를 맡는 것을 의미하는 듯하다.

다. 대사성 조태구는 전복이 성균관에 복무하고 있는 이상 방역에 동원할 수 없다며, 성균관의 노비문서에 이름이 올라 있는 전복은 거주지에 상관없이 방역에 동원하지 말 것을 요청하여 허락을 받았다.[86]

이 자료에 따르면 1703년 당시에는 '비우' 안쪽 거주자면 방역을 면제했던 것인데, 이들이 반촌으로 주거지를 확장하면서 방역에 동원되기 시작했던 것이다. 흥미로운 것은, 원래 반인의 거주지는 비우 안쪽이었고 18세기 초반 그 바깥의 반촌으로 확장되기 시작했던 것이다. 조태구의 요청은 거주지에 상관없이 성균관 노비는 방역에 동원하지 말아야 한다는 원칙을 확정하자는 것이었다. 이 원칙이 파괴될 경우 다시 원칙을 확인하려는 노력이 있었다. 1743년(영조 19) 윤4월 7일 《승정원일기》의 자료에 의하면 반촌은 원래 성묘聖廟를 수호하는 역할을 담당하므로 방역에 동원되는 일이 없는데, 비우 좌우의 동리를 사대부의 가대家垈라고 하고 억지로 한성부 동부의 한 계契에 소속시켜 반예泮隸를 방역에 동원하고 있다는 김상로金尙魯의 보고에 영조는 이렇게 답하고 있다. "반민泮民은 도민都民과 다르니, 반민에게 역을 맡기는 것은 정말 놀랍다. 이에 따라 분부하는 것이 옳다."[87] 곧 반인은 한성부 관할이 아니라 성균관 관할이었던 것이다. 방역은 반민에게 노동력의 이중수탈이었다. 물론 성균관은 반인의 노동력을 성균관으로 집중시키기 위해 방역의 면제를 요청한 것일 터이다.

반촌은 반인의 주거지였지만 오직 반인만이 생활하는 곳은 아니었다. 임시로 머무르는 사람들이 상존했던 것이다. 반촌은 곧 성균관 유생이 일정 기간 머물러 거주하는 곳이기도 하였다. 반촌은 평소 성균관 유생들이 방을 잡아 공부하는 숙소이기도 했고, 과거 때면 거자擧子들이 일시적으로 머무르는 여관이 있는 곳이기도 했다.

1781년(정조 5) 성균관 사성司成 채정하蔡廷夏는 과거 때가 되면 성균관 유생의 절반은 성균관에 머물면서 성균관 식당에서 식사를 하지만, 절반은 반촌에서 기식하고 있다면서 1742년(영조 18) 이래 100명으로 정해진 성균관 식당의 정원을 늘려줄 것을 요청했다.[88] 이보다 훨씬 전 신임사화辛壬士禍(1721~1722)에 연루되어 죽음을 당한 이기지李器之도 1719년(숙종 45) 봄 증광초시增廣初試 때 반촌에서 여름을 넘기고 가을로 접어들 때까지 있었다고 말하고 있다.[89] 윤기尹愭 역시 어떤 유생들은 성균관의 동재·서재에 머무르지 않고 나가서 반촌이나 향관청享官廳에 거처한다고 하였다.[90] 정약용은 1787년 반촌인 김석태金石太(혹은 金錫泰)의 집에 거접하면서 이승훈李承薰·강리원姜履元 등과 함께《진도자증眞道自證》등의 천주교

03
반주인

서적을 연구한 적이 있었다.[91] 흥미롭게도 정약용은 김석태를 애도하는 제문을 남기기도 했다.[92]

이처럼 서울의 유생도 과거 때가 되면 반촌에 머물렀다. 하지만 반촌에 머무르는 유생은 대부분 지방의 유생들이었고 그중에서도 영남의 유생들이 많았다.[93] 물론 지방 유생이 과거에 합격한 뒤 서울에서 벼슬할 때도 흔히 반주인을 정하고 반촌에 머무르기도 하였다. 지방 유생이 서울에서 머무르는 곳은 물론 반촌만이 아니라, 여각旅閣(혹은 여객旅客)이라 불리는, 지금의 여관에 해당하는 곳이었다. 지방에 따라 선호하는 여각도 달랐다. 예컨대 강원도의 양양·강릉, 충청도 충주의 사족들은 과거 응시를 위해 서울로 오면 종현鍾峴 부근의 지씨池氏 성의 양민을 여객주인旅客主人으로 삼았다.[94] 18세기 후반 호남 출신의 지식인 황윤석黃胤錫이 머물렀던 김성빈金聖賓의 집은 호남에서 올라오는 사족들이 많이 묵는 곳이었다.[95] 이곳 역시 여각이었다.

반인은 자신의 집에 객방客房과 마구간을 마련하고 사족들을 받았다. 이용자의 입장에서 여각에서 일정한 기간을 묵는 것을 '주인을 정한다'고 말하고, 그 사람을 '여각주인' 혹은 '여객주인'이라 불렀다. 동일한 방식으로 유생이 반인의 집에 머무를 경우 그 사람을 반주인泮主人이라 불렀다. 또는 반인 대신 '관인館人'을 취하여 '관주인館主人'이라 부르기도 했다. 앞서 정약용이 제문을 지어 기념했던 김석태가 곧 정약용의 반주인 혹은 관주인이었던 셈이다.

성균관 유생은 성균관의 동재와 서재에 기숙하고 성균관의 식당에서 식사를 하는 것이 규정이었으나, 그것을 결코 선호하지 않았다. 단체생활의 구속과 압박을 벗어나려는 것이었다. 특히 서울 경화사족들은 원점圓點을 다 채우지 않고도 과거 응시를 허락하던 관행의 폐지와 당쟁이 격화된 이후 성균관에 머무르는 것을 수치로 여겨 동재·서재에 머무르려고 하지 않았다. 부득이하게 성균관에 들어가도 거재居齋하는 규정이 없어 기숙사에 머무르지 않았던 것이다.[96] 성균관 식당의 식사도 선호하는 편이 아니었다. 황윤석의 경우, 주로 반주인의 집에서 머물렀고 성균관의 기숙사(동재·서재)에 머무르면서 성균관 식당에서 식사를 하는 경우는 드물었다. 예컨대 황윤석은 1766년 "식비가 없어서 식당에 며칠을 출입했다"고 말하고 있다.[97] 동재와 서재에 머무르고 식당에서 아침저녁 식사를 하는 것은, 과거 응시에 필요한 최소한의 원점을 얻기 위해서였을 뿐이다. 유생들의 사교생활 역시 주로 반촌의 주인집에서 이루어졌다. 전국 각지에서 올라온 유생들은 각자의 주인집으로 다른 사람을 초대하고 거기서 친교를 다지고 정보를 교환했다.

지방 출신으로 서울에서 벼슬살이를 하는 사람 역시 마땅히 머무를 곳이 없다면 여각에 머무를 수밖에 없었는데 여각 중 선호도가 높은 곳이 바로 반주인의 집이었다. 18세기 말의 자료지만, 영남 출신으로서 서울에서 벼슬을 하는 사람은 도성 안에 아는 사람이 없기 때문에 으레 반주인의 집에서 기거하는 것이 일종의 관행이었다[98]고 한다. 또한 서울 사람이라 할지라도 과거가 있으면 반주인이 그를 위해 수고하는 일이 있었고 그 수고에 대한 보상이 있었다[99]고 한다.

반촌에 주인을 정하는 사람은 경상도나 서울 사람만이 아니었다. 다른 지방에도 공히 적용되었다. 황윤석은 1752년 춘당대시春塘臺試 정시庭試에 응시할 목적으로 상경한 것을 시작으로 이후 22차례 상경한 바 있는데,[100] 모두 반촌에서 주인을 정했다. 반촌을 선호한 것은 성균관과 가깝기 때문이겠지만(곧 과거 시험장과 가깝다는 말도 된다), 반촌의 여각이 서울의 다른 곳보다 숙식비가 훨씬 저렴했기 때문이기도 했다. 1767년 반촌의 한 달

숙식비는 2냥이었는데[101] 서울의 다른 곳은 3~4냥이었으니,[102] 곧 싼 숙식비가 유생과 지방 출신 관료들을 반촌으로 끌어들였던 것이다. 만약 객인客人의 노비가 반주인의 집에서 식사를 할 경우 유생은 당연히 그 식비를 주인에게 지급해야만 했다.[103] 당연히 유생과 지방 출신 관료들로부터 받는 숙식비는 반인의 수입의 한 부분이 되었을 것이다.

반주인의 기원은 정확하게 알 수 없다. 다만 1613년 성균관의 일부 유생들이 폐모론을 주장하는 상소를 올리려고 할 때 한복윤韓復胤이란 인물을 가담시키기 위해 그의 반주인을 협박해 참여를 종용했다는 자료[104]에서 반주인이 적어도 17세기 초에 이미 존재했음을 알 수 있다. 이런 관행은 갑자기 생기는 것이 아니다. 성균관과 유생, 과거, 반촌, 반인 등은 모두 임진왜란 이전에 있었던 것이니, 반주인의 존재 역시 조선 전기로 소급할 것이다. 그 정확한 시기를 확정할 수 없을 뿐이다.

반주인은 단순한 여각 주인이 아니었다. 객인과 반주인은 숙식비로 매개되지만, 실제 관계는 그 이상이었다. 검주黔州 이웅징李熊徵(1658~1713)은 이렇게 말한다.

성균관은 유생이 모여드는 곳이라 사대부는 반드시 전복을 주인으로 정한다. 석전이나 소청疏廳에서 유생을 불러 모을 때마다 반드시 각각의 주인에게 책임을 물어 유생을 불러들인다.
대궐 뜰에서 합격자를 발표할 때에는 난입하는 잡인을 금하지만 관주인만은 대궐 뜰에 들어오는 것을 허락하고 머리에 꽃을 꽂아주게 한다. 네 개 관에서 새로 벼슬하는 사람*을 부르거나 면신례免新禮에서 명함을 돌릴 때도 주인이 유생의 앞뒤를 돌보아주어 유모가 어린아이를 돌보듯 한다. 새로 벼슬하는 사람이 조금이라도 공손치 못한 행동을 하면 반드시 주인에게 죄를 물어 온갖 힘들고 괴로운 일을 겪는다. 그래서 유생이 관직이 높아진 뒤에는 상당히 후하게 보답하게 되고, 주인 역시 사대부를 상전처럼 여겨서 대대로 관계를 전하여 바꾸지 않는다. 간혹 공적인 일로 성균관에 가게 되면 반드시 식사를 장만하여 대접해 유생이었을 때와 똑같이 한다.[105]

서울에 처음 올라오거나, 처음 과거에 합격했거나, 처음으로 사환仕宦을 하는 경우, 서울 거주 사족이라 할지라도 나이가 젊어 경험이 부족한 경우, 관변官邊의 관행에 익숙하지 않기 마련이었다. 이때 반주인이 그들을 인도하는 역할을 맡았던 것이다.

반주인은 국가에서 공식적으로 인정하는 유생의 대리인이었다. 유생을 어떤 일로 소환할 때 응하지 않으면 해당 유생의 '관주인'에게 유생을 불러오게 하는 관행이 있었고, 때로는 유생이 불응하면 관주인에게 호된 매질을 하는 관행이 있었다.[106] 석채釋菜(문묘에서 공자에게 지내는 제사)가 있을 경우에도 미리 반주인을 잡아들여 유생을 반드시 참여하게 하였고,[107] 유생이 참여하지 않을 경우 관주인을 매질하기도 하였다.[108] 관주인을 괴롭힘으로써 그와 관계가 있는 유생을 압박했던 것이다. 유생의 행방이나 거처도 당연히 반주인에게 물었다. 영조는 지방 유생들이 반촌에

---

* 과거에 합격하여 성균관·예문관·승문원·교서관에서 관직을 수행하기 위한 수습 과정을 거치는 사람을 말한다. 이곳 4곳에 합격자를 배치하는 것을 분관分館이라고 한다.

2

오래 머무르기 때문에 '반촌 주인'들이 향유들의 접대에 경제적 어려움을 겪을 것이라고 판단하고 현방의 속전을 감해줄 것을 명한 적도 있었다.[109] 이 역시 반주인과 유생의 밀착을 의식한 것이라 할 수 있을 것이다. 예컨대 한 번 반주인을 정하면, 특별한 문제가 없을 경우 바꾸지 않았다. 때로는 대를 이어 주인으로 정하기도 하였다. 황윤석은 24세(1752)에 정시교鄭時僑의 집을 주인으로 삼는데, 정시교는 1744년 아버지 황전黃㙉이 주인으로 삼았던 자였다.[110] 이런 관행은 18세기 초반까지 소급할 수 있다. 1707년부터 김경천金敬天의 반주인이 되었던 최두생崔斗生은 1726년 늙었다면서 사위 김시적金時迪을 대신 김경천의 반주인으로 보낸다. 김경천은 그것을 수용했다.

반주인은 사족 객인의 개인적인 일을 대리하였다. 객인은 시지試紙, 신발과 옷가지, 닭, 마른 생선, 옷의 부속품(행전行纏 같은 것), 안경 등 소소한 생활용품과 의복의 세탁, 편지의 전달, 지방으로 가야 하는 심부름 등을 모두 반주인에게 시켰다. 또 반주인은 그런 것들은 반주인이 당연히 맡아야 하는 것으로 알았다. 과거와 관련한 여러 가지 잡다한 일도 모두 반주인의 몫이었다. 반주인은 과거시험 날짜를 으레 유생에게 통지해야만 했고,[111] 유생이 과거에 합격하면 창방唱榜(방목에 적힌 과거 급제자의 이름을 부름)하는 의식에 따라가는 것이 보통이었으며,[112] 도문연到門宴(잔치)을 반주인의 집에서 치르기도 하였다. 즉일 창방하는 과거에는 합격자가 왕 앞에서 옷을 벗고 가마를 메고 오는 관례가 있었는데, 이것을 금지하는 명령 역시 관주인을 통해서 전해졌다.[113] 유생이 반주인의 집에서 과거 답안지를 미리 작성하여 가지고 가는 일도 있었다.[114] 관주인이 과거 합격증을 대신 받는 경우도 있었다. 예컨대 추사 김정희金正喜 역시 반주인이 대신 백패를 받아갔다.[115] 유생이 지방 사족일 경우 반주인이 지방까지 가서 전달하는 경우도 있었다. 권변權忭은 1689년 전시殿試에 합격하고는 서인의 기사환국에 항의하는 표시로 창방에 참여하지 않았다. 관주인이 대신 홍패를 수령하여 그에게 전달했다고 한다.[116]

사족 객인과 반주인은 금전적으로도 얽히기 쉬웠다. 대부업을 하는 반주인[117]으로부터 사족 객인이 돈을 빌렸던 것이다. 황윤석은 반주인의 현방에서 돈을 빌렸는데,[118] 어떤 경우는 40냥을 빌리고 120냥을 갚기도 하였다. 막대한 이자를 물었던 것이다. 역으로 반주인이 유생으로부터 돈을 빌리는 경우도 있었다. 후술하겠지만, 반주인 김진태金震泰는 황윤석이 말을 판 돈을 집요하게 빌리고자 하였다. 다만 사족 객인이 반주인에게 돈을 빌려준 경우, 이자를 반드시 받는 것은 아니었던 것으로 보인다.[119]

반주인이 사족 객인에게 노비는 아니지만 마치 개인 노비처럼 굴었던 것은 그 사족이 과거에 합격한 뒤 관료로 출세했을 경우, 자신이 거둘 수 있는 이익을 염두에 둔 것이었다. 예컨대 유생이 과거에 합격한 뒤 관료가 되어 지방관으로 부임할 때 관주인을 데리고 가고, 그 관주인이 뇌물을 받는 등의 문제를 일으킨 경우도 있었다.[120] 1668년(현종 9) 정언 민종도閔宗道는 지평 홍수하洪受河가 자신의 관주인을 위해 도판屠販 1곳을 더 설치할 것을 청한 것은 법관法官이 해서는 안 될 짓이라고 비판하고 파직을 요청한다.[121]

갑오개혁 후 1900년 지방 포사庖肆 관할권이 내장원內藏院으로 옮겨가면서 바뀌기는 하였지만, 경기도 광주 송파장松坡場의 포사는 원래 광주부윤이 친밀한 관계에 있는 반주인에게 맡기는 것이 관례였다.[122] 또 다른 예를 들 수도 있다. 1788년 우통례右通禮 우정규禹禎圭는 일련의 개혁책을 담은 《경제야언經濟野言》을 상소와 함께 정조에게 올리는데, 그중에는 동래부의 포자감관庖子監官, 곧 동래부의 소 도살을 맡아보는 직임에 관한 사항도 있었다. 그에 의하면, 동래부는 1년에 쇠고기 값으로 100석을 지급하고 부내의 부유한 백성을 '포자감관'으로 정하고 쇠고기 공급을 맡긴다. 동래부의 쇠고기 소비량은 엄청나게 많기 때문에 포자감관은 대개 파산하기 마련인데, 그에 대한 반대급부로 동래부는 포자감관을 운미감관運米監官에 임명하고 왜공미倭供米, 곧 왜관의 일본인에게 공급하던 쌀의 운송을 맡긴다. 운미감관이 왜공미를 횡령할 기회를 묵시적으로 부여한 것이고, 실제 6,000~7,000석의 흠축이 나기도 하였다. 우정규는 왜공미가 축이 나는 것을 방지하기 위해 동래 부사의 '관주인'에게 포자의 일을 맡기자고 제안했다.[123] 동래 부사는 과거 응시를 위해 반촌에 머물렀을 것이고, 그때 그의 관주인이 있었을 것이니, 그 관주인(곧 반인)에게 서울의 현방을 경영하듯 동래부의 포자 영업을 맡기자는 것이다. 우정규의 제안은 조선 후기 관료와 반주인의 밀착된 관계를 반영하고 있다 하겠다.

사족 혹은 관료와 이해관계로 묶인 경우를 극적으로 보여주는 사례가 김경천과 반주인 김시적의 관계다. 의성 향리 가문 출신의 김경천은 1707년 소과의 향시에 합격한 뒤 서울로 올라가 회시會試에 응시한다. 물론 반촌에 머물렀는데, 이때 최두생이 반주인이 되어 친절을 베풀었다고 한다. 1726년 김경천이 진사시에 합격했을 때 최두생은 나이가 들어 대신 사위 김시적을 보낸다. 이후 김경천은 의성으로 돌아올 때까지의 시말을 〈관주인설館主人說〉[124]이란 글로 정리하는데, 이 글에서 관주인, 곧 반주인과 객인 사족과의 관계를 명료하게 이해할 수 있다.

김경천은 창방일에 김시적의 집에서 잔치를 베풀었다고 하였다. 이후 서술은 의성으로 가는 도중 진사시 합격을 축하하는 지인들의 공궤供饋와 선물을 서술하는데, 이것은 당연히 김시적과 관련이 있다. 김경천의 잔치에 당시 호조참판이었던 송 대감宋大監(누구인지는 미상)은 돈과 무명을,

친구들은 술과 떡, 버선, 붉은 보자기를 보냈다. 그리고 삼일유가三日遊街 때는 여러 곳에서 돈 20관貫(200냥)을 보냈다. 돌아오는 길에 수원백水原伯 조정만趙正萬의 아들 조명규趙命圭가 양식 비용을, 수원 호장戶長의 아들 김진추金振秋는 돈 10관(100냥)을 보냈다. 김경천이 서울과 수원에서 얻은 돈을 합하면 모두 40여 관(400여 냥)에 이른다고 한다.

진곡참眞谷站에 이르렀을 때 김시적은 자신의 종제從弟를 데려와 전후로 얻은 돈을 서울 집으로 미리 실어 보내겠다고 말한다. 이것은 김경천이 얻은 돈 400여 냥 중 일부가 반주인의 몫임을 의미하는 것이었다. 김경천은 이렇게 말한다.

동짓달(11월) 스무날부터 납월臘月(12월) 보름 이후까지 인근의 공당公堂(관아)과 여러 친구 집을 두루 찾아 인사를 드렸다. 돈 500여 냥과 무명 100여 필을 얻었고, 옷이며 다른 재물이 그와 거의 같았다. <u>관인館人이 전례대로 절반을 가져갔는데,</u> 출발할 때는 겨우 한 짐만 남았다고 하였다.[125]

김경천의 예를 통해 진사시에 합격한 것을 기념하여 친지들이 축하의 의미로 돈이나 포목을 보내는 관례가 있었던 것을 짐작할 수 있다. 소과小科의 경우가 이럴진대 만약 대과大科(문과文科)에 합격할 경우, 선물 규모가 더 컸을 것은 당연하다. 김경천은 기녀에게 빠져 돈을 쏟아부은 김시적의 낭비벽을 비난하는 어조로 〈관주인설〉을 썼지만, 여기서 정작 중요한 것은, 18세기 초에 객인 사족이 과거 합격 때 받은 선물을 반주인과 반분하는 관행이 이미 있었다는 것이다. 〈관주인설〉의 서두에서 김경천은 자신이 향시에 합격하고 성균관에 갔을 때 주인이 없었는데, 최두생이란 사람이 자신을 불러 아주 성심성의껏 접대했다고 말하고 있는데,[126] 그 친절 이면에는 이와 같은 '이익의 반분'에 대한 기대가 잠재해 있었을 것이다. 윤증尹拯이 1684년 아들 윤행교尹行敎에게 보내는 편지에서 관주인을 데리고 오지 말 것을 당부하고 있는데[127] 어떤 사정이 있는지는 알 수 없으나, 유생이 관주인을 동반하여 향리로 돌아와 작폐하는 일이 빈번했기에 당부하는 말이었을 것이다.

이렇듯 반주인과 사족 객인의 관계는, 반주인이 일방적으로 사족 객인에게 예속된 노奴-주主의 관계가 아니라 이익으로 묶인 관계였다. 물론 그 사이에 깊은 신뢰감이 형성되는 경우도 있었을 것이나, 기본적으로는 이해관계가 있었을 뿐이었다. 사실 반주인이 사족 객인의 지시를 따르지 않거나 무시하는 경우도 허다하였다. 반촌에 오랫동안 머물렀던 황윤석은 반주인 정묵금鄭墨金이 자신의 지시를 제대로 수행하지 않는 것에 화를 내기도 하였다. 백반을 사오라고 했는데 제 시간에 사오지 않거나, 행전行纏을 가져오라고 했는데 다른 곳에 가버리고 오지 않았던 것이다. 정묵금은 황윤석의 돈을 꺼내어 함부로 써버렸고, 정묵금의 처는 황윤석의 돈 1냥을 훔치기도 했다. 분노한 황윤석은 김진태의 아들 김성빈金聖賓으로 주인을 바꾸었지만, 그들과의 관계도 꼭 좋은 것은 아니었다. 아니, 점점 나빠졌다. 황윤석이 장릉 참봉이 된 뒤 김진태에게 1월의 녹미祿米와 마료馬料를 받지 말 것을 지시했지만, 김진태는 지시를 무시하고 대신 받아서 썼던 것이다.[128] 반주인의 입장에서는 돈을 벌기 위해 사족 객인을 대상으로 여각업을 했던 것이니, 유생이 경제적으로 여유가 있는 사람이 아닐 경우, 야박하게 대우하기도 하였다. 역시 황윤석의 경우지만, 김진태는 찬가饌價를 받았지만 형편없는 찬을 계속 내놓았고 갈수록 무례하게 굴었다.[129]

앞서 언급한 바와 같이 반주인은 유생을 대상으로 고리대금업을 했다. 황윤석은 1759년 소과에 합격했을 때 정묵금으로부터 40냥을 빌려 120냥을 갚았는데,[130] 이자가 원금의 2배였으니, 엄청난 고리대였다. 모든 이 자율이 이처럼 높았는지는 확언할 수 없지만, 반주인이 유생에게 빚을 놓고 높은 이율의 이자를 받는 관행이 있었던 것은 분명하다. 반주인에게 유생은 이익을 낳는 도구적 존재였던 것이니, '모든'이라고 단정할 수는 없지만, 대부분의 반주인은 이윤 동기에 따라 행동했던 것으로 보인다. 당연히 자신의 집에 기식하는 유생 혹은 벼슬아치가 경제적으로 넉넉한 경우를 선호했다. 유생으로부터 기대했던 수입을 올리지 못할 경우 야박하게 대우하였고 혹은 다른 곳으로 옮길 것을 종용하는 경우도 있었다. 김진태는 황윤석에게 오른 쌀값과 나쁠 것으로 예측되는 가을 작황을 이유로 자신은 객방客房과 마구간도 없는 좁은 집으로 이사를 갈 것이라며 황윤석에게 나갈 것을 요구하는가 하면, 황윤석이 말을 팔고 받은 돈 40냥을 빌리려는 의도를 감추지 않았다.[131] 그는 황윤석이 돈이 없다는 이유로 무례·무정하게 굴었지만,[132] 한편으로는 황윤석이 종부시宗簿寺 직장直長이란 관료로서의 위세까지 빌려 자신에게 빚진 사람을 징치해줄 것을 강청하며 화를 내기까지 했다.[133] 황윤석은 김진태에게 분노하여 이수득李壽得을 반주인으로 정하지만, 이수득 역시 그의 허락 없이 돈을 꺼내 썼고 갚으려 들지 않았다.[134]

반주인은 당연히 현방을 운영하기도 했다. 예컨대 반주인이 현방의 운영 주체라는 말이다. 실제 황윤석의 반주인이었던 김진태는 육전肉廛, 곧 현방에서 거두는 수입을 과시하면서 황윤석이 말을 판 돈 40냥 중 20냥을 빌리고자 하는가 하면,[135] '지전紙廛 현방'(시전市廛의 지전 근방에 있던 현방)의 사환 김고치金古致의 죄를 다스리는 것을 아무 상관도 없는 황윤석에게 부탁하기도 했다.[136] 황윤석이 김진태를 떠나 새로 정한 반주인 이수득 역시 서중문西中門 밖에서 현방을 운영하는 사람이었다.[137] 이것은 곧 반주인이 현방을 직접 경영하고 있는 주체라는 것을 말한다. 또 다른 예를 들어보자. 황윤석은 1786년 4월 전생서典牲署 주부主簿에 임명된다. 그는 이수득의 집을 찾지만 이수득은 가족 전부를 데리고 양주楊州로 쇠고기를 팔러 가서 돌아오지 않고 있었다. 이수득이 양주에서 쇠고기 장사를 할 수 있었던 것은, 양주 목사 이일증李一曾이 그를 한때 반주인으로 삼았기 때문이었다. 목사의 반주인이 해당 고을의 쇠고기를 판매하는 것은 일종의 관례였다.[138]

반인은 사족이 과거에 합격하기 전 유생일 때부터 성균관을 매개로 하여 서로 이익을 공유하는 관계를 형성했다. 사족이 일방적으로 반인을 지배할 수만은 없었다. 표면적으로 반인은 사족의 지시를 받는 처지에 있었지만, 이면에는 이익을 추구하는 반인의 욕망이 작동하고 있었던 것으로 보아야 할 것이다. 후술하겠지만 성균관 대사성이 삼법사의 현방 수탈을 맹렬히 비판했던 것도 사실상 반인의 입장을 대변한 것이었다. 성균관 노비들은 도리어 관료를 움직이기도 했던 것이다. 여기에 반인의 독특한 성격이 있다고 하겠다.

반인의 언어와 폭력적 성향

반촌이 서울의 여타 지역과 확연히 구분되는 공간이었던 만큼 그 거주인
인 반인 역시 다른 부류들과 차별성을 갖는 특유의 정체성이 있었다. 반
인들은 다른 사회구성원과 자신을 구별하였고, 또 그들의 생활과 문화는
서울의 보통 거주민과 달랐던 것은 여러 문헌이 입증한다. 윤기의 〈반중
잡영〉을 인용한다.

> 반인은 원래 멀리 송도(개성)에서 온 사람들
> 여자의 곡소리는 노래와 같고 사내의 옷은 호사스럽네.
> 호협한 연燕나라 조趙나라 기질을 띠고
> 노래도 괴이하여 서울과도 다르다오.[139]

주석을 보면 반인의 특이한 성격을 확실하게 짐작할 수 있다.

04
반인의 성격과 문화

① 반인은 원래 송도에서 옮겨온 사람들이므로 그들의 말씨와 곡성은 송도 사람과 같다. ② 또 남자는 의복이 사치스럽고 화려하여 예사 사람과 다르다. ③ 기절氣節을 숭상하고 협기가 있어 죽음을 아무렇지도 않게 여긴다. 왕왕 싸움이 나면 칼로 가슴을 긋고 허벅지를 찌른다. 풍속이 너무나도 다른 것이다.[140]

반인의 언어는 서울 말이 아니라 개성 말과 같고 곡성 역시 그렇다는 것이다(①). 이익은 《성호사설》에서 "우리나라 습속은, 서도西道에 탁음濁音이 많고, 서울에서는 반촌이 또한 그러하다"[141]라고 하였다. 반인의 말씨는 서도, 곧 평안·황해도의 것과 비슷했다는 것이다. 반인의 옷차림이 사치스럽다고 한 것 역시 음미할 만한 부분이다(②). 1739년 과도한 혼수로 인해 혼기를 넘기는 빈민이 허다하다는 영조의 지적에 검토관 오수채吳遂采는 납폐 비용이 수백 금, 은 수백 냥에 해당하는 경우가 있어 혼례의 사치가 고질적 병폐가 되었다고 답했다. 토론 끝에 참찬관 이중경李重庚은 이와 같은 풍조는 반인에서 시작되었다고 지적했다.[142] 곧 서울 비양반층의 사치스런 결혼 풍습은 반인이 주도한 것이라는 것이다.

가장 중요한 것은 ③이다. 반인의 기질에 강한 폭력성이 내포되어 있다는 것이다. 이것은 사회적으로 천시되거나 배제된 소수집단이 갖는 저항성이 필연적으로 폭력을 동반하고 있다는 것을 의미할 것이다. 앞서 인용했던 〈경성행각〉을 다시 인용해보자.

① 반인이라 함은 즉 속설에 소의 도축을 생업으로 삼는 자를 칭하는 일종의 대명사다. 그러나 이 명칭이 어느 시대부터 시작되었는지 상고하기 어렵다. 그러나 동소문 안 부근 일대의 주민은 금일까지도 소 도

축을 영업으로 하는 사람이 많으므로 옛날에는 그 수가 곱절이나 많았음은 정칙正則이다. ② 그러나 이 영업을 하는 사람을 사람들이 천하게 여겨 서로 교제와 혼인관계를 맺지 아니하므로, 이 부락의 주민은 세인世人의 압박과 수치와 결교結交, 혼인의 불허 등의 모욕을 당하는 관계로 인하여, ③ 자연히 분개심을 야기하고 분격심이 일어나는 때에 이곳 주민들이 일체 단결되어 남을 위하여 의리를 세우는 데 생사를 돌아보지 않는 기개가 있었으며, ④ 옛날에는 다른 동 사람으로서 이 동에 들어올 수도 없었으며, 이 동 사람이 다른 동으로 이사가는 일도 없어서, 일대 별천지를 형성하였다.[143]

천시와 차별(②)은 도리어 반인으로 하여금 강한 자의식과 결속력을 갖는 집단으로 만들었고(③), 그 자의식과 결속력은 폭력성의 표출로 나타났다는 것이다.

반인의 폭력성이 표출된 사례를 보자. 1777년 '반인' 정한룡鄭漢龍이 환도로 상대를 쳐서 무릎 뼈가 반이나 떨어져 나가고 그로 인해 사망하는 사건이 일어났다.[144] 1883년에는 반인이 집단적으로 폭력을 행사했다. 반인 한 사람이 길거리에서 그릇을 팔고 있었는데, 포교가 도둑으로 오인하여 체포하고 좌포도청에 수감하자, 그 반인의 친척들이 포도대장에게 하소연하기 위해 무리를 지어 좌포도청으로 갔다. 포졸들이 그들을 막고 구타하여 수십 명이 빈사 상태에 이르게 되었다. 이어 다른 반인들까지 구타하기 시작했다. 이에 수백 명의 반인이 좌포도청으로 돌입하여 옥문을 부수고 구출하는 통에 당시 갇혀 있던 도둑 10명이 탈출했다. 입직했던 포도부장은 맞아 사망했고 원래 반인을 체포했던 포도군관의 집은 깡그리 파괴되었다.[145] 이 예에서 반인의 단결성과 폭력성을 쉽게 상상할 수 있을 것이다.

반인의 지식과 한시 문학 및 예술

반인문화에서 약간 각별한 것은 반인의 한시 문학이다. 소를 도살하고 쇠고기를 판매하는 반인에게 한시 창작이란 어울리지 않는 것처럼 보이지만, 이들의 한시 창작은 부인할 수 없는 뚜렷한 현상이다. 조선 후기에 와서 비사족非士族 부류가 한시를 창작하는 경향이 대두하였다. 사족 아닌 부류 전체의 범위는 상당히 넓을 수 있지만, 비사족의 한시 창작의 주류는 서울에 거주하는 서리書吏 곧 경아전京衙前과 기술직 중인이었다. 서울 사족들은 이들을 시정의 공간, 곧 당시의 어휘로 '여항閭巷'에 사는 사람이라고 칭하며 여항인이라 불렀다. 이들 여항인들이 창작한 한시를 여항시, 이들의 한문학 작품을 통칭 '여항문학'이라 한다.[146]

반인이 여항문학에 포함된 것은, 나름의 이유가 있다.[147] 반인은 현방의 경영자인 동시에 성균관에 복무하는 노복들이었다. 조선 후기 사회에서 이들의 존재감은 주로 전자에 있는 것이지만, 이들에게 주어진 원래의 직역은 후자였다. 국가의 최고 교육기관인 성균관에서의 복무는 이들이 문자행위와 근접할 수 있는 가능성을 열어놓았다. 서명응徐命膺(1716~1787)의 〈안광수전安光洙傳〉의 일부를 참고해보자.

그 자제들은 자라서 반촌 밖을 나가지 않고 동재·서재에 일이 있으면 북을 치고 무리를 지어 소리를 질러 유생들이 읍을 하도록 이끈다. 조석으로 재사齋숨에 복무하기 때문에 독서성讀書聲을 익히 들어 왕왕 그

글귀를 외어 말하기도 한다. 그러므로 속언에 귀에는 익숙하고 눈에는 어두운 것을 가리켜 '재직齋直의 글귀'라고 하니, 대개 그 실제로 깨친 것이 없는 것을 말하는 것이다.[148]

곧 성균관에서의 복무가 반인에게 한문이란 언어와 한문학에 쉽게 접속할 수 있는 조건을 제공했던 것이다. 하지만 그것은 동시에 '귀에만 익숙하고 실제로는 아는 것이 없는 불확실한 지식'의 보유일 뿐이라는 비하의 뉘앙스도 있다. 그럼에도 불구하고 성균관에 복무하는 것이 반인을 문자나 문학으로 이끄는 중요한 루트가 되었던 것은 두말할 필요가 없다.

전술한 바와 같이 반인이 성균관에서 해야 하는 일의 종류와 범위는 대단히 넓었다. 단순한 신체노동에 불과한 경우가 있는가 하면, 각종 서류의 작성, 재정과 회계를 담당하는, 일정한 문식文識이 있어야만 가능한 경우도 있었다. 후자의 경우는 주로 성균관의 서리가 담당하는 직역이었다. 당연히 한문을 읽고 쓰는 능력은 성균관의 서리만이 아니라, 모든 중앙관서의 서리, 지방의 향리가 갖추어야 할 직무상의 기본소양이기도 하였다. 다만 성균관의 경우는 서리만이 아니라, 수복이나 연청직硯廳直과 같은 경우도 일정한 수준의 한문 이해 능력을 요구하기도 하였다.[149] 물론 문자를 해독하는 자의 주류가 서리였던 것은 두말할 필요가 없다. 20세기 초반(1909) 우산거사藕山居士란 익명의 지식인은 과거의 성균관을 회고하는 글에서 "그들 중 대대로 문자를 배우는 사람들은 성묘聖廟의 원역員役이 되고, 천한 사람들은 소를 잡는 일을 한다"[150]라고 하였다. 이것은 반인들 중 '대대로 문자를 배우는 사람'이 따로 존재하고 이들이 성균관의 원역이 된다는 것이다. '원역'의 어원은 분명하지 않지만, 조선 후기 문헌에서는 주로 서리 부류를 지칭한다. 이들은 어디서 어떻게 문자, 곧 한문을 익혔던 것인가. 임병양란 이전에도 당연히 이들이 한문을 배우는 과정이 있었을 것이지만, 정보는 전혀 남아 있지 않다. 조선 후기에 와서야 이들의 교육에 대한 약간의 정보가 보인다. 앞서 인용했던 서명응의 〈안광수전〉의 뒷부분을 인용해보자.

① 이들은 장성하면 힘쓰는 자들은 노름판에서 협기를 부리고, 인색한 자들은 자잘한 이문을 쫓기에 바쁘니, 예교를 따르는 자가 드물었다. ② 안광수는 이것을 개탄했다. "태학은 수선지지首善之地인데 습속이 이와 같아서야 되겠는가?" 그는 총명한 자제 70여 명을 불러 모아 '제업문회齊業文會'란 모임을 만들었다. 그 재주의 높고 낮음을 따라 각각에게 경사자전經史子傳을 가르치고 어버이를 섬기고 어른을 공경하는 도리로 밤낮 이끌었다. 관혼상제는 손수 그림을 그려 모두가 알기 쉽게 하되, 정주程朱의 법도를 넘지 않게 하였다. 매달 초면 그 학도들을 죄다 모아 공부한 것의 결과를 점검하여 상을 주기도 하고 나무라기도 하면서 격려하였다. 이에 반촌의 많은 자제들이 감화되어 그를 진심으로 따랐다. ③ 안광수는 이렇게 말했다. "공부란 여유를 갖고 노는 것을 귀중하게 여기는 법이다. 그렇게 하지 않으면 기상이 각박하고 좁아져 '바람을 쐬고 시를 읊조리고 돌아오던 그 뜻'에서 아주 멀어지게 된다." 그는 날씨가 좋은 날 경치 좋은 곳을 골라 학도들과 술을 마시고 시를 지었다. 수백 편이나 되는 그 시는 모두 유연한 뜻이 함축되어 있었다. 이런 일로 말미암아 그의 학도들 중에는 재능을 성취한 사람이 아주 많았다. ④ 그들이 장성하여 관례를 치르자 서리가 되기도 하고, 전복이 되기도 하였는데, 모두 묘우廟宇에 대해서는 공경하는 마음을 갖고 석채(공자에게 올리는 제사) 때는 몸가짐을 신중히 할 줄을 알

아, 각각 자신이 맡은 일을 수행하되 모자란 부분이 없었다.[151]

①은 앞서 지적한 반인의 폭력적 기질을 지적한 것일 터이다. 이와 아울러 이익을 과도하게 추구했던 것은 사회적으로 천시되었던 집단의 생존전략으로 볼 수 있을 것이다. 구체적으로 말해 그것은 반인의 반촌에서의 여각 영업이나 현방 경영의 과도한 이익 추구를 지적한 것일 터이다. 안광수는 폭력성을 띤 협기와 이익의 과도한 추구라는 반인의 두 가지 속성을 소거하고자 관례를 치르기 전의 미성년자를 모아 ③의 제업문회를 만든다. 제업문회는 일종의 학교다. 이 학교는 경사자전 곧 사족의 기본 교양을 이루는 텍스트와 유가의 윤리와 의례를 교육 내용으로 삼았다. 이어 ③은 ②의 교육을 바탕으로 하여 한시 창작을 유도한 것이다. 결과적으로 안광수는 사족문화에 의한 반인의 교양화를 추구한 셈이다. 그리고 이 교양화를 근거로 서리와 전복이 될 수 있었던 것이다.

〈안광수전〉이 1765년 안광수가 사망한 뒤 반인들이 그의 장례를 성대하게 치르고 이후 10여 년 동안 제사를 도우며 그를 기념했던 것을 소상히 서술하고 있는 것을 보건대, 안광수가 '제업문회'란 이름의 학교를 만들고 미성년의 학생 70명을 모아 가르친 것은 반인에게 전에 없었던 사건이었을 것이다. 아울러 그것은 동시대 사족들에게도 낯선 경험이었을 것이다. 〈안광수전〉의 필자인 서명응은 1759·1761·1763년 성균관 대사성이 되었다. 안광수는 1710년에 태어나 1765년에 사망했다. 서명응은 성균관 대사성 시절 안광수의 존재를 알았을 것이다. 서명응은 안광수란 인물의 존재와 그의 교육을 전에 볼 수 없었던 현상으로 인식하고 있었던 것이 분명하다. 안광수의 생몰연대로 보건대, 18세기 중반에 출현했던 제업문회는 반인의 교양화라는 큰 역할을 맡았던 것으로 보인다.

하나 이 지점에서 지적해야 할 것은 안광수가 가졌던 지식과 교양의 출처다. 그에 대한 정보는 이 글을 제외하고는 없다. 교육자를 자처하고 나선 것으로 보아, 그는 이미 일정한 지식을 갖추고 있었던 것으로 보인다. 그 지식은 아마도 가내에서 얻어진 것이 아닌가 한다. 안대회 교수는 반촌의 명가, 곧 반인 중 명가로서 순흥 안씨, 순흥 정씨, 한양 김씨, 충주 김씨, 천안 이씨 등을 꼽고 있는데, 이들은 반인들의 한시 문학의 주축이었다. 이것은 이들이 가내에서 한문을 통한 지식과 교양을 습득하고 있었다는 것을 의미할 터이다. 안광수는 이들 가문 중 순흥 안씨다.[152] 《풍요속선》과 반인의 한시를 묶은 《반림영화泮林英華》(이에 대해서는 후술한다)에 그의 일가붙이 여러 사람의 시가 실리는 등[153] 그의 가문은 반촌에서는 꽤나 문식을 소유한 유수한 가문이었음을 짐작할 수 있다. 안광수의 제업문회는 이런 소수 가문 내부에 제한되어 있던 지식과 교양을 학교를 통해 공개한 것이었다. 이런 이유로 그의 죽음에 수많은 반인이 애도했던 것이다.

서명응은 반촌에서 학교의 출현을 안광수 개인의 각성에서 비롯된 것이라고 말하고 있다. 그런 측면이 다분히 있겠지만, 보다 본질적으로는 반인 인구의 증가, 현방과 반촌의 여각 경영 등으로 인한 반인의 경제력 향상에 따른 문화와 교양에 대한 수요의 증가란 원인이 이면에 구조적으로 작용했다고 보는 쪽이 타당할 것이다. 반촌의 학교가 순수하게 안광수 개인의 각성에서 비롯된 일시적인 것이라고 한다면, 안광수 사후 학교는 사라지거나 위축되어야 마땅했을 것이다. 하지만 그의 사후 제자 정학수鄭學洙가 전통을 이어 100여 명의 어른과 아동을 가르치는 학교를 열었다.[154] 성균관 전복이었던 정학수는 안광수의 제자이자 정신국鄭信國의 셋째 형 정예국鄭禮國의 5대손이었다.[155] 그 역시 반인 명가 출신이었다. 그의 학교는 성균관 동북쪽 송동宋洞의 '증주벽립曾朱壁立'이란 각석 아래 있었는데,

송동은 원래 송시열의 거처였기에 붙여진 이름이고, '증주벽립' 역시 송시열의 글씨였다. 송동은 이런 이유로 유명했고 또한 거기에 세운 정학수의 학교 역시 여러 사람의 주목을 끌었다. 학교는 강당이 나래를 펼친 것 같고, 아침저녁의 경쇠 소리에 따라 학생들이 모였다 흩어졌다고 하니,[156] 상당한 규모를 유지했던 것으로 보인다. 정학수의 학교는 안광수의 사후에 개설되었을 것이다. 학교는 18세기 후반까지는 존속했다가 19세기 초 아마도 그의 죽음과 함께 없어졌을 것이다.[157]

정학수가 활동했던 시기에 또 다른 반인 교육자가 있었다. 박영석朴永錫(1735~1801) 역시 교육자였다. 박영석은 《반림영화》에 발문을 썼고 그의 시 역시 《반림영화》에 실려 있으니 반인이 분명하다. "집안이 가난하여 저보邸報(조보朝報)로 생계를 해결했다"[158]는 말로 보건대, 그는 조보를 베끼는 것을 직업으로 삼았던 것으로 보인다.* 앞서 검토한 《태학성전》의 예산 지출에는 기별서리의 가목價木으로 무명 10필이 책정되어 있었으니(《태학성전》이 편찬될 때는 돈 11냥과 백지 1권으로 바뀌었다), 박영석은 성균관의 기별서리였을 가능성이 크다. 박영석은 규모는 크지 않지만 문집(《만취정유고晩翠亭遺稿》)을 남길 정도로 상당한 문식을 소유했던 사람이다. 박영석 역시 학도 수십 명을 가르치는 교사였는데, 하나 흥미로운 것은 그가 학생들로부터 강학의 대가를 전혀 받지 않았다는 것이다.[159]

안광수·정학수·박영석은 18세기 중·후반에 활동했던 사람들이다. 곧 반인의 교육에 대한 정보는 주로 18세기에 집중되어 있고 19세기에는 달리 교육 상황에 대한 정보가 남아 있지 않다. 이것이 단순히 자료의 부

---

* 승정원이 조정의 중요 소식을 조보소朝報所에 내려 보내면, 각 관청에서 파견된 기별서리奇別書吏들이 찾아와 베껴서 각자의 기관으로 발송하였다고 한다.

재를 반영한 것인지, 아니면 반인의 교육이 쇠퇴한 것인지는 확인할 수 없다. 아마도 위의 3인과 같은 인상적인 교육자의 출현은 없지만, 소규모 교육은 필요에 따라 계속 이루어졌다고 보아야 하지 않을까?

반인의 한시 문학은 원래 직역상 일정한 문식이 필요한 층과 안광수 등의 교육으로 인해 배출된 교양층이 기본이 되었을 것이다. 이들은 앞서 언급한 바 있는 여항문학의 일원으로 참여했다. 여항문학의 발전과 지속은 여항시를 모은 여항시선집의 역사를 통해서 간단히 정리할 수 있다. 1660년 정남수鄭柟壽와 남응침南應琛은 자신들과 최기남崔奇男·정예남鄭禮男·김효일金孝一·최대립崔大立 등 6인의 시를 편집하여 《육가잡영六家雜詠》이란 이름으로 간행하였다. 1712년 김창협의 권유를 받은 홍세태洪世泰가 여항시인 47인의 시를 모아서 《해동유주海東遺珠》를 간행한다. 《육가잡영》과 《해동유주》로 인해 여항시를 수집하여 간행하는 전통이 형성되었고, 이후 1737년에 《소대풍요昭代風謠》가, 이로부터 60년 뒤인 1797년 《풍요속선風謠續選》이, 다시 이로부터 60년 뒤인 1867년 《풍요삼선風謠三選》이 간행되었다. 이것이 여항시선집의 역사다. 여기에 반인들이 참여한다.

1820년 이봉장李鳳章과 김기영金祺永은 반인 62명의 시 186수를 모아 《반림영화》라는 제목으로 엮는다. 이봉장과 김기영 역시 반인이다. 1761~1804년 사이다. 《반림영화》는 수록 시인들의 선대의 시가 《소대풍요》와 《풍요속선》에 실린 경우 반드시 명기해놓았는데, 이에 의하면 《소대풍요》에는 1명, 《풍요속선》에는 7명, 《풍요삼선》에는 47명의 시가 수록되었다.[160] 이 인명을 토대로 하여 이들의 친족 등을 더 조사한 결과 《풍요속선》에는 14명 이상이, 《풍요삼선》에는 51명의 시가 수록되어 있는 것이 확인되었다.[161] 19세기에 이렇게 여항시선집에 반인 시인이 증가한 것에 약간의 의미를 부여하자면, 반인 내부에 문식층이 증가하는 현상을 반영한 것으로 볼 수 있다. 앞서 반인의 교육에 앞장섰던 교사들의 존재가 18세기에 주로 확인되고 19세기에는 보이지 않음을 지적했는데, 기실은 단일한 큰 규모의 학교는 없을지라도 소규모의 형태로 이루어졌다고도 말할 수 있을 것이다.

반인이 성균관의 노비라는 사실, 또 소의 도살과 쇠고기를 판매하는, 천시되는 직업에 종사했다는 점에 주목하여 이들이 여항문학에 참여한 것을 특이한 현상으로 볼 수도 있다. 여항인의 주류가 경아전과 기술직 중인이기는 하지만, 그 외의 문식층과 예술인, 기타 사회적으로 유의미한 행위자들까지 포괄하고 있었다는 사실을 상기한다면, 반인이 여항시선집에 이름을 올린 것은 특이한 일이 아니다. 또한 반인으로서 시인으로 참가한 자들은, 역시 성균관의 서리와 수복과 같은 원래 일정한 문식이 요구된 자들이었기에 이들은 여항인의 주류에 포함될 수 있었을 것이다. 반인들의 시가 특이한 개성적 성취를 이루었다고 보기는 어렵다. 대개 성균관과 반촌을 중심으로 한 자신들의 생활과 감정을 읊은 것이 대부분이다.[162]

반인 내부의 문식층의 확대는 상당한 수준의 지식인을 낳기도 했다. 앞서 여항의 교육자로 소개한 박영석은 현실적·실천적 경향의 학문을 의식적으로 추구했던 것으로 보인다. 현재 확인된 바에 한정한다면, 그는 문집을 남긴 유일한 반인인데, 《만취정유고》에는 그가 유세정庾世貞·백윤구白胤耈·백겸문白謙文(백윤구의 아들)·김항령金杭齡·한이형韓以亨 등 6명의 여항지식인들과 그룹을 만들어 경사經史를 연구하고 토론하였다. 이들은 토지를 사서 정전법을 시행하려는 의도를 갖고 있었고, 박영석 역시 이에 깊이 동조하였다. 박영석은 〈송인향거설送人鄕居說〉이란 글에서 사대부사회의 타락을 깊이 비판하고, 맹자의 항산恒産의 정치와 정전론井田論의 현실화를 이루어야 한다고 주장했다. 백윤구가 병조 서리로서 사대부들조차 찬탄할 정도로 예학과 현실개혁책에 높은 식견을 쌓고, 한이형이 경전과 기하학에 조예가 깊었던 것은 아마도 정전법의 실행과 관계될 것이다.[163]

예술 방면에서도 드물지만 반인의 이름이 보인다. 황윤석은 '반촌인 주영창朱永昌'이란 인물에 대해 여러 차례 언급하는데, 주영창은 원래 그의 장인인 정남혁丁南爀의 반주인이었다. 주영창의 사위는 또 황윤석과 가까웠던 김용겸金用謙의 반주인이었으니, 주영창은 황윤석과 아주 친밀한 사이가 될 수밖에 없었다.[164] 황윤석은 《이재난고》에서 주영창을 언급할 때마다 시문·글씨·노래·거문고에 능하고 술도 잘 마시는 사람이라고 말하고 있다.[165] 주영창은 《이재난고》에 1770년부터 나타난다. 황윤석은 반인 주영창이 내알하여 거문고를 연주하면서 노래를 불렀는데, 무료한 시간을 달랠 만했다고 말하고 있다.[166] 주영창은 황윤석이 반촌에 왔다는 소식을 들으면 찾아와 대화를 나누었다. 주영창은 특별하게 보이지만, 그만 거문고 연주와 같은 약간의 고상한 취미를 즐겼던 것은 아니었다. 주영창이 연주했던 거문고는 원래 황윤석의 반주인이었던 이수득이 참판 어석정魚錫定의 거문고를 6냥을 주고 구입한 것이었다. 이수득은 주영창을 불러 이 거문고를 연주하게 하고 같이 즐기고는 하였다.[167]

김용겸과 황윤석 등 여러 양반과 주영창은 자주 어울린 것이 분명한데, 이런 모임에 동반한 김희중金喜重이란 인물도 흥미롭다. 1779년 7월 23일 벽송정碧松亭에서 김용겸을 상석으로 하여, 황윤석과 이만운李萬運 등 모두 8명의 양반들이 모였는데, 여기에 주영창과 김희중이 참석한다. 황윤석은 주영창을 '시를 잘 짓는 사람'으로, 김희중은 '예를 잘 아는 사람'으로 소개하고 있다.[168] 김희중은 《관혼상제례冠婚喪祭禮》를 엮기도 한 예학의 전문가였다.[169] 끝으로 반인이 서울 본산대놀이의 연희 주체라는 학설이 있으나 받아들이기 어렵다는 말을 간단히 붙여둔다.

　반인은 조선 시대 뚜렷한 자기 정체성을 가진 집단으로 존재했다. 이 것이 여타 형태의 노비와 다른 점이다. 성균관이 이들의 예속처隸屬處라 는 것은 여러모로 의미심장하다. 이들은 성균관으로부터 노동력을 일방 적으로 수탈당하는 존재였다. 하지만 성균관이 과거를 준비하는 거의 모 든 사족이 거쳐야만 하는 교육기관이라는 특수성은 반인에게 다른 공노 비가 가질 수 없는 성격을 부여했다. 이들이 여항의 한문학 작가로 참여 하는 등 내부에 나름 문식층을 형성한 것은 그들의 삶에 맞닿아 있는 성 균관이란 교육기관의 존재에 기인한 것이었다. 그러나 보다 중요한 것은 이들이 성균관을 움직일 수 있었다는 것이다. 물론 이들의 노동에 의해 성균관의 재정이 유지되었기에 성균관이 조정에서 반인의 요청을 대신 전하지 않을 수 없었던 현실적 사정이 당연히 먼저 고려되어야 한다. 하 지만 반인의 입장에 선다면 달리 말할 수도 있다. 반주인으로서의 반인은 관료가 되기 전 사족과 친밀한 관계를 맺었고 그 관계를 통해 자신의 요 구를 표현하고 관철시키려 했다. 이것은 노비인 반인이 자신의 생존을 위 해 도리어 노비주를 이용한 것일 터이다. 노비주는 반인을 수탈했지만 노 비 역시 노비주를 이용했던 것이다. 반인은 이런 점에서 매우 미묘한 주 체였다고 말할 수 있다.

* 반인이 산대놀이의 연희자라는 설에 대해

반인이 서울 본산대놀이 가면극을 전승했다는 학설이 있다. 아키바 다카시秋葉隆·김일출·
김동욱·이두현·서연호·전경욱 등의 학설이다. 손태도·사진실은 이 학설에 대해 반박했
다. 양자의 견해는 전경욱의 〈새 자료를 통해서 본 연희자로서의 수척과 반인〉《한국민속
학》 60, 한국민속학회, 2004)에 정리되어 있다. 이 책은 반인에 대해 다루는 것이기에 반인이
서울 본산대놀이 가면극을 전승했다는 설에 대해 간단히 언급하지 않을 수 없다. 이 학설
을 주장한 사람은 여럿이지만 자료와 논리적 설득력을 가장 강력하게 갖춘 논고를 쓴 학
자는 전경욱 교수이므로, 여기서는 그의 학설에 대해서만 검토한다. 전경욱 교수는 반인
을 수척水尺의 후예로 보고, 이에 근거해 반인이 산대놀이의 연희자였을 가능성을 강하게
주장하지만, 2장과 3장에서 논한 바와 같이 반인은 '달단의 수척'에 기원을 둔 백정과는
계통이 아주 다르다. 곧 수척의 후예로서 반인은 존재하지 않는다. 따라서 수척의 후예로
서 반인이 본산대놀음의 연희자였다는 설은 성립할 수 없다.

　　전경욱 교수는 《신보수교집록新補受敎輯錄》의 '성묘聖廟 근처에서 반인의 무리가 채붕綵
棚을 설치하고 잡희雜戲를 벌였다'《新補受敎輯錄》刑典 禁制 1218. 1736년, 영조 12년. "聖廟
近處, 有泮人輩設棚雜戲, 實是無前之駭擧, 其時齋任, 停擧.")라는 자료에 근거해 반인을 본산대
놀이의 주체로 보지만(이 자료는 실제 《승정원일기》와 《영조실록》에 더 자세히 나온다), 실제 반
인이 본산대놀이의 놀음을 한 주체가 아니라는 것은, 전경욱 교수가 들고 있는 《승정원일
기》의 자료로도 입증된다. 사실 반인은 청의 사신이 거절하여 채붕을 설치하는 일이 정지
되자 각자 돈을 모아 '채붕 잡희의 도구'를 빌려 이틀간 성균관 근처에서 놀음판을 벌렸
을 뿐이다《承政院日記》英祖 12년(1736) 2월 20일(25/27). "泮人輩, 適會胡使停棚之時, 各自聚錢,
貰得棚戲之具, 兩日設棚於聖廟之後, 雜陳異技, 大張淫樂, 齋儒輩, 亦莫不奔走聚觀."). 그들이 만
약 산대의 연희자라면 굳이 채붕과 연희의 도구를 돈을 내어 빌릴 필요가 있었을까? 또 대
제학 윤순尹淳은 "반인이 설치한 것이 아니고 놀이패들이 공터에 채붕을 설치하고 돈내기
를 하여, 반촌의 남녀들이 몰려들어 구경했다고 한다"고 말하고 있다《承政院日記》英祖 12

년(1736) 2월 25일(35/38). "元非泮人之所自設, 戲子輩, 就其閑曠處, 設棚賭錢, 泮村男女, 走集觀光云.").

연희자가 따로 있고 반인이 본산대놀음의 주체가 아니라는 자료가 있는데도 불구하고 전경욱 교수가 '당파 또는 이해관계'를 들어 이 자료의 증거력을 부인하는 것은 타당하지 않은 것으로 보인다. 대단한 정치적 이해가 걸린 사안이 아니고, 또 전제군주인 왕에게 실증적 차원에서 사건을 왜곡해 보고한다는 것은 조선 시대 조정의 문화로는 납득하기 어려운 일이다.

전경욱 교수는 또 민정중閔鼎重의 발언인 "國俗, 以屠牛樂爲生理."를 "나라의 풍속은 (반인들이) 소 도살과 악樂(공연예술)으로서 삶을 영위하고 있으니"라고 번역하고, 이것을 반인들이 본산대놀이의 연희 주체였다는 주장의 강력한 증거로 삼고 있는데, '樂'을 '공연예술'로 막바로 번역할 수 없는 것은 물론이고, 이 원문 전체의 번역에 오류가 있는 것이 아닌가 한다. 이 문장은 "국속에서 소를 도축하는 것을 즐겨 생업으로 삼고 있으니"라고 번역해야 한다. 반인에 대한 《승정원일기》와 《실록》, 《비변사등록》의 방대한 자료에서 반인이 산대놀이의 연희자였다는 기록은 찾기 어렵다. 또 민정중의 발언은 1680~1684년 우역의 전국적 유행으로 현방이 폐쇄되어, 반인들에게 어물전을 허락하느냐, 하지 않느냐를 두고 논란이 벌어졌을 때 나온 것이다. 음악에 관한 이야기는 매우 어색하다.

1784년 황윤석이 남긴 기록에 의하면, 영조 중년 이후 청나라의 사신이 오면 으레 산대가은山臺價銀을 받았기 때문에 조선 측에서는 산대를 설치하지 않은 지 오래였다. 영조의 재위 기간은 1724~1776년이다. 중년이면 1750년경이다. 이 무렵부터 산대도감을 설치한 적이 없었는데, 1784년에 다시 청나라 사신을 위해 호조에서 은 3,000냥을 들여 산대를 설치하기로 했던 것이다. 그런데 산대놀음을 할 줄 아는 사람 중 늙은이는 많이 죽고, 젊은 이들은 그것을 보고 들은 적이 없어, 망연자실했다는 것이다(黃胤錫, 《頤齋亂薰》 6책, 645면. 1784년 11월 26일. "聞先王中年以後, 淸差東來者 例償山臺價銀, 故我國之不設山臺以迎者久矣. 今冬則乾隆送其子親王東來, 別飭只留朝夕, 只減家丁, 無令貽弊, 違則抵死. 但我國不可不盡力優待, 故令戶曹發銀三千兩設山臺, 而爲此戲者, 老則多死, 少則不復聞見, 以此茫然云."). 그런데 청의 사신은 전처럼 은 3,000냥을 받아 갔고 산대놀이는 할 필요가 없어졌으나, 왕(정조)이 산대놀이를 본 적이 없다고 하여 그대로 설치하게 한 것이었다. 하지만 연습 과정에서 산대도감의 병졸이 총을 오발하는 사건이 있었다고 한다(黃胤錫, 같은 책, 648면. 1784년(정조 8) 12월 20일 56세. "淸勅東來者, 又依近例, 收山臺價銀三千兩以去. 而以上前此未及一見山臺之戲, 故猶因舊設之. 當夜, 山臺都監一卒誤發砲, 自上大驚, 命堂郎並罷."). 황윤석은 1752년부터 1787년까지 22차례에 걸쳐 서울에 갔는데 갈 때마다 장기간 반촌에 머물렀고 자세한 일기를 남겼다. 반촌과 반인에 대한 구체적인 정보는 그의 일기《이재난고》보다 자세한 것이 없다. 그런데 그는 산대놀음에 대해 언급하면서 반인과의 관련성은 전혀 내비치지 않았다. 현재로서는 반인을 산대놀음의 주체로 볼 수 없을 것 같다. 만약 반인이 산대놀음의 주체라고 한다면, 그것을 입증하는 보다 확실한 증거가 나와야 할 것이다. 아마도 이런 불필요한 논란은 아키바 다카시가 애오개 본산대놀음의 연희자를 '궁중에서 천한 일을 하던 하층민인 반인'이라고 지적'한 데서 기인했을 것이다. 반인은 궁중에서 천한 일을 하는 사람이 아니다. 아키바가 뭔가 잘못 듣거나 착각한 것이 아닐까?

3

성균관과 삼법사

반인은 서울의 반촌에 거주하는 성균관의 공노비였다. 그들의 거주지가 서울로 제한되어 있다는 것은 중요한 의미를 갖는다. 예컨대 그들은 지방에 있는 성균관의 외방노비와 삶의 조건이 사뭇 달랐던 것이다. 외방노비의 주된 존재형태는 농민이었다. 자영농이건 차지농이건 외방노비에게는 어떤 형태로든 토지가 생계의 조건으로 주어져 있었지만, 주거지가 서울 성균관 부근 반촌으로 제한되어 있는 반인은 외방노비와 생계 방법이 다를 수밖에 없었다.

사노비이자 솔거노비라면 그들의 생계는 기본적으로 노비주의 책임이었다. 반인은 성균관이란 공간에 예속된 노비였기에 사실상 솔거노비와 다를 바 없었다. 성균관은 당연히 그들에게 의식주를 제공해야만 했다. 하지만 성균관이 반인에게 공식적으로 의식주의 재원을 제공했다는 자료는 보이지 않는다. 노비주가 노비의 생계에 대한 언급을 남길 가능성은 사실상 없는 것이다. 특히 조선 전기의 경우는 반인의 생계에 대한 어떤 언급도 찾기 어렵다. 뒤에 언급하겠지만, 성균관과 양현고의 소유 토지와 어전漁箭 등을 운영하는 과정에서 발생하는 이익의 일부가 반인에게 흘러들어갔던 것으로 보이지만, 그 구체적 세부 사항은 알려져 있지 않다.

임병양란 이후는 상황이 약간 달라진다. 상대적으로 자료가 많이 남아 있다. 이 점을 잠시 검토해보자. 성균관에 사역하는 반인의 수는 앞서 검토한 바와 같이 1682년에서 1689년경에는 대체로 321~340호 정도,

인구로는 2,000명 정도였다. 18세기 말이면 1,000호에 거의 1만 명 정도로 불어났던 것으로 보인다. 이들 중 일부가 성균관에 번갈아 사역했을 것이다. 번갈아 할 수밖에 없었던 것은 반인 전체에 부과된 노동의 강제성으로 인한 것이었겠지만, 한편으로 반인 인구가 증가했기 때문이기도 했다. 사역에 동원된, 곧 입번立番 반인 외의 반인, 혹은 출번出番 반인의 소업所業과 이들의 생계수단은 어떤 것이었던가?

후술하겠지만, 국가가 반인을 계속 성균관과 반촌에 묶어놓기 위해 생계수단으로 제공한 것은 현방의 독점경영권이었다. 곧 서울에서 소를 도축하여 쇠고기를 팔 수 있는 전매권을 부여한 것이었다. 현방 경영권은 반인의 성균관에 대한 사역에 대한 반대급부일 뿐이었지만 성균관은 이내 현방 수익의 일부를 요구하였다. 조선 후기의 성균관은 반인의 노동력을 수탈하고 반인이 현방 경영에서 얻는 수익으로 유지될 수 있었던 것이다. 성균관은 국가 최고의 교육기관이었다. 당연히 국가는 성균관의 유지와 운영에 필요한 재정을 공급해야만 했다. 하지만 조선 후기의 국가는 재원을 공급할 능력도 의지도 없었다. 요컨대 사족국가 최고의 학교이자 국가이데올로기의 교조敎祖에게 제사를 올리는 신성한 제의소祭儀所는 자신이 소유한 노비를 혹독하게 착취함으로써 겨우 존립할 수 있었던 것이다.

문제는 반인의 수탈기관은 성균관만이 아니었다는 것이다. 훨씬 강도 높고 지속적인 수탈이 있었다. 이미 언급했듯 1895년 12월 3일 14개조의

〈포사규칙庖肆規則〉이 제정되기 전까지 소의 도축과 쇠고기 판매는 불법이었다. 이상하게 들리겠지만, 국가가 반인에게 현방의 독점경영권을 공식적으로 부여했다고 하여 소의 도살과 쇠고기 판매가 합법이 된 것은 아니었다. 그것은 여전히 불법행위였으므로 현방은 벌금, 곧 속전을 납부해야만 했다. 속전은 사실상 세금이었던 것인데, 문제는 그 세금을 받는 곳이 형조·한성부·사헌부 등 이른바 삼법사三法司였다는 것이다. 삼법사는 서울 시내의 불법행위에 대한 단속권을 나눠 갖고 있었다. 소의 도축과 쇠고기 판매는 불법이었으므로 현방은 삼법사의 단속 대상이었다. 현방의 도축과 쇠고기 판매는, 공식적으로 행해지는 불법이었으므로 속전을 삼법사에 바쳐야만 했다. 삼법사는 현방의 속전을 받는 단순한 창구가 아니었다. 현방에서 수탈하는 속전은 곧 삼법사의 소유였다. 삼법사는 자신이 거느리는 하예들의 삭료를 지급한다는 명분으로 현방으로부터 속전을 수탈했던 것이다. 원래 이들 사법기관 하예의 노동에 대한 반대급부 역시 국가가 지급해야만 하는 것이었다. 하지만 국가는 그럴 재정적 여유와 의도가 전혀 없었다. 보다 냉정히 말한다면 의도가 전혀 없었다고 보는 것이 진실에 가까울 것이다.

반인의 입장에서 말하자면, 이들은 성균관에서 일차 노동력을 사역의 형태로 수탈당하고, 현방의 수익을 성균관과 삼법사에 바쳐야 했으니, 이중삼중으로 수탈을 당한 것이었다. 그렇다면 성균관과 삼법사는 어떤 이유로 현방을 수탈해야 했던가? 이 문제를 검토하지 않을 수 없다.

조선 전기 성균관의 재정

성균관은 공자 이하 중국과 한반도의 유현儒賢에게 제의를 올리는 제사 공간이자 유생을 교육하는 교육공간이었다. 제의의 거행을 통해 국가종교의 권위를 재확인하고, 교육을 통해 국가종교의 담당자를 재생산했던 것이다. 현실적으로 조선의 사족들에게 각별한 의미를 갖는 것은 후자였다. 성균관에서의 교육은 과거와 긴밀한 관계가 있었다. 대부분 소과小科에 합격한 생원과 진사로 채워지는 유생들은, 성균관에서 대과大科 곧 문과 응시를 준비하였다. 성균관은 사실상 과거를 준비하는 기관이었던 것이다. 하지만 성균관 유생이 아니라 하더라도 문과 응시가 허락되었고 또 합격할 수 있었기 때문에 과거를 준비하는 교육기관으로서 성균관이 굳이 필요한 것은 아니었다. 특히 조선 후기 서울의 경화세족들은 성균관의 동재·서재에 머무르는 것을 수치로 알았을 정도였으니, 유수원柳壽垣(1694~1755)이 성균관에 대해 '시골에서 경서를 읽은 사람 몇을 모아 밥이나 먹여주는 곳'[1]이라고 평가한 것은 야박하지만 어김없는 진실이었

01
성균관

다. 그럼에도 불구하고 국가는 국가이데올로기를 상징하는, 최고의 교육 기관으로서 성균관을 없앨 수 없었다. 나아가 부족한 재정에도 불구하고 성균관의 교육에 필요한 비용은 모두 국가가 담당해야 마땅한 것이라고 생각하였다. 하지만 이런 의도와 현실은 완전히 달랐다. 유수원은 문제 의 핵심을 찔렀다.

> 성균관으로 말하자면, 선비를 양성하고자 했다면 당연히 그 비용을 마 련해주어야만 할 것이다. 하지만 단지 전복에게 선비 양성의 비용을 떠맡게 하였을 뿐이었기에 전복이 견뎌낼 수가 없게 되었다. 서울에서 이루어지는 매매의 이익 중 소를 잡아 파는 것만 한 것이 없다. 그래서 또 전복에게 소를 잡아 팔고 그 이익을 마련하게 했던 것이다. 아아, 성묘聖廟가 어떤 곳인가? 그런데 되레 도사屠肆 같은 흉하고 더러운 곳 에 늘 있는 사람을 시켜 묘정廟庭을 청소하게 한단 말인가. 이것은 정 말 천하 후세에 들려줄 수 없는 나라의 체면인 것이다.[2]

유수원의 시대에 와서 국가가 성균관 교육에 필요한 비용을 떠맡는다 는 것은 사실상 빈말에 지나지 않았다. 비용은 오로지 전복 곧 반인을 수 탈함으로써 마련되었던 것이다. 국가의 최고 교육기관은 왜 반인의 수탈 자가 되어야만 했던 것인가?

《경국대전》에 의하면 성균관 유생의 정원은 200명이었다.[3] 다만 과거 나 왕세자의 입학 등 특별한 행사가 있으면 일시 증가하기도 하였다. 200 명을 상회하는 유생의 기숙과 식사, 무료로 제공하는 지필묵 등에 소요되 는 비용은 상당하였다. 조선 전기의 경우, 유생에 대한 성균관의 지원 내 역은 알 수 없지만, 조선 후기의 경우 윤기尹愭(1741~1826)의 《무명자집無

名子集》에 실린 자료로 상당히 구체적으로 밝힐 수 있다. 그는 유생에 대한 성균관의 지원을 다음과 같이 요약하고 있다.

애초 나라에서 선비를 대우하는 뜻이 매우 풍성하였다. ① 거처를 동재와 서재로 나누어 지내게 하고, 아침저녁 식당을 열어 식사를 제공할 때도 동·서로 나누었으며, 음식은 반드시 팔궤八簋(여덟 그릇)로 하였다. 매달 1일과 6일의 대별미大別味와 3일과 8일의 소별미小別味는 모두 원하는 대로 차려주었다. 사시四時의 명절에는 또한 큰 식탁에 별공別供을 차려주었고, 춘사채春舍菜 이후 추사채秋舍菜 전까지는 점심을 차려주었다. ② 매달 초하루에는 지필묵을 주었고, 과거 때는 시지試紙와 필묵을 주었으며, 도기과到記科 때에는 전정殿庭에서 종이를 나누어주었다. ③ 각 방에는 등불을 밝히고 시탄을 주었으며, ④ 병이 나면 약을 주고 인삼이 든 약까지 짓는 것을 허락하였다. ⑤ 죽으면 망자를 위해 상을 치러주고 고향 집까지 운구해주었고, ⑥ 동가動駕(임금의 행차) 때의 지영祗迎에는 말을 주었다. ⑦ 어린 재직齋直이 있어 엎드려 모시고, 부목負木이 있어 아궁이에 불을 때고 심부름도 맡았다. ⑧ 국상이 나면 소립素笠과 포대布帶를 주었고, ⑨ 해마다 창과 벽을 바를 종이를 주었으며, 매달 방에 깔 자리를 주었다.[4]

중요한 것만 꼽아도 아침저녁의 식사, 정기적 별식, 명절과 기타 기념일의 별식(①), 평소 학습과 과거에 필요한 지필묵 등 학용품(②), 기숙사의 난방(③), 의료비(④), 장례비 일체(⑤) 등이다. 곧 성균관에 재학하는 모든 성균관 유생의 기숙과 학업에 필요한 일체의 비용은 국가가 공급하는 것이 원칙이었던 것이다.

조선 전기의 경우도 이와 별반 다르지 않았을 것이다. 1689년《태학성전》의 기록 역시 이와 크게 다르지 않다. 조선 전기에는 이 일체의 비용은 성균관이 보유한 토지와 노비 등의 재원에서 나왔다. 재원의 관리처는 '성균관 유생에게 공급하는 쌀과 콩 등을 관장'하는 종6품 아문인 양현고養賢庫였다.[5] 국초에 설립된 양현'고'는 그 이름에 걸맞게 실제 쌀과 콩을 저장, 보관하는 창고를 갖고 있었다. 오로지 성균관을 위해 설립된 관청이었기에 양현고의 관료 역시 성균관 관료가 겸임하였다. 종6품의 주부主簿 1명, 종7품의 직장直長 1명, 종8품의 봉사奉事 1명은 각각 성균관의 전적典籍·박사博士·학정學政이 겸임했던 것이다.

양현고는 섬학전瞻學田이라 불리는 전지를 소유했지만, 이 토지에서 나오는 수입은 1401년(태종 13) 당시 성균관 유생들에게 나물과 국 외의 찬을 제공할 수 없을 정도로 부족한 편이었다.[6] 1431년(세종 12) 원래 1,035결이었던 데에 965결을 더 지급하여 섬학전은 총 2,000결이 되었다.[7] 1484년(성종 15) 성종은 성균관의 재원에 대해 노비는 안유安裕(안향)가 바친 것이 있으나 '학전學田은 없다'[8]는 이유로 충청도와 경상도의 전지 각각 200결, 총 400결을 지급하였다.[9] 성균관의 재정 부족을 의식하여 학전을 지급한 것이 아니었다. 학전의 하사는 국가 최고 교육기관에 대한 국왕의 배려를 표현한 것이었다.* 이로써 성균관의 전지는 총 2,400결이

---

* 1458년 이승소李承召는 담당 관리가 한 해 흉년이 들었다고 하여 200명 정원의 성균관 유생을 100명으로 줄였다고 지적하고 있다(《세조실록》 4년(1458) 4월 24일(1). "有司以一歲之歉, 奏請減廩, 只養一百, 有違聖上崇學之意."). 그런데 그에 의하면 양현고의 전세 수입은 600여 석이었다. 흉년으로 평소 양현고 수입이 600여 석으로 줄어들자, 정원을 절반으로 줄인 것이다. 그렇다면 평소의 전세 수입량은 1,200여 석 이상으로 보아야 할 것이다. 흉년과 같은 일시적인 변수가 없다면, 아마도 평소 섬학전에서 수취하는 전세는 200명 유생

되었다. 여기에 다시 1511년(중종 6), 1518년에 각각 학전 100결을 하사했다.[10] 규모는 작지만 1547년(명종 2)에 15결을 하사하고, 1555년(명종 8)에도 규모 미상의 전지를 하사했다고 한다.[11] 이상 성균관에 내려진 전지의 총량은 2,500결 정도였던 것이다. 양현고는 토지와 함께 외방에 거주하는 노비도 소유했는데, 성균관은 이들로부터 수취하는 신공으로 생원들의 겨울철 등유와 땔감, 자리, 채소 등을 공급하였다.[12] 이 외에 성균관은 양근楊根 남쪽에 주위가 20여 리에 달하는 시장柴場을 하사받았다.[13]

을 유지하는 데 충분했던 것으로 보인다. 그 이유는 다음과 같다. 1484년(성종 15) 성종이 학전 400결을 성균관에 하사했는데, 그것은 성균관의 재정이 부족해서가 아니었다. 성종이 학전이 없다는 이유로 학전을 별도로 하사하려고 하자, 승정원에서는 "성균관 유생의 공궤供饋는 양현고가 있고, 석전釋奠의 제물은 봉상시奉常寺가 모두 충분히 공급할 수 있으니, 지금은 할 일이 없습니다"라고 답한다. 성종이 굳이 유생을 격려하는 의미로 학전을 하사하겠다고 하자, 신하들 역시 대부분 현재 성균관 재정이 충분하지만, 격려의 의미에서 하사한다면 괜찮다는 취지로 답했다. 학전은 기존 성균관 재정의 부족분을 메우려는 의도에서 하사한 것이 아니었던 것이다. 따라서 1458년의 양현고 수입이 줄어든 것은 흉년 때문인 것으로 보인다. 한편 1458년 600여 석의 수취량을, 세종 27년(1445) 각사위전各司位田이 폐지되고 '국용전國用田'이 실시되는 과정에서 실제 섬학전이 400여 결로 줄어든 결과로 보는 견해도 있다. 만약 이 견해가 타당하다면 성균관은 이후 재정 부족에 시달려야만 했을 것이다. 그런데 1458년과 1484년 사이에 성균관에 따로 토지가 하사된 적이 없다. 그렇다면 1484년 성종이 학전을 하사하고자 했을 때 성균관의 재정이 충분하다는 발언은 나오지 않았을 것이다. 그러므로 섬학전이 2,000여 결에서 400여 결로 대폭 줄어들었다는 견해는 재고를 요하는 것이 아닌가 한다. 물론 각사위전이 폐지되고, 국용전이 실시되는 과정에서 섬학전이 줄어들었을 가능성을 배제할 수는 없다. 하지만 줄어들었다고 해도 2,000여 결에서 대폭 줄어들었을 가능성은 작다. 아마 섬학전이 줄어들었다면 최은정이 주장하는 바대로 "16세기 중엽 직전제職田制의 폐지로 토지의 사적 소유가 발달하게 되자, 각 아문과 궁방에서는 경쟁적으로 토지 절수折受를 확대하여 다른 궁가나 아문의 토지를 침탈하는 데 이르렀던" 것과 이후 임병양란으로 인한 토지 문서의 망실과 토지의 황폐화가 원인이었을 것이다.

토지와 노비 외에도 재원이 있었다. 1413년(태종 13) 대사성 권우權遇 등은 양현고의 전지 1,000결로는 유생에게 나물과 국 외의 다른 반찬을 제공할 수 없다는 이유로 어량魚梁 한두 곳을 양현고에 소속시켜 전라도 와 충청도의 황각黃角과 경상도와 강원도의 해곽海藿을 상납하게 할 것을 요청하였다.[14] 곧 조선 초기부터 성균관은 어량, 곧 어전漁箭을 확보하려 고 했던 것이다. 권우의 요청이 어떻게 처리되었는지는 알 수 없으나, 16 세기 중반 이전에 성균관은 어전을 보유하고 있었다. 1549년(명종 4) 성균 관이 의혜공주懿惠公主(중종의 딸)에게 수익성이 좋은 어전을 빼앗기고 수 익성이 나쁜 어전을 지급받은 일이 있었으니,[15] 이것으로 성균관이 어전 을 확보하고 있었던 것은 분명하다.

성균관이 보유한 어전의 위치는 16세기 자료로는 파악할 수 없으나, 17세기 초반의 자료로 추정할 수 있을 것이다. 1625년 사옹원은 관할하 던 경강京江 어부의 요청으로 성균관의 과도한 수세를 막아줄 것을 인조 에게 요청했다. 이 시기 성균관의 어전 하인들이 경강 어부 10명에게 100 배가 되는 많은 생선을 거두어들였다는 것이 사옹원의 주장이었다. 성균 관 측은 당연히 반박했는데, 먼저 성균관이 보유한 어전과 사수斜水[*]에 대한 수세는 임진왜란 이후 창설한 것이 아니라고 지적했다. 아울러 성균 관을 설립하던 초기부터 강화·교동·남양·부평 등의 절수 어장은 사옹원 의 어부라 하더라도, 배를 정박할 때 어공御供인 숭어를 그물로 잡는 경우 는 수세할 수 없지만, 민어·준치·밴댕이 등의 잡어는 그들이 사적으로 판매하는 것이기 때문에 해마다 전례를 따라 받아서 유생의 찬거리로 썼

---

[*] 두 고을의 경계에 있는 하수河水라고 한다. 어살과 어망 등을 설치한 곳이니 곧 물고기를 잡는 곳을 말한다.

으며, 성균관 어전 하인 3명을 정하여 해마다 지공支供하게 한 것은 200년 이래의 옛 규례라고 지적했다.[16] 이 자료를 따른다면, 15세기 초반부터 강화·교동·남양·부평에는 성균관의 절수 어장이 있었고 이 절수 어장은 성균관 유생들에게 생선과 기타 해산물을 공급하는 곳이었음을 짐작할 수 있을 것이다. 물론 성균관이 자신에게 유리한 논거로 제시한 것이기 때문에 15세기 초반까지 소급하지 못할 가능성이 충분히 있다. 하지만 앞서 언급한 1549년의 자료와 이 자료를 근거로 적어도 16세기에는 강화·교동·남양·부평 등지에 성균관에 생선과 해산물을 공급하는 절수 어장이 있었던 것은 충분히 짐작할 수 있을 것이다.

조선 전기 성균관의 재원은 2,500결의 토지와 절수 어장, 외방노비, 시장柴場으로 구성되었다. 여기서 수취하는 전세, 생선과 해산물, 노비신공 등으로 재정을 충당했던 것으로 보인다. 토지를 제외하고 임병양란 이전의 절수 어장과 외방노비의 규모에 대한 세밀한 정보는 현재 알려진 것이 없다. 다만 적어도 임진왜란 전까지 성균관은 재정 부족에 시달리지는 않았다. 물론 가끔 부족한 적이 있었으나 일시적인 것이었고 국가는 그것을 예외적 현상으로 파악하고 충분히 대처할 수 있었다. 대개 조선 전기 성균관은 '토지와 노비를 풍부하게 사급賜給했기 때문에 물력物力의 풍성함이 호조와 대등하다'[17]고 할 정도였던 것이다.

임병양란 이후 재정의 붕괴

임병양란 이후 재정 상황

임병양란 이전까지 2,500결의 전지와 어전 등에서 나오는 수입으로 성균관의 재정은 안정되어 있었던 것으로 보인다. 하지만 양란 이후 사정은 판이하게 달라졌다. 1592년 왜군의 방화로 성균관 자체가 소실되어 동재와 서재 몇 칸만 남아 있었고, 1598년 거재유생 10여 명의 양식도 중국 좁쌀로 겨우 지급할 정도로 재정 상황이 궁핍해진 것이다. 서울과 가까운 경기 김포 일대의 100여 섬지기의 전답에서도 전세를 전혀 거두지 못하고 있는 형편이었다.[18] 1601년에 시작된 문묘文廟(동무東廡와 서무西廡) 등 기본 건물의 재건축이 완전히 끝난 것은 1605년이었다.[19] 하지만 성균관의 유생은 원래의 정원 200명을 채우지 못하고 있었다. 1624년(인조 2) 7월 25일 당시 29명이 있었고,[20] 1629년(인조 7) 7월 24일 당시 거재유생이 한 명도 없었다.[21] 임진왜란으로 성균관이 유생의 정원을 채우지 못한 것은 한동안 지속되었을 것이다. 거재유생이 한 명도 없었던 1629년으로부터 불과 7년 뒤 병자호란으로 인해 다시 성균관을 완전히 비우는 일이 일어났다. 요컨대 1592년에서 1636년에 이르는 긴 전쟁기를 거치면서 성균관에 큰 변화가 일어났던 것이다.

먼저 지적해야 할 것은 유생 정원이 200명에서 75명으로, 곧 3분의 1 수준으로 줄어들었다는 것이다. 호조에서 양현고에 유생 75명분에 대해 재정을 지급했지만, 평상시 성균관에 거처하는 유생은 20명에 불과하다는 1650년(효종 1) 《승정원일기》의 자료[22]를 통해, 적어도 1650년 이전에 200명에서 75명으로 감축되었던 것이 확인된다. 약 1세기 뒤인 1742년 유생 100명에 기재생寄齋生 20명, 장의掌議 2명, 색장色掌 4명을 합친 126명[23]으로 증가할 때까지 75명의 정원은 변하지 않았다. 75명의 정원을 오랫동안 유지하고 뒤에 126명까지 늘리기는 했지만, 원래의 정원 200명으로 돌아가지 못한 것은 당연히 재정 부족 때문이었다. 한편 호조에서 유생 75명 분의 예산을 공급하는 것 역시 주목할 만하다. 적어도 임진왜란 이전까지 호조에서 양현고를 통해 예산을 공급하는 규정은 없었다. 추측컨대 이 규정은 17세기 중반을 통과하면서 만들어진 것 같다. 그런데 이 규정이 만들어진 것은 성균관이 상당한 양의 재원을 상실했다는 것을 의미하는 것이기도 하다.

양현고를 통해 호조가 유생의 공궤 비용, 곧 식비를 공급했다면, 조선 전기 성균관이 보유했던 토지와 노비, 절수 어장 등에서 수취하는 물자는 어떻게 되었던 것인가? 또 그것들의 규모는 어느 정도 축소되었던 것인가? 후자에 대해서는 뒤에 따로 상론하기로 하고, 전자에 대해 간단히 언급한다. 1727년 성균관 대사성을 지낸 송인명宋寅明에 의하면, 성균관의 재정은 오직 노비신공과 약간의 수세에 의지하는데, 이것은 성균관 관원에게는 쓰이지 않고 모두 유생을 양성하는 비용으로 쓴다는 것이었다. 즉 성균관 보유의 토지와 절수 어장, 노비로부터 받아들이는 물자는 성균관의 양반 관료들에게는 지급되지 않고, 전적으로 유생의 기식 비용과 교육에 사용되는 것이었다. 그런데 성균관은 양현고를 통해 호조로부터 유생의 공궤 비용을 지급받았기 때문에, 성균관 보유의 재원에서 나오는 비용은 공궤 외의 모든 비용으로 쓰였다.[24] 이것이 성균관 재정에서 서벽西壁과 동벽東壁의 구분을 만들었던 원인으로 여겨진다. 곧 조선 후기 자료에서 토지와 절수 어장, 노비신공 등 성균관의 재원에 대한 언급에서 서벽은 성균관이 자체 관리하는 재원 혹은 재정을 가리키고, 동벽은 양현고의 그것을 말한다. 이 구분은 임진왜란 이전에는 보이지 않고 1632년의 《승정원일기》에 최초로 보인다. 곧 '양현고의 일은 주부·직장·봉사가 주관하고, 성균관 일 중 기용器用·잡물雜物 등은 서벽의 장무관掌務官과 직강直講 한 사람이 주관한다'[25]는 말에서 양현고의 일과 서벽, 곧 성균관의 일을 구분했음을 알 수 있다.

좀 더 구체적으로 언급하자면, 호조로부터 예산을 지원받는 반미飯米와 약간의 찬가饌價 외의 지필묵과 명절의 별공別供, 달마다 5일이 드는 날의 별미別味, 과장科場의 시지試紙 등 수많은 비용은 모두 '서벽'에서 마련하는 것이었다. 좁은 의미에서 서벽은 '성균관의 저축이 있는 곳'이었다. 서벽으로서의 성균관은 재래의 토지와 절수 어장, 노비를 보유하고 전세와 어염선세漁鹽船稅, 신공 등을 수취하여 관리, 지출을 담당했던 것이다. 다만 18세기 초기에 이르면 서벽의 수입은 오직 노비신공만 있을 뿐이었다.[26] 동벽 곧 양현고 역시 약간의 토지와 수세지, 노비를 보유했으나, 매우 미미한 양이었다. 이에 대해서는 후술한다.

성균관의 재정 수요

성균관의 재정 수요의 전모를 밝혀주는 자료는 아주 드물다. 1689년에 작성된 《태학성전》이 거의 유일하다. 1785년에 작성된 《태학지》도 있으나 약 1세기 뒤의 것이고, 내용의 풍부함 역시 《태학성전》에는 미치지 못한다. 이제 《태학성전》의 자료를 중심으로 하여 17세기 말 성균관의 재정 규모와 지출 상황에 대해 살펴보자.[27]

성균관이 지출하는 비용으로 먼저 석전釋奠을 위시한 각 등급의 제향 비용을 떠올릴 수 있다. 제향에는 막대한 제물과 잡다한 용품이 소모되었는데, 이것들은 봉상시·전생서·공조·풍저창·사용원·의영고·와서瓦署·전설사典設司·내자시·사재감 등의 관서에서 마련해 공급하는 것이었기에 성균관의 부담은 거의 없었다. 성균관의 비용은 유생의 기식과 하급 관료書吏들에게 지급되는 월료月料를 비롯한 행정 비용, 건물 유지비 등이 가장 큰 비중을 차지했다. 《태학성전》은 1689년 당시 파악된 그 비용을 복잡하게 열거하고 있는데 정리하면 다음과 같다.

① 기숙 유생의 1년 식사의 월별 비용, 1년 비용

② 서리의 월료 및 각 건물 땔감 비용

　부附/양현고에서 지불하는 각종 비용

③ 관례에 의한 지출 비용

　음식―별공別供, 개고기, 다담상茶啖床

　부/양현고에서 비용을 지급하는 각종 음식들

④ 잡물 비용[雜物用記]

　각종 물품―속목贖木과 예목例木, 달력, 약, 종이, 숯, 초·해·등잔기름

　부/양현고에서 지급하는 각종 물품. 재중齋中의 지필묵, 유생의 회

　량미回粮米, 사원司員이 타는 말에 지급하는 콩과 쌀, 사원의 내력채

　목來歷債木[28][미상], 호조 포폄 때 3사원司員에 제공하는 쟁반, 각종

　단자單子 작성에 쓰이는 지필묵의 가목價木 등의 비용.

　이상은 복잡하게 열거한 것을 축약한 것이다. 여기 실린 모든 비용과 지출을 정확하게 수치화하여 총계한다면, 1689년 당시 성균관의 1년 비용을 파악할 수 있고, 또 그것을 근거로 하여 이후 성균관의 재정과 지출을 비교할 수 있겠지만, 위의 자료는 중복된 부분, 정확한 수치로 환산할 수 없는 부분이 뒤섞여 있어 총계가 불가능하다. 이 점을 일단 고려하고 중요한 부분을 읽고 해석해보자.

　가장 중요한 것은 ①이다. 매달 양현고가 호조와 군자감(대부분은 호조)에서 받아오는 쌀, 소금, 장醬의 총량이다. 월별 지급 내역은 생략하고 1년의 총량을 보면 다음과 같다.

　○ 반미飯米 356석(윤달에는 29석을 더 준다)

○ 점심미點心米 26석 8두 7승 5홉(윤달이 들면 4석 5두 2승 5홉을 더 준다)

○ 찬가饌價 쌀 171석, 콩 177석(윤달이 들면 쌀의 경우와 같다)

○ 소금 18석(윤달이 들면 1석 7두 5승을 더 준다)

○ 장 36석(윤달이 들면 3석을 더 준다)

○ 석수어石首魚 3,240속束

　이것은 유생이 75명이라는 것을 전제하여 호조에서 양현고에 지급하는 것이다. 성균관 자체의 예산은 아니다. 앞서 언급한 바와 같이 1680년 성균관 전복은 유생들의 식사를 위해 어물전과 생선전 등의 시전에서 어물을 거두어 가는 관행이 혁파되자, 생선과 채소의 구입 비용은 전복들이 떠맡게 되었다. 전복들은 당연히 억울함을 호소했다. 이에 1687년 4월 대사성 김창협金昌協의 요청으로 연산連山과 남포藍浦의 조미造米 200석이 양현고에 지급되기 시작하였다. 유생들의 '어채가魚菜價'를 보조하는 것이었는데, 이것은 호조가 관리하는 것이 아니었다.[29]

　콩과 메주 같은 것들도 공급되었다. 콩은 호조에서, 메주는 선혜청과 예빈시에서, 장을 담그는 소금은 호조에서 공급했다. 유생들의 기숙사인 동재와 서재의 28개 방에는 한 달에 한 번 방마다 술 4병 반과 안주를 공급했고, 6차례 특식인 별미가 제공되었다. 술과 안주, 별미의 비용에 대해서는 별다른 언급이 없다. 아마도 양현고에서 지급했을 것이다. 10월·11월·12월·정월·6월·7월, 이상 여섯 달은 생선전에서 생선을, 2월·3월·4월·5월·8월·9월은 어물전에서 건어물을 구입했다. 봄에는 애탕艾湯을, 3월 3일과 9월 9일은 화전花煎을 베풀었고, 수시로 연포軟泡·어회魚膾를 차렸다. 이상에서 술과 안주 이하는 특별히 비용을 지급하는 곳을 밝히지 않고 있는데, 양현고에서 자유롭게 쓸 수 있는, 연산과 남포의 조미 200석에서 지불할 수 있었을 것이다. 그것은 원래 어채가魚菜價에 쓰기 위해 마련된 것이기 때문이다.

유생의 식사 비용 외에 예산 중 큰 비중을 차지하는 것은 달마다 고정적으로 지급되는 ②다. 곧 서리의 월료와 동재·서재를 위시한 성균관 내 각 건물의 온돌에 쓰이는 땔나무 비용이었다. 먼저 달마다 지급하는 월급에 해당하는 월료, 요포料布를 보자. 성균관에 소속된 서리는 총 25명인데, 이 중 15명이 정식 서리이고, 나머지 10명은 예차서리預差書吏(예비서리)이다.[30] 정식 서리 15명의 요포는 1인당 5필로 한 달에 75필이다. 여기에 예차서리는 1인당 2필이므로 20필이다. 그리고 서리 1인당 의자목衣資木을 봄과 가을에 1필씩 지급하므로 30필이다. 도합 125필인데, 여기에 공방서리에게 2필을 더 지급했던 것을 고려하면 한 달에 약 130필 정도가 고정적으로 지급되고, 이것은 1년에 1,560필을 상회한다. 여기에 기별서리寄別書吏의 가목 10필×12개월=120필, 이조윤회吏曹輪回[무슨 말인지 미상-저자]의 가목 10필×12=120필을 합하면 모두 1,800필이다.

다음은 매달 공급하는 땔감과 등유의 값이다.

○ 식모 시목柴木의 가목이 7필[지금은 1필을 줄였다]→6×12=72필

○ 동재·서재의 등유의 가목 4필→4×12=48필

○ 향관청享官廳 온돌의 가세목價稅木 3필[지금은 매달 반 필을 지급한다]→0.5×12=6필

○ 서별당西別堂 온돌의 가세목 3필[지금은 없앴다]=0

○ 동재·서재의 부목負木 온돌의 가목 4필[기사년(1689)부터 지급했다]→4×12=48필

○ 명륜당 온돌의 가세목 3필[지금은 3월부터 9월까지 매달 반 필을, 10

월부터 12월까지 매달 1필을 지급한다]→0.5×6=3필, 1×3=3필. 합
6필

　이상은 1년 180필이다. 앞의 서리들의 월포와 합하면 1,980필이다.
이것이 매달 정기적으로 지급하는 포布의 1년 합계이다. 이어 '양현고'란
제목 아래 '식당 도기지到記紙 3권, 붓 1자루, 먹 1덩이를 호조에 보고하
고 받아온다(지금은 종이 2권, 붓, 먹을 줄였다)'라는 서술 아래 8가지 종류
의 지출 항목이 실려 있다. 양현고에서 지출하는 것들이다. 계산하기 까
다롭지만, 대체로 위의 1,980필과 합치면 약 2,000필에 달한다. 곧 성균
관은 매년 무명 2,000필 정도를 고정 비용으로 지출하고 있었던 것이다.
　③의 관례에 의한 지출 비용은 주로 특별한 날 기숙 유생과 관원들에
게 제공하는 음식 비용이다. 예컨대 설날·대보름·삼진날·단오·초복·유
두·칠석·중양절·동지 등의 명절에 유생들에게 제공하는 특별식別供, 6
월에 제공하는 개고기, 7월에 제공하는 참외와 수박, 관원들의 좌기坐起
(출근)에 제공하는 다담상 등 특별한 경우 차려내는 음식의 종류와 비용
에 대해 열거하고 있다. 정확한 비용을 계산하기는 어렵지만 막대한 비용
이 소모되었던 것은 두말할 필요가 없다. ④의 '잡물 비용'의 절대다수는
아래 ①의 종이와 숯·초·홰·등잔기름 등 건물의 보온과 조명을 위한 소
모품들이다. 종이는 유생의 학습과 성균관의 사무, 숯·초·홰·등잔기름
은 성균관의 모든 건물과 모든 행사에 일상적으로 사용되는 것이었다. 막
대한 비용을 소모했음은 두말할 필요가 없다. 모든 지출 내역을 검토하는
것은 필요치 않으므로 여기서는 종이 지출만 예시한다. 자료를 성격에 따
라 몇 부분으로 나누어보자.

Ⓐ 유생 개인에게 제공하는 것

① 매달 상재上齋는 황필黃筆 2자루, 먹 1덩이, 종이 10장을, 하재는 황필 1자루, 먹 1덩이, 종이 5장씩을 지급한다(상재는 매달 종이 10장을 더 주고, 하재는 매달 종이 5장을 더 준다).

② 절제節製와 과거 때 정초지正草紙를 도기到記의 수數에 따라 지급한다. 별시別試·동당시東堂試는 혹 지지紙地(각종의 종이 붙이, 지물紙物)를 지급하기도 한다. 하재下齋는 시재試才한 뒤 글을 잘 짓는 자에게 지급한다.

Ⓑ 성균관 내 행사에 제공하는 것

③ 사중司中에서 쓰는 초주지草注紙 3권의 가목은 2필 반이다(속안지續案紙는 이에 의거하여 더 지급한다).

④ 유생의 상소지上疏紙 4장의 가목은 1필이다.

⑤ 봄·가을 석채 때 별색장別色掌의 차출差出 및 제생諸生의 출표지出標紙는 백지白紙와 아울러 10권이다.

⑥ 유생의 차제差祭 거안擧案(명단)의 초주지는 들어가는 수만큼 갖추어 올린다.

⑦ 삭망朔望의 분향焚香 때 재중齋中의 회문回文(돌려보는 글)에 쓰는 초주지는 8장이다.

⑧ 재중의 통문通文과 재임천齋任薦 등에 쓰는 초주지는 들어가는 수만큼 갖추어 올린다(재임齋任은 재회齋會의 간부인 장의掌議, 색장色掌을 말한다).

⑨ 봄·가을 석채 때의 회문回文에 쓰는 초주지는 8장이다.

ⓒ 성균관 내 공무에 사용하는 것

⑩ 원점계획圓點計畫에 사용하는 백지白紙는 2권이다.

⑪ 장무서리가 1망望에 쓰는 공사하지公事下紙는 3권 10장이다(공사
하지는 공무에 사용하는 낮은 품질의 종이).

⑫ 지통서리가 1망에 쓰는 공사하지는 1권 10장이다.

⑬ 공방서리가 1망에 쓰는 공사하지는 1권 10장이다.

⑭ 수복이 1망에 쓰는 공사하지는 1권이다.

ⓓ 도배

⑮ 재방 창호의 도배는 초주지로 지급한다[재직齋直 등이 손상시킨
곳은 책임지워 도배하게 한다].

⑯ 재사齋舍의 문이 손상된 곳은 그곳을 담당한 사람에게 책임지워
받아내게 한다[색장色掌은 동재 2명, 서재 2명이다. 상색장과 하색
장이 있다. 장의掌議—색장 4—조사曹司의 순서로 위계位階가 있다.
색장은 문묘 수호, 관리, 학생자치, 도기到記를 확인하는 일을 맡는
다. 춘추 2회 석전釋奠 때 재회齋會에서 선출].

이 중 가장 많은 양을 차지하는 것은 당연히 ⓐ와 ⓒ였다. ⓐ 중에서도
①은 유생의 숫자가 늘어나면 총량도 폭증할 수밖에 없었다. 이 점은 두
고두고 성균관의 골칫거리가 되었다. ② 역시 적지 않은 양이었을 것이
다. 성균관 유생으로서 도기에 일정한 원점을 채운 사람에게는 인일절人
日節(1월 7일)·상사절上巳節(3월 3일)·칠석절七夕節(7월 7일)·중양절重陽節(9
월 9일)에 치르는 절제節製를 위시한 모든 과거에 공식적으로 시지가 지급
되었던 것이다. 종이, 특히 시지가 결코 값싼 물품이 아니었던 것을 생각

한다면, 유생들에게 공급하는 종이는 성균관 재정을 압박하는 중요한 요인이었던 것으로 생각된다. 예컨대 1765년 5월 30일 성균관 대사성 서명응은 정시와 알성시 등 성균관에서 각종 과거를 치를 때 유생들에게 지급하는 종이의 값이 1년에 1,500~1,600냥에 이른다고 말한 바 있다(서명응의 상소는 5장에서 본격적으로 검토한다).

사실 과거에 쓰이는 비용 역시 만만치 않았다. 다음 자료를 참고하자.

> 본관本館(성균관)의 재용財用은 달리 나올 데가 없고 전적으로 노비공奴婢貢과 약간의 세에만 의지하고 있습니다. 만약 착실하게 거두어들인다면 이어 쓸 수가 있습니다만, 혹 세공稅貢이 부실할 경우 늘 부족함을 걱정합니다. 이른바 경용經用은 관원은 따로 소비하는 바가 없고, 깡그리 양사養士의 비용으로 들어갑니다. 만약 과거를 한 번 거치게 되면 소모하는 것이 아주 많아서 재력이 크게 줄어듭니다.[31]

과거를 실시할 때는 평소보다 많은 유생이 몰려들었고 이들에게 드는 비용 역시 성균관이 고스란히 담당했기 때문이었다. 예컨대 1635년 4월 성균관은 평소 거재생이 80명 이하일 때도 찬물饌物을 마련하는 데 어려움을 겪었는데, 당시 증광시增廣試와 관시館試에 응시하기 위해 모인 선비들이 240여 명에 이르렀고 또 지방의 선비가 얼마나 더 늘어날지 모른다고 말한다.[32] 늘어난 유생의 숙식 비용과 과거 응시에 필요한 지필묵은 모두 성균관의 재정에서 나왔던 것이니, 과거를 거치면 성균관의 재정이 궁색해지기 마련이었던 것이다.

3

성균관의 토지

《태학성전》에 의하면 성균관의 토지 보유 현황은 다음과 같다.[33] 《태학성전》의 작성 연도인 1689년의 상황을 반영한 것이다.

○ 충청도—아산 등 10개 군현. 논 125결 28복 4속/밭 96결 2복 6속

○ 전라도—구례 등 10개 군현. 논 60결 36복 2속/밭 25결 13복 4속

○ 경상도—풍기. 논 30결 49복 5속

○ 경기—진위. 논 82복 3속/밭 79복 7속

　이상 합계/논 215결 195복 14속/밭 121결 94복 17속

논과 밭을 합하면 337결 정도다. 따로 양현고가 소유한 토지도 있었다.

○ 둔지산屯地山* 청근전菁根田 구일경九日耕

△ 진자辰字—직전直田 29복 2속, 직전 4복 2속, 직전 10복 4속, 직전 9복 7속, 규전圭田 4복 1속

△ 추자秋字—직전 30복 4속, 구전勾田 1복 7속, 직전 303복 9속, 직전 10복 1속, 직전 17복 7속, 직전 28복 5속, 직전 35복, 직전 11복 8속, 직전 91복, 직전 12복 6속, 직전 19복 1속, 직전 3복 4속, 제전梯田 4복

△ 위자爲字—직전 21복

△ 왕자往字—직전 2배미 7복 6속

　이상 합계. 밭 2결 95복 9속/ 논 17복 6속

_____

* 둔지산은 남대문 밖 지금 용산 일대에 있던 낮은 산이다.

○ 이간수문 밖二間水門外[*]

　△ 명자鳴字—직전 14복 2속, 직전 8복 1속, 직전 21복 2속, 전 5복 9

　　속, 직답 9복 5속, 직답 11복 2속, 직답 11복 9속, 직답 12복 4속,

　　직답 5복 8속[34]

　　이상 합계. 밭 50복 4속/ 논 69복 3속

○ 마장리馬場里

　△ 봉자鳳字—구전 10복 6속

○ 각심사覺心寺

　△ 주자周字—답 22복 4속, 전 4속

○ 안암리安巖里의 묵어 황폐해진 논과 밭^{**}

　△ 명자名字—규전 9복, 규전 27복, 직전^{***}

　△ 형자形字—규전, 직전, 직전, 구전, 직전^{****}

○ 성내城內의 남이南怡 기전基田 조전경朝前耕은 12호가 들어가 살고

　있다.

○ 탄정동灘井洞 수근답水芹畓 5배미, 밭 조경전

위 자료에서 안암리 이하는 진황지陳荒地가 대부분이고 경작하는 곳

---

　* 이간수문은 오간수문五間水門(동대문에서 약간 북쪽에 위치)에서 조금 북쪽에 있는 수문
　　이다. 곧 성곽 아래 물이 흐르도록 조성한 작은 다리다.
　** '안암리 진황전답' 아래 전답의 형태와 면적이 나와 있으나 '이상은 묵은 땅이다' 라
　　고 표기하여 경작하지 않는 곳으로 밝히고 있다. 따라서 번거롭게 전답의 형태와 면
　　적을 밝히지 않는다. 아주 작은 땅인 듯하다.
　*** 가로와 세로 폭만 나와 있고 결부結負는 밝히지 않고 있다. 아주 작은 규모의 땅이다.
　**** 역시 결부를 밝히지 않는 작은 땅들이다.

역시 무시해도 좋을 정도의 작은 규모라서 별 의미를 부여하기 어렵다. 이상의 토지를 합하면, 약 10결 정도다. 곧 양현고는 서울 안팎에 10결 정도의 토지를 보유하고 있었던 것이다. 《태학성전》 작성 당시인 17세기 말 성균관은 양현고의 토지를 더해 350결이 채 되지 않는 토지를 소유하고 있었던 것이다.

1740년(영조 16) 대사성 심성희沈聖希는 김포 등 여덟 고을에 산재해 있는 성균관 소유의 토지를 다시 면세해달라고 요청하여 왕의 허락을 받았다. 1729년 궁가宮家와 아문衙門 토지의 면세와 출세出稅 규정을 바로잡을 때 성균관의 토지 400결은 면세 대상이 되었고 나머지는 출세하기로 결정했는데, 심성희는 출세 대상의 토지 역시 면세해줄 것을 요청했던 것이다. 하지만 호조의 반발로 영조는 원래의 결정을 철회하였다.[35] 여기서 면세전 400결은 앞에서 언급한, 법이 보장한 학전學田일 것이다. 1년 뒤인 1741년 10월 성균관은 각 도에 산재한 토지가 500여 결인데, 그해에 받아들인 곡물의 양으로 추정하면 실제 토지는 270여 결에 불과하다고 지적했다.[36] '500여 결'이란 말에서 앞의 면세전 400결 외에 성균관은 100결 남짓한 토지를 더 보유하고 있었음을 추리할 수 있다. 이 토지 현황은 1733년에 조사한 것이었다. 따라서 성균관은 1733년까지는 400결 외에 100결 정도를 더 보유하고 있었던 것이다. 그런데 여기서 눈여겨보아야 할 것은, 겨우 8년이 지나 500결이 270여 결로, 곧 거의 반으로 줄어들었다는 사실이다. 토지가 줄어든 것은, 해당 토지가 있는 고을의 담당 아전과 직접 경작을 하는 작인作人이 한통속이 되어, 기경전起耕田을 진전陳田으로, 결실지結實地를 재해지災害地로 바꾸어 토지문서를 작성했기 때문이었다.[37] 결국 성균관은 엄밀한 양전量田을 통해 토지를 되찾을 것을 요청했고 영조는 허락했다.

양전을 통해 성균관이 수세지를 되찾았는지도 자료로 확인되지 않는다. 다만 토지 소유 실태의 변화 추이는 짐작할 수 있다. 1785년《태학지》'태학절수'에 다음과 같은 토지 관계 자료가 실려 있다.

■ 성균관 소속
○ 경기
  진위—논 1결
○ 충청도
  아산·태안·홍주·결성·충주·청주·직산·청산·보은·연기 등—논 125결, 밭 96결
○ 전라도
  강진·낙안·광양·흥양·순천·남원·금산·장흥·금구·만경 등—논 60결, 밭 25결
○ 경상도
  풍기—논 30결

■ 양현고 소속
○ 둔지산—밭 20결, 논 17부
○ 수구문 밖—밭 50부, 논 69부
  해당 고을에서 수세하여 상납하기도 하고, 성균관에서 차인差人을 보내 받아오기도 한다或自本邑收稅上納, 或本館差人收來.

성균관 소속의 논은 216결, 밭은 121결이다. 도합 337결이다. 양현고 소속은 둔지산과 수구문 밖의 것을 합쳐 논 86부, 밭 20결 50부이다. 도

합 21결 36부다. 성균관과 양현고의 총합은 358결 36부다. 이 수치는 앞서 1689년 《태학성전》의 350결과 거의 차이가 나지 않는다. 1740년 심성희가 성균관이 소유한 500결 토지에서 수세하는 토지가 270결밖에 되지 않는다고 지적하고 양전을 실시하자고 제안한 것이 그다지 유효하지 않았던 것이다.

18세기 말경 성균관이 소유한 토지는 350결을 조금 넘는 정도였을 것이다. 1785년의 《태학지》로부터 3년 뒤에 작성된 《춘관통고春官通考》에 실린 성균관의 토지 현황을 보자.

■ 성균관

○ 충청도―논 125결 28복 4속, 밭 96결 2복 6속

○ 전라도―논 60결 36복 2속, 밭 25결 53복 4속

○ 경상도―논 30결 42복 4속

○ 경기―논 82복 3속, 밭 79복 7속

■ 양현고

○ 각심사覺心寺―논 22복 4속, 밭 3무畞

○ 둔지산―논 17복 6속, 밭 2결(20결의 오기인 듯―필자 주) 95복 9속

○ 이간수문 밖―논 69복 3속, 밭 50결(부負의 오기인 듯―필자 주) 4속

○ 마장리馬場里―밭 10복 6속

도성 안의 밭―조경전朝耕田인 탄정동灘井洞의 수근답전水芹畓田과 안암리安巖里의 황폐한 전답[38]

1785년의 《태학지》와 비교해보면 크게 달라진 것이 없다. 성균관 소

속의 전지 중 충청도·전라도·경상도의 전지는 복(=부) 이하가 상세히 실렸을 뿐이고, 결수는 전과 동일하다. 경기의 논 83복, 밭 79복도 아마《태학지》는 적은 규모라 생략했을 것이다. 양현고의 경우 모두 합쳐서 2분의 1결도 되지 않아 큰 의미가 없다. 역시 전체 규모는 350~360결 정도로 보아야 할 것이다.

1866년에 작성된《육전조례六典條例》에도 성균관 소유의 토지 규모가 실려 있는데, 1785년의《태학지》의 자료를 그대로 옮긴 것이다. 성균관 소속으로 경기 1결, 충청도 96결, 전라도 60결, 경상도 30결이다. 이상은 모두 논이고 밭은 생략되어 있다.《태학지》와 동일한 것이다. 양현고 소속의 경우도 둔지산 밭 20결, 논 17부, 수구문 밖 밭 50부, 논 69부로 동일하다. 맨 끝의 "해당 고을에서 수세하여 상납하기도 하고, 성균관에서 차인을 보내 받아오기도 한다或自本邑收稅上納, 或本館差人收來"라고 하는 부분도 그대로 옮겨두었다.[39] 사실상 조선 후기 성균관의 토지 소유는 1689년《태학성전》의 소유량에서 거의 변동이 없었던 것이다.[40]

350여 결은 조선 전기 성균관의 토지 2,400여 결의 5분의 1도 채 되지 않는다. 따라서 성균관의 재정이 압박을 받았던 것은 두말할 필요가 없을 것이다. 문제는 성균관의 재산이 이렇게 바닥이 났음에도 불구하고 근본적인 대책은 전혀 세우지 않았다는 것이다. 영조는 양전을 통해 토지를 되찾게 해달라는 심성희의 요청을 재가했지만, 실제 성균관에서 양전을 하지는 않았던 것으로 보인다. 토지가 더 늘어날 수가 없었던 것이다. 관리 역시 부실하였다. 1733년 대사성 조명익趙明翼은 성균관 재정과 현방의 속전에 대해 거론하면서 성균관 보유 토지에 대해서 언급했다.[41] 곧 삼남에 적어도 300~400석을 파종하는 성균관 소유의 위전답位田畓에서 무명으로 세금을 거두는데, 관리가 부실하여 1년에 겨우 5~6동, 곧

250~300필만 거둘 뿐이라는 것이다. 조명익은 세금을 거두는 일을 호조에게 부탁해왔는데, 이제 성균관에서 직접 낭청을 보내어 수세량을 정확하게 파악해 기한을 어기거나 모자란 양을 보낼 때 성균관에서 초기草記한 뒤 처벌할 수 있게 해달라고 요청했다. 영조는 조명익의 요청을 모두 재가했지만, 결과는 달라지지 않았다. 조선 전기의 왕들은 성균관의 재정 부족을 걱정하여 토지를 계속 하사했지만, 조선 후기에는 그런 왕이 없었다. 성균관 대사성은 재직하는 동안 성균관 재정을 걱정했을 뿐, 자리에서 물러나면 그것은 관심 대상이 아니었다. 모든 것은 방치 속에 시들어가고 있었다.

성균관의 절수 어장

앞서 언급한 사옹원 소속 경강 어부와 성균관과의 갈등은, 결국 성균관의 패배로 끝난 것으로 보인다. 사옹원의 반박 논리의 핵심은 성균관의 어전漁箭에서 잡은 생선이 아닌데도 징수한다는 것이었다.[42] 결국 강업배추 등 10인에게는 수세하지 않도록 결정되었다. 성균관 측에서 경강 어부에게 징세한 것은 오랜 관행이기는 하지만, 확실한 법적 근거가 없었던 것이다. 경강 어부의 납세 거부는 일단 성균관의 수입이 축소된다는 것을 의미하였다.

10년 뒤인 1635년 성균관은 유생의 식사에 소요되는 쌀과 찬물의 부족함을 호소했다.* 내용을 요약하면 다음과 같다. "원래 성균관은 '평시에는 교동·강화·부평·남양 등의 고을 사수斜水에서 백하해白蝦醢(새우젓)

---

* 이 뒤에 원문이 9자가 빠져 의미를 알 수 없다. 원래 백하해白蝦醢 100동이 중 일부를 팔아서 다른 찬물을 사들였다는 의미로 보인다.

100여 단지를 거두어 찬물로 삼기도 하고 또는 팔아서 사용했지만 1635년 현재 강화부에서 젓갈 10단지를 바치는 것이 전부다. 모자란 쌀은 호조에서 특별히 더 지급해주지만, 부족한 찬물은 지급받을 곳이 없다.[43] 거재유생이 80명일 경우도 이렇게 부족한데, 80일 뒤 증광시에는 240명 이상의 유생이 몰리면 성균관의 재정 상황으로는 지탱할 수 없다. 해결책으로서 전에 이미 전라도와 각 도에서 바칠 세금을 보내달라고 공문을 보냈지만, 현재 전혀 오지 않았다. 증광시만 지나면 부족하지만 이 세금이라도 받아 버틸 수 있을 것 같으니, 우선 호조에서 찬물의 값을 보조해주는 것이 어떻겠는가?"

생선이나 해산물을 거두어들이던 교동·강화·부평·남양 등 절수 어장에서의 수입이 현저히 줄어들었다는 것이다. 그런데 정작 더 심각한 문제는 17세기 궁방宮房의 절수가 광범위하게 이루어지면서 성균관 소유의 절수 어장 역시 궁방의 탈취 대상이 되기 시작했다는 것이다. 특히 임병양란을 겪으며 국가문서가 사라지자 이를 빌미로 궁방과 상급 관서의 침탈이 광범위하게 이루어졌다.[44] 몇몇 사례를 검토해보자.

1655년(효종 6) 7월 21일 성균관은 궁방이 탈점한 전라도의 섬을 돌려줄 것을 요구했다. 곧 전라도 부안현扶安縣 위도蝟島, 영암군靈岩郡 추자도楸子島, 나주목羅州牧 도초도都草島, 영광군靈光郡 각리도角里島·작도鵲島·자운평紫雲坪 등 6곳은 원래 성균관에 절급折給된 것으로 수백 년 동안 상사上司·궁가宮家에서 침탈, 점유한 적이 없으나, 염철소鹽鐵所, 곧 소금과 철의 생산지를 설치할 때 위도만 남기고 나머지 5곳은 모두 소금과 쇠의 생산지에 소속되었다고 지적한다.[45] 이것은 《승정원일기》에 실린 것인데, 원문의 결락으로 인해 정확하지는 않지만, 이어지는 기사에 의하면, 성균관에서 수세하는 섬들은 당시 어떤 과정을 거쳐 대부분 궁가 소속이 되었던 것으로 보인다.[46] 성균관은 궁가가 불법적으로 점유한 곳들을 모두 조사해 성균관으로 돌려줄 것을 요청했다.

이로부터 사흘 뒤인 1655년 7월 24일 《효종실록》에도 같은 기사가 약간 축약되어 실려 있다. 요지는 《승정원일기》에서 제시한 부안현·영암군·나주목·영광군의 6곳 중 5곳이 궁가에 점탈당하고, 위도 한 곳만이 남았는데, 이곳마저 순검영巡檢營이 점탈하려고 하니, 이것을 막고 전후로 점탈한 모든 곳을 성균관에 다시 귀속시키라는 것이었다.[47] 아마 《승정원일기》의 결락 부분에는 궁가의 점탈과 순검영의 위도 점탈 의도가 실려 있었을 것이다. 《효종실록》은 효종이 성균관의 요청을 모두 따른 것으로 말하고 있지만,[48] 그것은 사실이 아니었다. 7월 24일의 《승정원일기》에 위도의 수세권에 대한 호조의 조사 결과가 실려 있는데, 위도의 어전 중 2곳은 1610년 순검영에, 1곳은 1651년에 숙정공주방淑靜公主房으로 수세권이 넘어간 것이 확인되었다. 호조가 이 두 곳과 전라도와 부안현이 점유하고 있는 어전을 성균관에 다시 돌려줄 것을 요청하자 효종은 그대로 따랐다. 다만 순검영만은 예외였다.[49]

1655년 7월 효종의 명령이 그대로 집행되었던 것은 사실일 것이다. 하지만 집행 결과가 지속되었던 것은 아니었다. 7년 뒤인 1662년(현종 3) 성균관은 순검영에 소속된 위도를 돌려줄 것을 요청하고 있는데 이것은 엄밀하게 말해 위도에 있는 순검영 소속 어전에 대한 온전한 수세권이었을 것이다. 순검영은 위도를 자기 관할로 삼은 뒤 수세액의 절반을 성균관에 보냈기 때문이다. 순검영 혁파 이후 전라도 관찰사영이 위도 수세권을 차지하고 돌려주지 않자 성균관이 그 반환을 요청했던 것이다. 성균관은 한편 과거 성균관의 접수 어장으로서 수세하던 곳을 대부분 망실했다는 것을, 위도를 반환받아야 할 중요한 근거로 제시했다. 성균관이 열기

한, 위도 외에 수백 년 동안 성균관의 수세지였으나 소속처가 바뀐 곳들은 다음과 같다.[50]

■ 전라도
○ 부안─위도[순검영 소속]
○ 영광─각리도·작도·자운평[염철소 소속]
○ 나주─도초도[염철소 소속]
○ 영암─추자도[수세 폐지]

■ 경기
○ 인천·교동 등[강화 소속]

이곳들은 대체로 사수斜水가 있어 원래 성균관이 수세하는 곳이었다.*
하지만 이 시기 이곳의 수세 및 어염魚鹽 등은 완전히 폐지되어 있었다.
단지 강화에서만 매년 새우젓 몇 독[51]을 바치고 있을 뿐이었다.[52] 위도를
필두로 부안·영광·나주의 여섯 섬은 1655년 효종의 명령에도 불구하고
여전히 성균관의 관할이 아니었던 것이다. 1655년 위도가 문제가 되었을
때 호조에서는 "위도의 어전은 혹은 묵히기도 하고 혹은 폐기하기도 하
여 수세하는 것이 해마다 같지는 않았지만, 처음부터 모두 성균관에 속한
것이고, 그 사이 비록 한두 어전이 다른 아문에 소속된 적은 있었지만, 즉

---

* 앞서 1625년 성균관은 강화·교동·남양·부평에 절수 어장이 있다고 했는데, 이 중 부평
은 인천에 소속되었을 것이니, 남양 한 곳만 빠진 셈인데, 없어진 것은 아니고 다른 자료
에는 나온다. 이에 대해서는 후술한다.

3

시 성균관에 반환되었다"[53]고 말했다. 이 자료에서 주목할 부분은 뒷부분이다. 성균관의 절수 어장을 자신의 절수지로 삼으려는 힘이 계속 작용하고 있었고, 성균관은 그것을 막으려 했다는 것이다. 성균관은 위에 열거한 모든 곳을 되돌려받기를 포기하고, 위도 한 곳의 수세권이라도 완전히 반환할 것을 요구했지만 현종은 그것마저 거부했다. 성균관은 1662년경 경기도와 전라도의 절수 어장의 수세권 대부분을 잃었던 것이다. 이것은 당연히 성균관의 재정을 압박했고 성균관은 절수 어장을 되찾는 데 노력을 경주했다.

1689년의 《태학성전》은 따로 '절수처折受處'를 명기하고 있는데, 다음과 같다.

■ 경기

○ 인천─성종범도·물치도[준치와 밴댕이를 잡는 곳]

○ 교동─봇돌바다虎艺海[쌀새우가 나는 곳]

○ 김포─독도
　여주[54]·양근楊根[이상은 시장柴場이다. 매년 숯 300석을 바친다]

■ 전라도

○ 부안─위도[전부터 어전사령魚箭使令이 값을 바쳤는데, 뒤에는 내려가서 수세하였다. 진鎭을 설치한 뒤에는 본도에서 매년 은 300냥을 상납하고, 어전사령이 내려가서 수세하는 일은 중간에 폐지되었다]

○ 영광─각리도·작도·자운평

○ 나주─도초도[이상의 4섬은 난을 거친 뒤 훈국訓局으로 이관되었다. 이봉징李鳳徵이 대사성이 되었을 때 요청하여 환속시켰다]

○ 영암—추자도[전부터 본관本館에서 감관監官을 정해 은 70냥을 받았
는데, 정묘년(숙종 13, 1687)부터 아방사령亞房使令을 정해 보내고, 가
목價木은 전처럼 70냥을 받는다]

인천의 성종범도·물치도는 1655년경의 자료에서는 궁방 소속이었는
데, '준치와 밴댕이를 잡는 곳'으로, 1662년의 강화 소속의 교동은 쌀새
우가 나는 '봇돌바다'로 바뀌었다. 성종범도와 물치도와 교동 소속의 봇
돌바다는 아마도 준치·밴댕이·쌀새우를 현물로 받거나 아니면 그것을
대신하여 돈을 받았을 것으로 생각된다. 이것은 성종범도와 물치도가 궁
방 소속에서 성균관 소속으로 바뀌었음을 의미하는데 이 전환이 언제 일
어났는지는 미상이다.

위도의 어전은 1662년 성균관에서 전라도 관찰사영의 수세권을 반환
할 것을 요청했다가 실패한 바 있다. 1681년 진을 설치한 이후 성균관에서
전복을 보내어 직접 수세하지 못하고, 위도 첨사가 수세하여 300냥을 성
균관에 보냈다.[55] 역시 완전한 수세권을 반환받지 못했던 것이다.

영광과 나주의 네 섬은 1662년 소금과 철의 생산지로 지정되었던 곳
인데, 1690년 이봉징이 대사성으로 재직하고 있을 때 성균관으로 환수하
였다.[56] 그런데 눈여겨볼 것은, 이봉징이 훈국, 곧 훈련도감으로부터 환
수했다는 사실이다. 곧 소금과 철의 생산지는 훈련도감 소속이었던 것이
다. 추자도에 감독하는 사람을 정해두고 은 70냥을 징수했다는 사실 역
시 이 자료에 처음 나오는 것이다. 물론 1687년부터 성균관에서 아방사
령을 보내어 징수하는 것으로 바뀌었지만 수세액은 동일하다.

이 외에 《태학성전》은 양현고 소속의 수세지를 열거하고 있는데, 전에
보이지 않던 곳이다.

■ 양현고 소속 경기

○ 강화—장도長島·어리정於里井·주문도注文島·보음도甫音島 앞바다·
  맛도莌島 앞바다·신동身洞·직동直洞·주류리周流里·조로동鳥老洞·기
  도箕島·노어두鱸魚頭·보문도甫文島·화문도禾文島

○ 남양南陽·통진通津·인천[해마다 소금 30석을 상납한다]

○ 양화도陽花島·잠두蠶頭·마포麻浦[이상은 어선漁船의 사수처斜水處다]

강화의 장도 이하 13곳은 오직 《태학성전》에만 실려 있을 뿐이다. 이
중 주문도와 보문도만 현재 확인할 수 있는데, 강화도의 작은 부속 도서
일 뿐이다. 이곳이 언제 어떻게 성균관의 절수 어장이 되었는지, 수세
방식과 수세량에 대해 언급한 문헌은 찾기 어렵다. 아마도 무시해도 좋
을 정도의 작은 곳이기 때문에 《태학성전》에만 잠시 언급된 것이 아닌가
한다.

남양·통진·인천은 양현고 소속이라고 말하고 있지만, 사실은 이곳의
특정 지역을 절수 어장으로 삼았을 것이다. 이 중 인천만 1년에 소금 30
석을 상납했고 다른 곳의 수세에 대해서는 알 수 없다. 양화도·잠두·마
포는 모두 한강의 지명이다. 이곳이 어선의 사수처라는 것은 이곳에서 어
업이 가능한 곳이라는 뜻이고, 여기서 일정한 어세를 징수했음을 의미한
다. 앞서 《태학성전》에서 어전의 역할이 해마다 '사수斜水에서 바치는, 식
당 소용의 좌반·젓갈[해물醢物]·준치를 맡는 것'이라 한 뒤 경기의 바닷가
각 읍에서 보내는 침해염沈醢鹽 30석과 강화에서 보내는 백하해白蝦醢 15
동을 1년에 한 차례씩 받고, 따로 매달 호조에 보고하고 석수어石首魚 270
속을 받는다고 하였다(석수어 역시 강화에서 받는 것으로 보인다). 이것이
1689년 현재 성균관이 경기도 앞바다 절수 어장에서 받는 어물과 소금의

총량일 것이다.

성균관의 절수 어장은 이후 상당한 변화를 보인다. 무엇보다 양현고 소속의 절수 어장이 후대의 자료에는 전혀 보이지 않는다는 것이다. 그 이유는 미상이다. 새로 절수 받은 곳도 있었다. 《태학지》는 숙종이 1693년 영광군에 속한 여러 섬의 어염세를 성균관에 하사했다[57]고 밝히고 있는데, 이곳은 1689년 이봉징이 대사성이 되었을 때 상소하여 절수 받은 어의도於義島·포작도鮑作島·수도水島·임자기臨子只일 것이다.* 이 섬들은 모두 각리도와 작도의 부속 도서인데, 각리도·작도·임자기 세 곳은 쌀새우와 밴댕이를 잡는 곳으로 농토가 없고, 어의도·포작도·수도는 모두 전답이 있다. 전쟁(아마도 임병양란) 이후 백성들이 점유한 이 땅을 이봉징이 상소하여 다시 절수를 받았던 것이다.[58] 이곳은 '국초國初'에 성균관이 절수 받은 땅이라는 것이 그 명분이었다.[59] 물론 전라도 감영과 비변사에서는 한때 환수를 거부하고[60] 수세를 막기도 했지만,[61] 네 섬이 성균관 소속이라는 사실 자체는 바뀌지 않았다.

이렇게 과거의 절수지를 되찾는 경우가 있는가 하면, 상실하는 절수지도 있었다. '준치와 밴댕이를 잡는 곳'인 성종범도는 영종범도永宗凡島라고 불리기도 했는데, 아마도 영종도에 속한 범도라는 뜻일 터이다. 1653년 영종도에 진이 설치되자 성균관은 이곳에서 수세하는 대신 이후

---

* 이봉징은 1689년 10월 3일 대사성에 임명되었다. 그는 같은 해 12월 6일 군포軍布·조적糶糴·전폐錢幣·석채釋菜에 관한 상소를 올렸다(《숙종실록》 15년(1689) 12월 6일(2)). 추측컨대 어의도·포작도·수도에 대해 언급한 것은 아마도 이 상소일 것이다. 물론 이 상소는 축약본으로 섬들에 대한 구체적인 언급은 없다. 하지만 석채에 대한 언급이 있는 것으로 보아, 성균관 문제를 같이 언급했을 것이다. 이 상소는 《숙종실록》에만 실려 있고 《승정원일기》 등의 문헌에는 보이지 않는다.

경강의 선세船稅를 60여 년 동안 받았다. 뒤에 경강의 수세가 혁파되자 범도의 어장은 성균관에 반환되었지만 궁방이 끼어들기 시작했다. 1724년부터 1729년까지 영빈방寧嬪房(숙종의 후궁 영빈 김씨寧嬪金氏의 궁방)이 수세액을 반분했고, 1730년부터는 영빈방이 어세를 독점하기 시작했다. 호조는 대신 성균관에 수세액을 지급했는데, 여기서 문제가 발생했다. 원래 범도 어세는 많을 경우 1,200냥에 이르렀으나 호조는 300냥만 지급했던 것이다. 성균관은 호조에서 나머지 돈을 지급할 것과 다른 어장을 절수할 것을 요청했다.[62] 하지만 호조가 더 지급한 것은 550냥에 불과했다.[63] 성균관은 범도를 대신할 곳으로 전라도 함열咸悅의 성당聖塘, 용안龍安의 난포蘭浦 및 충청도 임천林川의 남당南塘, 보령保寧과 결성結城 두 고을의 광청포廣靑浦 등의 어장을 절수 받았다.[64] 이것이 《춘관통고》에서 1731년 영조가 함열·용안·임천·보령·결성 등 5개 고을의 포서浦嶼의 세금을 성균관에 소속시켰다[65]고 밝힌 근거다. 하지만 실제 이곳에서 어세를 거두는 데는 실패하였고, 성균관은 경상도 거제 일대의 어장을 절수 받기를 요청하였으나[66] 결국 실패했다. 다시 함경도 쪽에서 어장을 절수 받으려 했으나 거부당했다.[67] 마침내 궁방은 국가 최고 교육기관으로부터 해마다 1,200냥의 운영자금을 제공하던 어장을 빼앗았고, 왕을 위시한 어떤 기관도 이 강탈에 대한 대책을 마련하지 않았던 것이다.

1741년 대사성 조명교曹命敎가 범도 대신 영암군 양하포良下浦를 절수 받는 데 성공했는데,[68] 이후 양하포의 거주민에게 호전戶錢이라는 명목으로 400냥을 수세하고, 작은 선박 역시 1척마다 64냥의 선세를 징수하는 것이 과도한 수탈이냐 아니냐를 두고 논란이 벌어지기는 했지만,[69] 일단 양하포의 수세가 중요한 재원이 되었던 것은 물론이다.

1785년에 편찬된 《태학지》의 '태학 절수太學折受'란 명목으로 성균관

의 절수 어장과 소유 토지에 관한 자료가 실려 있는데, 그중 절수 어장만
들면 다음과 같다.

■ 경기도
○ 김포군──독도獨島
○ 인천부──성종범도·물치도[두 섬은 지금 궁방 소속이다]
○ 교동부喬桐府──보을해甫乙海

■ 전라도
○ 부안현──위도
○ 영광군──각리도·작도·자운평·어의도·포작도·수도水島
○ 나주목──도초도·임자기
○ 영암군──추자도

성종범도와 물치도가 궁방 소속이 되었다는 것은, 곧 앞에서 언급한
영빈방 소속이 된 것을 말한다. 1689년에 다시 성균관에 절수된 어의도·
포작도·수도·임자기가 추가되었다. 교동의 보을해는 앞서의 봇돌바다甫
乙海다. 하나 이상한 것은 원래 영광군 소속이었던 임자기가 나주목으로
소속이 바뀌었다는 것이다. 또 앞서 언급한 양하포(해남 소재)가 빠진 이
유도 미상이다. 전체적으로는 양하포가 빠진 것 외에는 정확하게 그간의
변화를 반영하고 있다. 1788년에 완성된 《춘관통고》는 임자기가 '임자
도'로 표기가 바뀌었을 뿐 나머지 사항은 완전히 동일하다. 이로 보아
1689년 《태학성전》의 성균관 절수처가 확정된 뒤 약간의 변화를 제외하
면, 성균관 절수처는 이후 1세기 동안 거의 변하지 않았던 것이다.

그렇다면 성균관은 이곳에서 계속 수세했던 것인가. 사실 이곳은 절수처로 표기되어 있지만, 직접 수세하지는 않았을 것이다. 왜냐하면 1750년 균역청이 설치되면서 전국의 어염선세가 균역청 관할이 되었기 때문이다. 균역법 실시로 대부분의 관서는 어염선세와 노비신공을 직접 수취하는 길이 막혔던 것인데, 성균관도 다르지 않았던 것이다. 그런데 균역청이 성균관에 지급한 급대전給代錢은 원래 성균관의 수세량보다 적었다. 1755년 대사성 서명신徐命臣은 위도·추자도·양하포 등 경기와 호남에서 거두는 성균관의 1년 어염선세가 2,192냥이었으나 급대전은 2,000냥으로 192냥이 부족하며 이로 인해 성균관의 재정 상황이 악화되고 있다는 이유로 부족분 192냥을 균역청에서 지급해줄 것을 요청했다.[70] 영조는 물론 재가하지만 균역청이 192냥을 더 지급한 것은 아니었다. 어쨌든 192냥을 문제 삼을 정도로 성균관의 재정은 악화되고 있었던 것이다.

성균관은 경상도의 사찰로부터 종이를 공급받고 있었다. 《태학성전》에 의하면 종이 공급처는 다음과 같다.

■ 경상도
○ 청도淸道 적천사磧川寺·곤양昆陽 다솔사多率寺·창녕 용흥사龍興寺에서 매년 백지白紙 50권, 진주 백천사白泉寺에서 백지 50권

■ 전라도
○ 태인泰仁 영천사靈泉寺 백지 50권[71]

이 종이의 공급처는 《춘관통고》에도 완전히 동일하게 나타난다.[72] 하

지만 18세기 말까지 종이를 실제로 공급받았는지는 의문이다.

노비신공

노비가 바치는 신공 역시 성균관의 중요한 재원이었다. 조선 초기 왕들은 성균관에 자주 노비를 하사했다. 《태학지》에 따르면, 1407년(태종 7)에 노비 300명을, 1581년(중종 13)에 80명을, 1547년(명종 2)에 50명을 하사했다. 1451년(문종 1)에도 정확한 수는 미상이지만 노비를 하사한 적이 있었다. 이 노비들이 서울의 노비인지 지방의 노비인지는 알 수 없으나, 서울의 노비는 곧 반인을 의미하기에 아마도 후자일 것이다. 하지만 이들이 어느 지방의 노비인지는 확인할 수 없다.[73] 이 자료에서 확인할 수 있는 것은 조선 전기에는 국가가 성균관의 재정을 의도적으로 증가시켰다는 사실뿐이다.

조선 전기 성균관 외방노비의 수는 구체적으로 알 수 없지만, 조선 후기는 상대적으로 상세한 자료가 남아 있다. 다음은 《태학성전》에 실린 외방노비의 수다.

■ 성균관 소속

○ 전라도─공노비貢奴婢 2,901구, 약노비弱奴婢 1,305구

○ 충청도─공노비 1,618구, 약노비 950구

○ 경기─공노비 389구, 약노비 211구

○ 강원도─공노비 19구, 약노비 9구

○ 함경도─공노비 6구, 약노비 0

○ 경상도─공노비 373구, 약노비 198구

　　이상의 합은 7,979구(공노비 5,306구, 약노비 2,673)

■ 양현고 소유

○ 경기─공노비 9구, 약노비 2구

○ 충청도─공노비 351구, 약노비 158구

○ 경상도─공노비 15구

○ 전라도─공노비 471구, 약노비 435구

　이상의 합은 1,441구(공노비 846구, 약노비 595구)

■ 성균관+양현고=9,420구

(*) 참고. 경안京案─장노비壯奴婢 844구, 약노비 609구

성균관과 양현고가 소유한 노비는 9,420명이다. 이것은 1689년에 파악한 숫자다. 그런데 18세기 중반이면 숫자가 확연히 줄어든다. 1755·1767·1768년의 노비 수를 적시한다.

○ 1755년─노奴 882구, 비婢 516구, 합 1,398구[신공─전錢 1,977냥, 무명 0, 합: 1,977냥]

○ 1767년─노 878구, 비 516구, 합 1,394구[신공─전 1,872냥, 무명 4 동同, 합: 2,372냥]

○ 1768년─노 □구, 비 □구, 합 □구[신공─전 1,780냥, 무명 3동 10 필(대전代錢 270냥), 합: 2,050냥][74]

1768년의 경우, 노비의 수는 밝혀져 있지는 않지만, 1767년과 불과 1년 사이이니, 노비의 수는 거의 같다고 보아야 할 것이다. 곧 1,400명 정도가 18세기 말 성균관 외방노비의 규모였다.[75] 이것은 1689년의 9,420

명의 15퍼센트에 불과하다. 성균관의 노비는 5분의 4 이상이 사라진 것이다. 1689년《태학성전》의 9,420명이 18세기 말경 1,400명으로 줄어든 것은 노비의 적극적인 모탈謀頉과 도망이 일어났다는 것을 의미한다. 이제 이 과정을 잠시 추적해보자.

조선 전기 성균관 외방노비에 대해서는 알려진 바 없지만, 병자호란 이후부터는 이들의 동태가 잡히기 시작한다. 1655년에 이미 성균관 노비의 추쇄가 이루어지고 있었다.[76] 노비 추쇄에 유능한 인물로 평가받은 자도 있었다.[77] 이 예에서 보듯, 성균관 노비는 이후 대개 추쇄와 관련하여 사료에 등장하는데, 이것은 노비 스스로 자기 해방을 추구하고 있었다는 것을 의미할 터였다. 노비로 산다는 것은 자신의 노동과 노동의 산물을 강탈당하는 것을 의미하였다. 더욱이 '학궁學宮(성균관)의 노비는 본래 속량贖良하는 법이 없다'[78]는 말에서 보듯, 성균관 노비는 양인이 되는 것이 원천적으로 금지되어 있었다. 무거운 신공만이 아니었다. '성균관 노비'란 이름 자체가 강고한 속박이었기에 노비들은 역으로 그 이름을 벗어나고자 했다. 이에 대응하여 국가의 추쇄도 시작되었다.

1675년(숙종 1) 대사성 민종도閔宗道는 성균관 외방노비 추쇄를 요청한다. 그에 의하면 과거 식년式年마다 성균관 낭청郎廳을 파견해 노비를 추쇄한 뒤 노비안을 정리했는데 이 규정이 중간에 폐지되었다고 한다. 곧 3년마다 한 차례 추쇄하고 노비안을 다시 정리하는 것이 원칙이었는데, 1675년 당시 그 추쇄의 원칙이 폐기되었다는 것이다. 노비 추쇄의 정지는 아마도 임진왜란과 병자호란의 여파로 인한 것이었을 터이다. 민종도의 요청을 요약하면 다음과 같다. 성균관에서 파견하는 차노差奴와 해당 지방의 두목노비(관노비 10구口마다 두는 우두머리 노비)가 한 패가 되어 속이고 숨긴 결과 노비의 수가 줄어들 뿐만 아니라, 장노비壯奴婢를 약노비

弱奴婢로, 젊은 노비를 늙은 노비로 바꾸어, 신공 납부를 모면하려 한다. 현지 사정에 어두운 성균관은 당연히 속을 수밖에 없다. 이것을 방치할 경우, 노비가 결국 백에 한 명도 남지 않을 것이다. 이상을 근거로 민종도는 '삼남三南의 20여 고을에 지나지 않는' 노비의 추쇄를 실행하자고 제안했다.[79]

민종도는 노비신공의 양에 대해서도 언급했다. 곧 유생 공궤 비용과 하인의 삭포朔布, 문묘의 거촉炬燭(횃불과 촛불), 그 밖의 허다한 비용을 전적으로 노비의 공목貢木에 의지하고 있는데 과거 공목, 곧 신공은 남녀 구분 없이 포 3필이었다. 하지만 중간에 각사노비의 신공을 감할 때 성균관노奴는 1필 반, 비婢는 1필로 줄였고, 이로 인해 성균관 재정이 대폭 줄어들었다. 요지는 신공의 양, 곧 수탈 양을 늘려달라는 것이었다. 숙종은 추쇄를 허락하면서 아울러 노와 비에게 일괄적으로 2필을 거두라고 지시했다.[80] 민종도의 의도가 수월하게 관철된 것은 아니었다. 지방관이 추쇄에 협조하는 것도 아니었고,[81] 추쇄관이 노비를 침학하고 뇌물을 받기도 하였으니,[82] 추쇄 명령이 제대로 수행되지 않았다. 또한 정기적 추쇄 역시 거의 불가능하였다. 1686년 대사성 김창협은 1675년 추쇄 이후 12년 동안 흉년을 구실로 추쇄가 한 차례도 이루어지지 않아 노비신공이 감소하였음을 지적하고, 심한 흉작인 전라도와 경상도를 제외하고 경기와 공홍도公洪道(충청도)의 노비를 추쇄할 것을 요청했다.[83] 이처럼 1675년에 다시 시작된 추쇄는 이후 정기적으로 이루어지지 않았다. 성균관의 재정도 따라서 줄어들 수밖에 없었다.

노비는 끊임없이 빠져나갔다. 1689년《태학성전》의 외방노비는 9,420구였다. 하지만 모탈에 대한 조사 결과를 문서로 작성하기까지 했지만, 흉년 때문에 현지에 가서 대조하여 확인하는 기회는 없었다. 1711년에는 노비가 다수 있는 전라도 연해는 흉작으로 일단 포기하고 경상도·충청도·경기에는 조사관을 파견할 것을 결정하기도 하였다.[84] 앞으로 수없이 목도하겠지만, 조선 후기 행정이 늘 그러했듯 추쇄 과정은 정연하지 않았다. 1711년 조사관 파견이 결정된 것은 8월 16일인데, 약 20일 뒤 성균관에서는 왕에게 이렇게 제안했다.

추쇄관이 서리와 수노首奴 등을 데리고 각 고을을 두루 다니는데, 조사해 다스리고 찾아내어 현신現身하게 하는 때에 중간에서 조종하여, 노비들에게 뇌물을 받아먹는 것이 이미 고질적 폐단이 되어 있습니다. 심한 경우, 노비 중 간활한 자와 한패가 되어 모의하고 정채情債를 많이 받은 뒤 도고逃故·잡탈雜頉로 처리하여 마침내 탈루脫漏하게 만들어줍니다. 노비가 점차 감소하여 성균관이 모양을 이루지 못하는 것은 모두 이 때문입니다. 일이 더할 수 없이 한심합니다. 반드시 따로 법을 세워 엄하게 막아야 할 것입니다. 이제부터 서리와 수노 중에서 간사하게 법을 범하거나 혹 뇌물을 받거나 혹은 한패가 되어 모탈하다가 발각될 경우, 유사收司가 세 차례 엄중하게 형신刑訊하고 사목事目에 의거해 전가사변하되, 속전을 바치고 처벌을 면하는 일이 없도록 하여, 징계하고 격려하는 바탕으로 삼아야 할 것입니다. 그리고 해당 추쇄관이 혹 수하들을 단속하지 못한 책임이 있을 경우 경중을 따져 처벌하는 것이 어떠하겠습니까?[85]

모탈한 노비를 찾아내어야 할 추쇄관이 도리어 뇌물을 받고 모탈을 조장했던 것이다. 성균관이 당면한 재정 부족은 실제 외방노비의 추쇄를 담당한 추쇄관과 성균관에서 파견하는 서리와 수노와는 아무 관계가 없었다. 실제 추쇄는 거의 실패했던 것이라 보아도 무방할 것이다.

1712년 대사성 최창대崔昌大는 성균관의 문제를 총체적으로 짚는 장문의 상소를 올린다. 이 상소에 대해서는 5장에서 상론하기로 하고, 여기서는 성균관 재정 및 외방노비 문제만 간략하게 다루기로 하자. 그는 먼저 과거 재정이 풍족한 곳으로 일컬어지던 성균관이 재력이 날로 고갈된 나머지 이속吏屬들에게 주던 삭료를 줄 수가 없고, 관아에서 으레 제공하던 것도 장차 없애야 할 지경이며, 거재유생에게 기숙생활과 학업에 필요한 물품 역시 넉넉하게 지급할 수 없는 형편이라 했다.[86] 곧 성균관 재정이 악화일로에 있다는 말이다.

재정의 악화는 당연히 외방노비의 신공과 관계가 있었다. 최창대에 의하면, 당시 노비의 신공은 3필이었다. 이 중 2필은 정목正木, 1필은 후목後木이었다. 1675년 민종도가 노奴 1필 반, 비婢 1필로 줄인 것을 재정 부족의 근거로 들어 노와 비에게 일괄적으로 2필로 올린 것을 상기해보자. 이 2필이 37년 뒤 3필로 증가했다. 결국 1675년에 비해 노는 2배, 비는 3배로 신공이 증가했다. 최창대의 말을 정리하면 다음과 같다. 면포 1필이 돈 2냥 5전에 해당하므로 3필은 7냥 5전으로 이것은 '양천良賤의 제반 신역'과 비교해 결코 가벼운 것이 아니다. 만약 노비끼리 결혼해 자식을 낳고 살 경우, 10구가 같이 산다면, 1호가 바칠 신공의 총량은 75냥에 달한다. 이 과중한 신공에다 노비라는 이름까지 천하기 때문에 다른 신분의 사람들은 결혼을 회피한다.

노와 비 각각에게 공목貢木이 3필로 늘어난 것은, 추측컨대 노비의 수가 줄어들자 신공의 총량을 확보하기 위해 1인당 신공의 양을 늘렸기 때문일 것이다. 하지만 이 증량은 도리어 노비의 모탈을 가속화하였다. 최창대에 따르면, 노비들은 백방으로 모탈하고 모든 수단을 동원하여 사천

私賤으로 투탁하는가 하면 양인良人을 모칭하기도 하고, 성균관이 아닌 다른 관사로 소속을 옮기기도 했다.[87] 당연히 이 과정에서 서리에게 뇌물을 건넸던 것은 물론이다. 이외에도 가렴주구를 견디지 못해 유망하기도 하고, 거주지를 옮겨 이산하기도 하고, 도고逃故를 사칭하는 경우 등등, 노비들은 동원할 수 있는 모든 수단을 동원해 성균관 소속 노비에서 벗어나려 했다. 최창대는 그 결과 20년 전과 비교해 신공 수입이 반으로 줄어들었다고 지적하고, 이 상황이 지속될 경우 성균관의 유지 자체가 어려울 것이라 예측했다. 최창대는 신공을 과거처럼 1필로 줄이자고 제안했다. 1필은 다른 신역에 비해 가볍기 때문에 노비들이 다시 모여들 것이며, 그것은 최종적으로 전체 노비의 수를 늘리고 신공의 양도 늘릴 것이다. 신공을 1필로 줄이자는 최창대의 제안은 나름 합리적이었다. 하지만 최창대의 제안은 수용되지 않았다.

외방노비들은 계속 모탈을 도모했다. 하지만 모탈이 성공하기 위해서는 외방노비의 문서를 관리하는 현지의 향리와 두목노비의 협력이 필수적이었다. 1720년 성균관은 외방노비가 사천私賤, 양인良人, 역노驛奴 등을 칭하며 모탈을 도모하고 여기에 각 읍의 색리色吏(담당 아전)와 두목노비가 협력하고 있다고 지적했다. 흉년은 특히 모탈의 구실이었다. 곧 무자년(1708)·기축년(1709)의 큰 흉년을 구실로 산 사람은 죽었다 하고, 있는 노비는 달아났다고 하여 잡탈雜頃을 공안貢案에 쓴 결과 남아 있는 노비가 거의 없었다.[88] 모탈하고자 하는 노비와 색리, 두목노비의 협력은 공지의 사실이었으나 그것을 금하는 것은 불가능했고 또 적극적으로 금지하려고도 하지 않았다. 1710년 성균관 노비를 7구 이상 은루隱漏할 경우 감색監色과 두목을 효시한다는 법이 만들어졌으나, 아무런 효과가 없었다.[89] 1726년 성균관은 "재력이 약간이라도 있는 노비는 양인이 되고자 하여 색리·두목노비와 협력하여 수령과 관찰사를 속인다"[90]고 지적했다.

노비들의 모탈 수단 역시 더욱 교묘해지고 있었다. 노비들은 자신이 사천·양인·역노비驛奴婢임을 판정해줄 것을 형조와 장예원掌隸院에 의뢰하였고, 형조와 장예원은 성균관에 판결 결과를 보내 '탈頉'로 인정하게 해주라고 한다는 것이다. 성균관은 자신의 노비에 관련된 소송은 형조와 장예원을 배제하고 오직 성균관에서만 판결하게 해줄 것을 요청했다.[91] 요청은 수용되었지만 이 사실 자체는 노비들의 모탈 의지와 방법이 강력하고 다양해지고 있다는 것을 의미하는 것이었다.

지방관 역시 성균관의 외방노비에는 관심이 없었다. 1726년 특진관 김취로金取魯는 이렇게 말한다.

성균관은 오로지 노비의 공포貢布로 버텨나가는데 근래 인심이 교활해진 데다가 ① 지방의 열읍列邑도 꼼꼼히 챙겨 살피려 하지 않아 원액元額이 점점 축소되고 공포의 수도 따라서 줄어들고 있습니다. 성균관이 꼴을 갖출 수 없는 것은 전적으로 이런 사정 때문입니다. 공포를 제대로 받아내지 않은 수령은 다만 해유解由(벼슬아치가 후임자에게 사무를 넘기고 호조에 보고하여 책임을 벗어나던 일)에 구애된 나머지 해유의 법을 만든 뜻이 따로 있음에도 불구하고 공포를 받을 생각조차 하지 않습니다. 그래서 번번이 도망하거나 죽었다며 현탈懸頉하고 있습니다. 금년은 추쇄할 차례이므로 이제 막 계품啓稟하여 낭청을 보냈습니다. 그런데 공포를 거두는 일로 말하자면 해마다 ② 성균관의 하예를 뽑아 보내는데, 뽑아 보낸 그 사람은 내려가면 단지 지방에 폐해만 끼치고 조금도 실효가 없습니다. 그래서 올해는 사람을 따로 뽑아 보내지 않고 각 고을에서 공포를 받아 올려보내도록 하였습니다. ③ 만약 유념하여 거행하지 않는 사람이 있다면 그중에서 가장 심한 자를 따로 계품하여 논죄하는 것이 어떻겠습니까?[92]

　지방관이 자신의 관할에 있는 성균관 외방노비를 조사하는 등 관심을 보이지 않기에 노비의 원액이 줄어든다는 것, 임기를 채우고 해유解由를 제출할 때 줄어든 노비의 원액은 도고逃故로 보고하고 만다는 것이다 (①). 공포를 거둘 때 성균관에서 뽑아서 파견하는 사람, 곧 차인差人은 도리어 폐단만 끼치기에 금년에는 보내지 않고 고을에서 직접 공포를 거두어 보내게 하되, 성실하게 수행하지 않는 자는 처벌하자는 것이 김취로의 요청이다. 2년 뒤인 1728년 대사성 조지빈趙趾彬은 지난해 호남의 공전貢錢과 공포貢布가 현재까지 올라오지 않고 있다면서 해당 고을에 공문을 보내어 비협조적인 수령을 처벌할 것을 요청하였던 것[93]을 보면, 지방관은 거의 협조하지 않았던 것이다.

　성균관에서 차출해서 파견하는 노비 추쇄관도 문제를 일으키는 것은 마찬가지였다. 추쇄관들은 대체로 무능하거나 추쇄에 관심을 기울이지 않았다. 유능한 추쇄관을 선발하지 못한 것이 외방노비가 줄어드는 원인으로 지적될 정도였다. 추쇄관들은 거느리고 다니는 이예吏隸들이 제멋대로 농간을 부려도 전혀 금할 수가 없어, 폐단은 더욱 혹심해지고 노비는 크게 줄어든다는 것이었다.[94] 대안으로 서울에서 추쇄관을 파견하지 말고, 현지의 유능한 수령에게 추쇄를 맡기고 그 결과를 보고하게 했지만, 이 역시 기대했던 대로 실행된 것으로 보이지 않는다. 왜냐하면 수령으로 추쇄관을 대신한다는 결정은 1728년 8월 11월에 이루어졌는데, 그 이듬해인 1729년 대사성 이덕수李德壽가 추쇄관이 '중방中房'을 거느리는 폐해를 집중적으로 거론하고 있기 때문이다.[95]

중방은 관료를 개인적으로 수행하는 종자從者를 말한다. 이덕수에 의하면, 중방은 사적 수행자이기에 지방의 고을에서 공궤供饋하는 규정이 없기 때문에 중방이 개인적으로 노비에게 공궤를 책임지우고 돈과 포를 징수하여 착복하였다. 이덕수는 추쇄관에게 이 문제를 지적하고 중방을 대동하지 말 것을 지시했지만, 6도로 파견되는 모든 추쇄관은 듣지 않았다. 이덕수는 공문을 보내 중방을 서울로 소환하려 했지만, 모두 거부했다. 이덕수가 가까운 경기 추쇄관의 중방에게 태笞 30대를 쳐서 처벌하자 추쇄관 김중태金重泰는 성균관 서리가 정보를 누설했기에 이덕수에게 알려진 것이라 하고, 이덕수가 자신의 중방에게 친 매 수의 3배를 치겠다고 공언하면서 해당 서리에게 대장大杖 80도를 쳤다.

조선 후기 관료의 위계 혹은 명령체계가 완전히 붕괴되어 있었던 것은 수많은 문헌이 증언하는데, 이덕수와 김중태의 대립에서도 그것을 확인할 수 있다. 추쇄관 김중태가 굳이 중방을 대동하고 또 이덕수에게 반발했던 것은, 그가 추쇄를 통해 성균관의 노비를 확보하려는 것이 아니라, 반대로 속량贖良을 해주고 돈을 받으려 했기 때문이었다(이덕수는 김중태가 상당히 많은 돈을 받았다고 말하고 있다). 이덕수는 김중태의 불법을 그가 바친 추쇄안으로 입증했다. 곧 김중태의 추쇄안은 1726년보다 노비가 77구가 줄어들었던 것이다. 이덕수는 줄어들기만 하고 3년 동안 1구의 노비도 증가하지 않았다는 것은 있을 수 없는 일이라고 지적했다. 문제는 이것이 김중태만의 행위가 아니라는 것이었다. 김중태를 제외한 나머지 5도의 추쇄관이 모두 중방을 대동했으니, 노비를 속량시키고 돈을 받은 행위는 거의 모든 추쇄관의 공통적인 불법행위였다. 이덕수는 성균관의 노비가 줄어드는 것은 기근과 유망流亡 때문이 아니라, 사실상 이런 불법적인 행위 때문이라고 지적했다.

이처럼 외방노비들은 끊임없이 '성균관 노비'에서 벗어나고자 하였고, 해당 지방의 아전과 두목노비는 그 욕망에 편승해 수익을 남겼다. 또한 노비의 이탈을 막는 것이 임무였던 추쇄관과 성균관의 차인 역시 노비를 속량해주고 수익을 챙겼다. 그 결과 있는 노비를 도망했다고 하거나 살아 있는데도 죽었다 하여 모탈하는 자가 날이 갈수록 증가하여 따라서 공포貢布도 줄어들고 있었다.[96]

물론 조선 후기 노비의 모탈은 광범위하게 이루어졌기에 성균관 외방노비의 모탈에 특별한 의미를 부여할 수 없다고 말할 수도 있다. 하지만 성균관 노비의 이탈은 그 규모부터 차원을 달리하는 것이었다. 1732년 9월 2일 성균관은 1729년에 추쇄를 마친 노비안奴婢案에서 모탈한 수가 2,500명이 된다고 보고했다.[97] 불과 3년 만에 성균관 노비 2,500명이 사라진 것이다. 1689년《태학성전》의 전체 노비가 약 9,000명이었던 것을 상기한다면, 거의 26퍼센트가 줄어든 것이다. 여기에 1689년에서 1729년 사이의 모탈을 고려한다면, 실제 남아 있는 노비의 수는 얼마 되지 않았을 것이다.

성균관의 보고가 있고 사흘 뒤 곧 9월 5일 좌의정 조문명趙文命은 성균관 노비의 문제를 집중적으로 거론한 대사성 서종옥徐宗玉의 상소를 검토한 결과를 영조에게 보고한다.[98] 서종옥의 상소 원문은 남아 있지 않지만 조문명의 보고에서 그 내용을 짐작할 수 있다.

서종옥은 먼저 노비의 감소를 지적했다. 그는 전라도 노비의 경우를 예시했다. 곧 1729년 전라도 관찰사가 성균관 노비 411구를 도망 또는 사망을 이유로 탈하頉下를 요청했는데, 실제 성균관 추쇄관이 실사한 결과, 411구 외에 탈하된 자가 565구나 되었다는 것이다. 성균관의 추쇄는 1732년에 있었을 것이니, 실제 3년 사이에 976구가 탈하된 것이다. 앞서

1729~1732년 사이에 2,500명이 모탈했다고 했는데, 전라도의 565구는 2,500명 안에 포함된 숫자일 것이다. 서종옥이 지적한 노비의 모탈 이유에는 새로운 것이 없었다. 추쇄 과정에서 성균관의 서리와 전복은 뇌물을 받았고, 담당 관원은 그들을 검속할 능력도 없었을 뿐만 아니라, 그들과 함께 부패에 가담했던 것이다.[99]

서종옥은 문제를 근본적으로 해결하기 위해서는 노비의 공목貢木을 줄이자고 제안했다. 전술한 바와 같이 어떤 과정을 거쳐서 결정된 것인지는 알 수 없지만, 공목은 남녀 구분 없이 3필이었으나 '중간에 각사노비의 신공을 감할 때' 노奴는 1필 반, 비婢는 1필로 줄었다. 1675년 민종도는 성균관 재정 부족을 근거로 2필로 올렸던 것인데, 역시 중간 과정은 알 수 없으나, 1712년에는 3필로 늘어나 있었다. 최창대는 1712년에 이것을 1필로 줄이자고 제안했던 것이다. 서종옥은 노비의 공목 2필을 노는 1필 반, 비는 1필로 다시 제안했다. 최창대의 1712년 제안은 아마도 3필을 2필로 줄이는 것으로 수용되었을 것이다. 공목을 줄이자는 서종옥의 요청은 가벼운 공목이 노비의 유망, 모탈을 막을 것이라는 최창대의 논리를 반복한 것이었다.

이것은 공목을 낼 노비 수에 대한 정확한 파악, 곧 정확한 추쇄가 선행되어야만 하였다. 하지만 그것이 불가능하다는 것은 누구나 인지하는 바였다. 서종옥의 제안에 대한 토론에 참여했던 형조판서 이정제李廷濟는 자신이 충청도의 수령을 거쳤음을 상기시키면서 "백성을 심하게 소요하게 만들고 극심한 폐해를 만드는 것으로 성균관의 추쇄만 한 것이 없다"[100]고 지적했다. 그는 추쇄관 대신 관찰사와 수령이 추쇄를 맡게 하는 것이 나을 것이라고 주장했는데, 그 이유는 추쇄관이 추쇄한 결과 1,000구의 노비를 찾아내도 그 뒤에 절반이 탈감頃減한다는 것이었다. 사실상 추쇄관에 의한 추쇄가 아무 효과가 없다는 것이었다.

1732년 9월 21일 서종옥은 다시 추쇄관을 파견해 추쇄할 것을 요청하였다. 아마도 관찰사와 수령에게 추쇄를 맡기자는 이정제에 대한 반박이었을 것이다. 서종옥은 "성균관의 노비는 지방관이 가장 고통스러워하는 일이며, 혹시라도 노비들이 자신의 경내에 있을까 두려워하고 있다"[101]고 말하고, 실제 지방관에 의한 추쇄가 아무 효과가 없을 것이라고 지적했다. 그는 일단 자신의 제안처럼 공포를 감한 뒤 성균관이 주체가 되어 추쇄를 진행한다면, 추쇄에 성공할 수 있을 것이라고 주장했다. 다만 영조는 추쇄한 뒤 공포를 감해줄 것을 지시했다.

하지만 앞으로 수없이 보게 될 것이지만, 조정에서의 결정이 실행에 옮겨지는 경우는 거의 없었다. 당연히 서종옥의 제안도 무위로 돌아갔다. 3년 뒤인 1735년 전라도 관찰사 서종옥은 1732년에 제안해 왕의 재가를 받았던 노비신공을 절반으로 줄이는 계획이 자신이 대사성을 그만둔 뒤 '성균관의 휴지本館之休紙'[102]가 되었다고 말했다. 그는 다시 신공의 감축을 추진했지만, 그것은 전라도에만 실행되었고 충청도에서는 실행되지 않았다. 지성균관사知成均館事 윤순尹淳이 '불편하다'는 이유로 반대했기 때문이었다.[103] 서종옥은 충청도 역시 공목을 줄여줄 것과 추쇄할 것을 요청하여 왕의 재가를 받았다. 서종옥의 요청 뒤 추쇄는 이루어졌고[104] 공목도 감면되었다. 하지만 이 역시 문제를 안고 있었다. 추쇄 뒤 새로 나타난 노비가 과거에 비해 많은 곳은 공목을 감해주었지만, 그렇지 않은 경우는 과거의 공목을 그대로 받았던 것이다. 이것이 노비들의 불만을 야기했던 것은 물론이다.[105]

공목을 줄이거나 추쇄의 주체가 성균관이 되거나 관찰사·수령이 되거나 결과는 달라지지 않았다. 1740년 7월 8일 대사성 심성희는 당시 성균관이 안고 있던 문제를 장문의 상소를 통해 구체적으로 거론했는데, 절반 이상이 재정에 관한 것이었다. 심성희의 상소는 다음 장에서 상론하기로 하고, 여기서는 외방노비에 관한 문제만 검토한다. 그는 성균관의 운영에 관한 거의 모든 비용을 노비의 공포貢布에 의지하고 있는데, 현재 받아들이는 실제 양은 '성전成典에 비해 5분의 1'만 남았다는 것이었다.[106] 여기서 '성전'은 1689년의 《태학성전》일 것이다. 이것은 50년이 지나는 동안 노비신공이 20퍼센트만 남았다는 것, 달리 말해 80퍼센트의 노비가 사라졌다는 것을 의미하였다.

심성희가 파악한 이유 역시 익히 알려진 것들이었다. 요약하면 다음과 같다. ① 노비가 있는 지방의 간활한 서리와 간사한 백성이 안팎으로 짜고 진고陳告한 사람에게 상급賞給했다고 둘러대기도 하고, 양인良人·사천私賤이라 일컬어 공안貢案에서 빠져나간다, ② 추쇄할 때 성균관의 서리와 수노首奴가 해당 지방의 색리·두목노비와 짜고 부유한 노비에게서 뇌물을 받고 현탈懸頉하는 것이 부지기수이다, ③ 각 고을의 수령이 공포의 수납을 방기하고 노비가 빠져나가는 것을 방치한다.

요컨대 조정의 행정력은 성균관의 서리와 수노, 지방의 담당 서리와 두목노비, 수령 등 외방노비를 직접 관할하는 자들에게 전혀 작동하지 않았다. 이미 행정력의 부작동 혹은 오작동은 조선 후기 사족국가가 당면한 부정할 수 없는 현실이었다. 심성희는 이 문제를 이렇게 요약했다.

경외京外의 작폐는 곳곳에 모두 같습니다. 전후로 주관하는 신하들이 이 일에 뜻을 더 기울이지 않은 것이 아니지만, 정말 어떻게 해야 할지 모르겠습니다. 그 폐단의 원인을 따져보면, 모두 기강이 엄하지 않고 사람들이 법을 무서워하지 않는 소치입니다.[107]

'기강이 엄하지 않고, 법을 두려워하지 않는다'는 말은 조선 후기 사료에 관습적으로 쓰이고 있었다. 이 말 자체가 이미 행정력의 광범위한 이완과 오작동을 기정사실화하고 있었다. 하지만 심성희의 대안 역시 다르지 않았다. 그는 먼저 수령을 파직 혹은 고신告身을 빼앗아 처벌하는 법을 만들고, 색리와 두목노비도 법에 의거해 처벌하자고 제안했다. 둘째, 추쇄를 보다 정밀하게 할 것을 제안했다. 무엇보다 먼저 서종옥의 개선안이 공포 부담의 불공평을 낳았음을 지적하는 한편, 공포를 줄이는 것이 노비의 모탈·도피를 막을 수 있는 방안이 아니라고 비판했다.

근래 인심이 예스럽지 않아 공천公賤·사천私賤으로 신역을 면제받은 무리들이 모두 갓을 쓰고 유학幼學이라 모칭冒稱하는 것은 그들이 싫어하고 괴로워하는 바가 신포身布에 있는 것이 아니라, 바로 노비란 이름 자체에 있기 때문입니다. 이것을 가지고 말을 하자면, 비록 공포 전부를 감해준다 하더라도 끝내 실효가 없을 것입니다. 지금 이미 추쇄를 끝낸 고을의 경우를 보더라도, 새로 나타난 노비들이 갖가지 방법으로 모탈하여 태반이 허록虛錄이니, 당초에 변통하려고 했던 것이 좋은 계책인지 모르겠습니다.[108]

심성희는 드물게 문제의 핵심을 파악했다. 문제는 노비제 자체에 있었던 것이다. 하지만 지배사족으로서 심성희는 노비제의 해체를 상상할 수도 없었다. 그의 대안 역시 추쇄를 보다 정밀하게 하는 것 외에 다른 것이 아니었다. 요지는 곧 공포의 감면을 충분히 감당할 만큼 모탈하거나 누락, 은닉한 노비를 찾아낸 다음 서종옥의 방안대로 모든 노비에게 공포를 감해주자는 것이었다.[109] 심성희의 주장이 얼마나 수용되고 실행되었는지는 확인할 수 없다. 그의 상소에 대한 검토 자체가 비변사에서 이루어지지 않았기 때문이다.

노비가 계속 감소했기 때문에 추쇄 역시 없을 수 없었다. 1755년까지 성균관은 외방노비를 추쇄하고 신공을 직접 거두었다. 전술한 바와 같이 추쇄는 식년마다 곧 3년에 한 번 정기적으로 하는 것이 원칙이었다. 1720년부터 추쇄가 혁파된 1755년까지 성균관이 외방노비를 추쇄한 상황을 점검해보자. 1720년(경종 즉위년)에 성균관은 낭청을 충청도·전라도·경상도에 보내어 추쇄를 실행했다.[110] 이로부터 6년 뒤인 1726년(영조 2)에 다시 추쇄가 이루어졌으나,[111] 경상도는 관찰사의 요청으로 인해 빠졌다. 경상도는 이듬해인 1727년에 할 예정이었으나 또 흉년으로 미루어졌다.[112] 성균관은 1728년에 다시 추쇄를 요청했다.[113] 다만 그것이 실행되었는지는 미상이다. 1729년은 정기적인 추쇄가 있었다. 이후 3년을 간격으로 하여 1732년과 1735년에 추쇄가 있었다.[114] 그런데 1732년의 추쇄 요청 때 성균관은 추쇄를 '6년 혹은 3년 간격으로 한다'[115]고 밝히고 있다. 이것은 현실적으로 3년 간격의 추쇄가 사실상 매우 어려운 일이었음을 반증하는 것일 터이다. 추쇄는 흉년으로 혹은 다른 이유로 중지되기도 했던 것이다. 1736년 서종옥은 전라도 관찰사로 재직할 때 신공의 감면(이에 대해서는 뒤에 다시 언급하겠다)과 추쇄를 실행하고자 했는데, 호서 지방은 지관사 윤순의 반대로 하지 못했음을 지적하고 다시 실행할 것을 왕에게 요청했다.[116] 성균관은 서종옥의 요청에 동의하면서 경기·강춘도江春道(강원도)·경상도 등에 있는 본관의 노비에 대해서는 호서의 예대로 일체 추쇄하겠다고 나섰다.[117]

이 사례는 조정에서 추쇄가 결정되어도 사정에 따라 얼마든지 미루어질 수 있다는 것을 의미하였다. 1741년 성균관은 원래 추쇄를 해야 하는 해임에도 불구하고 전라도 관찰사의 요청으로 정지하게 되었음을 상기시키며 성균관의 재정 상황이 더욱 악화될 것이라고 말했다.[118] 1744년에는 6년에 1차의 추쇄가 원칙이지만, 1736년 추쇄한 지 9년이 되도록 추쇄를 하지 못했다고 하면서 호남·호서·경기 등에 낭청을 보내 추쇄할 것을 요청하기도 하였다.[119] 1744년에는 실제 이 요청에 따라 추쇄가 이루어졌으나 경상도는 빠졌고, 이 사실이 3년 뒤인 1747년 지적되었다. 경상도의 경우 1740년에 추쇄가 이루어진 뒤 8년 동안 한 번도 추쇄가 이루어지지 않았기에 추쇄가 반드시 이루어져야 한다는 것이었다.[120]

3년마다 추쇄한다는 원칙은 어느 사이에 6년으로 변경되었고, 대체로 6년의 기간은 지키려 하였지만, 작황에 따라 약간씩 변동이 있었다. 1750년에는 전라좌우도와 충청좌우도, 경기에 추쇄를 담당하는 낭청을 보냈고,[121] 경상도의 경우 1747년 추쇄 이후 5년이 되었는데도 추쇄가 이루어지지 않았다는 이유로 추쇄 요청이 있었다.[122] 경상도에는 이듬해인 1752년에 추쇄가 이루어졌다.[123] 1755년에 성균관 대사성 서명신이 6년에 1차 추쇄하는 것이 규정임을 환기하고, 1750년 이후 추쇄한 적이 없으니, 그해 가을에 추쇄할 것을 건의해 왕의 허락을 받았다.[124]

1755년 서명신의 추쇄 요청을 영조가 허락했던 것은 확인된다. 이 추쇄가 실제 이루어졌다면 아마도 마지막 추쇄였을 것이다. 1767년 성균관 대사성 홍낙인洪樂仁은 추쇄관이 혁파된 이후의 사정을 이렇게 말하고 있다.

근래 본관本館의 물력이 날이 갈수록 조잔해져 1년 수입이 1년 지출을 감당하지 못하여 동쪽으로 서쪽으로 빌리려 다니면서도 늘 부족함을 걱정하고 있으니, 더할 수 없이 고민스럽습니다. 또 본관의 외방노비는 추쇄관을 혁파한 뒤로 각 고을에서 챙겨볼 생각조차 하지 않아 도고逃故가 이어지고, 아이를 낳는 일은 아주 없어, 거두어들이는 신공의 수가 해마다 줄어들고 있습니다. 이 상황을 멈추지 않으면 장차 수습할 수 없는 지경에 이를 것입니다. 을해년(1755) 노비를 변통할 때 다른 각사各司의 노비는 모두 호조에 소속시켰으나 본관에 대해서만은 같이할 수 없다고 하였습니다. 이제부터 본관의 노비 역시 똑같이 호조에 소속시키고 한결같이 을해년(1755)의 사목事目에서 정한 액수를 따라 균역청에서 다른 각사의 예에 의거해 급대給代를 옮겨주게 하소서. 그래서 호조에서 조금도 덜지 않는다면, 본관에 조금이나마 보탬이 되겠습니다. 신이 본관에 대죄하고 있는지라, 그 지탱하기 어려운 사정을 알아, 입을 다물고 있을 수 없어 이처럼 우러러 아룁니다.[125]

홍낙인은 분명 추쇄가 혁파되었다고 말하고 있다. 혁파가 언제 있었는지는 분명하지 않다. 다만 1768년 《승정원일기》에 추쇄를 하지 못한 지 이미 10여 년이라는 언급이 나오는 것[126]을 고려하건대, 적어도 1758년 이전일 것이다. 이것은 사실상 1755년 추쇄를 마지막으로 추쇄가 더 이루어지지 않았다는 것을 의미한다.

한편 《태학지》는 6년마다 추쇄하는 것이 원칙이었지만, 노비의 원액原額이 줄어들어 경오년(1750)에 노비를 호조로 이속시키고, 호조에서 신공을 받아 성균관에 보내기 시작했다고 밝히고 있다.[127] 이 자료는 오류를 포함하고 있는 것으로 보인다. 실제 1750년에 성균관의 외방노비가 호조에 이속된 적이 없기 때문이다.

위 인용문에서 보듯, 홍낙인은 1750년이 아닌 1755년에 노비를 변통할 때 가사의 노비들은 모두 호조에 소속시켰으나 성균관은 제외되었다고 말하고 있고, 1767년에야 비로소 성균관 노비 역시 호조에 소속시킬 것을 요청하고 있기 때문이다. 홍낙인이 말하는 1755년의 '노비 변통'은 노비신공을 감축하고, 그 감축분에 대해 균역청에서 급대전을 지급한 것을 말한다. 정리하자면 1750~1751년 균역법을 시행할 때 각 관서가 소유한 노비를 모두 호조로 이속시키고 호조에서 신공을 대신 받아 각 관서에 지급하기 시작했는데, 이때 성균관은 빠지기는 했지만 노비의 수와 신공의 총량이 파악되었던 것으로 보인다. 이어 1755년 노비신공을 감축하고 균역청에서 그 감축분에 대한 급대전을 지급하기 시작했지만, 성균관은 이때도 역시 제외되었던 것이다. 아마도 성균관은 직접 신공을 받는 것이 이익이라고 판단했을 것이다.

균역법으로 인해 각 관서가 소유한 노비가 호조로 이관되면서 추쇄 자체도 혁파되었을 것이다. 노비 추쇄가 혁파된 뒤 지방 수령은 성균관 노비의 신공에 별반 관심을 두지 않았던 것이고, 그것은 노비들의 급격한 감소로 이어졌다. 결국 그것은 성균관의 재정을 위축시키는 것이었다. 성균관의 요청은 간단했다. 성균관의 외방노비 역시 호조에 소속시키되, 균역청에서 노비신공에 해당하는 급대전을 호조로 보내면 호조에서는 감하지 말고 그대로 성균관으로 보내달라는 것이었다. 성균관의 요청은 받아들여졌다.[128] 하지만 세부적 국면에서는 문제가 없는 것이 아니었다. 성균관은 1755년의 사목에 의거해 급대전을 달라는 것이었지만, 실제 결정은 '공전貢錢을 호조에서 경오총庚午摠으로 획송劃送하는 것'이었다. '경오총'은 1750년 균역법이 실시되면서 정한 총액이었다. 그런데 호조에서는 성균관 외방노비의 수가 경오년에 비해 많이 감축되었다면서 '경오총'대로 지급하는 것을 거부하였다.[129] 호조의 계산으로는 경오총에 비해 1,000냥 정도가 줄어든 것이었다.[130]

성균관과 호조의 대립은 교육기관이란 성균관의 특수성을 고려하여 절목을 다시 만드는 것으로 결론이 났다. 실제 절목이 만들어졌는지는 미상이지만, 1758년에 편찬된 《태학지》에 의하면 외방노비가 호조에 바치는 신공의 총액은 1750년 당시 돈 1,780냥, 면포 3동 10필의 대전代錢 270냥, 도합 2,050냥이었다.[131] 그런데 여기에 다시 균역청에서 "매년 성균관에 급대전은 930냥, 면포 9동 14필 24척尺의 대전 929냥, 도합 1,859냥을 보낸다"[132]고 밝히고 있다. 이것은 호조와 성균관이 각각 따로 보내는 것이 아니라, 원래 호조의 2,050냥 대신 균역청에서 1,859냥을 보낸 것을 의미한다. 이것이 정확한 것은 1808년에 작성된 《만기요람萬機要覽》에서 균역청이 성균관에 보내는 노비공奴婢貢 급대전을 1,977냥이라고 밝히고 있기 때문이다.[133] 그러니까 균역법 시행 이후 성균관이 노비신공을 직접 징수하는 대신 받을 수 있는 돈은 2,000냥 정도였던 것이다.

1866년에 완성된 《육전조례六典條例》는 성균관의 절수지를 열기하고 있는데, 내용은 《태학지》와 동일하다. 자료를 그냥 옮겨 적었을 뿐 다른 의미는 없다. 다만 균역청 급대전은 3,468냥, 호조 급대전은 2,042냥으로 증가해 있었다.* 여기서 균역청 급대전은 성균관이 절수 어장에서 어염선세를 직접 거두는 대신 균역청으로부터 받는 대전代錢으로서 그것은 1755년 서명신이 말했듯 2,000냥이었다. 이것은 1808년에 작성된 《만기요람》 경오년(1750) 급대 조에 나온 2,000냥과 일치한다. 그런데 경오년 급대에는 다시 유생에게 주는 굴비 값으로 971냥 8전 8푼을 추가하고 있다.[134] 합하여 2,971냥이다. 이것이 균역청으로부터 절수 어장의 직접 수

---

* 성종범도와 물치도가 궁방 소속이라는 말이 빠지고, 추자도 뒤에 "모두 산어세産魚稅가 있어 성균관에서 차인을 보내어 받아온다自本館差人收來"는 말이 덧붙어 있다. 물론 이것은 직접 수세한다는 말은 아닐 터이다.

세와 굴비 값으로 받는 총액이다. 《육전조례》의 3,468냥은 아마도 어떤 계기를 통해 뒷날 500냥가량이 추가된 것일 터이다. 호조의 급대전 2,042냥에 대해서도 약간의 설명이 필요하다. 1733년 대사성 조명익趙明翼이 말했던 데서 확인할 수 있듯, 삼남三南 소재 성균관 토지의 수세收稅는 호조가 대리하고 있었다. 호조의 급대전은 호조가 받아들이는 토지세 몫으로 성균관에 지급한 것일 터이다.

1750년에 정해진 노비공 급대전 1,977냥과 1866년 균역청 어염선세 급대전 3,468냥, 호조의 토지 급대전 2,042냥을 합치면 7,487냥이다. 5장에서 상론하겠지만, 1740년 대사성 심성희는 성균관이 유생에게 지급하는 지필묵의 값만 1년에 1,690냥이라고 했고, 1765년 대사성 서명응은 정시와 알성시 등 성균관에서 각종 과거를 치를 때 유생들에게 지급하는 종이 값이 1년에 1,500~1,600냥에 이른다고 하였다. 1년에 성균관이 사용하는 종이 값이 3,200~3,300냥인데, 이것은 7,487냥의 42~44퍼센트에 달한다.

여기서 바로 위에서 말한 바 있는, 균역청이 '면포 9동 14필 24척의 대전 929냥'을 지급했다는 사실에 주목해보자. 면포 9동 14필은 464필이다. 그렇다면 면포 1필은 2냥이다. 그런데 1689년 《태학성전》에 의하면 성균관은 1년 동안 서리의 월료와 땔감, 등유의 값으로 무명 1,866필이 필요했다. 시간 간격이 커서 단순하게 비교할 수는 없지만, 다른 방도가 없으니 1필당 일단 2냥으로 계산해보자. 그러면 3,732냥이다. 3,200~3,300+3,732=6,932~7,032냥이 된다. 쉽게 말해 균역청과 호조를 통해 성균관에 공식적으로 지급되는 돈은 1년의 서리 월료와 각종 종이 값으로 지불하면 그만이었다. 나머지 엄청난 비용은 해결책이 없다. 1793년 대사성 심환지沈煥之는 현방이 1년에 바치는 공세公稅가 2만

1,000여 냥이라 했고, 1811년 대사성 김이교金履喬는 3만 5,000냥에 이른 다고 하였다. 균역청과 호조의 급대전의 규모와 현방이 성균관과 삼법사에 바치는 돈의 규모를 비교해보면, 실제 국가가 부담하는 성균관의 운영 비용이라는 것은 초라하기 짝이 없었다.

임병양란 이후 성균관의 재정 문제에 대한 논의에서 확인할 수 있는 것은 성균관 재정이 끊임없이 축소되었다는 것이다. 국가 최고의 교육기관이 재정 부족으로 운영 위기에 처했다는 것은, 누구나 아는 사실이었다. 하지만 왕과 고위 정책결정자의 집합인 조정은 문제를 해결할 의지도 능력도 없었다. 결국 재정의 부족분은 반인과 현방을 집중적으로 수탈하여 메울 수밖에 없었다. 1708년부터 성균관은 현방으로부터 매달 150냥을 거두어 '양사養士의 비용'에 보충해 쓰기 시작했던 것이다.

삼법사와 속전

1장에서 언급했듯 소의 도축으로 체포되는 경우 형장을 치고 유배에 처하고 또 수군에 충정充定하거나 군역을 지우는 것이 원칙이었지만, 실제그것이 집행되는 경우는 드물었다. 대개 속전(사실은 속목續木)을 받는 것으로 대신했다. 재화로 죄를 대속代贖하는 것은 전근대 사법문화의 하나로 존재했다. 다만 현방의 도축에 대해 속전을 받는 관행이 출현한 것은임병양란 이후 17세기부터다. 조선 전기의 경우 세종 연간에는 소를 도축한 자에게 수군에 충정하는 대신 속전을 받았지만,[135] 이후 처벌이 강화되면서 속전을 받는 경우는 보이지 않는다. 하지만 조선 후기 서울의현방은 삼법사에 속전을 내고 소의 도축과 쇠고기 판매를 공식적으로 허가 받았다. 이제 삼법사와 현방 속전과의 관계를 따져보자.

삼법사와 관련한 자료에서 속목이 등장하는 최초의 자료는 1618년《광해군일기》이다. 광해군은 형조와 사헌부의 '속목'이 아주 많으니, 영건이 끝날 때까지 전부 영건도감營建都監으로 옮겨 쓰라고 명하고 있는

02

삼법사

데,[136] 이것이 형조·사헌부와 속목과의 관계를 알리는 최초의 사례다. 하지만 이 두 기관의 속목이 서울 시민의 불법행위에 대한 단속의 결과물인지는 확실하지 않다. 이로부터 17년 뒤 1635년 속목과 관련된 의미 있는 자료가 보인다. 형조판서 구굉具宏의 말이다.

> 본조本曹(형조刑曹)의 하인들은 요포料布가 없어 전부터 각 관아의 '속목'을 분배해주었습니다. 근래에 비국備局에서 그것을 거두어 군수軍需에 썼고, 호조에서도 징수하므로 본조의 일이 아주 형편없이 되었습니다. 무릇 여러 문서에 사용되는 종이도 사령使令에게 책임지우고 있으니, 일의 체모로 볼 때도 온당하지 않을 뿐만 아니라, 작폐하는 일이 있어도 사정상 금지할 수가 없게 되었습니다. 각 관아의 속목을 본조에 귀속시키는 것이 어떻겠습니까?[137]

요포는 각 관청의 하급 관리(예컨대 서리)에게 달마다 월급으로 지급하는 무명을 말한다. 납득하기 어렵겠지만 조선의 관료제에는 서리 이하의 노동에 대한 삭료를 따로 예산에 포함시키지 않는 곳이 있었다. 예컨대 지방의 서리 곧 향리의 행정노동은 일종의 신역身役으로 파악되었고 그들의 노동에 대한 공식적인 반대급부는 없었다. 서울의 중앙관아들의 서리, 곧 경아전 이하 원역들 역시 중앙정부 차원에서 전면적인 급여시스템이 마련되어 있지 않았다. 6조의 경우 이조·호조·예조·병조·공조의 서리는 요포가 공식적으로 지급되었지만, 유독 형조만 요포를 지급하지 않았다. 행정시스템이 어떤 이유로 일관성을 잃게 되었는지 궁금하지만, 그 이유는 현재 짐작할 수조차 없다. 정확한 조사가 없어 요포가 있는 관아와 없는 관아를 뚜렷하게 가려낼 수는 없지만, 요포가 국가 재정 차원에서 일괄적으로 책정되지 않았던 것은 분명하다.

이 자료에서 형조가 분배받은 각 관아의 속목이란 서울 시내의 자잘한 범법행위를 단속하여 실형 대신 벌금조로 받은 것을 의미하는 것으로 보이지는 않는다. 구굉의 발언이 있고 3년 뒤인 1638년에 이 문제는 형조참판 임광任絖에 의해 재론되는데, 그에 의하면 구굉의 발언으로 강원도의 속목(재상속목災傷贖木*)을 분배받을 수 있었다고 한다.[138] 하지만 난후亂後(병자호란을 뜻하는 듯)에 강원도 속목이 들어오지 않아 형조 자체에서 거두는 소량의 속목으로는 서리들의 생계대책으로 삼을 수 없고, 서리들 역시 이로 인해 근무를 기피한다는 것이다.[139] 즉 이 시기까지 형조의 서리 이하 원역들에게 지급되는 요포는 거개 팔도 재상속목 중 강원도 속목을 분배받은 것이었고 서울 시내의 소소한 범죄에 대한 속목은 소량에 불과했던 것이다.

1635년 구굉의 요청과 1638년 임광의 요청은 음미할 부분이 여럿인데, 구굉의 경우 형조가 다른 아문으로부터 분배받던 재상속목을 비변사와 호조에 빼앗겼다는 사실이 매우 흥미롭다. 이것은 한정된 재화를 두고 권력 있는 아문들 사이에 경쟁이 일어났다는 것을 의미한다. 형조는 이 경쟁에서 패배한 것이다. 빼앗긴 재화를 되찾을 수 있는 유일한 방법은 왕의 재가를 받아내는 것이었다. 1635년 구굉의 요청이 왕의 재가를 받았던 것은 1638년 임광의 말로 확인할 수 있다. 임광은 서리안書吏案에 이름을 올린 서리가 아주 많으므로 모두 부료付料할 수는 없겠지만, 일부 서

---

* 재상속목은, 재상 처리 과정에서의 허위나 착오가 발견되어 감관이나 색리, 전부田夫가 처벌받게 되었을 때, 그들이 받아야 할 형벌을 면해주는 대신 받는 무명을 가리키는 것으로 보인다. 고전번역원 각주 정보에서 가져옴.

리에게라도 부료할 것을 요청했다.[140] '부료'는 정식으로 호조에서 일정한 삭료를 주는 자리에 올리는 것을 말한다. 곧 국가에서 삭료를 보장해 주는 것이다.

또 다른 흥미로운 문제는 구굉이 "무릇 여러 문서에 쓰이는 종이를 사령에게 마련할 것을 책임지우니, 비단 사체가 편치 않을 뿐만 아니라, 작폐하는 일이 있어도 형세로 보아 금단할 수가 없을 것입니다"[141]라고 말하는 부분이다. 형조는 알다시피 6조의 하나다. 곧 국가의 주요 기관인 형조가 재정 부족으로 문서 작성에 필요한 종이를 마련할 수 없을 지경이 되었다는 것이고, 수치스럽게도 종이를 마련하는 일을 행정조직의 말단에서 신체노동을 담당하는 사령에게 떠넘긴다는 것이다. 이것은 결국 행정 대상인 민간의 약자에게 전이되는 과정에서 여러 폐단을 필연적으로 야기하게 될 것이다. 이것이 구굉이 말하고자 하는 요지다. 구굉은 재정 문제를 근본적으로 해결하지 않으면 연쇄적으로 문제를 낳을 것이라 예측한 것인데, 이것은 형조만의 문제가 아니라, 거의 모든 관서가 공히 안고 있는 것이기도 하였다. 앞으로 다룰 현방과 삼법사의 관계 역시 이런 문제를 거의 예외 없이 안고 있었다.

1635년 왕의 재가로 구굉의 요청이 수용되었으나 그것이 이내 실행력을 상실했다는 것은 1638년 임광의 요청으로도 알 수 있다. 하지만 1638년 임광의 요청도 효력이 없기는 마찬가지였다. 10년 뒤인 1648년 재상 속목은 모두 형조의 경상비로 쓰였고 형조 서리 7명에게 주는 요포(아마도 1638년 임광의 요청을 수용한 것일 터이다)도 호조에서 감축했던 것이다. 형조는 원래 요포를 지급할 재원이 없었으므로 이 사태는 서리들이 다른 아문으로 빠져나가는 계기가 되었다. 원래 46명의 정원 중 10명 남짓 남고 서리들이 다른 아문으로 옮겨갔다. 형조의 요구는 서리의 이탈을 막아달라는 것이었다.[142] 요컨대 형조로서는 왕의 재가로 서리의 요포 문제를 일시 해결한다 하더라도 약간의 시간이 흐르면 재원 없는 원래 상태로 되돌아가고 있었다. 왕의 명령조차도 행정 일선에서는 거의 준행되지 않았는데, 이것은 조선 후기 권력 있는 행정기관에서 흔히 찾아볼 수 있는 현상이었다. 왕정국가에서 왕권조차 국가의 행정기관에 제대로 작동하지 않았던 이 기묘한 현실은 앞으로 현방 문제를 거론할 때 수없이 확인할 수 있을 것이다.

형조는 서리의 정원 대부분이 이탈할 정도로 열악한 재정 위기를 어떻게 해결했던가? 형조가 재정 위기를 해결한 방법은 이 책의 주제인 반인·현방과 밀접한 관계가 있으니, 이 부분을 다시 정밀하게 따져보자. 후술하겠지만 1653년의 시점에서 현방에 대해 언급하는 사람들은 거의 예외 없이 현방이 일정한 양의 속목을 형조·한성부·사헌부에 바치고 소의 도축과 쇠고기 판매를 허가받은 것을 낯선 관행으로 보고 있다. 그런데 임광이 서리의 대부분이 빠져나갈 정도로 형조가 재정 위기를 맞이했다고 말한 것은 1648년이었다. 1653년과는 불과 5년 사이다. 추론하자면 1648년과 1653년 사이에 형조는 현방으로부터 속전을 받기 시작했다고 보아도 크게 무리는 없을 것이다.

소의 도살은 당연히 단속 대상이었다. 하지만 앞서 검토했듯《경국대전》에는 소와 말을 도축한 자를 체포한 사람에게 시상하는 법만 실렸을 뿐 정작 도축자에 대한 처벌 조항은 없었다. 법전에 정식 처벌 조항이 실린 것은 1543년《대전후속록》이다. 1608년 한성부는 소와 말의 도축을 단속하는 과정에서 전 목사 이충李冲의 계집종의 비부婢夫를 체포하였으나 이충이 도리어 금란리禁亂吏를 법사法司에 구금한 일을 거론한다.[143] 여기서 한성부가 들고 있는 단속의 법적 근거는《대전후속록》의 '소와 말을 도살한 자로서 수범首犯인 자는 장杖 100대에 전가사변에 처한다'는 조문이었다. 이 조문은 《각사수교各司受教》(1545~1576)의 한성부수교漢城府受教에 좀 더 자세하게 실려 있다. 그런데 이 한성부에서 받은 수교는 원래 사헌부에서 받은 수교를 이첩한 것으로 보인다.[144] 형조에는 해당 연도의 수교가 없다. 따라서 소와 말의 불법도살에 대한 단속은 원래 사헌부와 한성부의 임무였고 형조는 상관이 없었던 것이 분명하다. 이것은 형조가, 현방이 한성부와 사헌부에 속목을 바치는 관행에 뒤늦게 뛰어들었다는 것을 의미한다.

삼법사 곧 형조·한성부·사헌부 상호 간에는 단속하는 대상 범위에 일정한 구획이 있었던 것으로 보인다. 하지만 1652년 이 구획이 뒤섞이고 있다는 지적이 있었다. 대사헌 홍무적洪茂績은 삼법사의 금란에 각각 과조科條가 있는데, 현재 삼법사가 모두 똑같이 시행하므로 서리들이 농간을 부린다면서 예전의 규례를 따를 것을 요청했던 것이다.[145] 여기서 원래 한성부와 사헌부의 구획에 들어 있었던 '소와 말의 도살'이 형조의 단속 범위에 포함되었던 사정을 유추할 수 있을 것이다. 즉 1638~1653년에 현방이 출현하고 한성부와 사헌부가 현방으로부터 속목을 받자, 재정 부족에 시달리던 형조 역시 단속의 한 축으로 참여하기 시작했던 것이다. 이것이 삼법사 전체가 현방으로부터 속목을 받게 된 내력이다.

이예와 금란

사헌부와 한성부 역시 현방으로부터 속전을 징수할 수밖에 없는 이유로 자기 아문의 서리 이하 이예吏隸들의 삭료를 지급할 재원이 없다는 것을 이유로 들었다. 원래 중앙관서의 서리 이하 이예들의 노동에 대한 반대급부는 호조와 같은 재정 관서에서 마련해야만 했다. 하지만 사정은 딴판이었다. 조선의 재정은 호조 한 곳으로 귀속되지 않았고, 각 아문과 군문은 각각 자기 소유의 재원을 갖는 것이 인정되었다. 아문의 성격과 행사할 수 있는 권력의 크기에 따라 확보하는 재원의 크기도 달랐다. 예컨대 세수를 관리하는 호조·선혜청·균역청·진휼청과 각 군문과 삼법사는 경제적 상황이 확연히 달랐던 것이다.

전체적으로 국가의 재정 수요는 증가하고 있었지만, 세수가 재정 수요의 증가를 따르지 못했다고도 말할 수 있을 것이다. 세수의 양이 적은 것도 한 원인이겠지만, 그보다는 과도한 군대 규모의 유지, 관료조직의 작동 과정에서 발생하는 부비浮費, 고급 관료부터 하급 관료에 이르기까지 일상화, 관행화된 횡령 등으로 인한 재정 소모가 도리어 더 심각한 지경이었다. 또한 왕실 같은 특권계급이 궁방을 통해 면세를 허락받음으로써 빠져나가는 세수 역시 거대하였다. 원래 재정 설계의 구조적 문제와 재정의 누출은 결과적으로 재정의 위축을 초래하여 삼법사와 같은 중요한 국가기관 하예들의 노동에 대한 반대급부를 지급할 수 없게 만들었던 것이다.

그렇다면 삼법사의 이예는 구체적으로 얼마나 되었을까? 이예는 삼법사에 소속된 서리와 나장羅將을 지칭한다. 삼법사의 관료 구성은 복잡하지만, 정식 과거 출신 사족들이 맡는 정직正職과 행정실무를 맡은 아전직

衙前職으로 대별할 수 있다. 물론 형조와 호조의 경우 직무의 특수성으로 인해 형률刑律 실무를 담당하는 율관律官과 계산을 담당하는 계사計士가 있다[雜職官]. 아전 직은 중앙관서에서 행정실무를 담당하는 하급 관료로서 서리와 나장으로 나뉜다. 문필을 담당하는 동반東班서리와는 달리 나장은 서반西班서리로서 신체를 부려서 하는 일을 맡았기 때문에 천역賤役으로 여겨졌다. 이것이 '예隸(노예)'란 비칭이 들어간 이유가 아닌가 한다. 나장은 의금부·병조·오위도총부·사헌부·사간원·평시서·전옥서에도 있었는데, 그중 사헌부 나장은 특별히 소유所由라고 불렀다.[146]《속대전》에 의하면 소유의 정원은 43명이다.

　　삼법사 소속의 서리와 나장(=소유)의 숫자는 다음과 같다.

■《경국대전》
○ 서리
　　형조―판서 1, 참판 1, 참의 1, 그리고 46명
　　한성부―판윤 1, 좌윤 1, 우윤 1, 그리고 38명
　　사헌부―대사헌 1, 그리고 39명
○ 나장
　　형조―45명
　　한성부―0명
　　사헌부―대사헌 2, 집의 2, 장령 2, 지평 2, 감찰 1, 그리고 43명
　　(합) 227명

■《속대전》
○ 서리

형조—70명

한성부—60명

사헌부—55명

○ 나장

　형조—9명

　한성부—0명

　사헌부—43명

　(합) 237명

■ 《대전통편》

○ 서리

　형조—판서 1, 참판 1, 참의 1, 그리고 46명

　한성부—판윤 1, 좌윤 1, 우윤 1, 그리고 38명

　사헌부—대사헌 1, 그리고 39명

○ 나장

　형조—45명

　한성부—0명

　사헌부—대사헌 2, 집의 2, 장령 2, 지평 2, 감찰 각 1, 그리고 43명

　(합) 227명

　1648년 형조는 46명의 정원 중 10명 남짓 남고 서리들이 다른 아문으로 빠져나갔다고 말한 바 있는데, 이 46명은 곧《경국대전》서리 정원 중 고급 관료를 수행하는 배서리陪書吏를 제외한 인원이다. 형조와 한성부, 사헌부의 배서리를 제외한 모든 서리의 수는 227명이다. 《속대전》은 배

서리와 일반서리를 구분하지 않고 있는데, 도합 237명이다. 《대전통편》은 다시 《경국대전》의 277명으로 복귀한다.* 이 200명이 조금 넘는 숫자가 소와 말의 도축 등 서울 시내의 여러 금령을 일선에서 단속하는 자들이다. 이른바 금란禁亂에 나서는 자들인 것이다.

삼법사 하예의 금란은 조선 후기 내내 일반 백성과 정부의 골칫거리가 되었다. 곧 삼법사의 금리가 뇌물을 받고 작폐하는 것이 한이 없다는 지적이 쏟아져나왔던 것이다.[147] 왕은 이 경우 발각되는 대로 '중치重治'할 것을 명했지만, 폐단은 전보다 심해져 시정의 원한이 하늘까지 닿는다는 말이 나올 정도였다.[148] 무거운 처벌을 결정하지만, 삼사의 금란으로 인한 작폐는 조선조가 끝날 때까지 지루하게 반복되었다. 문제의 핵심은 이들의 노동에 대한 보상, 곧 이들의 삭료가 법적으로 규정되어 있지 않았던 데 있었다. 1678년 영의정 허적許積의 말을 직접 들어보는 것이 좋을 것이다.

---

* 물론 《경국대전》을 위시한 법전의 정원이 지켜지는 경우는 거의 없었다고 보아도 무방하다. 실제 각 아문에는 서리와 나장 외의 별별 명목의 하예들이 있었고, 항상 정원을 초과하고 있었다. 여기서는 따로 상론하지 못하지만, 다음 자료에서 정원 외에 추가된 인원과 그 명목들을 볼 수 있다. 《비변사등록》 영조 32년(1756) 7월 19일의 〈각사원역존감별단各司員役存減別單〉에 의하면, 1746년에 공포된 《속대전》에 70명으로 정해져 있었던 형조 서리의 정원은 87명으로, 60명이었던 한성부의 서리 정원은 72명으로 늘어나 있었다. 다른 명목의 인원도 대폭 증가하고 있다. 또한 병조와 같은 미포米布가 있는 '무료서리'가 수백 명씩 있었다. 원래 법전상 서리 정원은 35명이지만, 1682년 당시 봉급을 주는 서리가 62명으로 늘어나 있었고, 무료서리는 100명에 이르렀다. 무료라고 했지만 결국은 병조의 재정을 갉아먹는 존재들이었다. 이에 대해서는 《비변사등록》 숙종 8년 9월 15일 조를 볼 것.

윤휴尹鑴의 상소 가운데 금리禁吏의 폐단을 언급한 것이 있는데, 이 말은 정말 그렇습니다. 근래 금리 무리들이 동리에 횡행하면서 제멋대로 날뛰며 작폐하는 것이 한이 없습니다. 도민都民이 원망하고 고통스러워하는 것이 이보다 심할 수가 없습니다. 대개 금리 무리들은 모두 요포가 없기 때문에 관원들이 자주 금란을 나가서 그 속목으로 하리下吏들에게 주는 요포의 밑천으로 삼으니, 사세가 그럴 수밖에 없는 것이고, 전적으로 참람한 것을 금하고 풍속을 바로잡고자 하는 데 그 목적이 있는 것은 아닙니다.

근래 한 대관臺官이 거두어들이는 우속목牛贖木(현방 속목)과 추고 속목推考贖木을 절대로 함부로 쓰지 않고, 삭포로 헤아려 주었더니, 부족할 염려가 없다고 하였습니다. 이후 대관이 과연 이 법을 지켜 자주 금란을 나가지 않는다면 금리에게는 응당 받을 삭포의 밑천이 있게 되고, 동리에는 소요가 일어날 단서가 없게 될 것입니다. 삼사의 금리가 뇌물을 받고 작폐할 경우, 대신이 드러나는 대로 무겁게 다스리기로 이미 승전承傳을 받든 일이 있는데, 곧 대계臺啓가 있어 거두어들였으므로 징려懲勵할 방도가 없습니다. 차후로 금리 무리들이 작폐하는 경우, 해부該府에서 일일이 적발하여 무겁게 다스리도록 다시 신칙하는 것이 어떻겠습니까?[149]

허적이 문제를 삼고 있는 금리는 사헌부의 금리다. 앞서 형조의 서리들처럼 사헌부 금리에게도 원래 달마다 지급하는 삭료가 없었다는 것이다. 사헌부의 경우, 속전을 받아내는 데 더욱 집착했는데, 그것은 한성부와 형조의 경우 노비로부터 거두어들이는 신공이 있었으나, 사헌부는 다른 재원이 전혀 없어 속목에 집착할 수밖에 없었기 때문이었다.[150] 곧 사헌부는 자신이 거느리는 말단조직의 삭료를 정부로부터 지급받지 못하고 단속을 통해 거두어들이는 벌금으로 지급하고 있었던 것이다.

형조와 한성부 쪽의 사정도 검토해보자. 위 허적의 말은 1678년의 것인데, 이로부터 5년 뒤인 1683년 자료에 의하면, 형조는 조정에서 삭료를 주는 규정이 원래 없어서 형조 자체에서 속목으로 46명의 서리에게 달마다 주었고, 사헌부는 전부터 약간의 삭료를 주는 규정이 있었다고 한다.[151] 앞서 1635년 형조판서 구굉의 요청과 1648년 형조참판 임광의 요청은 모두 형조의 이예들에게 삭료를 지급할 재원이 없다는 사실을 지적하고 있었다. 하지만 문제에 대한 대책은 마련되지 않았다. 형조 역시 자주 금란을 나가서 수탈하는 속목으로 삭료를 지급했던 것이다.

한성부의 사정도 다르지 않았다. 1670년(현종 11) 11월 6일 우역으로 인해 현방을 정파한다는 말을 들은 한성부는 현방의 속목이 없으면 한성부가 모양을 이룰 수 없다고 호소했다. 도사屠肆로부터 매달 13패牌의 속목을 거두지 못해 부족분을 송금松禁 단속의 속목으로 채우고 있으나, 흉년에 잡힌 사람이 처벌 받기를 원하고 속목 바치기를 원하지 않는다는 것이다. 만약 도사의 영업을 정지하면 일정하게 들어올 속목이 없어 대단히 곤란하다고 했다.[152] 여기서 '패牌'란 '한 달에 13패를 내보내고, 한 패에 12필을 거둔다'[153]는 말에서 보듯, 단속을 하기 위해 출금패出禁牌를 내어주는 것을 의미할 터이다.*[154] 곧 한 달에 출금패를 주어 단속을 나가는

---

* '패牌'는 나무로 만든, '목패木牌'다. 사헌부에서는 사도私屠를 단속할 경우, 본래 해당하는 목패가 있는데, 출금出禁할 때, 금리禁吏의 이름과 시한의 지속遲速을 도장을 찍은 작은 종이(이 종이의 이름은 '제목'이라고 한다)와 목패를 함께 내준다고 한다. 목패는 '장將' 자 모양으로 생겼고 한 면에 '금란의 제목'을 썼다고 한다. '장將' 자 모양이라는 것은 이해하기 어렵지만, 다른 한 면에 '주금酒禁'과 같은 금란 종목이 적혀 있었던 것이다.

것이 13번이고 한 번 단속을 나갈 때마다 공식적으로 현방으로부터 12필을 거둔다는 뜻으로 이해된다. 요컨대 한성부 역시 그 소속 원역들의 노동에 대한 대가를 오직 현방의 속전으로 지급하고 있었다.

국가 재정으로 삼법사 하예의 삭료를 책정하지 않는다면, 이 금란을 구실로 삼은 과도한 속전 징수, 곧 사실상의 강탈은 멈추지 않을 것이었다. 하지만 문제는 쉽게 해결되지 않았다. 아니 전혀 해결되지 않았다. 1678년 허적은 문제를 일으키는 금리를 사헌부에서 무겁게 치죄하자고 제안했고 왕은 당연히 그 제안을 수용했지만, 늘 그렇듯 그것은 현실에서 강제력이 전혀 없었다. 금리들은 '시간에 구애받지 않고 한밤중에도 출금하여 여염에 작폐하고 있었으며' 당연히 소각해야 할 금물禁物을 나눠 가지거나, 풀어줄 수 없는 사람을 풀어주는 등 금란의 원칙이라 할 금란법禁亂法 자체를 전혀 지키지 않고 있었다.[155]

1686년 6월 15일 영의정 김수항金壽恒은 금란법을 고칠 것을 강력히 제안했다. '금리의 작폐로 인한 도민都民의 원성이 갈수록 심해져 변통을 하지 않을 수 없었기 때문'[156]이었다. 김수항의 문제 제기에 좌의정 남구만 역시 금란의 문제를 짚었다. "조정에서 금란법을 만든 것은, 본디 풍속을 바로잡으려 한 것이었으나, 삼법사는 모두 금란을 통해 속목을 받아 용도에 충당하고 있습니다. 그리고 그것을 남용하는 폐단 역시 한정이 없습니다. 이름은 '금란'이라 하지만 속목을 받아쓰려는 뜻이 먼저 있으니, 어떻게 풍속을 바로잡을 이치가 있겠습니까?"[157]

남구만은 금란이 속목을 수탈하기 위한 수단으로 전락한 현실을 정확하게 지적했다. 아울러 그는 금란의 문제를 시정하려는 무망한 노력의 역사도 정리했다. 그에 의하면 1658~1659년 송준길宋浚吉이 대사헌으로 재직하고 있을 때 지평持平이었던 자신이 동일한 문제를 제기하고 금란의 법을 개정할 것을 요청했으나 결국 개정에 실패했고, 1684년에 다시 재론했지만 역시 개정에 실패했다는 것이었다.

김수항의 계산에 의하면 삼법사의 1년 경비는 다음과 같이 구성되었다. 삼법사 모두 현방에서 수탈하는 속목, 곧 현방 속목懸房贖木이 있다. 이것이 가장 많은 양을 차지한다. 이 외에 사헌부는 추고 속목推考贖木, 형조는 노비 공목奴婢貢木, 한성부는 호적 작목戶籍作木이 있다. 따로 금란을 나가지 않아도 이 속목으로 삼법사의 비용을 충당할 수 있다. 다만 우역으로 현방의 영업이 정지될 때는 현방 속목을 받을 수 없으니, 이 경우 국가 재정에서 정식으로 지원해야 할 것이다.

이것이 김수항이 제시한 해결 방안이었다. 곧 현방 속목만 받고 나머지 일체의 금란으로 거두어들이는 속목을 포기하자는 것이었다. 남구만 역시 김수항의 방안을 따랐다. 좀 더 추가된 것은, 부족분을 평소에는 호조와 병조에서, 현방의 영업이 중지되었을 때는 호조에서 더 지급하자는 구체적인 의견이었다. 아울러 이 개정안이 현실적인 효력을 발휘할 수 있도록 왕의 재가를 받은 시행세칙, 곧 절목을 만들자고 제안했다. 과거 수많은 실패를 의식한 것이었다.

절목은 같은 해(1686) 9월 12일 이미 만들어져 있었으나, 사헌부의 격렬한 반발로 인해 시행될 수가 없었다. 이 절목의 핵심은 현방 속목을 포함한 금란을 통해 거두어들이는 모든 속전의 관리권을 호조가 갖는 것이었다. 속목을 일단 받아들인 호조는 호조·한성부·사헌부의 1년 총 지출에 맞추어 더하거나 덜한 예산(실제로는 호조가 일정 부분을 더한 예산)을 지출한다는 것이었다. 합리적인 안이었지만 결과적으로 각 아문은 재정 운영의 자율권을 상실하게 될 것이었다. 사헌부는 재정 운영권을 호조에 돌리면 사헌부는 호조의 속사屬司로 전락하고, 그것은 사헌부를 불신한다는 것을 의미하는 것이라고 주장했다.[158] 권력기관인 사헌부의 강력한 반발로 완성된 절목은 시행될 수 없었다. 2년 뒤인 1688년에 절목의 시행이 다시 논의되었고, 영의정이 된 남구만은 사헌부의 논리를 변파한 뒤[159] 절목의 시행을 강력하게 추진했다.

약간의 논란 끝에 같은 해 5월 5일에 숙종은 절목을 재가했다. 이른바 〈삼사금제절목별단三司禁制節目別單〉인데 내용을 검토해보면 삼법사 내부의 재정 상황을 충분히 짐작할 수 있다. 절목은 세 부분으로 나뉘는데, 첫째는 형조·한성부·사헌부의 재정 문제에 대한 구체적인 해결책, 둘째, 삼법사에 공히 적용되는 금란의 원칙적 규정들, 셋째, 삼법사가 각각 담당하는 금란의 조목이다.* 구체적으로 검토하면 다음과 같다.

(1) 형조·한성부·사헌부의 재정 문제에 대한 해결책

■ 형조

○ 매달 당상·낭청의 구채丘債와 원역員役의 요포와 기별奇別·큰 초의 값을 합하면 377냥 6전이다.

계복문서지啓覆文書紙 100여 권은 호조에서 지급한다.

포폄지貶紙와 선생치부先生致賻와 사신구청使臣求請과 포진鋪陳 등의 물건으로서 매달의 경상 지출 대상이 아닌 경우는 본조(=형조)의 결송 작목決訟作本과 추고 속목推考 贖木에서 지출한다.

○ 현방 12패牌 속전贖錢은 201냥 6전이다.

---

* 형조와 한성부의 금제는 불과 4조항에 불과하고 절대다수의 금란 조항은 사헌부의 몫이었다. 이것은 사헌부의 금란이 가장 큰 문제였다는 것을 의미한다.

○ 공목貢木 6동은 돈으로 바꾸면 420냥이다. 12개월로 나누면 한 달에 35냥이다. 한 달 거두는 것으로 지출할 수를 계산하면 부족한 수가 141냥이니, 마땅히 호조에서 매달 가져다 이어 쓰도록 한다. 올해 공목은 이미 썼으니 마땅히 더 지급해야 한다.

○ 윤달의 경우는 공목 마련에 들어가지 않았으니 35냥을 마땅히 호조에서 따로 지급해야 한다.

■ 한성부

○ 매달 당상·낭청의 구채와 원역의 요포와 기별·큰 초의 값을 합하면 319냥 6전이다.

○ 응판관應辦官(과거의 모든 비용을 조달하는 관리)이 되었을 때 쓰는 돈은 호조에서 지급한다.

포폄지와 선생치부와 사신구청과 포진 등 물건으로서 매달의 경상 지출이 아닌 경우는 본부(=한성부)의 결송 작목에서 지출한다. 부족해도 원수元數에 남은 것이 있으니 옮겨서 지출할 수 있다.

○ 한 달 현방 13패 속전은 218냥 4전이다.

○ 한 달 생고송生枯松 속목은 184냥 8전이다. 형장刑杖 맡기를 자원하는 자는 들어주는데, 일정한 수가 없다.

○ 식년式年마다 호적 작목戶籍作木은 10동이 되는데 돈으로는 700냥이다. 3등분 하면 1년에 233냥 3전, 매달 19냥 4전이 된다. 한 달 거두는 돈으로 지출할 돈을 막으면 103냥이 남는다. 충분히 이어 쓸 수 있어 따로 더 지급할 것이 없다. 작년의 작목을 이미 거두어 썼으니 2년분을 계산해 지급해야 한다.

○ 윤달의 경우는 작목에 들어가지 않았으니, 본부에 남아 있는 103냥

에서 옮겨 지급한다.

■ 사헌부

○ 한 달 관원의 구종丘從·청직廳直·기별서리奇別書吏의 지채紙債와 계
초지啓草紙 등의 물건 값 및 서리·소유所由에게 호조에서 지출하는
요미料米 외에 본부(=사헌부)에서 더 지급할 것. 가설서리加設書吏·
묵척墨尺, 각종 원역에게 주는 경상 지출 비용이 320냥이다.

○ 한 달 현방 16패의 속전은 268냥 8전이다. 한 달 거두는 돈은 경상
지출 비용에서 51냥 2전이 부족하다. 이것은 호조에서 가져다 쓰도
록 한다.

■ 삼사 공통

○ 삼사三司가 지출하는 돈을 혹 지출하지 않았다고 해서 일률적으로
삭감하면, 난처한 경우가 없지 않을 것이다. 따라서 모두 본사本司
(삼사三司)의 규정을 따라 시행한다. 다만 한 달 안에 꼭 쓰는 것이
아니기에 1년 안에 옮겨 지출할 수 있는 돈의 수는 정해진 규정이
없다. 이런 이유로 작목作木과 속목 등을 비축해서 지출하게 해야
할 것이다.

○ 형조·한성부의 사신 노비路費 및 선생치부와 상사上司의 구청求請
등의 규례에는 이미 과외로 거두는 일이 없으니 또한 마땅히 참작
해 감액한다.

○ 차후로 도살을 특별히 금해 현방을 임시로 혁파할 때는 호조에서
해당하는 돈을 맞추어 주고 복구를 기다린다.

설명해야 할 용어가 많고 지출 내역도 복잡하다. 하지만 원칙은 간단하다. 현방의 속전을 비롯한 수입으로 지출해야 할 것은 지출한 뒤 모자라는 것은 호조에서 지급하겠다는 것이다. 사헌부의 경우를 예로 들자면, 구종 이하 모든 원역들에게 한 달에 지불하는 돈이 320냥이고, 현방에서 거두는 돈이 268냥 8전이다. 모자라는 차액 51냥 2전을 호조에서 지급하겠다는 것이다. 아울러 남는 돈이 있으면 비축해야 하고 사실상 지불할 필요가 없는 항목은 적절한 수준으로 줄여야 하며, 현방이 영업을 하지 않을 때는 호조에서 필요한 비용을 지급하겠다는 것이다. 이것은 당연히 투명한 회계를 전제로 하는 것이고, 그럴 경우 사실상 호조의 부담 역시 그리 크지 않다. 합리적인 대책으로 평가할 수 있다.

이어 금란에 대한 여러 가지 제한 규정이 있는데, 역시 대체로 합리적인 것이었다. 참고로 전문을 제시한다.

(2) 금란의 원칙적 규정들

○ 삼사의 금란하는 폐단은 고치지 않을 수 없어 이번에 변통하는 일이 있는 것이다. 물론 금란을 전적으로 폐지할 수는 없다. 삼사는 각각 자신의 담당을 문서로 기록해야 할 것이다. 형조·한성부는 한 달에 여섯 차례 출금出禁하되 2조항을 넘을 수 없고, 사헌부는 날짜 제한은 없으나 간간히 출금하여 전처럼 무절제한 폐단이 없도록 해야 할 것이다.

○ 삼사는 각각 금패禁牌를 만들어 금제조목禁制條目을 새기고, 출금할 때 금리禁吏에게 주어 신표信標로 삼고, 사칭·작폐하거나 다른 물건을 근거 없이 단속하는 폐단이 없게 한다.

○ 금란에 잡힌 자는 각각 그 범한 바의 경중에 따라 태형과 장형으로 처벌한다. 금형일禁刑日이라면 가두어 두었다가 용형일用刑日이 되면 형을 집행한다. 속전을 징수하는 규정은 완전히 혁파하고 추운 겨울과 무더운 여름이라도 속전을 내는 길을 열어주지 않아 난잡한 폐단이 없게 한다.

○ 각 항 금제조목은 담당한 본사 외에는 임의로 다른 법사法司에게 금하도록 할 수 없다. 별육別肉과 신사神祀의 경우 엄금하지 않으면 반드시 마구 잡스럽게 행하는 폐단이 있을 것이니, 삼사가 다 함께 출금한다. 별육을 범한 자는 형추刑推한 뒤 속전을 징수하는 예가 있으니 전례를 따라 한 차례 형추한 뒤 호조로 이송하여 속전을 징수한다. 한성부의 경우 형조에 이송하여 형추한 뒤 호조로 이송한다.

○ 금법을 범한 물건은 삼법사의 하인에게 절대 지급할 수 없다. 모두 불태워야 한다.

○ 금란에 잡힌 자를 모두 치죄하면 뇌물을 주고 모면하려 하거나 조종하고 작폐할 우려가 전보다 배나 더할 것으로 생각한다. 따라서 출금할 시기와 출금에 나서는 사람의 수를 혹시라도 어기거나 넘는 일이 없게 해서, 마음대로 부정한 짓을 하는 폐단이 없도록 해야 할 것이다.

○ 출금을 위해 각사가 갖는 모임은 수석당상首席堂上이 주관한다. 사헌부의 경우는 성상소城上所 담당이 맡는다. 돈과 포의 출납은 형조·한성부는 낭청 장무관掌務官이, 사헌부의 경우는 감찰 가운데 구임자久任者를 골라 전담하게 한다. 출납한 수는 하나하나 장관에게 보고하는 것을 정식으로 삼아 시행한다.

금란의 원칙들이다. 중요한 것을 들자면, 금제하는 조목을 새긴 금패를 갖고 출금해야 하고, 별육과 신사神祀는 삼법사가 공히 단속할 수 있지만, 그 외에 각 법사는 정해진 단속 조목만 단속할 수 있다는 것, 금법을 범한 물건은 모두 소각하고, 재물의 출입 결과는 반드시 담당관에게 보고해야 한다는 것 등이다. 요컨대 금란의 과정과 재물의 출납 역시 투명하게 해야 한다는 것이다.

(3) 삼법사가 담당하는 금란 조목

■ 형조 금제禁制

○ 난전亂廛과 크고 작은 말[두斗]을 높고 크게 만드는 것. 이상은 평시서에서 적발하여 송치하면 처결한다.
   소와 말을 도살한 자·신사神祀·지혜紙鞋.

■ 한성부 금제

○ 소와 말을 도살한 자·별송금別松禁·신사[경성京城 5리 안]

○ 호패를 차지 않은 자·서인으로서 도성 안에서 말을 탄 자[도성 밖은 묻지 않는다]. 양의사兩醫司·관상감·사역원·사자관寫字官·화원畵員·율관律官·녹사錄事·산원算員과 잡과 출신 및 각 군문의 장사將士, 관함官銜이 있는 자, 금군禁軍·군관軍官은 금하지 않는다.

■ 사헌부 금제

○ 분경奔競. 도목대정都目大政의 날짜가 정해진 뒤 이조·병조 당상관의 집에, 대정大政 뒤 서경署經 전에 양사兩司의 관원 집에, 동성同姓

6촌, 이성異姓 4촌, 혼인한 집안이 아니면서 출입한 자.

o 종친宗親의 처와 딸, 당상관의 어머니·처·딸·며느리와 음직蔭職이 있는 자의 신부新婦 외에 유옥교有屋轎를 탄 자, 헌수獻壽·혼인·제향 외에 유밀과油蜜果를 사용한 자, 신부가 시부모를 뵈올 때 술 한 동이·안주 다섯 그릇 이상을 올린 자, 새로 소속된 사람을 침학侵虐한 자.

o 사대부 발인 때 소방小方을 사용한 자, 서인의 분묘에 석인石人·망주석을 사용하고 표석이 3척을 넘는 자[이 경우 소문을 따라 소재관所在官에 공문을 보내 조사하고 금리禁吏는 보내지 않는다].

o 당상관의 장복章服 외에 장의障衣에 무늬 있는 비단을 사용한 자, 사족의 부녀로서 수놓은 옷을 입은 자는 모두 가장을 아울러 치죄한다.

o 사부士夫의 첩 및 얼속孽屬과 의원·역관·잡직 등의 처와 딸로서 가마를 탄 자. 초피貂皮로 만든 여모女帽를 쓴 자. 상한常漢의 딸로서 사라능단紗羅綾緞을 입은 자[의녀와 기녀는 금하지 않는다]. 서인의 상喪에 향정자香亭子·전도前導·곡비哭婢·유밀과를 사용한 자. 원래 주인을 내쫓고 여염집을 차지한 자. 이상은 소문에 따라 철저히 조사해 단단히 타일러 금지한다. 출패出牌하는 것은 잠시 보류한다.

o 소와 말을 도살한 자. 서인으로서 도성 안에서 말을 탄 자. 도성 밖은 묻지 않는다. 양의사·관상감·사역원·사자관·화원·율관·녹사·산원, 잡과 출신 및 각 군문의 장사와 관함이 있는 자, 금군·군관은 금하지 않는다.

o 신사神祀[도성 5리 안], 도성 안에서 말을 타고 달린 자[비록 응당 말을 타야 할 자라도 금한다].

○ 승려로서 공사公事가 아닌데도 도성 안에 머무르는 자. 서인이 사립
絲笠·아양피兒羊皮·황광피黃獷皮·적호피赤狐皮 등의 갖옷과 백저의白
苧衣와 8승升 이상의 베옷과 주단紬緞옷·자적대紫赤帶·흑염호피黑染
狐皮·당첨보唐襜甫·이엄耳掩·모단毛段·운두화자雲頭靴子를 분수를 넘
어 착용한 자[말 타는 것을 금하지 않는 부류. 액정掖庭의 하인 및 나이
많은 사람. 이들의 의복은 모두 착용한 것을 따지지 않는다. 타인이 물려
주었거나 때 묻고 헌 것도 금하지 않는다. 무진년(1688) 7월 13일 인견
때에 흑염저포黑染苧布를 금지하기로 한 일 역시 금지하지 않는다]. 조관
朝官으로서 통훈通訓 이하가 등자鐙子에 은입사銀入絲를 한 경우[전마
戰馬는 금하지 않는다]. 상한常漢으로서 장가 들 때 사모를 착용한 자.
3인 이상이 모여 술을 마실 때 안주와 찬을 갖춘 자[마련한 주인만 치
죄한다]. 이상은 출패한다.[160]

　자잘한 조목들을 열거한 것인데, 사헌부의 단속 대상이 압도적으로 많
다. 신분에 따른 의례·복식·탈것 등의 차등적 규례를 넘을 경우 처벌한다
는 것이다. 물론 이상의 긴 절목에서 가장 중요한 것은, '(2) 금란의 원칙적
규정들'의 세 번째였다. 곧 금제를 범했을 경우 태형과 장형으로 처벌하고
속전을 받는 길을 막아버린 것이었다. 다만 예외적으로 현방에서만 속전을
거두게 하되, 그 거두는 주체를 호조로 못 박아 한성부 등 삼법사가 직접
속전을 받지 못하게 했다. 현방 속목의 관리를 호조로 이관하고 호조가 부
족분을 지원한다는 〈삼사금제절목〉은 삼법사 이예들의 삭료에 대한 합리
적이고 항구적인 대책이었다. 다만 남구만은 삼법사에 대한 약간의 배려를
잊지 않았다. 1688년 3월 남구만은 김창협이 삼법사의 속목 2패를 줄인 것
으로 인해 삼사 속목 원래 수효에서 크게 감축되어 호조에서 부족분을 계

속 주기 어려우니, 금위영禁衛營으로 이관했던 도사屠肆 5곳의 속목을 삼법사에 다시 주자고 제안하여 숙종의 재가를 얻었다. 별효위別驍衛의 말안장을 만들기 위해 도사 5곳을 금위영으로 이관했는데, 이때 말안장을 만드는 일이 끝났기 때문이었다.[161]

〈삼사금제절목〉이 강제력을 가지고 오랫동안 시행되었더라면, 삼법사의 재정 문제는 더이상 발생하지 않았을 것이고, 반인과 현방에 대한 수탈도 적정 수준에서 유지될 수 있었을 것이다. 조선 후기의 거의 모든 새 규칙, 규정들이 그랬듯 절목은 당연히 시행되지 않았다. 1689년 2월 기사환국으로 권력이 서인에서 남인으로 넘어가자, 남인인 좌의정 목래선睦來善은 〈삼사금제절목〉을 문제 삼았다. 현방에서 속목을 거두어 삼사 하예들의 월료로 삼는 것과 부족분을 호조에서 보조하는 것이 부당하다는 것이었다. 원칙적으로 목래선의 지적은 타당하였다. 하지만 목래선의 주장이 현실적으로 관철되기 위해서는 삼사 하예들의 월료 문제를 해결하기 위한 합리적 대안이 있어야만 했다. 목래선에게 그것은 고려 대상이 아니었다. 숙종은 목래선의 주장을 수용했고 〈삼사금제절목〉은 폐기되었다.[162]

폐기된 〈삼사금제절목〉 대신 다른 절목이 만들어진 것은 아니었다. 모든 것은 〈삼사금제절목〉 이전으로 돌아갔다. 당연히 금란이 갖는 문제는 여전하였다. 1746년 《속대전》에서 삼법사의 출금에 대해 집에서在家, 밤昏夜에, 경성의 금표禁標 밖에서 출금할 수 없고, 법으로 정한 금란 조목 외에 다른 조목을 만들어내지 못하며, 금리가 출금을 빙자해 횡포를 부릴 경우 장 100대에 처한다는 등의 출금을 제한하는 법[163]을 만든 것은, 역으로 〈삼사금제절목〉의 폐기 이후 벌어진 문제의 심각성을 알리는 증거가 될 것이다(물론 《속대전》의 새 법도 지켜지지 않았다). 조정은 불법적 금란을 제지할

어떤 방법도, 의지도 사실상 갖지 않았던 것이 사실에 가까울 것이다.[164]

　제재 받지 않는 금란이 삼법사 하예들의 삭료 문제를 완전히 해결했느냐 하면 그것도 아니었다. 형조·한성부·사헌부는 기관의 성격상 사정이 상이했다. 형조의 경우는 알 수 없지만, 한성부의 경우 재정 절벽을 호소하며 대책을 마련해줄 것을 요구하였다. 예컨대 1720년 한성부가 스스로 밝힌 재정 상황은 다음과 같았다. 한성부는 원래 사송아문詞訟衙門으로 미米·포布가 나올 곳이 없고, 단지 현방 속전과 '사산四山의 송속松贖'이 기본 재원이다. '송속'은 서울 도성의 네 산, 곧 백악산·인왕산·남산·낙산에서 소나무 채취를 금하는 금령을 범했을 경우, 곧 송금을 범했을 경우 받는 벌금이다. 어떤 이유에서인지 비변사에서는 1704년 한성부에서 송속을 받는 것을 금지하였다. 이로 인해 한성부는 원역員役들의 삭포를 지급하지 못하는 것은 물론이고 감시監試 초시初試에 소용되는 비용을 마련하지 못할 형편이 되었다는 것이다. 한성부는 필요한 1,000냥 중 일단 군기시軍器寺에서 일부를 빌리고, 다시 상당한 규모의 재원을 보유하고 있는 5군문五軍門에 700~800냥을 빌려줄 것을 요청했지만, 거부당했다. 한성부는 비변사를 통해 5군문에 다시 부탁했지만 5군문은 한성부에서 갚을 능력이 없을 것이라 예상하고 역시 듣지 않았다. 한성부는 결국 곧 있을 식년式年의 호적 작목戶籍作木으로 갚을 것이라고 왕에게(실제로는 세자, 이 시기 세자―경종이 대리청정하고 있었다) 말하여 겨우 5군문으로부터 돈을 빌릴 수 있었다.[165] 이런 식으로 돈을 빌리는 것은 당연히 항구적인 대책이 될 수 없었다. 7년 뒤인 1728년에도 한 달에 지급해야 할 원역의 요포와 경비가 500냥이었지만, 정기적 수입은 현방 속전 170냥에 불과한 실정이었다. 이로 인해 서리들이 소지所志를 올려 떠날 생각을 하고 있다는 것이었다.[166] 물론 왕은 대책을 세우라고 지시했지만, 그것은 지시였을 뿐이다. 지시가 문제를 해결할 수는 없었다.

한성부의 재정은 처참했지만 사헌부는 그렇지도 않았다. 사헌부는 금란 종목이 가장 많았고 또 원래 권력기관이었기에 금란절목의 폐기 이후 거의 독립적인 수탈기관이 되었다. 사헌부의 이예에게 금란은 단순히 삭료를 받는 수단이 아니었다. 1787년 사헌부의 소유 김봉삼金鳳三의 격쟁을 통해 사헌부의 서리와 소유의 구성 및 수입과 지출 상황을 살펴보자.[167] 격쟁의 내용을 정리하면 다음과 같다.

① 사헌부의 서리는 모두 34명인데 25명은 삭료가 있고, 9명은 없다. 계방전禊房錢이라는 이름으로 각사·군문·궁방·공인貢人·시전 상인에게서 돈을 거둔다. 그리고 연강沿江의 촌민과 한양 5부의 사찰에 작폐한다. ② 소유의 숫자는 34명인데 하는 일이 너무 많아 8명을 더 늘렸고, 패두牌頭인 소유가 창고에 봉상捧上할 때 자신이 받아먹는 쌀로 2냥씩을 마련해준다. 금란방의 소유 5명은 원래 요포가 없어 백성에게 끼치는 폐해는 이루 다 말할 수가 없을 정도이고 사람들은 그들을 강도로 보고 있다. ③ 사헌부의 수입은, 해마다 호장채戶長債 800냥, 매달 받는 현방의 속전贖錢 229냥, 공조工曹의 이차목移差木 3필, 호조의 삭료전朔料錢 16냥을 합하면 3,000여 냥이 되고, 여기에 함사 속전緘辭贖錢·서경채署經債·발행채發行債·금란 속전禁亂贖錢을 합하면 매년 적어도 4,000냥 아래로 내려가지는 않는다. 이것으로 요포를 충분히 지급할 수 있다. ④ 10여 년 전 교활한 서리가 승정원 사령使令에게 2,000냥을 빚내어 매달 이자 55냥을 지급한 것이 10년이 넘었다. 이미 지급한 것이 7,000여 냥이니 더 이상 갚지 말고 요포를 마련할 수 있게 하자.

김봉삼에 의하면, 삭료가 책정되어 있지 않은 서리는 9명, 소유는 8명, 금란방 소유는 5명이다. 사헌부 자체에서 법의 규정을 넘어 삭료 없는 인원을 17명으로 늘린다는 것 자체가 이미 놀라운 일이다. 김봉삼은 '하는 일이 너무 많기 때문'이라고 말하고 있지만, 그것은 사실이 아닐 것이다. 역으로 금란을 통해 벌어들이는 수입을 노리고 삭료를 받지 않겠다고 한 것이 사실에 가까울 것이다.

이들은 삭료를 개인적으로 해결한다. 곧 금란의 권한을 이용한 갈취다. 그 대상은 일반 백성들과 상인, 사찰에 이르기까지 다양하고 넓다. '계방전'*이니 '금란방'이니 하는 것들은 그 갈취 방법인 셈이다. 금란방의 경우, 1727년(영조 3) 처음 보이는데, "금란하는 한 가지 일로 말하자면, 그릇된 버릇을 그대로 따라 금란방을 창설하여, 금란을 나가면 반드시 남잡한 폐단을 만들고야 마니, 백성의 걱정거리가 되어 있다"[168]고 말할 정도였다. 김봉삼은 ③에서 사헌부의 고정수입 4,000냥으로 서리와 소유의 요포를 충분히 지급할 수 있다고 지적한다. 그럼에도 무급서리와 소유가 증가한다는 것은, 사헌부의 하부조직이 금란을 이용한 갈취를 목적으로 존재했던 상황을 정확하게 드러내고 있다.

요약하자면 한성부는 자신의 재정 부족을 타개하기 위해, 사헌부는 수익의 확대를 위해 금란에 집착했던 것이라고 말할 수 있다. 예컨대 삼법사는 정해진 시간 안에 출금해야 했으나 이 규정을 지키지 않고 며칠씩 시간을 끄는가 하면, 사도패로 신사를 범한 사람을, 주금패로 기마를 범한 사람을 잡아들이는 등 법을 임의로 집행했다.[169] 삼법사의 불법 출금

---

* 계방契房은 부역 면제나 다른 도움을 얻으려고 관아의 하리에게 뇌물로 줄 돈이나 곡식을 마련하기 위해 조직한 계. '계방契房' 또는 '계방契坊'이라고도 함.

을 알리는 자료는 매거하기 어려울 정도로 많고, 조선 정부의 집권세력들은 삼법사의 이예들이 불법적 출금을 통해 서울 주민들을 가혹할 정도로 착취한다는 사실을 충분히 인지하고 있었다.

오직 이예의 삭료에 대한 항구적인 재원을 마련하는 것만이 삼법사의 금란이 야기하는 문제를 원천적으로 해결할 수 있었다. 하지만 왕을 위시해 어떤 관료도 이예의 삭료 문제의 근본적인 해결을 시도하지 않았다. 관료들은 삼법사의 직임을 맡았을 때 극히 드물게, 예외적으로 문제를 제기했을 뿐이었고, 다른 관서의 직임으로 옮길 경우, 그 문제에 대해 발언하지 않았다. 문제의 존재는 공지의 사실이었지만, 아무도 책임지지 않는 무책임의 구조가 형성되어 있었다.

또한 이 무책임은 나름 의도를 갖는 것으로 여겨진다. 달리 말해 문제를 방치함으로써 의도를 관철시켰다고 볼 수 있다. 금란은 기존의 사회질서를 유지하는 중요한 수단이었다. 거의 모든 금란 명목이 신분제의 상징들을 이탈하는 것을 막으려 했던 것을 떠올려보라. 삼법사의 이예는 피지배자들에게 국가권력의 존재와 작동을 체감시키는 최말단의 도구였다. 아마도 지배계급은 이예들이 과도하게 날뛰는 것이 피지배층을 통제하는 데 적절하다고 암묵적으로 인정했을 것이다.

성균관은 조선 최고의 교육기관이었지만 위에서 상론한 바와 같이 재정 부족에 시달리고 있었다. 조선 전기부터 소유한 방대한 규모의 토지와 절수 어장, 노비에서 나오는 수익이 성균관의 재정적 토대였다. 하지만 임병양란 이후 성균관은 자신의 토지와 절수 어장, 노비를 상실하기 시작했다. 왕과 조정은 그 사실을 너무나 잘 알고 있었다. 그것은 이미 상식이 된 것이었다. 하지만 재정의 토대를 복구하는 데는 거의 아무도 관심을 갖지 않았다. 성균관의 책임을 맡게 된 대사성이 문제 해결을 요구했지만, 실제 그들의 요구가 실현된 적은 없었다. 책임을 져야 하는 왕과 고위 관료들은 무관심과 무책임, 무능으로 일관했다.

삼법사의 경우 역시 소속 이예들에게 그들의 노동에 대한 대가 곧 월 료를 지급할 재정적 기반이 없었다. 국가의 재정을 맡았던 호조 역시 그 들의 월료를 지급하는 규정이 없었다. 노동에 대한 월료의 지급은 당연한 일이었으나, 참으로 납득할 수 없게도 왕과 조정은 그것을 지급하지 않는 것에 대해 잘못된 행위라는 인식 자체가 없었다. 공식적 월료의 부재는 삼법사 하예들의 과도하고 때로는 불법적인 금란을 조장했지만, 이에 대 해서도 깊은 문제의식이 없었다. 〈삼사금제절목〉은 월료의 문제와 과도 한 금란으로 인해 발생하는 문제를 해결하기 위해 마련된 것이었으나, 기 사환국으로 남인 정권이 들어서자 즉각 폐기되었다. 남인 정권이 다른 대 책을 제시했느냐 하면 그것도 아니었다. 단지 서인이 만든 절목을 폐기했 을 뿐이었다. 그것은 무책임한 행위였을 뿐이다. 삼법사의 월료와 과도 한 금란의 문제는 그대로 남았다.

성균관과 삼법사의 부족한 재정은 어디선가 가져와 채우지 않으면 안 될 것이었다. 그것이 바로 반인의 현방에서 바치는 속전이었다. 속전이 없으면 성균관과 삼법사는 존립이 불가능하였다. 앞서 언급한 김봉삼의 자료에서 ④를 보자. 김봉삼은 승정원 사령에게 지급한 이자가 이미 본전 을 넘었으니 갚은 것으로 치고, 매달 지급하는 이자를 소유 등의 요포로 지급할 수 있게 해달라는 것이다. 김봉삼의 주장은 이자를 주지 않아도 소유의 요포는 충분히 지급할 수 있다는 것인데, 그것은 ③에서 그가 정 리한 사헌부의 1년 소득 4,000냥으로 가능한 것이다. 그런데 이 4,000냥 이란 수입은 여러 세목을 갖지만, 그 대종을 이루는 것은 우속전牛贖錢 곧 '현방 속전'이다. 곧 현방 속전은 229×12=2,748냥으로 전체 4,000여 냥의 69퍼센트를 차지했던 것이다.

　김봉삼의 자료는 후대의 것이기는 하지만, 현방 속전이 전체 사헌부의 수입에서 차지하는 비율은 그리 달라지지 않았을 것이라고 생각한다. 왜냐하면 다른 종목의 수입은 외부 요인에 따라 그 규모가 쉽게 변하고 또 규모 자체가 크지 않기 때문이다. 이처럼 현방의 속전이 삼법사의 수입, 특히 사헌부의 수입에 압도적인 비중을 차지한다는 사실은 삼법사로 하여금 현방의 속전에 더욱 집착하게 하는 요인이 되었다. 현방은 국가가 방기한 성균관과 삼법사를 유지하게 하는 유일한 재정적 기반이 되었다.

4

현
방

납득하기 어렵겠지만 국가기관인 성균관과 삼법사의 재정은 반인의 현방에 의지하고 있었다. 그런데 소의 도축과 쇠고기 판매는 법적으로 허용된 적이 없었다. 불법으로 규정된 상황에서 현방은 언제 어떻게 출현했던가? 현방의 출현과 그것의 운영, 그리고 현방의 이익을 성균관과 삼법사가 속전이란 이름으로 수탈, 아니 갈취하게 된 역사를 고찰하면, 반인의 삶에 대한 이해는 물론 나아가 조선 후기 국가의 기괴한 운영 실태를 파악할 수 있을 것이다.

반인의 생계수단

반촌은 도성 안의 공간이기 때문에 농작農作이 불가능하다. 농작 자체가 불가능한 것은 물론 아니겠지만, 농민으로서의 반인의 존재는 원천적으로 불가능하다는 말이다. 또 그들은 반촌을 벗어나서 살 수 없다. 그들은 경직耕織도, 행상行商도 할 수 없는, 오로지 성균관에 복무하는 존재일 뿐이었다.[1] 반인들은 오직 성균관에 노동력을 제공하기 위해 존재하는 관노비였기 때문에 역으로 성균관은, 아니 정확하게 말해 노비주인 국가는 반인들에게 최소한의 생계수단을 마련해주어야 할 의무가 있었다. 하지만 조선 시대 관노비에 대한 국가의 반대급부가 어떻게 이루어졌는지를 알려주는 자료는 찾기 어렵다. 반인의 경우도 사정은 동일하다. 앞서 언급했듯 반인은 반주인으로서 반촌에서 여각을 운영하는 한편 대금업을 통해 일정한 수입을 올리고 있었다. 하지만 그것은 반인의 사적 노동의 영역이었을 뿐, 관노비에 대한 국가의 의무적 반대급부일 수는 없다.

국가가 제공할 수 있는 반인의 생계수단은 성균관의 수입 중 일부를

01
반인과 도축업

갖도록 허용하는 것이었다. 앞장에서 검토한 1625년 성균관 전복과 경강京江 어부 사이의 갈등은, 성균관의 어전魚箭 하인이 경강 어부 10여 명에게 과도하게 수세한 일 때문에 조성된 것이었다. 이때 성균관 측은 강화·교동·남양·부평 등의 절수 어장에서 수세하는 것은 조선 전기부터의 관행이었다는 것을 근거로 삼아 경강 어부에 대한 수세를 정당화하였다. 그런데 이런 수세의 과정은 성균관 전복의 담당이었다. 1625년 사옹원은 성균관의 '하인'이 다른 관서와는 달리 사납고 완악한 것이 '국중제일國中第一'이라면서 국가의 변란을 틈타 국가의 재산을 훔치는 것 역시 남보다 앞섰다고 지적했다.[2] 사옹원의 주장을 액면 그대로 수용할 수는 없지만, 성균관 전복의 경강 수세를 국고를 훔치는 것으로 표현한 데서 전복이 어선에서 거둔 세금이 전적으로 성균관의 공적 비용으로 사용되지 않고, 반인의 수중으로 떨어졌던 사정을 충분히 짐작할 수 있다.

성균관의 토지, 절수 어장 및 노비신공을 거두는 과정에서 반인이 일정 부분을 자기 몫으로 차지하고 그것을 관례로 묵인하는 것이 추측컨대 국가가 허용한 반인의 생계수단으로 보이는데, 이것은 다음 자료로도 어느 정도 입증할 수 있다. 1689년 대사성 이현기李玄紀는 성균관 소유의 위도 어전魚箭의 관리권 문제를 제기했다. 곧 위도에 진鎭을 설치하고 첨사僉使를 둔 뒤 세은稅銀 300냥을 성균관에 주고, 어전의 관리를 맡겼는데, 이현기는 그 관리권을 성균관의 전복에게 돌려줄 것을 요청했던 것이다. 요청은 기각되지만, 이현기는 전복과 수세 과정에 대한 귀중한 정보를 남겼다.

전라도 위도에 성균관의 어전이 있으므로 해마다 성균관의 전복을 위도에 내려 보내 은 300냥을 받고 있습니다. 해당 차례가 된 전복은 1

년 전에 도사령都使令과 어전의 직임에 배정합니다. 대개 이 두 직임은 가장 무겁고 직임의 수행에 비용을 허비하는 일이 많이 있습니다. 그러므로 위도에 보내어 나머지 이익을 차지하게 하는 것입니다. 전복들이 보존될 수 있는 것은 바로 여기에 의지하기 때문입니다.[3]

요컨대 성균관의 도사령과 어전을 맡은 전복은 업무가 과다하고 또 경제적인 손실이 있으므로 위도에 파견하여 세금을 거두어 바치게 하되, 300냥 외의 것은 자기 몫으로 갖게 한다는 것이다. 뒤집어 말하자면 위도에 파견되는 전복은 300냥을 납입하고 징세권을 갖는 것과 같았다. 이현기는 전복을 대신하여 위도 첨사가 갖는 그 징세권을 돌려줄 것을 요청했던 것이다.

성균관이 소유하고 있는 지방 어전의 세수 일부를 전복들이 차지하는 것이 묵인되었던 것이 확인된다. 나아가 어전은 다른 방식으로도 활용되었다. 적어도 1680년까지 성균관 전복들은 유생들의 식사를 위해 어물전과 생선전 등의 시전에서 어물을 거두어 가는 관행이 있었으니, 이 중 어물은 원래 성균관이 절수한 어장에서 생산된 것이었기 때문이다.[4] 이 역시 상당 부분은 전복들의 차지가 되었던 것은 분명하다. 후술하겠지만 반인들은 이 관행을 이용하여 손에 넣은 어물을 판매하기 위해 일부 어물전과 생선전 혹은 좌반전佐飯廛을 경영하기도 하였다. 일단 여기서는 1704년 대사성 조태구의 말을 참고하자.

전에는 조정에서 늘 선비들을 양성하는 데 드는 어물을 넉넉히 주었기에 어전을 담당하는 전복들이 각 전廛에서 거두어 썼고, 또 외방노비의 신공 또한 전복으로 받아들이게 했기 때문에, 하배下輩들이 그것에

의지해 먹을 것을 얻는 길이 있었습니다.……지금은 어전과 노비의 신
공을 거두는 것을 폐단이 있다고 막아버린 지 오래되었습니다.[5]

조태구는 어물전에서 어물을 받는 과정에서 전복들이 일정 부분 수입
을 올렸고, 한편으로는 외방노비의 신공을 받는 과정을 맡아, 신공 중 일
부를 자기 수입으로 삼았던 관행이 있었다고 말한다. 요컨대 성균관의 전
복, 곧 반인들은 성균관이 보유한 어전과 사수斜水에서의 수세收稅와 노비
신공을 거두는 과정을 맡아 거기서 일정한 부분을 자기 수입으로 삼고 있
었고 성균관은 그것을 관행으로 묵인하고 있었던 것이라 하겠다. 하지만
위에서 든 사례는 예외 없이 현재 그런 관행이 사라졌다는 것을 환기하고
성균관 전복의 생계수단을 마련해주어야 한다는 점을 강조하고 있음에
주목해야 할 것이다. 즉 17세기 말경에 이르러 성균관 전복들의 생계수
단이 되었던 관행들이 점차 사라지고 있었던 것이다.

반인들에게 외방의 노비신공과 지방 어전의 세금 일부, 경강 어선과
시전 내 어물전에 대한 수탈을 묵인한 것은, 사실상 반인에 대한 생계수
단을 마련해준 것이라고 할 수 있다. 하지만 그런 관행들이 점차 사라지
게 되자, 국가는 다른 방법을 마련해야만 했다. 그것이 반인에게 현방의
개설을 허락한 이유일 것이다. 다만 현방은 역시 17세기에 와서 의도적
으로 개설한 것이 아니라, 어떤 계기를 통해 형성된 관행이 뒤에 공인된
것으로 보아야 할 것이다.

반인과 소의 도축

반인은 이른바 '백정'인가? 다음은 20세기 초에 쓰인 반인에 대한 회고담의 일부다.

> 성균관. 성균관은 숭교방崇敎坊에 있다. 국초國初에 성묘聖廟(문묘)를 창건할 때 동쪽과 서쪽 두 산 기슭을 물길로 둘러싸서 반수泮水의 제도를 만들었는데, 반촌 사람들이 대대로 거기에 살며 서로 혼인을 한다. 그들 중 대대로 문자를 배우는 사람들은 성묘의 원역員役이 되고, 천한 사람들은 소를 잡는 일을 한다. 소를 잡는 일은 서울은 반인泮人이, 지방은 백정이 하고, 다른 사람들은 그 일을 빼앗을 수 없다.[6]

서울에서 소를 도살해 판매하는 권리는 오로지 반인에게만 주어진 것이라는 증언이다. 반인은 지방의 백정과 구분되는 존재인 것이다. 또한 이 자료는 '문자를 배우는 사람들'이 성균관의 원역이 되고, 천한 사람들이 소를 잡는 일을 한다고 증언하고 있는데, 이 내용은 이미 3장에서 상론한 바 있다. 여기서 주목할 것은 반인이 지방의 '백정'과 구분되는 존재라는 사실이다. 3장에서 인용한 바 있는 〈경성행각〉의 자료에서 반인이 '소의 도축을 생업으로 삼는 자를 칭하는 일종의 대명사'라고 했던 부분을 다시 상기해보자. 곧 20세기 초까지 반인은 소의 도축과 쇠고기 판매를 맡는 사람으로 인식되고 있었던 것이다. 하지만 반인은 원래 '달단韃靼의 수척水尺'에 기원을 두는 백정이 아니다. 앞서 언급한 바와 같이 이들은 14세기 초 안향이 성균관에 기증한 노비에서 비롯된 존재였다. 이들이 서울 시내에서 소의 도축과 쇠고기 판매업을 전담하는 부류가 되었던 내력은 확실하지 않지만, 조심스럽게 추정할 수는 있다.

1707년 이돈李墪은 원래 소의 도축을 금지하는 법이 옛날부터 엄하여 범할 경우 전가사변에 처했지만, 반인들만은 '국초'부터 각별히 배려하여 현방 1곳에 무명 10필을 납부하게 하고 도살을 허락했다고 말했다. 그런데 이 자료를 그대로 준신할 수는 없다.[7] 앞의 여러 자료에서 조선 전기 서울 시내 쇠고기 공급을 화척禾尺·거골장去骨匠 등이 맡고 있었던 상황을 고려하건대, 반인이 서울 시내에 현방을 열어 쇠고기 판매를 독점한 것은 조선 후기에 비로소 나타난 현상이라고 생각한다. 이돈은 조선 후기의 현상을 마치 조선 전기에 있었던 것으로 생각하고 있을 뿐이다.

반인들이 쇠고기 판매를 독점하게 된 것은 성균관과 당연히 관련이 있다. 봄과 가을의 석전釋奠 때 소를 잡아 제물로 쓰는 데서 반인의 소 도축과 쇠고기 판매를 연관시킬 수 있을 것이다. 봄·가을 1년에 두 차례 거행하는 석전에는 쇠고기가 제물로 사용되었다. 1637년의 자료에 의하면, 석전에는 큰 황소 3마리가 사용되었으니,[8] 1년에 모두 6마리였다. 석전에 사용되는 소 역시 반인이 도살하였을 것이니, 석전의 쇠고기가 뒷날 반인의 현방 개설과 전혀 무관하다고는 할 수 없을 것이다. 하지만 석전이 결정적인 요인이 되었다고는 할 수 없을 것이다.

반인의 소 도축은 사실 성균관 유생의 식사와 관련이 있는 것으로 보인다. 1512년(중종 7) 10월 30일 《중종실록》 기사를 인용해보자.

성균관에서 식사를 제공하는 유생의 수가 너무 많아 반찬을 계속 댈 수가 없어 쇠고기를 식사에 제공했으니 그렇게 한 지 오래였다. 이때 생원 정자견丁自堅이 홀로 쇠고기를 먹지 않았다. 박훈朴薰·윤자임尹自任 등이 '금육禁肉을 학궁學宮에서 쓸 수 없다'고 말하고 나서자, 여러 사람들이 의논 끝에 먹지 않기로 하였다. 그런데 여러 유생들은 재사齋舍와 명륜당에서는 먹고, 오직 식당처럼 유생이 일제히 모이는 곳에서는 먹지 않았다. 식자들은 별스레 과격한 행동을 걱정했다.[9]

쇠고기를 먹지 않는 정자견을 구실 삼아 박훈·윤자견 등 여러 유생이 '금육'을 먹을 수 없다고 선언했지만, 식당 외 다른 공간에서는 쇠고기를 먹었다는 것이다. 밉살스런 이중성을 비난한 것인데, 어쨌거나 여기서 1512년 현재 성균관에서 유생들에게 쇠고기를 찬으로 제공하고 있었던 것을 알 수 있다. 물론 쇠고기가 여전히 법으로 금지하는 '금육'이었던 사실은 일단 상기해두자. 후대의 자료이기는 하지만 성균관 유생에게 쇠고기를 제공하는 관행은 조선 후기에도 이어졌다. 1775년의 자료에 의하면, 성균관 유생에게 제공할 '별미'로서 송동宋洞에서 5일에 한 차례 소를 도축하는 것이 고례古例라고 하였다.[10] 이것은 아마도 조선 전기부터 있었던 관행의 연장일 것이다.

성균관에서 유생들에게 쇠고기를 제공한 것은 '유래가 이미 오래'라고 하지만, 과연 그 유래는 어디까지 소급할 수 있을 것인가. 1490년 7월 26일 《성종실록》 기사에서 사신史臣은 정여창鄭汝昌의 인물됨에 대해 그가 학궁學宮, 곧 성균관에 있을 때 '노복이 아침저녁으로 소를 잡아' 유생들에게 찬으로 주었지만 정여창이 의롭지 않다고 하여 먹지 않았으므로 여러 동료들이 공경하고 어려워했다고 높이 평가하고 있다.[11] 그런데 정여창이 성균관에 유생으로 머물렀던 것은 1483년(성종 14)이다. 이해에 진사시에 합격해 성균관에 입학했던 것이다. 1483년 전부터 유생에게 쇠고기를 제공했다면 조선의 건국 연도인 1392년으로부터 91년 뒤다. 이 정도의 시간적 거리라면, 건국 직후부터 유생들의 식사에 쇠고기를 제공하기 시작했던 것으로 보아도 큰 무리는 아닐 것이다. 그렇다면 누가 소를 도축했던가? 소의 도축은 불법이었으나 처음에는 신백정으로 정리되는 수척 혹은 화척의 부류가, 조금 뒤 시기에는 거골장이 그 일을 맡았었다. 하지만 성균관의 경우, 1490년《성종실록》은 분명히 "학궁의 노복이 아침저녁으로 소를 잡아"라고 말하고 있다. 곧 성균관 유생에게 제공하는 쇠고기는 성균관의 노복, 뒷날 반인이라 불렀던 부류들이 도축한 소에서 얻은 것이었다.

성균관 노복과 소의 도축이 밀접한 관계가 있었던 것은 이후의 자료로도 확인된다. 1546년(명종 1) 6월 20일《명종실록》의 기사를 보자. 포도청에서는 황해도 장단長湍 군도群盜의 여당이 서울 도성 안으로 들어왔다는 첩보를 듣고 성균관 뒤편에 군사를 잠복시켰다. 그 군사는 소가죽을 가지고 가는 자를 체포했는데, 이에 관인館人들이 무리를 지어 군사를 구타하고 소가죽을 빼앗았다고 한다. 이 사건에서 주목할 것은 관인, 곧 반인들이 소가죽을 빼앗긴 동료를 구하기 위해 포도청의 군사를 구타했다는 사실이다. 소가죽은 소의 부산물이다. 6월 21일의《명종실록》기사를 보면 반인과 소의 도축과의 관계가 보다 분명해진다. 이날 성균관 대사성 구수담具壽耼은 '반수泮水 가에서 포도청의 군인이 관노館奴의 집에서 금육을 찾아내고 난투한 사건'에 대해 보고했다.[12]

포도청이 관노의 집에서 '금육'을 찾아내었다는 자료에서 많은 것을 유추할 수 있는데 성균관의 노비가 쇠고기를 얻기 위해 금지된 도축을 하고 있다는 것, 또 그것을 포도청과 같은 단속기관이 충분히 인지하고 있다는 것이다. 만약 이 쇠고기가 유생들의 식사에만 제공되는 것이었다면, '금육'으로서 단속 대상이 되지 않았을 것이다. 이들은 아마도 성균관 유생에게 찬으로 제공하는 쇠고기를 구실로 소를 도축하여 판매하고 있었다고 보는 것이 자연스럽다. 요컨대 적어도 16세기에는 이미 성균관 노비들은 이익을 목적으로 소의 도축과 쇠고기 판매에 뛰어들었다고 말할 수 있을 것이다.

1602년(선조 35) 선조는 성균관의 소 도축을 금지하라고 명한다.

비망기로 전교하였다.

"성균관에서는 지금도 소를 잡는가? 이 일은 평소 전교한 것이 한두 번이 아니다. 국법은 제쳐두고서라도 수선지지首善之地가 '도사屠肆의 소굴'이 되었으니, 어찌 추하지 아니하냐? 저 유생들과 그 선생들은 어찌 엄하게 금지하지 않는단 말이냐?

내 들으니, 풀 한 포기 나무 한 그루도 때가 아닐 때 꺾으면 어질지 않은 일이라 하였고, 옛사람들은 창 앞의 풀도 뽑지 않았다고 한다. 그런데 도리어 사람을 시켜 벌벌 떠는 짐승을 마구 죽이게 하여, 하루에 수십, 수백 마리를 죽이며, 스스로 그 장소를 금성탕지金城湯池로 만들고 있다. 하지만 담당 관리는 아무도 잡지도 따져 묻지도 못한다.

저 소도 생명이 있는 부류다. 그 애절한 고통에 힘겨워 하는 소리와 누린 피와 고기의 기운이 신성한 곳에까지 미치고 있는데도 태연히 부끄러운 줄을 모르고 사람들 역시 해괴하게 생각하지 않는다. 심하구나, 더러운 풍습을 고치기 어려움이. 이제부터는 따로 엄격히 금하여 한 사람의 도수屠手라도 그 사이에 있지 않게 하여 반궁泮宮을 엄숙하고 깨끗이 하는 일을 성균관에 말하도록 하라."[13]

1602년 성균관의 소 도축은 이미 기정사실이 되어 있었고, 하루 '수십' 혹은 '수백 마리'를 도축할 정도로 규모가 커져 있었다. 특히 여기서

'수선지지' 곧 성균관이 '도사의 소굴'이 되었다는 말을 음미해볼 필요가 있다. '도사'는 짐승을 도축해서 판매하는 가게의 의미로 쓰인 것이고 현방이 출현한 뒤에는 현방과 동의어로 사용되었다. 곧 '도사의 소굴'이란 이미 서울 시내에 쇠고기를 판매하는 가게가 있으며, 거기에 공급할 소를 잡는 곳이란 뜻이다. 이것은 17세기 초에 뒷날 현방의 모태가 이미 형성되어 있었다는 것으로 이해된다. 다시 말해 17세기 초에 이미 반인은 소의 도축과 판매를 하고 있었던 것으로 생각된다. 생명의 고통에 대한 공감에서 선조는 도축을 금지하라고 하지만, 그의 말에는 그것이 불가능할 것이라는 체념이 깔려 있다. 기실 선조 자신이 이미 밝히고 있듯, 이미 금지를 명한 것이 한두 번이 아니었으나 전혀 금지되지 않고 있었기 때문이었다. 정확한 사정은 알 수 없지만 어느 정도의 추리는 가능하다. 성균관이 노비들의 생계를 책임질 수 없었기 때문일 것이다.

1602년의 명령으로부터 4년 뒤인 1606년(선조 39) 6월 성균관 벽서사건이 일어났을 때 우의정 심희수沈喜壽는 "동무東廡의 건너편은 모두 관노들의 거처입니다. 관노들은 도재屠宰를 업으로 삼기 때문에 밤새도록 자지 않는 것은 늘 있는 일입니다"[14]라고 말했다. 이 자료에 1602년의 자료까지 더하여 17세기 초에 이미 성균관의 노비들이 소의 도축 나아가 쇠고기 판매를 직업으로 삼고 있었음이 확인된다. 이 자료를 근거로 하여 앞서 인용한 1546년 《명종실록》의 자료를 적극적으로 해석하면, 적어도 16세기 중반에 이미 성균관 노비들이 도축과 쇠고기 판매를 직업으로 삼고 있었을 것으로 추정할 수 있다. 이것이 조선 후기 현방의 원형이었을 것이다.

현방의 출현 시기

유본예柳本藝(1777~1842)는 《한경지략漢京識略》에서 '현방'에 대해 간단히
언급하고 있다.

> 현방. 쇠고기를 파는 도사屠肆다. 고기를 매달아놓고 팔기 때문에 현방
> 이라고 한다. 도성 안팎에 스물 세 곳이 있다. 모두 반민泮民에게 쇠고
> 기를 팔아 생계로 삼게 한다. 세稅로 고기를 바쳐 태학생太學生의 찬거
> 리로 삼는다.[15]

현방은 쇠고기만을 전문적으로 파는 푸줏간이다. 현방의 '현懸'은 '달
아매다'는 뜻이므로 곧 쇠고기를 달아매어놓고 팔기 때문에 현방이라 한
것이다. 다른 말로 '다림방'이라고도 한다. 현방의 경영자는 반민이다.
반민이 소를 도축하고 판매하는 것은 앞서 1606년 심희수가 언급한 '관
노의 도재업屠宰業'의 연장이다. 그런데 심희수는 관노들의 거처가 대성

02
현방

전 동무東廡 건너편이고 그들이 도재를 업으로 삼기 때문에 밤새도록 자지 않는다고 하였다. 심희수의 이 말을 근거로 1606년 당시 소의 도축이 성균관 동무 건너편 관노들의 거처에서 이루어지고 있었던 것과 이곳만이 소를 도축하는 곳이었다는 사실을 미루어 짐작할 수 있다. 이로부터 4년 전인 1602년 선조는 "하루에도 수십 마리 혹은 수백 마리씩이나 함부로 도축하고 있다"고 지적했다. 하루에 수십 수백 마리를 도축하는 '도재업'은 분명 상업성을 띤다. 그것은 판매 목적의 쇠고기를 얻기 위한 것이었다.

그렇다면 이 도재업은 언제부터 삼법사에 속목을 내고 '현방'이란 이름으로 서울 시내 20곳이 넘는 장소에서 영업을 할 수 있었던 것인가? 그 역사를 추적해보자. 1653년(효종 4) 6월 22일 《승정원일기》에 현방의 기원과 관련한 중요한 자료가 실려 있다. 이날 사헌부 집의 이천기李天基는 소의 도축을 금지하는 법을 궁가들의 행랑에는 집행할 수 없어 궁가 노비들이 개인적으로 도축을 하여 마음대로 판매하고 있다고 지적한 뒤 이후 도축을 한 자를 체포하지는 못해도 어떤 궁가에서 도축한 것을 확실히 안다면, 그 궁가의 수노를 엄하게 처벌할 것을 요청했다. 나아가 금리禁吏를 중상하거나 전처럼 계속 도축을 하는 경우, 형조·한성부·사헌부에서 왕에게 보고하고, 가장이 있는 궁방이라면 고위 종반宗班이라 할지라도 무겁게 처벌하고, 가장이 없는 궁방이라면 수노를 잡아다 각별히 가두고 다스릴 것을 요청했다.[16]

궁방의 노비들이 소를 도축하고 쇠고기를 판매하지만, 궁방은 사헌부의 금리가 접근할 수 없는 곳이었다. 이천기는 궁방의 노비를 다스릴 수 있도록 왕이 허락해 달라는 것이다. 그런데 흥미로운 것은 이틀 뒤인 한성부에서도 동일한 요청을 하고 있다는 것이다. 이날 한성부 우윤 신유申

濡의 말을 그대로 옮긴다.

신의 부府의 일도 집의 이천기가 아뢴 바와 다르지 않습니다. 이른바 '현방'이란 것이 무슨 의미인지는 모르겠지만, 예전부터 성균관의 하인으로서 도축을 하는 자에 대해서는 금령이 조금 느슨하고 '현방'이라 부르면서 단지 속목만 거둡니다.[17]

신유의 말에 대한 효종의 답도 옮길 필요가 있다.

성균관의 하인에게만 어찌 도축을 마음대로 하게 하고 단지 속목만 거둔다는 말이냐. 이제부터는 일체 금지하여 소민小民에게 공평하지 못하다고 원망하는 말이 없게 하라.[18]

신유와 효종의 대화에서 중요한 것은, 현방의 존재에 대해 명료하게 인지하고 있는 상태가 아니라는 사실이다. 신유는 현방이 무슨 의미인지, 다시 말해 현방을 왜 현방이라 하는지 모르고 있으며, 효종 역시 현방의 존재와 현방만 도축을 허락하고 속목만 거둔다는 사실을 전혀 모르는 상태에 있다는 것이다. 신유가 '예전부터 성균관의 하인으로서 도축을 하는 자'라고 말하는 것은, 현방의 유래를 사실 알지 못하고 있다는 것이다. 신유나 효종에게 현방은 낯선 존재였던 것이다. 이것은 현방이 1653년으로부터 가까운 시기에 출현했다는 것을 의미할 것이다. 그렇다면 현방은 언제 출현한 것인가?

박세채朴世采(1631~1695)는 "반촌이 도사屠肆를 하는 것은 심히 의의가 없는 일인데, 듣자니 병자년(1636) 이후에 비로소 설치한 것으로 그 유래가 또한 오래되지 않았다"[19]고 했다. 박세채에 의하면 현방은 1636년 이후에 출현한 것이다. 한편 원경하元景夏(1698~1761)는 현방의 설치에 관여한 사람을 지목했다. 그에 의하면, 현방은 '고故 부제학 조복양趙復陽(1609~1671)이 흉년에 반인이 살기 어려운 형편을 걱정해 왕에게 아뢰어 처음 만든 것'이다.[20] 조복양이 문과에 합격한 것은 1638년이다. 그가 관료가 되어 왕에게 현방의 설치를 건의한 것 역시 적어도 1638년 이후다. 그렇다면 현방의 최초 출현은 1638년과 1653년 사이로 좁힐 수 있다. 신유와 효종이 현방과 금리의 단속을 느슨하게 하고 속목을 거두는 관행을 낯설어 하는 것은 충분히 이해가 되는 일이다.[21]

그런데 1638년은 전술한 형조참판 임광이 강원도 속목이 들어오지 않아 형조 자체에서 거두는 소량의 속목으로는 서리들의 생계대책으로 삼을 수 없고, 서리들 역시 이로 인해 근무를 기피한다고 했던 바로 그해다. 이로부터 10년 뒤인 1648년 서리의 요포를 지급할 재원이 없었던 형조에서는 46명의 정원 중 10명 남짓만 남고 서리들이 다른 아문으로 빠져나갔다. 당연히 형조는 서리의 이탈을 막아달라고 요청했다.[22] 만약 형조가 현방으로부터 속목을 받고 있었다면 이런 요청이 있을 수 없었을 것이다. 곧 1648년까지 형조는 현방으로부터 속전을 받지 않고 있었던 것이다. 이런 사실들을 고려한다면, 현방은 1648년 이후 1653년 이전에 출현한 것이라고 볼 수밖에 없다. 곧 속전을 내는 현방의 존재는 1648~1653년 사이에 출현한 것이다. 그리고 원래 무명으로 바치던 속목은 1678년 상평통보의 유통 이후 돈으로 대신 바치게 되었고 곧 속전이란 명칭으로 불렸다.

현방의 수와 위치

현방은 설치 초기에 48개가 있었으나, 1673년 우역으로 인해 모두 혁파되었다. 전복들이 생계수단이 없다고 호소하자 근각과 소가죽을 훈련도감에 바치는 조건으로 다시 20곳을 설치하였다.[23] 훈련도감은 무기의 수보修補에 근각과 소가죽이 필요했던 것이다. 그 뒤 5곳은 수어청에, 5곳은 금위영에 이속시켰고, 또 마포에 1곳을 신설하여 모두 21곳이 되었다.[24] 마포麻布는 '마포麻浦'의 오기일 것인데, 마포에 언제 어떤 이유로 새로 현방을 설치했는지는 알려진 바 없다. 1673년 48개 현방을 21개로 줄인 것은《태학지》에도 그대로 나타난다.[25]

21곳 현방은 1683년(숙종 1) 10곳으로 줄어들었다. 1680~1684년 우역의 전국적 유행 때 현방 전체가 폐쇄되었다(1682). 현방의 폐쇄는 반인들의 생활을 압박했고, 반인들은 생계를 위해 어물전과 생선전을 운영하게 해줄 것을 요청하여 1683년 일시적으로 어물전을 경영할 수 있었다. 이로 인해 어물전이 이익을 상실하자 조정은 반인들의 어물전을 폐쇄하고 다시 현방 10곳을 열어주었던 것이다. 현방을 폐쇄하고 재개하는 과정에서 호조는 과거 도사가 44좌였으나 중간에 줄여서 20좌로 만들고, 근래에 또 줄여 15좌로 만들었는데, 이제 15좌에서 5좌를 감하여 10좌로 만든다고 밝히고 있다.[26] 48좌가 아닌 44좌라고 한 것은 착오로 보이고, 21좌가 20좌가 된 것은 아마도 마포의 1좌를 없앤 것이 아닌가 한다. 또 21좌가 20좌, 15좌로 줄어들게 된 과정과 이유는 밝혀진 바 없다. 뭉뚱그려 말하자면, 48좌의 현방은 1673년에서 1684년까지 10여 년이 지나는 동안 10좌로 줄어들었다.

1697년(숙종 23)에는 당시 도사 20곳을 혁파한다면 관인館人의 생계가 끊어질 것이라고 말하고 있고,[27] 1701년에는 병조판서 김구金構가 현방 20곳의 근각은 훈련도감에서 모두 가져다 쓰다가 중간에 5좌를 수어청에 나눠주었는데, 지금 금위영은 신설 군문으로 물력이 부족하니, 5곳의 근각을 나눠주자고 제안하자, 숙종이 5좌의 근각을 2년 동안 나누어 보내게 하라고 지시했다.[28] 이것으로 보건대, 1697~1701년에는 20곳의 현방이 있었다. 곧 1684년부터 1697년 사이에 10곳의 현방이 20곳으로 늘어난 것이다. 그 과정은 뚜렷이 밝혀진 바 없다.[29]

1712년의 자료에는 도사가 다시 21곳으로 나온다.[30] 약 10년 사이에 다시 1곳이 늘어난 것인데, 그 이유 역시 알 수가 없다. 1770년(영조 46)에는 24개의 도사屠肆, 곧 현방이 있다고 했는데,[31] 박제가가 《북학의》를 쓴 1778년까지 이 숫자는 그대로 유지되었다. 《북학의》는 현방이 24곳이라고 밝히고 있기 때문이다.[32] 여기에 1782년(정조 5)에 경모궁 입구에 현방 1곳이 설치되었으니, 현방은 모두 25곳이다. 그런데 1793년 동성균 서유방徐有防은 성균관에서 금지할 뿐만 아니라 24개 현방이 서로 감시하여 첩도疊屠를 할 수가 없다고 말하고 있다. 곧 1792년과 1793년 사이에 다시 24곳으로 줄어들었던 것이다.[33] 1796년 현방에서는 당시 개설되어 있는 현방이 22곳이라면서 추가로 두 곳을 더 개설해줄 것을 요청했지만, 수용되지 않았다. 이것으로 보아 1793년의 24곳의 현방이 3년 뒤 22곳으로 줄어들었다. 현방의 수가 이렇게 조금씩 변동하는 이유는 정확히 알려져 있지 않다.

현방의 추가 설치에 대해서는 6장에서 다시 상론할 것이기에 여기서는 짧게 언급해두는 정도로 그치자. 현방에서는 1798년, 1800년, 1809년, 1810년, 1814년 계속해서 22개 현방이 적다면서 추가 설치를 요청했는데, 1814년에 가서야 뚝섬에 현방을 하나 더 설치하여 다시 23곳이 되었다. 앞서 유본예의 《한경지략》에 현방이 23곳이 있다고 한 것은 뚝섬 현방을 포함한 숫자일 것이다.[34]

《한경지략》보다 늦은 19세기 중반 이후에 저작된 《동국여지비고東國輿地備考》(서울대도서관본의 인쇄본) 역시 현방이 쇠고기를 파는 가게이고 또 고기를 걸어서 팔기에 현방이라고 부른다면서 그 명칭의 내력을 간단히 밝히고 서울 시내 현방의 위치에 대해 소상히 밝히고 있다.[35]

○ 중부─5곳(하량교河良橋·이전履廛·승내동承內洞·향교동鄕校洞·수표교)

○ 동부─3곳(광례교廣禮橋·이교二橋·왕십리)

○ 남부─4곳(광통교·저동苧洞·호현동好賢洞·의금부)

○ 서부─7곳(태평관太平館·소의문昭義門 밖·정릉동·허병문許屛門·야주
　　　　현冶鑄峴·육조 앞·마포)

○ 북부─3곳(의정부·수진방壽進坊·안국방安國坊)

모두 22곳인데 원문은 23곳이라고 밝히고 있다.[36] 한편 국립중앙도서관본 《동국여지비고》에는 24곳으로 되어 있다.[37] 《동국여지비고》는 1868~1880년 사이에 저술된 것으로 짐작되는데, 1875년에 우역을 계기로 사도私屠를 금지하면서 고종은 23개 현방을 제외하고는 첩설하지 말 것을 지시한다.[38] 19세기에 와서 현방의 수는 약간씩 다른데 대체로 갑오개혁 전까지 서울의 현방은 23곳으로 유지되었을 것이다.

조선 조가 종언을 고한 뒤 20세기 초반까지 현방은 그 자취를 남기고 있다.

지금은 고기 파는 집을 '수육獸肉 판매소' 또는 '관館집'이라 하지만,

전에는 '다림방'이라 하였다. 다림방은 한자로 '현옥懸屋'이니, 그때에
는 소를 매달아서 잡는 까닭에 현옥이라 하였다. 그리고 현옥도 제한
이 있어서 경성에 전부 5현옥을 두었는데, 수표교 다림방이 가장 큰
것으로서 수십 년 전까지도 있었다.[39]

이 글을 쓴 연대가 1929년이니, 적어도 이때까지 수표교의 현방은 존
속했던 것이다. 물론 이 필자의 기억은 그 전으로 거슬러 올라가지는 못
하고, 서울 시내 현방이 5곳이었다는 것만 기억한다. 또한 현방은 소를
매달아 잡는 공간이 아니라, 쇠고기를 매달아서(걸어서) 판매하는 곳이고,
또 '관館집'의 '관館'이 성균관이라는 것, 성균관의 노비를 '관館사람' '관
인館人'이라 하기에 푸줏간을 '관집'이라고 한다는 것을 모르는 듯하다.
그럼에도 위의 자료는 현방에 대한 소중한 기록이다.

현방의 구성과 구성원

현방은 법적으로 공인된 정식 시전은 아니지만 사실상 시전의 성격을 그
대로 갖고 있었다. 예컨대 현방은 1763년(영조 39)부터 사도私屠를 범하는
자를 형조에 잡아다 넘길 수 있는 권한을 갖게 되었는데, 이것은 시전이
갖는 금란전권禁亂廛權과 같은 것이었다. 이 예에서 보듯 현방은 사실상
시전으로 행세했던 것이고, 그 조직 역시 비슷하였다. 조선 시대 시전은
"대행수大行首·도영위都領位·부영위副領位·차지영위次知領位, 실무직원인
실임實任·의인矣任·서기書記 등"의 임원이 있었다.[40] 자세한 내용은 알 수
없지만, 현방과 관련된 자료에서 '현방행수', '삼소임三所任' 등과 같은

용어가 쓰이는 것으로 보아,[41] 현방 역시 전체를 대표하는 '행수'와 기타 직분을 맡은 세 소임이 있었다고 추측할 수 있다.

'현방 두목懸房頭目'이란 명칭으로 불리는 부류도 현방 내부에 있었던 것으로 보인다. 누가 되는지는 불분명하지만 두목은 상당한 권력을 가졌던 것으로 생각된다. 1792년 광례교 근처에 현방을 신설하고 신설된 현방을 운영할 반인들을 모집했던 바, 70여 호가 몰렸다. 곧 현방 1개에 반인 70여 호가 소속되었던 것이다. 1732년 1월 12일 성균관 대사성 정우량鄭羽良은 현방의 경영난을 타개하기 위해 공채를 빌려줄 것을 요청하면서 현방 한 곳에 70~80명이 소속된다고 했다.[42] 여기서의 70~80명은 위의 70여 호와 거의 같은 수이다. 아마도 각 호를 대표하는 1인이 특정 현방에 소속되었다고 보아도 무방할 것이다. 앞의 광례교 현방을 개설한 1792년 12월 10일 좌의정 채제공은 '반민 중 두목頭目이라 일컫는 자'가 도축과 판매 권리를 탈취하여 자신들의 자손을 현방안懸房案에 등록했기 때문에 원래의 70여 호 중 20가만 등록하고 나머지 45호는 빠졌다고 지적하고 두목과 그 자손들을 축출할 것을 정조에게 요청했다.[43]

채제공의 말을 음미해보면, 두목에게 새 현방 구성원을 정하는 권력이 있었던 것을 확인할 수 있다. 새 현방을 개설했을 때 그 현방의 구성원을 어떻게 선발하는가 하는 것은 당연히 큰 문제가 되었을 것인데, 그것을 두목 한 사람이 독단적으로 결정했다는 것이다. 두목이 그 결정을 독단적으로 했다는 것은 곧 두목이 현방을 대표한다는 의미로 읽힌다. 만약 24개의 현방이 있으면 각 현방에는 한 사람의 두목이 있었다고 추리할 수 있을 것이다. '각 전의 두목'[44]이라는 말에서 확인할 수 있듯 일반 시전에도 두목이 있는데, 현방의 두목 역시 그와 동일한 것이 아니었던가 한다.

현방을 지배하는 두목의 존재는 반인 내부가 계층적으로 분화되어 있다는 것을 의미한다. 문식文識의 소유 여부가 그 분화의 기준이 될 수도 있었을 것이다. 하지만 현실적으로 힘을 갖는 것은 아마도 경제력이 아니었을까? 실제 반인 내부는 부富를 소유한 소수와 빈곤한 다수로 분화되어 있었던 것으로 보인다.[45] 경제력을 갖춘 소수가 대부업을 하였고, 대부분의 현방 경영자는 그들로부터 빌린 사채의 이자를 갚는 데 소진하므로 생존이 불가능하다는 지적이 끊임없이 나오고 있기 때문이다.[46] 후술하겠지만 이것이 반인들이 끊임없이 국가로부터 이자 없는 관채官債를 빌리고자 하는 이유이기도 하였다. 곧 반인 내부에서도 대부업으로 돈을 빌려주는 부유한 계층과 돈을 빌리는 빈곤한 계층의 분화가 일어났던 것이다.

채제공이 문제 삼은 광례교 현방의 경우, 70여 가구가 '현방안'에 이름을 올렸다고 한다. 이것은 특정 개인이 현방의 도축과 판매를 독점하는 것이 아니라, 70여 가구가 명부에 이름을 올리고 공동으로 영업에 참여했다는 것을 의미한다. 1785년 성균관 전복 김득광金得光은 격쟁하여 지방에서 쇠고기를 판매할 권리를 줄 것을 요구하면서(이에 대해서는 7장에서 상론하겠다) '현방 한 곳의 이익은 60호 반천명半千名의 목숨을 보전할 수 없다'고 말한다.[47] 현방 하나에 60호, 500명이 소속된다는 것이다. 곧 대개 60~70호, 500~600명 정도의 반인이 현방 하나를 공유하고 있었던 것이다. 60~70여 가구는 어떻게 현방의 영업에 참여하는가?

1797년 4월 반인 김윤길金允吉이 같은 반인인 김진수金鎭秀에게 살해된 사건이 일어났는데, 사건을 조사하는 과정에서 전복 홍완희洪完禧는 자신이 "당패當牌이기는 하지만 본래 병이 있는 사람이기 때문에 종일 고기를 팔 수 없어 식전에 현방에 나갔다가 식후에 바로 집으로 돌아왔으므로 사건 자체를 인지하지 못했다"[48]고 증언했다. 여기서 '당패'는 '자기 차례를 맞이한 패'란 뜻으로 이해된다. 한 현방에 반인 여러 가구가 소속되어 있다면, 돌아가며 도축과 판매를 맡게 된다. 이때 자신의 차례를 맞은 가구 집단 혹은 가구 집안의 대표를 '당패'라고 불렀던 것이 아닌가 한다. 소의 도축과 해체, 판매는 1인이 할 수 있는 일이 아니니, 여러 가구가 한 패를 이루었던 것으로 보는 것이 타당할 것이다. 예컨대 앞서 든 광례교 현방에 70여 가구가 등록했다면, 365/70=5.12 곧 1가구 당 1년에 약 5회의 도축, 판매 기회를 갖는 것이다.

이것은 한 현방당 70여 가구일 경우다. 소속 가구가 많아지면 도축, 판매의 기회는 적어지기 마련이었다. 1740년 대사성 심성희에 의하면, 현방 한 곳에는 90여 명, 곧 90여 가구로 가구당 3~4차례 도축 기회를 갖는다고 하였다.[49] 이처럼 한 현방에 소속되는 가구 수가 많으면 도축의 기회는 줄어든다. 이상에서 논한 바를 근거로 대체로 조선 후기 반인 한 가구는 1년에 평균 4회 정도의 도축과 판매의 기회를 가졌다고 말해도 무리는 아닐 것이다. 그렇다면 4회 정도의 도축과 판매로 어느 정도의 수익을 올릴 수 있었을까?

1704년 10월 21일 성균관 대사성 조태구에 의하면 도사屠肆에서 소 1마리를 도축할 경우 60명이 이익을 나누어 한 사람의 몫은 겨우 쌀 한 되에 지나지 않는다고 하였다. 실제 큰 이익을 볼 수 없었던 것이다.[50] 1786년 편찬한 《전율통보典律通補》에 의하면 성 안 20곳, 성 밖 및 경강 각 한 곳의 현방에서는 하루에 소 1마리를 도축할 수 있었다.[51] 한 현방은 하루 소 1마리를 도축하는 것이 원칙이었고, 더하고 줄일 수가 없었다.[52] 만약 봄과 여름에 이 수를 채우지 못하면 삼법사三法司에 공문을 보내어(성균관에서 공문을 보낸 것으로 보인다) 확인을 받은 뒤 가을과 겨울에 도축을 허락받기도 하였다.[53] 현방의 수는 24개소를 넘지 않으므로 1년의 총 도축

수는 24×365=8,760마리이다. 약 9,000마리 정도가 공식적으로 현방에 허락된 도축의 총수였던 것이다. 하지만 실제 도축 수는 이보다 훨씬 많았던 것으로 생각된다. 1795년 8월 22일 대사성 이만수李晩秀는 현방이 1년에 의무적으로 도축하는 소의 수가 2만 마리에 가깝지만, 현방의 경제적 상황이 워낙 어려워져 그것이 불가능함을 말하고 있다.[54]

소의 도축 방법과 부산물

반인은 현방의 소유자이고 경영자였다. 1606년 심희수는 관노館奴, 곧 반인들이 성균관 대성전 동무 건너편에서 도살을 한다고 하였다. 반인은 판매하는 쇠고기를 얻기 위해 직접 도살을 했던 것이다. 하지만 현재 확인할 수 있는 바로는 18세기 후반에는 약간의 변화가 있었던 것으로 보인다. 곧 현방에서 직접 도살을 맡은 사람은 따로 고용된 것으로 보인다. 1767년(영조 43) 사축서司畜署를 혁파할 때 작성한 문서인 〈사축서사목司畜署事目〉에는 거모장去毛匠이란 장인바치에 대한 간단한 언급이 있다. "도성 안 20곳 현방에는, 현방마다 거골장이 4명이므로 모두 80명인데, 이들에게 말육末肉을 주어 응역應役하게 한다. 세초歲初에 도망가거나 죽은 사람을 대신할 사람의 성명·나이·패주牌住·주명主名을 책자의 형태로 만들어 받은 뒤 원안元案에 찌를 붙이고, 식년式年마다 원안을 고친다."[55] 이하 종묘의 대제, 칙사에게 잔치를 베풀 때, 기타의 각종 제향과 군문에서 소를 도축할 때 거모장을 동원하는 방법에 대한 내용이 이어지는데, 이것은 사실상 현방과는 관련이 없다. 중요한 것은, 거모장이 원래 현방에 장기간 붙박이로 소속된 장인바치라는 것이다. 거모장의 문자적 뜻은 '도살한 소의 털을 제거하는 장인'이다. 워낙 천역賤役임을 직감할 수 있는데, 당연히 기록에 남을 리가 없다. 다만 〈사축서사목〉이 작성된 1767년의 42년 전인 1725년에 단 한 차례 봉상시奉常寺와 관련된 사건으로 《승정원일기》에서 언급될 뿐이다.

봉상시는 국가의 제향 및 시호諡號를 정하는 일을 맡는 관청이다. 제향에는 제수를 마련해야 하고, 그 제수에는 쇠고기로 만든 포脯가 포함되었다. 봉상시는 공인에게 소를 납품받아 소를 도축한 뒤 정육正肉으로 포를 만들고, 나머지 잡육雜肉과 머리·발·가죽·내장·힘줄·기름 등은 공인에게 주었다. 공인은 그것을 팔아 원래 지급하는 소 값에 보탬으로써 이익을 얻을 수 있었다. 그런데 거모장들이 도축한 소의 가죽을 자신들에게 달라고 상언하여 영조의 허락을 얻었다. 이것은 봉상시 공인의 이익을 침해한 것이므로 봉상시에서 가죽을 공인에게 다시 돌려줄 것을 요청했던 것이다(영조는 허락했다). 거모장에 대한 정보는 이 과정에서 나온 것이다. 봉상시에서는 이렇게 말했다.

> 이른바 거모장은 다른 ① 각종 공장工匠에 비할 것이 못 되고 모두 반인의 노예로서 ② 밤에는 각처 현방이 사도私屠로 남기는 이익에서 밥술이나 얻어먹고, 낮에는 하는 일 없이 놀며 지냅니다. ③ 이 자들을 사축서司畜署에 이름을 올린 것은 제향에 사용하는 희생犧牲을 잡기 위해서입니다. 그들이 그 일로 얻어먹는 것이 또한 적지 않은데도 지금 도리어 요료料가 없다는 핑계를 대며 주인들에게 대가로 주는 물건을 빼앗으려드니, 분수에 넘치는 일이고 또한 그 정상이 가증스럽습니다.[56]

거모장은 '모두 반인들의 노예具以泮人之奴隷'라는 말(①)은 거모장이 반인에게 예속된 존재라는 것을 말한다. 곧 서울에서 공식적으로 가장 많은 소를 도축하는 곳은 반인의 현방이므로, 거모장은 반인에게 종속될 수밖에 없었을 것이다. 이들이 밤에 은밀히 이루어지는 현방의 사도에 참여하여 이익을 먹는다는 사실도 주목할 만하다. 현방은 단속을 피해 밤에 은밀히 사도를 했을 것이고, 여기에 거모장이 끼어들었던 것이다. 그런데 거모장이 문자 그대로 소의 털만 제거했을 것인가? 거모장은 '각종 공장에 비할 것이 못 되는' 존재였다. 단순히 소의 가죽에서 털을 벗기는 것이 아니라, 사실상 소를 도축하는 일을 맡았던 것으로 보아야 할 것이다. 그것은 제향에 사용하는 희생을 '재살宰殺(도살屠殺)'하는 역할을 맡기기 위해 사축서에 이름을 올린 것이라는 발언(③)에서도 확인할 수 있다. 이들은 실제 가축을 도축하는 장인이었다. 더 이상의 세부적 사항은 알 수 없으나, 거모장은 현방에서 이루어지는 도축의 전부 혹은 상당 부분을 떠맡은 것이 아닌가 한다.

그렇다면 현방에서 실제 소의 도축은 어떻게 이루어졌던가. 현방은 도살할 소를 우전牛塵에서 구입하였다. 다만 1736년부터는 구입가를 낮추기 위해서 지방에서 가져오는 소를 직접 구입하기 시작했고 이는 또 다른 문제를 일으키게 되었다(이 문제에 대해서는 7장에서 상론한다). 곧 현방은 기존의 우전과 대립하게 되었던 것이다. 직접 구입하건 우전에서 구입하건, 현방은 구입한 소를 현방에서 도살하였다. 현방은 소를 도축하는 곳이자 쇠고기를 판매하는 곳이었던 것이다. 도축장과 쇠고기 판매처가 공식적으로 분리 개설된 것은 1905년 9월에 만들어진 〈도수규칙屠獸規則〉 이후였다. 실제 도축 방법은 조선 시대 문헌으로는 확인할 수 없고, 갑오개혁 이후의 《독립신문》(1897)을 통해 확인할 수 있다. 신문은 조선의 도축을 외국의 도축과 비교해 그 방법을 개선해야 한다고 주장하면서, 도축의 구체적 장면을 이렇게 옮기고 있다.

조선에 고칠 일도 많이 있지마는 소 잡는 법도 고치지 아니하여서는 못쓸지라. 소는 짐승이라 사람이 잡아먹으나 잡을 때는 아픔이 없이 즉사를 시켜야 말 못하는 짐승이 정신을 잃어 아픔 없이 죽을 터인데, **조선 사람들이 소를 죽이는 것은, 소를 죽이는 것이 아니라, 소를 상傷해 놓고 죽기를 기다리니**①, 이것은 너무 참혹한 형벌이라 어찌 보기가 싫지 아니하며, 아무리 말 못 하는 짐승에게라도 악한 일이 아니리오. 외국서는 소를 잡을 때 소머리를 쇠방망이로 한 번만 때리면 그 소가 즉사하여 다시 아픔도 모르고 죽기도 시계 반분半分 동안 죽으니 악착하기가 덜한지라.

조선서는 소 잡을 때에 **목을 칼로 찔러 그 찌른 구멍에 나무로 만든 방망이를 끼우고 그러하여도 소가 죽지 아니하면 방망이로 때려죽이니**(②), 거의 십 분 혹 이십 분 동안을 숨지기 전에 버둥거리니 세상에 이런 악색한 일은 다시 없을지라. 또 조선서는 **소 잡은 후에 피를 다 빼지 않는 까닭에**③ 쇠고기를 음식으로 만들면 누린 냄새가 나고 쇠고기 빛이 희붉지 않고 선지 빛 같으니, 이것은 쇠고기를 버리는 것이라. 그렇기에 외국서는 소를 잡은 후에 큰 혈관을 열어 피를 죄다 빼고 또 소를 여덟 조각을 내어 높이 매달아 피가 죄다 빠진 후에 비로소 매매하니 쇠고기 맛도 나아지고, 보기에도 핏빛 같지 않은지라.

한성부에서 서울 안에 있는 포사庖肆 하는 사람들을 불러 외국 소 잡는 법을 한 번 가르친 후 그 법대로 시행케 하거드면 첫째는 몹시 죽이는 풍속이 없어질 터이요, 둘째는 고기 맛이 나아질 터이요, 셋째는 외국 사람들이 조선 사람들이 잡은 쇠고기를 사 먹을 터이니, 장사하는 데도 유조有助할지라.

이런 것을 한성부에서 이치와 경계를 가지고 포사 하는 사람들과 의론 하여 나은 법을 가르쳐 주거드면 이 사람들도 좋은 것을 보아 새 법을 본받을 것이오, 한성부에게 관인官人의 직무를 하는 것이니, 어찌 좋지 안 하리오.[57]

소의 목을 찔러 구멍을 낸 뒤 그 구멍에 나무 방망이를 끼우고 죽기를 기다린다는 것, 만약 죽지 않으면 방망이로 때려죽이기 때문에 거의 10분에서 20분 동안 소가 버둥거린다는 것이다. 이 잔혹한 방법은 앞서 말한 1905년 〈도수규칙〉이 제정되고 도축장이 공식적으로 만들어지면서 폐기되었을 것이다.

정조正朝의 6일, 곧 1월 1일부터 6일까지, 그리고 소삭小朔(작은 달), 곧 한 달이 29일이 되는 달의 6일에는 쇠고기를 판매하지 않았다.[58] 또 현방에서 쇠고기를 어떻게 팔았는지에 대해서는 알려진 바 없다. 쇠고기의 판매 형태, 진열 방식, 소매 가격, 총 판매량 등에 대한 정보는 거의 남아 있지 않다. 다만 소매가 아니라 궁방에 납품하는 과정에서 남은 자료를 통해 분할되어 팔린 것만 짐작할 수 있을 뿐이다. 1823년에 작성된《수진궁상하책壽進宮上下冊》에 의하면 쇠고기는 볼기살·양·간·도가니·안심·등골·등심·곤자소니·양지머리·천엽·업진·부아·소갈비·양깃머리살 등으로 분할되어 수진궁에 납품되고 있었다.[59] 오늘날과 다를 바가 없는 것이다. 또 현방은 여름철 쇠고기가 상하는 것을 막기 위해 얼음을 사용하였다.[60]

도축한 소에서는 근각이라 불리는 힘줄과 뿔, 가죽 등 부산물이 나왔다. 이것들은 다양하게 사용되었다. 예컨대 가죽은 무기 제작[61]이나 신발, 특히 가죽신의 밑창을 만드는 데 사용되었다. 현방의 소가죽은 전적으로 창전昌廛이 가져다 판매했는데['창'은 신발의 밑창을 의미한다], 창전역시 반인이 개설한 것이었다. 창전에 대해서는 7장에서 상론한다. 소기름은 일부는 시장 가격으로 판매하고 일부는 내수사에 진배하였다. 하지만 내수사에서는 시가의 절반만 지급하여 문제를 일으키기도 하였다.[62] 소기름 역시 현방에서 판매했다. 1782년 따로 우방전牛肪廛이 개설되었으나 경영난에 부딪혀 1784년에 없어졌다. 소털은 전립을 만드는 데 사용되었기 때문에 전립전戰笠廛에서 판매하였다.

소의 부산물 중에서 가장 중요한 것은 소의 힘줄과 뿔이었다. 이것은 1900년경까지 국가의 소유였다. 곧 '소가죽은 우리나라의 법의法意가 비록 민간의 도살을 허락하더라도, 머리·가죽·다리는 늘 관에 바쳐 공용에 보태어 쓰는 것'[63]이었다. 문장은 어색하지만 소의 머리, 가죽, 다리는 관에 바치는 것이 관행이었다고 말하고 있다. 실제 1900년 경청警廳은 관할하는 5서五署 내 현방의 우근을 활의 제작을 구실로 모두 경청으로 납부할 것을 명령했으니[64] 이 관행이 20세기 초까지 지속되었음을 확인할 수있다. 물론 가죽은 이미 창전에서 독점적으로 판매하기 때문에 머리·가죽·다리가 전적으로 국가의 소유가 된다는 말은 아니다. 후술하겠지만 그것은 아마도 일부의 권리였을 것이다. 이것은 전술한 바와 같이 1673년 우역으로 현방이 폐쇄되었을 때 반인들이 근각을 납부하겠다는 조건으로 개설을 요청하자 훈련도감이 정식으로 제안하여 20개의 현방이 설치되었던 데서 유래한 관행이었다.

조선 후기 쇠고기를 먹는 식문화가 보편화되자 소의 도축과 쇠고기 판매를 계속 억제할 수는 없었다. 서울의 경우 왕실과 관료들이 집중적으로 거주하는 곳이었고 이들은 일상식과 제사를 통해 쇠고기를 가장 많이 소비하는 계층이었다. 이런 상황에서 소의 도축과 쇠고기 판매를 불법으로 금하는 것은 사실상 불가능했다. 현방은 이런 상황에서 출현할 수밖에 없었다. 하지만 현방의 도축과 판매는 여전히 불법이었다. 속전은 이 불법성을 근거로 수탈하는 일종의 영업세였다.

반인의 입장에서는 성균관의 토지와 절수 어장, 노비신공 등의 수취에 관여하는 과정에서 얻는 수입이 조선 후기에 와서 현격히 줄어들자 현방의 영업에 본격적으로 뛰어들었던 것이다. 역으로 반인의 노동력을 수탈하면서도 생계수단을 마련해줄 수 없는 국가는 현방을 공인해주지 않을 수 없었을 것이다. 한편 반인은 물론 조선 전기에 소를 도축하고 쇠고기를 판매하고 있었으니, 현방은 그것을 공인한 것이었다.

계량적 방법으로 파악할 수는 없지만, 현방은 소를 도축하고 쇠고기를 판매하는 과정에서 상당히 높은 이윤을 남겼던 것으로 보인다. 이 이윤이 오로지 현방의 것이 되었다면 반인으로서는 행복했겠지만, 국가에 예속된 노비가 높은 이윤을 남기는 것을 방치한다면, 그것은 조선이란 국가가 아닐 것이다. 현방이 올리는 수입을 두고 수탈 경쟁이 벌어졌던 것이다.

5

수
탈

국가가 반인에게 현방의 개설을 허락한 것은, 그들을 성균관의 노비로 묶어놓기 위해서였다. 그것은 궁극적으로 반인의 노동력을 수탈하기 위한 것이었다. 따라서 반인의 노동력을 수탈하기 위한 현방의 개설을 허락했다면, 그들로부터 속전, 곧 현방의 영업에 대한 세금을 거둘 수는 없는 것이었다. 합리적으로 생각한다면 속전을 걷지 않는 것이 당연하였다. 하지만 조선이란 국가 혹은 사족체제는 그렇게 합리적이지 않았다. 수탈하는 속전의 규모는 날로 커졌고, 그것이 관행이 되자 궁방도 수탈의 대열에 뛰어들었던 것이다. 이제 2세기를 넘는 긴 시간 동안 현방에 대한 수탈 양상을 추적해보자.

한성부 우윤 신유와 효종이 '현방'이란 존재와 현방에서 속목을 받고 금령을 느슨하게 적용하는 관행을 낯선 것으로 말한 것은 1653년이다. 전술했듯 1648~1653년 사이에 삼법사는 현방으로부터 속목을 징수했을 것이다. 1660년 전옥서 참봉 허이청許以淸은 도우금법屠牛禁法, 곧 소의 도축을 금지하는 법에 문제가 있다고 상소했다. 먼저 속목을 바치는 규정이 있기 때문에 일단 속목을 바치고 나면 길 가는 사람이 보는 데서 내놓고 도축을 한다는 것이다.[1] 비변사는 허이청의 지적에 대해 소의 도축에 한정해 속목을 먼저 바치는 규정은 근거가 없는 것이라면서 없애야 마땅하다고 답했다.[2] 전술한 바와 같이 속목은 벌금이 아니라 영업허가세로 바뀌어 있었던 것이다. 그런데 자료를 음미해보면, 허이청이 문제를 제기했던 1660년경 속목을 내고 소를 도축하는 것이 상식에서 벗어나는, 생긴 지 얼마 되지 않은 관행이었음을 짐작할 수 있다.

또한 비변사가 속목을 거두는 규정이 근거가 없으므로 없애야 마땅하다고 했던 것은, 소의 도축과 쇠고기 판매가 여전히 불법이므로, 벌금을 미리 받고 불법을 용인하는 자체가 모순임을 인지하고 있다는 것을 의미

01
속목·속전과 1707년의 감축

한다. 하지만 비변사의 요청은 묵살되었다. 속목은 1664년에도 계속 거두고 있었다.[3] 1668년(현종 9)에는 '도사屠肆가 낭자한 것이 고질적인 폐단이 되었다'는 말이 나올 정도로 도사, 곧 현방이 증가하였다. 사헌부 지평 홍수하洪受河의 경우 자신의 관주인館主人을 위해 도사 한 곳을 억지로 더 설치하게 하였다는 비난을 받기까지 하였다. 현방이 이렇게 늘어난 것은, 현방의 경영자와 속목을 거두는 쪽 모두 이익이 있었기 때문으로 짐작된다.

속목은 어느 정도였던 것인가? 1670년(현종 11) 한성부에서는 반인의 도사에서 매달 13패의 속목을 거두는데, 1패는 12필이라고 밝히고 있다.[4] 곧 매달 156필의 무명을 속전으로 거두었던 것이다. 1675년 성균관 대사성 민종도는 성균관의 재정 상황에 대해 보고하고 대책을 요청하였다. 핵심은 삼남 20여 고을에 남아 있는 외방노비를 추쇄하고, '노奴'는 1필 반, '비婢'는 1필을 받고 있는 신공을 '노'와 '비'를 가리지 말고 모두 2필로 올리자는 것이었다. 이와 함께 민종도는 반인의 현방에 대해 언급한다. "서울의 관노비館奴婢들은 생계를 꾸밀 방도도 없이 살고 있지만 신역은 또한 많습니다. 조정에서 이것을 딱하게 생각해 도사의 이익을 독점하도록 허락하였습니다. 그러나 법전에는 소를 도축하는 일이기 때문에 형조와 한성부, 사헌부에서 모두 속목을 징수하도록 되어 있습니다."[5] 이어 그는 속목의 양에 대해 언급한다. 전에는 현방 48곳이 있었고 한 달에 형조는 12패, 한성부는 13패를 징수했으며, 사헌부는 목품木品을 가리지 않기 때문에 15패를 징수했다.

전술한 바와 같이 1패가 징수하는 속목은 12필이기 때문에 형조는 144필, 한성부는 위에서 156필, 사헌부는 180필이다. 한성부의 1670년 속목 수와 1675년 속목 수가 같기 때문에, 1670년 형조와 사헌부의 속목 수도 동일하게 보아도 무방할 것이다. 그런데 민종도는 분명히 "법전에는 소를 도축하는 일이기 때문에 …… 속목을 징수하도록 되어 있습니다"라고 말했다. 곧 법으로 인정했다는 것이다. 이 법은 아마도 1670년 이전에 만들어졌을 것이지만, 정확한 조문은 전하지 않는다. 어쨌든 속목의 총량은 한 달 480필, 1년 5,760필이었다.

1675년 민종도가 제기한 문제는 현방이 10곳으로 축소되었는데도, 형조가 7패, 한성부는 8패, 사헌부는 13패를 징수하고 있는데, 전에 48개 현방 때에 비해 삼사는 지나치게 많은 속목을 거두고 있을 뿐만 아니라, 최근 불과 5곳의 현방을 더 설치했음에도 불구하고 형조는 3패를, 한성부는 4패를, 사헌부는 13패를 더 징수하여 관인館人들이 이로 인해 이익을 잃고 있다는 것이다. 민종도의 요청 내용은 최근 추가된 5곳의 현방에 대해서는 삼사에서 속목을 받지 말도록 하자는 것이었다.[6]

민종도는 삼법사의 현방 수탈이 과중하다는 것을 최초로 지적한 사람이다. 과중한 속목 혹은 속전이 현방 경영을 압박하고 결과적으로 반인의 삶을 곤궁하게 만든다는 논리로 성균관 대사성이 속목 혹은 속전의 감면을 왕에게 요청하는 장면은 앞으로 수없이 반복될 것이었다. 성균관 대사성이 전면에 나선 데는 당연히 반인들의 요청이 있었다. 반인과 성균관은 이익을 공유하는 일종의 경제공동체였다. 성균관의 입장에서는 과중한 속목으로 현방의 경영이 어려워지면, 곧 현방이 이익을 남기지 못하게 되면, 반인으로부터 수탈하는 성균관의 운영자금이 감소했기 때문에 반인의 요청을 적극 대변할 수밖에 없었다. 물론 반인의 입장에서도 삼법사의 수탈에 직접 맞설 수 없었기 때문에 경제적 이익으로 묶여 있는 성균관의 대표자인 대사성을 움직일 수밖에 없었을 것이다.

숙종은 민종도의 요청을 그대로 수용했다. 하지만 한성부·사헌부·형조에서는 일제히 반발했다. 이듬해 4월 한성부 판윤 오시수吳始壽가 내세운 반발의 논리는 다음과 같았다. 현재 도사의 수가 줄어 징수하는 속목역시 줄어들었다. 하지만 한 도사에서 도축하는 소의 수는 도사의 수를줄이기 전과 다르지 않고 도사의 이익 역시 동일하다는 것이다. 그는 속목을 더 받게 해줄 것을 요청했고, 이에 사헌부와 형조도 동조했다.[7] 물론이것은 수어청에서 근각을 사용하기 위해 속목을 면제하는 조건으로 설치한 5곳의 도사를 오시수가 현방의 도사로 착각하고[8] 요청한 것이었지만, 기회가 있을 때마다 현방에서 속목을 더 거두려 했던 것은 틀림없는사실이었다.

이 자료에 대해서는 뒤에 다시 언급하기로 하고, 형조와 한성부 쪽의사정도 검토해보자. 앞 장에서 검토한 금리들에게 지급할 요포가 없기 때문에 관원들이 자주 금란을 나간다는 허적許積의 말은 1678년의 것인데,이로부터 5년 뒤인 1683년의 자료에 의하면, 형조는 조정에서 삭료를 주는 규정이 원래 없어서 형조 자체에서 속목으로 46명의 서리에게 달마다주었고, 사헌부는 전부터 약간의 삭료를 주는 규정이 있었다고 한다.[9] 형조는 오로지 속목에만 의지하여 하예들의 삭료를 지급하고 있었던 것이다. 한성부의 사정도 다르지 않았다. 1670년(현종 11) 11월 6일 우역으로인해 현방을 정파한다는 말을 들은 한성부는 현방의 속목이 없으면 한성부가 모양을 이룰 수 없다고 호소했다. 한성부의 경우, 도사로부터 매달13패의 속목을 거두어 겨우 모양을 유지하였던 것이다. 그 부족분은 송금 단속의 속목으로 채우고 있으나, 흉년에 잡힌 사람이 처벌 받기를 원하고 속목 바치기를 원하지 않아 만약 도사를 정파하면 일정하게 들어올속목이 없어 대단히 곤란하다는 것이었다.[10] 1672년에도 한성부는 도사를 정파해 자신들이 매달 도사로부터 받고 있는 13패의 속목을 받지 못하게 되었다면서, 동일한 경우 진휼청에서 한성부 원역의 삭포를 지급받은 예를 다시 적용해달라고 요청하였다.[11] 한성부 역시 그 소속 원역들의 노동에 대한 대가를 오로지 현방의 속전으로 지급하고 있었던 것이다.

현방의 속목 역시 금제를 어긴 범죄에 대한 처벌의 의미로 받는 것은 마찬가지였다. 삼법사는 윤휴가 문제를 제기하고 허적이 다시 확인했던 1678년이면 이예의 삭료 대부분을 현방의 속목으로 지급했다. 앞서 현방이 속목을 내고 공식적으로 소의 도축과 쇠고기 판매에 대한 허가를 받아냈던 것이 1638년과 1653년 사이라고 추정한 바 있다. 여기에 1660년 허이청의 상소를 떠올린다면, 대개 1650년을 전후하여 삼법사에서 본격적으로 현방으로부터 속목을 거두기 시작했고, 그것은 삼법사 운영의 경제적 기초가 되었다고 말할 수 있을 것이다.

1682년 9월 전국적인 우역의 유행으로 인해 현방을 일시 철파한 뒤, 반인은 성균관 대사성 조지겸趙持謙을 통해, 생계를 위해 당시 어물전에 빼앗긴, 과거 자신들이 영업했던 어물전·생선전에 입속入屬하게 해줄 것을 요구하여 다음 해인 1683년 1월 허락을 받았다. 하지만 어물전의 반발로 같은 해 9월 다시 어물전을 빼앗기게 되었다. 이때 조정은 반인들의 원하는 바를 들어주겠다고 약속하며 반인의 반발을 무마했는데, 이후 사정은 알 수 없지만, 반인이 격렬하게 반발하지 않았던 것은 다른 이유가 있었다. 곧 그해 4월 호조가 관노비 곧 반인의 생계를 위해 도사 약간을 설치해야 한다고 요청[12]하여 다시 현방 10곳을 개설하게 되었던 것이다.[13] 호조에 의하면 현방은 원래 44곳이었는데, 중간에 20곳으로 줄였고, 근래에 다시 15곳으로 줄였으며, 이번에 다시 5곳을 감해 10곳만 개설한다고 하였다. 그런데 이 시기 다시 개설한 현방 10곳의 속목은 전에 받던 양의 반만 받도록 하였다.[14]

이 지점에서 속목의 문제가 수면 위로 떠올랐다. 우역으로 현방을 닫았을 때는 속목의 문제를 제기할 수 없었다. 하지만 현방이 다시 열리고 삼법사에서 다시 속목을 받게 되자, 절반으로 줄어든 속목에 불만이 없을 수 없었던 것이다. 형조는 속목을 절반으로 줄이면, 속목의 양은 6~7패에 불과한데, 서리의 정원은 46명이고, 국가에서 형조 서리에게 삭료를 지급하지 않고 있으므로 현방의 속목으로 지급하고 있는데, 만약 속목을 반으로 줄일 경우 재원이 부족하다고 불만을 털어놓았다. 반면 사헌부는 약간이나마 삭료를 주는 규정이 있고 줄어든 속목조차 형조보다 많다면서 균등하지 못한 속목의 양을 조정하자고 요청했다. 물론 숙종의 동의를 받아냈지만 조정은 없었다.[15] 이때 속목을 반감한 것은 대사성 조지겸이 왕의 면전에서 재가를 받은 것으로 폐단 없이 준행되었다고 한다.[16] 하지만 이것이 문제의 시작이었다.

10곳의 현방을 개설하고 속목을 반으로 줄인 것은 반인에게 일단 유리한 것이었다. 하지만 속목 자체는 여전히 문제가 아닐 수 없었다. 1686년 6월 13일 영의정 김수항金壽恒은 날로 심해지는 금리禁吏의 작폐에 대한 해결책이 필요하다고 역설했다. 김수항은, 평상시 도사의 속목 양이 대단히 많다고 지적하고, 이어 사헌부는 추고 속목推考贖木, 형조는 노비 공목奴婢貢木, 한성부는 호적 작목戶籍作木이 있어 굳이 금란을 핑계로 현방에서 속목을 거두지 않아도 재원이 충분하다고 판단했다. 다만 우역으로 도사를 정파할 경우, 조정에서 필요한 재정을 따로 조금 더 지원해주면 그만이라는 것이었다.

좌의정 남구만南九萬은 삼법사의 현방에 대한 금란은 사실상 속목을 거두는 것이 목적이라고 비판하고, 비변사에서 삼법사의 수입과 지출을 조사하게 했던 바 부족분이 많지 않으니 약간의 부족분은 호조에서 지급하고, 도사를 정파했을 때도 호조에서 부족한 부분만큼 지급하도록 하자고 요청했다. 이어 금란 자체를 폐지할 수는 없으니, 금제禁制를 범할 경우, 경중에 따라서 처벌하되, 부득이 속목을 거둘 수밖에 없다면 호조에서 거두어 삼법사는 손을 대지 못하게 할 것, 삼법사가 용처가 있다면 호조에서 지급할 것 등을 골자로 하는 절목을 마련하기로 결정했다.[17]

김수항과 남구만이 삼법사의 현방의 속전 문제를 개혁하기로 한 그해 9월 6일 성균관 대사성 김창협은 성균관의 외방노비를 추쇄할 것을 요청했다. 외방노비의 추쇄가 1675년 이후 연이은 흉년으로 이루어지지 않아 노비신공이 점차 줄었고 결국 성균관의 운영자금이 바닥이 나는 상황에 이르렀던 것이다. 그는 심한 흉년이 든 전라도와 경상도는 제외하고 경기와 충청도에서 추쇄하자고 요청했고 숙종은 허락하였다.[18]

같은 해 9월 18일 영의정 김수항은 숙종에게 김창협이 요청한 바를 숙종이 재가했음을 상기시킨다.* 김창협은 한성부 13패, 형조 12패, 사헌부 17패를 모두 일괄적으로 10패로 줄일 것을 요청하여 숙종의 재가를 받았던 것이다.[19] 이것은 삼법사의 속전 복구 요청이 있었고 그 요청이 김창협의 개입으로 좌절되었다는 것을 의미한다. 김창협이 숙종을 설득한 과정은 자료가 전혀 남아 있지 않기 때문에 확인할 수가 없다. 다만 1728년 9월 3일 현방의 속전 문제를 해결하기 위한 성균관 대사성 조지빈趙趾彬의 계사에 의하면, 삼법사의 요청이 김창협의 즉각적인 반대로

---

* 김창협이 성균관 대사성에 임명된 것은 7월 20일이었고 위의 추쇄를 요구한 상소는 9월 6일에 있었다. 하지만 속목을 10패로 줄일 것을 요청한 사실은 어디에도 실려 있지 않다. 김창협의 요청은 직접 《승정원일기》에 실린 것은 아니고 김수항金壽恒의 언급에서만 보인다.

거부되었다는 것을 짐작할 수 있다.[20] 김수항의 요청은 결국 삼법사의 속전이 급격히 줄어드는 것에 대한 보완책인 셈이다. 김수항은 일괄적으로 10패로 줄이는 데서 발생할 수 있는 문제를 지적했다. 원래 한성부는 13패, 형조는 12패, 사헌부는 17패를 받았는데, 일괄하여 10패를 받는다면, 사헌부는 무려 7패가 줄어든다. 앞서 6월에 만든 〈금란변통절목禁亂變通節目〉에 의하면, 속목 외에 부족한 수는 호조에서 지급하기로 이미 결정했는데, 만약 속목을 이렇게 많이 줄이면, 호조에서 지급하는 것도 갑절이 되어야 할 것이다. 곧 다시 조정할 필요가 있다는 것이었고, 그는 사헌부·형조·한성부 모두 2패씩 줄이도록 하자고 요청하여 숙종의 재가를 받았다.

김수항의 요청을 음미해보면, 6월 13일 남구만과 함께 만들기로 했던 〈금란변통절목〉은 실제 만들어지지 않았던 것이 분명하다. 남구만은 절목을 만들어 미처 입계入啓하기 전 북경에 사신으로 갔고, 또 사헌부의 반발로 인해 절목을 만들어 시행하는 것이 불가능했다고 한다. 물론 결정적인 것은 후자 곧 사헌부의 반발이었다. 사헌부의 논리는 다음과 같다. 첫째, 속목을 사헌부가 임의로 사용할 수 없다. 둘째, 속목을 간접적으로 호조로부터 지급받는다면, 사헌부는 호조의 속사屬司처럼 여겨질 것이다. 셋째, 이것은 대관臺官을 불신하는 것이다. 남구만은 사헌부의 논리를 반박했다. 그는 사헌부에서 직접 출금出禁하고, 속목을 직접 계산해 받고, 또 하인에게 직접 나누어주는 것은, 사헌부의 체통에 맞지 않는 것이므로 사헌부의 반발은 근거가 없는 것이라 반박했다.[21]

남구만이 사헌부의 반발을 억누른 결과 절목이 만들어져 시행되었다. 이 절목이 앞의 '성균관과 삼법사'에서 검토한, 숙종 14년(1688) 4월 4일 《비변사등록》에 실린 〈삼사금제절목三司禁制節目〉이다. 하지만 전술한 바와 같이 1689년 2월 기사환국으로 남인이 집권한 뒤 현방의 속전 문제가 재론되었다. 2월 2일 좌의정에 임명된 남인 목래선은 10일 뒤인 2월 13일, 1686년 김수항과 남구만이 만들었던, 호조에서 삼법사의 속목을 거두는 등의 규정을 비판했다. 첫째, 형조와 한성부는 한 달에 여섯 번 출금하지만, 사헌부의 경우 출금 횟수가 정해져 있지 않은 것은 공평하지 않고, 둘째, 호조에서 속목을 거두어 삼법사에 분급해 삼법사 하예의 삭료로 삼는데, 부족분이 발생할 경우 호조의 경비로 지급하는 것은 합당하지 않다는 것이었다.[22] 목래선의 요청으로 〈삼사금제절목〉은 폐기되었고, 호조에서 삼법사에 경비를 보조해주는 규정도 이에 따라 폐기되었다. 그것은 호조의 입장에서는 유리한 것이었지만 삼법사의 잦은 출금과 불법적 수탈을 부추기는 결과를 초래할 것이었다.

1691년 4월 대사헌 심단沈檀은 사헌부의 잦은 출금이 갖는 문제를 지적했다. 먼저 사헌부 금리의 민간 작폐를 일으키는 원인 중 가장 큰 것이, 잦은 출금이라고 지적했다. 그런데 출금에 관한 사항은 성상소城上所의 소관으로 장관長官, 곧 대사헌의 말이 먹히지 않는다는 것이다. 성상소는 경복궁 정문의 오른쪽 곡장曲墻 위에 있었다.[23] 이곳은 대원臺員, 곧 사헌부 구성원의 회의 공간이기도 했다.[24] 성상소는 대사헌을 제외한 사헌부 관원들의 회의체이기도 했던 것이다. 요컨대 사헌부를 구성하는 관료들은 백관을 규찰하고 탄핵한다는 업무의 특수성으로 인해 최고 책임자인 대사헌의 명을 일방적으로 수행하지 않는 전통이 있었던 것이다. 출금 역시 대사헌의 지시가 먹히지 않는 영역이었다. 이것이 심단이 숙종을 찾아와 출금에 관한 사항을 고치게 해줄 것을 요청한 이유다. 심단은 먼저 연일 출금을 금지하고 1~2일, 혹은 3일 간격으로 출금하고, 출금할 때 1패를 넘기지 말게 할 것을 정식으로 요청했다.

심단은 아울러 사헌부 내부의 재정 문제도 지적했다. 그에 의하면, 사헌부가 거느리는 상당한 수의 서리와 소유의 삭포는 성균관의 '육속肉贖' 곧 현방의 속전으로, 그 부족분은 금란속전禁亂贖錢 51냥 2전으로 지급하고 있었다. 심단이 문제 삼았던 것은 바로 이 금란속전이었다. 그는 다음과 같은 문제를 지적했다. 금란속전은 단지 장부에만 적어둘 뿐 대사헌 이하 사헌부의 관료들은 그 내용을 모르고 있고, 성상소의 구성원이 체직되면 담당 서리가 숨겨버리는데, 실제 문서를 보면 삭포를 전혀 지급하지 않은 달도 있다. 잦은 출금에도 불구하고 삭료 지급이 이와 같이 된 것은 이해할 수 없는 일이다.

심단은 이런 지적과 함께 해결책을 제시했다. 첫째, 사헌부 서리를《경국대전》의 정원을 지켜 정원 외의 수는 모두 줄일 것, 둘째, 출금하여 받은 속전은 정확하게 장부에 기록하고, 성상소에서 표를 붙인 뒤 해당 서리가 대사헌과 여러 동료에게 보여 긴요하지 않은 곳에는 사용하지 않게 할 것, 셋째, 삭포 역시 들어오는 대로 지급하지 말고 모아서 매달 한 번 균등하게 지급하되, 만약 삭포가 부족하다면 '양계兩界 관리의 속목'을 가져다 쓸 것. 이것이 심단의 제안 내용이었다.[25]

심단의 제안은 매우 합리적으로 보인다. 하지만 사헌부 관리들은 격렬하게 반발했다. 사헌부는 속성상 '장관이라 하여 탄압할 수 없는 곳'이었다. 모든 관료들의 비위를 감찰한다는 사헌부의 특성으로 대사헌의 말을 하위 관리들이 듣지 않을 수 있다는 것이다. 곧 성상소의 업무인 속목의 회계를 대사헌의 통제 범위 안에 둘 수 없다는 것이었다. 심단의 사헌부 내부 개혁은 이로써 좌절되었다.[26] 사헌부가 잦은 출금으로 서울 시민을 수탈한 것은, 〈삼사금제절목〉의 폐기가 결정적 계기가 되었을 것이다.

여기에 약간 덧붙이고 싶은 것은 김창협의 요청과 김수항의 조정으로 줄어들었던 속전이 복구되었다는 것이다. 역시 자료의 부재로 자세한 과정을 알 수 없지만, 앞서 들었던 1728년 9월 3일 조지빈의 계사에 의하면 1691년에 삼법사의 속전이 복구되었다.[27] 속전의 복구에는 당연히 성균관의 저항이 있었을 것인데, 이 역시 확인할 수 있는 자료는 없고, 4년 뒤 대사성 김만길金萬吉의 속전 감면 요청에서 성균관의 반응을 확인할 수 있다.

심단의 논리와 별도로 지적하지 않을 수 없는 것은, 1689년 호조에서 삼법사에 경비를 보조해주는 규정을 목래선이 폐기할 때 '속목'으로 표현하던 것이, 1691년 심단의 요청에 이르러 '속전贖錢'으로 표현되고 있다는 것이다. 1678년부터 상평통보가 유통되자 1688년(숙종 14)부터는 삼법사가 만든 〈삼사금제절목〉에 의거해 무명이 아니라 돈, 곧 속전을 바치는 것으로 규정이 바뀌게 된다.[28]

1695년(숙종 21) 8월 2일 대사성 김만길은 성균관 하예들이 경제적으로 궁핍해진 상황을 정리해서 말하고, 삼법사에 바치는 도사屠肆의 속전을 1년에 1,000냥씩 감할 것을 요청하여 허락을 받았다.[29] 하예들의 궁핍은 1691년 삼법사 속전의 복구가 초래한 강한 압박 때문이었을 것이다. 1695년에 1,000냥을 감한 것은 현방의 속전을 감한 최초의 사례인데, 이 자료는 《숙종실록》에 실린 것으로 《승정원일기》에는 상응하는 자료가 없다. 《승정원일기》 숙종 21년 치가 완전히 결락되어 있는 것이다. 다만 《태학지》에 성균관의 계사로 짧게 실려 있는데, 21개의 현방에서 한 달에 700여 냥, 1년에 9,000여 냥의 속전을 삼법사에 바치고 있어, 1683년 속전의 절반을 감했다가 1년이 지나지 않아 복구했다는 것, 다시 1686년 김창협의 요청에 따라 삼법사에서 각각 2개 현방의 속전을 감했으나 역시 3년이 되지 않아 복구했다는 것을 상기시키고, 한성부에서 70냥, 형조에서 30냥

을 감해 모두 100냥을 감해줄 것을 요청했고, 숙종은 재가했다.[30]

숙종의 재가로 삼법사와 성균관 사이에 논란이 있었을 것이지만, 《승정원일기》의 망실로 구체적 내용을 확인할 수는 없다. 다만 1728년 9월 3일 조지빈의 계사에 의하면 1695년 대제학 박태상朴泰尙과 대사성 김만길이 숙종에게 직접 요청하여 형조는 전처럼 속전의 반을 감했고, 사헌부의 경우는 다시 요청하여 속전을 복구했다고 한다.[31] 한성부의 경우는 전혀 언급이 없다. 《태학지》에 실린 계사는 사헌부의 감축을 말하지 않고 있으나 이 자료는 사헌부가 곧장 요청하여 감축한 것을 복구했다고 하니, 중간에 어떤 사정이 있었는지 알 수 없는 일이다. 어쨌든 형조만 속전 30냥을 감했고 한성부와 사헌부의 속전은 1686년 이전 원래 규모로 되돌아갔다고 보아도 무방할 것이다.

감축에 사실상 실패한 성균관과 현방은 속전의 압박을 견딜 수가 없었다. 1704년 10월 21일 대사성 조태구는 숙종에게 현방의 속전을 반만이라도 감면해줄 것을 요청한다. 조태구의 말을 통해 성균관의 재정 상황과 현방의 구체적인 사정을 짐작할 수 있다.

본관 전복의 폐단은 한이 없는 정도입니다. 날마다 찾아와 호소하는데 장차 흩어질 지경입니다. 때문에 감히 이런 사정을 우러러 진달합니다. 전에는 조정에서 늘 관예館隸에게 선비를 기르는 어물을 넉넉히 주게 하여, 어물색魚物色 전복이 각 전에서 거두어 썼습니다. 거기에 외방노비의 신공을 또한 전복에게 거두게 했기 때문에 하배下輩들이 그것에 의지하여 먹고 살 수 있는 방도가 있었습니다. 조정에서 나눠주는 쌀은 한 달에 불과 40여 서이니, 겨우 75명 재생齋生의 양식이나 될 뿐입니다. 그런데 원두園頭(채소류)와 어전魚廛 값 역시 그 안에 포함되어 있으니, 지급받는 돈이 지극히 적다고 하겠습니다. 선비를 기르는 비용은 지극히 넓고 많은데, 전복들이 거개 이리저리 꾸고 보태어 메워나가고 있는 실정입니다.

거기다 사령使令의 역이 가장 감당하기 어려운 것이라 한 번 이 사령의 역역役을 거치고 나면 점차 파산하게 됩니다. 대개 성균관의 모든 역은 모두 도사령都使令이 맡아서 대응하는데, 전에는 외방에서 신공을 거두어 돌아가면서 차정差定했고, 또 어물을 각 전에서 거두어 쓰는 규정이 있었기 때문에 이에 의지하여 요리해 버려나갈 수가 있었습니다. 하지만 지금은 어전과 노비의 신공에 폐단이 있어 방색防塞한 지 오래입니다. 실업한 것이 이와 같은데, 유생에게 공급하는 헛된 비용의 폐단은 여전히 전날과 같으니, 실로 보존할 도리가 없습니다. 때문에 목을 매어 죽은 사령이 연달아 두 사람이나 나왔으니, 그 괴로운 역을 감당할 수 없는 폐단을 여기서 알 수 있을 것입니다.[32]

반인은 1625년에는 경강 어부에 대한 수세권, 1670년대는 서울 어물전에서 어물과 생선을 거두어 쓰던 권리를, 1683년에는 어물전·생선전을 운영할 권리를 완전히 상실했다. 1689년에는 위도 어장에 대한 수세권을 잃었으며, 또한 조태구의 지적처럼 1704년이면 외방노비의 신공을 받는 길도 봉쇄되었다. 조태구의 지적처럼 자살자가 나올 정도로 반인의 생계는 심하게 위축되었다.

반인의 생계 위축은 동시에 성균관의 재정난을 의미하였다. 성균관은 계속해서 토지와 노비, 절수 어장을 상실하고 있었던 것이다. 하지만 그 부족분을 국가가 채워준 것은 아니었다. 호조를 통해 지급하는 것은 75명 유생의 양식이었다. 나머지 부족분은 해결할 방법이 없었다. 앞으로 끊임없이 확인하겠지만, 무책임하기 짝이 없는 조정은 성균관의 재정 부족을 외면하였다. 결국 그것은 고스란히 반인의 몫으로 돌아갔다. 반인은 감당할 수 없는 수준까지 내몰리면 결국 자살이라는 극단적인 수단을 선택했다. 그것은 이들이 할 수 있는 유일한 항의 방법이었다.

조태구는 현방의 속전 총량에 대한 중요한 정보도 제공했다.

지금 이들의 생계는 오직 도사에 있습니다. 도사에서 소 1마리를 잡을 경우, 하루의 이익을 60명이 나누기 때문에 한 사람의 몫은 겨우 쌀 1되에 지나지 않습니다. 만약 본전에서 밑지게 되면 다른 사람의 소를 사서 목전의 급한 사정을 해결하기에 빚을 갚을 겨를이 없는지라 갈수록 더욱 버티기가 어려워집니다.

도사가 삼사에 바치는 <u>속전은 한 달에 600냥이나 되고, 1년을 통틀어 계산하면 7,700여 냥</u>에 이릅니다. 전에도 이런 폐단으로 곤란을 겪기는 했지만, 폐해가 이렇게 심한 지경에 이르지는 않았습니다. 그러므로 이리저리 융통하여 갖추어 바칠 수가 있었습니다. 하지만 지금은 실로 어떻게 할 도리가 없으니, 장차 흩어지고야 말 것이라 정말 걱정스럽습니다.

삼사는 이 속전으로 원역들의 요포를 지급한다고 합니다. 근래에는 사도가 아주 많아 관예들이 이 때문에 이익을 잃고 있습니다. 만약 삼사에서 자주 출금하여 소의 도축을 금하고, 거기에 잡금雜禁까지 합쳐서 그 속물贖物을 거두어 쓴다면 변통할 방도가 없지 않을 것 같습니다. 현방의 속전은 완전히 감할 수는 없겠지만, 혹 반이라도 감해서 연한을 한정해 줄여서 주게 하여, 원통함을 호소하는 폐단이 없게 하는 것이 어떠하겠습니까?[33]

조태구에 의하면, 현방의 속전의 총량은 한 달 600냥, 1년에 7,700냥이다. 정확하게 계산하면 7,200냥으로 500냥의 차이가 나지만, 한 달 600냥이라고 개략적인 수를 들었기 때문에 그럴 수 있다. 한 현방에 소속된 60명은 실제로는 60가구인데, 이것은 한 가구 당 쌀 1되가 지급된다는 것을 의미했다. 곧 삼법사는 반인이 현방의 운영을 통해 올리는 수입의 대부분을 수탈했던 것이다. 이것은 반인의 몰락을 초래하는 동시에 성균관이 수탈할 여지를 박탈한다는 것을 의미하기도 하였다. 어쨌든 도사령의 연이은 죽음으로 속전의 감면을 주장하는 조태구의 요청은 설득력이 있었다.

조태구의 요청을 두고 1704년 11월 25일 토론이 있었다. 형조와 한성부·사헌부는 모두 속전을 감하는 것에 반대 의사를 표명했다.[34]* 하지만 우의정 이유李濡가 삼사의 논리를 반박했다. 직접 인용한다.

---

* 반대의 이유와 논리는 다음과 같다. ○형조—전에도 여러 번 대사성의 요청으로 속전을 줄인 일이 있었다. 형조의 물력으로는 견딜 수가 없어서 다시 복구했다. 예컨대 1695년에 30냥을 줄였는데, 이번에 절반을 다시 감했다. 30냥을 감했을 때 형조는 겨우 200냥을 받았으니, 다시 반을 감하면 100냥에 불과하다. 원역에게 지급하는 삭료가 한 달에 600여 냥인데, 이번에 속전을 다시 줄이면 지급할 방법이 없다. 참작해달라. 형조는 노비가 있기는 하지만, 역의 처자가 많다. 신공을 받을 방도가 없다. ○한성부—한성부는 250냥을 받는데, 원역의 삭포는 430냥이다. 한성부는 노비가 없어 속전을 제외하고는 수입이 없다. 이번에 반을 감하면 단지 80여 냥만 받게 된다. 감하기는 하되 70냥을 감하고 반을 감하지 않는 것이 좋을 듯하다. ○사헌부—역시 지가紙價와 원역의 삭하朔下를 전적으로 속전에 의지하고 있다. 그 수는 단지 260여 냥이다. 감하지 않을 때도 형편이 어려웠는데 지금 또 반으로 감한다면 하인들의 요포는 물론 기타 공적인 비용도 나오지 않을 것이다.

성균관 전복은 성묘聖廟를 수호하기에 중요하다고 할 수 있는데, 생계 수단이 전무하기 때문에 소의 도축이 나라의 큰 금법임에도 불구하고 특별히 도사의 설치를 허락하여 전복이 의지해 살아갈 수단으로 삼았던 것이니, 대개 별도로 돌보아주는 뜻인 것입니다. 이미 특별히 도사의 설치를 허가했다면, 법리상 속전을 징수할 수 없습니다.

삼사에 바치는 속전은 1년을 통계하면 그 수가 대단히 많습니다. 이런 이유로 남은 이문이 거의 없어 나눠 먹기에 부족하여 점차 조폐凋弊한 지경에 이르러 지탱할 수가 없게 됩니다. 이것이 대사성이 속전을 헤아려 줄여달라고 진청陳請하는 이유입니다.

삼사의 형세 역시 또한 여유가 있는 것은 아닙니다. 이 현방의 속전을 줄이면 원역의 삭하朔下를 줄 수가 없는 것은 정말 여러 신하들이 아뢴 바와 같습니다. 다만 생각건대 이 일은 근본으로부터 이해하지 않고 그 청하는 바대로 따라 혹 줄이기도 하고 혹 반대로 하곤 한다면, 피차가 서로 싸워 안정이 될 때가 없을 것입니다.[35]

이유는 반인의 현방 운영은 그들이 성균관에 바치는 노동에 대한 대가로 주어진 것이라고 정확하게 지적했다. 성균관에 복무하는 노동과 현방 운영은 등가의 것이므로 가외로 속전을 거둘 수 없다. 현방의 개설과 운영이 불법이 아니라, 속전을 거두는 것 자체가 불법이라는 것이다. 물론 삼법사가 현방의 속전을 받지 않을 경우, 하급 관리들의 삭료를 지급할 수 없는 사정도 지적했다. 하지만 그것은 다른 방법으로 해결되어야 할 것이었다. 성균관과 반인의 요청을 따랐다가 이내 번복해 삼법사의 요청을 따르는 방식으로는 문제가 해결될 수 없다는 것이다.

이유는 나아가 삼법사 자체의 문제를 깊이 공박했다. 이유는 삼사의 금란은 법의 집행과 아울러 속전을 거두어 비용에 보충하는 데도 목적이 있다고 말한다. 다만 이른바 속전이 대부분 '한만한 체하帖下'*에 쓰일 뿐 실제 원역의 삭하에는 들어가지 않는다고 지적한다. 이유가 여기서 말하는 속전은 현방의 속전이 아닌 다른 금란으로 받은 속전을 말한다. 즉 삼사의 경우, 현방의 속전을 제외한 여러 명목의 속전이 있지만, 그것이 굳이 줄 필요도 없는 이예들에게 선심을 쓰는 데 낭비되고, 정작 중요한 원역의 삭하는 오직 현방의 속전으로 충당한다는 것이다.

이유가 제시한 해결책은 다음과 같다.

<u>또 형조와 한성부는 당상堂上이 각자 출금하고 즉시 체하帖下하는 것은 더욱 근거가 없는 일이다.</u> 이제부터는 호조·병조의 예를 따라 무릇 전포錢布·재용財用과 관계될 경우, 장관長官이 도맡아 관리하고, 좌이관佐貳官은 혹 출금해서 속전을 받은 일이 있다 할지라도 장관이 아니면 참견하는 것을 허락하지 아니한다. 혹 원역의 삭하 등 응당 써야 하는 것 외에 남는 수가 있어 따로 구처區處해야 할 경우는 논할 수 있는 바가 아니다.

사헌부의 경우, 대각臺閣의 사체가 다른 관서와 본디 다르고, 출금하여 속전을 거두는 것은 지극히 구간苟艱하다. 이 경우는 호조와 병조에서 원역의 요포를 마련해 차하差下하고, 금란에 잡힌 자들은 단지 죄를 다

---

* 帖下는 원래 관에서 사용하는 문서 양식의 하나다. 이두문자로서 하급 이예吏隸에게 전곡錢穀을 지급할 때, 그 물품지령서에 '첩帖' 자의 목인木印을 찍어 내려 보내면 이에 따라 현물을 지급하였다. 관서의 하급 관원에게 무엇인가를 지급함, 또는 지급을 약속하는 증서이다.

스러 징려懲勵하는 것이 사리에 합당할 것이다.[36]

　형조와 한성부의 당상관은 각각 이예를 거느리고 금란을 하기 위해 나가서 받은 속전을 개인적으로 이예들에게 지급한다는 것이다. 곧 속전은 공식적으로 형조와 한성부의 수입으로 잡히지 않았던 것이다. 이유는 형조와 한성부의 경우, 장관이 재정 관리를 전담하여 낭비되는 비용을 줄여 현방의 속전 외 다른 속전으로 원역의 삭하를 지불하고, 사헌부는 속전을 받지 말고 비용을 호조와 병조에서 지급하자고 제안했다. 이유의 의견은 그대로 관철되었다. 결국 조태구의 요청이 수용되었고 1년에 7,700여 냥의 속전이 절반으로 감해졌다. 한 달 속전은 300냥으로 떨어졌다.

　당연히 삼범사의 저항도 있었다. 그들로서는 안정적인 수입을 보장하는 황금어장을 포기할 수가 없었던 것이다. 1707년 사헌부에서는 1704년 현방의 속전 대신 호조와 병조에서 지급하기로 한 미포를 지급하지 않고 있다면서, 만약 계속 지급하지 않을 것이라면 현방의 속전을 복구시켜달라고 요청했다. 또 속전을 감한 지 3년이 지났으니, 성균관 노비들도 소생했을 것이라는 이유도 덧붙였다.[37] 하지만 호조는 사헌부의 요청을 수용하지 않았다. 그 이유는 다음과 같다. 현재 삼사에 바치는 현방의 속전은 300냥으로 제한되어 있다. 조지겸이 대사성으로 있을 때 100냥을 감했고 그 뒤에 또 100냥을 감했다. 따라서 지금 바치는 것은 100냥이다. 이것을 원역에게 지급하지만 너무 적어서 호조와 병조가 요포를 지급하게 하였던 것이다. 하지만 전에 없던 법을 새로 만들 수 없고, 현방의 속전도 복구할 수 없다. 사헌부는 본디 속전을 받는 아문이고 다른 잡속雜贖과 추고속推考贖도 있으니, 본부에서 100냥 외에 부족한 수는 지급할 수 있다. 이 외에 다른 방법은 없다. 사헌부는 자체 재원을 사용하라는 것이었다.[38] 숙종은 호조의 말에 동의했다. 1704년에 반감된 속전의 규모는 그대로 유지되었다.

호조가 속전을 복구시켜달라는 사헌부의 요청을 거부한 날 대사성 이만성李晚成은 부안의 위도를 되찾았다. 이만성의 논리는 다음과 같았다. "원래 위도는 성균관에 속해 있었고, 성균관의 아전을 보내어 세금을 거두었고, 위도에 진鎭을 설치한 이후로는 위도 첨사가 300여 냥을 거두어 보내게 하였다. 그런데 김우항金宇杭·권상유權尚游가 전라도 관찰사로 있을 때 그것은 백성을 진휼하는 자금으로 남겨두기를 청하여 성균관이 세금을 거두는 길이 끊어졌다. 성균관의 재정 상황이 나쁘니, 위도를 전처럼 성균관에 소속시키기를 원한다." 숙종은 이만성의 요청을 수용했다.[39] 여기에 더하여 반인들은 1704년(숙종 30) 방역의 부담에서도 벗어났다.[40] 사헌부의 속전 복구를 막고 위도의 수세권을 되찾고, 방역 부담까지 벗었으니, 성균관과 반인들로서는 가장 좋은 순간을 맞았다.

호조가 사헌부의 속전 복구 요청을 거부한 1707년 1월 5일로부터 약 두 달 뒤 속전 문제가 재론되었다. 우의정 이이명李頤命은 형조가 당면한 재정 부족 문제를 해결해야 한다고 주장했다. 곧 현방의 속전을 반감한 이후 형조는 재정 부족으로 '아문衙門의 모양을 이룰 수 없기'에 현방의 속전이나 감축한 금제禁制의 복구는 불가능하겠지만, 달리 대책을 마련해야 한다는 것이었다. 국가의 중추적 기구가 다른 기관의 노비를 수탈하지 않으면 운영이 불가능한, 한심한 상태는 조선 후기 전체를 관통하는 일상적인 현상이었기 때문에 아무도 이 현상 자체를 문제 삼지는 않았다. 형조판서 김우항金宇杭은 과거 형조는 한 달에 현방의 속전 400냥을 받았고 금란속전도 있어 삭료 지급에 부족함이 없었지만, 현재는 속전을 단지 100냥 받을 뿐이라고 호소했다. 길고 복잡한 논란이 있었지만, 속전의 복구는 없었고, 대신 호조의 삼남재상수속목三南災傷收贖木과 평시서가 받아들이는 난전亂廛의 속전을 형조에 주기로 결정했다.[41]

02
사헌부 속전의 복구와
성균관의 현방 수탈

같은 해 8월 사헌부는 현방의 속전을 복구해줄 것을 요청했다.[42] 가장 중요한 논거는 1704년 현방의 속전을 관인館人의 경제적 형편이 나아질 때까지 한시적으로 감했을 뿐이라는 것이었다. 영의정 최석정崔錫鼎은 사헌부의 손을 들어주었다. 사헌부의 열악한 재정 상황을 타개하기 위해서는 속전의 복구가 불가피하다는 것이었다. 성균관 대사성 이건명은 당연히 반대했다. 이건명의 말에서 당시 반인들의 노역 상황을 짐작할 수 있는 대목이 있다.

신이 지금 성균관의 직임을 맡고 있어 성균관의 사정을 또한 상세히 알 수 있습니다. 몇 해 전 조태구가 대사성이었을 때 반인이 더 이상 견뎌낼 수 없을 지경이라는 이유로 현방의 속전을 감해줄 것을 바라는 뜻을 진달하여 윤허를 받았습니다. 대개 공천公賤·사천私賤의 신역이 무겁기로 말하자면, 관하館下의 전복보다 심한 것이 없습니다. 옛날 백성의 사역은 1년에 사흘을 넘지 않았습니다. 하지만 이들은 1년에 여섯 달을 입역하고, 비녀婢女까지도 채모菜母·찬모饌母의 구실이 있고, 재직齋直은 일고여덟 살 때부터 입역합니다. 한 집안에 노소를 물론하고 신역身役이 없는 자가 없으니, 그 형세가 참으로 견뎌내기 어렵습니다. 또 유생들에게 공급하는 필수물자로 말하자면, 예전에는 각 전에서 거두어 쓰는 규정이 있었지만, 근래에 폐기되었습니다. 전날 현방의 속전을 감한 것은 이 때문이었습니다. 지금 만약 전처럼 속전을 징수한다면, 반인은 실로 생활하고 공역供役할 방도가 없게 될 것입니다. 사헌부 원역의 요포는 비록 다른 변통 방법을 찾는다 하더라도, 현방의 속전은 복구하지 않도록 하는 것이 좋을 듯합니다.[43]

위의 인용을 통해 성균관이 반인의 노동력을 극심하게 수탈하고 있었던 사정을 짐작할 수 있을 것이다. 그는 아울러 성균관 유생에게 공급하는 물자를 시전에서 거두어 쓰던 관행의 폐기로 말미암아 해당 물자의 비용을 반인이 부담했던 것이 현방의 속전을 감한 중요한 이유라고 주장했다. 이건명은 노동력을 수탈당하던 반인들의 사정을 소상히 알고 있었기에 속전의 복구를 맹렬히 거부했던 것이다.

하지만 최석정과 사헌부 대사헌 이돈李墪과 헌납 박휘등朴彙等은 속전의 복구를 강력하게 주장했다. 이들은 먼저 병조와 호조의 재력이 사헌부의 요포를 지원할 수 없는 상황에 이르렀음을 지적하는 한편, 성균관의 재정 상태가 호전되었기에 속전을 복구할 수 있다고 주장했다. 그 증거로 박휘등은 성균관이 과거 상실했던 어전漁箭의 수세권을 되찾은 것을 지적했다. 어전은 아마도 1697년 위도를 되찾은 것을 의미할 터이다. 숙종은 최석정 등의 의견을 따라 사헌부에 한정해 현방의 속전을 복구할 것을 명했다.

사헌부가 속전을 복구하자 형조 역시 속전의 복구를 요청했으나 숙종은 받아들이지 않았다.[44] 한성부는 현방의 속전을 반감한 뒤 부족분을 호조로부터 해마다 세폐목歲幣木 5동을 받아 보충하기로 하였다. 성균관에 복무하는 노동과 현방 운영은 등가의 것이므로 가외로 반인들에게 속전을 거둘 수 없고, 현방의 개설과 운영이 불법이 아니므로 속전을 거두는 것 자체가 불법이라는 1704년 이유의 원칙적 주장은 더 이상 거론조차 되지 않았다. 삼법사는 성균관 노비들이 소의 도축과 쇠고기 판매로 얻은 수익을 빼앗는 것 외에는 아무것도 보이지 않았던 것이다.

사헌부의 현방의 속전 복구는 결국 성균관에서 수탈할 것을 가로챈다는 것을 의미하였다. 당연히 성균관 쪽에서도 반응하였다. 해를 넘겨

1708년 5월 29일 대사성 이제李濟는 성균관과 관련한 10조목의 상소를 올린다. 그중 재정과 관련한 부분은 다음과 같다. ① 성균관 유생의 숫자가 호조에서 경비를 지원하는 75명을 넘어 거의 100명에 이르러 성균관의 재정 능력을 초과하고 있기 때문에 앞으로 유생의 숫자를 제한할 것, ② 호조에서 양현고로 보내는 1년의 쌀을, 호조를 거치지 않고 생산자가 직접 바치게 할 것, ③ 호조에서 빌려온 미포를 탕감해줄 것, ④ 성균관 외방 노비를 공문을 보내어 수습할 것, ⑤ 사간원과 예조에 예송例送하는 면포 2동을 없앨 것, ⑥ 반인의 도사屠肆에서 금리禁吏가 소란을 피우지 못하게 할 것 등이다.[45] 모든 것은 성균관 재정을 확충하기 위한 것으로 보인다.

이제의 상소는 《숙종실록》에 내용이 축약되어 실려 있다. 《승정원일기》는 상소했다는 사실만 실려 있고 내용은 실려 있지 않다.[46] 그런데 《숙종실록》에도 빠진 부분이 있는 것으로 보인다. 이 상소에 대한 비변사의 늦은 검토 결과가 같은 해 12월 22일 《승정원일기》에 실려 있는데, 비변사는 이제가 사헌부가 복구한 현방의 속전을 형조와 한성부와 동일하게 다시 반감해줄 것을 요청했다고 말하고 있다. 《숙종실록》에 실린 10조목 외에 이제는 현방의 속전 문제를 제기했던 것이 분명하다.

비변사는 세 가지 이유로 이제의 요청을 거부했다. 첫째, 현재 성균관의 재정 상태가 호전되었고, 둘째, 현방의 속전은 법전에 실린 것이므로 일시 감면할 수는 있어도 영원히 감면할 수 없으며, 셋째, 복구한 지 얼마 되지 않아 반감하는 것은 모양이 좋지 않다. 여기서 '법전'이란 구체적으로 그 조문을 확인할 수는 없지만, 1675년 성균관 대사성 민종도가 "법전에는 소를 도축하는 일이기 때문에 형조와 한성부, 사헌부에서 모두 속목을 징수하도록 되어 있습니다"라고 말했을 때의 그 법전을 말할 것이다. 이것은 이미 전술한 바와 같이 1670년 이전 곧 1660년대에 만들어졌을 것이다. 숙종은 비변사의 의견을 수용했고, 복구된 사헌부의 속전은 그대로 유지되었다. 자료 부족으로 그 과정을 확인할 수는 없지만, 뒤에 검토할 1724년 성균관 대사성 이진유李眞儒의 말과 《신보수교집록新補受敎輯錄》에 의하면, 한성부의 속전 역시 1711년에 복구된 것이 확실하다.[47]

성균관의 반대에도 불구하고 사헌부와 한성부의 속전이 복구된 것은 반인을 궁지로 몰아넣는 일대 사건이었다. 하지만 사헌부와 한성부의 속전 복구만큼 불행한 일이 또 있었다. 성균관 자체의 재원이 계속 축소되고 있는 것이었다. 그것은 결국 반인에 대한 경제적 압력, 달리 말해 수탈의 강화로 나타날 것이었다. 사헌부의 속전이 복구되었던 1708년부터 성균관은 현방으로부터 매달 150냥을 거두어 '양사養士의 비용(선비 양성 비용)'에 보충해 쓰기 시작했던 것이다.[48]

성균관이 사헌부 속전의 복구에 맹렬히 반대했던 것은 성균관이 현방으로부터 수탈하는 돈의 규모가 축소되는 것을 예민하게 의식했기 때문이었을 것이다. 성균관은 사헌부·형조·한성부와는 달리 직접 반인을 지배하는 주체였다. 반인은 성균관을 움직여 삼법사의 수탈에 항의할 수 있었다. 하지만 성균관의 수탈은 반인으로서는 막을 수 있는 성질의 것이 아니었다. 하나 미묘한 것은, 성균관이 현방을 직접 수탈하기 시작한 것은, 성균관의 입장에서는 현방의 이익이 곧 성균관의 이익이 된다는 것을 의미하였다. 성균관은 보다 적극적으로 현방의 이익을 방어할 수밖에 없게 된 것이다.

사헌부의 속전 복구가 있고 4년 뒤인 1712년 성균관 대사성 최창대崔昌大는 상소[49]에서 악화일로에 있는 성균관의 재정 상황을 집중적으로 거론했다. 이 상소는 3장에서 거론한 바 있는데 곧 성균관 외방노비의 신공 3필을 1필로 줄일 것을 요청한 바로 그 상소다. 따라서 여기서 노비신공에 대해서는 다룰 필요가 없고, 성균관 재정 상황에 대한 언급에 집중해보자. 최창대는 재정 관리 주체의 부재를 첫째 원인으로 꼽았다. 그의 주장을 요약하면 다음과 같다. 성균관은 교육기관이기는 하지만, 날마다 전錢·포布·미米·곡穀의 수입과 지출을 다루는 재정관서이기도 하다. 안으로는 성균관 자체의 노비와 밖으로는 각 도의 외방노비 수만 명도 아울러 관리한다. 하지만 당상관과 낭관이 자주 바뀌어 주관하는 주체가 없다. 이예吏隸가 권한을 쥐고 농간을 부려도 부정한 행위를 알아낼 수가 없다. 재력이 바닥이 나는 것, 문서가 뒤죽박죽이 된 것은 이 때문이다.

최창대가 지적한 것은 조선 후기 행정관서에서 일반적으로 일어나는 일이었다. 적은 수의 관직을 보다 많은 사람에게 배분하기 위해 재직 기

03
1712년 현방의 빚과 공금 대출의 시작

간을 짧게 한다는 묵시적 원칙이 작동하고 있었기 때문에 한 관서에 오래 근무하면서 해당 관서의 행정실무를 정확하게 파악하는 것은 사실상 불가능한 일이었다. 조식曹植이 서리가 나라를 마음대로 하고, "군민軍民의 서정과 나라의 기무가 다 도필리刀筆吏의 손에서 나온다"[50]고 한 것처럼 각 관서의 서리가 행정실무를 독점하고 있던 것이 사실이었다. 원래 성균관은 참하관參下官 1명을 장무관掌務官으로 삼아 재정 출납의 실무를 맡고 당상관이 그것을 감독하는 임무를 맡고 있었다. 하지만 장무관은 출륙出六(6품으로 승급)하면, 신병이 있으면, 휴가를 받으면, 즉시 교체되어 몇 달을 넘길 수 없었다. 그 결과 성균관 재정 상황을 정밀하게 파악하고 장기적 계획을 수립할 수 없었던 것이다.

최창대는 성균관 재정의 또 한 축인 반인의 현방에 대해서도 언급한다. 그의 언급을 통해 이 시기 현방 상황에 대한 중요한 정보가 노출된다. 곧 빚이다.

태학의 전복은 그 수가 거의 만 명에 이르는데, 다른 생업은 없고 단지 도판屠販(소를 잡아 판매하는 일)을 명줄로 삼고 있습니다. ① 도성 안의 도사는 모두 21곳인데, 각 현방은 모두 본전이 없습니다. 매일 소를 잡는데 소 값은 모두 사채私債에서 나옵니다. 과거 전복의 수가 그리 많지 않았을 때는 판매하여 얻는 수익이 그리 박하지 않아 이것으로 한편 사채를 갚고 한편 삼사三司에 속전을 내고 나서 조금 남는 돈으로 근근이 먹고 살았습니다. 하지만 사채를 빌리고는 늘 이자가 너무 무거운 것을 걱정해왔습니다. ② 근년에는 전복의 수가 날이 갈수록 늘어나고 소 값은 날마다 뛰어올라, 소를 잡아 팔아도 공사公私 비용을 당할 수가 없게 되었습니다. 각 현방은 모두 빚을 지는 상황을 면하지 못하고 있습니다. 계속해서 돈을 빌리지만 계속해서 손해를 보아 빚은 날로 달로 불어나 한 해 안에 열 배가 되기도 합니다. ③ 현재 21곳의 현방이 지고 있는 빚은 모두 4만~5만 냥입니다. 묵은 빚은 빚쟁이의 독촉이 사방에서 이르고, 새로 얻고자 하는 빚은 시변時邊으로 갚지 않을 것을 염려하여 인색하게 문을 닫고 주려고 하지 않으니, 허다한 전복들이 시름하고 괴로워하며 궁박한 처지로 내몰려 장차 어떻게 살 수 있는 도리를 찾지 못할 것이고, 각 도사屠肆는 반드시 흩어지고 문을 닫는 지경에 이르고 말 것입니다.[51]

요지는 간명하다. 21곳 현방은 자기 자본 없이 빚으로 운영되고 있다는 것이다. 곧 빚을 내어 소를 구입해 도축한다는 것이다. 이 빚은 앞서 지적한 부유한 반인들이 대출해준 사채일 터이다. 1707년 사헌부의 속전 복구, 1708년 성균관의 1년 1,800냥의 새로운 수탈의 압력은 결국 현방의 자본을 잠식했고, 그 결과 현방은 사채를 빌리지 않을 수가 없었다. 빚으로 소를 구입하고 도축·판매하여 얻는 수익은, 삼법사의 속전과 성균관의 운영자금, 그리고 사채에 대한 이자로 지출되었다. 아마도 반인에게 떨어지는 수익은 거의 없거나 적자 상태였을 것이다. 이자가 높아지거나 속전의 양이 늘어나거나, 소 값의 등귀, 반인 인구의 증가 등 외적 요인의 변화에 따라 상황은 더 나빠질 수 있었다. 최창대의 지적처럼 상황은 더욱 악화되고 있었다.

삼법사의 속전과 성균관에 제공하는 운영자금의 규모를 줄이는 것이 유일한 해결책이었다. 하지만 성균관은 노비인 반인의 소유자였다. 성균관의 재정 역시 악화되고 있었으니, 반인으로부터 수탈하는 운영자금을 줄일 리가 없었다. 또한 사헌부처럼 권력 있는 관서는 속전의 감축을 결코 수용하지 않을 것이었다. 단 하나의 가능성은 사채로부터 벗어나는 것, 최창대의 요청처럼 국가기관으로부터 이자 없는 공채公債를 빌리는 것은 가능성이 있었다. 사실 공채를 빌리는 것은, 반인들이 생각해낸 해결책이었다. 최창대의 상소를 계속 읽어보면 반인들이 적극적으로 해결책을 모색했음을 알 수 있다. 최창대는 자신이 성균관에서 집무하고 있을 때 전복들이 열씩 백씩 무리를 지어 각 아문의 은전銀錢을 빌려 일정한 기간이 지나면 그대로 갚겠다는 요구를 들어달라고 호소했다고 한다.[52] 최창대가 전하는 전복들의 요구사항을 전복들의 입장에서 번역해보자.

공화公貨는 으레 변리가 없어서 각 현방에서 만약 각기 수백의 전화錢貨를 얻을 수가 있다면, 몇 해 동안 사채를 빌리지 않아도 되고, 소를 사서 잡은 뒤 판매해 날마다 남은 돈을 저축한 결과 밑천을 마련해 이익이 더 불어나면, 세월이 흐른 뒤 관사官司의 여러 가지 역사役事에 충분히 응할 수 있고, 채권자들에게 예전 빚을 갚을 수도 있을 것입니다. 각 현방에서 매일 2냥, 혹은 3냥씩 거두어 모아 따로 성균관에 저축해 매달 빚을 냈던 아문에 갚아 나간다면, 아문의 돈을 갚는 것 또한 힘을 들이지 않고 계획대로 이루어낼 수 있는 것입니다. 비록 몇 냥이지만, 사채의 변리에 비교하면 4~5분의 1에 불과하기 때문에 이문을 남기는 것이 점차 넉넉해지면, 의지해 쓸 수가 있을 것입니다.[53]

관서들 중 전곡아문錢穀衙門이라 불리는 곳은 쌀과 포목, 은銀·전錢을 보유·관리하고 있었고, 이것을 민간에 빌려주는 관례가 있었다. 예컨대 여관들의 경우 호조로부터 은을 빌려 무역자금으로 쓰기도 했다. 요컨대 반인들은 이자가 없는 전곡아문의 은전을 빌려 남은 이익을 축적해 자기 자본을 마련하고, 다시 그것에 기반해서 얻는 수익을 매달 모아 갚겠다는 것이다. 이로써 자립의 기반이 마련되면, 성균관의 사역使役에 응하는 한편 갚지 못했던 묵은 사채도 갚겠다는 것이었다.

최창대가 각 아문의 저축이 넉넉하지 않다는 이유로 반인의 요청을 거부하자,[54] 반인은 호조와 비변사로 몰려가서 계속 자신들의 계획을 수용해줄 것을 호소하는 한편 다시 최창대를 설득했다. 최창대는 결국 반인들의 요청을 수용하는데, 그 논리는 다음과 같았다. 각 아문에서 지방에 진휼자금으로 혹은 군기軍器 수리 비용으로 대출해준 경우가 있다. 하지만 '완악한 백성, 간활한 아전頑民猾吏'이 오랫동안 갚지 않은 경우가 있다. 상인에게 대출한 자금도 돌려받지 못하는 경우가 있다. 하지만 반인의 경우는 다르다. 반인은 현방을 경영하므로 달아날 수 없고, 매일 일정한 금액을 징수하여 일정한 시간 뒤에는 결국 모두 돌려받을 수 있다는 것이었다. 최창대는 호조·사복시·진휼청 및 여러 군문에서 각각 6,000~7,000냥을 대출해주되, 돈이 없다면 은으로 줄 것을 요청했다.[55]

이 요청이 수용되는 과정은 자료가 없어 확인할 수 없지만, 뒷날의 자료를 통해 그 결과는 확인할 수 있다. 반인들은 4만 2,000냥을 요청했고 그 절반인 2만 1,000냥을 빌렸다. 그리고 정확하게 상환했다.[56] 1712년 반인이 국가기관으로부터 공금을 빌린 것은 반인의 역사에서 의미 있는 사건이었다. 속전을 내지 않거나 감면받는 것은 성공할 수 없었으나, 사채의 압력에서 벗어날 가능성이 있었던 것이다. 최선은 아니었으나 노비로서 성균관 대사성을 움직여 차선책을 실현시킬 수 있었다.

1712년 현방이 공채를 빌린 것은 중요한 전례가 되어 이후 반인은 자주 공금 대출을 시도했고 일부는 성공하였다. 예컨대 불과 2년 뒤인 1714년에도 대사성 박봉령朴鳳齡이 각 아문의 전錢 4만 2,000냥을 21개 현방에 빌려줄 것을 요청하였고, 숙종은 은 7,300냥과 돈 1만 냥을 빌려주게 하였다.[57] 하지만 이렇게 잦은 공금의 대출은 현방의 경영이 어려워지고 있다는 것을 반증하는 것이기도 했다.

1724년 삼법사 속전 감면 요청의 실패와
공금의 대출

1724년 대사성 이진유李眞儒는 현방의 '응역應役'이 번다하여 전복들의 생활이 어려워지고 있다고 말한다. 응역을 문자 그대로 해석하자면, '공역公役에 응하는 것'이다. 속전을 바치는 곳이 많다는 뜻이다. 이진유는 먼저 현재 삼법사에서 징납하는 속전이 6,500냥에 이르는 큰 규모라고 지적했다. 1704년 조태구가 삼법사 속전의 반감을 요청했을 때 1년 속전은 7,700냥이었으니, 1707년 사헌부와 한성부 속전의 회복으로 인해 1724년에는 원래 속전의 규모에 거의 접근해 있었다. 1708년부터 성균관은 매달 150냥, 1년 1,800냥을 현방에서 받아 양사養士 비용으로 쓰기 시작했으니, 삼법사와 성균관이 현방에서 수탈하는 돈의 총량은 8,300냥으로 1704년의 7,700냥보다 600냥이 불어나 있었다. 수탈이 강화되었던 것이다. 이상의 사정을 근거로 이진유는 1704년의 전례에 따라 삼법사의 속전을 영원히 반감할 것을 요청했다.

04
삼법사의 본격적
수탈의 전개

이진유는 봉상시 문제도 지적했다. 국가의 제사에는 포脯가 사용되었는데, 봉상시 하인들이 포를 만든다는 핑계로 소를 도축하여 판매하기 시작했고, 이것은 현방의 이익을 침해하는 것이었다. 이진유는 필요한 포의 양에 맞추어 소를 도축할 것이며, 내장과 머리, 발 외의 것을 판매할 경우, 사도私屠 처벌법에 의거해 처벌할 것을 요청하였다. 생각 없는 왕 경종은 별다른 의견을 표명하지 않고, 아니 모든 사안에 늘 그랬던 것처럼 아무런 생각 없이 이진유의 요청을 모두 재가했다.

사헌부와 봉상시는 반발했다. 사헌부의 경우는 자료가 없지만, 봉상시의 경우 반발 과정과 논리가 소상하게 남아 있다. 봉상시는 종묘·사직 등의 제사에 필요한 포를 매년 봄·가을에 만들어왔고, 포를 만드는 정육正肉을 제외한 잡육雜肉은 주인에게 내주어 판매하도록 했다. 이것은 300년 이래의 규정이다. 그런데 얼마 전 현방 사람들이 들이닥쳐 양지머리를 포를 만드는 정육이라면서 사헌부에 가지고 가서 '사도'의 증거로 내세우며 처벌을 요구했다. 하지만 양지머리는 포를 만드는 정육이 아니고, 주인에게 내주어 판매하게 하는 것이 오래된 규정이니 구례에 따라 처벌하지 말 것을 요청한다.[58] 경종은 아무 생각 없이 사헌부와 봉상시의 의견을 그대로 수용했다.[59] 속전의 반감은 없던 일이 되었다.

상황이 바뀐 것이 없었기 때문에 성균관과 현방으로서는 다른 대책이 있어야만 했다. 이진유는 1704년 반인들이 요청한 4만여 냥의 절반인 2만 냥을 빌려준 전례를 상기시키면서 진휼청·훈련도감·어영청·금위영·수어청·총융청·군기시 등 군문에서 1만 5,000냥을 반인에게 빌려줄 것을 요청했다. 현방이 한 달에 여섯 차례 빌린 돈을 정확하게 상환했던 것이 중요한 근거가 되었다. 현방의 신용은 막대한 돈을 빌리고 갚지 않는 역관과 종종 비교되었다.[60] 긴 토론 끝에 1704년에 빌려주었던 2만 1,000

냥의 절반인 1만 500냥을 대출해주기로 결정하였다. 자료에 밝혀져 있지는 않지만 여러 군문에서 나누어 맡았을 것이다. 이 외에 성균관의 입장에서 보잘것없는 성과가 하나 있었다. 한성부의 속전 180냥 중 30냥을 성균관의 몫으로 돌린 것이었다. 하지만 이마저도 다음해 다시 한성부에 돌려주어야만 했다.[61]

1만 500냥 대출의 결정을 주도한 사람은 좌의정 이광좌李光佐였는데, 그는 반인이 궁핍하게 된 또 다른 원인을 하나 밝히고 있다.

관인館人들의 처지가 참으로 딱합니다. 이미 먹고살 일거리가 없는 데다가 또 성묘聖廟를 떠나 흩어져 삶을 도모하지도 못합니다. 근래에 더욱 생업을 잃게 된 이유가 두 가지 있습니다. 하나는 저육전猪肉塵이 많이 생겨 갑자기 이익을 잃게 된 것이고, 하나는 관인들 역시 사치를 배워 혼인에 쓰는 돈이 한정 없어 이로 인해 형편이 극히 어려워진 것입니다.[62]

두 번째 사치 문제부터 검토해보자. 관인 곧 반인이 사치스러워졌고 특히 혼인에 많은 돈을 썼다는 것은 여러모로 의미 있는 말이다. 이광좌가 이 말을 하기 전 같은 자리에서 이진유는 자신이 성균관에 출입하던 젊은 시절 전복들은 의복과 음식과 집이 그리 피폐하지 않았다고 한다.[63] 이진유는 1705년 성균관 유생으로 황감제黃柑製(제주에서 진상한 귤을 나누어주고 치르게 했던 과거)에서 급제했다.[64] 그런데 1705년이면 1704년 현방의 속전을 감한 바로 그다음 해이다. 곧 1704년 속전의 반감은 반인의 생활에 윤기를 돌게 했던 것이고, 그로 인해 혼인에도 상당한 사치를 부릴 수 있었던 것이 분명하다. 하지만 속전은 모두 복구되었고 성균관의 수탈도 본격적으로 시작되었다. 이것이 반인을 다시 빈곤의 나락으로 몰아녔었던 것이다.

현방의 외적 상황도 좋지 않았다. 현방은 속전을 전혀 내지 않는 잠도潛屠 혹은 사도와 불리한 경쟁을 해야 했고, 한편으로 돼지고기 소비와도 경쟁해야만 했다. 다른 육류란 이광좌가 지적하는 돼지고기였다. 1712년 대사성 민진원閔鎭遠은 전복들의 하소연을 듣고 저육전의 문제를 제기했다. 그에 의하면 본래 48좌였던 현방이 계축년(1673)에 21좌로 줄어든 반면, 시안市案에 기재된 것이 6~7곳에 불과했던 저육전은 70~80좌로 늘어나 있었다. 폭발적으로 증가한 저육전이 현방의 이익을 갉아먹었음은 물론이다. 민진원은 시안에 실린 것 외의 저육전을 모두 혁파하고, 저육전을 몰래 설치할 경우 현방에서 밀고하는 대로 난전을 금하는 법에 따라 처단할 것을 요청했고 숙종은 그의 요청을 수용했다.[65] 그러나 저육전은 원래 금령이 없고 역시 소민小民들의 생계가 걸린 문제라는 이유로 줄이기는 했지만, 시안의 숫자대로 줄이지는 않았다.[66] 실제 1724년까지 저육전은 줄어들지 않았던 것이 확실하다. 이광좌가 현방이 이익을 잃는 중요한 근거로 저육전의 존재를 지적하고 일곱 달이 지난 뒤에도 여전히 "저육전이 전에 비해 배나 증가하여 현방이 이익을 잃고 있다"[67]는 지적이 있었기 때문이다.

1728년 조지빈의 상소, 궁핍해지는 반인과 성균관

1724년에 1만 500냥을 군문으로부터 빌린 것을 제외하면 현방의 경제 상황은 악화일로에 있었다. 앞서 거론한 저육전의 증가 역시 현방의 이익을 빼앗고 있었다. 군문 역시 현방을 수탈하고 있었다. 법은 값을 지불하고 소의 부산물인 근각을 가져다 쓰도록 규정하고 있었지만, 군문은 전혀 지키지 않았다.[68] 현방과 경제적으로 연동되어 있는 성균관도 재정 부족에 시달리게 되었다. 앞서 언급한 바대로 호조에서 지급하는 반미飯米를 제외한 일체의 경비는 성균관 스스로 마련해야 했는데, 외방노비의 절반이 도탄한 상황이라 노비들이 바치는 신공이 점차 줄어들고 있었던 것이다. 한성부에 바치는 속전 30냥을 다시 성균관으로 돌렸지만 그것도 한성부의 반발로 즉시 돌려줄 수밖에 없었다.

1725년(영조 1) 8월 6일 정언 박규문朴奎文의 상소는 성균관이 안고 있는 핵심 문제를 지적했다. 그는 먼저 성균관 대사성이 너무 자주 바뀌어 성균관의 교육기능이 거의 마비되었다고 지적했다. 이어 성균관의 재정 문제를 짚었다. 무엇보다 장무관이 업무를 챙기지 않기 때문에 양현고의 재곡財穀이 모두 반예, 곧 반인의 수중에 떨어졌고 이로 인해 유생들에게 제공하는 찬물도 형편없어졌다는 것, 외방의 노비 역시 추쇄가 불가능한 상태에 이르러 노비신공은 계속 감소하여 동벽東壁·서벽西壁의 여러 창고가 모두 텅텅 비어 있다는 것이었다.[69] 문제를 해결하기 위해서는 재정 현황을 정확하게 파악하고 수입과 지출을 철저하게 관리하는 일이 선행되어야만 하였다. 박규문 역시 성균관 대사성을 구임시키고 장무관을 유능한 사람으로 뽑아 성균관의 재정을 철저하게 챙기자고 했지만,[70] 그 자신도 자신의 말이 실행되리라 믿지 않았을 것이다.

단 한 가지 성균관이 행동에 나섰던 부분이 있었으니, 다름 아닌 노비신공이었다. 노비신공 자체에 대한 개혁적인 접근은 아니었고 재원의 부족분을 채우려는 시도가 이듬해인 1726년 5월 11일에 있었다. 대사성 홍석보洪錫輔에 의하면,[71] 노비신공의 부족분을 채우기 위해 성균관은 진휼청으로부터 미곡과 전포를 얻고자 했는데, 진휼청은 저축이 부족하다는 이유로 완강하게 거부해 1723~1725년 3년간의 재감목災減木 41동同을 지급하지 않았다. 결국 외방노비의 신공목身貢木과 재감목을 모두 받지 못하게 된 것이다. 영조는 진휼청에서 재감목*을 주도록 명했다.

5월 11일에는 삼법사 금리의 현방 수탈도 거론되었다. 이것은 공식적인 속전이 아닌, 금리 개인이 현방을 수탈하는 경우를 말한다. 금리들은 현방에 임의로 출입하면서 판매하기 위해 진열한 쇠고기를 '첩도疊屠'한 것이라고 소속 관청에 보고하고, 과외의 속전을 받아내었다. 첩도는 원래 정해진 두수頭首를 넘어 도축하는, 불법적 행위였다. 금리의 불법적 수탈은 그 유래가 꽤나 오래된 것이었고 조정의 금지에도 불구하고 끊임없이 반복되었다.[72] 첩도에 대해서는 뒤에 다시 언급하겠다.

1704년 반감했던 현방의 속전의 복구, 1708년 성균관의 새로운 수탈, 봉상시·저육전과의 경쟁, 삼법사 금리들의 불법적 수탈 등으로 반인의 경제 상황은 악화일로에 있었다. 총체적으로 견딜 수 없을 정도로 과도한 수탈이 이루어졌던 것이다. 성균관에 대한 사역이 줄어든 것도 아니었다. 1727년 9월 12일 대사성 송인명宋寅明은 상소하여 전례에 의거해 반인에게 군문의 전화 1만~2만 냥을 빌려줄 것을 요청했다. 상소에서 송인명은 사역의 고통을 견디지 못하고 자살한 자가 6~7명이 넘는다고 보고했다. 과도한 수탈이 반인을 죽음으로 몰아넣었던 것이다. 송인명은 반인의 유일한 생계수단인 현방은, 삼법사의 속전, 금리의 수탈로 인해 이

---

* 여기서 '재감목'의 뜻은 분명하지 않다. 흉년으로 성균관 소유의 토지가 전세를 면제받는 '재감災減'의 대상이 되면, 진휼청에서 전세 몫으로 대신 지급하는 무명을 '재감목'으로 부른 것이 아닌가 한다.

익을 수탈당했고, 사도의 남은 이익까지 침범했다고 지적했다.[73] 영조는
송인명의 상소를 비변사에 내리고 검토할 것을 지시했다. 하지만 비변사
에서 검토하여 보고한 일은 없었다.

한 달이 지나 송인명은 봉상시의 불법 도축을 언급했다. 봉상시는 봄·
가을에 한정해서가 아니라, 사철 임의로 도축을 하고 쇠고기를 팔아 이익
을 취하고 있어 이로 인해 반인이 이익을 잃는다는 것이었다. 송인명은
봄·가을 15일에 한정하여 필요한 양만큼 도축을 허락할 것을 요청했고
영조는 수용했다.[74] 하지만 문제가 봉상시로 끝나는 것은 아니었다. 같은
시기 형조의 금리가 형조의 담장 밖에서 마음대로 도축하고 가게를 열고
있었던 것이다. 이 역시 현방이 이익을 잃는 이유가 되었다.[75] 하지만 왕
은 비변사에 미뤘고 비변사는 대책을 세우지 않았다. 아무도 책임지지 않
는 구조가 만들어져 있었던 것이고, 그 구조는 변함이 없었다. 성균관과
현방은 더이상 지탱할 수가 없었다. 1728년 7월 12일 성균관 대사성 조
지빈趙趾彬은 성균관과 현방의 문제를 해결하기 위해 왕과의 면담, 곧 청
대請對를 요청했다. 영조를 만난 자리에서 조지빈은 성균관과 현방의 문
제를 더할 수 없을 정도로 상세하게 보고했다.[76] 먼저 성균관의 재정에
대한 그의 보고를 정리해보자.

① 현재 서벽에 남아 있는 무명은 단지 2동 30필인데 매달 지출하는
비용은 5동이어서 앞으로 지탱할 수가 없다. 앞서 성균관의 장무관
이 구례에 의거해 교생포校生布[77]를 성균관에 넘겨줄 것을 요청해
왕의 재가를 받았다. 그 뒤 조문명趙文命이 대사성으로 있을 때 또
요청해 재가를 받았으나, 병조에서 아직도 주지 않고 있다. 조문명
이 병조판서가 된 뒤 병조의 재정 부족을 이유로 주지 않고 있다.

전부가 아니라 반이라도 보내주었으면 한다.

③ 양현고의 상황. 1679~1680년 이후 무면미無面米(축이 난 쌀) 121섬을 끌어다 쓰고, 1685~1696년에 무면태無面太(축이 난 콩) 92섬을 빌려 썼는데, 양현고의 현재 재정 상황으로는 갚을 수가 없다. 1702년(숙종 28)에 성균관에서 탕감을 요청했지만 재가를 받지 못했고, 지금까지 호조에서 돌려달라고 하지 않았다. 그런데 지금 와서 호조는 유생의 찬값 몫의 콩 15섬 중 7석만 주고, 나머지는 1685~1696년 빌려간 것에서 제하고 있다. 또 해마다 으레 주는 반미 570섬 내에서 367섬을 아직 보내오지 않고 있다. 묵은 무면미와 무면태를 성균관의 재력이 회복될 때까지 호조에서 독촉하지 말 것과 반미와 찬값 몫의 콩도 즉시 보내주었으면 한다.

③ 위도의 어세 1,000여 냥 중 800냥을 세금 징수원인 차인에게 미리 받는데, 최근 비변사에서 차인을 보내지 못하게 하고, 어세는 호조에서 관리하게 하였다. 하지만 전라도 관찰사가 각처의 어세를 모두 보내지 않았다. 이로 인해 호조도 돈을 보내지 않았다. 미리 800냥을 낸 차인은 돈을 돌려줄 것을 계속 독촉하고 있다. 또 성균관 노비는 대부분 호남에 있는데, 지난해 신공도 관찰사가 전부 묶어두고 올려보내지 않고 있다. 호조와 관찰사에게 명령하여 문제를 해결해주기 바란다.

④ 재감목 30동을 선혜청에서 아직 주지 않고 있으니, 빨리 주었으면 한다.

요약하자면, 병조와 호조 등에서 포와 쌀, 콩 등을 빌렸지만, 실제 빌려주지 않은 경우가 있는가 하면, 빌린 것을 도저히 갚을 수도 없는 형편이고, 어세와 신공 역시 전라도 관찰사가 뚜렷한 이유도 없이 보내지 않고 있다는 것이다. 조선 최고의 교육기관의 재정은 전혀 안정되지 않은, 최악의 무질서에 놓여 있었던 것이다. 영조는 조지빈의 요청을 모두 허락했다. 여기서 주목해야 할 것은, 각 관료기구가 독립적으로 움직이고 있었다는 점이다. ①의 병조에서 교생포를 주기로 한 것은, 왕이 재가한 것이었다. 하지만 병조는 왕명을 따르지 않았다. 조선의 관료제는 법과 규정 또는 왕명에 의해 작동하는 것이 아니라, 부정적 의미에서 자율적으로 작동하고 있었다. 성균관의 재정 파탄은 성균관의 문제일 뿐이었고 다른 기관의 관심 대상이 아니었던 것이다.

16일 뒤인 7월 28일 조지빈은 영조에게 그간의 이행 상황을 보고했다. 선혜청 재감목 30동 중 10동, 병조 교생포 20동 중 6동을 보내줄 것을 요청해 재가를 받았지만, 선혜청에서는 5동만 보내주었고 병조는 보내줄 의사가 없었다. 병조판서 조문명을 만나 누누이 요청했지만 끝내 허락하지 않았다. 선혜청은 왕명을 부분적으로 이행했고, 병조는 아예 이행하지 않았다. 영조는 조지빈의 모든 요청을 재가했지만 왕이 재가한 것이라 하더라도 반드시 준행되는 것은 아니었다.

조지빈은 이날 현방의 속전 문제도 거론했다. 현방이 삼법사에 바치는 1년의 속전은 6,580여 냥이었다. 그런데 그는 성균관에 내는 돈을 포함해 현방이 부담하는 돈의 총액이 8,700냥이라 했으니, 성균관에 바치는 돈은 2,120냥이다. 이것은 1708년의 1,800냥에 비해 320냥이 늘어난 것이었다. 조지빈은 8,700냥을 두고 "잔인하기가 막심하다"[78]라고 표현했다. 조지빈은 1704년 삼법사의 속전을 반감했던 바, 형조는 현재까지 반감된 상태로 있지만, 한성부와 사헌부는 즉시 복구되었던 것을 지적했다. 그는 이어 대단히 중요한 정보를 제공했다. 곧 한성부의 사정은 모르지만, 사헌부의 경우는 자신이 사헌부의 관원으로 근무했기 때문에 사헌부의 재정 운용 상황을 소상히 알고 있다는 것이다. 조지빈은 실제 1723~1724년에 사헌부 지평을 지냈다. 중요한 내용이니, 그의 말을 직접 옮겨보자.

현방의 속전은 원역의 삭료로 삼고 있어 그 사용처가 또한 귀착되는 곳이 있습니다. 다만 사헌부에는 금란속전이 있는데, 이것은 출금하는 대관臺官(사헌부 관원)이 데리고 다니는 겸인傔人과 사헌부의 하리下吏들에게 체하帖下하는 물건에 불과합니다. 출금은 도민都民의 견딜 수 없는 가장 큰 폐단이 되어 있고, 출금한 뒤에는 속전의 징수가 없을 수 없으니, 마땅히 공용에 보태어 쓰는 도리가 있어야 할 것입니다. 그런데 무단히 이처럼 녹여버리고 마니, 이것은 법부에서 할 수 있는 일이 아닙니다.

신이 감찰 한 사람을 장무관으로 정하고, 속전을 하나하나 거두어 그에게 맡겼더니, 한 달에 모은 돈이 수백 냥이라는, 많은 수에 이르렀습니다. 신은 동료 대관과 상의한 결과 그 돈을 요포가 없는 원역에게 주는 삭료로 삼고, 또 포진鋪陳(방석·요·돗자리 등의 총칭)을 갖추는 비용으로 삼기로 합의하였습니다. 몇 달이 지나지 않아 사헌부는 곧 재산이 풍부한 아문이 되었습니다.

그 뒤 한 헌신憲臣(사헌부 관리)이 무단히 합의한 바를 혁파하고 속전을 예전처럼 낭비했으니, 이것이 어찌 법을 지키는 대각臺閣이 할 수 있는 일이겠습니까? 신은 개탄해 마지않았습니다. 헌부가 만약 이 법을 준수한다면 헌부의 재산은 신이 헌부에 근무할 때처럼 풍요롭게 될 것입니다. 그리고 본부의 금란속전을 원역들에게 상황에 맞게 나누어주고,

도사의 속전은 전처럼 임금이 재가하여 감할 것을 허락한다면, 양쪽이 다 편하게 될 터입니다. 그런데 헌부는 재물을 만들어 삭료를 주는 방도를 생각하지 않고, 늘 성균관이 현방의 속전을 감하기를 청하는 것을, 사헌부가 지탱하기 어려운 단서가 된다고 생각하여, 반드시 속전을 복구하고자 하는 것입니다.

이제부터는 이것을 정식으로 삼아, 헌부는 전처럼 장무관을 정해 그에게 속전을 맡겨 원역에게 삭료를 주는 근거로 삼고, 현방의 속전은 선조先朝 때의 결정에 의해 특별히 반을 줄이도록 허락해서 장차 흩어지려는 반예를 살아갈 수 있도록 만들어주는 것이 어떻겠습니까?[79]

조지빈은 현방의 속전과 금란속전을 구분하고, 후자의 문제를 집중적으로 따진다. 일단 금란을 나가서 단속을 하면 금제를 범한 사람이 있고, 당연히 그들로부터 걷는 속전이 있다. 이렇게 거두어들인 금란속전은 사헌부 관리가 대동하는 겸인과 하리에게 주는 체하에 불과하다고 지적한다. 겸인은 '청지기'로서 유력한 양반가의 가내 집사를 의미한다. 서리는 원래 《경국대전》 취재取才 조에 실린 규정대로 '취재'란 시험을 통해 선발하는 것이지만, 조선 후기에는 이 취재 조가 폐기되었다. 대신 유력한 서울 벌열가의 청지기가 중앙관서의 서리가 되었다. 조지빈이 말하는 겸인, 곧 청지기는 정식으로 사헌부에 소속되어 있지 않은, 개인적인 수행원이다. 하리는 사헌부의 금리일 것이다.

'체하'는 앞서 지적했듯 아랫사람의 수고에 대해 상급 관원이 내리는 수고비 혹은 그것을 주도록 명령하는 간단한 문서를 말한다. 조지빈이 말하고자 하는 요지는 간단하다. 사헌부의 금란속전은 사헌부 관원 개인이 자신이 거느리는 개인 수행원 격인 겸인과 사헌부의 금리에게 인심을 쓰는 돈에 불과하다는 것이다. 그의 실제 경험에 의하면, 금란속전을 공적으로 통제할 수 있고, 또 그렇게 했을 경우 한 달에 수백 냥을 모을 수 있었고, 그 돈을 삭료가 없는 이예들에게 지급할 수 있었다는 것이다. 곧 금란속전을 공적으로 정확하게 통제할 경우, 현방의 속전을 현저하게 줄일 수 있다는 것이다.

조지빈은 도사의 근각에 대해서도 언급했다. 현재 세 군문에서 군기 제작에 근각을 가져다 쓰면서 값을 지불하지 않기 때문에 관예館隸가 이익을 잃는다는 것이다.

고故 판서 유득일俞得一이 대사성으로 있을 때 군문에서 값을 지불하고 갖다 쓰게 하자는 뜻으로 진달하여 윤허를 받았습니다. 그 뒤 각 군문에서 한 번 값을 지불하고 다시는 값을 지불하는 일이 없었습니다.

신의 종숙부從叔父 고 영의정 조태구가 대사성이 되었을 때 또한 이 문제로 청대하여 아뢴 바 있습니다. 그 후 반드시 값을 지불하고 사다 쓰라는 뜻으로 거듭 신칙하고 세 군문에 분부하는 일을 거듭 밝히고 품정稟定하였습니다. 고 판서 민진후가 수어사守禦使가 되었을 때, 고 영의정 이유李濡와 고 판서 박권朴權이 금위대장禁衛大將이 되었을 때는 연이어 값을 주고 가져다 썼기 때문에 관예들이 억울하다는 말이 없었습니다. 그런데 지금까지 10여 년 사이에 값을 주는 일이 아예 없고, 전처럼 강제로 가져다 바치게 하고는 쓰고 있습니다.

훈국訓局은, 당초에 도사를 설치한 것은 전적으로 훈국의 군기軍器에 들어가는 근각을 위한 것이었으니 지금에 와서 값을 지불할 수 없다고 말하며 끝내 한 번도 값을 지불하지 않았습니다. 설령 도사를 창설한 의도가 훈국에서 말하는 바와 같다고 할지라도, 그 뒤 도사는 이익을 잃고 관예의 살림이 결딴이 나서 다시 어찌할 수 없는 상황이 되었습니다. 그리고 값을 주고 가져다 쓰라는 성명成命(왕명王命)까지 있었으니, 시종일관 막는 값을 주지 않는 것은 당초 정탈定奪(임금의 재결)한 본래의 뜻을 아주 무시하는 것으로 심히 부당한 일입니다.

또 도사에서 잡는 모든 소가 꼭 큰 소는 아닙니다. 그런데 각 군문에서는 늘 '큰 뿔'을 바치라고 독촉하고는 척수尺數에 미치지 못한다는 이유로 퇴짜를 놓습니다. 이로 인해 고색배庫色輩들이 뇌물을 여러 가지로 요구합니다. 이것이 관예가 살기 어려운 큰 꼬투리가 됩니다. 이제부터 정식定式을 거듭 밝히고 세 군문에 분부하되, 값을 지불하기 전에는 절대 가져다 쓰지 못하게 하고, 근각 중 뿔을 바칠 때도 퇴짜를 놓고 뇌물을 요구하지 말도록 각별히 엄하게 신칙하여 관예가 살 수 있는 바탕을 삼는 것이 어떻겠습니까?[80]

군문 역시 현방을 수탈하는 또 다른 주체였다. 근각을 가져가되 값을 지불하지 않았던 것이다. 전술한 바와 같이 48개의 현방을 1673년 우역으로 혁파했다가 근각을 훈련도감에 바치는 조건으로 20곳을 다시 설치하였던 것인데, 그중 5곳을 떼어 수어청에 이속시키고, 1701년에 다시 5곳을 신설 군문인 금위영에 2년을 기한으로 넘겼던 것이다.[81] 성균관 대사성이 군문이 현방을 수탈하고 있다는 것을 왕에게 말하고 왕이 값을 지불하라고 지시하면, 군문은 한두 번 근각 값을 지급할 뿐이었다. 이내 과거로 돌아가는 것이 상례였다. 이것은 누차 지적한 바와 같이 관료기구 사이에서 일상적으로 일어나는 일이었다.

조지빈은 봉상시의 문제도 짚었다.

봉상시의 제사용 편포片脯로 말하자면, 옛날에는 봄과 가을 두 차례 만들었습니다. 그런데 10여 년 이래로 무시로 편포를 만들고 마음대로 소를 잡고 팔아 사적으로 이익을 취하고 있습니다. 현방이 이익을 잃는 이유가 여기에 있습니다. 전후로 본관本館의 당상이 청대하여 변통한 것이 여러 차례였습니다. 신의 아비가 마침 태상시太常寺(봉상시) 도제조를 겸하고 있고, 신이 외람되게도 본직本職에 있는 터라, 양사兩司의 폐단을 상세히 들었습니다. 태상시의 공인貢人 무리들이 제사용 조포를 빙자하고 때를 타서 사도하는 폐단이 한정이 없습니다. 신의 아비가 바야흐로 본시本寺에 신칙하여 봄과 가을 두 차례 날짜를 한정해 편포를 만드는 것 외에 무시로 만드는 것을 일체 엄금했습니다만, 이 일은 정탈한 것이 아니니 세월이 흐른 뒤에는 아마도 준행할 리가 없을 듯합니다.

이제부터 태상시에서 봄철에 편포를 만들면 2월 보름부터 3월 보름 전까지, 가을철에 편포를 만들면 8월 보름부터 9월 보름 전까지 기한을 정하고 그것을 넘지 못하게 한다는 뜻으로 공인을 불러 그대로 의정議定해야 할 것입니다. 이 외에 다시 이전처럼 무시로 편포를 만들거나 그 기한을 넘기면, 발각되는 대로 사도를 처벌하는 율을 적용해 결코 용서하지 않아야 할 것입니다. 이렇게 하여 한편으로는 그 간사한 구멍을 막고, 한편으로는 전복이 보존되는 바탕을 만드는 것이 어떻겠습니까?[82]

4년 전인 1724년 성균관 대사성 이진유가 봉상시의 불법 도축과 쇠고기 판매를 막을 것을 요구했지만, 봉상시의 반발로 주장을 관철시킬 수가 없었다. 봉상시의 사도는 여전히 현방의 이익을 갉아먹고 있었던 것이다. 조지빈은 사헌부에 주는 현방의 속전을 반으로 감할 것, 군문에서는 현방의 근각을 값을 치르고 구매할 것, 봉상시의 편포 제작 기간을 제한할 것 등 세 가지를 요청했고, 영조는 모두 재가했다. 이때의 재가는 《특교정식特教定式》에 실려 있다.[83]

한 달을 넘겨 9월 3일 조지빈은 다시 사헌부에 주는 현방의 속전 문제를 재론했다.[84] 조지빈의 말은 현방의 역사를 개괄하고 있어 참고할 만하다. 그에 의하면 현방은 국초에 설치했고, 삼사의 속전은 중년에, 삼군문—훈련도감·수어청·금위영이 값을 주지 않고 근각을 요구한 것은 40년 전에 새로 생긴 일이라고 한다. 현방이 국초부터 있었다는 것은, 성균관에서 유생들에게 쇠고기를 찬물饌物로 제공하기 위해 성균관에서 도축이 시작되었다는 것을 지적한 것으로 보인다. 조지빈은 이어 삼법사의 속전을 둘러싼 논란 과정을 정리하면서 사헌부에 바치는 현방의 속전을 감해야 한다는 논리를 끌어냈다. 조지빈은 구체적인 증거 자료를 풍부하게 들면서 7월 28일의 주장을 되풀이했다. 무엇보다 그는 재정 자체가 부족하다는 사헌부의 주장을 반박했다. 조지빈은 자신이 사헌부에 근무할 때의 경험을 증거로 내세웠다. 그는 사헌부 재직 중 한 번도 출금하지 않았지만, 각 전各廛의 난전, 현방의 사도, 풍문으로 금령을 범한 자를 잡아들이는 경우 등은 반은 형장을 치고 반은 속전을 받았는데, 그렇게 몇 달 동안 거두어들인 속전도 수백 냥에 이르렀다는 것이다. 여기에 추고속推考贖·정조각읍예리속전正朝各邑禮吏贖錢·노비신공 등이 있어 사헌부의 재정은 충분하다는 것이었다. 문제는 관리에 있었다. 조지빈은 사헌부의 관원이 자주 교체되어 서리에게 맡겨둘 뿐 재정 상황을 알지 못하고 있다고 지적하고, 따로 장무관을 정해 재정을 정확하게 관리하게 되면, 현방의 속전을 굳이 받을 필요가 없다는 것이다. 조지빈은 이상을 논거로 하여

1683년 이래 반인들의 생계가 붕괴되었음을 상기시키며 사헌부의 현방의 속전을 반감할 것을 요청했다. 1683년은 1682년 우역으로 현방을 완전히 철회했다가 다시 10곳을 설치한 해다. 영조는 조지빈의 요청을 그대로 재가했다.

사헌부와 군문은 즉시 반발했다. 사헌부는 속전을 둘러싸고 사헌부가 성균관과 끊임없이 대립한 것은 근본적으로 빈약한 사헌부 재정 때문이라는 것이었다. 사헌부에 의하면 사헌부의 원역은 150명인데 이들에게 지급할 삭포 비용이 절대적으로 부족하다는 것이었다. 조지빈이 사헌부의 풍요한 재정의 근거로 제시한, 추고속·예리속전·노비신공·잡금속전 雜禁贖錢 등의 수입은 전혀 없거나 무의미한 수준이라는 것, 사헌부 노비가 거의 도망하여 노비신공을 거둘 수 없다는 것이다. 사헌부는 이상을 논거로 현방의 속전을 반감할 수 없다고 주장했다.[85]

훈련도감은 자신들은 다른 군문과는 경우가 다르다고 주장했다. 원래 현방을 혁파했다가 다시 설치한 것은, 훈련도감에서 필요한 근각 때문이고 그것은 또한 관예들이 원하는 바였다는 것이다. 훈련도감의 논리는 다음과 같다. 훈련도감에서 사용하는 근각은 애초 20좌였으나, 그 뒤 수어청·금위영에 10좌를 나누어 주어 현재 남은 것은 10좌에 불과하다. 또 1년에 단지 여섯 달만 바치고, 소 1마리에서 바치는 것은 1통桶의 뿔과 1등等의 힘줄뿐이다. 나머지 여섯 달 동안은 현방에서 임의로 팔고 있다. 전에 자원했던 것을 시간이 흐른 뒤 값을 지급해달라는 것은 부당한 일이다. 이상의 자료와 논리로 훈련도감은 여섯 달 동안 근각을 가져다 쓰되, 약간의 전포錢布를 간간이 지급하도록 할 것을 요청했고 영조는 그대로 재가했다.[86] 훈련도감에 이어 금위영 역시 훈련도감의 예에 따라 자신들의 관할인 5곳 현방의 여섯 달 근각 값을 간간이 지급할 것을 요청하여

역시 영조의 재가를 받았다.[87]

사헌부·훈련도감·금위영의 반발로 성균관이 1728년 요청했던 사항들은, 봉상시만 제외하고는 모두 거부되었다. 사헌부 내부의 합리적인 재정 운용에 대한 반성적 사고 따위는 찾아볼 수 없었다. 사헌부의 말단 조직을 운용하기 위한 예산을, 현방을 수탈하지 않고 달리 마련해야 한다는 생각 자체가 왕과 관료들 사이에 전혀 없었다. 1704년 11월 25일 이유가 조리 있게 역설했던, 반인에게 현방을 허락한 것은, 반인이 성균관에 예속되어 제공하는 노동에 대한 대가이므로 속전을 징수하는 것 자체가 있을 수 없는 불법이라는 견해는 거론조차 되지 않았다. 사헌부라는 권력기관 역시 반인들의 비참한 상황은 관심의 대상이 아니었다. 자신들의 말단조직을 작동하게 할 물적 토대만이 중요했던 것이다. 현방과 반인에 대한 불법적 수탈이 정당할 뿐더러 정상적이라는 사고가 이미 지배적인 상태가 되었던 것이다. 성균관의 재정 부족과 현방과 반인의 비참한 삶은 계속되었다.

성균관은 1730년 다시 이 문제를 거론했다. 1730년(영조 6) 1월 21일 대사성 이덕수李德壽는 현방에서 삼법사에 바치는 속전이 한 달에 548냥 6전, 1년에 6,783냥 2전이라는 것, 1683년 조지겸, 1685년 김창협, 1695년 이후 성균관 당상들의 요청으로 반감되었다가 다시 복구된 역사를 들며, 반예의 생계를 위해 다시 반감해줄 것을 요청했다. 아울러 각 아문과 사대부 집안이 금리와 한통속이 되어 자행하는 사도를 금지해줄 것을 요청했다. 영조는 모두 재가했다.[88] 사헌부는 당연히 반발했을 것이지만, 그것을 확인할 수 있는 자료가 없다. 한성부 경우는 반발한 자료가 남아 있다. 같은 해(1730) 2월 10일 한성부가 현방의 속전을 감하지 말 것을 요청하는 논리는 다음과 같았다. 한성부는 업무가 넓고 번거롭게 많은데 그에 따라 원역의 수도 많아, 원역들에게 지급하는 한 달 삭료가 460여 냥에 이른다. 이들의 삭료를 사산四山의 송속松贖과 현방의 속전으로만 충당해왔다. 그런데 1695년 성균관의 요청으로 240여 냥 중에서 70냥을 줄였고, 그 뒤 남은 170냥에서 다시 반을 줄였다가 한성부의 반발로 복구한 적이 있다. 1720년 송속까지 혁파되었다. 한성부는 재정난을 타개하기 위해 어쩔 수 없이 자주 출금하여 속전을 거두었다. 이것이 민간에 폐를 끼치는 것은 공지의 사실이다. 이번에 성균관에서 현방의 속전을 다시 반으로 줄이자는 것은 실로 원래 240냥의 3분의 2를 감하자는 것이다. 한성부는 원역의 요포를 병조·호조로부터 지급받지 않는다. 오직 현방의 속전에 의지할 뿐이니, 반감하지 말 것을 요청한다. 영조는 한성부의 요청을 수용했다.[89] 결국 1730년 성균관이 요청한 바는 전혀 실현되지 않았다. 사헌부와 한성부는 계속 속전을 거둘 수 있었다.

삼법사 속전 감축 요구와 반복된 실패

대사성 정우량·김상규·김약로·서종옥의 요청과 좌절

1732년 1월 12일 성균관 대사성 정우량鄭羽良은 현방의 경영난을 타개하기 위해 공채를 빌려줄 것을 요청[90]하고, 이어 1704년의 전례에 의거해 사헌부와 한성부의 속전을 반감해줄 것을 요청하였다. 하지만 공채나 속전 반감 요청은 왕의 관심을 끌지 못했다. 도리어 영조는 자질구레한 것을 자주 말한다고 핀잔을 주었다.[91] 같은 해 3월 5일 우의정 조문명은 외방노비의 신공과 어세가 줄어들어 성균관의 운영 비용이 부족하다고 말하고 전례에 의거해 군문에서 공채를 빌려줄 것을 요청했다. 토론 끝에 군문의 공채는 불가능한 것으로 결론이 났고, 다만 진휼청에서 약간의 비용을 지원하기로 하였다.[92] 이후 실제 진휼청의 지원이 있었는지는 확인할 수 없다. 3월 19일 대사성 서종옥은 현방에 공채를 빌려줄 것을 다시 요청했다. 논란 끝에 영조는 빌려줄 것을 지시했다.[93] 이후 비변사에서 경리청經理廳에 3,000냥을 빌려줄 것을 지시했지만, 경리청에서 빌려줄 수 없다고 반발했다. 영조가 재차 경리청에 대출을 명하여 겨우 빌릴 수 있었다.[94]

성균관의 재정난과 현방에 대한 과도한 수탈로 인해 발생하는 문제를 해결하는 것은, 분명 왕과 '조정'의 책무였다. 하지만 그 조정에 참여했던 권력기관들의 관료들은 서로 책임을 미루면서 문제의 해결을 회피했다. 이 회피의 결과는 반인에 대한 압박의 강화로 나타났다. 압박을 견디지 못한 사람은 자살을 택했다.

이 상황을 좀 더 구체적으로 살펴보자. 재정 부족으로 유생들에게 식사를 제공하지 못할 상황에 이르자 성균관은 소요 비용을 전복들에게 떠맡겼다.[95] 서종옥은 자신이 직접 경험한, 그 처참한 결과에 대해 이렇게 말한다. "전복들은 늘 유생들의 공궤에 많은 것을 보태고 있는데, 전적으로 일족의 도움에 의지하고 있습니다. 흉년이 든 뒤 도사屠肆가 이익을 보지 못하는데, 달리 생계를 꾸릴 수단도 없습니다. 그러므로 일족이 모두 헐벗게 되어 유생들을 공궤하는 일을 맡게 되면 죽어도 하지 않으려 합니다."[96] '유생들의 공궤'는 식사와 기타 필요한 물품의 조달을 말한다. 전복들이 유생들의 공궤에 많은 것을 보태되, 그것을 일족의 도움에 의지한다는 것은, 예컨대 유생들의 식사에 부족한 것을 현방을 운영하는 친척으로부터 지원받는다는 것을 의미한다. 공궤 물자가 부족할 경우 성균관과 유생은 전복을 압박한다. 그것은 당연히 불합리한 것이지만, 노비제의 기초 위에 서 있는 사족체제에서 상존하는 현실이었다. 성균관과 유생의 압박에 극단적으로 내몰려 더이상 방법을 찾지 못할 때 노비는 자살을 선택했다. 정우량이 대사성으로 있을 때 식모 하나가 목을 매었고 서종옥이 대사성이 되고 난 뒤 식모의 남편이 음독하여 스스로 목숨을 끊었다.

1732년 정우량과 서종옥의 간절한 요청에도 불구하고 성균관과 현방, 반인의 상황에 대한 개선 노력은 없었다. 과도한 속전 수탈이 문제의 본질이었으나 그에 대해서는 왕도 신하들도 별반 관심을 보이지 않았다. 사족체제의 정점에 있던 자들은 국가이데올로기의 재생산 기구로서, 또는 상징적 기구로서 성균관을 존중한다고 입버릇처럼 말했지만, 실제 그 기구의 재정이 무너지는 것을 목도하고도 근원적인 대책은 관심 밖이었던 것이다. 성균관의 노비는 더더욱 말할 것이 없었다. 결국 자살하는 노비가 속출하기 시작했다. 1년 뒤인 1733년 5월 29일 성균관 대사성 조명익趙明翼은 이렇게 증언했다.

신이 성균관에서 시권試卷을 꿇고 있을 때 수십 명의 전복이 허둥지둥 몰려와서 다급히 "식비食婢 한 사람이 밤에 이미 죽었고, 오늘 차례를 맡은 시비가 또 스스로 목을 매었습니다"라고 소리를 지르기에, 가서 구하게 했지만, 어쩔 수가 없었습니다.

아아, 이 환난은 비록 전에도 많이 있었습니다만, 제 자신이 관장官長이 되었으니, 비록 저들이 억울함을 견딜 수 없어 스스로 목을 매는 지경에 이르기는 했지만, 저도 모르게 참담하고 슬픈 생각에 밥을 앞에 놓고도 삼킬 수가 없었습니다. 이어 부끄러운 생각에 반예들을 대할 면목이 없었습니다.

그때 서둘러 시좌試坐를 파하지는 못하고 돌아서서 즉시 자핵自劾하기는 했습니다만, 마음은 오랫동안 갈수록 더 불안해졌습니다. 대개 밥을 짓는 쌀은 받아가면 축이 나고, 정하게 쓿게 되면 줄어듭니다. 이바지하는 사람이 많아지면, 따라서 축이 나는 것도 더욱 많아집니다. 보통 해에도 채워 갖추기가 어려운데 이런 흉년을 만났으니, 어떻게 꾸어서 줄 수가 있겠습니까?[97]

식비의 자살은 추측컨대 유생에게 제공하는 쌀이 부족했던 것에 대한 책임을 심하게 추궁 당했던 데 그 이유가 있었다. 밤과 낮을 이어 두 사람의 식비가 자살을 한 것, 또 동일한 환란이 전에도 많이 있었다는 서종옥의 발언으로 추리하건대, 유생의 음식을 담당하는 사람이 스스로 목숨을 끊는 일이 이 시기 연이어 발생했던 것이다.

조명익은 1728년 조지빈이 썼던 상세하고 구체적인 자료와 논거를 제시하는 방법을 다시 꺼내들었다. 그의 주장을 정리하면 대개 다음과 같다. 토지와 노비 등 성균관의 재원은 원래 풍부했다. 하지만 당상관과 낭청이 워낙 자주 교체되어 관리하는 주체가 없다. 이것이 재원을 상사上司와 궁방에 빼앗기고, 서리와 차인이 농간을 부려도 어쩔 수가 없는 이유다. 이것은 앞서 언급한 바와 같이 거의 모든 국가기관이 공통적으로 갖고 있는 문제이기도 하였다.

현방 속전의 반감도 재론하였다. 조명익의 발언에서 1733년 당시 삼법사의 수탈량을 정확하게 파악할 수 있다. 한 달에 사헌부는 268냥, 한성부는 179냥, 형조는 100여 냥을 수탈하였으니, 1년의 수탈량은 6,564냥이다. 앞서 1730년 현방이 삼법사에 바치는 속전이 한 달에 548냥 6전, 1년에 6,783냥 2전이라고 했는데, 그보다는 약간 적지만, 거의 비슷한 금액이다. 또 1730년 한성부는 한 달에 170냥의 속전을 받는다고 했는데,

실제로는 179냥이다. 아마도 도살하는 소의 수에 따라 속전도 약간씩 변동이 있었던 것이 아닌가 한다. 실제 1704년에 7,700냥, 1724년 6,500냥, 1728년 6,580냥, 1730년 6,783냥, 1733년 6,580냥으로 1704년 7,700냥으로 최고액을 찍은 뒤 삼법사의 속전은 6,500냥을 약간 넘는 수준에서 거의 고정되어 있었다. 하지만 현방에서 부담하는 돈은 이것만이 아니었다.

조명익에 의하면 현방의 1년 부담액은 1만 3,800여 냥이다. 여기에서 6,564냥을 제하면 7,236냥이 남는다. 조명익은 현방이 성균관에 부담하는 돈은 전혀 언급하고 있지 않은데, 앞서 1708년부터 성균관의 운영자금으로 성균관 측에서 현방으로부터 한 달에 150냥, 1년 1,800냥을 수탈하기 시작했는데, 7,200냥은 이 1,800냥이 급속하게 불어난 결과로 보인다. 위에서 살핀 바와 같이 성균관은 극심한 재정 부족을 현방을 수탈해 해결하고 있었던 것이 분명하다. 성균관의 재정 부족을 알고 있는 대사성 조명익의 입장에서는 성균관의 수탈량을 줄인다고 말할 수는 없었을 것이니, 결국 삼법사의 속전을 감할 것을 요구하는 수밖에 없었다. 조명익은 숙종 대에 두 차례 반감했던 전례와 영조 기유년(1729)의 처분을 따라 사헌부와 한성부의 속전을 형조의 전례에 맞추어 반감할 것과 반감한 뒤 다시 침범하지 않을 것을 요청했다.[98] 숙종 대의 두 차례 전례는 1686년과 1704년에 반감했던 것을 말하는 것이고, 1729년의 처분은 1728년 조지빈의 요청에 따라 영조가 반감을 결정했던 것일 터이다.[99]

군문의 근각 문제도 짚었다. 원래 48곳의 현방은 1673년에 우역 때문에 모두 혁파되었다. 조명익은 그 뒤 현방을 다시 열게 된 것은 훈련도감의 요구로 인한 것이 아니라고 말한다. 실제 훈련도감을 움직이도록 한 것은 전복典僕이라는 것이다. 혁파된 현방의 복구가 가장 절실했던 것은 전복이었던 것이다. 전술한 바와 같이 훈련도감은 무기를 수리할 때 필요한 근각을 확보해야만 했다. 전복의 간절한 요구가 훈련도감을 움직였고, 결국 20곳의 현방을 임시로 다시 개설할 수 있었던 것이다. 이런 이유로 인해 현방은 근각과 피장皮張(가죽)을 훈련도감에 바치기 시작했다. 그 뒤 5곳의 현방은 각각 수어청과 금위영으로 이속되었다. 이 두 군문에 근각 등을 바치기 시작했던 것이다. 이상을 근거로 서종옥은 현방이 사헌부·한성부·형조·훈련도감·수어청·금위영 등 6곳의 관서와 군문으로부터 과도한 수탈을 당하고 있다고 지적한다. 나아가 그는 성균관 당상의 요청으로 세 군문은 근각 값을 지불하겠다고 약속한 것이 한두 번이 아니었지만, 1729년 금위영에서 한 번 값을 치른 것을 제외하고는, 어떤 군문도 값을 치른 적이 없었다는 것을 지적하고, 앞으로는 군문에서 근각에 대한 값을 지불하게 할 것을 요청했다.

부안 위도의 어세도 문제 삼았다. 1707년 대사성 이만성의 요청으로 위도의 수세권은 공식적으로는 다시 성균관의 소유가 되었다. 하지만 이제까지 수없이 보았듯, 또 앞으로 수없이 보게 되겠지만, 왕의 명령은 전혀 먹히지 않았다. 왕명에도 불구하고 성균관의 수세권 자체가 무시되었던 것이다. 전라도 관찰사영과 위도 진鎭의 첨사와 부안현은 계속해서 세금을 거두었고, 성균관이 거두는 세금의 양은 크게 줄어들었다. 조명익은 당연히 성균관을 제외한 기관에서 세금을 거두는 것을 엄금할 것을 요청했다.

삼남에 소재한 성균관 소유 토지에서 거두는 세금도 처음 거론하였다. 3장에서 언급한 바와 같이 삼남의 성균관 소유 위전답位田畓은 호조의 관리 부실로 세금을 거의 거둘 수 없으니, 성균관에서 관리하게 해달라고 요청했다. 마지막으로 조명익은 1732년 경리청에서 빌렸던 돈 3,000냥에서 아직 갚지 못한 1,000냥의 상환을 가을까지 미루어달라고 요청했다. 영조는 조명익의 요청을 모두 재가했다.

조명익의 상소와 영조의 재가는 과거와 동일한 반발을 야기했다. 한성부는 역시 재정 상황의 악화를 호소했다. 한성부는 1695년 속전 240냥에서 170냥으로 감하고, 170냥에서 80냥을 감했다가 1720년 송속松贖을 혁파한 뒤 재정 상황의 악화로 인해 줄였던 80냥을 다시 복구했던 역사를 늘어놓았다. 이어 한성부는 과거 현방의 속전을 감한 뒤 사헌부는 원래의 규모로 복구하고, 형조는 영남의 재상속목災傷贖木으로 부족분을 채워주었던 것을 상기시키며, 170냥 중에서 절반을 감할 경우 한성부는 유지될 수 없다는 논리로 속전의 감면을 반대했다. 무책임한 왕은 이미 재가했던 조명익의 요청은 까맣게 잊고 한성부의 요청을 재가했다.[100]

훈련대장 장붕익張鵬翼 역시 반발했다. 그의 논리는 다음과 같다. 1673년 현방 48좌를 혁파할 때 20좌를 남긴 것은 성균관 전복을 위한 것일 뿐만 아니라, 동시에 군기 수리용 근각을 마련하기 위해서다. 20좌 중에서 수어청·금위영에 각각 5좌를 떼주어 훈련도감에는 10좌만 남았다. 그 10좌에서 6개월 동안 매달 소 1마리 당 통각桶角 하나, 1등근筋 절반을 받을 뿐이다. 나머지는 현방에서 임의로 판매해온 것이 60년이 되었다. 이런 역사를 모르고 매년 값을 지불할 것을 요청할 수 없다. 영조는 장붕익의 주장을 비변사에서 검토할 것을 지시했다.[101] 좌의정 서명균은 즉각 반박했다. 그런 역사를 인정한다 해도 현방의 열악한 상황을 고려하지 않을 수 없고, 훈련도감이 비록 경제적으로 피폐하다 해도 근각을 사서 쓸 정도의 능력은 된다는 것이었다. 영조는 서명균의 주장에 동의했다.[102]

훈련도감의 반발은 이렇게 눌렀지만 속전을 감해달라는 요청은 수용되지 않았다. 다만 조명익의 상소가 있고 석 달 뒤인 9월 2일 신임 성균관 대사성은 삼사에 바치는 매달 547냥, 1년 6,564냥의 현방의 속전을 감축할 것을 거듭 요청하였다. 구체적으로는 사헌부 속전을 영원히 반감하고, 한성부가 일시 감했던 54냥을 영원히 감하자고 요청하여 영조의 재가를 받았다.[103] 여기 등장하는 54냥은 약간의 내력이 있다. 앞에서 말한 바와 같이 조명익의 요청에 따라 영조는 현방의 속전을 반감하라고 지시했지만, 사헌부와 한성부의 반발로 그 지시를 철회한 바 있다. 그런데 사헌부에 비해 힘이 약했던 한성부는 3개월로 한정하여 매달 속전 54냥을 감해주기로 결정했던 것이다. 성균관의 요구는 이 54냥을 영원히 감하고, 사헌부의 속전도 반감해달라는 것이었다.[104]

사헌부의 반응은 알 수 없지만, 한성부 쪽은 반발한 자료가 남아 있다. 한성부는 앞서 54냥을 감한 것은 반예들의 절박한 사정으로 석 달만 감한 것으로 영원히 감할 수는 없다고 했다. 영조는 또 한성부의 의견을 따랐다.[105] 성균관의 의도가 다시 좌절된 것이다. 무책임한 왕은 원칙도 없었고, 합리적인 대책을 세우는 데에도 아무런 관심이 없었다.

장붕익 역시 반발했다. 그는 훈련도감과 현방 근각의 역사를 다시 정리하면서 훈련도감이 현방의 근각을 6개월 동안 값을 지불하지 않고 가져다 쓸 권리가 있음을 주장했다. 영조는 판단을 내리지 못했다. 우의정 김흥경金興慶이 등록謄錄을 검토하여 판단하자고 제안했다.[106] 하지만 등록의 검토가 이루어진 뒤 좌의정 서명균은 "훈련도감을 위해 현방을 설치했다는 것은 원래 문적文籍에 실려 있지 않다"고 보고하고, 훈련도감은 근각을 사서 써야 할 것이라고 말했다. 영조는 서명균의 말을 따랐다.[107] 장붕익은 활을 만들지 말라는 것이냐며 거세게 반발하며 다시 현방에서 근각을 가져다 쓸 것을 요청했다. 호조판서 송인명은 "일의 정당성 여부를 따지지 않고, 성균관이 감할 것을 청하면 들어주고, 훈련도감이 복구할 것을 청하면 또 들어주어, 감하고 복구하고를 반복해온 오래된 역사"
를 지적하며, 그 조처가 본말이 전도된 것이라고 비판했다.[108] 결국 토론
은 '금년에 한정하여 값을 주고 사서 쓰는 것'으로 결론이 났다. 하지만
그 값과 기한에 대해 구체적으로 밝히지 않았던 것은 뒤에 다시 문제를
일으켰다.

성균관의 주장은 거의 관철되지 않았다. 현방이 반인의 성균관에 대
한 예속노동에 대한 대가로 주어졌다는 생각은 완전히 사라졌고 삼법사
와 군문은 속전을 수탈할 권리를 원래부터 보유하고 있는 것처럼 인식되
었다. 반인의 고통에 대한 공감은 찾기 어려웠다. 문제의 해결책은 분명
히 있었고 그것은 또 단순하기조차 하였다. 곧 그것은 외부에서 삼법사에
재원이 새로 투입되거나 아니면 심단과 조지빈이 주장했던 것처럼 삼법
사 내부의 재정 운용의 합리화를 통해 해결할 수 있는 문제였다. 하지만
왕을 비롯하여 그 누구도 새로운 재원을 투입하여 문제를 해결하려고 하
지 않았다. 재정 상황의 정확한 파악, 합리적 운용에 대해서 그 누구도 관
심을 보이지 않았다. 낡고 화석화된 관료기구의 자기반성과 개혁은 기대
할 수 없었다.

문제는 원점으로 돌아갔다. 성균관은 계속 극심한 재정 부족에 시달
렸고 반인에 대한 압박은 강화되었다. 1734년 70여 명 정원의 유생이
100명이 넘자 식재료가 부족해졌다. 대사성 김상규金尚奎는 진휼청의 돈
을 현방에 빌려줄 것을 요청한다.

근래 식당은 때로는 수삼 차를 열기까지 합니다만, 늘 부족한 것을 걱정
합니다. 채소 등속은 반예에게 책임지우기 때문에 반예 중에 스스로 목
을 매는 자가 있기까지 하니, 그 견디기 어려움을 알 수 있습니다.

반예가 지탱하여 보존된 연후에 성묘聖廟를 지키는 도리를 착실하게 수행할 수 있을 것입니다. 전부터 조정에서 진휼청의 돈 5,000~6,000 냥을 내어 자본을 삼아 살아갈 방도를 차리게 해주었으니, 이번에도 이것을 허락하여 보존하는 방도로 삼았으면 합니다.[109]

앞서 조명익의 요청이 철저히 기각됨으로써 성균관의 재정 부족 상태는 그대로 지속되었다. 새로 임명된 대사성 김상규가 반인에게 진휼청의 돈 5,000~ 6,000냥을 빌려줄 것을 요청한 것은 당연한 일이었다. 하지만 결론은 진휼청은 빌려줄 돈이 없다는 것이었다. 성균관의 노비를 수습하면, 곧 외방노비를 추쇄하여 신공을 받아내면 해결될 수 있다고 했지만, 그것 역시 불가능하다는 것을 알고 있었다. 역시 아무것도 해결된 것이 없었다.

1736년 5월 2일 대사성 김약로金若魯는 시전에 주지 못한 외상값이 거의 수천 관貫에 이르는 등 파산 상태에 있는 성균관의 재정에 대해 언급하고,[110] 근각 문제를 재론했다. 요지는 1734년 이후 훈련대장 장붕익이 적은 돈을 지급한 뒤 다시 값을 주지 않고 현방의 근각을 가져다 쓰고 있다고 항의했다.[111] 약간의 논란 끝에 비변사의 최종 검토를 거치게 했는데, 비변사의 결론은 훈련도감과 여타의 군문에서 값을 지불하지 않고 근각을 가져다 쓰는 것을 영원히 막는 것을 법으로 삼자는 것이었다. 전에 수용 불가능했던 김약로의 주장은 즉각 수용되었는데,[112] 여기에는 다른 이유가 있었던 것으로 보인다. 김약로를 지원하는 확실한 우군이 있었기 때문이었다. 곧 김약로의 사촌형 김재로金在魯는 당시 좌의정이었는데, 그는 김약로의 편을 들어 훈련도감을 위시한 군문에서 근각을 대가 없이 가져다 쓰는 것을 반대했는데, 그는 그 과정에서 이렇게 말하고 있다.

"성균관은 재력이 없고, 양사養士의 비용은 전적으로 전복의 외상에 의지하고 있다. 전복을 우휼優恤하지 않을 수 없다."[113] 곧 김재로의 지원으로 김약로는 자신의 주장을 관철시킬 수 있었던 것으로 보인다.

김약로의 근각 문제 해결이 있던 그해 9월 6일 김약로에 이어 대사성이 된 서종옥은 형조와 한성부가 속전을 감축하게 했는데, 사헌부는 같은 법사이면서도 감축하지 않고 있으니 감축할 것을 요청했다. 영조는 비국에 검토를 지시했다. 서종옥이 속전을 감축해야 할 근거로 성균관 유생의 증가를 들었다.

전에는 거재유생이 많지 않았으므로 조정에서 단지 75명분의 공급 물자를 마련해 지급하였습니다. 하지만 근래에는 거재하는 사람이 날이 갈수록 증가하여 과거 때가 되면 200명 분을 훌쩍 넘기기도 합니다. 그러므로 그 공급 물자의 부족분을 전복들에게 책임지워 징수합니다. 그 나머지 땔감과 기름 등의 물건도 모두 전복에게서 나오니, 실로 불쌍합니다.[114]

국가는 75명 분의 쌀과 찬물만 지급할 뿐이다. 유생의 수가 증가해도 대책을 마련하지 않고 그 증가분은 물론 땔감과 기름 등의 물건도 성균관 전복들에게 떠넘긴다.

서종옥은 1724년 대사성 이진유가 공채 3만 냥을 빌려줄 것을 요청했던 전례를 상기시키며 동일하게 현방에 3만 냥을 빌려줄 것을 요청했다. 비변사의 검토를 지시한 결과 비변사에서는 군문의 재정 상황도 대단히 어렵지만, 증가하는 유생의 공궤를 전복에게 전적으로 책임지우는 상황을 고려해 5군문五軍門·병조·상평청·경리청에서 1만 냥을 빌려주기로 결정하였다.[115] 이와 아울러 호서·경기·강춘江春·경상도에 산재하고 있는 성균관의 노비를 성균관 낭청을 보내어 추쇄할 것을 요청해 영조의 재가를 받았다.[116] 다만 사헌부의 속전을 감축하는 것은 비변사에서 불가한 것이라고 판단했다.[117]

1740년 대사성 심성희의 해결책 제안

1708년 사헌부 속전의 복구로 본격화한 현방에 대한 수탈에 대해 성균관은 계속 항의했지만, 바뀐 것은 없었다. 성균관의 항의는 물론 자신이 소유한 노비에 대한 타 기관의 수탈이 결국 자신들이 수탈할 양을 줄인다는 인식에 기초한 것이겠지만, 그럼에도 불구하고 그 항의는 사실 반인들을 대변하는 것이기도 했다. 하지만 앞에서 언급했듯 성균관의 요청은 번번이 기각되었고 성균관의 경제적 상황이 계속 악화되었던 것은 물론이다. 성균관의 재정과 반인의 경제적 상황이 안정되지 않는 한, 성균관 측의 문제 제기 역시 계속될 것이었다.

1740년 7월 8일 대사성 심성희는 7,000자에 달하는 장문의 상소를 올린다.[118] 구체적 상황을 이해시키고 설득의 힘을 키우기 위해 이런 장광설이 필요했던 것이다. 심성희의 상소는 성균관의 재정 상황을 소상하게 알 수 있는 자료다. 또한 이 자료를 통해 성균관 운영의 실태를 엿볼 수 있다. 상소문을 잘라서 주제별로 검토해보자.

– 성균관 운영 비용의 현황

심성희가 말하는 성균관 운영 비용의 현황은 다음과 같다.

조정에서 유생 75명 분의 비용을 지급하지만, 평상시 머무르는 유생의 수는 늘 75명을 초과하고 있고 과거가 있으면 수백 명에 이르기도 한다. 하지만 그 초과 비용은 모두 성균관이 자체 해결해야 하는데, 1년 지출 비용은 호조에서 지급한 물자의 5~6배에 이른다.

성균관의 수입은 노비신공과 전세田稅에 의지하는데 노비는 계속 감소하여 20~30퍼센트가 남았고, 전답은 원래 세금을 박하게 매겨 재해가 든 해는 더욱 줄어들고 있다. 또 궁방에 절수된 것이 많아 실제 수세권이 없고 관찰사영과 지방관이 같이 수세하는 경우가 많아, 전세가 70~80퍼센트 감소되었다.

1년 동안 수입을 상회하는 지출 규모는 무명으로 21동 34필(1,084필)에 해당한다. 이것이 적자로서 부족분이다. 여기에 수시로 발생하는 비용은 포함되지 않는다. 이 부족 부분은 모두 전복에게 떠넘긴다. 성균관의 적자 문제를 해결하지 않으면, 10년 안에 남아 있는 소수의 외방노비가 모두 도산해 신공을 거둘 수 없을 것이고, 서울의 전복들도 역시 모두 도산할 것이다.

이상이 심성희가 파악한 성균관의 전반적인 재정 상황이다. 국가는 성균관에 대해 안정적인 재정을 지원하지 않고 있으며, 도리어 성균관 소유의 재원을 다른 국가기관과 궁방이 침탈하고 있다. 결국 그 초과 비용은 반인들에게 전가되었고 그것은 결국 반인의 도산과 외방노비의 도탄으로 이어질 것이다. 심성희는 우선 사섬시司贍寺에서 무명 10동同을 지급해줄 것을 요청했다. 이것은 원래 사섬시에서 성균관에 지급해 재정 부족분을 보충하게 한 것이나 병자호란 이후 경비 부족으로 없앴던 것이었다. 심성희는 선조先朝(숙종) 때 대사성 이제의 요청(1708년 5월 29일 성균관과 관련한 이제의 10조목 상소를 말하는 것으로 보인다)으로 다시 주게 했는데, 한두 번 받은 뒤 다시 폐지되었다고 지적하고 다시 지급해줄 것을 요청했다.

- 성균관의 부채

심성희는 이어 성균관의 부채 문제를 언급했다. 그는 '지난 몇 해 동안 지급하지 않은 원역의 삭포 및 동벽·서벽이 빌려가서 갚지 않은 것'을 다음과 같이 정리했다.

① 1719년부터 현재(1740)까지 서벽이 갚지 않은, 칭대목稱貸木(빌린 무명)이 200동 13필, 동벽이 갚지 않은 칭대목이 30동 11필.

② 1728년 이후 색고色庫에서 축이 난 쌀이 169석이다.

③ 이 외에 원역이 무료로 입역立役한 것, 전복의 쌓인 빚을 갚지 못한 것은 그들이 억울함은 물론이고 결국 재물을 축이 나게 만드는 길이다.

위 자료에 의하면, 당시 성균관의 부채는 동벽 관원과 서벽 관원이 빌려가서 갚지 않은 무명이 1만 1,525필이다. 앞서 말한 성균관의 1년 지출 1,084필의 11배 이상이다. 1,084필은 호조에서 지급하는 1년 예산의 5~6 배라고 했으니, 1740년 현재 빚 1만 1,525필은 호조 1년 지급 예산의 70배 정도이다. 곧 성균관은 국가에서 지급하는 예산의 약 70배에 해당하는 부채를 지고 있었던 것이다. 이 빚은 어떻게 만들어진 것인가. 이것은 성균관 관원과 전복과의 관계에서 만들어진 것이다. 심성희의 말을 들어보자.

① 대개 경외京外 사대부와 전복 사이에는 주인과 객의 명분이 있기에

안면에 구애되어 일률적으로 법을 집행할 수가 없습니다. 주관당상主管堂上의 주인에게 만약 받지 못한 체부帖付의 돈이 있다면, 창고의 저축이 바닥을 보이고 경비가 한창 쪼들릴 때라 할지라도 아무 생각 없이 허다한 돈과 포목을 쉽게 문서에 따라 지급합니다. 반면 당장 지출해야 할 비용은 색고色庫들이 부득이 빚을 내어 충당합니다. 이것은 예전부터 그렇게 해왔던 잘못된 규례입니다.

② 앞서도 이렇게 했고 뒤에도 이렇게 하니, 창고의 저축은 날이 갈수록 비어가고, 빚 문서는 해마다 쌓입니다. 230동의 칭대목은 태반이 이렇게 하는 데서 생긴 것으로 이것이야말로 재물을 소모시키는 구덩이가 되어 있으니, 너무나도 개탄스럽습니다.

③ 또 그중에서 형편이 아주 좋지 않은 사람은 그 자신이 죽더라도 아들, 손자에 이르기까지 한 푼의 돈도 받을 수 없는 사람이 열에 여덟아홉입니다. 동일한 전복이고 동일한 공용公用의 빚인데, 갚고 갚지 않는 것이 이처럼 고르지 않으니, 원망하는 마음이 날로 불어나고 있고, 공평하게 대우하는 도리에도 어긋남이 있습니다. 이 폐단의 근원을 빨리 혁파해 제거하지 않는다면, 빚의 폐단은 해결할 때가 없고, 재용財用은 날이 갈수록 말라붙어 수습하지 못할 지경에 이를 것입니다.[119]

심성희는 사족과 반주인의 특수한 관계에서 성균관의 재정 소모가 발생하고 있다고 지적한다. 그가 말하는 '주관당상의 주인'에서 '주관당상'은 성균관 대사성이다. 성균관의 직제에서 당상관 이상은 지사知事(정2품) 1인, 동지사同知事(종2품) 2인, 대사성(정3품) 1인이지만, 지사와 동지사는 겸관이다. 따라서 주관당상은 대사성이 될 수밖에 없다. 그렇다면 '주관당상의 주인이 만약 받지 못한 체부의 돈이 있다면'이라는 말은 대사성의 반주인이 '대사성이 어떤 돈을 지급한다'는 내용의 문서를 갖고 있다는 것을 의미한다. 이 반주인은 그 사족이 대사성이 되기 전부터의 주인이다. 만약 그 사족이 대사성이 되기 전에 반주인에게 무언가를 지급하겠다는 문서를 써서 주었다고 하자. 그 반주인은 자신이 섬기던 대사성이 임명되면 성균관에 그 문서를 가지고 와서 지불을 요청한다. 성균관은 문서에 적힌 재물을 지급한다. 이것은 대사성만이 아니라, 성균관 관료 전체에 해당하는 문제였다. 곧 성균관의 동벽 관료와 서벽 관료가 자신의 반주인에게 동일한 방식으로 빚을 갚았던 것이다.

대사성 이하 성균관 관료들이 성균관 재정을 사적으로 사용하고 그 부족분을 성균관의 전복에게 떠넘긴 것이다. 그 누적의 결과가 당시 230여 동의 칭대목이다(②). 그것은 결국 창고 담당 전복들의 개인 부채가 되었다. 동일한 전복 곧 반인들 중에서도 대사성 이하 성균관 관료들이 성균관의 재정을 갉아먹었고, 창고 담당 반인들은 막대한 빚을 지게 되었다(③). 이것은 관행으로 이루어진 명백한 관료의 부패다. 하지만 그것은 관행이었기에 또한 부패로 인식되지도 않았던 것이 사실이다.

심성희는 성균관 전복들에게 해결책을 물었고, 그들은 두 가지 방법을 제안했다. 첫째, 성균관의 운영 비용으로 일부 전복들이 진 빚을 모든 전복들에게 균등하게 나누어 지게 한다. 둘째, 1만 1,525필의 동벽·서벽의 빚 역시 장부를 소각하고 '체부를 따로 주는 길'을 막는다. 전자는 고통을 전복 전체에게 나눠 지게 하여 소수 전복의 고통을 희석시킬 것이고, 후자는 부채 전체를 탕감하는 것이다. 심성희는 후자를 택했다. 곧 비변사·병조·진휼청에서 무명 수십 동을 빌려주어 동벽·서벽의 모든 빚을 탕감한다는 것이었다.[120] 나아가 낭비되는 비용을 절약한다면 해마다

5

7~9동의 무명을 남길 수 있으니, 그것으로 빌린 수십 동을 갚을 수 있을 것이라는 것이 그의 해결책이었다.

-성균관 노비 문제

심성희는 외방노비의 신공, 곧 공포貢布 문제를 치밀하게 거론했다. 그에 의하면 성균관의 모든 비용은 전적으로 노비의 공포에 의지하고 있지만, 당시 받고 있는 공포는 원래 수의 5분의 1에 불과하다. 기근과 도망으로 줄어드는 것을 감안해도 전체적으로는 증가했을 것이지만, 노비의 공포가 줄어든 이유가 있다. 심성희가 거론한 이유를 요약하면 다음과 같다.

① 간활한 아전과 백성이 진고陳告하여 상으로 받은 것이라고 둘러대고, 혹은 양인良人의 사천私賤이라고 핑계를 대어 모두 입안立案을 얻어내는 데 섞어 넣고, 공안貢案에 현탈懸頃한다. 결국 노비는 존재하지만 문서에 없는 것으로 기록해 공포를 내지 않게 만든다. ② 외방노비를 추쇄할 때는 서리와 수노首奴가 각 고을의 우두머리 색리色吏와 짜고, 부유한 노비로부터 뇌물을 받고 몰래 현탈해주는 경우가 부지기수다. ③ 각 고을 수령의 경우 공정하게 업무를 처리하지 않고, 해마다 포흠逋欠하는 신공이 많을 뿐만 아니라, 뒷날 해유解由 때 문제가 생길 것을 두려워한 나머지 문제의 소지 자체를 없애려고 혹은 죽었다고 하기도 하고, 혹은 도망했노라고 관찰사영에 보고하면, 관찰사영은 또 그것을 믿을 만한 증거로 삼는다.

이런 이유로 신공을 거두지 못할 뿐만 아니라, 원래의 노비까지 잃어버리게 된다. 심성희는 이 모든 것은 "기강이 엄하지 않고, 사람들이 법을 무서워하지 않는"[121] 곧 국가권력의 이완에서 말미암은 것이라고 판단했다. 좀 더 좁혀 말하자면, 추쇄하라는 조정의 명령을 지방 수령이 전혀 따르지 않았던 것이다. 심성희는 바로 이 지점, 곧 수령에 대한 압박의 강도를 높이자고 제안했다.

이제부터 해당 고을 수령이 노비가 도망했거나 죽었다고 보고했으나, 만약 그것이 사실이 아닌 것이 드러났을 경우는 추쇄관에 견주어 처벌의 등급을 감하되, 10구 이상이면 파직하고, 20구 이상이면 고신告身을 빼앗는 것을 정식으로 삼아 시행할 것이고, 우두머리 색리는 공천公賤을 은닉한 율에 의거하여 경중을 나누어 조율照律하는 것이 아마도 마땅할 것입니다.[122]

심성희는 노비 추쇄관이 파견되었을 경우, 노비의 소재 여부와 존몰存沒을 허위 보고할 경우 수령과 색리를 강하게 처벌하자고 제안했다. 조선 후기 중앙권력 곧 국가권력의 광범위한 이완이 위의 현상을 낳은 것인데, 그 이완된 권력을 강화하자는 제안은 사실 쉽게 작동하지 않았을 것이다.

– 노비신공의 본질적 문제

심성희는 노비신공을 받아들이는 방법도 고안했다. 그는 먼저 1732년 대사성 서종옥이 노비의 신공을 반으로 줄였던 사례를 거론했다. 서종옥은 노비의 도망은 공포가 너무 무거운 데 원인이 있다고 판단하고 공포를 감할 것을 상소에서 언급한 바 있었다. 그는 전라도 관찰사에 임명되자 전라도의 성균관 노비를 추쇄하여 새로 찾아낸 노비가 배가 되면 공포를 반으로 감할 것을 요청해 허락을 받아냈다. 부임 이후 남녀 노비의 공포를 반으로 줄이는 것을 규정으로 만들어 보고한 뒤 정식으로 시행했다. 다른 도에서도 동일한 방법으로 추쇄하였고, 새로 나타난 노비가 전에 비해 갑절이 된 경우는 즉시 공포를 반감했다. 하지만 새로 나타나는 노비가 없는 곳은 반감하지 않았다. 이로 인해 기존에 공포를 내던 노비는 내지 않고 있던 노비에 비해 두 배의 공포를 낸다는 불평등의 문제를 낳게 되었다. 심성희는 이런 불평등한 현상을 근거로 노비의 공포를 반감하는 것은 문제의 타당한 해결책이 아니라고 판단했다.

심성희는 노비의 공포가 줄어드는 것은 과다한 신공에 있는 것이 아니라, 노비제도 자체에 있다고 판단했다. "근래 인심이 예전과 같지 않아 공천公賤·사천私賤으로 신역을 면제 받은 부류들이 모두 갓을 쓰고 유학幼學이라 일컫는 것은, 그 싫어하는 바가 신포身布에 있는 것이 아니라 바로 노비라는 이름에 있기 때문입니다."[123] 따라서 노비는 공포 전부를 감해주어도 실효가 없을 것이다. 실제 추쇄를 거친 고을에서 새로 나타난 노비들 역시 백방으로 빠져나갔다. 그렇다고 해서 여러 도에서 이미 시행하고 있는, 공포를 감면한 법을 철회할 수도 없다. 이 경우 노비들은 더 빠져나갈 것이다. 또 노비 공포를 반으로 감해준다는 법이 시행된다는 것을 듣고서 나타난 노비의 숫자가 법 시행 이전에 온전한 공포를 내던 노비 수의 배가 되지 않으면, 이 법의 시행은 성균관의 재정난을 타개하는 데 전혀 도움이 되지 않을 것이다. 어떻게 타개할 것인가. 심성희는 각 고을에서 아직 공포를 반감하지 않은 곳에 위세가 있는 추쇄관이 수령을 동반하여 같이 철저히 추쇄하게 하여, 새로 찾아낸 노비가 내는 공포의 수가 감면해준 과거 공포의 양을 충족시킨 뒤에 노비 공포의 반감을 전면적으로 시행하자고 제안했다. 말은 복잡하지만, 결국은 노비 추쇄를 철저히 하자는 것이었다.

– 성균관의 전지 문제

성균관의 주 수입원은 노비의 공포였지만 이 외에 전지田地에서 나오는 수입이 있었다. 심성희는 당시 성균관이 보유하고 있는 전지를 다음과 같이 정리했다.

① 성균관의 전답은 모두 521결이다. 이 중 400결은 성종이 사여賜與한 것으로 《경국대전》에 실려 있다. ② 위도와 추자도의 전답은 중종이 사여한 것으로 진전陳田·기전起田을 모두 합쳐 96결이라고 하지만, 거주민이 극히 적고 토질이 척박하기 때문에 경작하는 대로 세금을 거두어 원래 일정한 결수結數가 없다. 또 별사別賜여서 수백 년 이래 모두 면세지다. ③ 나머지 25결은 성균관의 후사가 없는 노비의 이름으로 기재되어 있는 전답이다. 과거 성균관에서 노비의 신공을 받는 대신 이 전답의 면세를 요청해 허락을 받았다.

성균관의 전지는 앞서 언급한 바와 같이 조선 건국 직후 양현고가 1,035결을 소유하고 있었다. 여기에 세종이 965결을, 성종이 '학전學田'이란 이름으로 400결을 더 지급하여 총 전지는 2,400결에 달했다. 하지만 심성희의 시대에 성균관의 전답은 521결밖에 남지 않았다. 각 아문과 궁방이 탈취했기 때문이었다. 성종이 사여한 400결을 빼앗기지 않았던 것은, 그것이 《경국대전》에 실려 있기 때문이었을 것이다.

521결의 전세는 성균관의 재정으로 충당되어왔으나, 1729년 《경국대전》에 실린 경우 외의 각 아문의 전지는 모두 호조로 귀속시켜 전세를 내게 하는 법이 시행되었다. 이것은 국가가 법으로 정한 면세지 외에는 어떤 경우라도 모두 전세를 내도록 강제하는 것이었다. 1729년 성균관은 원래부터 면세지인 위도와 추자도의 전답을 납세지로 잘못 신고했고 노비의 이름으로 문서에 올라 있는 24결과 합쳐 모두 121결의 전세를 호조에 내게 되었다. 전세를 내야 할 전지는 25결이지만, 현재 97결의 전세를 내고 있다(왜 97결이 되었는지 심성희는 밝히고 있지 않다). 심성희는 성균관의 재정 문제를 해결하기 위해 97결에 대해 면세해줄 것을 요청했다.

─ 영종범도의 어장

3장에서 간단히 거론했듯 성균관은 영종범도의 어장을 절수 받아 보유하고 있었다. 1653년 영종도에 진鎭이 설치되자 성균관은 이곳에서 수세하는 대신 경강京江의 선세船稅를 이후 60년 동안 받았던 것도 전술한 바 있다. 그런데 뒤에 경강의 수세가 혁파되고 범도 어장이 성균관에 반환되지만, 1724년부터 1729년까지 영빈방寧嬪房이 수세액을 반분했고 1730년부터는 어장 자체가 영빈방에 소속되고 말았다. 대신 호조가 성균관에 300냥을 지급했는데, 이것은 1,200냥에 달하는 원래의 수세액에 훨씬 못 미치는 것이었다. 성균관은 900여 냥의 차액을 호조에게 지급할 것을 요청했지만(1731년 4월, 성균관 대사성의 요청), 호조는 1,200냥의 절반인 550냥만 지급했을 뿐이었다(같은 해 9월).

심성희가 문제 삼은 것은 바로 이 경강의 선세였다. 아래에서 심성희의 주장을 요약하는데, 위 1731년 성균관 대사성의 요청과는 다른 부분이 있다. 이 점을 일단 염두에 두자. 심성희는 성균관이 영종범도의 어장에서 당시 해마다 1,500냥의 세금을 거두었고, 아울러 '세 강(한강·용산강·서강. 서울로 오는 물화의 집합소)의 침어세沈魚稅'(침어는 소금에 절인 생선)를 거둘 권리도 갖고 있었다고 말한다. 1731년의 1,200냥은 아마 원래 영종범도의 어장세 1,500냥이 공식화되면서 줄어든 것일 터이다.

1731년의 자료에 의하면 1653년 영종도에 진을 설치하면서 성균관은 범도 대신 세 강에서 수세하게 된 것이었다. 하지만 심성희는 범도 어장과 세 강에서 동시에 수세하고 있었다고 말한다. 심성희에 의하면 범도 어민들은 어장과 경강 양쪽에서 세금을 내는 것이 억울하다고 비변사에 호소하였고, 비변사에서 어민들의 손을 들어주어 범도 어장의 수세를 막고 오직 세 강에서만 수세하게 하였다고 한다. 1731년의 자료와 겹쳐 음미해보면, 1653년 영종도에 진을 설치한 뒤 범도에서의 수세를 포기하고 경강에서 선세를 받도록 한 결정을 성균관 쪽에서 지키지 않고 있었던 것으로 보인다. 범도 어민들은 바로 이 점을 지적한 것이었다. 그런데 1729년에는 경강의 선한船漢들이 억울함을 호소하여 비국備局에서는 성균관이 경강에서 수세하는 것을 금하고, 다시 범도에서 수세하게 하였다. 그런데 이때 범도 어장은 이미 영빈방에 소속되어 있었다. 그 과정을 소상히 밝힐 자료는 없지만, 1724년부터 1729년까지 영빈방과 범도 어장의 수세액을 반분하고, 1730년부터는 어장 자체가 영빈방에 소속된 뒤 호조에서 300냥을 지급받다가 뒤에 550냥을 받게 된 사정은 이미 앞서 말한 바 있다. 결과적으로 성균관은 범도 어장을 완전히 상실하고 호조로부터 단지 550냥을 지급받게 된 것이었다.

1729년 성균관이 침어세를 잃게 된 것은 성균관 전복들의 작폐 때문이었다. 원래 성균관의 수세 대상은 침염어沈鹽魚, 곧 침어로서 그것을 파는 상선에서만 세금을 거두는 것이 원칙이었다. 그런데 심성희가 '생선과 건어'는 수세 대상이 아니었다는 말을 덧붙이고 있는 것으로 보아, 전복들은 생선과 건어에 대해서도 세를 거두었던 것이 분명하다. 과세 범위를 넘어선 불법적 과세에 대해 선한들이 비변사에 호소하자, 비변사에서는 성균관의 침어세 자체를 혁파해버린 것이었다. 침어 판매가 성균관의 손에서 놓여나자, 어물전이 침어 매매 역시 어물전의 권리임을 주장하였다. 수륙의 행상들과 경강 주인들이 모두 어물전의 손아귀에 들어갔고 어물전은 침어 매매를 독점했다. 이것은 어물전을 제외한 상인들의 이익을 침해하는 것이었고 그 결과 어물전의 독점에서 벗어나 성균관에 침어세를 바치며 다시 성균관 소속으로 돌아가기를 원하는 목소리가 경강 상인들 사이에서 나오기 시작했다. 이것을 지적하면서 심성희는 범도의 어장은 궁방에 소속되어 되돌려줄 수 없지만, 세 강 상선의 침어세는 성균관에 돌려줄 것을 요청했다. 뒤에 언급하겠지만, 이 요구는 비변사가 방계防啓하여 영조의 검토를 거칠 수가 없어 기각되고 말았다.

- 위도의 수세

줄어드는 수입에도 불구하고 성균관이 의지했던 최후의 재원은 위도의 수세였다. 위도의 수세량은 크게 줄지 않았던 것이다. 하지만 여러 관서에서 위도에서 수세하기 시작했다. 전라도 관찰사영에서 새로 수세 규정을 만들어 약간의 무명을 지급하고 억지로 세금을 거두더니 지금은 무명도 주지 않고 1,000냥에 이르는 세금을 거두어갈 뿐만 아니라, 수세 과정에서도 군관과 색리들이 과외의 세금을 더 징수한다. 여기에 지방관이 지세 500~600냥, 첨사僉事가 수세 500~600냥을 해마다 징수한다. 선인船人들은 지탱하지 못하고 몇 년 이내 어장에 배가 모두 사라질 것이다. 위도는 성균관에 사여된 곳으로 섬 전체의 산물은 성균관이 주관하는 것이다. 몇 해 전 각 도 어장의 상선에 이중으로 과세하는 폐단을 엄격하게 금지한 바 있는데도, 위도에 이중으로 과세하고 있다.

위도의 포구 안 '조을기條乙基'(바다 속에 있는 어살. 어선이 머물러 있으면서 고기를 잡는 곳)에 성균관이 수세하고 있다. 그런데 최근 사용원에서는 일하선日下船과 조을기에 수세하지 말라는 공문을 보냈다. 조정에서는 일하선으로부터 세금을 받지 말 것을 명령한 바 있고, 작년에 성균관은 세금을 거둔 적도 없다. 단지 조을기가 위도 포구 안에 있는 것을 근거로 공公·사私 어선에 대해 조을기를 이용한 세금을 받았을 뿐이다. 사옹원이 자기 소속 어선에 대한 징수를 멈출 것을 요구해온 것이다. 조을기를 밭에 비유하자면, 밭의 주인은 성균관이고 경작자는 어선이다. 경작자가 소출을 독점하고 밭주인에게 이익이 전혀 돌아가지 않는 것은 불합리하다. 이상을 근거로 심성희는 위도의 전세에 대한 각 관서의 이중과세와 사옹원의 어세 독점을 금지해줄 것을 요청했다.

─ 성균관의 지필묵

심성희는 성균관의 비용 중 지필묵의 값도 거론한다.

① 유생에게 지급하는 것부터 건물의 도배 등 다양한 곳에 사용하는 지필묵의 값은 1년에 1,479냥이다.

② 네 차례의 반제泮製 및 가끔 있는 별과別科에 쓰이는 시지試紙와 필묵 값이 1년에 200냥 이상이다.

③ 이상을 환산하면 1,679냥이다. 물품으로는 종이 4,750여 권, 붓 3,170여 자루, 먹이 130여 동이다.

④ 유생 정원은 75명. 1인당 종이 1속束, 붓 2자루, 먹 1덩이를 지급한다. 과거 때는 수백 명으로 증가하므로 비용이 3~4배로 늘어난다.

심성희는 성균관의 극심한 재정 소모의 원인은 바로 무상으로 지급하는 지필묵 값에 있다고 지적한다. 해결책으로 1,100냥에 해당하는 지필묵은 성균관에서 맡고, 그 외 것들은 전라도·경상도·평안도·함경도·황해도 관찰사영에서 지원해줄 것을 요청했다.

─성균관의 서리 문제

성균관의 서리는 겨우 28명으로 37명의 당상관과 낭관의 수에 비해 확실히 적어, 업무량이 대단히 많다. 성균관 서리 중 1명을 '이차移差'로 일컬으면서 매달 12냥을 사간원에 보내고 있다. 이차의 유래에 대해서 심성희는 모른다고 말하는데, 추측컨대 어떤 일로 사간원에서 성균관으로 서리 한 명을 보낸 것을 계기로 사간원에서 대신 12냥의 돈을 징수했던 것으로 보인다. 심성희는 성균관 측에서 12냥을 없앨 것을 여러 차례 요구했지만 사간원의 반대로 끝내 혁파하지 못하였음을 지적하고 즉시 혁파해줄 것을 요청한다.

─전복의 문제

심성희는 현방의 문제도 거론했다. 요약하면 다음과 같다. 성균관의 전복은 농토도 없고 행상이나 좌고坐賈 등의 직업도 갖지 못한다. 일체의 생계와 응역은 모두 소의 도축과 쇠고기 판매에 의지하고 있다. 현방 1곳에 소속되는 반인은 최근 인구 증가로 인해 90여 명이다. 1곳의 현방이 대개 70~80명이 소속되었던 것을 상기하면, 10~20명 정도가 늘었던 것이다. 1인에게 돌아가는 이윤의 몫이 줄어들 수밖에 없다. 심성희에 의하면, 1인에게 돌아가는 도축의 기회는 1년에 3~4차례에 불과하고, 그로부터 얻는 수익은 열흘이나 보름을 살 정도밖에 되지 않는 빈약한 것이라고 지적한다.

21곳의 현방이 한 달에 성균관에 바치는 돈과 삼법사에 바치는 속전은 도합 1,050냥이고 1년에 1만 2,600여 냥이다. 이 외에 전복이 지출해야 하는 기타 잡역 비용이 수천 냥이다. 이것들은 전복에게 엄청난 부담이다. 전복들은 심성희에게 두 가지를 요청했다. 첫째, 형조의 속전을 감한 것과 같이 사헌부와 한성부의 속전도 감해줄 것. 심성희는 과거 심단沈檀과 이유李濡의 논리를 반복했다. 사헌부와 한성부의 금란속전을 낭비하지 않으면 원역의 삭료를 충분히 지급할 수 있고 굳이 현방의 속전을 거둘 필요가 없다. 둘째, 군문과 아문의 돈을 빌려줄 것. 1717년 대사성 박봉령朴鳳齡이 요청한 4만 2,000냥의 절반인 2만 1,000냥을 빌려준 바 있는데, 한 달에 1,060냥을 갚아 일흔 달 만에 완전히 변제했다. 1724년과 1736년에도 대출한 바 있었고 그 뒤 완전히 변제했다. 심성희는 전례에 의거해 다시 군문과 아문의 대출을 요청했다.

– 심성희 상소에 대한 반응

심성희의 상소는 성균관이 안고 있는 대부분의 문제를 더할 수 없이 자세하게 다룬 것이었다. 그것이 구체적이었던 만큼 제시한 해결책도 분명했다. 따라서 검토와 답변이 없을 수 없었지만 상소 내용이 당시 정식으로 거론된 적은 없었던 것으로 보인다. 《태학지》에는 영조가 동벽과 서벽의 허록虛錄의 미포米布를 탕감하도록 명했다는 자료[124]가 보이지만, 그것은 단지 명령한 것만으로 그쳤을 가능성이 크다. 실제 상소에 대한 대책은 즉각 마련되지 않았던 것이다.

심성희의 상소가 실린 날의 《승정원일기》에는 29개의 기사가 실려 있고, 심성희의 상소는 29번째의 것이다. 보통 상소가 실리면 그 끝에 왕의 답이 실리는 것이 원칙이지만, 이 상소는 상소만으로 끝난다. 그런데 바로 앞의 28번째 기사에 "대사성 심성희의 상소에 답하기를, '상소를 보니 아주 자세하다. 진달한 바는 비국備局으로 하여금 품처稟處하게 하라. 너는 사직하지 말고 직임을 살피라' 하고, 원래의 상소는 비국에 내렸다"[125]라는 말이 실려 있다. 비국에 내렸다는 것은 비국에서 내용을 검토하여 시행 여부에 대해 다시 왕에게 보고를 올리라는 명령이다. 하지만 비국에서는 즉각 검토 의견을 올리지 않았다.

심성희의 상소(7월 8일)가 있고 그로부터 한 달 뒤인 8월 9일 영조는 성균관에 가서 석채례釋菜禮를 행하고 늙은 반인들을 불러 폐막弊瘼(폐단)을 물었다.[126] 반인들은 어선세漁船稅를 돌려줄 것, 내궁방內弓房에 바치는 근각의 양을 감해줄 것, 각 아문에서 공채를 얻는 것 세 가지를 요청했다. 어선세는 곧 심성희의 상소에서 언급된 침어세를 말하는 것일 터이다. 아문의 공채는 수차 언급한 바 있다. 다만 내궁방의 근각은 처음 문제가 된 것이다. 내궁방은 상의원 소속의 궁방으로, 활과 화살 등 무기를 제작하는 재료인 우근과 활시위에 필요한 실 및 각종 잡물과 호피·표피豹皮 등을 각 도로부터 받아들이고 있었다.[127] 기원은 알 수 없지만, 현방에서는 1년에 300부部의 근각을 대가 없이 내궁방에 공급하고 있었다. 그것은 현방에 큰 부담이었다. 이날 영조는 그것을 영원히 없애도록 지시했다. 다만 한 달 전 심성희가 상소에서 언급한 침어세와 군문의 공채에 대해서는 아무런 말이 없었다. 이것은 상소에 대한 비변사의 검토와 회계回啓, 즉 왕에 대한 보고가 없었다는 의미다.

심성희의 상소가 재론된 것은 3년 뒤인 1743년이었다. 윤4월 7일 영조는 성균관에서 대사례大射禮를 행하고 대사성 김상로金尙魯에게 반예들의 폐막을 물어볼 것을 지시했던 바, 김상로가 답을 하는 과정에서 심성희의 상소가 문제가 된 것이었다. 김상로는 3년 전 내궁방 근각을 전부 감해준 것에 대해 반예들은 감사하고 있지만, '경강의 침어세'와 '아문의 공채'는 비변사에서 방계防啓하고 있다는 것이었다. '방계'의 사전적 의미는 '왕에게 알리지 못하게 막는 행위'를 말한다. 즉 비변사는 고의적으로 심성희 상소를 검토하여 보고하지 않았던 것이다. 김상로는 반인들의 생계수단이고 동시에 양사養土의 비용을 얻는 '경강의 침어세'는 원래 성균관의 소유였다고 지적했다.

김상로는 침어세가 어물전의 소유로 넘어가게 된 과정을 밝히고 있는데 그것은 심성희의 상소에서 말한 바와 동일하다. 그는 침어세를 다시 성균관으로 돌려줄 것, 다시 말해 반인에게 돌려줄 것을 요청했다. 아울러 이 문제는 심성희가 이미 상소로 요청한 바 있다면서 은근히 비변사를 비난했다. 아문의 공채 문제에 대해서도 현방에서 상환하지 않았던 적이 없었음을 상기시키며 빌려줄 것을 요청했다. 영조는 비변사에서 검토해 보고하라고 명했다. 마지막 문제는 역시 속전이었다. 김상로는 현방이 한 달에 삼법사에 바치는 속전 500냥은, 중간에 감한 바 있지만 여전히 과중하다고 지적하고, 깡그리 없앨 수는 없지만 그 규모를 다시 참작해 축소할 것을 요청했다. 영조는 동의하고 다시 비변사에서 검토·보고하라고 지시했다.[128]

김상로의 요청은 비변사의 반대에 부닥쳤다. 비변사는 반인이 경강 침어세를 받은 유래는 정확하지 않으나, 그것을 혁파한 데는 나름의 이유가 있다고 지적했다. 곧 반인들은 과거 수세할 때 '공가公家를 빙자'하여 무법하게 조세를 거둬들인 것이 어물전인과 비할 바가 아니었다는 것이었다. 반인들은 아마도 자신들의 배후에 있는 성균관이란 국가기관을 빙자해 과다하게 수세했던 것으로 보인다. 영조는 비변사의 검토 의견에 동의했고 침어세는 반인에게 반환되지 않았다. 공채에 대해 비변사는 과거 반인이 포흠(관청의 물건을 사사로이 써버리는 것)이 없었던 것을 높이 평가

하면서 각 아문에 배분하여 1만 냥을 빌려줄 것을 제안했고 영조는 곧 승인하였다.[129]

침어세 문제는 여전히 해결되지 않은 상태로 남았지만, 속전 문제는 깊이 재론되었다. 좌의정 송인명宋寅明은 속전을 받지 못하면 삼사가 지탱할 수 없다면서 속전을 감할 수 없다고 하자, 영조는 침어세는 강민江民이 원하지 않기 때문에 그냥 둘 수밖에 없지만, 현방의 경우 조정에서 허가를 해준 뒤 삼법사에서 속전을 받는 것은 근거가 없는 것이라고 지적했다.[130] 영조의 단호한 태도에 송인명은 형조와 사헌부는 속전을 없애도 좋지만 한성부의 경우는 속전이 없으면 아주 곤란하니, 참작해 감하자고 말했고 영조는 거기에 동의했다. 그런데 비변사가 검토해 다시 보고한 내용은 가소롭기 짝이 없는 것이었다. 사헌부와 한성부의 1년 속전 중 각각 70냥, 30냥을 감하기로 결정했던 것이다.[131] 현방으로부터 거두는 1년의 속전은 총 6,600여 냥이었음을 상기한다면, 100냥은 성균관과 반인을 조롱한 것과 다름없었다.

공채에 관해서는 병조와 호조가 각 3,000냥을 내고, 경리청·어영청·총융청·수어청에서 각각 700냥, 훈련도감·금위영·진휼청에서 각각 400냥을 내어서 1만 냥을 만든 뒤 빌려주기로 했다.[132] 영조는 비변사의 검토에 동의하고 그렇게 하라고 지시했지만, 이 역시 그대로 집행되지는 않았다. 1년 1개월 뒤인 1744년 6월 5일 대사성 정형복鄭亨復은 각 아문에서 배분한 돈보다 적은 돈을 내거나 아예 내지 않은 결과 1년이 지난 당시 4,200냥을 받지 못하고 있고, 성균관에서 여러 차례 공문을 보냈음에도 불구하고 계속 미루며 돈을 빌려줄 뜻을 보이지 않는다는 것이었다. 정형복은 수천 명에 이르는 현방 전복의 수를 고려하건대, 1인에게 돌아가는 은화는 수삼數三 냥에 불과할 뿐인데, 그 절반인 5,000냥으로는 아무 일

도 할 수 없을 것이라고 비난했다.[133]

계속해서 확인할 수 있듯, 반인들이 성균관에 문제를 제기하고, 대사성은 그 의견을 듣고 실제 상황을 검토한 뒤 왕에게 보고하고, 왕은 비변사에 대책을 지시하고, 비변사에서 각 담당 관청에 지시를 하면, 담당 관청에서는 반대한다는 의견을 제출하거나, 명령을 실행하지 않는, 대단히 익숙한 태업의 형태가 끊임없이 반복되었던 것이다. 관료들의 저항과 태업은 왕도 어떻게 할 수가 없었다.

왕과 조정의 무능과 책임 회피

1740년 심성희가 상소하여 요구한 개선책을 각하했다는 것은 조정이 성균관에 대해 깊은 관심이 없다는 것을 의미했다. 이 시기 성균관의 교육기능이 완전히 마비된 것은 아니었으나, 교육을 통해 관료를 양성하는 기능, 곧 관료의 진출 통로로서의 성균관은 별 의미가 없었다. 간단히 말해 성균관은 국가 최고의 교육기관이란 상징성과 국가이데올로기의 교조인 공자에 대한 제사 기능 때문에 겨우 존속하고 있는 것이 현실이었다. 성균관이 사실상 무의미한 상징적 기관으로만 존재했으니, 성균관 노비에 대한 배려는 있을 수 없었다. 현방에 대한 배려, 다시 말해 현방에 대한 과도한 수탈을 멈추거나 조정하여 반인을 배려하겠다는 생각은 희박하거나 없었다. 또한 조선의 관료기구는 엄밀한 법과 규정이 아니라 온갖 불합리한 관행에 의해 작동하고 있었다. 속전으로 현방을 착취하는 관행은 심성희가 상소를 올린 1740년이면 거의 1세기가 되고 있었다. 이제 그것은 영구불변의 관행, 곧 법이 되어 있었다. 그 결과 현방의 속전의 감면을 말하는 사람도 차츰 줄어들기 시작했다.

1747년 10월 14일 대사성 홍상한洪象漢은 현방의 속전 문제를 꺼냈다.

21곳의 현방은 1년에 삼법사 속전 7,000냥, 성균관 운영자금 8,000냥을 내고 있었다. 1733년 조명익의 상소에서 삼법사 속전이 6,580냥, 성균관 운영자금 7,200냥이었으니, 10여 년 만에 1,200냥이 불어나 있었던 것이다. 여기에 더하여 현방은 우전에 1744년부터 해마다 1,500냥을 지급하고 있었다. 홍상한이 감면을 요구한 것은 다름 아닌 우전에 지급하는 1,500냥의 '우전아전牛廛牙錢'이었다('우전아전'에 대해서는 6장에서 상론한다). 우전아전으로 인해 현방의 부담액은 갈수록 커지고 있었던 것이다.

1754년 대사성 김양택金陽澤은, 1717년 대사성 박봉령의 요청으로 현방에 4만여 냥을 빌려준 전례를 상기시키며 1753년에 이성중李成中이 묘당(의정부)과 상의하여 네 곳의 군문과 병조·호조·선혜청에 분배해서 빌려줄 것을 확정하였으나 아직도 각 아문에서 미적대고 빌려주지 않고 있다고 하면서 즉시 빌려줄 것을 영조에게 요청했다.[134] 반복된 요청에 병조는 원래 3,000냥이 배정되었으나, 재정난을 겪고 있으므로 1,000냥을 감해줄 것을 요청했다. 이에 영조는 1,500냥을 감하고, 4,000냥이 배정된 금위영 역시 1,000냥을 감하여 빌려줄 것을 명했다.[135] 1758년 다시 대사성이 된 김양택은 역시 1717년의 전례에 따라 현방에 4만 냥을 빌려줄 것을 요청했다. 김양택은 1754년 자신의 요청으로 공채를 빌려준 적이 있다고 상기시켰다. 하지만 1758년의 경우 공채를 빌려주었는지는 알 수 없다. 영조는 비변사에서 조처하라고 지시했지만, 회계回啓가 없었던 것이다.[136]

1750년 균역청 설치 이후의 사정

1750년 균역청이 설치되자 성균관은 토지와 절수 어장, 노비에 대한 직접 수세권을 완전히 상실하였다. 대신 균역청과 호조로부터 일정한 비용을 지급받았다. 하지만 지급량은 턱없이 부족하였다. 또 지급량은 거의 고정된 것이라 증가할 가능성도 희박하였다. 결국 성균관은 반인과 현방을 압박할 수밖에 없었다. 그것은 또 한편으로는 현방에 대한 삼법사의 수탈량을 줄여야 한다는 것을 의미하였다. 문제는 해결되지 않았고 더욱 어려워졌다. 지루한 요청과 기각 과정이 반복될 것은 명약관화했다.

1755년(영조 31) 4월 10일 성균관 대사성 서명신은 어전에서 성균관 재정이 더욱 악화되고 있다고 보고했다. 그는 1740년 이후 공용목公用木으로 지급받지 못한 것이 400여 동, 돈이 2,500여 냥이라는 것, 또 재정 부족으로 인해 앞으로 있을 경과慶科에 소요될 비용을 감당할 수 없을 것이라는 점을 상기시켰다. 그의 말에서 참고할 만한 부분을 보자.

전에는 조정에서 매번 각사各司에 있는 돈과 무명, 쌀을 성균관에 나눠 주어 비용에 보태고는 하였습니다. 하지만 근래에는 조정의 명령이 집행되지 않아, 이미 요청해 얻은 물건이라도 가로막고 주지 않습니다. 작년에 요청하여 얻은 호조의 무명 2동, 병조의 무명 1동은 지금까지도 지급하지 않고 있으니, 성균관이 어떻게 모양을 이루겠습니까?[137]

성균관은 부족한 재정을 병조와 호조 등으로부터 일부 지원받아왔지만, 정작 병조와 호조 등은 실제 지급하지 않는다는 것이었다. 영조는 서명신에게 '전부터 청하여 얻는 물자의 양'을 묻자, 서명신은 쌀은 혹 수백 석, 무명은 혹 10여 동, 돈은 혹 수백 냥으로 일정하지 않다고 답했다. 이를 보면, 재정이 절대적으로 부족해진 성균관은 재정이 넉넉한 관아로부터 약간의 쌀, 무명, 돈을 지원받고 있었다.

그런데 이런 지원은 왕명으로 이루어지는 것이었다. 곧 성균관이 왕에게 정식으로 요청하면, 왕은 그 안건을 비변사에 넘기고, 비변사의 검토 결과는 해당 관청으로 넘어가 집행된다. 물론 이 전 과정은 왕의 명령으로 이루어지는 것이다. 하지만 왕의 명령조차 집행하지 않는 경우가 허다했다. 서명신의 요청에 대해 영조는 "작년에 허락한 것을 먼저 정한 수대로 우선 지급하도록 병조에 분부하라"[138]고 명령했다.

이날 서명신은 성균관의 재정 상황에 대해 자세히 보고하는데, 참고할 만한 내용이 상당히 있다. 첫째, 성균관 외방노비의 문제. 성균관의 재정은 외방노비의 신공에 절대적으로 의지하고 있는데, 외방노비의 경우 도망한 것만 보고하고, 생산한 것, 즉 노비가 불어난 것은 보고하지 않는다는 것이다. 이로 인한 노비신공의 감소가 성균관 재정 축소의 가장 큰 원인이 된다. 따라서 도망하거나 죽은 노비는 그 노비가 소재한 지방관이 즉시 그 대신 노비를 채워넣어야 한다는 것이 서명신이 요청한 내용이었다.[139]

서명신은 성균관에 소속된 위도·추자도·양하포良下浦와 기호 지방 여러 곳에서 거두는, 1년의 어염선세는 과거 2,192냥이었으나, 균역청으로 이속시킨 뒤 2,000냥을 지급하여 192냥이 감축되었으니, 그것을 그대로 지급해줄 것을 요청했다. 이어 서명신은 1754년 윤4월 16일 전 대사성 김양택이 요청한 각사의 공채 중 일부가 여전히 지급되지 않고 있음을 지적하고, 다시 원래 액수대로 지급할 것을 요청했다.

서명신의 이날 발언에는 전에 볼 수 없던 새로운 자료가 다수 보인다. 그에 따르면 경상도 곤양昆陽의 다솔사多率寺는 원래 성균관 소속으로 성균관에서 해마다 종이를 받아 존경각尊經閣의 책지冊紙로 사용해왔다. 1750년 능묘 외의 원당을 혁파할 때 다솔사는 빠졌는데, 그 뒤 같은 고을의 서봉사棲鳳寺 중들이 비변사에 청원하여 다솔사 역시 혁파되었다. 이후 허다한 사역寺役이 다솔사에 집중되었고 견딜 수 없는 상황에 놓인 다솔사는 성균관을 찾아와 다시 성균관에 소속된 사찰이 되어 전처럼 공역供役하기를 원하였다. 성균관은 본디 종이를 많이 쓰는 곳이고, 또 300년 동안 소속되어 있던 절을 지금 혁파하는 것은, 1750년 혁파하지 않았던 본의에 어긋날 뿐더러 다솔사가 억울하니, 전처럼 성균관에 소속시켜주는 것이 좋겠다는 것이 서명신의 요청이었다.

현방과 관련해서 서명신은 1754년 김양택이 공채를 빌려줄 것을 요청했으나, 금위영 1,000냥, 총융청 2,000냥, 병조 1,000냥, 선혜청 3,000냥을 조달하고 있다는 핑계로 미루기도 하고, 혹은 기다리라는 말을 하면서 지급하지 않고 있다면서, 각 관서에서 주지 않은 돈을 원래 약속한 액수대로 지급할 것을 요청하여 영조의 재가를 받아냈다. 하지만 현방이 공채를 약속한 액수대로 빌렸는지는 미상이다.

서명신의 요청을 영조는 모두 재가했다. 하지만 그것이 과연 그대로 실행되었는지 확인할 수는 없다. 만약 모두 허락했다고 하더라도 총 요청량은 얼마 되지 않았던 것으로 보인다. 성균관의 재정이 뒤에 계속 열악해졌던 것을 떠올리면 서명신의 요청을 영조가 모두 재가한 것이 사실이라 하더라도 그것은 결코 성균관의 재정에 도움이 되지 않았을 것이다.

1758년 다시 성균관 대사성이 된 김양택은 재차 정유년의 전례를 들어 4만 냥을 빌려줄 것을 요청해 영조의 허락을 얻었다. 그런데 중간에 김선행金善行이 대사성으로 있을 때 요청은 했지만 허락을 받지 못했다고 말한다.[140] 왕과 조정은 반인의 경제에 대해서는 대책이 없었다. 문제는 언제나 미봉에 그치고 말았다. 아니, 도리어 수탈의 수준을 높이고 있었다. 지적하자면 새로운 수탈 방법이 출현했던 것이다. 1759년 7월 26일 대사성 서명응이 영조의 명으로 조사해 보고한 반인의 폐막을 보자. 서명응은 먼저 삼사의 횡침橫侵으로 인해 현방이 1년에 바치는 속전이 2만 냥에 가깝다고 지적했다. 서명응은 1727년 송인명이 횡침 금지를 아뢰자 규정을 만들어 금지한 바 있는데,[141] 수십 년 뒤에 다시 횡침의 폐가 나타났다고 지적하면서 1727년의 정식定式에 의해 시행할 것을 요청했다.

서명응이 말하는 2만 냥을 어떻게 볼 것인가. 1747년 대사성 홍상한이 '우전아전'의 감면을 요구했을 때의 현방에 대한 수탈 총량은 1만 6,500냥(삼법사 속전 7,000냥, 성균관 운영자금 8,000냥, 우전아전 1,500냥)이었다. 12년 뒤 3,500냥이 증가한 것이다. 속전이 증가한 것은 삼법사 금리들이 '첩도'라는 이유로 속전을 더 거두었기 때문이었다. 우승지 김광국金光國은 삼법사 금리들이 속전을 더 징수하는 것은 불법적인 것이지만, 그 원인은 현방의 남도濫屠에 있다고 지적했다. 김광국의 말은 일정 정도는 진실이다. 현방의 첩도 혹은 남도가 없지는 않았지만, 그것이 삼법사의 불법적 수탈에 정당성을 부여할 만한 수준은 아니었다. 사실상 첩도나 남도를 구실로 삼은 삼법사의 수탈은 대단히 악질적이었다. 첩도 혹은 남도를 구실로 한 속전의 징수는 대개 금리들이 사적으로 착복하는 것이기 때문이었다. 영조의 명령으로 금리들의 과도한 징수는 상당 부분 줄어들었던 것으로 보인다. 1763년 1년에 삼법사와 성균관에 1만 6,000냥을 바친다는 자료가 있기 때문이다.

서명응은 현방의 공채 대출 요구도 전했다. 1717년 4만 2,000냥의 공채를 현방에 빌려준 예에 의거해 1년 전에도 공채를 빌렸으나 그 절반인 2만 1,000냥만 빌려주었는데, 이제 여덟 달을 지나 거의 다 갚았으므로 다시 2만 1,000냥을 빌리고자 한다는 것이었다. 영조는 재가했다.[142] 세 번째는 이른바 '우전아전'으로 현방이 도축할 소를 구입할 때 우전에 지불하는 돈에 관련된 문제였다. 이상 서명응을 통해 왕에게 보고된 현방의 요구에서 속전의 감면에 대한 것을 찾아볼 수 없다. 문제가 된 것은 금리들의 사적인 수탈로서의 속전이었지 이미 조세화한 공적 속전은 문제 삼지 않았던 것이다.

공적·사적 형태의 속전은 계속 반인을 압박하였고, 이에 상응하여 반인도 반발하기 시작했다. 1763년(영조 39) 4월 10일 형조판서 조운규趙雲逵는 성균관 전복들의 집단행동에 대해 보고했다.[143] 곧 전복 수백 명이 형조로 찾아가서 잠도, 곧 밀도密屠를 엄격히 금지할 것을 요구했던 것이다. 자신들을 수탈하던 형조로 전복 수백 명이 찾아가 집단행동을 한 것은 매우 의미심장하다. 이들은 나름의 논리를 충분히 갖추고 있었다. 그들에 의하면, 현방이 1년에 성균관과 법사, 곧 삼사에 바치는 속전이 도합 1만 6,000냥에 이르는데, 잠도가 전에 비해 더욱 심해진 탓에 21개 현방이 이익을 잃고 빈 가게를 지키고 있을 뿐이라는 것이다. 곧 반인들은 자신들이 내는 속전이 현방과 삼법사를 경제적으로 지탱하는 근거라는 것을 형조를 압박하는 근거로 삼았던 것이다. 그들은 나아가 잠도로 인해 각 처에 바쳐야 할 속전을 마련하기 불가능하므로 반촌의 남녀가 장차 흩어질 지경이라고 하였다. 현방이 삼법사와 성균관의 재정을 담당하고 있다는 것이 바로 반인의 중요한 투쟁 논리였다. 후술하겠지만 반인은 이 논리를 근거로 잠도를 단속할 수 있는 금란전권을 얻게 된다.

1765년 5월 30일 다시 대사성이 된 서명응은 성균관의 재정 문제를 정리하여 상소한다. 깊은 위기의식에서 쓴 상소는 모두 6조목인데 마지막 조목은 사학四學에 관한 것이니, 앞의 다섯 조목 중 상소에서 중요한 대목을 정리해보자. 서명응은 먼저 성균관의 1년 지출을 다음과 같이 정리했다.

① 거재유생의 일용 공궤와 원역들에게 매달 지급하는 요포의 총계는 4,059냥.
② 예하例下. 거재유생의 별공납약別貢臘藥과 사중식당司中食堂의 포진鋪陳이 1,376냥.
③ 수시로 지급하는 것. 정시庭試·알성시·증광시·통독감시通讀監試 등에 유생들에게 지급하는 종이·붓·먹·화구火具의 값. 변동이 있지만 적어도 1,500~1,600냥은 될 것이다.[144]

서명응은 이상에서 제시한 지출의 총계는 1년에 적어도 7,000여 냥인데, 1년의 수입은 5,000여 냥으로 부족한 2,000냥이 누적된다고 지적한다. 부족분을 채우기 위해 예산을 미리 끌어다 쓰기도 하고, 다른 기관에서 빌리기도 하지만, 그래도 모자라는 부분은 이예吏隸가 떠맡게 한다. 결국 성균관 재정 부족은 반인의 몫으로 떨어진다는 말이다. 그런데 서명응이 파악한 수치에는 무언가 오류가 있는 것 같다. 그에 의하면 성균관의 1년 총 지출은 7,000여 냥(정확하게는 7,200냥), 수입은 5,000여 냥, 부족액은 2,000여 냥이다. 부족액 2,000여 냥은 성균관의 전복들이 떠맡는다. 그런데 1866년 《육전조례》에 실린 성균관 토지에 대해 지급하는 호조의 급대전은 2,042냥이었다. 전술한 바와 같이 《육전조례》에 실린 성균관의 토지는 1785년 《태학지》의 자료를 그대로 옮긴 것이었다. 서명응이 상소를 올린 1765년과 별로 다르지 않다. 따라서 토지 급대전 2,042냥을 차용해도 무방할 것이다. 2,042냥은 이예에게 떠넘긴다는 2,000냥과 꼭 맞아떨어진다. 부족할 리가 없는 것이다.

서명응이 제시한 대책 역시 현실성이 떨어진다. 그가 말하는 대책을 요약하면 다음과 같다. 현방이 각 군문에서 공채를 빌려 쓰고 갚았던 전례가 있다. 이 전례에 의거해 만약 균역청에서 10년 동안 성균관에 떼어 보낼 어염 급대전魚鹽給代錢 3만 9,770냥에 230냥을 합쳐 4만 냥을 미리 성균관에 줄 것을 요청했다. 1년 치 3,977냥은 1755년 균역청에서 어염 선세의 급대전으로 성균관에 지급한 2,000냥과 1808년 《만기요람》의 노비공 급대전 1,977냥을 합친 금액이다(1808년 《만기요람》의 급대전 1,977냥은 1765년 이전에 확정되었을 것이다). 서명응의 논리는 이렇다. 성균관은 먼저 10월에 230냥을 균역청에 갚은 뒤 4만 냥을 21개 현방에 나누어 주고 매달 478냥을 성균관이 갚도록 한다. 현방을 열지 않는 1월 6일과 작은 달 6일의 돈을 감해주면, 성균관은 현방으로부터 1년간 5,514냥의 수입이 있게 된다. 여기에 성균관 노비들의 신공과 전답세 1,600여 냥을 더하면 7,200여 냥이 된다. 이것으로 성균관의 재정 문제는 해결될 수 있다.

서명응의 상소는 균역청으로부터 10년의 급대전을 미리 받아 그것으로 현방을 경영하여 얻은 수익을 성균관의 비용으로 사용하자는 것이었다. 더 간단히 줄이자면 성균관이 현방에 직접 투자해서 수익을 올리고 그것을 운영자금으로 사용하자는 것이었다. 10년 치 급대전을 미리 달라는 서명응에 대해 영조는 균역청은 성균관을 위해 설치한 것이 아니라면서 "너무 우활한 것이 아니냐?"라는 말로 핀잔을 주었다. 또한 성균관 전복의 고통은 자신도 인지하고 있다면서 다른 방법을 생각해오라는 말로 서명응의 계획을 간단히 거부했다.[145] 서명응이 제시한 대책 역시 현실감이 없었지만, 영조 역시 문제를 해결할 의지가 없었다!

반인이 빈곤의 나락으로 떨어진 이유로 사도私屠도 있었다. 현방은 속전이란 형태로 일정한 세금을 내고 영업을 하는 것이지만, 전술한 바와 같이 사도는 영업세를 전혀 내지 않았기 때문에 큰 이익이 보장되었다. 수없이 보게 될 것이지만, 사도에 대한 단속은 매우 느슨하였다. 국가는 사도 자체를 종식시킬 의지도 능력도 없었으므로, 서울 시내에서의 사도는(물론 지방에서도!) 범람하다시피 하였다. 이것은 모두 현방의 이익을 침해하는 것이었다. 더 큰 문제는 사도 단속의 주체인 삼법사 이예들이 사도에 뛰어들었다는 것이다.

1781년 2월 3일 대사성 서유방徐有防은 삼법사의 계속된 출금에도 여항閻巷의 사도가 그치지 않아 결국은 현방이 이익을 잃고 있고, 아울러 삼법사가 현방에 진열한 쇠고기를 첩도한 것이라고 지목하여 속전을 강제로 징수한다고 지적했다. 이와 아울러 봉상시도 소의 도축과 판매를 하고 있으며, 삼법사의 하예들도 고사를 핑계대고 도축하고 있으며, 나아가 모든 관서의 아전들이 모두 도축을 하고 있는 실정이었다.[146]

1787년 1월 1일 신년이라는 것을 의식하여 정조는 공인貢人·시인市人에게 폐막弊瘼을 물어본 뒤 비변사에서 그것을 검토한 결과를 보고하라고 지시했다. 다음 날 홍의영洪義榮은 비변사의 검토 내용을 정조에게 보고했다. 현방은 정식 시전은 아니었으나, 시전의 하나로 취급했기에 비변사는 성균관 전복을 불러 폐막을 물었다. 전복들은 현방 1년 속전의 총계가 1만 4,850냥에 이른다고 하면서 '다소간 특별히 제감除減하여 보존할 바탕을 삼게 해줄 것'을 요청하였다.

1787년 당시 사헌부에서는 매달 현방으로부터 229냥의 속전을 거두고 있었으니,[147] 그것의 1년 합계는 2,748냥이었다. 여기에 한성부와 형조의 속전을 합치면, 삼법사의 공적 속전은 앞서 지적한 것처럼 6,500냥이하일 것이다. 1747년 대사성 홍상한은 현방이 삼법사에 7,000냥, 성균관에 8,000냥을 내고 있다고 한 바 있다. 모두 1만 5,000냥이다. 따라서 40년이 지난 1787년 1만 4,850냥은 거의 동일한 양이다. 40년을 지나는 동안 성균관과 삼법사의 수탈량이 일정하게 유지될 리가 없다. 1759년 서명응은 현방의 속전이 2만 냥에 가깝다고 했는데, 그것은 첩도를 구실로 한 삼법사의 횡침으로 인해 속전의 납부액이 폭증했기 때문이었다. 1만 4,850냥 역시 성균관의 수탈을 제외하고 순전히 삼법사가 첩도 등을 구실로 뜯어가는 돈이 포함된 것일 터이다. 사정이 이러함에도 불구하고 비변사는 전복들의 요구를 한마디로 거부했다.

> 현방의 속전을 정하고 거두어 쓰는 것은 수백 년 이래의 규정이고 전후로 경감해준 은혜가 몹시도 융숭했거늘, 이번에도 경감 운운하니, 백성의 버릇이 너무나도 놀랍습니다. 원정原情을 시행하지 말고, 형조에 이송하여 각별히 징치함이 어떠합니까?[148]

삼법사가 현방으로부터 속전을 받는 것이 불법적인 것이라는 1704년 이유의 지적은 완전히 잊혔고, 과도한 수탈을 줄여달라는 호소는 형조로 이송되어 처벌할 대상이 되었다. 정조는 당연히 비변사의 손을 들어주었다.

비변사가 속전을 줄여달라는 반인들의 요청을 거절하고 도리어 그 요청한 사람을 처벌하자고 한 것은, 현실을 외면한, 수탈자의 냉혹함과 뻔뻔함을 그대로 드러내는 것일 뿐이었다. 현방은 실제 파산하고 있었다. 1793년 대사성 심환지沈煥之는 심각한 지경에 이른 현방의 문제를 거론했다. 요약하면 다음과 같다. 심환지에 의하면 현방이 맡고 있는 여러 가지

공세公稅는 1년에 2만 1,000여 냥이다. 2만 냥을 약간 넘는 액수인데 이후 현방의 부담액은 2만 냥 전후가 된다. 수탈량의 증가와 반비례하여 현방의 운영은 점점 어려워지고 있었다. 소의 구입 가격은 올랐고, 각 현방은 하루에 소 1마리도 도축하지 못하는 상황이었다. 심환지의 말을 직접 옮겨보자.

소 값은 날마다 오르고 전로錢路는 날이 갈수록 황폐해집니다. 각 현방이 매일 도축하는 소는 '하루에 1마리'의 정수도 채우지 못하고 있습니다. 하지만 각종 세금은 여전하여 줄지 않습니다. 그래서 <u>해마다 집이며 가산을 팔아도 부족한 형편입니다. 또 해마다 빚을 내어 대응하는데 그 이자가 불어나 지금은 각 현방마다 지고 있는 빚이 7,000~8,000냥 혹은 만 냥에 이릅니다.</u> 재물은 바닥이 나고 힘이 고갈되어 생계를 꾸릴 수도 응역할 수도 없습니다. <u>22개 곳 중 현방은 열었다 걷어치웠다 하는 곳이 반이 훨씬 넘는지라,</u> 전복들은 길거리에서 모두 방황하며 묘당廟堂에 호소하여 조정에 전해지기를 간절히 바라고 있습니다. 그들의 말인즉 <u>이자 없이 20여 만 냥을 빌려야만 빚을 막고 생업을 유지할 수 있다고 합니다.</u>

조정이 전후로 베푼 혜택이 이 무리들에게 미친 것으로 말하자면, 살갗을 적시고 뼛속까지 젖어들었다고 할 수 있을 것이니, 그럼에도 이런 분수를 넘는 말을 하는 것은, 요행을 바라는 것이라, 그 버릇이 정말 통탄스러운 것이라 하겠습니다. 하지만 그 사정과 형편을 살펴보면 사실을 벗어난 근거 없는 말도 아닙니다. 묘당에 분부하여 그 해결책을 강구하여 자신들의 생업을 편안히 누리고 성묘聖廟를 수호하게 하는 일을 아마도 그만둘 수 없을 것 같습니다.[149]

현방에 대한 과도한 수탈이 멈추지 않았고 그 결과 개인 재산을 팔고, 빚을 내어 수탈량을 채운다. 그로 인해 현방마다 7,000~8,000냥에서 1만 냥의 부채가 있다. 이런 상황에서 열었다 닫았다 하는 현방이 절반이 넘게 되었다. 문제를 해결할 수 있는 방법은 공채 20만 냥을 빌리는 것이다. 현방은 22곳이므로 각 현방 당 9,000냥 정도 분배할 수 있는 돈이다. 결국 당시 현방이 지고 있는 빚을 갚고자 이자 없는 공채를 빌리고자 했던 것이다.

반인의 요청에 대해 정조는 동지성균관사인 이병정李秉鼎에게 의견을 물었다. 이병정은 반인의 상황에 대해서는 전적으로 동의했다. 다만 공채는 현재 국가의 재정 상황으로 보아 빌려줄 수 없다고 말했고, 사채의 탕감 역시 일부 수혜의 불평등 때문에 불가능하다고 판단했다. 그는 아울러 궁방 무노배貿奴輩의 침징侵徵과 첩도를 구실로 삼은 법사의 사적인 속전 징수가 현방을 파탄 상태에 빠지게 하는 또 다른 중요한 원인이라고 지적했다. 궁방 무노배는 궁방에 필요한 물건을 담당하는 노비를 말한다. 즉 궁방 수요품의 구매를 담당하는 노비들이 현방의 쇠고기를 정가 이하의 낮은 가격에 사들이는 것이 문제라는 것이다. 이에 대해서는 따로 언급하겠다. 잠도의 경우 이병정은 현방 전체가 하루 8~9수 정도를 도축하고 있고 10여 곳 현방은 늘 궐도闕屠 상태에 있으니, 잠도 자체는 성립할 수 없는 것이라고 지적했다.

하지만 현방에서 요청한 그 어느 것도 수용되지 않았다. 문제는 바로 그곳에 있었다. '현방이 임의로 폐업하는 것을 막지 않는다면, 현방에서 매년 세금으로 바치는 성균관의 공적 비용과 식당 운영자금, 삼법사의 속전 등 도합 2만 1,800냥을 마련해낼 수가 없다는 것'이 자연스런 결론이었다.[150] 현방에 대한 수탈을 극한까지 확대하면, 그로 인해 현방 자체가 소멸할 상황에 이르렀던 것이지만, 유일한 재생 방법인 공채 20만 냥을 빌려줄 수는 없다고 하였으니, 무책임하고 무능하기 이루 말할 수가 없었다. 정조는 간단히 비변사에서 사안을 검토하여 보고하라고 했지만, 보고한 대책은 없었다. 왕과 조정은 성균관의 재정과 반인의 경제적 파탄, 삼법사 하예들의 불법행위에 대한 근원적인 대책 수립에 대한 의지와 능력이 없었다고 보는 것이 타당할 것이다.

1812년 궐공과 대책의 실패

현방은 사실상 파산 위기에 처했다. 반인이 그 위기에서 벗어날 수 있는 현실적인 방법은 단 하나, 공채를 빌리는 것이었다. 속전을 감면하는 것이 근본적인 처방이었지만, 1733년 조명익의 상소를 끝으로 다시는 성균관 측에서 속전의 감면을 요구하지는 않았다. 그것은 아마도 성균관 자체가 삼법사를 능가하는 수탈 주체였기 때문일 것이다. 반인은 계속 공채에 매달렸다. 1800년 1월 연초 행사로 비변사는 공인·시인의 폐막을 조사해 보고했는데, 그중에는 성균관 전복의 문제도 당연히 포함되어 있었다. 이들은 자신들이 성균관 식당 반미飯米 부족분에 해당하는 돈을 선납한 것이 이미 8,000냥에 이르렀다고 호소하고,* 균역청이 성균관에 해마다 지급하는 급

---

* 반미飯米는 이미 지적한 바와 같이 호조에서 지급하는 것이었다. 하지만 반미 외의 비용은 지급하지 않아, 반미를 덜어내어 사용할 수밖에 없고, 이로 인해 반미 자체가 모자라게 되었던 것이다. 이에 대해서는 《비변사등록》 정조 21년(1797) 3월 21일 겸양현고兼養賢庫 주부主簿 정이수鄭履綏의 계사를 볼 것. 결국 부족한 반미는 반인이 대납하였고 그것이 1800년에 8,000냥에 이르렀던 것이다. 결국 국가가 담당해야 할 성균관의 비용이 모

대전 2만 냥의 5년 치 10만 냥을 미리 지급해줄 것을 요청하였으나, 비변사는 5년 뒤 다시 동일한 폐해가 발생할 것이므로 결코 전례를 만들 수 없다는 이유로 수용하지 않았다.[151]

1811년 3월에도 같은 논리로 6만 냥을 빌리고자 했지만 역시 거절당했다(이때 현방이 내는 세금은 1만 9,700여 냥이었다).[152] 같은 해 8월에는 현방이 각처에 진배進排하는 것이 4만~5만 냥이라는 것을 구실로 선혜청으로부터 1만 냥을 빌릴 것을 요청했지만, 거절당했다.[153] 거절에도 불구하고 불과 4개월 뒤인 같은 해 12월에는 대사성 김이교金履喬가 상소하여 또 공채를 빌리고자 한 것은, 마침내 외면할 수 없는 문제가 발생했기 때문이었다. 궐공闕供, 곧 성균관 유생에게 식사를 제공하지 못할 상황이 인지되었기 때문이었다. 그는 양사養士의 비용 중 호조에서 지급하는 쌀 900석 외에 거의 1만 냥에 이르는 비용은 모두 반인이 부담하고 그것은 모두 현방에서 수세하는 것이라고 지적했다. 성균관은 다른 재원을 상실하고 사실상 반인과 현방의 노동을 수탈함으로써 운영되고 있었던 것이다.

김이교는 사도私屠의 성행으로 현방의 이익이 60~70퍼센트로 줄어들었음에도 성균관의 세금과 각사의 예납例納이 1년에 3만 5,000냥에 이른다는 것, 이외에도 공적·사적으로 수탈당하는 것은 여기에 포함되지 않았음을 지적했다. 1793년 대사성 심환지가 밝힌 현방의 1년 공세公稅 2만 1,000여 냥에서 다시 1만 4,000냥이 불어난 것이다. 김이교는 이와 같은 과도한 수탈이 이루어졌기에 현방의 몰락과 현방의 이익에 근거한 성균관의 양사養士 기능 역시 연쇄적으로 멈출 것이라고 예측하고 1717년 선혜청과 각 군문이 은자 7,000냥, 돈 1만 냥을, 1754년에 병조·호조와 각 군문에서 2

자랄 경우, 반인을 수탈하는 것이 유일한 대책이었던 것이다.

만 1,000냥을 빌려준 전례를 들면서 현방에 공채를 빌려주는 것을 긍정적으로 검토해줄 것을 요청했다.[154]

비변사는 검토 결과 호조와 선혜청에서 수용하는 것이 좋을 것 같다는 말만으로 책임을 면하려 하였다[155] 하지만 늘 그렇듯 호조와 선혜청은 적극적으로 움직이지 않았고, 20일 뒤 유생들에게 식사를 제공하지 못하는 궐공이 일어났다.[156] 놀란 조정은 궐공을 주도한 반인을 처벌했고[157] 대책을 내놓았다. 호조에서 3년 동안 500냥을, 선혜청에서 3,000냥을 빌려줄 것을 약속했으나, 그 정도의 돈으로는 김이교가 지적했듯 반인들이 현방 경영을 다시 시작할 수도 없고, 선비를 양성하는 영구적 방도도 될 수 없었다.[158] 결국 조정이 이루어져 선혜청이 1만 냥을 빌려주라고 했지만,[159] 선혜청은 균역청이 빌려주는 것이 나을 것이라며 미루었다.[160] 현방을 거의 극한까지 수탈하고 또 현방의 이익을 위협하는 일체의 불법적 도축을 금지시키지 못한 결과는 결국 성균관의 기능 마비로 나타났다. 1815년 4월 15일 영의정 김재찬金載瓚은 순조에게 성균관 유생의 반미飯米 부족으로 궐공이 일어날 것이라 예상하고 대책을 마련할 것을 요청했다. 이 시기 성균관은 계속 호조에서 돈을 빌려 반미를 마련하고 있었는데, 빌린 돈을 갚기 전에 다시 빌리기를 청하는 일이 반복되었던 것이다.

김재찬은 "1776년 이전에는 찬거리 비용이 아주 여유가 있었고, 그 여분을 성균관의 비용으로 옮겨 쓰기도 했지만 그 이후 해마다 수입 자체가 줄어들어, 결국 지출이 수입을 초과하여 호조에 빚을 지는 상태에 이르렀다"[161]고 지적했다. 앞서 살핀 바와 같이 1776년 이전 성균관의 재정에 여유가 있었던 것은 사실일 수 없지만, 김재찬이 파악하기로는 1776년을 기점으로 성균관의 재정이 급속히 악화되었다는 것이다. 결국 유일한 재원은 현방으로부터 나오는 것이었으나, 현방에 대한 과도한 공적·사적 수탈은 결국 현방을 붕괴시키고 있었다. 김재찬은 이렇게 말한다. "반민의 실업失業이 해마다 더욱 심해지고 있습니다. 동반촌東泮村과 서반촌에 집들이 즐비하게 늘어서 있던 모습이 날이 갈수록 점차 초라해져 장차 지탱할 길이 없어 아침 아니면 저녁에 흩어지고야 말 것이라고 합니다."[162]

김재찬은 당연히 해결 방법을 찾아야 한다고 말했고 순조는 그 말을 따랐다. 하지만 50여 일 뒤 실제로 궐공이 일어났다.[163] 말할 것도 없이 반미 공급을 맡은 현방이 더이상 버틸 수가 없었기 때문이었다. 눈여겨볼 것은 대책을 강구해야 한다는 김재찬의 요청이 있고 50여 일이 지날 때까지 사실상 조정은 그 요청을 검토하는 그 어떤 일도 하지 않았다는 것이다. 무능과 무책임의 원칙은 일관되게 작동하고 있었던 것이다. 일단 호조의 지원으로 식당을 다시 열고 궐공과 철도撤屠를 주도했던 반민을 처벌한 뒤[164] 대책을 세웠다.

성균관 대사성은 궐공이 일어난 날로부터 약 4개월이 지난 9월 25일에 상세한 보고와 해결 방안을 올렸다.[165] 11조목에 이르는 이 해결 방안은 비변사의 검토 결과와 함께 짝을 이루고 있는데, 무려 3,000자에 이르는 장문이다. 내용을 자세히 해설하기란 불가능에 가깝다. 한편 개선안은 전혀 실천되지 않았기 때문에 굳이 해설할 필요도 없다. 대강의 내용을 파악하기 위해 일단 아래에 성균관의 건의 내용과 비변사의 검토 결과를 나누어 요약해 제시한다. (1-1)의 방식으로 표기한 것은 성균관의 건의 내용이고, (1-①)의 방식으로 표기한 것은 비변사의 검토 결과다. 미리 지적해두자면 개선안은 전혀 실천되지 않았다.

–식당 문제

(1-1) 식당에서 식사를 제공하는 유생은 원래 정원이 있는데 1776년

이후 정원이 몇 배나 늘어나 예산이 부족해졌기 때문에 이예의 가료加料를 또 반미에 썼습니다. 그러므로 1784년 이전 가용미加用米 400석을 허록虛錄으로 만들었습니다. 1785년 이후 유대미流貸米가 또 400여 석이고, 고지기들이 먼저 진배한 것 역시 3,000여 민緡입니다. 만약 해조該曹로 하여금 금년의 원획元劃까지 계산해 감하게 한다면, 장차 몇 달도 지계支計할 방법이 없을 것입니다. 1784년 이전의 허록한 쌀을 탕감하고, 1785년 이후 유대미를 갑진년의 예에 의거해 허부虛簿에 싣고, 지금부터 날마다 식당에 입직하는 낭관郞官이 사실대로 기록하여 그 많고 적음과 남는 것을 연말에 호조에 계산해 보고해야 할 것입니다.

(1-2) 고지기가 먼저 진배한 3,000냥은 호조와 선혜청의 어떤 명목의 돈으로 남김없이 갚는데, 해마다 60개월의 급대조 가운데서 100냥을 덜어내어 30년 동안 갚고, 신획미新劃米 66석을 금년 5월부터 내년 새로 받을 때까지 달마다 분배해 이어 쓰되, 감히 다시 꾸기를 청하지 않게 할 것입니다.

(1-3) 식당의 정원 외의 유생은, 친림親臨 외에는 단지 석채釋菜 때 제관에 차임되는 생원만 인정하고, 도기과到記科의 경우는 이름을 등록한 사람만 응시하게 한다. 그 밖의 여러 '소전疏箋', '영교迎郊' 등의 절차는 '정수가 없다'는 법을 영원히 혁파합니다.

(1-4) 관시館試를 예전대로 복구하기 전에는 동당시東堂試를 치르는 데 필요한 물자는 양현고에서 담당하지 않습니다.

(1-5) 이예의 가료加料는 명목을 따져가며 줄여야 할 것입니다.

(1-①) 양현고의 저축이 넉넉하던 날에는, 양성하는 선비 역시 인원 수

가 정해져 있었습니다. 따라서 쌀조차 계속 공급하지 못하는 상황에서는 선비를 양성하는 비용은 더욱 과도하게 쓸 수가 없습니다. 지금 한정된 예산을 무절제하게 쓴다면 성균관이 지탱할 수 없음은 물론이고 호조도 그 요구를 따를 수가 없을 것입니다. 먼저 유생 정원의 문제부터 개혁해야 할 것입니다. 앞으로 호조의 원칙을 따라 식당에 들어가는 유생의 정원을 매일 126명으로 한정하고, 친림 때를 제외하고는 오직 석채에 제관으로 차임되는 유생만 인정할 것입니다.

(1-③) 봄·가을의 도기과到記科는 오직 이름을 등록한 사람만 응시하게 하고, 그 밖의 배장拜章·봉전封箋·영교迎郊·영송迎送 등의 절차는 영원히 혁파합니다.

(1-①) 갑진년 이전의 가하미加下米 400여 석은 단지 허록한 이름만 있을 뿐 받을 때가 영원히 없을 것이니, 탕감하는 것이 나을 것입니다. 호조에서 영원히 탕감하게 해야 할 것입니다. 을사년 이후 유대미는 과연 한때라도 준보準報할 형편이 되지 못하니, 성균관 대사성이 말한 대로 입직하는 낭관이 매일 식당을 돌아보게 해서 사실대로 장부에 적는다면, 해마다 남는 것이 있게 마련입니다. 그 남는 것을 연말에 해조該曹에 절가折價해서 갚아야 할 것입니다.

(1-②) 고직庫直의 빚 3,000냥은 곧 유생들을 공궤供饋하는 데 들어간 비용이고, 원래 고속이 개인적으로 진 것이 아니니, 마땅히 나라에서 갚아주어야 할 것입니다. 그런데 지금 호조와 선혜청은 그것까지 해결할 여유가 없습니다. 임신년(1812) 봄 선혜청에서 현방에 빌려준 1만 냥 중 아직 갚지 못한 것이 6,000~7,000냥

이 됩니다. 이 중 3,000냥으로 그 빚을 갚으면 될 것입니다.

(1-④) 동당시에 소요되는 물자를 마련하는 문제는 곧 여덟 곳의 주무 관청이 균등하게 분배한 것이므로 지금 변통하기 어렵습니다. 다만 동당시에는 원래 입문강入門講이 있었으나 근래 점차 무실해져 시험에 응시하는 것이 아주 잡다하게 되었습니다. 이제부터 시관試官이 칠서七書 중 대문大文 하나를 뽑아서 대청에서 고강考講해 그 자리에서 합격 여부를 결정한다면, 과장科場이 절로 엄숙해질 것이고, 시험에 응시하는 것도 간명해질 것입니다. 이제 을묘년(1795) 봄 회강會講 때 특교로 시소試所를 합쳤던 전례에 따라 성균관에 합쳐서 설치하고, 여덟 곳의 주무 관청이 힘을 합쳐 담당하되 맡은 부분을 옮기거나 또는 보태기도 해야 할 것입니다.

(1-⑤) 이예의 가료는 근래 성균관에서 만든 것입니다. 만들 당시에는 여유가 있어 아주 어려운 지경에는 이르지 않았지만, 지금은 과거의 오류를 그대로 답습할 수 없는 형편이니, 즉시 줄여야 할 것입니다.

—과거 때 지급하는 물자를 줄이는 문제

(2-1) 1년에 다섯 차례의 절제節製는 지금부터 지방에 알렸는지를 따질 것 없이 모두 대호지大好紙의 사용을 허락합니다.

(2-2) 정시庭試·별시別試 때 유생의 시지試紙 등의 도구는 당일 도기到記한 100명 외에는 주지 않습니다..

(2-3) 증광시·식년시·감시회시監試會試의 조흘강照訖講과 학례강學禮講 및 동당시의 전례강典禮講에 사용되는 시지·붓·먹·화구火具

등은, 경신년(1800)의 전례에 의하여 해당하는 각 관청에서 공급하게 하고, 혹시라도 다시는 성균관에 강요하지 않게 해야 할 것입니다.

(2-②) 유생들에게 지급하는 시험에 필요한 물품은 본래 유생을 우대하는 뜻에서 나온 것이지만, 이 역시 원래 정해진 수량이 있습니다. 이제부터 당일 도기한 100명 외에는 절대 수를 넘어 지급하지 않는 것을 바꿀 수 없는 원칙으로 삼아야 할 것입니다.

(2-①) 대호지를 쓰는 문제는 늘 특교特教를 내리시니, 아랫사람으로서는 청할 수 있는 것이 아닙니다. 그냥 두는 것이 좋겠습니다.

(2-③) 삼강三講 때 필요한 물자는 이제 막 초기로 윤허를 받았으니, 해당하는 각 관청에서 공급하게 해야 할 것입니다.

─궁방이 헐값으로 쇠고기를 구입하는 문제

(3-1) 각 궁宮에서 공상供上하는 쇠고기 값은, 사판私販과 비교하건대 너무나 헐하고, 궁노배가 또 공적인 구입이라는 핑계로 사욕을 채우고 있습니다. 공상하는 것이 10분의 3이면, 궁노배들이 사적으로 챙기는 것이 10분의 7입니다. 이른바 수본전手本錢 만금萬金 외에 싸게 팔아 손해 보는 돈과 외상을 주고 떼이는 것을 이자까지 합치면 해마다 2만~3만 냥을 밑돌지 않습니다. 안팎의 현방이 이 때문에 실업失業합니다.

(3-2) 이제부터 궁방 무역소貿易所에서 공상하는 육종肉種은 아무리 작은 양이라 하더라도 그 가격을 호조에서 정한 정가대로 지급하게 하여 궁노배들이 이익을 볼 수 없다는 것을 스스로 알아 그만

두게 할 것입니다. 이런 뒤에도 만약 전처럼 값을 깎아 사거나 외상으로 사는 경우가 있다면, 현방은 성균관에, 성균관은 비변사에 보고하여, 해당 궁방의 궁노를 엄형, 정배定配하고, 차지중관次知中官은 초기草記로 중감重勘해야 할 것입니다. 또 현방에서도 10일마다 궁방이 쇠고기를 구입한 내력을 기록하여 성균관에 보고하고, 성균관은 비변사에 보고하도록 해야 할 것입니다.

(3-①) 현방은 궁방의 사무私貿와 무역소 때문에 실업하고 있습니다. 앞으로 무역소를 완전히 없애버리고 각 현방에서 달마다 돌아가면서 궁방에 쇠고기를 공급하게 할 것입니다.

(3-②) 궁방에서 쇠고기를 구입할 때는 미리 물종과 가격을 적은 문서를 만들어 현방에 주고, 현방에서는 궁노가 쇠고기를 구입할 때 가져온 문서와 맞추어 본 다음에 쇠고기를 판매하게 합니다. 문서를 가지고 오지 않거나 값을 가지고 오지 않은 경우는 모두 비변사에 알리게 하고, 이어 형조에 회부하여 엄형하고 먼 곳으로 정배할 것입니다.

현재 궁노배가 지불해야 할 쇠고기 값이 만금인데, 날짜를 정해 바치게 해야 할 것입니다. 만약 갚으려 하지 않는 자가 있다면, 법사法司에 회부하여 정배해야 할 것입니다.

공상하는 쇠고기 값을 올리는 문제는 지금 가볍게 의논할 수 없으니, 그냥 두는 것이 옳을 것입니다.

각 궁방에서 임의로 출패出牌하여 반속泮屬을 잡는 것이 아주 큰 폐단이 되어 있으니, 공문으로 엄금하게 하소서.

수탈

– 첩도를 빙자한 금예의 수탈 문제

(4-1) 현방이 이익을 잃은 것은 사도私屠 때문입니다. 금예禁隸들이 자
신들에게 부과된 단속 건수를 채우지 못하면 현방에 진열한 쇠
고기를 첩도라고 우기고 속전을 징수합니다. 이제부터 성균관에
금패를 만들어 주어 현방에서 삼법사처럼 사도를 단속하게 해야
할 것입니다. 만약 단속에 걸려드는 경우가 있다면, 난전에 적용
하는 법으로 법사에 회부하고, 사도에 대한 속전을 징수해야 할
것입니다.

(4-2) 삼사의 금예는 현방 근처에 발길도 들이지 말게 할 것입니다.

(4-3) 사송詞訟에 관련된 사람 외에 현방에 관계되는 일은 성균관에 공
문을 보낸 뒤에 잡아들이도록 삼법사에 공문을 보내 알려야 할
것입니다.

(4-4) 첩도를 범할 경우, 성균관에서 오가작통법처럼 현방을 8패牌로
나누어 서로 적발하게 하되, 적발한 자는 하루의 역役을 빼주고,
적발하지 않은 자는 사도私屠를 범한 것처럼 처벌한다면 첩도는
절로 사라질 것입니다.

(4-5) 난민亂民이 공공연히 잠도하고, 금예가 합세하여 이익을 나누기
때문에 반민이 이익을 잃습니다. 그런데도 법사가 단속을 제대
로 하지 않아 거리에서 매매하는 쇠고기가 현방에서 도축한 양
보다 많습니다. 법사와 포도청이 협력하여 단속하되, 만약 금예
가 잠도하는 자와 한 패가 되어 고의로 잠도하는 자를 풀어줄 경
우, 포도청에 넘겨 치도율治盜律로 다스리고, 신칙하지 못한 법
관과 포장捕將은 즉시 논감論勘하게 하소서. 현방에서 잡는 경우
는, 성균관에서 난전의 율을 먼저 적용하고 법사에 회부하여 속

전을 징수하게 하소서.

(4-④) 현방의 첩도는 죄가 간민奸民의 잠도보다 더 큽니다. 대사성이
논한 바가 타당하니, 오가작통법처럼 현방을 8패로 나누어 서
로 적발하게 하고, 적발한 자는 하루의 역을 면제하고, 적발하
지 않은 자는 반좌反坐하게 하는 것을 정식으로 시행해야 할 것
입니다. 이후 금예가 첩도를 핑계로 반민을 잡아들이면 해당 금
예를 법으로 다스릴 것입니다.

(4-①) 패를 사용해 속전을 징수하는 일은, 본디 주관하는 아문이 있으
니, 지금 달리 새로 만들 것은 없을 것입니다. 아마도 폐단만 하
나 더할 뿐일 것입니다.

(4-③) 삼사의 금예는 사송詞訟에 관계되는 것 외에는 공문을 보내지
않고 반민을 잡아들이는 것은 본래 금하는 것이니, 최근 이 법
을 아주 지키지 않습니다. 통렬히 금한다는 공문을 삼법사에 보
내소서.

－장패의 규정을 고칠 것

(5-1) 세시歲時의 장패藏牌는 대개 특은特恩에서 나온 것인데 사나운
백성들이 소를 마구 도축하여 거리에서 내놓고 팔고 있습니다.
연말부터 정초까지 쇠고기가 없는 곳이 없습니다. 10월이 되면
각 관청에서 고사를 지낸다는 핑계로 역시 소를 마구 도축하고
쇠고기를 팝니다. 현방은 이 때문에 또 이익을 잃습니다. 병진년
(1796)·정사년(1797)의 전례를 따라 세시에 우금牛禁을 실시하
고, 각 관청의 고사는 미리 알려주도록 하고, 고사를 핑계로 소

를 함부로 도축하는 자가 있으면, 성균관에서 그 우두머리를 잡아 난전을 처벌하는 법으로 처벌하고, 비변사에 보고하며, 법사에 회부하여 형배刑配할 것입니다.

(5-①) 세시의 장패는 큰 은혜를 베푼 것이니, 병진년·정사년의 전례는 항상 지켜야 하는 법으로 삼기 어렵습니다. 각 관청이 고사를 핑계로 도축하는 것은 엄격히 금지하고, 범한 자는 성균관에서 법사에 이관해 조율하게 하고, 각 관청에도 공문을 보내어 금지하게 하는 것이 좋겠습니다.

– 궐도의 속전과 명분 없는 잡세를 없앨 것

(6-1) 삼사의 속전은 궐도闕屠하는 날과 섞어서 징수하고 있는데, 지난 을해년(1755)의 변통사목變通事目에 따라 형조는 30냥, 한성부는 70냥을 매달 감해야 할 것입니다.

(6-2) 형조의 마초가馬草價와 한성부의 족봉전足捧錢은 모두 의의가 없으니, 아울러 영원히 혁파해야 할 것입니다.

(6-①) 삼사에서 징수하는 속전은 이미 을해년의 변통사목이 있으니, 모두 이 사목에 따라 징수하여 더 징수하는 일이 없도록 해야 할 것입니다.

(6-②) 이른바 마초가와 족봉전은 명색이 지극히 올바르지 않으니, 영원히 혁파해야 할 것입니다.

– 우방을 자유롭게 매매하게 해줄 것

⑺-1) 우방牛肪은 늘 세력 있는 관서를 끼고 초를 만드는 자들이 독차지하여, 제멋대로 헐값에 사들입니다. 이제부터는 내각內閣·정원政院·옥당玉堂·금부禁府 및 5상사五上司와 여러 궁방에 공문을 보내어 전처럼 억지로 사지 못하게 하고, 어길 경우 법사에 회부하여 무겁게 처벌해야 할 것입니다.

⑺-① 우방을 세력 있는 관서를 끼고 값을 정해 제멋대로 사들여 반민이 수시로 화매和賣하지 못하게 하는 것은 너무나도 한심합니다. 다시는 염가로 빼앗지 말라는 뜻으로 해당 관청과 궁방에 공문을 보내게 하소서.

– 지방에서 구입하는 소에게 세금을 물리지 말 것

⑻-1) 외방에서 사오는 소는 우전과 관계가 없는데, 아울러 세금을 받고 있습니다. 영조 기묘년(1759)의 정탈定奪을 따라 우전 터 안에서 매매하는 것 외에는 절대로 횡침하지 말라는 뜻으로 공문을 보내어 알아듣게 해야 할 것입니다.

⑻-① 소를 우전 터 안에서 매매하는 경우 외에는 횡침할 수 없으니, 기묘년의 사목에 의거해 다시는 주구誅求하지 말라는 뜻으로 엄하게 신칙하소서.

– 식모의 첨보전 문제

⑼-1) 식모의 일은 당초 반민의 가구에 돌아가며 배정했고, 현방의 첨보전添補錢은 땔나무와 콩의 값 2냥에 불과했습니다. 근래에는

반촌이 조잔凋殘해져 따로 지공소支供所를 정하고 있는데 첨보전이 매일 15냥에 이르고 있습니다. 반촌의 형편이 조금 나아질 때까지 돌아가며 정하는 옛 규정대로 해야 할 것입니다.

(9-②) 식모를 번갈아 배정하는 일과 식당 일을 시키고 주는 돈을 따로 정하는 문제는 대사성이 형편을 상세히 살핀 뒤 그의 보고에 따라 시행하는 것이 좋겠습니다.

- 지방에 현방을 설치하는 문제

(10-1) 반민의 폐막을 해결하는 방법은 무판貿販이란 한 가지 일을 벗어나지 않습니다. 영곤營閫과 읍진邑鎭에 이전에 설치했다가 중간에 없앤 곳과 설치할 만한 새 장소에 차차로 지방의 현방을 설치해야 할 것입니다.

(10-①) 각 도의 영곤에 반인을 나누어 보내는 일은 선조(영조) 때 대신이 아뢰어 잠시 시행했다가 폐단이 있다고 즉시 혁파했습니다. 하지만 상황이 달라졌으니 성균관에서 각 도에 공문을 보내어 가부를 조사한 뒤에 비변사에 알려주면 설치 여부를 판단하겠습니다.

- 잡세를 없애주고 공채 15만 냥을 빌려줄 것

(11-1) 각 현방의 터, 솥 등에는 주세主稅가 있습니다. 그런데 머리·발·뼈·뿔·칼·도마·피·살 등의 공물貢物은 모두 옛날에는 없던 것이고 최근에 새로 만든 것입니다. 하루에 소 1마리를 잡

아, 공인이 나눠 갖는 것을 제하면 남는 것이 얼마 되지 않습니다. 이런 결딴난 일을 해서 어떻게 응당 부담해야 할 돈 4만 7,000냥을 마련할 수 있겠습니까?

(11-2) 반민들이 예전처럼 일을 하게 하려면, 이자 없는 관전官錢 15만 냥을 빌려주어 각 현방에 나누어주고, 새로 만든 공물을 없애야 할 것입니다.

(11-②) 만약 국고에 여유가 있다면, 15만 냥을 20년 동안 빌려주어 반민이 살아가는 자금으로 삼는 것이 무엇이 아깝겠습니까만, 다만 지금 전곡아문錢穀衙門은 형편이 거금을 빌려줄 상황이 안 되어 시행을 허락하기 어렵습니다. 그냥 두는 것이 어떨까요?

11조목은 대단히 상세하지만 이것으로 반민 문제가 해결된 것은 결코 아니었다. 삼법사 금예의 사적인 수탈과 궁방의 헐값 구매는 원래 불법적인 것이어서 금지할 수밖에 없었지만, 이후의 경과를 보면 전혀 강제력이 없었다. 여기서 가장 중요한 것은 (11-1)에서 대사성이 언급하고 있는 '4만 7,000냥'이다. 현방의 파산 원인은 삼법사와 성균관 등 국가기관이 수탈하고 있는 막대한 세금에 있었던 것이다. 현방에서 15만 냥의 공채를 빌려줄 것을 요구한 것 역시 기본적으로 이 막대한 수탈로 인해 자본이 완전히 잠식되었기 때문이었다. 근본적인, 유일한 해결책은 수탈량을 대폭 줄이거나 차선책으로 공채를 빌려주는 수밖에 없었다. 하지만 속전의 감면은 아예 거론되지도 않았고, 공채의 경우는 국고의 부족을 핑계로 거부하였다. 문제는 원점에서 계속 머물게 되었다.

4년 뒤인 1819년 12월 식당의 궐공이 일어났다. 그런데 문제는 이전의 궐공에 비해 더 심각했다. 유생들이 궐공으로 인해 즉각 공재空齋에 돌입했던 것이다. 기숙사를 비우고 성균관을 떠난 것이다. 그런데 이 시기 궐공은 종종 일어나고 있었다. 그 원인은 '어전의 역漁箭之役'에 있었다.[166] 어전은 3장에서 언급한 바와 같이 성균관 전복의 하나였다. 어전은 해마다 사수斜水에서 바치는, 식당 소용의 좌반·젓갈(해물醢物)·준치를 맡아 보는 소임으로 쉽게 말해 성균관 식당에 찬물饌物용으로 생선을 조달하는 일 혹은 그 일을 맡은 사람이다. 어전漁箭은 어전魚廛으로 쓰기도 했는데,[167] 전자는 생선을 잡는 어살을, 후자는 '어물전'이란 뜻이다. 원래 어살에서 생선을 가져오는 소임이었으나, 뒤에 어살에서 직접 생선을 가져오는 일이 없어졌기에 어물전에서 생선 구입을 담당하는 소임이 되었기에 어전魚廛으로 쓴 것이 아닌가 한다. 요컨대 찬물용으로 생선을 구입하는 반인이 견디지 못하고 식당을 여는 것을 거부했기 때문에 궐공이 일어났고 이어 유생들이 공재를 감행했던 것으로 보인다. 문제는 해결되지 않았을 뿐만 아니라 더욱 심각해지고 있었던 것이다.

이상에서 삼법사와 성균관의 현방 수탈 문제에 대해 길게 언급했다. 굳이 장황하게 언급한 것은, 반인과 현방, 성균관의 문제에 왕과 고위 정책결정자의 집합인 조정이 대처하는 방법과 과정을 드러내기 위해서다. 사실상 삼법사와 성균관은 반인과 현방을 수탈함으로써 존립할 수 있었다. 삼법사의 현방 수탈액은 1704년 7,700냥이었으나 조태구의 요청으로 같은 해 절반으로 감축되었다. 하지만 1708년 사헌부 속전이 복구되고 성균관이 1,800냥을 수탈하는 것을 시작으로 계속 증가 추세에 있었다. 1733년이면 현방은 삼법사와 사헌부를 합쳐 1만 3,800냥을, 1747년이면 우전아전牛廛牙錢까지 포함하여 1만 6,500냥을 부담했다. 1759년에는 첩도를 구실로 하여 삼법사가 수탈하는 돈이 2만 냥에 가까웠다. 다만

5

첩도를 구실로 하는 경우는 때에 따라 수탈량이 달라질 수 있을 것이다. 대체로 18세기 후반에는 1만 5,000냥을 상회하는 수준을 유지하다가 1793년 2만 1,800냥으로 폭증한다. 이후 19세기는 자료에 따라 4만 7,000냥, 1만 9,460냥, 3만 냥 등 다양한 수치를 보이지만, 이미 2만 냥을 훨씬 상회하는 액수를 수탈당한다는 사실은 변함이 없었다. 결국 현방의 속전은 날이 갈수록 증가했고 이것을 감면해달라는 반인과 성균관의 요청은 끝임없이 제기되었지만, 단 한 번도 수용된 적이 없었다.

앞에서 요약하여 제시한 1815년 9월 25일 성균관 대사성의 보고서에는 현방에 대한 새로운 수탈 주체가 등장한다. 보고서는 '궁방이 헐값으로 쇠고기를 구입하는 문제'를 지적했는데, 여기 등장하는 '궁방'은 18세기 후반부터 등장하는 새로운 수탈자다. 국가가 반인에게 소의 도살과 현방의 운영을 허가한 이래로 반인과 현방의 가장 강력한 수탈자는 삼법사였다. 성균관 역시 삼법사와 함께 강력한 수탈의 주체였으나 반인이 성균관의 수탈을 문제 삼는 경우는 거의 없었다. 그들 자신이 성균관 소속의 노비로서 성균관이 곧 그들의 삶과 분리 불가능한 상태로 얽혀 있었고, 한편 성균관이 외부의 수탈에 대한 최소한의 방어자 역할을 하고 있다는 사실 등이 복합적으로 작용했을 것이다. 이런 상황에서 18세기 말 현방에 대한 새 수탈자가 등장하였다. 이후 약 1세기에 걸쳐 새 수탈자는 현방을 무자비하게 수탈하였다.

1782년 정조의 명으로 성균관에서 전복들을 불러 폐막을 물었을 때 경모궁 동구洞口 근처에 현방 1곳을 더 설치해줄 것을 요청하였다.[168] 성균관으로부터 보고를 받은 정조는 즉각 허락했다(현방의 추가 설치에 대해서는

05
새로운 수탈의 주체, 궁방

뒤에 다시 상론하겠다). 전복들은 이와 아울러 궁속宮屬을 단속해줄 것을 요청했다. 전복의 말을 전한 성균관은 이 문제에 대해 이렇게 말하고 있다.

> 각 궁宮 노속奴屬들이 현방에서 작폐하는 것이 근래 더욱 더 심해졌습니다. 혹은 헐값으로 훨씬 많은 양을 가져가기도 하고, 혹은 외상으로 사고는 갚지 않기도 합니다. 매일 이처럼 하고 있으니, 현방이 이익을 잃는 것이 적지 않아, 실로 전복들이 지탱하기 어려운 폐단이 되고 있다 합니다.
> 조정에서 이 무리들에게 단단히 타이르고 금지한 것이 얼마나 엄하였습니까만, 버릇을 조금도 고치지 않고 이렇게 침탈하고 있으니, 너무나도 놀라운 일입니다. 내사內司에 분부하여 각별히 엄금하는 것이 어떠하겠습니까?[169]

궁방의 노속들이 현방에서 헐값에 쇠고기를 다량 사들이고 혹은 외상으로 구입하고는 값을 치르지 않아 현방이 이익을 잃는다는 것이다. 그런데 성균관이 말하고 있듯, 궁방 노속의 현방 침탈은 전에도 이미 있었고 조정에서 금지하는 명령을 내린 적도 있다는 것이다. 이 말을 음미해보면, 궁방의 현방 침탈은 1782년으로부터 가까운 과거에 일어난 일임을 유추할 수 있다. 정조는 "궁방에서 후한 값을 받고 현방에 억지로 헐값을 받게 한" 노속들의 행위가 놀랍다면서, 사궁四宮 중 어느 궁방의 경우가 가장 심한지 조사해서 보고하라고 지시했다.[170]

정조가 말하고 있는 사궁은 곧 명례궁明禮宮·수진궁壽進宮·어의궁於義宮·용동궁龍洞宮을 말한다. 여기에 내수사內需司를 포함할 경우, 통칭 '1사4궁'이라고 한다. 궁방은 대체로 존속 기간에 따라 영구 존속, 준영구 존속, 생애주기형 궁방으로 나눌 수 있는데, 1사 4궁에 육상궁毓祥宮·선희궁宣禧宮·경우궁景祐宮을 포함한 '1사 7궁'은 영구존속궁이다. 1사 7궁 중 1사 4궁은 내탕內帑의 기능을 수행하면서 왕실 의례에서 빠질 수 없었던 제사 업무를 동시에 수행하였고, 후자 3궁 곧 육상궁·경우궁·선희궁은 오직 제사만을 위해 설립된 제궁祭宮이다. 내탕은 공물로 충당될 수 없는 왕실의 수요를 말하는 것으로 달리 말해 왕실에 필요한 여러 물품을 구입하는 것을 의미한다. 아울러 1사 7궁은 제사를 위해 제수품의 조달을 맡고 있었다.[171] 여기서 궁방은 막대한 구매력을 갖게 되었던 것이다. 1사 7궁 외에 후궁, 대군, 공주 등 해당 인물의 생활용품을 공급하는 기능을 한 궁방 역시 상당한 구매력을 보유하였다. 제수祭需로서, 주요한 식자재인 쇠고기는 당연히 궁방이 구매하는 물품이었고 그 액수 역시 만만치 않았다.[172] 궁방은 기본적으로 현방의 주 고객이었다. 물론 이 중에서도 가장 큰 구매력을 갖는 곳은 1사 4궁이고, 정조는 4궁 중 어느 궁방이 문제를 일으키는지를 물었던 것이다.

1782년 1월 27일 성균관은 조사 결과를 정조에게 보고하였다. 성균관이 전복을 조사한 결과 용동궁과 명례궁의 '마직馬直의 사환배'가 쇠고기를 헐값으로 사들이는가 하면 혹은 외상으로 구입하고 갚지 않았다고 하였다.[173] 마직은 내수사와 각 궁방에 소속된 말의 사육, 관리 등을 맡았던 하인으로 여겨진다. 궁방의 조직은 '장토庄土를 위시한 지방의 각종 이권을 관리'하는 외무계통과 '궁방의 예산·결산 및 궁방 상호간의 문제를 취급'하는 내무계통으로 나뉜다. 외무계통에는 도장導掌이나 궁차宮差·감관監官·마름[사음舍音] 등이 배속되고, 내무계통은 ① 당상堂上·상궁 이하 내인, ② 소임, ③ 노奴·비자婢子의 3층 구조로 구성되어 있었다.[174] 노·비자 중 우두머리는 '고직노자庫直奴子'인데, 하예들의 우두머리 격이라고 할 수 있으며, 또한 물자의 조달 업무인 무역에도 종사하였다.[175] 기타 다수 노자들은 정해진 업무가 있었다기보다 궁의 필요에 따라 단순한 업무를 번갈아가며 수행한 것으로 보인다.[176] 마직 역시 궁노의 한 소임인 것으로 보인다. 물론 여기서 중요한 것은 고직노자, 곧 궁노가 궁방에 필요한 물자의 조달 업무를 맡았다는 사실이다. 마직은 물론 고직은 아니지만, 경우에 따라 수많은 조달 물품 중 일부를 맡을 수도 있었을 것이다. 위의 자료에 등장하는 사례는 마직에 딸린 하인배가 현방에서 쇠고기를 헐값에 강제로 구입하거나 외상으로 구입하고 갚지 않았던 사건으로 보인다.

조정의 명령이 삼법사의 금예들에게 강제력이 거의 없었던 것처럼 궁속에 대한 명령도 별반 다르지 않았다. 1788년 성균관 전복들은 공시당상貢市堂上 서유린徐有隣·이병모李秉模에게 궁노들이 현방의 이익을 침해했다고 호소했다. 궁노들이 현방에서 구입한 쇠고기를 자신들의 수종군隨從軍을 시켜 그들의 친지에게 사매私賣하여 이익을 보았다는 것이다. 서유린과 이병모는 과거 여러 차례 금지했음에도 불구하고 동일한 행위가 계속되고 있다고 지적하면서 앞으로 중죄로 처벌할 것을 요청했다.[177] 여기서 중요한 것은 궁노들이 현방의 쇠고기 값을 지불하지 않았다는 것이다. 앞서 1782년의 사례처럼 무상으로(아마도 '외상' 등의 명분으로) 쇠고기를 가져가서 팔았던 것이 분명하다. 만약 정상적인 값을 지불했다면 현방이 이익을 잃을 리 없었을 것이다. 1782년과 1788년의 두 사례는 앞으로 일어날 궁방의 무수한 현방 침탈을 예고하는 것에 불과하였다.

1789년 5월 반한泮漢 곧 반인과 궁방의 마직들 사이에 싸움이 일어났고 급기야 현방이 철도撤屠, 곧 소의 도축을 정지하여 서울 시내에서 제상祭床에 쇠고기를 올리지 못하고 돼지고기를 올리는 사건이 일어났다. 사건의 내용은 과거와 동일하였다. 각 궁방의 마직들이 정가보다 훨씬 낮은 가격으로 쇠고기를 구입하자 이익을 잃게 된 현방이 항의의 표시로 3일을 철도했던 것이다. 말하자면 파업을 단행한 것이다. 철도를 야기한 원인은 궁방의 마직에게 있었지만, 조정에서 정작 집중적으로 문제 삼았던 것은, 반인들의 철도 그 자체였다. 우의정 채제공은 이 사건에 대해 법사法司나 비변사에 정소呈訴하여 마직을 단속하게 하는 정당한 절차를 무시하고 반인이 '제 마음대로 철도하여 경대부와 일반 백성들이 일용하는 쇠고기와 제육을 살 수 없게 만든 것'은 조정을 두려워하게 해 자신들의 뜻을 관철하려는 의도에서 나온 것[178]이라고 분노하였다. 그런데 반인의 철도는 반복적이었다. 검교직각檢校直閣으로 입시했던 서정수徐鼎修는 "반인이 전부터 조금이라도 마음에 맞지 않으면 번번이 감히 문을 닫아 마침내 하나의 폐단을 이루었다"고 지적하고, 이 버릇을 역시 엄하게 근절해야 할 것이라고 주장했다.[179] 노비 소유주들은 노비 스스로의 판단과 행동을 자신들의 지배권력에 대한 도전으로 받아들였던 것이다.

철도에 대한 처벌이 따랐다. 현방의 행수行首에게 장형을 집행하고 유배했다. 하지만 마직배에 대한 처벌은 없었다. 이유는 마직배가 한둘이 아니기 때문에 일일이 적발하여 처벌이 불가능하다는 것이었다. 하지만 진실은 궁방이 갖는 권력 때문이라고 보는 것이 타당하다. 궁방은 곧 왕과 왕실이었기 때문이었다. 다만 차후 동일한 사건이 발생하면 마직배를 관할하는 내수사의 차지중관次知中官을 처벌하기로 결정하였다. 차지중관은 환관이 맡는 궁방 내무계통의 최고위직이었고, 내수사는 왕의 개인 재산을 관리하는 곳으로 궁방 중 가장 높은 위치에 있었다. 하지만 이 역시 공언에 불과했다. 만약 궁방에 대한 조정의 강제력이 집행될 수 있었다면, 반인들의 반복적인 철도 역시 일어나지 않았을 것이기 때문이다.[180]

2년 뒤인 1790년 궁노들의 현방 침탈이 다시 문제가 되었다. 1월 4일 동성균同成均 서유린徐有隣은 반인으로부터 의견을 청취하고 정조에게 보고했다.[181] 서유린의 보고는 자세히 다룰 만한 가치가 있다. 여덟 가지 보고 내용을 하나씩 검토해보자.

① 각 궁방의 무노배가 쇠고기를 염가로 억매하고 되팔아 이익을 남기던 폐단이 조정의 엄한 금지에도 불구하고 다시 전과 같아졌다. 현방 소속 수천 명의 전복이 폐업할 지경에 이르렀다. 차후로 쇠고기 값은 전부(소 1마리 전체)이거나 할육割肉(분할한 고기를 말하는 듯)이거나 따지지 말고 호조의 정례定例(정가定價)에 따라 매매하게 할 것.

② 근래 소 값이 올라 첩도 자체가 불가능하고, 한 도사屠肆의 첩도는 다른 도사에 피해를 끼치기에 현방 스스로 첩도를 금하고 있다. 봄·여름 도살하지 못한 수를 관에 보고하고 도살하는 경우를 제외하면 첩도가 있을 수 없음에도 삼사의 금리가 현방에 진열한 쇠고기를 첩도라 우기고 따로 1년에 600~700냥의 속전을 징수한다. 이것을 금지할 것.

③ 각 도의 감영과 병영 및 한두 변읍邊邑에 있는 쇠고기 판매소의 경영이 어렵게 되었으므로 비국에서 성균관 전복의 파견 여부를 공문으로 물어 찬성하는 곳에 전복을 보냈다. 하지만 연전에 폐단이 생길 조짐이 있다는 이유로 감영·병영과 한두 변읍까지 아울러 도로 폐쇄했다. 지금 반민의 형편이 매우 곤란하니, 다시 지방에 전복을 보내게 해줄 것.

④ 알성시謁聖試가 있을 때 도로를 보수하는 일은 5방五坊 백성들의 몫

인데, 연전부터 반민이 맡고 있다. 매호每戶 물자를 걷는 것은 전에 없던 역이니, 전처럼 방민坊民에게 시켜 반민의 폐해를 덜어줄 것.

⑤ 원래 반민의 것인 염해전鹽醢廛을 중간에 강민江民에게 빼앗겼다가 왕명으로 되찾게 되었으나 지불해야 할 돈을 마련할 방도가 없어 아직 되찾지 못하고 있으니, 병조와 균역청에서 공채를 빌려줄 것.

⑥ 각 군문의 순라를 도는 군졸들이 한밤중 현방을 찾아와 요구하는 돈을 주지 않으면, 야금夜禁을 범했다고 입건하는 일을 금지하게 할 것.

⑦ 창전昌廛의 소가죽 가격을, 호조는 4냥, 사복시는 3냥을 쳐주는데, 일곱 군문에서 1냥 5전으로 쳐주는 것은 너무나 억울하다. 이후 군문도 호조와 사복시의 값으로 쳐줄 것.

⑧ 세시歲時에 장패藏牌하는 본래의 의도는 집에서 혹은 동리에서 소를 잡아먹으라는 것이었을 뿐 시사市肆에서 파는 것을 허락하지 않았다. 근래에는 장패 이전부터 허다하게 사도私屠가 이루어지고 장패 뒤에도 사도하여 현방보다 쇠고기를 더 많이 판다. 이것을 금지해줄 것.

정조는 ①, ②, ⑥, ⑦, ⑧에 대해 조건 없이 허락했다. 특히 ⑥에 대해서는 현방을 침입하여 돈을 탈취하는 자는 '고입인가율故人人家律'을 적용해 처벌하라고 지시했다. ④의 요청은 한성부가 검토한 결과 들어주지 않는 것으로 결론이 났다. 반인은 성묘(문묘)의 수호와 소제를 맡았기에 좌경座更과 방역坊役을 면제한 것이고, 단지 동가動駕 때 전殿 안팎의 청소를 맡게 했을 뿐인데 그조차 면제해줄 수는 없다는 것이었다.[182] ③은 비변사에서 검토하여 다시 보고할 것을 지시했다.[183] ⑤는 호조와 균역청에서 긍정적으로 검토할 것을 지시했다.

궁방과 관련하여 문제가 되는 것은 ①이다. 궁노들은 현방에서 쇠고기를 정가보다 훨씬 낮은 가격으로 구매해 다시 판매함으로써 이익을 보았는데 이것은 실제 궁노들이 궁방의 물품 구매를 핑계 삼아, 현방을 착취하는 것이었다. 이에 대한 대책은 전체육이나 분할육 모두 호조에서 정한 가격으로 매매할 것을 강제한다는 상식의 재확인에 불과하였다. 처벌조항은 없었다. 당연히 궁방의 수탈은 멈추지 않았다.

수탈 방법은 얼마든지 있었다. 예컨대 내수사는 현방으로부터 소기름을 구매했는데, 1792년 갑자기 현방에서 시가에 비해 값이 너무 낮아 이익을 남기지 못한다고 소기름 팔기를 거부했던 것이다. 조사 결과 내수사쪽에서 저울을 조작했던 것이 밝혀졌다. 그 조작된 저울로 현방으로부터 많은 양의 소기름을 받아내었던 것이 문제였다. 내수사 아전이 성균관 전복으로 강등된 것은 당연한 일이었으나, 원래 문제를 제기했던 전복 황치곤黃致坤 역시 장 100대를 맞았다.[184]

앞서 1793년 2월 13일 대사성 심환지와 동성균관사同成均館事 이병정이 22개 현방의 1년 공세公稅가 2만 1,000냥(정확하게는 2만 1,800냥)이란 엄청난 양에 달하고, 또 현방마다 지고 있는 사채가 7,000~8,000냥에서 1만 냥에 이르므로 현방 전체가 파산 직전에 있다면서 이자 없는 공채 20만 냥을 얻고자 한다는 반인들의 말을 정조에게 전한 일이 있었음은 이미 전술한 바 있다. 이때 이병정은 궁노배에 대해 이렇게 말하고 있다.

궁방의 무노배가 침징하는 것은 지난 경술년(1790)에 특교로 인해 이미 감결을 받들어 판판版을 걸었던 바 있습니다. 이것은 신명하여 따로 신칙했으니, 절로 효과가 있을 것입니다.[185]

정조는 각 군문의 순라를 도는 군졸이 밤에 현방을 찾아와 돈을 요구하는 일을 막기 위해 '고입인가율'을 적용할 것을 허락했는데, 현방에서는 정조의 그 명령 전체를 판에 새겨 현방 앞에 걸었던 것이다. 왕의 명령을 목판에 새겨 푸줏간에 내거는 행위는 왕을 모독하는 것이라는 비판이 제기되어(이에 대해서는 다음 장에서 따로 논한다), 목판을 철거하게 되지만, 그것으로 한때 현방을 침탈하려는 군졸의 행동을 제지할 수 있었다. 원래 군졸을 막기 위한 것이었지만 그것은 궁방 무노배의 침징도 막을 수 있었기에 이병정은 마치 그것이 궁노배의 침징을 막기 위한 것이었다고 말하고 있는 것이다. 일종의 착각이다.

삼법사의 속전은 대단히 과중한 것이기는 하지만, 그것으로 삼법사 하예들의 삭료를 지급한다는 명분이 있었다. 하지만 궁노들의 현방 침탈은 명분이 전혀 없는, 불법적 강탈이었다. 왕과 조정은 금지를 명했지만, 그 명령은 강제력을 거의 갖지 못했다. 예컨대 1794년에는 사헌부 금리는 어의궁於義宮에서 구매하는 것이라며 현방에서 싼 값으로 쇠고기를 사들인 뒤 다시 팔아 이익을 남기던 어의궁 궁속을 체포하였다. 현방은 사헌부에 궁노의 횡포로 인해 현방이 지탱할 수 없는 상황을 호소했다.[186] 사건에 대한 조사가 진행되었는데, 몇몇 주목할 만한 부분이 있다.

궁방에서 문제를 일으키는 것은 궁노가 아니라 궁노에 소속된 차인이라는 것이었다. 차인은 '심부름꾼'이란 뜻이니, 이것은 곧 앞서 '마직의 사환'과 다르지 않다. 현방 측은 명례궁·수진궁·용동궁 궁노의 차인은 문제가 없고 제값을 주고 쇠고기를 구입한다고 하였다. 정조는 세 궁방을 제외한 궁방 노비의 경우, 차인을 보내지 않고 궁노가 직접 구입하게 해야 할 것이라는 형조의 제안을 듣고 다음과 같이 지시하였다.[187]

차후로 다시 궁노의 차인이 현방에 모습을 드러낼 경우 즉시 결박해 형조에 잡아다 바치면, 형조에서는 차인을 형신하여 풀어주고, 궁노를 추착推捉해 엄하게 형신하고 정배한 뒤 초기草記할 것이며, 행수소임行首所任은 엄하게 장을 쳐서 징치할 것이다. 이와 같이 정식定式한 뒤 혹시라도 차인이 거짓으로 궁노라 일컬을 경우는, 염탐하여 알아내고, 고하지 않은 현방인은 잡아와 엄하게 형신하는 것이 옳다.[188]

곧 쇠고기 구입은 차인이 아니라 궁노가 직접 담당하도록 규정을 새로 만들고, 차인이 문제를 일으킬 경우 궁방의 내무계통에서 두 번째 소임[189] 그룹의 우두머리인 행수소임을 처벌하기로 결정했던 것이다.

이 자료를 통해 문제를 일으키는 것은 궁노가 아닌 궁노가 거느리는 차인이었음을 확인할 수 있다. 차인은 "모두 무뢰배로서 날마다 시장의 점포에 들어가 토색질을 하며 야료를 피우는 것이 생활"인 자들이었다.[190] 자료는 이들이 궁방의 통제 밖에 있는 것으로 말하고 있지만, 이런 행위 자체가 이미 궁방의 묵인하에 이루어진 것임에 유의할 필요가 있다. 궁노가 직접 늑매를 지시하지 않았다 해도 거의 관행화된 불법을 몰랐을 리는 없고, 차인이 불법으로 얻는 이익은 궁노와 일정 부분 관계가 있었다고 보는 것이 타당할 것이다.

1794년의 새 규정은 강제력이 있었을까? 미리 말하자면 이 역시 강제력이 없었던 것으로 보인다. 이 점은 1799년 궁노의 '수솔隨率'이 저전猪廛에서 작폐한 사건으로도 충분히 짐작할 수 있다. 이들이 저전에서 작폐한 것은 현방에서의 작폐와 그 성격이 동일할 것이므로 그 작폐의 현장을 구체적으로 확인해보는 것도 의미 있는 일일 것이다. 비변사는 저전 시민의 말을 다음과 같이 옮기고 있다.

명례궁·수진궁·어의궁·용동궁의 무역하는 노자奴子는 각각 수솔隨率이 있는데, 이들이 작폐하는 것이 하나가 아닙니다. ① 근래 가축이 불어나지 않고 물가가 점차 뛰어오르고 있는데, 오직 상정가常定價로 반드시 가장 큰 상품을 찾습니다. 그리고 상정가도 줄여서 지급합니다. ② 매매할 때는 저전 사람이 칼을 잡지 못하게 하고, 제 마음대로 고기를 베어 갑니다. ③ 심한 경우 사가는 것이라 핑계를 대고는 술집에 되파는 경우도 있습니다. ④ 작년 5월 어간에 어의궁 수솔 최가崔哥란 놈은 전민廛民이 값을 약간 다투자, 결박하여 구타하는 일까지 있었습니다. ⑤ 올해 4월 20일 어간에 내수사 노자의 수솔 두 놈이 고기를 구입한다고 일컬으면서 한 전廛을 두루 돌아다니며 곳곳에서 늑매했는데, 그 값을 계산해보면 거의 25냥이나 되었으나, 겨우 그 반값만 주었습니다. 또 듣건대, 그 고기는 그들이 모여 술 마실 때의 안주거리였습니다. 해사該司에 정소呈訴하려다가 끝내 그렇게 하지 못했습니다.

'수솔'은 '수행하는 자', '따라다니는 자'로 이해할 수 있으니, 앞의 차인과 의미가 동일하다. 곧 궁노가 거느리는 하인이다. 저전에서 작폐한 자는 궁노가 아니라 궁노의 하인이었던 것이다. 저전의 돼지고기는 상정가詳定價, 곧 국가에서 정한 가격이 있지만 그 가격은 등락하게 마련이다. 하지만 ①에서 보는 바와 같이 상정가로 가장 비싼 상품을 요구하고 상정가 이하로 지급하기도 한다. 고기를 살 때 칼을 저전의 주인이 아닌 수솔 자신이 잡고 많은 양을 베어 가기도 하고, 때로는 헐한 값으로 구매한 고기를 되팔아 이익을 남기기도 한다. 값을 따지면 결박, 구타 등 폭력을 행사하기도 하고(④), 반값만 지불하는 경우도 있다(⑤). 만약 1794년 정조의 명령이 강제력이 있었다면, 이들이 저전을 이처럼 수탈할 수 없었을 것이다.

물론 이 경우에도 처벌은 따랐다. 내수사 수리 최인복崔仁福은 유 1,000리流一千里에 처하되 속전을 받는 것으로, 수노首奴 김순득과 무역노자 박정빈, 수술 김계득·이후간 등은 장 100대에 도徒 3년에 장 100대를 더하여 유 2,000리에 처하되 속전을 받는 것으로, 어의궁 무역노자 박창윤과 수술 최오득 등은 각각 장 100대를 호되게 친 뒤 석방하는 것으로 처벌하였다.[192] 다만 박창윤과 최오득을 제외하고는 모두 벌금형에 그쳤고, 박창윤·최오득 두 사람은 장을 맞은 뒤 석방되었다는 점에 유의할 필요가 있다. 처벌이 터무니없이 가벼웠고, 가벼운 처벌은 동일한 범죄를 또다시 가능하게 하였다.

저전 문제는 자연스레 현방에도 동일한 늑탈이 있을 수 있다는 의심을 불러일으켰다. 정조는 현방에 대해서도 다시 점검하라고 지시하였다. 그 결과 현방에 대한 궁속의 강탈 역시 동일하게 이루어지고 있었다. 명례궁·수진궁·어의궁·용동궁의 노비의 차인은 돌아가며 매일 현방을 찾아가 궁방의 구입이라는 명목으로 값을 낮추어 사들이고, 저울을 사용하지 않고 쇠고기를 임의로 잘라가서 다른 곳에 판매하고 있었던 것이다.

'방전防錢'이란 새로운 수탈법도 생겨났다. 차인들이 현방에서 도살한 쇠고기를 다 팔고 다음 소를 도살하지 않은 시점에 구하기 어려운 소의 특정 부위를 구입하겠다고 하면 현방에서는 당연히 응할 수가 없었다. 차인들은 그것을 현방의 책임으로 돌리며 윽박질렀고, 현방에서는 미봉책으로 15문文의 '방전'을 차인에게 주었다. 4궁의 이런 행태를 다른 궁방의 차인도 답습해 상례가 되었고, 1개 현방이 날마다 건네는 방전은 적어도 2~3냥, 모든 현방을 통계하면 거의 30~40냥에 달했다. 내수사가 금지했지만 어의궁만 따랐을 뿐, 나머지 궁방은 전혀 따르지 않았다.[193]

저전과 동일하게 현방을 늑탈한 궁방 차인들에 대한 처벌이 따랐다. 용동궁에서 직접 쇠고기를 구매했던 '무역노貿易奴' 양복남은 1차 형신刑訊 뒤 평안도 용강현에 유배하였다. 같은 궁방의 차인 및 행수소임 등도 처벌이 따랐다. 갑인년(1794, 정조 18)의 수교에 따라 차인 박성근은 한 차례 형신이 있었고, 행수소임 오흥윤은 장 100대를 친 뒤에 풀어주었다. 그 외 명례궁과 수진궁의 노비 및 행수소임, 차인 등은 외상은 없었으나, 차인을 보내어 쇠고기를 구입하지 말라는 1794년의 수교를 어긴 죄로 각각 율에 따른 처벌이 있었다.[194] 하지만 이런 처벌이 궁방 차인의 현방에 대한 늑탈을 멈출 수는 없었다.

조정의 명령은 전혀 먹혀들지 않는 빈말에 지나지 않았으니, 그것은 이후 무수히 반복되었던 늑매로 충분히 입증할 수 있다. 1801년 3월 어의궁 차인 김복이가 현방의 쇠고기를 늑매하여 팔다가 적발된 것을 계기로 다시 조사가 이루어졌는데, 궁방 차인들이 저울을 쓰지 않고 헐가로 쇠고기를 대량 구입하여 되팔아 이익을 남기는 것은 여전하였다.[195] 술에 취해 현방 사람들을 마음대로 구타한 궁방 노속으로 인해 2곳의 현방이 철도하는 사건이 일어나기도 하였다.[196] 방전 역시 되살아났다. 원래 요구하는 소의 특정 부위가 없어 팔지 못했을 때 미안하다는 뜻으로 주는 것이 방전이었지만, 1801년에는 무조건 바치는 돈으로 변해 있었다.[197] 비변사는 1790·1794·1799년 정조의 엄격한 처분에도 불구하고 궁방과 삼법사의 작폐가 여전하다고 분노하고 다시 엄하게 처벌할 것을 요청하였다.[198] 이 역시 아무런 효과가 없었던 것은, 2년 뒤인 1803년 윤2월에도,[199] 1809년 3월에도[200] 같은 일이 되풀이되었던 데서 확인할 수 있다. 1810년에는 궁방에서 갚지 않은 쇠고기 값이 6,000냥에 이를 정도였다.[201]

5

1803년 윤2월 13일 비변사는 현방의 요구사항을 대리청정하고 있던 정순왕후에게 보고했다. 현방의 요구사항은 다음과 같았다.

① 궁방의 무역노자가 쇠고기 구입을 담당하면 가까이 있는 현방이 치우치게 피해를 입고, 차인을 시켜 돌아다니며 일을 하게 하면 차인들이 중간에서 온갖 방법으로 농간을 부린다. 이 때문에 반민 중에서 젊고 근실한 자를 골라 매일 각 궁방에 대령하게 해서 무역건기貿易件記를 받은 다음 각 현방에 배분해 폐단 없이 매매를 거행하고, 내사內司에 봉감捧甘하게 하는 것을 영원히 준행하게 해줄 것.

② 궁노의 작폐와 금예의 횡침, 삼법사와 각 군문, 5부五部의 추착 때 현방을 횡침하는 것, 각사 하예와 좌우 포도청의 순졸이 침어하는 폐단을 일일이 감봉하여 신칙하여 현방이 지탱해 살 수 있도록 해줄 것.

반민이 직접 궁방에 가서 쇠고기 구입 의사를 표시한 문건을 받아와 각 현방에 구입할 양을 분배하겠다는 첫 번째 요구는 이 시기까지 궁방의 현방 침탈이 여전했다는 것을 의미한다. 둘째 요구에서 궁노와 금예는 물론 각 관청의 하예, 삼법사, 각 군문, 5부, 좌우 포도청의 포교와 포졸까지 범인 검거를 구실로 현방을 침탈했던 것을 짐작할 수 있다. 비변사는 현방의 요구를 접하고 궁방 노자의 차인의 폐단은 1790·1794·1799년의 거듭된 금령이 모두 의미 없는 것이 되었다고 말했다.[202] 그런데 이 말조차 1801년 12월에 했던 말을 되풀이한 것에 불과하였다. 비변사는 정순왕후에게 궁방 노자와 차인, 그리고 두 번째 요구사항에 포함된, 현방을 침탈하는 모든 자들을 엄하게 처벌할 것을 공언했지만, 늘 그렇듯 별 효과가 없었다.

19세기 이후 궁방의 현방 수탈이 문제가 되지 않은 해는 없었다.[203] 강력하게 금지할 것을 명하고 처벌을 약속했으나 집행되지 않았다. 1811년 2월 28일 궁노 도명(어느 궁방 소속인지는 미상—저자)이 왕이 거처하는 편전 앞의 차비문 안으로 들어와 격고擊鼓한 일로 조사를 받았다. 도명은 쇠고기 값 1만 5,000냥을 반민들에게 지급하고 고음侤音(영수증)까지 받았지만, 현방의 두목들이 받지 않았다고 하면서 각 현방에 쇠고기 값을 지급하지 않아, 각 현방에서 자신을 성균관에 고소했다고 주장했다. 곧 두목들이 도명에게 돈 받은 사실을 숨겼으므로 현방 구성원들이 도명을 성균관에 고소한 것이 사건의 내용이다. 명백히 현방 두목들의 범죄였다. 형조는 현방 두목 김득하 등 4명을 처벌하고 돈을 각 현방에 분배하였다. 하지만 도명의 돈 1만 5,000냥을 현방 두목이 중간에서 가로챈 것은 나름의 이유가 있었던 것으로 보인다. 곧 궁노들은 '수본전手本錢'이란 새로운 명목을 만들어 매달 각 현방에서 10냥을 수탈하기까지 했던 것이다.[204] 현방의 두목들이 도명의 1만 5,000냥을 가로챈 것은 이런 수탈과 관련이 있을 것이다.

궁방의 늑탈은 계속 문제가 되었다. 1811년 4월 성균관 대사성은 현방이 쇠약해지는 것은 해마다 증가하는 각 궁방의 침탈 때문이라고 지적했다. 혹은 헐값에 쇠고기를 구매하거나 혹은 아예 구매 대금을 지불하지 않는다는 것이었다.[205] 유생을 공궤하는 물자를 전적으로 현방에 의지하고 있던 성균관으로서는 반인을 대리해서 궁방의 단속을 계속 요구할 수밖에 없었다. 반인들은 소의 도축을 멈추고 현방의 문을 닫는 '궐도闕屠'를 하여 처벌을 받을지언정 궁방으로부터 계속 침탈을 당할 수는 없다는 완강한 입장이었다. 성균관은 적극적으로 궁방의 단속을 요구했지만, 그 역시 큰 효과가 없었다.

1814년에는 저울이 문제가 되었다. 궁방이 현방에서 쇠고기를 구입할 때 사용하는 저울을 조작했던 것이다. 저울은 원래 현방에서 만들어 호조의 공인을 얻은 뒤 사용하는 것이었다. 하지만 궁방에서는 이 저울을 사용하지 않고 자신들이 저울을 조작해 동일한 가격에 보다 많은 쇠고기를 구입했다. 결국 호조 공인 저울을 사용하는 것을 원칙으로 삼는다는 것을 비변사에서 거듭 확인하는 일까지 있었다.[206] 하지만 궁방의 현방 늑탈은 계속되었다. 1834년 좌의정 심상규沈象奎가 현방이 조잔한 것은 무역, 곧 궁방이 쇠고기를 구입하는 데서 말미암은 것[207]이라고 할 정도로 궁방의 수탈은 강화되었다

궁방의 늑탈과 아울러 현방이 성균관을 위시한 각 기관에 바치는 금액도 증가하여 1811년에는 1만 9,700냥(1년 치)에 이르렀다. 경영난을 타개하기 위해 1811년 현방에서는 균역청에서 성균관에 해마다 보내는 돈 6,000냥의 10년 치를 미리 지급해줄 것을 요청하였으나, 비변사는 이것은 논할 수 있는 성질의 것이 아니라고 거부하였다.[208] 순조는 비변사의 거부를 그대로 수용하였다. 1826년 5월 18일 헌납 박규수朴奎壽는 상소하여 현방이 이익을 잃어, 성균관에서 유생을 양성하는 것이 불가능해진 상황을 말하고, 조선漕船 81척을 양현고로 이관하여 그 세금을 성균관의 자금으로 쓸 것을 요청하였으나, 순조는 반대했다.[209] 현방의 부담은 여전하였다. 1834년 현방이 공식적으로 부담하는 금액은 1만 9,460여 냥으로 1811년과 거의 같았지만, 여기에 '공사첨보전供士添補錢'이란 명목이 추가되었다. '선비의 뒷바라지를 위해 더 내는 돈'이란 신기한 명목의 돈은, 원래 흉년에 2냥을 더 거두던 것이었지만, 이어 평년의 상례가 되어 15냥까지 불어났고, 현방 전체로 계산하면 1년에 5,400냥에 이르렀다.

여기에 1833년 12월부터 1834년 6월까지 각 현방에서 50냥씩 모두 1,150냥을 더 거두었다.[210] 실제 1년에 6,550냥이 추가된 것이었다. 급기야 1850년이면 각 처에 예납하는 것이 매년 3만 냥을 넘었다.[211] 궁방과 국가는 현방을 사정없이 쥐어짜고 있었던 것이다.

1850년 2월 12일 비변사는 공인과 시인의 폐막을 조사해 보고했다. 비변사가 보고한 현방의 요구사항은 '각 궁의 무노貿奴가 사무私貿하는 폐단'을 막는 것, 곧 궁방의 공적인 쇠고기 구입을 핑계로 하여 개인적으로 쇠고기를 구입하는 데서 발생하는 폐단에 대해 법규를 만들어 실제 효과를 거둘 수 있게 해달라는 것이었다.[212] 당연히 모든 보고와 요청에 대해 왕(=순원왕후純元王后)의 재가가 있었다. 하지만 늘 그렇듯 현방의 요구는 묵살되었다. '구체적인 과조'는 만들어지지 않았다.

이 문제가 정식으로 논의된 것은 약 두 달이 지난 4월 5일이었다. 날짜는 알려져 있지 않지만, 현방에서 철도, 곧 소의 도축을 멈추고 쇠고기 판매를 스스로 중지했기 때문이었다. 철도의 이유는 익히 알고 있는 바였다. 영의정 정원용鄭元容은 4월 15일의 회의에서 그것을 전달했을 뿐이었다. 현방이 각 처에 해마다 바치는 예납전例納錢이 3만여 냥에 이른다는 것, 그 외에 갖가지 횡침·늑탈의 폐단이 있다는 것이었다. 특히 4궁 외에 신설한 궁

06
명문화된 대책,
〈현방구폐절목〉

방 무역소貿易所의 궁노들이 사흘을 이어 작폐했기 때문이었다.[213]

정원용이 제시한 대책은 다음과 같았다.

① 호조에서 정확한 저울과 추를 만들어 낙인하여 각 현방과 각 무역소에 나누어 보내고 서로 맞추어본 뒤 진배하여, 조종하는 폐단이 없게 한다.

② 모두 표지標紙에 준하여 값을 가지고 무역해 일분이라도 빚을 남기는 폐단이 없게 한다.

③ 4궁 외에는 무역소를 더 설치할 수 없는 것이 본래 법이다. 만약 더 설치하는 궁방이 있다면 4궁에 나누어 소속시켜 제각각 무역소를 설치할 수 없게 한다.

물론 이것들은 이미 만들어진 법규이기도 했다. 정원용은 여기에 내수사에서 절목을 만들어 엄격하게 시행하게 할 것을 요청했다. 아울러 궁노들이 사무私貿 곧 개인적으로 쇠고기를 구입하거나, 값을 지불하지 않고 늑탈하는 행위가 현방에 가장 큰 고통이 되므로, 이 경우 법사法司에서 값을 되찾아주고, 궁노를 처벌할 것을 요청했다. 마지막으로 정원용은 서울 시내의 사도私屠와 서울 부근에 설치한 포사庖肆가 현방의 이익을 침해할 뿐만 아니라, 농우의 감소를 초래한다는 이유로 엄금할 것, 좀 더 구체적으로는 경기도의 포사에 대해 관찰사가 철거 명령을 내릴 것을 요청했다. 대리청정을 하고 있던 순원왕후는 정원용의 요청을 그대로 허락했다.

구체적인 내용은 확인하기 어렵지만, 1850년에 궁방의 현방 늑탈을 막으려는 절목이 신설되었던 것은 분명하다. 하지만 늘 그렇듯 이 역시 아무런 효과가 없었다. 4년 뒤인 1854년 공인과 시인의 폐막을 청취했을 때 현방 역시 자신들이 겪고 있는 폐막을 비변사에 호소했다. 비변사는 현방의 말을 이렇게 옮기고 있다. "또 경술년(1850) 칙교飭敎 이후 계하한 절목이 엄하지 않은 것이 아니었건만, 궁노들이 마음대로 조종하여 공무를 빙자하고 사욕을 부리고 있습니다. 가령 해당 궁방에서 쓰는 것이 3분이라면, 저들이 사사로이 사용하는 것은 7분이나 되어 강제로 구입하여 중간에서 이익을 노리는 것과 다름이 없습니다."[214] 원래 궁방 쇠고기를 정가 이하로 사들이는 것을 금지했지만, 그것을 무시하고 궁노들이 전체 구입량의 70퍼센트를 사적으로 구입하기에 현방이 이익을 잃고 20여 곳의 현방 가운데 절반 이상이 폐업을 했다는 것이다. 요컨대 궁방의 노속들에게 1850년의 절목은 전혀 강제력이 없었다.

현방은 해결책을 제시했다. 지방에도 현방을 열어줄 것과 궁방에 판매하는 쇠고기 값을 올려줄 것을 요청했다. 치계전雉鷄廛의 예를 따라 값을 갑절로 올려준다면, 궁노들이 개인적으로 쇠고기를 구입하여 판매하는 일은 저절로 없어질 것이라는 것이었다. 비변사는 궁노의 작폐를 인정했다. 궁노들이 헐값에 구입하는 쇠고기의 70퍼센트는 궁노 개인이 다시 판매해 이익을 남기려고 하는 것이었다. 하지만 현방의 요구대로 궁방의 공식적 구입가를 배로 올릴 수는 없었다. 비변사는 현재 궁방의 정가보다 조금 더 올리고 시가보다는 낮은 차원에서 가격을 결정하고, 그 올려준 가격은 성균관에서 떠맡는 방안을 제시했고 철종은 그것을 그대로 수용했다.[215] 하지만 이것은 해결책이 될 수 없었다. 이 방안은 재정이 열악한 성균관에 책임을 미루는 것에 지나지 않았을 뿐만 아니라, 실제 성균관에서는 이 방안 자체를 검토한 적도 없었다.

1857년 1월 24일 비변사는, 현방에서 감영과 병영 여러 곳에 포사를 설치해줄 것과 4궁과 여타 궁방의 쇠고기 구입가를 올려줄 것을 요청한

데 대해 검토 결과를 보고하는데, 전자의 경우 폐단만 있고 효과가 없을 것이라는 이유로 불허하고, 후자에 대해서는 1854년 성균관에 대안을 제시했지만, 성균관이 이유 없이 다시 절목을 만들어 보고하지 않았다고 지적했다. 곧 1854년 비변사의 지시를 성균관은 전혀 검토하지 않았던 것이다. 비변사는 궁방 구입 쇠고기 값을 올리는 문제는, 성균관에서 절목을 마련하면 검토한 뒤 시행할 것을 요청했다.[216] 철종은 재가했지만 구체적으로 이루어진 것은 아무것도 없었고, 당연히 효력이라고 할 것도 없었다.

조정과 왕이 문제를 파악하지 못한 것도 아니었다. 문제는 단순하고 명료했다. 1857년 비변사가 "반민이 이익을 잃는 것과 그들의 억울하다는 호소는 전적으로 궁방에서 사무私貿하는 폐단에서 말미암은 것"[217]이라고 할 정도로 궁방의 침탈 문제는 계속 심각해지고 있었다. 보다 강력하고 구체적인 규정이 필요했다. 1857년 윤5월 20일 비변사가 올린 〈현방구폐절목懸房捄弊節目〉[218]은 그렇게 해서 만들어진 것이었다.

〈현방구폐절목〉은 서문 격의 총론 1조목과 세칙 12조목으로 짜여 있다. 당연히 이 절목은 궁방의 현방 늑탈을 막기 위해 만들어진 것이지만, 19세기 중반 현방의 상황을 파악할 수 있는 중요한 여러 정보를 제공하고 있다. 이하에서 각 조목의 내용을 검토해보자.

총론은 23개의 현방이 거의 모두 철폐되었고 부득이 점포를 열어 매매하는 곳은 3~4곳에 지나지 않는다고 지적한다. 1857년 당시 현방은 사실상 영업 중단 상태에 있었던 것이다. 이것은 결과적으로 성균관의 운영 자체를 불가능하게 만들고, 왕실과 사족가士族家, 나아가 서울 시민 전체에 쇠고기의 공급을 불가능하게 만들었다. 이것이 절목을 만들게 된 이유일 것이다. 이하 (1)조부터 검토해보자.

(1) 4궁 외에는 함부로 '무역'을 할 수 없다는 것은 이미 법으로 정한 바 있고, 거기에 연전年前의 수교受敎까지 매우 엄하였으니, 무역이란 이 한 가지 문제는 마땅히 폐단이 될 수 없는 것이다. 그럼에도 저 이익만 노리고 법을 무시하는 무리들은 조금도 태도를 바꾸어 돌이켜 생각하는 바가 없는 것인가?

폐단의 근본을 따져보면 ① **첫째, 현방이 각 처에 흩어져 있어 무역을 하는 종들이 그것을 빌미로 이쪽저쪽 견주어 쉽게 더 사들일 수 있기 때문이고,** ② **둘째, 무역하는 가격이 사적으로 사는 것보다 너무 싸기 때문**이다. 그 근본을 찾아보지 않고 단지 끝으로 드러난 현상만 해결하고자 한다면, 날마다 10명에게 죄를 묻는다 한들, 어떻게 그 알맹이 있는 효과를 바랄 수 있겠는가?

이제 ③ **날마다 하는 무역을 한 곳으로 지정하되,** ④ **더 사들일 경우의 가격을 특별히 배로 지불하는 것을 법으로 정하고** 성내 21개 현방 중 광례廣禮·이교二橋·향교鄕校·안동安洞·승내承內·수진궁壽進宮·의정부議政府·의금부義禁府·광통교廣通橋·지전紙廛 등 도합 10개소를 영원히 무역하는 곳으로 지정한다.[219]

문제는 두 가지로 압축된다. 첫째, 현방이 서울 시내에 분산되어 있다는 것(①). 이로 인해 각 현방이 실시간으로 정보를 알 수 없다는 점을 이용해 궁노들은 여러 현방에서 쇠고기를 중복해서 구매한다. 둘째, 궁방의 쇠고기 구입가가 시가보다 낮다는 것이다(②). 이것은 궁노가 확보한 쇠고기를 팔아서 이익을 남길 여지를 만들었다. 궁노가 처벌을 의식하지 않고 불법을 자행하는 근거가 여기에 있다.

해결책은 단순하다. 궁방에서 쇠고기를 구입하는 현방을 하루 1곳으로 지정한다. 21곳의 현방 중 광례의 현방에서 지전 앞의 현방까지 모두 10곳이 지정된 현방이다. 지정된 현방은 판매를 담당한 날 성균관에서 제작한 '무역소貿易所'라고 낙인한 목패를 문 앞에 걸고 영업하고 파루罷漏 뒤에는 다음 현방에 목패를 넘겨준다. 궁방이 사들일 수 있는 양도 하루에 소 1마리로 정한다. 만약 모자라면 추가로 3마리를 잡을 수 있고, 그래도 부족하면 다른 현방에서 살 수 있지만, 값을 배로 지불해야 한다. 4궁 외에 현방에서 무역을 하거나 위의 절목을 어기는 경우는, 성균관에서 법사法司로 이첩해 엄형嚴刑하고 유배한다.

나머지 11조목을 요약 정리하면 다음과 같다.

(2) 빚 문제의 해결. 현방에서 지고 있는, 공물의 일수日收와 색조色條 및 유납流納과 계납契納 등의 부채를 일체 탕감하는 것.*

(3) 4궁 외 궁방의 무역 엄금. 다만 육상궁과 선희궁 및 경우궁과 의빈묘宜嬪廟, 수진궁, 은언군방恩彦君房과 대원군방大院君房의 제향祭享에 소용되는 쇠고기 구입은 무역노가 폐단을 일으킬 가능성이 없기 때문에 예외로 한다.

(4) 궁방이 쇠고기를 구입할 때 온 마리인가, 부분 육肉인가에 따라 이미 정해진 규례가 있으니, 그것을 따르고 저울 역시 호조의 낙인이

---

* 여기 등장하는 공물의 일수와 색조 및 유납과 계납 등은 현방이 지고 있는 사채 명목인데, 용어 자체를 이해할 수 없어 그 구체적인 내용을 알 수 없다. 다른 용례가 문헌에 전혀 등장하지 않기 때문이다. 현방과 관련하여 이 용어들은 《승정원일기》에 두 차례 나타날 뿐이다. 전체적으로 현방은 1857년 당시 50만 냥의 빚을 지고 있었다고 한다. 《승정원일기》 철종 8년(1857) 5월 11일(11/13). 절목은 이것을 갚는 방법을 찾겠다는 것이다.

있는 정칭正秤을 사용할 것.

(5) 무역소로 지정된 10개 현방은 궁방 무역으로 인해 이익을 잃을 것이므로, 나머지 11개 현방에서 매일 각각 2냥을 무역하는 현방에 줄 것.

(6) 1820년 도성 내에 소재한 각 현방의 첩도는 성균관에서 단속하고 삼사와 포도청은 결코 관여하지 못하게 절목을 정했다. 이 절목을 엄격하게 준행하되 어길 경우 엄하게 처벌할 것. 다만 강 밖에 있는 마포와 뚝섬 2곳의 현방은 전처럼 법사에서 규찰하여 불법이 있을 경우, 속전을 받지 말고 엄형한 뒤 멀리 유배를 보낼 것.

(7) 뚝섬 현방이 왕십리로 옮겨서 금예와 결탁해 첩도를 자행하고 있다. 1820년 절목은 뚝섬 현방을 삼법사 소관으로 정했기 때문에 단속할 수가 없다. 왕십리 현방을 다시 뚝섬으로 돌려보내고 법사에서 단속할 것.

(8) 사도私屠는 현방의 도축 수의 배가 되지만 금예는 단속하지 않을 뿐더러 법사나 상사上司를 끌어대며 공공연하게 도축을 자행한다. 조정과 법사가 엄하게 단속하지 않은 것이 아니지만, 조금도 그치지 않는다. 1763년 반민에게 사도에 대한 금란전권을 부여한 바 있다. 이제부터 반민이 금란전권을 적극 행사하고, 삼법사와 좌우 포도청에서는 고의로 사도한 자를 풀어주는 폐단이 없도록 한다.

(9) 서울 가까운 곳 마을마다 소를 도축하고 쇠고기를 서울로 가져와 곳곳에서 판매하는데, 이것은 현방의 이익을 침해할 뿐만 아니라, 농우가 줄어드는 결과를 초래한다. 경기도 감영에 엄중하게 신칙해 도축하는 곳을 철거하게 한 뒤 결과를 보고할 것.

(10) 1820년 절목에 따라 현방에서 술주정을 하거나, 돈과 고기를 토

색하거나, 가마솥을 깨고 도마를 던져 부수는 무뢰배를 법사에 이송해 엄중히 처벌할 것.

(11) 1790년 절목으로 반민의 크고 작은 송사는 성균관에서 처리하고, 다른 관청에서 다스리지 못하게 정했다. 1820년 비변사에서 신칙했음에도 법사에서 사송詞訟 및 빚 송사를 핑계로 반민을 잡아들이고 현방의 두목 및 당패시인當牌市人을 입회시켜 편안히 생업에 종사하지 못하게 하고 있다. 앞으로 원고와 피고 외에 두목과 시민을 입회시키지 말도록 할 것.

(12) 이상과 같이 한다면, 현방에서 판매하는 쇠고기 값이 떨어질 것이다. 다만 현방에서 값을 올려 받는다면, 사도를 정당화하는 구실이 될 것이니, 성균관에서 단속하고 처벌할 것. 평시서平市署에서도 5일마다 정육正肉 1근의 가격을 조사해 성균관에 보고할 것. 값을 높여 파는 현방의 두목 및 이른바 본관의 대행수 시민大行首市民을 모두 법사로 회부해 엄형한 뒤 유배를 보낼 것.

(2)조는 현방이 지고 있는 부채를 탕감해주는 것, (8)과 (9)는 사도私屠에 대한 단속과 금지와 금란전권의 행사 등으로 현방의 파산을 막기 위한 대책이었다. 이 외에 (3), (4)와 (10)은 현방에 대한 궁노와 기타 무뢰배의 현방 늑탈을 방지하려는 대책이었고, (11) 역시 현방에서 발생하는 문제를 전적으로 성균관의 처리에 맡김으로써 삼법사가 현방을 직접 수탈하려는 가능성을 봉쇄한 것이었다. (6), (7), (12)는 현방의 불법에 대한 대책이었다. 평가하자면 현방의 이익을 온전히 반영한 대책이었던 것이다.

1862년 〈현방구폐절목〉

1857년 〈현방구폐절목〉은 문제를 해결했던가? 당연히 그렇지 않았다. 1857년 〈절목〉은 강력한 내용으로 구성되었으나, 그것은 여전히 실행되지 않았다. 불과 3년 뒤인 1860년 1월 관례적으로 시전 상인들의 폐단을 묻자, 현방은 옛 규정을 따라 감영과 병영·수영 및 여러 고을에 포사를 열게 해줄 것과 궁방에 판매하는 쇠고기는 치계전의 예를 따라 값을 배로 올려줄 것을 요청했다. 1854년의 주장을 반복한 것인데, 비변사는 곤란한 문제가 있다면서 허락하지 않았다. 주목할 것은 비변사가 "현방의 폐단이 과연 극도에 이르렀습니다. 누차 고쳐 잡아 해결하고자 했지만 아직도 실효가 없으니, 여러 백성의 하소연이 언제나 그치겠습니까?"[220]라고 말한 부분이다. 비변사 역시 그동안의 대책이 아무런 효과를 거두지 못했음을 자백하는 꼴이다. 그것은 실로 대책이 없다는 것, 국가의 행정력이 거의 무의미한 수준으로 전락했다는 것을 의미하였다.

국가의 무기력함을 고백하는 일은 다반사가 되었다. 같은 해 10월 20일 좌의정 조두순趙斗淳은 서울의 경우, 여항과 반촌의 사도로 인해 현방의 태반이 문을 닫았고, 그 결과 왕의 식사에 필요한 쇠고기도 겨우 공급하고 있으며, 성균관에서 선비를 기를 수 없다고 지적했다. 현방 절반이 영업을 중단하였기에 성균관을 운영할 수 없었던 것이다. 지방의 경우도 심각했다. 조두순은, 큰 도회지는 물론 작은 촌락에도 시장이 있으면 반드시 포사가 있으며, 심지어 지방관이 설치한 공포公庖까지 있다고 놀라워하였다.[221] 그 대책으로 법사의 강력한 단속과 처벌을 요청했지만, 그것이 의미 없는 소리라는 것은 자신도 알았다.

1년 뒤 영의정으로 승진한 김좌근은 12월 10일 자신의 말을 되풀이했다. 서울의 낭자한 소 도축은 양반이 와주窩主가 되어 있고, 지방의 경우 원근의 시장에서 팔리는 무수한 쇠고기는 감영에서 면허장을 발행한 것이라고 지적하였다. 현방 문제도 재론했다. 24개 현방의 태반이 폐업했다는 것이다.[222] 대책이 강구되어야만 했으니, 그것은 다시 절목을 만드는 것이었다.[223] 그렇게 해서 만들어진 것이 1862년 1월의 〈현방구폐절목〉[224]이었다. 생소한 용어가 많기 때문에 번거로움을 피하여 대의를 옮기면 다음과 같다.

(1) 사도와 좌매坐賣·행매行賣는 삼법사와 좌우 포도청에서 단속하여 처벌하는 것이 마땅하다. 사도는 본디 와굴窩窟이 있고, 좌매와 행매는 그 수종에 불과한 것이다. 철저히 수사해서 발본색원한다면 그것은 저절로 금지될 것이다. 하지만 금예들은 단속하지 않을 뿐만 아니라, 도리어 그들의 이목이 되어 뇌물을 받아먹기도 하고 또 겁을 먹어 고의로 풀어주기도 한다. 따라서 금예들부터 단단히 단속하여 그런 짓을 못하게 막아야 한다.

성균관에서 반민을 시켜 따로 정탐하게 하여 보고 듣는 대로 보고하게 한 뒤 삼법사에 비밀리에 이첩하여 사도와 좌매·행매하는 자를 잡아들이게 한다.

잠도하는 부류는 대개 시정의 무뢰배들이지만, 그중에 반민도 있다. 이 경우는 처벌을 배로 해야 할 것이다. 현방의 첩도와 반촌의 사도는 성균관에서 철저히 단속해야 할 것이다. 삼법사와 좌우 포도청의 경우는 1820년 절목에 의거해, 현방 근처에는 접근조차 하지 말게 할 것이다.

(2) 궁속宮屬이 현방에서 정해진 양 이상으로 쇠고기를 사들여 이익을

착복하는 것에 대한 대책. 4궁은 매달 그달의 회계에 대해 재가를 받은 뒤 구입할 쇠고기의 발기를 해당 궁방에서 성균관에 보내어 현방의 수본手本과 대조해 구입 수량을 확인한 뒤 발기는 돌려주는데, 만약 발기의 수를 넘는 경우가 발견될 경우 1857년 절목에 의거해 단속하지 않은 해당 궁방의 차지次知는 초기草記로 죄를 따져 처벌하고, 궁노는 법사로 곧바로 옮겨 엄형한 뒤 먼 곳으로 귀양을 보낸다. 할육割肉은 호조에서 낙인한 저울을 표준으로 하되, 일률적으로 구식舊式을 따른다.

(3) 우각牛角·골회骨灰를 가져다 쓰는 것은 언제 시작되었는지 알 수 없으나, 진배하게 한 것이 관행이라면, 본래의 수만큼 바치는 것이 옳은 것인데, 더 많은 수를 함부로 요구하니 너무나도 근거 없는 일이다. 요구하는 수대로 바치지 않을 경우 대전代錢(대신 내는 돈)을 징수하는 것은 더더욱 놀라운 일이다. 지금부터 각사에서 우각과 골회를 사용할 일이 있으면 해당 관원이 필요한 양을 문서로 작성하고 관인을 찍은 뒤 진배하게 할 것이고, 관청의 하인이 절대 받지 않게 해야 할 것이다.

대전은 영원히 금지할 것이며 혹 일부러 트집을 잡아 강제로 빼앗는 일이 있다면, 성균관에서 해당 관청에 통기하여 따로 징치할 것이다.

(4) 삼법사 소속이 봄·가을 고사를 지낼 때 돈과 고기를 토색하는 것, 각 절일節日에 보내는 요구하는 물건의 목록, 매일의 술값 등 허다한 명목은 과외의 횡침이 아닐 수 없다. 이 역시 현방이 지탱하기 어려운 한 가지 단서다. 성균관에서 각 현방에 단단히 일러서 다시는 이런 요구를 들어주지 않게 해야 할 것이다. 만약 과거부터의 관

행이라고 하면서 야료를 부릴 경우, 그 이름을 지적하여 그 자가 속한 관서에 알려 따로 징치하게 한다. 이 무리들은 이미 현방 근처에 발을 붙이지 못하게 하였으니, 이런 악습은 앞으로 저절로 금지될 것이다. 이런 뜻을 언문으로 번역해 각 현방에 게시할 것이다.

(5) 이른바 공물貢物·일수日收 등은 명색이 올바르지 않고 오랫동안 고질적인 폐단이 되어왔다. 그래서 연전에 위에 아뢰어 혁파한 일이 있었는데, 근래에 간혹 다시 소송을 제기하여 기어코 다 받아내려는 자가 있다고 한다. 이것은 뒷날의 폐단에 크게 관계되는 너무나도 놀라운 일이다. 또 반민에 관한 소송은 전적으로 성균관에 맡기도록 한 법이 있으니, 이런 소송은 삼법사의 소관이 아니다. 이런 소장은 결코 들어주지 말고 그 함부로 소송을 제기한 죄를 다스려 법을 우습게 아는 버릇을 징치해야 할 것이다.

(6) 삼법사의 속전은 간혹 현방의 철폐로 인하여 여러 해 거두지 못한 것이 상당히 많다. 공적 비용이 줄어든 것은 아주 민망한 일이지만, 현방의 사정이 나아지기를 기다리고자 한다면, 바치라는 돈은 엄청나고 현방을 다시 열 기약은 없다. 이런 상황을 감안한다면 빈 장부만 끌어안고 세월을 보내는 것보다는 차라리 이제까지의 것들을 모두 감면해주고 앞으로 받을 것을 확실하게 받는 것이 양쪽이 다 편하게 되는 방도일 것이다. 1861년 11월 이전의 받지 못한 속전을 모두 탕감해야 할 것이다.

이렇게 변통한 것은 전에 볼 수 없는 엄청난 은전이다. 만약 다시 전처럼 핑계를 대고 현방을 열지 않거나 또는 속전을 바치는 것을 미룬다면, 대행수大行首와 해당 현방의 두목은 마땅히 형벌을 가한 뒤 귀양을 보내는 형률로 다스릴 것이다.

5

처음인 (1)에 '사도' 문제를 거론한 것은, 삼법사와 궁방 외에 사도가 현방의 이익을 침탈하는 큰 요인이었기 때문이었다. 그런데 사도는 숨은 주체(곧 와굴窩窟)가 있고 판매책, 곧 좌매와 행매가 있다. 삼법사의 금예는 당연히 이들을 단속해야 하지만 도리어 그들과 한 패가 되거나 고의로 풀어준다. 여기서 '겁을 먹고'라는 표현이 의미심장한데, 사실상 사도의 주체는 앞서 김좌근이 지적했듯 양반이었기 때문이다. 해결책으로 내놓은 금예를 다시 단속하는 것은 수없이 반복된 것이었다. 또 하나 여기서 주목해야 할 것은, 첩도와 반촌의 사도를 문제 삼고 있다는 것이다. 후술하겠지만 현방의 무제한적인 수탈에 반인이 대응하는 방법은 첩도이거나 사도일 수밖에 없었다.

(2)는 궁방 노비가 쇠고기를 정량 이상으로 구입하여 사적 이익을 추구하는 경우의 해결책을, (3)은 우각과 골회를 정량 이상 받아들지 못하게할 것, (4)는 삼법사 하예들의 현방 토색을 금지할 것, (5)는 1857년 〈현방구폐절목〉에서 탕감한 빚을 다시 받으려 소송을 제기하는 경우에 대한 대책이다. 이런 문제들은 1857년의 〈현방구폐절목〉 등을 비롯한 수많은 해결책에도 불구하고 여전히 남은 것들이었다. 가장 인상적인 것은 (6)이다. 삼법사, 성균관의 공식적인 수탈, 궁방과 삼법사 하예의 불법적 수탈은 현방의 폐쇄를 초래했고, 따라서 소의 도축이 줄어들자 삼법사에 속전을 낼 수 없었던 것이다. 무제한적 수탈은 고정적인 수입까지 봉쇄해버린 것이었다. 현방을 다시 개설한다면 축적된 미납 속전은 현방에 엄청난 부담이 될 것은 자명한 일이었다. 절목은 그것을 탕감하자고 제안했다.

1862년 1월에 작성된 〈현방구폐절목〉은 과거의 문제가 해결되지 않았음을 드러내면서 새로운 몇몇 해결책을 구체적으로 보다 치밀하게 제시했다고 평가할 수 있다. 하지만 이 역시 근본적인 해결책은 되지 못했던 것은 분명하다. 불과 1년 2개월이 지난 1863년 3월 20일 영의정 정원용은 현방의 1년 공역供役, 곧 국가에 바치는 돈이 수만 냥에 이른다고 지적하면서 "각 궁방의 무역이 날로 달로 증가하여 이익을 잃고 폐업하는 지경에 이르렀다"는 반인의 말을 그대로 전했다.[225] 궁방의 침탈은 전혀 그치지 않았던 것이다. 문제는 정원용이 지적하고 있는 것처럼 궁방에서 정한 쇠고기 구입가가 너무 낮았던 데 있었다. 따라서 '여염의 한잡閒雜한 부류'도 궁속에게 부탁해 궁방의 구입이라고 핑계하고 무한정 쇠고기를 구매하기 때문에 현방이 결국 본전까지 잃고 폐업하는 지경에 이른다는 것이다.[226] 궁방 문제는 1862년의 절목조차 해결할 수 없었던 것이다.

정원용은 이후 매일 정공正供의 진배·무역을 제외한 각 궁방의 각종 무역은, 원래 정가보다 더 올린 값을 책자에 기록하고 그 책자를 각 궁방의 담당처에 비치해두고, 만약 궁속을 사칭하고 헐값에 억지로 사들이는 폐단을 일으키면 성균관에서 형조에 회부해 엄벌할 것을 요청했다. 이로부터 두 달 뒤인 5월 30일 정원용은 각 궁방에서 쇠고기를 구입할 때 값을 더 주고 있다고 보고한다. 아마도 3월 20일의 강력한 대처가 효력을 발휘했을 것이다. 다만 육상궁과 기타 궁방의 제향에 사용되는 쇠고기 구입은 전의 가격대로 하기로 결정하였다.[227]

궁방의 문제는 이 시기를 기점으로 하여 차츰 사라진 것으로 보인다. 1864년 의정부에서 공인과 시인의 폐막을 들었을 때, 현방에서는 각 궁방에서 사무私貿하는 폐단을 변통해줄 것을 요청했다. 비변사에서는 "각 궁방의 사무는 연전에 폐단을 없앨 때 이미 통렬하게 금지한 바 있다"고 답했다.[228] 이 시기에 와서 궁방의 침탈은 거의 종식된 것으로 보인다. 《승정원일기》를 위시한 관찬 사료는 더이상 삼법사와 궁방의 현방 침탈에 관한 자료를 남기지 않고 있다. 실제 삼법사와 궁방의 현방 침탈은 그

5

쳤거나 무의미한 수준으로 떨어졌을 것이다. 이유는 여럿 있을 것이다. 하지만 가장 중요한 것은, 현방에 대한 무제한적 수탈이 반인과 현방의 철도·궐공과 같은 저항을 불러일으킨다는 것, 나아가 현방 자체를 붕괴시켜 결과적으로 수탈 자체가 불가능하게 만든다는 것을 경험했기 때문일 것이다.

한편 정치 환경의 변화도 작용했을 것이다. 1862년 절목이 만들어지고 그다음 해인 1863년 고종이 즉위하였다. 주지하다시피 내정개혁을 표방한 흥선대원군의 독재가 갖는 압력이 1862년의 〈절목〉에 실행력을 부여했을 것이다. 궁방의 침탈과 삼법사의 횡침이 그치자 반인과 현방은 비로소 경제적으로 안정을 찾을 수 있었을 것이다. 현방이 경복궁 중건에 원납전을 내고 1866년 병인양요 때 총융청 소속의 군인으로 전투에 참여했던 것은 그런 경제적 안정 위에서 가능한 것이었다. 요컨대 완벽하지는 않지만, 그나마 반인과 현방이 숨을 쉴 수 있을 정도의 개혁은 불가능한 것이 아니었다. 거듭 말하지만 왕과 고위 정책결정자의 집합인 조정이 무능과 무책임으로 일관한 것이 최소한의 개혁 기회도 봉쇄했던 것이다.

6

대응

반인은 성균관 소유의 노비였다. 곧 반인은 성균관으로부터 노동력과 생산물을 수탈당하는 데 그 사회적 존재 의의가 있었던 것이다. 조선사회에서 공노비건 사노비건 노비 소유주가 소유 노비에 대해 수탈의 기회를 독점하는 것은 의문의 여지가 없는, 일반적인 것이었다. 하지만 앞서 살핀 바와 같이 반인의 경우, 수탈의 주체는 성균관만이 아니었다. 형조·사헌부·한성부 등 이른바 삼법사는 성균관과 별도로 반인을 수탈하였고, 국기기관은 아니지만, 그에 준하는 궁방 역시 수탈의 한 축이었다. 반인은 이중삼중으로 착취당하고 있었던 것이다.

그렇다면 반인은 일방적으로 수탈당하는 '수탈의 대상'이기만 했던가. 앞 장에서 서술한 바를 따라가면 반인은 완전한 '수탈의 대상'일 뿐이다. 하지만 시각을 달리한다면, 곧 반인을 주어로 삼는다면 문제는 달리 보일 수 있다. 조선 시대의 다른 사노비 또는 관노비와 달리 반인은 오직 성균관에만 복무하고 반촌이란 제한된 공간에 거주하며 현방을 운영하는 주체라는 등 다른 노비에게서 찾아볼 수 없는 강력한 집단성과 정체성을 갖고 있었다. 이 점을 염두에 두고 성균관이 기본적으로 반인의 노동력 위에서 작동하는 기관이라는 사실, 또 현방의 공식화 이후 성균관의 운영자금을 이들이 공급하기 시작했다는 사실을 음미해보자. 이것은 성균관이 소유자로서 반인을 지배하지만, 한편으로는 반인이 성균관을 움직일 수도 있다는 것을 의미한다. 앞 장에서 보았듯 성균관 대사성은 현방 속전의 감면 혹은 공채公債의 대여를 조정에 수없이 요청했는데, 그것은 성균관의 재정 부족이란 현실에 근거한 것이기도 했지만, 한편으로는 반인들이 집단적으로 대사성을 압박했기 때문이기도 하였다. 예컨대 1712년 현방은 2만 1,000냥의 공채를 빌리는 데 성공하는데, 공채의 차용과 설득력 있는 상환 방법에 대한 아이디어는 모두 반인 스스로 생각해낸 것이었다. 이들은 정교한 계획을 갖고 10명, 100명 무리를 이루어 끈질기게 대사성 최창대를 설득했다. 야박하게 평가하자면, 최창대는 반인의 계획을 전하는 구실만 했을 뿐이라고 말할 수 있다.

또 다른 사례를 보자. 1720년 6월 숙종이 사망한 뒤 국휼國恤(국장國葬) 기간 동안 도축이 금지되었다. 흥미로운 것은 이 기간 동안 쇠고기를 먹으려 하는 사람은 모두 반촌으로 몰려들었다는 것이다.

반촌 사람들이 도사屠肆를 많이 설치하고 이곳저곳 어지러이 소를 잡아 사람을 불러 모으고는 먹여서 보내며 그 값을 후하게 받았으므로, 서울의 남녀노소가 매일 반촌에 모여 술을 사고 고기를 삶아 싫도록 먹고 돌아갑니다. 술에 취해 비틀거리는 무리들이 날마다 반촌으로 오가는 길거리를 가득 메우고 성균관을 짐승

을 잡고 술에 취하고 배불리 먹는 마당으로 만들었으니, 이보다 한심한 일이 없습니다.[1]

쇠고기를 먹기 위해 몰려드는 사람들에게 반인들은 소를 도축하여 팔았고 그것은 반짝하는 한때의 호황이기도 하였다. 반인이 도축하는 소의 숫자를 크게 늘릴 수 있었던 것은, '법사의 금란禁亂이 반촌에 들어갈 수 없었기' 때문이었다.[2] 그들은 자신들에게 유리한 조건을 최대한 활용하고 있었던 것이다.

이 점을 앞서 거론한 최창대를 설득하고 압박했던 것과 관련지어 생각해보자. 반인들이 최창대를 설득, 압박했던 것은 자신들의 노동 위에 성균관이 축조되어 있다는 사실을 깊이 인식하고 있었기 때문일 것이다. 반인이 오직 성균관에 예속된 노비라는 사실은 도리어 자신의 이익을 위해 활용할 수 있는 유리한 조건이기도 했던 것이다. 물론 예속으로부터 벗어나는 것이 최선이기는 하지만, 그것이 현실적으로 불가능할 때 기존체제 내에서 자신들이 이용할 수 있는 조건을 의도적으로 활용하는 것이 전략적·주체적 태도일 것이다. 말하자면 반인이 일방적으로 수탈당하는 대상이 아니라, 나름의 전략을 구사하는 주체로 살았던 사실에 주목할 필요가 있다는 것이다. 이하에서 주체로서의 반인에 대해 검토해보자.

현방의 확장

1장에서 1721년 당시 군기 제작에 필요한 소가죽·힘줄·뿔 등을 확보할 목적으로 개성·강화·광주·수원 등 4곳의 유수부에 소의 도축이 공식적으로 허락되어 있었다고 말한 바 있다. 그런데 이곳에서 소의 도축을 담당한 사람은 누구였던가? 1727년 전 전적典籍 허부許博는 개성과 강화의 유수가 임지로 떠나는 날 각기 '성균관 전복'을 데리고 가서 도사屠肆를 설치한 뒤 밤낮 소를 무수하게 도축하는 것이 과거로부터의 관례라고 지적하고, 그것을 혁파할 것을 요청했다.[3] 개성과 강화의 유수는 아마도 자신의 반주인泮主人을 데리고 부임했을 것이다. 이 자료를 통해 이미 18세기 초반에 개성과 강화 두 곳에 반인이 도사를 설치하고 도축과 쇠고기 판매를 맡고 있었던 것을 확인할 수 있다.

역시 1장에서 인용한 바 있는 인천 유학 이한운李漢運의 상소[4]는 "외방의 대영大營으로서 도사를 설치하지 않을 수 없는 곳은 반예를 번갈아 보내고, 그 밖의 열읍列邑과 작은 영營, 여러 진鎭, 각 역驛은 단지 사명일에

01
현방의 확장과 첩도

만 도축을 허락하고, 특별한 이유 없이 도축한다면 성조의 하교에 의거해 각별히 치죄할 것"을 제안하고 있다. 곧 국가가 공인한 서울 현방의 반예沖隸(반인沖人)를 도사를 설치하지 않을 수 없는 외방의 큰 군영(대영)으로 번갈아 보내어 도축을 맡게 하자는 것이다. 이것은 곧 외방 대영의 도축을 국가의 통제하에 두겠다는 것이다. 물론 반인의 입장에서 이 제안은 당연히 그들의 영업 영역을 확장시킬 수 있는 방안이기도 하였다.

이한운의 제안은 수용되지 않았지만, 외방에 반인을 파견하자는 그의 의견은 나름의 현실적 근거를 갖고 있었던 것으로 생각된다. 1년 뒤인 1776년 전 행충청도사行忠淸都事 김덕원이 글을 올려 지방의 잠도가 성행하는 것은 고발하는 사람이 없기 때문이라고 지적한 뒤 잠도를 해결하는 최선의 방법은 개성·강화·광주·수원의 전례를 따라 팔도에 반예를 번갈아 보내는 것이라고 주장했다. 곧 현방이 갖고 있었던 금란전법에 의거해 잠도를 적발하여 관에 고발하게 하고, 적발된 자를 엄하게 형장으로 다스린 뒤 유배를 보내면 잠도가 그칠 것이라는 것이었다.[5] 김덕원의 제안에서 이 시기 이미 4곳의 유수부에 반인이 파견되어 소의 도축과 쇠고기 판매를 맡고 있었다는 것을 확인할 수 있다. 1장에서 언급한 바와 같이 1721년에는 4곳의 유수부는 소의 도축이 공인된 곳이었다. 따라서 이전에 반인이 4곳 유수부에 파견되었을 것이다. 다만 반인을 파견하기로 결정했던 그 소상한 과정을 알 수 없을 뿐이다. 김덕원은 석채釋菜에 사용하는 포우脯牛까지 반예를 시켜 4곳 유수부의 전례와 같이 진배하게 한다면 불결한 것을 염려하지 않아도 되고 아울러 공무를 빙자해 사익을 취하는 길도 영원히 막을 수 있을 것이라고 주장했으니,[6] 1776년 당시 4곳 유수부에 반인이 파견되었던 것은 틀림없는 사실이다.

김덕원의 제안은 '우활한 논의'로 거부되었지만 반인이 지방 도사의 운영자로 파견되는 관행이 이후 나타나기 시작했다. 1794년 전주 판관을 지낸 윤현석尹玄錫은 전주부에서 경사京司에 바치는 돈을 강제로 빼앗은 죄로 조사를 받는 과정에서 반인에 대해 간단히 언급했다. 판관이 서울에서 전주로 부임할 때면 반인이 따라가서 감영의 돈을 빌려 장사를 시작하는데, 대개 봄·여름에는 많은 빚을 지고, 가을·겨울 이후라야 비로소 돈을 갚을 수 있다는 것이다.[7] 이것은 가을·겨울 이후가 되어서야 비로소 이익을 남길 수 있다는 의미일 것이다. 전주부의 포사 운영을 반인이 맡았던 것은 조정에서 일방적으로 반인에게 명령한 결과는 아닌 것으로 보인다. 반인이 지방 도사의 폭발적 증가라는 현실에 반응하여, 현방, 곧 도사의 확장을 도모했던 것이 결정적인 동인이었을 것이다. 이하 반인의 도사 확장 의지에 대해 검토해보자. 먼저 서울에서의 현방 확장이다. 이것은 반인의 지방 현방 개설과 관련 있는 일이니, 이 부분을 먼저 살펴보고 지방 현방 문제를 다루어보자.

1782년 정조는 성균관에서 전복들을 불러 폐막을 물었고, 전복들은 궁방 노속奴屬의 현방 침탈을 막아줄 것과 현방을 더 설치해줄 것을 요청했다. 21개 현방으로는 반인 인구의 증가, 증가하는 신역의 압력을 감당할 수 없다는 것이 반인의 논리였다. 정조는 즉위 직후 수은묘垂恩廟를 개축한 경모궁景慕宮(생부 사도세자의 사당)의 위호衛護를 위해 주변에 인가를 모으고 상점들을 설치하고자 하였다.[8] 반인들이 경모궁 근처에 현방 1곳을 더 개설할 것을 요청하자,[9] 정조는 광례교廣禮橋 동쪽에 설치할 것을 명했다.[10] 현방이 설치되자 정조는 요역徭役과 속전贖錢도 일정 기간 면제해주었다.[11] 반촌에서 옮겨온 사람은 60여 호였다.[12]

광례교 현방 개설 2년 뒤인 1784년 전복 김득광金得光은 정조의 동가動駕 때 격쟁하여 경모궁 근처 개설한 현방 1곳으로는 60호 수백 명이 생계를 해결할 수 없다는 이유로 '호남의 반예가 번갈아 담당하는 전례'를 따라, 지방의 관찰사영과 절도사영, 여러 고을의 쇠고기 판매처에 '원거주지의 전복'과 짝을 이루어 가서 이익을 나누어 살게 해달라고 요청했다.[13] '호남의 반예가 번갈아 담당하는 전례'는 전주에 반인이 번갈아 파견되어 현방을 경영하는 것을 말하는 것일 터이고, '원거주지의 전복'은 경모궁 근처의 전복이 아니라, 원래의 반촌 거주지 전복을 의미할 것이다. 곧 경모궁의 전복과 원래 반촌의 전복들이 전주의 예를 따라 함께 지방으로 가서 현방을 열고 이익을 공유하게 해달라는 말로 이해된다. 김득광의 요청에 대해 형조는 4건사四件事* 가 아닌 사안으로 격쟁한 것을 문제 삼아, 요청은 들어주지 말고 김득광을 처벌하자고 제안했고 정조는 그대로 따랐다. 김득광은 형장을 맞고 풀려났다. 다만 정조는 "본관本館(성균관)에 분부하여 좋은 쪽으로 변통하는 것이 옳다"면서 김득광의 요청에 대해 긍정적으로 검토할 것을 지시했다.

1년 뒤인 1786년 김득광은 다시 격쟁하여 지방에 현방을 개설해줄 것을 요청했다. 1784년 그의 요청을 긍정적으로 검토할 것을 정조가 성균관에 지시했지만, 대사성의 잦은 교체로 성균관은 문제 자체를 검토할 기회가 없었다는 것이 요청의 근거였다. 형조는 또 김득광을 처벌하자고 했지만, 정조는 듣지 않고 성균관에 문제를 검토하도록 지시했다.[14] 성균관의 의견은 다음과 같았다.

---

* 4건사는 상언上言이나 격쟁을 통해 왕에게 직접 호소할 수 있는 네 가지 일. 처와 첩의 분별, 아버지와 아들의 분별, 양인과 천인의 분별에 관한 일과 본인이 직접 억울한 형벌을 받은 일이다.

경모궁 근처에 모집해 들인 전복들은 이미 다른 생활수단이 없고 단지 도사 하나로 생업을 삼고 있어 60호 500명의 목숨이 실로 지탱해 보존하기 어려우니, 사정이 아주 딱합니다. 달리 도와줄 방도가 없으나, 들어보니 여러 도의 백성들은 무판貿販을 견디기 어려운 폐단으로 여겨 비국備局에 정소呈訴하고 전복에게 부탁하는 경우가 자주 있습니다.

무판은 이미 전복의 생업이고 외방의 백성들은 과연 싫어서 피하는 일이니, 그 싫어서 피하는 여러 곳을 일일이 정말 그러한지 조사하고 물어본 뒤, 전복들을 내려 보내어 소를 잡아 판매하게 한다면, 외방 백성들은 폐단을 없앨 단서가 있게 되고, 전복의 입장에서는 이익을 보는 방도가 없지 않을 것이니, 이쪽이나 저쪽이나 양쪽이 모두 좋을 것입니다.

먼저 정소하여 폐막을 알린 곳을 비국에서 조사해낸 뒤 즉시 전복을 보내도록 허락하고 그 나머지 다른 도에 대해서는 또한 본관(성균관)에도 또한 공문을 보내어 답변이 오는 것을 기다렸다가 그 폐단을 따라 차차 내려 보내는 것이 어떻겠습니까?[15]

정조는 비변사에 성균관의 의견을 긍정적으로 검토할 것을 지시했다. 비변사에서 이 문제를 검토해서 회계回啓한 자료를 찾을 수 없지만, 1787년 1월 19일《승정원일기》의 자료에서 실제 반인이 지방 각 곳에서 현방을 개설했던 것을 알 수 있다. 영의정 김치인金致仁은 소의 도살을 국법으로 금지하고 있음에도 불구하고 서울과 지방의 장시에서 쇠고기가 거리낌 없이 매매되고 있다고 지적한 뒤 지방 현방을 문제 삼았다. 그는 '반복泮僕을 외읍外邑으로 내보내어 도살과 매매를 마음대로 하게 한 것은 근년에 처음 만든 일'[16]이라고 지적했다. 김치인의 말에서 1785년 1월 25일 성균관의 요청이, 곧 반인들의 요청이 수용되었음을 확인할 수 있다. 2장에서 황윤석이 1786년 4월 전생서典牲署 주부主簿에 임명된 뒤 반인 이수득의 집을 찾지만, 이수득은 그를 한때 반주인으로 삼았던 양주목사 이일증을 따라 가족을 전부 데리고 양주로 쇠고기를 팔러 갔기 때문에 만나지 못한다. 이수득의 사례는 반인들이 성균관과 왕, 비변사를 움직여 자신들의 의견을 관철시켰던 결과로 보아야 할 것이다. 1797년의 자료에 의하면, 이후 지방에 설치된 도사는 '향도사鄕屠肆'라고 불리었으며 모두 21곳이었다.[17]

21곳의 향도사가 그대로 유지된 것은 아니었다. 김치인의 말은 향도사를 겨냥한 것이었다. 그는 이렇게 말한다. "지금 반복泮僕들의 생계를 위해 법을 벗어나 외방에 인원 수를 정해 보내고, 각 영營에 보낸 숫자가 부족하여 열읍에 보내고, 열읍에 보낸 것이 부족하여, 동래부와 의주부까지 보냈으니, 이것은 금하는 것이 아니라 권장하는 것입니다. 반복이 가지 않는 각 고을이라 하더라도 반드시 본받아 더욱 도살을 하여 꺼림이 없을 것입니다. 이것이 어찌 작은 일이겠습니까?"[18] 김치인은 예부터 있던 5곳 외에 최근 반인을 보낸 곳은 모두 혁파하고 지방 관청의 '관사도官私屠'(곧 지방 관청에서 허가한 사도) 역시 엄금할 것을 요청했다. 김치인의 말을 통해 지방 각 영과 열읍, 동래부·의주부에 반인이 경영하는 현방이 개설되었던 것을 확인할 수 있다.

김치인의 요청은 즉각 수용되어 비변사에서는 지방의 도사를 혁파하는 내용의 공문을 각 도로 발송했다. 현재 경상도 관찰사영에서 받은 비변사 공문이 남아 있어 내용을 확인할 수 있다. 중요한 몇 부분을 인용한다.

① 비록 50년 내외의 일로써 말하더라도 열읍은커녕 영곤營閫에서도

도살하여 판매하는 시설이 없었고 우육牛肉을 먹고자 하는 자는 반드시 서울에서 포수脯脩(얇게 잘라서 말린 고기)를 취하였다.

② 반복을 내려 보낸 것은 관에서 도축하는 폐단을 제거하기 위해서라고 하지만, 영마다 주州마다 내려 보내어 여러 도와 여러 읍에서 오류를 본받아 열 집밖에 되지 않는 현이나 3리밖에 되지 않는 성에서 관도官屠라는 명색이 없는 곳이 없다. 직접 이처럼 법을 범하고 있으니, 장차 어떻게 토호와 소민小民의 도축을 금할 수 있겠는가?

③ 성균관의 하예는 송도松都(개성)·심도沁都(강화)·수원·광주·완영完營(전주·전라도 감영)의 옛날에 있던 다섯 곳을 제외하고는 모두 즉시 파하고 돌아가게 하여 조정의 금제가 본래 엄중한 것을 알게 하며……[19]

①의 1785년으로부터 약 50년 전까지는 주·부·군·현은 물론, 감영과 병영에서도 소를 도축하는 곳이 없었고 서울에서 가져다 먹었다는 말은 액면 그대로 받아들이기 어렵다. 이미 18세기 초반이면 지방에서도 소의 도축과 판매가 활발히 이루어지고 있었기 때문이다. 다만 지방 행정단위에서 전면적으로 도사를 개설하지는 않았다는 의미로 이해해야 할 것이다. ②의 1785년 지방 도사 개설은 지방 관청에서 직접 소를 도축하는 폐단을 없애기 위한 것이라는 명분하에 이루어졌음을 의미한다. ③에서는 김치인이 남겨놓아야 한다고 말했던 5곳의 지방 도사가 강화·개성·수원·광주 및 전주라는 것을 확인할 수 있다.

김치인은 이 5곳을 제외하고 지방 현방을 모두 없앨 것을 요청했고 또 정조의 허락을 받아냈다. 다만 김치인은 경모궁 근처 전복들이 요청한 문제에 대해서는 달리 해결할 것을 요청했다. "궁저宮底의 전복들은 그들과 이익을 나눈다고 들었습니다. 이 경우는 유사당상有司堂上을 시켜 좋게 상의하여 그들이 의지해 사는 바탕으로 삼게 해야 마땅합니다."[20] 김치인은 경모궁 근처 전복들이 요청했던 현방에 관련된 문제는 긍정적으로 검토하자고 제안했던 것이다. 아마도 경모궁에 대한 정조의 각별한 관심을 의식했을 것이다.

1년 뒤 공시당상貢市堂上 서유린徐有隣·이병모李秉模는 정조에게 경모궁 근처 전복들의 요청을 이렇게 전했다.

제도諸道의 무판貿販을 지난해부터 금하였으나, ① 좋은 쪽으로 의논해 그들이 의뢰하는 바탕이 되게 하라는 뜻으로 연품筵稟하여 윤허를 입었습니다. ② 또 영곤營閫의 무판은 편리한 방법을 찾아 조처하고, 주·목 이하는 더 엄하게 금지하라는 뜻으로 행회行會하였으니, ③ 여러 고을은 비록 논할 만한 것이 없으나, 영곤에는 이미 무판이 있으니, 특별히 처결하도록 하시어 생활하는 근거를 얻게 해주소서.[21]

①은 지방 각 처의 현방을 혁파하되, 경모궁 근처 전복들의 생계수단을 해결해주어야 할 것이라는 김치인의 요청을 정조가 허락했던 것을 그대로 옮기고 있다. ②는 김치인의 요청 이후 조정에서 지방에 발송한 공문을 옮긴 것인데, 감영과 병영의 현방은 상황에 따라 조처하고, 주·목이하는 모두 금지하라는 것이 핵심이다. 전복들은 조정에서 일어난 상황을 정확하게 파악하고 그것을 바탕으로 ③의 사항, 곧 지방의 감영과 병영에 현방을 설치해줄 것을 요청했던 것이다. 그런데 조정은 감영과 병영의 현방 문제에 대해서 어떤 결정도 내리지 않은 상태에 있었다. 성균관의 노비가 조정에 자신들의 이익과 관련하여 어떤 사안에 대한 결정을 재

촉하는 것은 분수에 지나친 일이었다. 서유린과 이병모는 이것을 지적하면서 정조에게 전복들의 요구를 묵살할 것을 요청했고, 정조는 그대로 수용했다.

지방의 현방과 경모궁 근처 전복이 요구한 사항의 처리 결과는 2년 뒤인 1790년의 자료로 확실히 알 수 있다. 1790년 1월 4일 동성균同成均 서유린은 반인으로부터 의견을 청취하고 여덟 가지 요구사항을 정조에게 보고했는데, 그 가운데 세 번째가 지방 현방에 관한 것이었다.

① 각 도의 감영과 병영 및 한두 변읍邊邑에서 무판하는 폐단이 점차 지탱하지 못하는 지경에 이르렀으므로 비국에서 각 도에 공문을 보내 편부便否를 묻고 그 편하다고 하는 곳에 전복을 내려 보냈습니다.

② 하지만 연전에 각 고을의 남상濫觴하는 폐단 때문에 감영·병영과 한두 변읍까지 모두 도로 방색防塞하여, 반민의 생계가 거꾸로 매달린 형편에 이르게 되었습니다.

③ 엎드려 바라옵건대 다시 천은을 입어 전처럼 나누어 보내기를 원하옵니다.[22]

①은 원래 지방에서 소의 도살과 쇠고기 판매가 여러 가지 폐단을 야기하여, 비변사에서 반인을 내려 보냈던 내력을, ②는 1787년 김치인의 요청으로 결국 각 고을은 물론 감영과 병영, 동래부·의주부의 현방까지 모두 혁파되었던 사정을 나타낸다. 반인들은 다시 지방 현방의 개설을 요청했고 정조는 비변사에서 검토하여 의견을 올리라고 지시했다.

같은 해 2월 26일 비변사 도제조 채제공은 검토 결과를 보고했다. 그는 먼저 지방 현방을 혁파한 뒤의 상황을 지적했다. 강원도와 충청도의 관찰사가 무판을 영속營屬에게 담당하게 했으나 그 폐단이 반인이 담당했을 때보다 더 심해 지탱할 수 없는 상황이 되었음을 보고했고, 이에 부득이 반인에게 맡기라는 뜻으로 다시 공문을 보냈다는 것이다. 하지만 채제공은 이것이 1787년 이전으로 돌아가는 근거가 될 수 없다고 지적했다. 반인의 말을 들어 혁파한 것을 이내 복구한다면, 동일한 사례들이 빈발할 것이며, 우금牛禁정책 또한 일관성 있게 추진할 수 없다는 것이었다. 다만 그는 각 도의 감영에서 강원도와 충청도의 예와 동일하게 할 것을 요청한다면 수용하고 지방 고을의 경우는 허락하지 말 것을 제안했다. 정조는 채제공의 제안을 수용했다.[23]

채제공의 말을 정조가 수용함으로써 모든 도의 감영에서 반인이 다시 현방을 열었던 것인가. 그것은 확인할 수 없다. 다만 강원도와 충청도의 상황은 짐작할 수 있다. 강원도와 충청도에 다시 반인을 보내라고 했다는 비변사의 공문이 정확하게 언제 발송되었는지는 모르나 채제공의 위의 발언이 있었던 2월 26일과 얼마 떨어지지 않은 때였던 것은 분명하다. 같은 해 10월 비변사는 경모궁 부근 전복 이홍필李弘弼의 상언에 대한 검토 결과를 보고하면서, 이 문제를 집중적으로 거론했다. 비변사가 전하는 이홍필의 상언 내용은 다음과 같다. 이해 봄 경모궁 전복들은 충청도 병마절도사영, 곧 병영이 있던 청주로 가서 현방을 열었다. 하지만 이예들 곧 청주의 아전과 하예들의 수탈이 원래 그곳 지방민이 경영할 때보다 심해 현방을 걷고 비변사에 다시 그런 사정을 호소했다고 한다. 비변사에서 수탈을 금하는 내용의 공문을 보내자, 병영과 본관(청주목)에서는 전복들이 돌아간 것은 소 값이 앙등하여 이익이 남지 않았기 때문이라고 지적하고 만약 다시 전복에게 현방을 맡긴다면 반드시 금방 왔다가 금방 그만두고 떠나는 폐단이 발생할 것이라고 답했다.

비변사는 공주의 충청도 관찰사영과 강원도 관찰사영, 동래부에도 같은 내용의 공문을 보낸 것으로 보이는데, 각각 답이 있었다. 충청도 관찰사영에서는 처음에는 현방을 반인에게 맡겨 폐단을 제거하겠다고 공문을 보냈지만, 뒤에 다시 예전대로 하는 것이 낫겠다는 의사를 표했다는 것이었다. 강원도 관찰사영과 동래부의 경우는 이미 백성들의 요청으로 비변사에서 처리해 현방을 반인에게 맡겼기 때문에 경모궁 근처 전복에게 현방을 내어줄 수가 없다고 답했다.[24] 결국 경모궁 근방 전복들은 지방의 어떤 곳에서도 현방 경영에 참여할 수 없게 되었던 것이다. 이들은 이런 상황을 알리고 자신들도 차별 없이 지방 현방의 경영에 참여할 기회를 달라고 요청하였다.

비변사는 최종적으로 청주의 충청도 감영의 경우, 경모궁 근처 전복들이 아전과 하예들의 수탈이 있다 하더라도 비변사에서 다시 공문을 보내어 단속했으니, 그 결과를 기다리지 않고 성급하게 현방을 걷어버렸다가 다시 가기를 원하는 것은 있을 수 없는 일이라면서 들어주지 말 것을 정조에게 요청했다. 충청도 감영의 경우는 원래 반인에게 소속되었다가 다시 예전대로 할 것을 요청한 이유를 알아보아야 할 것이라고 하였다. 강원도와 동래부의 경우도 이미 반인에게 맡겨 양도兩都(개성과 강화), 수원·광주 등의 예에 따라 각기 그 반주인이 경영하고 있으므로 경모궁 근처 반인에게 빼앗아 넘겨줄 수가 없다는 것이었다. 정조는 비변사의 제안을 모두 수용했다.[25] 결국 경모궁 부근 반인들은 지방에 현방을 개설하는 데 실패하였다. 하지만 이 시기 강원도 감영과 동래·개성·강화·수원·광주에는 서울의 반인들이 내려가 '반주인'이란 이름으로 현방을 경영하고 있었던 사실을 확인할 수 있다.

지방의 현방은 상당한 규모로 확대 설치되었다가 1790년 강원도 감영과 지방 5도시로 축소되었다. 1년 뒤 정조는 경모궁을 참배했을 때 반촌을 번성하게 하기 위한 대책으로 좌승지 이만수李晩秀에게 반민이 요구하는 바를 묻게 하였다. 반민은 '외읍의 무판' 곧 지방에 현방을 다시 설치해줄 것을 요구했다. 이들은 여전히 지방에 현방을 개설하고자 했던 것이다. 정조는 "이것은 그들이 모두 원하지 않았기에 고상故相이 왕의 면전에서 아뢰어 혁파한 것이니, 지금 어찌 다시 설치할 수 있겠느냐? 너희들이 만약 도제조都提調를 찾아가 고하여 어떤 효과적인 방도가 있다면, 그것으로 변통하는 수단으로 삼는 것이 옳다"[26]라고 답했다. 정조가 말한 '죽은 정승故相'은 앞서 살핀 바와 같이 아마도 김치인일 것이다. 그런데 "이것은 그들이 모두 원하지 않았다"는 정조의 발언은 반인들이 지방 현방의 개설을 원하지 않았다는 말로 들린다. 이것은 정조의 착각이거나 아니면 다른 사정, 예컨대 청주로 갔다가 이익이 남지 않는다면서 현방을 걷고 다시 올라온 일과 같은 경우를 지적한 것이 아닌가 한다. 그럼에도 불구하고 정조는 반인에게 비변사 도제조를 찾아가서 합리적인 방법을 제시하면 긍정적으로 검토하겠다고 말했던 것이다. 하지만 이후 경모궁 근처 반인이 다시 지방 현방의 개설을 요구한 흔적은 보이지 않는다. 하지만 현방을 추가로 설치하겠다는 의지는 여전하였다.

이후 서울 시내와 지방에 현방을 추가로 설치해달라는 요청이 끊이지 않았다. 1796년(정조 20) 11월 30일 비변사는 서울 시내에 추가로 현방을 개설해달라는 기존 현방의 의견을 정조에게 전달했다. 곧 북한北漢의 연서延曙, 창의문彰義門 내계內契·외계外契부터 분선공감分繕工監 아래까지 현방이 없고, 강교江郊 쪽은 용산 위로 뚝섬에 이르기까지의 여러 강과 동교東郊의 우이牛耳의 여러 마을과 동대문 밖에도 현방이 없으므로 이 두 곳에 각각 현방을 더 설치해달라는 것이었다. 하지만 현재 개설되어 있는 22개의 현방이 적지 않다는 것과 우금牛禁의 엄격한 준행을 이유로 추가 개설은 허락되지 않았다.[27]

1년 뒤 경모궁 현방 측에서도 지방 현방의 복구를 요청했다. 전복 이홍필李弘弼이 요구한 것은 호조와 선혜청에서 이자 없이 7,000냥을 빌려줄 것과 향도사를 다시 설치해달라는 것이었다. 이홍필의 요청 내용을 요약하면 다음과 같다. "원래 경모궁 근처 현방을 지을 때 7,000냥을 빌렸으므로 이후 현방의 이익은 모두 채주債主에게 넘어갔다. 하지만 요역은 다른 현방과 다름이 없다. 또 향도사를 혁파한 뒤 비변사에서 다른 대책을 마련해준 일이 없었다. 과거 염해전鹽醢廛을 돌려주었을 때의 전례에에 따라 호조와 선혜청에서 성균관에 7,000냥을 이자 없이 빌려주면 그 돈을 채주에게 갚고, 성균관에 매년 1,000냥씩 갚아 나가겠다. 향도사는 모두 21곳이었는데, 모두 다시 설치하기는 어렵지만, 원반인元泮人의 7곳의 도사는 그대로 있으니, 이 예에 의거해 설치할 만한 곳에 다시 설치해주기를 바란다."[28] 이 요청 역시 당연히 거부되었다.

현방을 추가로 설치해달라는 요청은 이후에도 그치지 않았다. 반인들은 자신들이 바치는 속전이 막대하다는 것을 무기로 활용했다. 1798년 현방에서는 뚝섬에 현방 하나를 더 설치해줄 것을 요구했다. 자신들이 1년에 바치는 각종 신역전身役錢 1만 7,950여 냥을 감당할 수 없다는 것이었다. 현방을 더 설치하는 것은 애당초 논의할 것이 아니라는 말로 간단히 거부되었다.[29] 1800년에도 '민호民戶가 가장 많은 곳'에 다시 현방을 하나 더 설치해줄 것을 요청하였으나 역시 거부되었다.[30] 1809년 현방 쪽에서 사도私屠와 궁방 노속의 '무역'을 핑계로 현방을 수탈하는 일을 단속해줄 것을 요청하고, 혜화문 바깥 안감천安監川 등의 땅에 사는 주민의 수가 만

명을 넘을 것이므로 서호西湖의 전례를 따라 현방 하나를 추가로 개설해줄 것을 요청했지만, 역시 거부되었다.[31] 계속되는 거부에도 현방 측은 계속해서 추가 개설을 요청했다. 1810년에는 뚝섬과 왕십리에 각각 1곳을 설치해달라는 것이었다. 원래 현방이 24곳이었으나 당시 22곳이니 줄어든 2곳을 복구해달라는 것이었다. 하지만 결과는 역시 거부였다.[32]

현방의 요청이 관철된 것은 1814년이었다. 이번에는 성균관이 나섰다. 현방에서 계속 비변사를 통해 요청한 것이 거부되었기에 성균관을 설득해 대리로 내세웠던 것으로 보인다. 성균관은 반민들의 경제적 상황이 좋지 않음을 들고 이것이 결과적으로 성균관의 재정을 악화시킬 것이라고 하면서, 뚝섬과 두모포豆毛浦 사이에 현방 1곳을 더 설치할 것을 요청했고 순종은 그대로 수용했다.[33] 뚝섬의 현방은 개설되었고 실제 영업을 하였다.[34]

1815년 5월 반인들이 궐공을 감행하자, 같은 해 9월 25일 성균관은 성균관과 반인의 문제를 해결하기 위해 11개조의 방안을 올리는데, 여기에 지방에서 현방을 설치하는 문제에 대한 조항이 있었다.

하나. 반민의 구폐救弊는 무판貿販이란 한 가지 일을 벗어나지 않습니다. 영곤營閫과 읍진邑鎭을 막론하고 전에 이미 설행했다가 중간에 폐한 곳 및 새로 설치하기 좋은 곳에 차차 설치하는 일입니다.
각 도의 영곤에 반인을 나누어 보내는 일은, 옛날 선조先朝 때 대신의 아룀으로 인해 잠시 시행하기를 허락했다가 이내 폐단이 있고 실효가 없다고 하여 그대로 정파停罷했습니다. 그런데 외방의 사정은 수시로 바뀌어 멀리서 헤아려 확정하기 어려우니, 성균관에서 각 도에 공문을 보내어 그 가부를 물은 뒤 다시 비변사에 보고해서 타당한 쪽을 따라

결정하는 바탕으로 삼아야 할 것입니다.[35]

　성균관이 반인을 대리해 지방에 도사를 설치할 것을 요청한 것이다. 하지만 성균관이 실제 공문을 각 도에 보냈는지, 또 그 결과를 비변사가 검토했는지 확인할 자료는 찾을 수 없다. 다만 비변사의 검토 여부에 상관없이 반인은 지방에서 소의 도축과 쇠고기 판매를 확장하고 있었던 것은 분명하다. 1822년 전라좌도 암행어사 심영석沈英錫은 반인이 간민奸民과 한통속이 된 것이, 청주와 경기도의 여러 고을, 광주·화성 등지에 우금牛禁이 해이해진 이유라고 보고했다.[36] 반인은 조정의 결정과 상관없이 충청도 청주와 경기도 지방 곳곳에서 소를 도축하고 있었던 것이다. 1831년 반민들이 서원西原, 곧 청주에 다시 포주庖廚(현방懸房)를 개설해줄 것을 요청했던 것도 이 자료와 상관이 있을 것이다. 이들은 이미 청주에서 소의 도축과 쇠고기를 판매하고 있었으므로 청주에서 정식으로 현방의 개설을 요구했을 것이다. 그런데 살핀 바와 같이 청주는 충청도 병영의 소재지로 1790년 경모궁 부근 반인들이 가서 현방을 열었다가 이익이 남지 않는다는 이유로 그만두고 돌아온 곳이었다. 여기에 근거해 현방의 개설을 재차 요청한 것이었지만, 비변사는 "반민이 외도外道에 포주를 설치하는 것은 그들에게 생계의 방도가 되겠지만, 백성들과 고을의 입장에서는 폐단이 없지 않을 것이고, 또 청주의 무판은 걷어치운 지 오래되었다"[37]는 이유로 들어주지 않았다.

　비변사는 계속 거부했지만, 지방에 현방을 개설하고자 하는 반민들의 의지는 사그라지지 않았다. 1851년 반민 이장손李章孫 등은 대담하게도 8도의 감영과 병영, 읍진邑鎭 및 백성들이 많이 모이는 도회처都會處에 포사庖肆 설치를 허락해줄 것을 요구했다. 이것은 당연히 거부되었고 대신

처벌이 따랐다.[38] 하지만 이들은 1854년에도 다시 지방에 현방을 개설해
줄 것을 요구했다.

> 현방 시민들의 말입니다.
> "경외의 장포場庖는 모두 반민이 주관하는 바인데, 지금까지 준행하는
> 것은 단지 4도四都의 유영留營과 전주·원주·동래 등 7곳입니다. 복설
> 하지 않은 영곤·읍진의 여러 곳에 반민이 옛 규례를 따라 포주庖廚를
> 다시 열어 생계의 방도를 넓혀주고 응역의 물자에 보태게 해주소서."[39]

지방에 현방을 열어달라는 요청과 아울러 궁방에서 구입하는 쇠고기
값을 올려달라는 요청도 있었다. 흥미로운 것은, 이 시기 지방 현방은 4
도四都, 곧 강화·개성·광주·수원 4곳과 전주·원주·동래 등 7곳에 있었
다는 것이다. 1787년에는 의주부가 포함되어 있었고 전주는 없었다. 원
주는 강원도 감영이 있는 곳으로 이미 반인이 현방을 경영하고 있었다.
반인의 요구는 요약하자면, 전국에 걸쳐 현방의 개설을 허가해달라는 것
이었다. 하지만 이날 집중적으로 논의된 것은 쇠고기 값에 대한 것이었고
지방의 현방 개설은 별다른 논의 없이 그냥 현상을 유지하는 것으로 결정
되었다.

2년 뒤 현방에서는 다시 지방 현방의 개설을 요청했다. 이들은 '경외
포사의 설치는 반민이 주관하도록 한 수교受敎가 있었던 것'을 상기시키
며 감영과 병영 등 여러 곳에 현방의 설치를 허가해줄 것을 요청했다.[40]
여기서의 '수교'는 위에서 거론한 1815년 성균관의 반인에 대한 11개 조
의 대책 중 열 번째의 대책을 말한다. 그때 순조는 이 대책들은 모두 수용
했으므로 반인들은 그것을 '수교'라 지칭했고, 그 수교가 현실화되어야

한다고 주장했던 것이다. 비변사는 반인들의 요청에 대해 1815년 공문을 감영과 병영 등에 보내어 물어본 적이 있으나, 그 뒤 중지하고 시행하지 않았다고 말한다. 아울러 시행하지 않았던 데서 지방 현방의 개설이 폐단만 있고 성과가 없었던 것을 알 수 있다고 말했다.[41] 결국 지방 현방의 개설은 다시 좌절되었던 것이다. 1860년 현방에서는 2년 전에 요구했던 지방 현방의 개설과 궁방의 무역가를 배로 줄 것을 요청했으나, 별다른 이유 없이 거부하였다.[42]

반인들은 끊임없이 지방의 도사 설치를 요구하였다. 1864년 1월에는 각 궁방의 사무私貿하는 폐단을 변통해줄 것 등 6조목의 요구사항을 의정부에 올렸는데, 마지막이 각 도의 영읍에 단지 1곳의 관주官廚만을 허가하고 있으니, 특별히 1곳을 더 설치해 반민들이 영업하게 해달라는 것이었다. 의정부는 무엄한 요청이라며 각하하는 것으로 의견을 내었고 고종은 그대로 따랐다.[43] 3년 뒤 1867년에도 역시 영곤과 읍진을 논할 것 없이 포사를 설치할 것을 요구했지만 수용되지 않았다.[44] 다만 이런 요청은 공식적으로 국가의 허락을 얻어 지방에서 소의 도축과 쇠고기 판매를 독점하려는 의도에서 나온 것이었다. 실제 반인은 지방에서 소를 도축하고 판매하고 있었다. 1793년 9월 11일 대사간 임제원林濟遠은 지방에서 우금牛禁이 사실상 사문화된 상황에 대해 이렇게 말하고 있다.

이름 있는 고을이나 큰 도시에는 반예들이 푸줏간을 열고, 오막살이 가난한 마을에서도 완악한 백성들이 고기를 나눠 먹습니다. 심지어 사거리의 줄 지은 가게에서 판매를 일삼아, 쇠고기가 마치 언덕처럼 쌓였습니다. 그 폐단을 논하자면 호남과 호서 지방이 더욱 심합니다.[45]

지방에서 쇠고기 판매가 거의 무제한적으로 이루어지는 상황을 반인들이 보고만 있지는 않았던 것이다. 다만 그들이 설치한 푸줏간의 전체 규모를 정확히 알 수 없을 뿐이다.

첩도

2장에서 언급했듯 사도가 성행했던 것은 소의 도축과 판매가 큰 이익을 보장했기 때문이었다. 사도는 서울과 지방 구분 없이 성행했는데, 이것은 역으로 쇠고기에 대한 수요가 많다는 것 혹은 계속 증가하고 있다는 것을 의미하였다. 사도의 성행으로 가장 큰 피해를 보는 것은 현방이었다. 현방은 서울 시내 쇠고기와 부산물을 독점적으로 판매하는 것을 전제하여 세금, 곧 속전을 내고 있었다. 현방이 판매하는 쇠고기에는 세금이 포함되어 있었기에 현방은 사도에 비해 가격 경쟁력이 낮았다. 사도를 단속하는 것은 삼법사의 소관이었으나, 삼법사의 금리가 사도의 단속에 열성적이지 않았던 것은 이미 확인한 바 있다. 영조가 현방 외의 사도는 '소민小民'이 하는 것이 아니라, 세가世家와 사대부가에서 하는 것으로 이들의 사도가 현방의 이익을 침해하는 것이라고 지적할 정도였다.[46] 또 각 아문과 사대부가가 금리와 작당하여 사도를 범하는 경우도 있었다.[47] 사도가 현방의 이익을 침해한다는 것은 수없이 지적되었다. 통제할 수 없는 사도로 인해 반민들이 파산하고 흩어질 것이라는 지적은 이미 공지의 사실이었다.[48]

사도는 당연히 불법이었다. 그렇다면 반인들의 불법 도축은 없었던 것인가. 당연히 그렇지 않았다. 금리들은 사도한 자를 잡을 수 없는 경우,

현방에 진열한 쇠고기를 '첩도'라고 하여 속전을 징수하는 경우도 왕왕 있었다.[49] 여기서 말하는 '첩도'는 하나의 현방에서 하루 1마리 소를 잡는 규정을 넘어 보다 많은 소를 도축하는 것을 의미했다. 첩도에 관한 허다한 자료들은, 금리가 현방에서 진열한 쇠고기를 첩도라 지목하고 속전을 과다하게 받아간다는 것을 말하고 있다. 예컨대 삼법사의 금리들은 단속 건수를 채우지 못하면 현방에 진열된 쇠고기를 첩도한 것이라면서 규정 밖의 속전을 뜯어내었던 것이다.[50] 1727년 이것을 금지하는 규정을 신설하였으나, 늘 그렇듯 아무런 효과가 없었다. 동일한 폐단이 1759년에도 반복되었던 것이다.[51]

실제 현방 혹은 반인의 첩도가 없었던 것은 아니었다. 현방의 첩도는 현방이 공인된 직후부터 있었다. 1670년 반인은 금리가 반촌에 들어올 수 없다는 점을 이용해 첩도를 하였다. 물론 한 차례 형신하는 것과 별도로 다시 더 형신을 하게 하는 처벌이 따랐다.[52] 그렇다고 첩도가 사라진 것은 아니었다. 1720년 반인들은 역시 금리가 반촌에 들어올 수 없다는 것을 이용하여 도사를 여럿 만들어 도축한 쇠고기를 싸게 판매하여 서울의 남녀노소들이 반촌에 몰려들어 술과 고기로 포식을 하는 풍경이 빚어졌던 것이다.[53] 첩도는 공지의 사실이었다.[54] 구체적으로 처벌이 이루어졌던 사례도 확인된다. 1775년 왕명으로 종반宗班·사대부가의 사도와 현방의 첩도에 대한 단속이 대대적으로 이루어졌을 때[55] 허병문許屏門 현방의 전복 양개금梁介金이 첩도를 범해 체포되었고[56] 본보기로 6차례 회시回示한 뒤 수군에 충군했던 것이다.[57]

1790년 1월 4일 동성균 서유린이 정조의 명을 받고 반촌에 가서 반인들에게 여론을 청취한 다음 8가지 요구사항을 보고하는데, 그중 하나가 첩도에 관한 것이었다.

근년에 갑자기 소 값이 뛰어올라 첩도를 하겠다는 생각조차 할 수 없는 상황입니다. 법을 두려워해서 그런 것만이 아닙니다. 또 한 현방에서 첩도를 하면 여러 현방이 그 폐해를 같이 입기 때문에 서로 돌아가며 금지조항을 만든 것처럼 지킵니다. 이 때문에 봄과 여름에 궐도闕屠한 수를 관에 보고하고 추가로 도축하는 것을 제외하면, 애초 한 차례도 첩도하지 않았습니다. 그런데 삼법사의 금리들은 가을과 겨울이 되면 응당 금해야 할 사도는 금하지 않고 현방에 진열한 쇠고기를 적발 실적으로 삼아 보고하니, 1년에 납부하는 속전이 600~700냥에 이르러 너무나도 억울합니다.[58]

현방의 주장에 의하면, 금리가 사도 단속의 실적을 올리지 못하면, 현방의 합법적 쇠고기를 첩도라 우기고 속전을 받는다는 것이다. 이것은 첩도와 관련하여 수없이 되풀이되었던 말이었다. 정작 주목해야 할 것은, "근년에 갑자기 소 값이 뛰어올라 첩도를 하겠다는 생각조차 할 수 없는 상황입니다"라는 부분이다. 이것은 첩도를 경험한 사람의 말이다. 과거에도 첩도가 있었던 것을 암시하는 것이다. 일단 반인들의 호소에 정조는 법을 벗어난 침탈이 있다면 보고하여 처리할 것을 지시했지만, 늘 그렇듯 문제는 전혀 해결되지 않았다. 물론 사헌부의 주장은 달랐다. 사헌부 금리들은 현방의 첩도와 사도로 모리牟利하는 자들이 무려 100곳에 가까운데, 사부가士夫家의 겸종傔從이 아니면, 장임가將任家의 노속이기 때문에 금리가 손을 댈 수 없다는 것이었다.[59] 강조하는 바는 후반부에 있지만, 현방의 첩도 역시 기정사실화되어 있는 것이다.

1793년 2월 13일 파산 위기에 있는 현방의 문제를 거론하는 자리에서 동성균 이병정은 삼법사의 첩도에 대한 속전과 궁방의 규정을 벗어난 침탈 역시 반인을 위기에 빠트리는 것이라고 말했다.[60] 정조는 비변사에서 검토하여 처리할 것을 지시했다. 비변사에서는 첩도가 있다 하더라도 삼법사의 금리는 현방 근처에 그림자도 비치지 말 것을 지시하는 공문서를 삼법사에 보냈다.[61] 이 조치에 대해 한성부는 강하게 반발하였다.[62] 만약 금예가 도사 곧 현방과 반촌에 발을 붙일 수 없다면, 반인이 더욱 거리낌 없이 불법을 자행할 것이라는 지적이었다.[63] 비변사의 결정은 곧 실제 삼법사로 하여금 현방의 첩도를 단속할 수 없게 만드는 것이라는 판단이었다. 한성부는 실제 현방에서 첩도가 이루어지고, 반인들이 이미 십수 차례 첩도를 고발해왔다는 사실을 강조했다.[64] 이에 대해 좌의정 김이소金履素는 최근 현방은 원래 정해진 도축 수를 채우지도 못하고 있는 실정이라고 반박했고, 현방의 첩도를 문제 삼고 있는 곳은 한성부뿐이라고 하며 한성부의 첩도에 대한 과도한 집착을 공박했다.[65] 동성균 서유방徐有防 역시 상소를 올려 반인의 첩도는 삼법사에서 금지할 뿐만 아니라, 성균관에서도 금지하고 있으며, 성균관에서만 금지하는 것이 아니라, 24곳 현방에서 서로 감시하여 금지하고 있다면서 현방을 변호했다.[66] 한성부는 다시 반발했지만,[67] 이미 이루어진 결정을 번복할 수는 없었다.

5년 뒤에도 삼법사의 금리가 현방에 진열한 쇠고기를 첩도한 것이라고 우기고 속전을 받는 불법적 관행은 없어지지 않았다.[68] 1795년 11월 18일 형조판서 이재학李在學은 연석筵席에서 성균관과 현방이 첩도하고 있다고 지적했다.

> 지난번에 대사성이 현방의 첩도를 금하지 않는 일을 연석에서 아뢰어 거조擧條를 낸 뒤에 법사法司에 공문을 보낼 때 책자를 같이 만들어 보냈습니다. 그 내용은, 봄·여름에 궐도闕屠한 것을 가을·겨울에 도축하

는 것을 허락하는 것으로 이미 도축한 것과 합하면 1,200여 마리였습니다. 연석에서 여쭌 일이기 때문에 8월 이후로는 금리가 애초부터 현방 근처에는 발도 붙이지 못하고 첩도하는 대로 그냥 두었습니다. 그런데 일전에 성균관에서 또 공문을 보내어 첩도하는 수가 이미 다 찼으니, 이후로는 전처럼 출금하라고 하였습니다.[69]

봄과 가을에 도축하지 않은 소를 가을과 겨울에 도축할 수 있도록 대사성이 정조에게 허락을 받아, 현방에서 실제 그 수대로 도축을 했다는 것이다. 그런데 봄·여름에 채우지 못한 수를 가을과 겨울에 채운 것을 성균관과 이재학은 모두 '첩도'로 인식했다. 첩도는 당연히 단속 대상이지만, 왕이 허락한 것이기 때문에 금리가 현방에 가서 속전을 징수할 수 없었다. 성균관, 사실은 현방은 첩도를 마친 뒤 다시 법사에 금령을 내려도 된다고 통보했다. 이재학은 8월 이후 금리가 현방 근처에 갈 수 없다고 말하고 있는데, 그것은 아마도 8월 22일 이만수가 첩도를 핑계 삼은 금리의 현방 수탈에 대해 연석에서 정조에게 말했던 것을 의미할 것이다. 하지만 8월 22일 연석에서 봄·여름의 궐도를 가을과 겨울에 허락해달라고 하는 요청은 없었다. 《승정원일기》에도, 같은 날의 《일성록》에도 전혀 나타나지 않는다. 그날의 대화가 제대로 기록되지 않았을 가능성이 있는 것이다. 다만 이어지는 이재학의 말을 검토해보면, 이재학은 분명 8월 22일 이만수와 정조 사이의 대화와 결정을 의식한 것이 분명하다.

이재학은 현방과 성균관이 결탁하여 첩도를 자행했다고 지적했는데, 그것은 사실이었을 것이다. 삼법사의 감시가 없을 경우 첩도를 한다는 것은 너무나 자연스럽다. 이후 첩도를 둘러싼 삼법사와 현방·성균관의 갈등은 끊이지 않았다.[70] 1797년 양현고 주부 정이수鄭履綏가 첩도를 빙자한 삼법사의 속전 강탈이 계속되고 있음을 지적하고 대책을 요청하자, 직접 첩도를 목도한 경우만 체포할 수 있게 규칙을 정했다. 하지만 이 역시 은밀한 곳에서 첩도를 할 경우 단속이 불가능하다는 반발에 부닥쳤다. 새 규칙은 시행될 수 없었다.[71] 삼법사의 단속이 과잉이고 첩도는 없다는 현방 측의 말 역시 사실이 아니었다. 반교泮橋 안으로 금리가 들어갈 수 없다는 법은 반인이 술주정과 잠도를 하는 근거가 되었다는 것이 상식이었다.[72]

현방에서만 첩도 혹은 잠도가 이루어진 것은 아니었다. 현방의 도축 외에 반인들은 소를 도축할 수 있었다. 곧 유생들에게 별미를 공급하기 위해 닷새에 한 번 송동宋洞에서 도축을 하는 것이 관례였는데, 이 관례를 이용해 반인들은 사도를 할 수 있었던 것이다.[73] 이것은 삼법사의 금리가 향교香橋를 넘어갈 수 없다는 관행과 겹쳐 성균관 내부에서의 도축을 가능하게 했으니, 곧 성균관 안에서 잠도를 한 뒤 쇠고기를 현방으로 가져가서 팔았던 것이다. 또한 반인이 첩도를 범할 경우, 정조가 절대적으로 신임했던 규장각의 신하, 곧 각신閣臣에게 부탁하여 처벌을 면하는 경우도 있었던 것이다. 이것은 아마도 반주인과의 관계를 이용한 것일 터이다.[74]

한편 현방과 무관한 반인이 잠도를 하는 경우도 있었다. 1810년 현방은 이렇게 말하고 있다. "반중泮中에 사도가 어지러이 일어난 것은 전적으로 성균관의 고직庫直이 핑계를 대고 마구 도살한 데 유래한 것입니다. 각 처에서 사도하는 폐단을 따로 금단해주소서."[75] 구체적인 사례를 들자면 반민 이동원李東元이 있다. 이동원은 반촌에서 잠도를 하다가 발각되자 무뢰배들을 모아 금리를 구타하고 도피하였고, 성균관은 도리어 이들을 감싸는 일까지 일어나기도 하였다.[76] 1827년 3월 11일. 사성司成 이해청李海淸은 이렇게 지적했다.

> 근년 이래 반민의 생활이 날이 갈수록 조잔해져 지탱할 수 없는 것은, 현방이 철업撤業한 데 연유한 것입니다. 그리고 현방의 철업은 또한 사도와 첩도가 극성을 떨기 때문입니다. 현방에서 하루 1마리를 도축하는 것이 법이지만, 첩도하는 자가 왕왕 있고, 여항의 사도는 법금法禁이 지엄하지만 사도는 갈수록 더욱 심해집니다. 이 무리들이 이익을 독점하기에 현방이 실업하고, 반민들이 지탱할 수가 없게 되는 것입니다. 또 이른바 좌매坐賣라는 것이 마을과 거리 곳곳에 있어 곧 사포私庖와 같은데, 이것이 첩도와 사도의 간사한 소굴입니다.[77]

반촌의 사도가 심할 경우, 현방의 절반은 문을 닫았다.[78] 19세기 중반이면 국가의 통제 범위를 벗어난 사도를 비판하면서 현방의 첩도 역시 공지의 사실로 인식되었다.[79] 비변사에서는 "비록 현방으로 말하더라도 첩도에 대한 법금이 어떠합니까? 그런데도 무난히 법을 범하고 응당 행해야 하는 일로 보고 있으니 실로 놀라운 일입니다"라고 말했다.[80] 1858년에는 첩도를 했던 현방 4곳의 반한泮漢이 체포되었다. 현방 행수와 3명의 소임所任이 두 차례 이상의 형신을 받고 석방되었고, 첩도를 한 5명은 형신을 받은 뒤 전라도, 평안도, 경상도 원지遠地로 유배되었다.[81] 각 현방의 첩도와 여항의 사도를 적발해 엄금하라는 왕명은 현방의 첩도를 기정사실화한 것이었다.[82]

건전

원래 현방에서 도살하는 소는 우전牛廛에서 구입한 것이었다. 1736년경 변화가 일어났다. 반인들이 소를 사서 우전에 팔기 시작했고 이로 인해 우전이 이익을 잃게 되었던 것이다. 우전은 지방에서 서울로 가져오는 소를 매입하여 반인에게 파는 것이 오랜 전통이었다. 그런데 반인은 우전에 소가 도착하기 전에 매입하여 우전에 팔아 도리어 이익을 남겼던 것이다. 기존의 우전이 파산했고 반인은 새로운 우전을 개설한 것과 다름이 없었다. 반인의 새로운 우전을 '건전乾廛'이라 불렀다.

건전의 출현은 삼법사의 수탈과 관계가 있다. 앞에서 언급한 바와 같이 1733년 조명익에 의하면, 한 달에 사헌부에서 268냥, 한성부 179냥, 형조 100여 냥을 수탈하여 1년에 총 6,580여 냥을 속전으로 수탈했다. 이 수탈량은 대체로 변함이 없었으나, 1708년부터 한 달에 150냥, 1년에 1,800냥이었던 성균관의 수탈량이 7,200냥으로 급증하여 현방은 총 1만 3,800냥을 수탈당하고 있었던 것이다.

02
건전과 창전, 우방전

이처럼 현방에 대한 수탈이 폭증하자, 반인은 이에 대응하여 직접 소를 사서 비용을 줄였고, 나아가 도리어 소를 우전에 판매함으로써 이익을 늘렸던 것으로 보인다. 그런데 기존 우전의 파산과 건전의 출현은 군사를 호궤犒饋(음식을 주어 위로함)할 때 우전에 값을 치르고 소를 공급받던 군문으로서는 매우 당혹스런 일이었다. 결국 호조판서의 요청으로 건전을 혁파하고 우전을 다시 세웠다.[83] 군문이 당혹스러워했던 이유는 8년 뒤 밝혀진다. 늘 그렇듯 건전의 혁파와 우전의 복설復設로 모든 문제가 해결된 것은 아니었다. 조정의 명령은 늘 그렇듯 집행되지 않았던 것이다.

1744년(영조 20) 8월 26일 우의정 조현명趙顯命은 성균관의 하인들이 '건방乾房'을 개설하여 각 도에서 서울로 올라오는 소를 중간에서 사들이므로 우전이 매입할 수 있는 소가 없어 이익을 잃고 우전 자체가 없어지고 있다고 보고했다.[84] '건전'은 '건방'이란 이름으로 여전히 소를 매매하고 있었던 것이다. 조현명은 우전을 복구하고 건방을 금지하자고 요청했다. 예조판서 이종성李宗城은 '건방'은 그 유래가 오래된 것으로 '30~40리 쯤 앞'으로 가서 '농단壟斷' 곧 독점해오기 때문에 막을 방법이 없다고 말한다. '30~40리쯤 앞'이란 기존의 우전이 소를 매입하는 곳보다 30~40리 떨어진 곳일 터인데, 이렇게 우전에 앞서 매입하는 경우를 금할 수가 없다는 뜻이었다. 나아가 이종성은 건방 문제를 떠나 우전 자체를 복구할 수 없다고 주장했다.

다만 우전은 건방 때문에 없어진 것은 아니었다. 우전이 없어진 것은 군문의 침탈 때문이었다. 각 군문에서 호궤가 있으면 우전에서 소를 구입하고 대금을 지불하지 않았던 것이 우전의 파산을 초래한 원인이었을 것이다. 8년 전 건전의 출현으로 우전이 없어졌을 때 군문에서 당혹해했던 것은 자신들이 수탈할 대상이 사라졌다는 사실을 인지했기 때문이었다.

어쨌든 전복들이 필사적으로 다툴 것이 예상되었지만,[85] 건전을 혁파하고 우전을 복구하자는 조현명의 의견이 약간의 논란 끝에 수용되었다.

이 기사의 끝에 조현명의 말이 덧붙어 있는데 검토할 만한 가치가 있다.

> 근래 성균관의 하인배가 소와 말을 향교香橋 가에 묶어두고 값을 따지며 사고팔고 있어 보기에 한심합니다. 그런데 관장官長이 된 사람이 금단할 줄 모르니, 해당 대사성을 종중추고從重推考하는 것이 어떻겠습니까?[86]

반인들이 성균관의 건너편에 있는 향교에서 소와 말을 매매하는 장터를 열고 있다는 말이었다. 반인들은 건방과 우마의 매매를 통해 돌파구를 찾고 있었던 것이다.

건전과 우전의 문제는 1747년에 재론되었다. 전술한 바와 같이 영조 23년(1747) 10월 14일 대사성 홍상한洪象漢은 현방 속전의 문제를 꺼냈다. 그에 의하면, 1년에 삼사에 7,000냥, 성균관에 8,000여 냥, 현방의 속전은 도합 1만 5,000여 냥이었다. 홍상한에 의하면, 이런 과다한 수탈은 전복들이 견디기 어려운 폐단일 뿐만 아니라, 공시인貢市人에게도 견딜 수 없는 일이었다. 이미 지적했듯 성균관은 삼법사보다 더 많은 돈을 현방에서 수탈하고 있었다. 이것은 성균관 자체의 재원에서 공급되는 예산이 급속하게 줄어들었다는 것을 의미했다. 성균관으로서는 이것이 반인에 대한 엄청난 압박이라는 사실을 인지했을 것이다. 속전과 성균관의 수탈을 줄이는 것이 문제 해결의 근본 대책이었으나 홍상한이 꺼내든 것은, 우전에 해마다 지불하는 1,500냥의 문제였다. 그에 의하면 이 문제의 출발점은 군문에 있었다. 앞서 언급한 바와 같이 군문에서 군사를 호궤할 때 소를 우전에서 염가로 구입하였는데, 그것은 '백징白徵' 곧 아무런 법적 근거 없이 빼앗는 것과 다름이 없었다. 한편 현방에서는 소를 외방에서 사고 우전에서 사지 않았으므로 우전은 이중으로 실리失利하게 되었던 것이다. 그런데 권력기관인 군문은 시비를 걸 수 없는 곳이었다. 우전은 군문이 아닌 현방에 시비를 걸었다.

1744년 8월 26일 건전의 혁파를 주장한 조현명은 우전 쪽의 주장을 대변한 것으로 보인다. 비변사에서 형조를 지휘하여 이 다툼의 최종 조정안을 만들었다. 현방의 건전이 우전에 피해를 입혔다는 이유로 1년에 1,500냥을 보내야 한다는 것이었다. 이것은 모순이 아닐 수 없었다. 홍상한은 이렇게 지적했다. "만약 우전 사람이 불쌍하다면, 다른 방도를 찾아서 돌보아도 불가하지 않을 것입니다. 하지만 이쪽에서 빼앗아 저쪽에 주고 있으니, 꼭같이 대우하는 도리에 크게 어긋납니다."[87] 사실 비변사가 현방이 우전에 1,500냥을 주게 한 것은 비합리적이고 무책임하기 짝이 없는 대책이었다.

1,500냥의 혁파를 주장한 홍상한의 주장을 두고 의견이 갈렸다. 조현명은 먼저 현방은 원래 우전에서 소를 구입하는 것이 관례인데, 차츰 관례를 무시하고 지방에서 구입했고 마침내 건방이란 이름까지 갖게 되어, 우전이 이익을 잃는 결과를 초래했다고 지적했다. 조현명은 1,500냥의 유래를 밝혔다. 현방은 재래의 관례를 어긴 대가로 매일 5전錢을 모아서 우전에 주기로 약속했고, 뒤에 이종성이 형조판서로 재직할 때 다시 반으로 줄인 것이라고 지적했다. 매일 5전이라는 것은 각 현방에서 5전을 낸다는 것으로 그것의 1년 총계가 3,000냥이었고 뒤에 절반으로 깎아 1,500냥이 되었던 것이 분명하다. 조현명은 1,500냥을 혁파한다면 반인이 이익을 독점할 것이고 우전은 없어질 것이라고 주장했다.

현방이 애초 5전을 우전에 주기로 했다는 것과 이종성이 형조판서로 있을 때 반으로 줄였다는 사실을 확인할 자료는 없다. 다만 이날 조현명의 이의 제기를 받아들여 영조는 의정부에서 빨리 품처하게 하라고 명했다. 하지만 이듬해(1748) 3월 18일 대사성 홍봉한이 의정부에서 여전히 품처하지 않고 있다고 지적하고 성균관 전복들의 다급한 사정을 들어 빨리 시행할 것을 요청하여 허락을 얻었다.[88] 하지만 이 역시 속히 시행되지는 않았다. 1년 9개월이 지난 1749년 12월 10일 우의정 김약로는 홍상한과 홍봉한의 문제 제기를 요약한 뒤 원래 사건의 발단이 되었던, 군문이 호궤에 필요한 소를 우전에서 백징하다시피 하는 예가 사라졌으므로, 반인이 억울함을 호소하는 것이 타당하다고 하고, 굳이 상문上聞하여 품정할 필요가 없다고 하는 것으로 보아,[89] 반인의 손을 들어준 것으로 보인다.

1759년 이 문제는 다시 거론되었다. 1759년 7월 26일 대사성 서명응은 영조의 명으로 반인의 폐단을 상세히 조사해 보고하였다. 첫째는 삼사의 횡침으로 인해 현방이 1년에 바치는 속전이 2만 냥에 가깝다는 것이었다. 이것은 과거 1733년까지 대체로 6,000냥 대를 유지했던 금액의 3배가 넘었다. 삼사의 금리들이 '첩도'라는 이유로 일정한 속전 외의 금액을 거두기 때문이었다. 둘째 1717년의 전례에 따라 1년 전 공채 2만 1,000냥을 빌려 지난 8개월 동안 거의 다 갚았으므로 다시 2만 1,000냥을 빌리고자 한다는 것이었다.[90] 세 번째는 이른바 '우전아전牛廛牙錢'이었다. '아전牙錢'은 중개수수료를 말한다. 확인할 다른 자료가 없어서 내력을 알 수는 없지만, 우전은 아마도 현방에서 소를 구입할 때 원매자와 현방을 연결해주는 일을 맡았고, 거래가 성사될 때 일정한 중개수수료를 받았던 것으로 보인다. 그런데 중개수수료는 징수할 근거가 없는 것이었다.

　서명응에 의하면, 각 현방에서 소를 우전에서 매입한다면 당연히 '아전'이 있겠지만, 외방에서 살 경우 우전에 아전을 지급할 필요가 전혀 없었다. 서명응은 우전이 과거 국역을 담당하고 있을 때는 국가가 일정하게 배려할 필요가 있었겠지만, 현재 호궤에 필요한 소는 각 군문이 외방에서 직접 구입하고 있고, 타락우駝酪牛와 내농포內農圃 농우[91]도 공인貢人의 예에 의거해 값을 받고 있으니, 현방의 외방 매매에는 간여하는 바 없다고 말한다. 애매한 곳이 있기는 하지만, 우전이 국역과 관계되는 바 있다면, 현방이 어떤 명목으로 돈을 주는 것은 혹 용납할 수도 있겠지만, 우전은 국역과는 완전히 무관하므로 현방으로부터 근거 없는 돈을 받는 것은 용인할 수 없다는 것이었다. 서명응은 현방이 만약 우전으로부터 소를 구입할 경우 5전을 아전으로 하고, 외방에서 매매할 경우 우전에 돈을 바치지 않게 할 것을 제안했다. 영조는 허락하였다.[92]

　이 조치로 현방이 부담을 덜 수 있을 것 같았지만, 결과는 그렇지 않았다. 8월 21일 행사직行司直 홍봉한이 개입하였다. 홍봉한은 우전이 각 전廛과 같이 국역에 응하고 있는 것은 물론이고 거기에 타락우를 진배하는 역까지 지고 있는 상황에서 현방이 최근 송파松坡의 난전에서 소를 직접 매매하므로 우전이 이익을 잃어버리고 있다고 말했다. 홍봉한에게는 우전 역시 배려해야 할 도민都民이었던 것이다. 이런 전제하에서 그는 우전의 '아전'에 대해 언급했다. 곧 현방이 소 1마리마다 아전 5전을 지급해 온 것이 오래된 규칙인데, 을축년(1745, 영조 21) 현방의 호소로 인해 비변사에서 2전으로 감해 우전 쪽의 원망이 많았다는 것이었다. 여기에 또 성균관 대사성(서명응)의 진달로 인해 이 2전까지 또 감하는 것은 물론 전복을 배려하는 뜻에서 나온 것이기는 하지만, 우전의 입장에서는 바깥으로는 송파의 난전을 금할 수도 없고, 안으로는 또 현방의 아전을 잃는 것이 되므로 결국 전廛을 철파하는 결과를 초래할 것이라는 것이었다. 홍봉한은 을축년(1745)의 전례에 따라 아전을 줄이지 말 것을 요청하였다. 영조는 홍봉한의 의견을 들어주면서도 아전을 1전으로 할 것을 명했다.[93] 아전은 결국 1전으로 반감되었던 것이다. 근대 이후의 자본주의적 상업에서는 결코 있을 수 없는 관례가 현방과 우전의 소 거래에서 작동하고 있었고 또 거기에 국가권력이 개입하고 있었던 것이다.

1759년의 자료에서 흥미로운 것은 반인이 '송파의 난전'에서 소를 직접 매매했다는 사실이다. 이 시기 송파는 강원도 일대의 산물이 집적되는 곳으로, 또 충청도와 강원도로 가는 교통의 요지로서 거창한 규모의 난전이 형성되어 있었다. 1759년 결정으로 1전의 아전을 우전에 바치던 반인은 이내 우전을 밀어내고 소의 매매를 독점했던 것으로 보인다. 1781년 4월 9일 정조가 영우원永祐園(사도세자의 묘인 현륭원의 원래 이름)을 참배하고 환궁할 때 우전의 백문항白文恒 등이 격쟁하였다. 그들의 원정原情에 의하면, 반인들이 송파와 사평장沙坪場 일대의 간민奸民 및 동도東道의 누원樓院과 서로西路의 점막店幕 사람들과 결당하여 지방의 소들을 모두 독점하여 매매하고 있으므로 그것을 금지시켜달라는 것이었다. 하지만 이들의 원정은 격쟁할 수 있는 4건사四件事가 아닌, 지극히 사소한 일들을 방자하게 등문했다는 이유로 각하되었다.[94] 결과적으로 반인은 우전을 밀어내고 송파 등에서 소의 매매를 독점함으로써 이익을 남겼던 것이다.

창전

창전은 소가죽으로 만든 신발 밑창을 파는 점포다. 이저전履底廛이라고도
한다. 창전이 언제 개설되었는지 정확한 연대는 알 수 없다. 1629년 절도
범이 훔친 인삼과 초피貂皮 등을 창전 근처 시전 상인에게 팔려 한 사건[95]
을 통해 창전이 이 시기에 이미 존재하고 있었음을 짐작할 수 있다. 그런
데 1634년의 자료에 의하면, 창전은 이엄전耳掩廛·구피전狗皮廛·서피전黍
皮廛 등과 함께 자본이 든든하지 않은, 영세한 전廛으로 인식되었다. 자료
의 표현을 그대로 빌리자면, '출입이 무상하고 평소 항산恒産이 결핍된
상태'였다. 따라서 시역市役을 부과하면 지방으로 도피하는 것이 일쑤였
다.[96]

영세한 규모의 창전 운영자가 누구였는지, 또 어디서 소가죽을 구입
했는지, 또 어떤 변화 과정을 거쳤는지는 알 수 없으나, 1728년이면 창전
은 현방에서 경영하는 전이 되어 있었다. 1728년 대사성 조지빈이 성균
관의 재정과 현방 속전 문제의 해결을 요구했을 때, 그는 현방에서 나오
는 소가죽으로 반인들이 따로 창전을 만들어 대대로 생업을 삼고 있고 국
역에도 응하고 있다고 말한다.[97] 이것은 1634년 당시 영세했던 창전이 현
방 출현 이후 현방이 경영하는 곳이 되어 꽤나 많은 이익을 남기고 있었
다는 것을 의미할 터이다. 곧 창전은 반인이 경영하는 시전이었던 것이
다. 조지빈은 물론 이 사실을 확인하고자 하는 것이 아니라, 창전으로 인
해 현방 3곳을 잃게 된 상황을 되돌리고자 했기에 창전이 현방과 유관하
다는 것을 말하고자 했던 것이다. 원래 공조工曹에 소속된 마피공물주인
馬皮貢物主人은 화혜靴鞋, 곧 신발의 진상을 담당하고 있었다. 신발은 곰가
죽·말가죽·창피昌皮(말리지 않은 소가죽)로 제작되었는데, 이것을 공급하

는 시전이 곧 창전이었다. 창전은 곧 소가죽만이 아니라, 곰가죽과 말가죽도 판매하고 있었던 것이다. 그런데 공물주인들이 가죽을 구입할 때 창전은 값을 올렸고 이로 인해 분노한 공물주인 쪽에서 도리어 21곳의 현방 중 3곳을 넘겨줄 것을 요구했던 것이다.[98] 공물주인의 논리가 어떤 것이었는지는 확인할 자료가 남아 있지 않지만, 현방 3곳이 공물주인에게 넘어간 것은 분명하다. 조지빈은 창전이 값을 올린 것은 부당하지만, 현방 3곳을 넘긴 것은 지나치다며 반환을 요청했던 것이다. 반인이 현방을 잃은 것은 성균관 재정의 한 부분을 잃어버린 것이었기에 요청한 것이었지만, 영조는 수용하지 않았다.

마피공인에게 현방 3곳이 소속되었다는 것은, 현방 3곳을 완전히 마피공인 쪽에서 소유하거나 경영한다는 의미가 아니라, 현방 3곳에서 나오는 우피를 독점적으로 안정적 가격에 공급받는 권리를 가진다는 의미로 이해된다. 원래의 현방, 곧 창전 쪽에서는 당연히 그 권리를 되찾으려 하였다. 그 과정은 분명하지 않지만, 1740년의 자료에 의하면, 창전 쪽에서는 1739년 가을에 평시서平市署를 움직였고 평시서는 영조에게 그 권리를 반환해주어야 한다는 뜻으로 보고하였다. 하지만 우피공인牛皮貢人, 곧 앞의 마피공인이 소속되어 있는 공조工曹가 강력하게 반발하여 3곳의 현방을 돌려받는 데 실패하였다. 현방 3곳을 마피공인에게 넘긴 것은 약간의 손실이었을 것이다.

앞서 언급한 바와 같이 창전은 시전의 하나였고 소가죽 판매를 독점하고 있었다. 하지만 창전 역시 현방처럼 사도의 피해를 보기 시작했다. 하지만 1763년(영조 29) 창전은 무뢰배가 난전을 벌이는 폐단으로 인해 침해를 받고 있다고 지적하고 난전을 엄금해줄 것을 요구하였다.[99] 창전은 여전히 소가죽에 대한 독점적 구입, 판매의 권리를 주장하고 있었던 것이다. 한편 창전은 관서와 군문에도 독점적으로 소가죽을 판매했다. 하지만 동일한 가격은 아니었다. 호조는 소가죽 1장에 4냥, 사복시는 3냥, 일곱 군문에서는 1냥 5전에 구입했던 것이다. 창전은 성균관을 통해 군문도 역시 호조와 사복시의 가격을 지불하도록 하는 데 성공했다.[100]

창전은 부분적으로 손해를 보기도 했지만, 소가죽의 독점 자체에는 큰 변화가 없었다. 하지만 1791년 신해통공辛亥通共으로 육의전을 제외한 시전의 금란전권이 혁파되자, 창전 역시 소가죽의 구입과 판매를 독점할 수 없게 되었다. 하지만 창전 쪽에서도 자신의 이익을 지키기 위해 끊임없이 움직였다. 1794년 창전은 현방과 서울 시내에서 생산한 소가죽을 부상富商들이 깡그리 사들인다고 지적하고 앞으로 사상私商이 소가죽을 구입할 경우, 자신들에게 수세할 권리를 달라고 요구했다. 사실상 금란전권을 부활시켜달라는 것이었으나, 비변사는 통공발매通共發賣의 원칙을 확인하며 거부하였다.[101]

1794년의 자료에서 창전이 현방에서 생산한 소가죽을 독점하는 권리를 상실했던 사정을 짐작할 수 있다. 하지만 이후 창전은 현방의 소가죽에 대한 독점권을 되찾았던 것으로 보인다. 1807년 2월 창전은 '사도私屠에서 나오는 소가죽이 불법적으로 매매되는 것을 금지해줄 것', 곧 사도 자체를 금지해줄 것을 요구하였으나, 당시 현방의 소가죽을 창전이 독점하고 있으니 그것 자체가 이미 특권이며, 사도를 금하는 것은 창전을 위한 것이 아니라는 취지로 각하하였다.[102] 사도 자체를 금지하는 것은 실패했지만, 창전이 현방의 소가죽에 대한 독점권을 되찾았던 것은 분명하다. 또한 창전의 요구가 늘 거부된 것만은 아니었다. 1810년 창전은 사피私皮 곧 사도에서 생산된 소가죽의 난매亂賣 상황을 지적하고 법사法司에서 엄격히 단속해줄 것을 요청하여, 허락을 받아내기도 했던 것이다.[103]

창전은 현방의 소가죽만 독점했던 것이 아니었다. 1848년 창전은 '경외京外' 곧 서울과 지방의 소가죽은 모두 창전에 소속시켜 봉역奉役하게 하는 것이 원래의 정식定式인데, 동래상인과 의주상인이 결탁해 소가죽을 독점하고 있으므로 늘 소가죽이 부족해지고, 따라서 창전이 소가죽을 매매할 수 없다는 이유로, 삼남·양서兩西·송도의 사상私商들의 소가죽 도고都賈를 막아줄 것을 요청한다.[104] 이 자료를 통해 창전이 전국 소가죽에 대한 독점권을 갖고 있었던 것을 알 수 있다. 물론 창전이 이 독점권을 갖게 된 기원과 그 유효 기간은 정확하게 알 수 없으나, 창전이 서울 현방의 소가죽만이 아니라 전국의 소가죽을 독점하는 권리를 갖고 있었던 것은 분명하다. 물론 비변사는 도고 자체가 불법행위인 원칙을 확인하면서 도고를 엄금하겠다고 확인했으나, 창전의 독점권 역시 금지되어야 한다는 취지로 창전의 요구를 각하했다.[105]

소가죽 판매는 아마도 상당히 높은 수익을 창전에 가져다주었을 것이다. 그것이 1763년 창전이 고발한 무뢰배의 소가죽 난전이 출현한 이유가 되었을 것이다. 창전은 자신의 독점권을 확인하기 위해 노력했지만, 그 독점권조차 1791년 신해통공으로 해체되었다. 19세기 이후 일본과 청淸에 소가죽을 수출하는 길이 열리자, 국내 소가죽을 삼남·양서·송도의 사상들이 매집하고, 의주상인과 동래상인이 각각 청과 일본으로 수출하는 구조가 형성되었다.[106] 창전은 이들과 국내의 소가죽 매매를 둘러싸고 대립하지 않을 수 없었다. 물론 여기서 소가죽의 구입과 판매, 무역 등을 상업사의 차원에서 다룬 것은 아니다. 창전 역시 현방과 함께 반인이 소의 도축에서 나오는 부산물(소가죽)을 판매하는 업종이었으며 창전 자체가 반인의 중요한 생활수단이었음을 강조하려는 것일 뿐이다.

우방전

한편 반인은 소의 부산물로서 우방牛肪, 곧 소기름을 판매하여 이익을 남기고 있었다. 우방전牛肪廛은 소기름을 전문적으로 판매하는 시전이다. 후술하겠지만 1782년 8월 경모궁 아래에 민가를 모집하고 현방을 설치할 때 정조는 거주민에게 우방전의 설립을 허락하였다. 소기름은 당연히 소를 도축하는 과정에서 나오는 것이기 때문에 우방전은 소기름을 현방에서 구입할 수밖에 없었다. 현방은 소기름을 우방전에 높은 가격으로 팔았다. 1784년 2월 28일 경모궁 제조 윤숙尹塾이 경모궁 일대에 사는 백성들의 폐막과 질고를 물어 해결하라는 정조의 말을 따라 거민들을 불러 물었다. 그중에 우방전에 관한 부분이 있고 여기에 반인들에 대한 서술이 나온다.

> 우방전을 설치한 일에 대해 말씀드리자면, 이것은 최근 이곳에 살게 된 백성들을 보존하려는 성상의 지극한 뜻에서 나온 것입니다. 그런데 우지牛脂 한 근의 값을 1냥 8전으로 속여 부르고, 이 값을 주지 않으면 우방전에 팔 생각조차 하지 않습니다. 이른바 우지 1근은 정말 아주 사소한 것인데 거기다가 또 모래와 쓰레기 같은 것을 섞으니, 사는 사람은 이익이 없을 뿐만 아니라 밑천까지 아주 까먹습니다. 이런 상황인데 어떻게 우방전이 지탱되고 이곳의 주민들이 생업을 누릴 수 있겠습니까? 신은 풍흉을 가릴 것 없이 우지 1근의 값은, 가을과 봄은 1냥 20문, 봄과 여름은 1냥으로 영원히 정해, 우방전 백성들이 지탱해 살 수 있는 근본을 삼아야 한다고 생각합니다. 어떠한지요?[107]

정조는 우방전의 요청에 대해 긍정적으로 검토하라고 지시하지만 그 결과를 확인할 수 없다. 우방전은 이익을 남기지 못해 스스로 혁파를 요청했고 1784년 3월 이후 혁파되었다.[108]

어물전

1682년 9월 조지겸趙持謙은 성균관의 전복은 도사 곧 현방 외에도 어물전魚物廛과 좌반전佐飯廛에 '입속入屬'하여 생계수단을 마련할 수 있었지만, 근년 이래 호조에서 빼앗아 시인市人들에게 주었으므로 도사 외에 살 길이 없는 데다가 근래 우역으로 현방을 모두 철파했으므로 생계가 막연해졌다면서 어물전과 좌반전에 다시 입속하게 해줄 것을 요청했다.[109] 입속은 어떤 조직이나 기관에 들어가 소속되는 것을 의미하니, 어물전과 좌반전의 구성원이 되게 해달라는 요청이다. 이것은 과거 한때 어물전과 좌반전을 반인이 직접 운영했다는 말로 이해되는데, 여기에 처음 보이는 자료다. 물론 5장에서 살핀 바와 같이 반인과 어물전·생선전은 관계가 있었다. 적어도 1670년대 초까지 성균관 전복들은 유생들의 식사를 위해 어물전과 생선전 등의 시전에서 어물을 거두어 가는 관행이 있었다. 이 관행은 이 어물들이 성균관이 절수한 어장에서 생산된 것이었기에 만들어진 것이었다. 전복들, 곧 반인들은 성균관 어장에서 잡은 어물의 일부를

03
어물전과 염해전 등

판매했던 것으로 보인다. 곧 어물전과 좌반전의 일부를 소유하고 영업을 했던 것으로 추측할 수 있다. 그런데 그것은 기존의 어물전과 좌반전의 이익을 침범하는 것이었기에 어물전과 좌반전의 상인은 호조와 평시서에 하소연했을 것이고, 그 결과 어물전에서 일정한 세금을 성균관에 내는 대신 반인에게 생선과 자반을 팔지 못하게 했을 것이다. 조지겸이 "성균관의 노비와 시인市人이 똑같은 국민이건만, 호조와 평시서가 시인만 치우치게 끼고 돌며 변통을 허락하지 않는 것은 공평한 도리가 아니다"[110]라고 한 것은 바로 그런 이면의 사정을 암시하는 것이다.

민종도의 요청을 검토한 영의정 김수항金壽恒은 "관인館人이 시전 영업을 한 것은 과연 전례가 있으니, 비록 문적文蹟은 없을지라도 또한 반드시 의거할 만한 단서가 있다"[111]고 말했으니, 반인이 어물을 파는 시전을 경영했던 것은 여전히 기억에 남아 있는 일이었던 것이다. 좀 더 찾아보면 6년 전인 《승정원일기》 숙종 2년(1676) 1월 16일 조에 사정을 좀 더 추리할 수 있는 자료가 있다. 홍우원洪宇遠에 의하면, 원래 성균관 소유의 어전을 유생들에게 찬물을 공급하는 근거로 삼아왔지만, 그 뒤 어전을 빼앗기고 어물전에서 세금을 거두어 사용해왔다고 한다. '그 뒤 어전을 빼앗기고'의 원문은 '其後(缺)奪漁箭(缺)人'인데 보다시피 빠진 글자가 있어 어전을 빼앗아간 주체가 밝혀져 있지 않다. 하지만 이어지는 문장에서 '어물전에서 세금을 거두어收稅於魚物廛'라는 문장이 이어져 있으니, 어물전에 어전을 빼앗겼던 것을 알 수 있다. 홍우원은 어전을 어물전에 넘기는 대신 어물전에서 세금을 받아서 썼으나, 중간에 다시 폐단이 있다고 금지해 당시 매달 어물전에서 31속束의 굴비를 지급할 뿐인데, 썩어 먹을 수가 없으므로 조처해달라는 것이었다. 홍우원의 말에 목창명睦昌明은 사학四學에도 사여한 어전이 있었으나 호조에 빼앗겼다고 말하고 있다.[112]

조지겸의 요구에 대해 검토가 이루어졌다. 하지만 반인에게 어물전을 허락하는 것은 어물전 시인들의 반발과 갈등을 초래할 것이 명백했다.[113] 당시 평시서 제조를 겸임하고 있었던 민유중閔維重은 이 점을 지적하고 아울러 과거에도 관인館人(반인)들이 여러 차례 동일한 사안에서 굴복을 당한 것이 어물전을 허락할 수 없는 증거가 된다고 주장했다.[114] 민유중의 말에서 반인들이 어물전을 경영하려고 시도한 것은 이미 여러 차례 있었던 일로 보인다. 논의는 거듭되었지만 평시서와 비변사 모두 쉽게 결론을 내릴 수가 없었다.[115] 12월 25일 조지겸은 다시 이 문제를 꺼내들었다. 우역으로 현방을 정파한 지 일곱 달이고, 340호 2,000명을 상회하는 성균관 전복들 중 재산이 약간 있는 자 외에 가난한 자들은 도망하고 있었다. 조지겸에 의하면 성균관 전복들이 계속해서 요구한 것은 어물전이었다. 한성부 장적帳籍에 상어물계上魚物契가 있고 종로에 상어물전 터가 있으니, 관인들은 그곳에 어물전을 내는 것을 원했던 것이다.

하지만 그것은 어물전의 입장에서는 이익을 잃는 일이었다. 평시서가 반대한 것은 이 때문이었다. 조지겸은 만약 관인들이 어물전을 낸 뒤 이익을 독점하는 일이 있으면 평시서에서 강력하게 조정하면 될 것이라는 논리로 평시서 제조 민유중을 설득했지만, 민유중은 어물전의 반발을 의식하여 찬성하지 않았다. 다만 왕의 허락이 있으면 가능하다고 가능성을 남겼다. 조지겸은 다음과 같은 논리로 숙종을 설득했다. 내년 봄 농사 이후 백성들이 밭을 다 갈고, 소도 또한 태어나고 자라고 한다면, 보리를 거둔 뒤 다시 도사를 열 수 있을 것이다. 그러니 그 전에는 반인들에게 어물전의 개설을 허락하자는 것이었다.[116]

자료가 결락되어 정확한 내용은 알 수 없지만, 해당 관청인 평시서에서 어물전을 제외한 저육전猪肉廛·하미전下米廛·문외대전門外大廛을 관인에게 주겠다고 제안했으나 반인은 모두 거부하고 오직 어물전을 원했다. 이들 전廛의 이익이 박해서가 아니라 어물전이 가장 이익이 많았기 때문이었다. 그런데 흥미로운 것은 평시서가 관인에게 어물전을 허락하지 않았던 이유다. 평시서에 의하면, 관인들이 전부터 어물전을 빼앗으려고 어물전인과 다투었고, 심지어 어물전인이 상언·격쟁하는 일까지 있었다는 것이다. 관인은 이 분쟁에서 연달아 패배했기에 기어코 어물전을 빼앗아 과거에 쌓인 감정을 풀고자 한다는 것이다. 평시서에서 관인의 요구를 들어줄 수 없는 이유는 바로 여기에 있었다. 또한 각 시전의 이익 규모는 한정적이었다. 만약 수천 명 관인이 어물전을 개설한다면, 한정적인 이익을 두고 기존의 어물전과 분쟁이 일어날 것은 당연한 일이었다. 이런 이유로 평시서는 다시 현방을 개설할 때까지만 제한적으로 관인에게 어물전을 허용할 것을 요청했고 숙종은 그대로 재가했다.[117] 반인은 즉각 새 전廛을 설치했는데 그 결과는 어물전에 절대적으로 불리한 것이었다.

반인은 사방으로 흩어져 서울로 올라오는 모든 어물을 먼저 매입했고 이로 인해 건어乾魚와 소금, 생선이 모두 반인의 전에 모였다. 역으로 어물전은 몇 달을 철시하고 끝내 생선 한 마리를 구할 수 없었고 그 결과 시안市案에 등록된 213명의 어물전 상인은 하루아침에 실업하게 되었다.[118] 같은 해 9월 어물전이 격쟁하여 억울함을 호소하자 조정은 반인들의 어물전을 철파하였다.[119] 대신 반인들이 원하는 바를 들어주겠다고 약속했는데, 이 약속의 이행 여부는 알 수 없지만, 반인들이 다시 반발하지 않았던 것은, 이미 4월에 이들의 생계를 위해 도사 10곳을 다시 개설했던 것이 그 이유였을 것이다(이에 대해서는 6장에서 이미 언급했다).

침어전

1740년 심성희가 범도의 어장은 궁방에 소속되어 되돌려줄 수 없지만, 경강의 침어세는 성균관에 돌려줄 것을 요청하는 상소를 올렸음은 앞 장에서 언급한 바 있다. 그런데 군문의 공채 요청과 침어세 부분은 비변사가 방계防啓하여 왕(영조)이 검토할 기회 자체가 없었다. 침어세가 재론된 것은 심성희의 상소로부터 3년 뒤인 1743년이었다. 윤4월 7일 영조는 성균관에서 대사례大射禮를 행하고 대사성 김상로金尙魯에게 반예들의 폐막을 물어볼 것을 지시했던 바, 김상로가 답을 하는 과정에서 심성희의 상소가 문제가 된 것이었다. 김상로는 3년 전 내궁방 근각을 제감除減해준 것에 대해 반예들은 감사하고 있지만, '경강의 침어세'와 '아문의 공채'는 비변사에서 방계하고 있다는 것이었다.

김상로는 반인들의 생계수단이고 동시에 선비 양성의 비용을 얻는 '경강의 침어세'는 원래 성균관의 소유였다고 지적했다. 김상로의 주장은 사실상 반예, 곧 반인들의 의견을 대리한 것이었다. 반인들은 늘 그렇듯 대사성을 통해 자신들의 요구를 관철시키려 했던 것이다. 김상로는 침어세가 어물전의 소유로 넘어가게 된 과정을 밝히고 있는데 그것은 심성희의 상소에서 말한 바와 동일하다. 요구 역시 동일하였다. 성균관에 침어세를 돌려달라는 것이었다. 아울러 이 문제는 심성희가 이미 상소로 요청한 바 있다면서 은근히 비변사를 비난했다. 영조는 비변사에서 검토해 보고하라고 명했다.[120] 비변사는 반인이 경강 침어세를 받은 유래는 정확하지 않으나, 그것을 혁파한 데는 나름의 이유가 있다고 지적했다. 곧 반인들은 과거 수세할 때 '공가公家를 빙자'하여 횡렴한 것이 어물전인과 비할 바가 아니었다는 것이었다. 영조는 비변사의 검토 의견에 동의했고

침어세는 반인에게 반환되지 않았다.[121]

1753년 11월 22일 장령 권해權賅는 대리청정하고 있던 세자(사도세자)에게 침어세의 수세권에 대한 문제를 제기하였다.[122] 권해는 성균관이 1729년 건어전에 수세권을 빼앗긴 뒤 전복의 형편이 날이 갈수록 궁핍해지고 신역을 감당하지 못해 자살하는 자가 속출하고 있다고 지적했다. 이로 인해 대사성이 되었던 여러 사람이 수세권을 전복에게 돌려줄 것을 여러 차례 요청했지만, 건어전인乾魚廛人(곧 어물전인을 말한다)이 권세가의 겸종傔從이었기에 권세가의 위세를 이용해 막아왔다는 것이다.[123] 권해의 요청은 침어뿐만 아니라 젓갈전·좌반전佐飯廛을 도로 성균관에 소속시키라는 것이었다. 침어는 소금에 절인 생선이므로 곧 좌반과 같다. 젓갈 역시 소금에 절인 것이므로 이렇게 요구한 것이 아닌가 한다.

권해는 자신의 주장에 힘을 싣기 위해 어물전인이 난전을 자행하고 어상魚商을 구타하여 거의 죽게 만드는 등의 행패를 부리고 있다고 지적하면서 어물전의 내외전의 3소임을 형조에서 형추刑推한 뒤 귀양 보낼 것을 요청했다.[124] 권해의 요청은 반발에 부닥쳤다. 좌의정 이천보李天輔는 침어세 등을 다시 반예에게 돌려주자는 말은 사실과 어긋나는 것이 있고, 어전의 폐단은 비변사에서 대사성 이성중李成中에게 조사할 것을 분부했으니, 일단 기다려보자고 제안했다.[125] 이 문제에 대해 결론을 낸 것은 영조였다. 영조는 권해가 성균관 전복을 과도하게 배려한 것이라고 지적하고, 일을 덮어두라 지시하였다.[126]

영조의 지시와는 달리 문제는 덮여지지 않았다. 2년 뒤인 1756년(영조 32) 2월 5일 대사간 유최기兪㝡基는 대사성으로 있을 때의 경험을 근거로 침어세를 다시 성균관 전복에게 돌려줄 것을 세자에게 청했다. 그는 원래 성균관에서 유생을 양성하는 비용을 전적으로 전복에게 책임지우고 있음을 지적하고, 염어鹽魚, 곧 침어에 대한 세금 징수권은 무엇보다 전복의 생계를 위해서 주어진 것이었으나, 1729년 건어전인에게 빼앗겼으므로 다시 성균관 전복에게 돌려주어야 한다는 것이었다.[127] 이로부터 1년 8개월이 지난 뒤 영조는 인원왕후仁元王后(숙종의 두 번째 계비)의 장례에 여사輿士를 자원하여 맡았던 성균관 전복들을 불러 고마움을 표했다. 영조는 과거 1740년 자신이 석채를 직접 주관했을 때 반인을 불러 세 가지 폐단을 해결해준 것을 상기시키고, 달리 말할 만한 폐단이 있는지 물었다. 전복들은 염어전鹽魚廛(침어전沈魚廛)을 돌려줄 것과 군문에서 돈을 빌려줄 것을 요청했다.[128] 이것으로 보아 1년 8개월 전 유최기의 요청 역시 수용되지 않았던 것이다.

12년 뒤인 1769년에도 동일한 문제가 되풀이되었다. 5월 19일 한성부 판윤 김시묵金時默에 의하면, 원래 성균관 전복의 상언으로 인해 성균관에서 복계覆啓했던 바, 그 상언한 내용에 대한 판단은 성균관에서 내릴 성질의 것이 아니고, 한성부의 몫이라는 것이었다. 이어지는 이 기사의 내용을 보아, 성균관 전복들은 1769년까지 계속 침어전을 되찾기 위해 노력하고 있었다. 김시묵이 옮기고 있는 상언의 내용에 의하면, 전복들은 '어魚·염鹽 양전兩廛'은 자신들의 생업을 위해 특별히 사여된 것인데, 1729년에 혁파된 후 생업이 영원히 단절되었고, 신역을 감당할 수 없게 되었으므로 두 전廛을 돌려달라는 것이었다. 여기서 전복들이 침어전 혹은 염어전이 아니라, '어·염 양전'이라고 말한 것은 주의할 필요가 있다. 양전은 침어전(=염어전)과 염전鹽廛 두 전을 의미하는 것으로 보인다. 염전은 이 자료에서 처음 나오는 것인데, 하필이면 1769년 염전을 말하기 시작한 것은 김시묵의 착각인 듯하다. 이에 대해서는 조금 뒤 상론하겠다. 김시묵은 전복의 요청을 들어줄 수 없다고 판단하였으니, 그 근거는 이러하였다. 곧 성균관은 일찍이 세 강의 어염선魚鹽船에 대한 수세권을 가지고 있었으나 혁파된 지 이미 오래고, 1683년 우역이 한창 극성일 때 염어전의 설치를 허락했다가 몇 달 지나지 않아 곧 철파했다는 것이다.

김시묵이 말하는 세 강의 어염선에 대한 수세권이란 앞에서 검토한 바 있는 1740년 심성희가 상소에서 이미 거론한 경강의 선세를 거두는 권리를 말한다. 성균관은 경강의 침염어 곧 침어를 파는 상선에 대해서 세금을 받을 권리가 있었다. 그런데 전복들이 생선과 건어까지 세금을 받았던 것이 1729년 선한船漢들의 호소로 밝혀지자 비변사에서 침염어에 대한 권리까지 혁파했던 것이다. 김시묵이 말하는 세 강의 어염선에 대한 수세권의 혁파는 바로 이것을 말한다(침염어를 운반, 판매하는 배를 김시묵이 '어염선'이라고 표현하고 있는데, 그 이유는 알 수가 없다). 후자는 1682년 9월 우역으로 현방을 혁파했을 때 반인은 성균관 대사성 조지겸을 통해 과거 자신들이 영업했던 어물전·생선전에 입속하게 해줄 것을 요구하여 다음 해인 1683년 1월 허락을 받았다가 어물전의 반발로 그해 9월 어물전과 생선전을 포기했던 일을 말한다. 김시묵은 성균관 혹은 성균관 전복과 침어전과 염전을 연결시킬 수 있는 자료는 이것 외에는 없다고 말했다. 그는 침어전과 염전의 경우 두 물종이 평시서의 〈시안〉에 분명하게 실려 있고 또 그 연대가 오래되었기에 전복들이 누차 패소했던 것이므로 반인들이 중간에 빼앗겼다고 하는 것은 근거가 없다고 주장했다. 김시묵의 논리에 영조는 동의하였다.[129] 반인들은 다시 패배했다.

염해전

1769년의 조처로 반인들의 시전 진출은 완전히 불가능하게 되었던가?
1781년 9월 5일 영의정 서명선은 팔강어사八江御史 서용보徐龍輔의 별단
을 읽었는데, 그중 반인에 관한 내용이 있다. 서용보에 의하면, 강민江民
이 해결해주기를 바란 다섯 가지 폐단 중 하나가 '염상鹽商의 도고都庫'였
다. 서명선의 말을 직접 인용한다.

> 그 하나는 '염상의 도고'를 해결해달라는 것이었습니다. 도성 안팎을
> 가릴 것 없이 물가가 오르고 내리는 것이 오직 이 도고를 일삼는 무리
> 가 쥐었다 놓았다, 늦추었다 죄었다 하는 손에 달려 있으니, 어찌 이런
> 근거 없는 일이 있을 수 있단 말입니까? 근래 금령이 점차 해이해져
> 이 무리들이 이처럼 날뛰게 만들었습니다. 그런데 반인이 염리鹽利를
> 독점한다는 말은 더욱 일찍이 들은 적이 없는 것입니다. 이미 전을 설
> 치했다면 사상私商에게 세금을 거두는 것은 그대로 혹 괜찮을 것입니
> 다만, 도고를 하면서 난전亂廛이라는 핑계로 동·서·남·북으로 돌아다
> 니는 장사꾼들이 모두 손을 거두고 생업을 그만두게 하였으니, 물가가
> 일시에 뛰어오르게 되었던 것입니다. 한갓 강민이 실리하는 걱정에 그
> 치는 일이 아닌 것입니다. 경조京兆(한성부)와 평시서로 하여금 다시는
> 이런 폐단이 발생하지 않도록 조처하게 하소서. 그 밖의 각 전의 도고
> 라는 명색을 일체 금지하여 나타나는 대로 무겁게 처벌하는 것을 같이
> 엄하게 신칙하는 것이 어떠하겠습니까?[130]

반인이 염리를 독점하고 있다는 말, 그리고 이미 '전廛'을 설치했다는

말을 통해 반인이 염전을 개설했다는 사실을 추측할 수 있다. 즉 반인의 염전 개설을 기정사실화한 뒤, 그 경영 방식에 심각한 문제가 있음을 지적하고 있는 것이다. 즉 국가로부터 허가를 받아 정식 시전으로서 염전을 개설했다면(혹은 소유했다면), 허가 없이 영업을 하는 사상으로부터 세금을 거두어도 무방하다. 하지만 반인의 염전은 '도고'란 배타적 독점을 통해 소금행상까지 금지했던 것이다. 서용보와 서명선은, 도고를 구실로 한 반인의 과도한 독점을 해체할 것을 건의했던 것이다.

여기서 문제는 서용보에게 이 문제를 처음 제기했던 '강민'의 존재다. 왜 강민이 이 문제를 제기했던 것인가. 또 반인은 어떻게 염전을 손에 넣었던 것인가? 1782년 11월 마포의 김광련金光鍊이 격쟁하여 강민에게 염전을 되돌려줄 것을 요청했다. 김광련에 의하면 염해전鹽醢塵은 저들이 300년 동안 경영해오던 것이었다. 그런데 1769년(영조 45)에 영채營債(영문에 진 부채) 3,650냥에 몰려 전의 이름을 잠시 반인들에게 '옮겨주었는데' 반인은 끝내 돌려주지 않았다.

김광련은 '옮겨준 것移給'이라고 표현하고 있지만, 사실상 3,560냥에 염해전을 팔았던 것이다. 뒤에 언급할 1788년의 자료에 의하면, 이때 염해전을 판 주체는 '마포강인麻浦江人'이었다. '마포'란 지명이 붙은 것은 나름의 내력이 있다. 원래 조선 전기 서울에는 도성 안의 소비자를 대상으로 하는 '내염전內鹽塵'과 경강변京江邊 용산에 위치한 '용산염전'이 있었다. 임병양란 이후 17세기 중반에 마포에 '마포염전'이, 이로부터 50여 년 후인 18세기 초반에 이현梨峴에 '경염전京鹽塵'이 설립되었다. 이어 1746년에는 마포에 마포염해전이 설립되었는데, 이곳에서는 젓갈류와 소금을 판매하였다.[131] 김광련이 문제 삼은 염해전은 '마포염해전'을 가리킨다.

1769년은 앞서 언급했다시피 반인이 '어·염 양전'을 되돌려줄 것을 요청한 해다. 하지만 한성부 판윤 김시묵의 논리에 설득당한 영조는 그 요청을 기각하였다. 그런데 같은 해에 반인은 마포강인으로부터 마포염해전을 사들였다. 염해전은 소금과 젓갈을 파는 곳이었으니 반인과 소금의 관계는 여기에 처음 등장하는 것이다. 깊은 사정은 알 수 없으나, 김시묵이 '어·염 양전'을 말한 것은 염해전을 의식한 착각이 아니었을까?

강민이 반인에게 마포염해전을 판매한 과정과 이후의 사정은 1788년의 자료에 보다 소상히 나온다.[132] 강민은 각 영문營門에 진 부채를 갚기 위해 염해전의 터를 팔았고, 반인은 물력을 동원해 그것을 사들였던 것이다. 염해전은 반인의 중요한 생계수단이 되었고, 성균관은 또 염해전에서 세금을 거두어 성균관의 재정으로 사용할 수 있었다. 그런데 중요한 것은 염전을 매매한 문서에 '영매永賣'란 두 글자가 있었다는 것이다.[133] 당연한 일이겠지만, 이것은 뒷날 강민들이 염전을 되찾지 않겠다는 것을 문서로 약속한 것이었다. 하지만 강민의 입장에서는 일시 빚에 몰려 염전을 팔기는 했지만, 그것은 너무나도 아까운 것이었다. 염해전을 되찾고자 한 것은 계약을 무시하는 것이었음에도 그들은 돈을 마련했고 관청을 찾아다니기 시작했다.

김광련 등은 1781년 2월 평시서에 문제를 해결해줄 것을 요청하는 문서를 올렸고 평시서는 "반인은 외전外廛에 섞여 살 수 없다는 조령朝令이 있으니, 본가本價로 도로 물려주어야 한다"[134]고 판정하였다. 반인이 믿을 곳은 성균관이었다. 성균관은 평시서에 압력을 넣어 평시서의 판정을 무력화하였다. 이어 9월에 김광련 등 강민은 팔강어사 서용보에게 반인의 염전 도고 문제를 제기했고 비변사의 보고로 이 문제가 조정에서 정식으로 검토되었던 것은 전술한 바 있다. 김광련 등은 다시 비변사에 문제의 해결을 요청했고 비변사에서는 반인이 본래의 값을 받고 강민에게 염전을 되돌려주라고 판정하였다. 이에 반인은 '공사供士' 곧 유생에게 공급한다는 핑계를 대고 듣지 않았다.

1782년 9월 김광련 등은 한성부에 다시 판결을 요청했고 한성부는 1781년 서용보의 보고와 비변사의 결정이 있었음을 들며 반인이 염전을 돌려주지 않은 것은 놀라운 일이라면서 다시 돌려줄 것을 명했다. 하지만 반인은 성균관에 호소했고 성균관은 이에 한성부에 두 차례 방보防報(상급 관아의 지휘대로 업무를 수행할 수 없을 적에 그 이유를 변명하여 올리던 보고)하였다. 그럼에도 한성부의 결정은 강민에게 염전을 돌려주라는 것이었다. 복잡한 과정이 뒤에 좀 더 이어지지만 다 거론할 필요는 없을 것이다. 요지는 염해전이 300년 이래 강민이 경영하던 것이었으니 되돌려주는 것이 합당하다는 것이었다. 하지만 결론은 강민에게 유리한 쪽으로 나지 않았다. 매매문서에 '영매' 두 글자가 있는 한 그것은 불가능한 일이었을 것이다.

김광련의 격쟁 내용을 정조에게 보고한 곳은 형조였다. 형조는 염전이 어느 쪽에 귀속되어야 하는지가 아닌, 김광련의 처벌 여부를 결정하는 데 관심이 있었다. 형조는 김광련 등이 4건사四件事가 아닌 문제를 격쟁하여 제기한 것은 지극히 무엄하므로 장두狀頭 김광련을 형조에서 고율考律하여 처벌할 것을 요청했다. 정조는 처벌은 하지 말고 한성부에 분부해 공시당상貢市堂上으로 하여금 다시 문제 삼지 않게 적절하게 결정하라고 지시했다. 결론이 난 과정을 확인할 수 있는 자료는 없으나 역시 완전한 매매문서가 있는 이상 강민의 요구는 수용될 수 없었을 것이다. 하지만 강민도 끈질기기는 마찬가지였다. 1788년 4월 5일 김광련 등은 다시 격쟁하여 염해전을 돌려줄 것을 요청했다. 그들의 논리는 전과 동일하였다. 다만 '영매' 두 글자에 대해서는 전혀 언급하지 않았다. 형조는 강민의 편을 들어 반인이 염해전을 돌려주는 것이 뒷날 소란을 없애는 방도가될 것이라고 말했다. 물론 4건사 외의 일에 대해 격쟁한 장두 김광련을 고율하여 처벌하자는 말도 잊지 않았다. 정조는 형조의 의견에 동의했다.[135] 이제 염해전은 강민으로 넘어가게 되었다. 하지만 '영매' 두 글자는 역시 언급되지 않았다.

반인은 당연히 성균관을 움직였고 당시 호조판서이자 동성균이었던 서유린이 나섰다. 서유린은 이 문제를 언급했다. 그는 강민이 1769년 염해전을 반인에게 '영매'한 것과 염해전이 현재 반인의 중요한 생계수단이 되고 있다는 것, 성균관이 염해전에서 세금을 거두어 운영 비용으로 쓰고 있다는 것을 말하고, 과거 1781년 1782년 이후 강민들이 염해전을 되찾으려 했으나 매매문서의 '영매' 두 글자로 인해 실패했다고 말했다. 서유린이 '영매' 두 글자를 특별히 강조했던 것은, 형조의 판단에서는 찾아볼 수 없는 것이었다. 아울러 그는 전복들이 생계수단을 영원히 상실하고 또 이로 인해 유생을 양성하는 비용 또한 없어지고 말았다고 했다. 정조는 동의할 수밖에 없었다. 염전은 다시 반인의 것이 되었다.[136]

김광련 등 강민은 다시 항의하였다. 그들은 1781년 평시서의 판결, 그해 가을 비변사의 판결, 1782년 한성부의 판결, 그해 겨울의 격쟁과 '공시당상에 명하여 좋은 쪽으로 결정해주라'는 정조의 판부判付에 따른 한성부의 판결까지, 자신들에게 유리한 판결을 인용하였다. 염해전이 자신들에게 귀속되어야 한다는 강민의 논리는 다음과 같았다. 첫째, '반인은 외전外廛에 섞여 살 수 없다는 조령朝令', 둘째, '염해전이 본디 강민의 것'이라는 사실이었다. 이것으로 강민은 자신들에게 유리한 판결을 받아낼 수 있었다. 하지만 이것은 강민과 반인 사이에 있었던 문서에 의한 매매행위를 부정하는 이유가 될 수는 없었다. 강민은 그 매매문서에 있던 '영매' 두 글자를 피할 수 없었다. 그들은 '영매'란 두 글자는 없었다고 강변했다.

> 더욱이 '권이權移'를 '영매永賣'라고 하니, 너무나도 근거가 없는 것입니다. 문서를 한 번만 보면 즉시 판단할 수 있는데, 강·약에 구애되어 이 지경에 이르게 된 것입니다. 바라건대 다시 돌려주소서.[137]

'권이'는 '임시로 옮긴다'는 뜻이다. 강민에 의하면 염해전의 영업권을 임시로 반인에게 이전한 것일 뿐이었다. 그런데 이 '권이'가 매매문서에 명기된 것은 아니었던 것으로 보인다. 임시로 옮긴 것이라면 그 임시에는 소유권 이전의 기한을 정한다든지, 아니면 뒷날 다시 값을 지불하면 되찾을 수 있다는 등의 조건이 있어야 했을 것이다. 그것은 염해전을 되찾으려는 소송에서 결정적으로 유리하게 작용했을 터인데, 강민은 이 조건을 적극 활용하지 않았다. 그것은 '권이'가 문서에 명기된 조건이 아니었음을 의미한다. '영매'란 두 글자가 없다고 해도 확실히 대금을 받고 팔았던 행위만 있었을 뿐이었다. 어쨌든 강민의 항의가 있었으므로 이에 대한 대답이 있어야 했다. 형조는 4건사가 아닌 것을 격쟁했기에 일단 장두 김광련을 처벌하고, 자신들이 4월에 염해전을 강민에게 돌려줄 것을 건의했던 것을 상기시키며, 염해전을 다시 강민에게 돌려줄 것을 건의했다. 늘 그렇듯 정조는 자신의 결정을 번복하여 염해전을 강민에게 돌려주라고 지시하였다.

염해전이 강민에게 넘어가게 되자 성균관 전복 황인수黃仁秀 등이 격쟁하여 반격하였다. 이들은 1769년 마포강인으로부터 값을 치르고 염해전을 매입했다고 밝히고 옛날 시인市人 곧 예전에 염해전 사람들의 자손으로서 마포에 사는 사람들과 함께 염해전을 경영하면서 이익을 나누어 왔다고 말을 꺼냈다. 곧 염해전을 법적으로 온전하게 취득했고, 또 과거 염해전 주인의 자손들과 함께 염해전을 운영하고 있다는 것을 밝힘으로써 자신들이 '강인'을 완전히 축출하고 염해전의 이익을 독점하고 있는 것이 아니라는 것을 말하고자 했던 것이다. 반인들은 아울러 염해전을 되돌려줄 것을 요구하는 '강인'은 원래 염해전을 소유했던 그 '강인'이 아니라고 지적했다.

올해 여름 경인京人 오가吳哥 및 정덕함鄭德涵 등이 한잡인閑雜人을 모아서 거짓으로 마포강인이라 일컫고는 감히 돌려받을 계책을 꾸며 천청天聽을 속였고, 형조에서 그들이 옛 시인의 자손인 줄로 여기고 돌려주어야 한다는 뜻으로 회계하여 시행하는 일까지 있게 되었습니다. 저들이 비리호송非理好訟하는 무리로서 마포강인을 사칭하고 천청을 속여 간계를 이룬 것이 이런 지극한 지경에 이르렀으니, 그 교활하고 간악함이 마땅히 어떠하겠습니까? 설사 그들이 옛날 시인이라고 할지라도 수십 년 전에 척매한 물건을 도로 물려달라는 것은 법에 없는 일입니다. 하물며 본디 강인이 아님이야 말해 무엇하겠습니까? 엎드려 바라옵건대, 그 괴수를 엄하게 처벌하고 염해전을 도로 찾아주소서.[138]

요컨대 염해전을 돌려달라는 강인은 진짜 강인이 아니고, 설사 강인이라 하더라도 수십 년 전에 '척매'한 것을 되돌려달라는 것은 법의 상식에 비추어 있을 수 없는 일이라는 것이다.

반인의 반박에 대해 형조는 4건사 외의 것을 격쟁했으므로 처벌하고,

그들의 요구를 들어주지 말 것을 건의했다. 하지만 정조의 판단은 달랐다. 정조는 4건사 외의 것을 격쟁한 것을 처벌하는 것은 타당하다고 말했지만, "척매한 것이 이미 분명하니 도로 찾겠다는 것은 정말 근거 없는 것이다. 이 소송의 승소와 패소는 척매의 진위에 달려 있다"[139]고 지적하고 문서를 검토할 것을 지시했다. 형조는 매매문서를 검토하고 "강민이 반인에게 척매한 것이 기축년(1769)에 있었던 것은 조금도 의심할 만한 단서가 없다"[140]고 보고했다. 여기서도 '권이'는 전혀 문제가 되지 않았다. 놀라운 것은 정조의 지시로 형조가 매매문서를 검토하기 이전 평시서와 비변사, 한성부 그리고 형조까지 매매문서를 확인한 사례가 전혀 없었다는 것이다. 그들은 예외 없이 "소금과 젓갈의 물종은 본디 강민의 구업舊業에 속한다"는 전래의 상식과 '반인은 반촌 밖에서 살 수 없다'는 금법에 의하여 판단했을 뿐이었다.[141] 하지만 이것이 매매문서의 법적 효력을 넘을 수는 없었다. 형조는 염해전은 반인에게 돌려주고, 반인이 반촌 밖에서 사는 문제에 대해서는 성균관이 법에 따라 단속할 것을 제안했고 정조는 이 제안을 그대로 수용했다. 염해전은 다시 반인의 것이 되었다. 다만 이날의 결정으로 염해전이 즉각 반인에게 귀속된 것은 아니었다.

1년 남짓 뒤 1790년 1월 4일 동성균 서유린이 정조의 명으로 반촌에 가서 폐막을 조사한 결과를 보고했다. 그중 하나가 염해전에 관한 것이었다. 직접 반인의 말을 옮긴다. "염해전은 본디 반민의 구업인데, 불행하게도 강민에게 빼앗겼다가 특별히 천은天恩을 입어 돌려받고자 했던 소원을 이룰 수 있었습니다. 하지만 가난한 전복들이 돈을 마련할 길이 없어 아직도 돌려받지 못하고 있습니다. 바라옵건대 병조와 균역청의 급대조給代條에서 먼저 예하預下하고 연한을 정해 갚도록 하여 처음부터 끝까지 살펴주시는 은혜를 입게 해주소서."[142] 염해전을 되찾기 위해 지난 5월

염해전을 돌려줄 때 강민에게서 받은 돈을 되돌려주어야 할 것인데, 그 돈이 없으니, 병조와 균역청의 급대조를 미리 성균관에 내려달라는 것이다. 정조는 허락했지만 실제 돈은 즉각 지불되지 않았다. 두 달 뒤 3월 23일 대사성 이면긍李勉兢이 왕명에도 불구하고 호조와 선혜청에서 돈을 빌려주지 않았다고 다시 요청하고 있기 때문이다. 물론 정조는 다시 지급할 것을 명했다.[143] 같은 달 28일 정조와 채제공 사이에 염해전 문제를 두고 약간의 토론이 있었다.

채제공 — 강민은 염해전의 일로 한창 시끄럽습니다.

정조 — 강민이 일찍이 소송에서 이겼다고 한다. 그런가?

채제공 — 우상 김종수가 판결해 강민에게 주었습니다.

정조 — 반민과 강민이 서로 억울하다고 하는데, 누가 옳고 그른지 모르겠다. 좌상의 의견은 어떤가?

채제공 — 신의 생각으로는 강민이 맡아야 할 일로 보입니다. 이 일은 들어보니 애초 강민이 이것을 생업으로 삼았다 합니다. 중간에 마침 한 부민富民에게 팔았는데, 부민은 반인의 돈을 썼기 때문에 반인이 빚을 받는 것을 빙자해 염해업을 빼앗았다 합니다. 강민은 또 값을 주고 돌려받아 10여 년 생업으로 삼아왔는데, 그 사이에 강민과 반인이 서로 소송을 하게 된 것입니다. 우상이 형조판서로 재직하고 있을 때 판결해 강민에게 주었으니, 송사의 이치가 지극히 온당하였습니다. 그런데 근일 반인이 조정의 처분이 있다 하여 마땅히 균역청에서 돈을 빌려주어야 하고 이것을 빙자해 위협한다고 합니다.

정조 — 정월에 폐마을 물었을 때 운운한 바 있다. 동성균을 통헤 들었더니, 저들이 5,000냥을 빌리고자 하여 과연 원하는 대로 주라고 하였다. 그런데 지금 또 분쟁하는 일이 있다. 공시당상의 의견은 어떤가?

이문원李文源— 좌상이 아뢴 바가 옳습니다. 소금과 젓갈은 강에서 나는 것이니 강민이 생업으로 삼을 수 있는 것입니다. 그런데 반인이 반드시 다투어 빼앗고자 하니, 정말 통탄스럽습니다.

채제공— 반인의 인심은 심히 근거가 없습니다.[144]

채제공과 이문원은 강민의 편을 들었다. 하지만 반인에게 돌려주기로 한 결정을 번복한 것은 아니었다.

하지만 이면궁은 열흘 뒤 동일한 내용을 다시 정조에게 요청했다. 호조에서 2,000냥, 균역청에서 4,000냥을 성균관에 미리 지급하고(성균관은 이 돈을 다시 반인에게 빌려주는 형식을 취한다), 염해전에서 1년에 1,200냥을 갚게 해달라는 것이었다. 정조는 허락했다.[145] 6,000냥이 반인이 원하는 대로 지급되었던 것은, 1797년 8월 22일의《승정원일기》기사로 알 수 있다. 이날 경모궁 현방을 경영하는 성균관 전복 이홍필李시弼 등은, 경모궁 부근에 집을 지을 때 건축 비용을 마련할 수가 없어, 현방 문서를 잡히고 빚 7,000냥을 내어 60호가 나누어 썼는데, 집을 지은 뒤 나오는 이익이 모두 채주債主에게 돌아가 살 길이 없다고 하면서 과거 염해전을 되돌려 받을 때의 예를 따라 호조와 선혜청에서 성균관에 미리 7,000냥을 보내준다면 이 돈으로 빚을 갚고 성균관에 매년 1,000냥을 갚겠다는 내용으로 상언하였던 것이다. 이것을 보면, 실제 6,000냥이 지급되었던 것이다.[146] 또한 1797년 당시 염해전은 반인의 소유가 되어 있었던 것이 확인된다.

빙계

반인은 한때 장빙업藏氷業에도 뛰어들었다. 조선 후기에 육류·어류의 소비가 늘어나면서, 여름철에 육류·어류의 부패를 막기 위해 얼음 수요가 크게 늘어났다.[147] 이에 반응해 겨울에 한강 등지에서 얼음을 채취하여 여름에 판매하는 사업은 큰 이익을 보장하는 것이었다. 반인은 1768년 빙계氷契를 조직하여 사빙私氷을 독점하고자 했다.[148] 빙계가 창설되기 전에 경강변에는 사빙업자가 30~40곳 있었다. 국가는 물론이고 의열궁義烈宮이나 성균관에서도 얼음이 부족하면 사빙을 사서 썼다. 얼음 판매 이익이 늘어나자, 성균관 전복은 성균관 유생의 접대라는 명분하에 성균관을 배경으로 공계를 창설하여, 공인권이 보장하는 특권을 바탕으로 사빙업을 억제하고 얼음 판매업을 독점하려고 했다."[149] 이하 반인들의 빙계 창설에 대해 간단히 살펴보자.

1768년 내수사가 첨부해 영조에게 보고한 의열궁의 수본手本은 한강 연안 사빙의 보관처에 대한 단속을 요구하고 있었다. 이곳에 대한 단속권이 있는 한성부에 사빙처를 찾아내어 처벌하겠다고 보고하자, 영조는 그대로 허락하였다.[150] 영조의 허락은 4월 4일에 있었다. 의열궁과 한성부, 영조로 이어지는 사빙 금지, 단속 요청과 허락 과정에 이의를 제기한 것은 당시 형조판서 홍중효洪重孝였다. 홍중효의 이의 제기를 확인할 수 있는 사료는 망실되었지만, 영조가 "경 때문에 전복들이 강민의 빙리氷利를 빼앗으려는 일이 아주 근거 없는 것임을 알았다"[151]라고 말하는 것으로 보아, 반인들이 빙계를 만들어 한강 연안의 장빙업자들의 이익을 빼앗으려 했던 것을 진작할 수 있다.

당연히 빙계는 영조의 명으로 혁파되었다. 한강 연안의 빙계는 불법이 아니었다. 빙계는 조선 초부터 한강 연안에 30~40곳이 있었고, 사빙을 금하는 법 자체가 없었다.[152] 한성부에서 빙계를 금지할 근거가 없었던 것이다. 구체적인 사정은 알 수 없지만, 홍중효의 말에 의하면, 빙계는 전복 6~7인과 의열궁의 궁속 몇 사람, 그 외 서울의 무뢰배들이 결탁해 만든 공인계貢人契였다.[153] 이들은 의열궁과 성균관에 얼음을 진배하는 것을 핑계로 한강 연안 장빙업자의 영업권을 빼앗아 이익을 취하고자 했던 것인데, 이 사업을 제안한 것이 바로 전복이었다.[154] 성균관의 전복, 곧 반인은 얼음에 민감하였다. 그들이 복무하는 성균관 식당에서 얼음의 수요가 많았고, 현방에서 판매하는 쇠고기가 상하는 것을 막기 위해 역시 대량의 얼음이 필요했던 것이다. 이것이 반인이 빙계를 만든 근거였을 것이다. 의열궁은 영조의 후궁인 영빈 이씨의 제사궁이었으니, 당연히 다량의 얼음이 필요했을 것이다. 추측컨대 반인은 한강 연안 사빙업자들의 이익을 빼앗기 위해 의열궁의 궁속과 기타 서울 시내의 무뢰배들을 끌어들여 빙계를 조직한 것일 터이다.

성균관이 소유한 재원 곧 토지와 절수 어장, 노비신공은 공인된 것은 아니었지만 반인의 생계 기반이었다. 임병양란 이후 성균관의 재원 상실로 인해 반인 역시 생계수단을 상실하게 되었다. 현방은 상실한 생계수단을 대신해 반인에게 주어진 것이라고 보아도 무방할 것이다. 하지만 현방에 대한 삼법사와 성균관의 수탈이 강화되자 그것에 대한 대응으로 반인은 지방 현방의 확장과 함께 소와 관련된 업종을 적극 개척하고, 과거 자신들의 생계와 유관한 어물전, 침어전, 염해전 등을 개설하고자 했다. 어떤 것은 성공했고 어떤 것은 실패했으며, 어떤 것은 절반의 성공을 거두었다. 중요한 것은 그것의 성공 여부가 아니라 반인이란 집단이 수탈에 대응하여 스스로의 생존로를 끊임없이 모색했다는 사실 그 자체이다. 피지배계급은 수탈당하는 존재로서가 아니라, 끊임없이 수탈에 대응하여 자신의 삶을 모색해나간 주체라는 사실이 중요하다.

7

저항

앞 장에서 강화되는 수탈에 반인이 어떻게 대응했는가에 대해 거론하였
다. 다만 그것은 어디까지나 합법적인 범위 내에서 체제의 허락을 얻으
려 했던 노력이라고 평가할 수 있을 것이다. 하지만 이미 확인했듯 그 합
법적 범위 안에서의 운동으로 수탈을 멈추게 하거나 요청한 바를 관철
시킬 수 있었던 것은 아니었다. 수탈이 강화될수록 반인은 대응의 범위
를 넘어 반응하기 시작하였다. 어떤 경우 그것은 창의적 발상의 소산물
이었고 어떤 경우 정책결정자들에게 충격을 주는 것이기도 하였다. 이
하 그 몇 가지를 정리한다.

1704년 성균관 대사성 조태구는 성균관의 재정 부족을 논하면서 전복들의 비참한 상황에 대해 언급했다. 그는 특히 사령使令의 일이 가장 견디기 힘든 것으로 사령을 한 번 거치면 파산하게 된다고 지적했다. 이런 이유로 '목을 매어 죽은' 사령이 연달아 두 사람이 나왔다고 하였다.[1] 성균관 재정의 부족분을 사령에게 전가한 것이 사령을 죽음으로 몰아넣었던 것이다.

성균관의 부족한 재정이 결국 맨 끝에 있는 노비들에게 죽음을 강요했던 것은 여러 자료에서 확인된다. 1727년 대사성 송인명宋寅明은 이렇게 말한다.

지금 공사 간의 괴롭고 무거운 신역身役으로 성균관의 전복보다 더 한 것은 없습니다. 늙건 젊건 남자건 여자건 늘 응역하느라 잠시도 쉴 수가 없습니다. 전후로 그 고통을 견뎌내지 못해 스스로 목을 매어 죽은 사람이 6~7명을 넘으니, 생각건대 정말 가련합니다. 더욱이 오직 반촌 안에서만 살게 되어 있어 한 걸음도 벗어나지 못하여, 실로 생계를

01
식당 도고

꾸릴 수단이 없습니다. 단지 의지하여 목숨을 잇는 수단은 오직 현방의 도사뿐입니다.[2]

앞서 숙종 30년(1704)의 자료에 목을 매어 죽은 사령이 둘이라 했는데, 영조 3년(1727)의 이 자료에는 목을 매어 죽은 사람이 6~7명을 넘는다고 했다. 스스로 죽음을 택하는 노비들 중에는 당연히 여자 노비도 있었다. 1732년 대사성 서종옥은 정우량鄭羽良이 대사성으로 있을 때 식모 한 사람이 자살했고, 자신의 재직 이후에는 한 식모의 남편이 독약을 마시고 자살했다고 하였다.[3]

서종옥의 요청 이후에도 본질적으로 상황은 변하지 않았던 것은 물론이다. 1년 뒤 새로 대사성이 된 조명익趙明翼은 자신이 경험한 노비의 자살을 이렇게 증언했다.[4]

신이 성균관에서 시권試卷을 꿇고 있을 때 수십 명의 전복이 허둥지둥 몰려와서 다급히 "식비食婢 한 사람이 밤에 이미 죽었고, 오늘 차례의 시비가 또 스스로 목을 매었습니다"라고 소리를 지르기에, 가서 구하게 했지만, 어쩔 수가 없었습니다. 아아, 이 환란은 비록 전에도 많이 있었습니다만, 제 자신이 관장官長이 되었으니, 비록 저들이 억울함을 견딜 수 없어 스스로 목을 매는 지경에 이르기는 했지만, 저도 모르게 참담하고 슬픈 생각에 밥을 앞에 놓고도 삼킬 수가 없었습니다. 이어 부끄러운 생각에 반예들을 대할 면목이 없었습니다. 그때 서둘러 시좌試坐를 파하지는 못하고 돌아서서 즉시 자핵自劾하기는 했습니다만, 마음은 오랫동안 갈수록 더 불안해졌습니다. 대개 밥을 짓는 쌀은 반 아가면 축이 나고, 정하게 쓿게 되면 줄어듭니다. 이바지하는 사람이 많아지면, 따라서 축이 나는 것도 더욱 많아집니다. 보통 해에도 채워 갖추기가 어려운데 이런 흉년을 만났으니, 어떻게 꾸어서 줄 수가 있겠습니까?[5]

식비의 자살은 유생들의 식사에 필요한 쌀의 부족 때문이었다. 유생들의 식사에 드는 쌀은 이미 부족하게 지급되었고 도정 과정에서 또 줄어들었다. 식사를 하는 유생이 많아지면 부족분은 더 늘어나므로 평시에도 늘 보충할 방도를 고민해왔는데, 흉년이 든 경우는 마련할 길은 없고, 또 돌아오는 문책은 두렵고 해서 자살했다는 것이다.[6]

앞서 수없이 검토했듯 조정은 성균관의 재정 부족 문제를 근본적으로 해결할 능력도 의지도 없었다. 식당 역시 비용 부족에 시달리게 되었던 것은 명약관화한 일이다. 1790년 3월 23일 대사성 이면긍은 정조에게 식당의 운영이 과거와 너무 달라져 "식당에서 일하는 사람은 모두 오합지졸 무뢰배이고, 공해公廨의 재목과 기와를 훔친 것도 모두 이들이 한 짓"[7]이라고 말했을 정도로 식당 운영이 부실해지기 시작했다. 1792년 8월 21일 장령 김희섭金禧燮은 성균관 직강直講 자격으로 식당 문제를 지적했다. 그는 식당 식모의 문제를 꺼냈다.

대개 식모는 전복이 돌아가면서 공궤하는 것이 오래전부터의 예인데, 연전에 전복들이 가난한 식모가 책응責應하기 어렵다는 이유로 돌아가면서 맡던 식모를 일시적으로 없애고 6~7명의 반한泮漢을 고립雇立했습니다. 처음에는 유생들을 공궤하는 데 문제가 없었지만, 세월이 조금 오래되자, 그 반한들은 모두 고립한 부류로 채워졌습니다. 막중한 식당이 지체되고 군색해질 우려가 없지 않습니다. 신의 생각으로는 고립한 식모를 없애버리고 예전대로 전복들에게 번갈아 맡겨야 할 것 같습니다. 어떠한지요?[8]

반인이 돌아가면서 식모를 맡던 관행을 버리고 식모 일을 전담할 반한을 고용했다는 것이었다. 품삯을 주고 사람을 고용하는 고립제雇立制가 도입된 것이었다. 그런데 처음에는 문제가 없었지만, 점차 반한들이 빈한한 부류로 채워졌고 이들이 제공하는 식당의 서비스가 나빠지기 시작했기에 고립제를 혁파하고 예전의 윤번제로 돌아가야 한다는 것이 김희섭의 주장이다. 반한이라고 하면 남자가 아닌가 하지만, 사실 반인과 같은 말이다. 곧 식모 윤번제를 폐기하고 가난한 반촌 여성을 고립했던 것이다. 2년 전인 1790년 대사성 이면긍이 "식당에서 일하는 사람은 모두 오합지졸의 무뢰배"라고 한 것은 바로 이런 변화의 산물이다.

김희섭이 식당 문제를 소상하게 알았던 것은 그가 성균관의 구임관久任官인 직강이었기 때문이었다. 우스꽝스러운 것은 그가 왕 앞에서 식당 문제를 꺼낸 것 때문에 면박을 당했다는 것이다. 우승지 이가환李家煥이 성균관 천예의 일을 진달한 것은 지극히 자질구레한 것이라고 지적하고 추고할 것을 요청했던 것이다. 김희섭은 장령에서 갈렸다. 무안을 당한 김희섭은 1년 뒤 다시 장령에 복귀하여 이 문제를 재론했다. 정식으로 상소를 올렸던 것이다.

조정이 설치한 현관賢館(성균관)과 선비를 양성하는 절목은 거의 완벽한 것입니다. 하지만 근래 재정이 쪼그라들어 온갖 폐단이 겹쳐 나고 있습니다. 선비를 공궤하는 물자는 막중한 것인데도 늘 부족함을 염려하고 있습니다. 거기에 '식당 도고食堂都賈'의 폐단으로 말하자면 더 나빠질 수 없는 상황이 되었습니다.

대개 아침저녁 많은 선비들에게 공궤하는 물자는 태학太學을 설립한 초기부터 거의 1,000석에 가까웠고, 전복들은 정간井間의 차례에 따라 식모를 배정하여, 혹은 2년에 1차, 혹은 1차, 돌아가면서 응역하는 것이 바뀌지 않는 옛 규례였습니다. 그런데 **수십 년 전부터 반복들이 입역하는 것을 기피해 마음대로 도고都賈를 하기 시작했습니다.** 혹 제생諸生의 발론으로, 혹은 반당泮堂의 신칙으로 인해 잠시 세웠다 곧 혁파했는데, 이와 같은 것이 오래되었습니다.

임인년(1782)에 재신宰臣 조상진趙尚鎭이 대사성이 되었을 때 돌아가면서 하던 옛 규례를 영원히 없애버리고 도고의 새 규례를 세우는 것을 허락했습니다. 대저 고립雇立하는 무리들은 빈궁하여 항산恒産이 없는 부류들입니다. 그들은 유생들의 공궤를 빙자하여 그 안에서 생활의 근거를 마련하는 자들입니다. 1년, 2년 빚이 산더미처럼 쌓여 비록 관가에서 시한을 정해놓고 독촉한다 해도 받아낼 길이 없으니, 궐공闕供은 아침이 아니면 저녁에 일어날 것입니다.

전복들은 일이 날 것을 염려하여 여러 가지로 돌보고 도와서 매년 거두어 주는 돈이 거의 1,000여 냥이라는 많은 금액에 이르지만, 주면 주는 대로 사그라져 미려尾閭(물이 샌다는 뜻)와 같습니다. **아침 식당을 정오가 지나서 열기도 하고, 저녁 식당을 밤이 되어서 열기도 하는 등 늘 지체되어 모양을 이루지 못합니다.** 식당은 관계되는 것이 얼마나 엄중합니까. 그런데 근례近例를 따라 즉시 변통하지 않으니 앞으로 닥칠 폐단을 이루 다 말할 수가 없습니다. 조정이 후하게 선비를 양성하는 좋은 법과 성의가 과연 어디에 있습니까?

이제 바로잡는 방법은 오직 도고의 고질적 폐단을 혁파하고 영원히 번갈아 맡던 법을 회복하는 데 있습니다. 빨리 유사有司의 신하에게 명하시어 좋은 쪽을 따라 옛 제도대로 하는 방법을 복구하게 하소서.[9]

김희섭에 의하면 수십 년 전에 '도고'가 시작된 이래 치폐置廢를 반복하다가 1782년에 공인되었던 것이다. 김희섭이 굳이 고립 대신 도고란 용어를 쓴 것은 의미 있는 것으로 여겨진다. 원래 고립은 윤번제로 맡던 식당에서의 노동을 돈을 주고 사람을 사서 고용한다는 의미가 있었다. 이에 반해 도고는 '도거리'한다는 의미가 있다. 즉 일정한 돈을 주고 식당의 운영 전체를 맡기는 것이다. 다시 말해 전복들은 한 무리 사람들에게 식당의 운영 비용 전체를 맡겨버린 것이었다. 반인들은 비로소 식당 운영의 의무에서 해방된 것이었다.

문제가 발생하기 시작했다. 김희섭의 지적에 따르면, 도고를 통해 식당 운영을 맡은 자들은 전복들이 주는 식당 운영비에 의지해 생계를 유지했던 것이니, 이것은 곧 식당 운영비를 횡령한다는 것을 의미하였다. 구체적으로 밝히지 않았지만, 일정하게 배정된 식비를 전적으로 식재료 구입과 조리에 사용하는 것이 아니라, 그것을 사적으로 운용하여 일부를 수입으로 삼았을 것으로 추측된다. 그것은 회수할 수 없는 부채 형태로 남게 되었다. 식비가 사라져 결국은 유생들에게 식사를 제공하지 못할 경우, 곧 궐공이 발생할 것이라는 것이 김희섭의 예측이었다. 식당 도고를 설계한 전복들은 궐공의 발생을 염려해 따로 1년에 1,000여 냥을 지원하지만, 그 역시 문제 해결에는 도움이 될 수 없었다. 급기야 아침 식당을 정오가 지나서 열기도 하고, 저녁 식당을 밤이 되어서야 열기도 하는 등 실제 식당의 운영은 엉망이 되고 있었다. 성균관이 무너져내리고 있었던 것이다. 김희섭의 지적에 정조는 비변사에서 검토하여 보고할 것을 지시했지만, 실제 검토와 보고가 이루어진 흔적은 보이지 않는다. 성균관 식당 문제에 사람들은 별반 관심이 없었던 것이다.

성균관의 식당 문제는 너무 사소한 것이었는지 '식당 도고'의 문제는 제기만 되었을 뿐 그에 대한 즉각적인 반응을 확인할 수 없다. 다만 국가는 식당의 운영비조차 지급하지 않았다. 1812년이면 유생에게 제공하는 식사에서 호조에서 지급하는 반미飯米 외의 것들(예컨대 반찬 같은 것)은 모두 현방에서 맡는 것이 관행이 되었다.[10] 모든 것을 반인에게 떠넘긴 것이었다. 반인이 식당 운영에 의욕이 있을 리 만무했다. 거기다 삼법사와 궁방의 수탈은 점점 더 가혹해지고 있었다. 1815년 9월 25일 비변사에서 성균관의 문제를 총체적으로 점검하고 대책을 보고했을 때 식당 문제가 포함되어 있었다. 인용하면 다음과 같다.

성균관은 원래 "식모의 역役은 당초 반호泮戶에 돌아가며 배정했는데, 현방에서 보태어주는 것은 땔감과 콩 값 2냥에 불과했습니다(①). 근래에는 반촌이 조잔凋殘하기 때문에 따로 지공소支供所를 정하고, 매일 15냥이란 많은 돈을 보태어주고 있으니, 반촌의 형편이 조금 살아나기를 기다려 다시 식모를 돌아가며 배정하는 옛 규례를 회복해야 할 것입니다"라고 하였고, 이에 대해 비변사는, 식모의 역전役錢을 돌아가며 배정하는 문제와 따로 지공소를 정하는 일의 타당성은 대사성이 반드시 사정을 상세히 살폈을 것이라고 하면서 순조에게 그대로 재가할 것을 요청하였다.[11]

①에 의하면 식모를 돌아가며 배정한다고 했는데 이것은 도고 이전 윤번제로 식모를 맡던 일을 가리킨다. 그런데 이때에 와서 식모의 노동에 대한 대가로 현방에서 보태어 주는 것이 땔감과 콩 값 2냥에 지나지 않았다는 것이다. 식당 도고조차 제대로 운영되지 않았다는 말이다. 비변사는 이 난처한 상황을 타개하기 위해 따로 지공소를 정하고 식당에 매일

15냥의 돈을 지급한다고 밝혔다. 그런데 돈을 지불하는 주체가 애매하다. '반촌의 경제적 형편이 어렵다'는 말이 있고, 뒤에 반촌의 형편이 나아지기를 기다려 다시 예전처럼 식모를 윤번제로 배정하자는 말이 있는 것으로 보아, 성균관이 돈을 지불한 것으로 보인다. 상세한 사정을 알 수 없으나 여전히 식당 도고가 이루어지고 있었던 것은 분명하다. 다만 그 운영이 원활하지 않았던 것은 분명한 일이다.

18세기 말 정조 시기에 오랫동안 성균관 유생으로 있었던 윤기는 자신이 성균관을 떠난 뒤 유생의 분위기가 아주 달라졌다고 증언하는데, 그중에서도 식당에 대한 언급이 흥미롭다. 3장에서 인용한 바 있는 〈정상한화井上閑話〉에서 국가의 성균관 유생에 대한 여유 있는 대우에 대해 서술한 뒤 윤기는 19세기 초반 성균관 식당에서의 변화를 이렇게 꼬집어 말한다.

근래 선비는 선비의 도리로 자신을 단속하지 않고, 오직 작은 이익만을 노린다. 모든 이바지하는 물건을 돈으로 받지 않는 경우가 없고 모두 정해진 가격이 있다. 굴비는 2문文, 점심밥은 2문, 대별미는 8문, 소별미는 5문, 명절 별공別供은 30문이다. 그 외 만약 돈으로 대신할 수 있는 것이라면 그렇게 하지 않는 것이 없다. 이에 하인배들이 무시하고 미워하며 이런저런 핑계를 대며 본래 물건까지 바치지 않는다. 둘러대는 말을 하기도 하고 혹은 욕하면서 거절하기도 하는 것이 날이 갈수록 더욱더 심해지고 있다. 이 때문에 날마다 내놓으라고 다그치고 소리를 질러 꾸짖고 매질을 하는 소리가 걸핏하면 28개 방에 어지럽게 울리는 것이다. 오늘날의 인심으로 보거나, 반한들의 억세고 사나운 성깔을 보건대, 어찌 두려워하며 받들어 모실 리가 있겠는가?[12]

유생들이 찬거리와 점심밥, 별미, 명절 별공 같은 것을 그것의 값에 상응하는 돈으로 받기 시작했고 그 외 성균관이 지급하는 물품 중에서 돈으로 환산할 수 있는 것은 모두 돈으로 받는다는 것이다. 성균관의 식당 운영 자체가 붕괴하고 있었던 것이다.

윤기는 같은 글에서 "아침저녁 식당에 들어가지 않고 자기 방에서 도기到記(명단 장부)를 쓰는데 한 사람이 열 사람의 도기를 쓴다"[13]고 하였다. 원래 유생은 식당에서 아침저녁 두 끼를 먹어야 도기에 1점을 기록하였고 일정한 점수가 넘어야 도기과到記科를 위시한 시험에 응시할 수 있었다. 식당의 식사 참석은 상당한 의미가 있는 일이었는데 이 제도가 붕괴되고 있었던 것이다. 이것은 반인들의 식당 도고 설립 이후의 일이다. 반인에 대한 가혹한 수탈이 결국 반인으로 하여금 식당 도고를 창안하게 만들었으니, 반인은 식당 운영에서 빠져나가면서도 동시에 식당의 운영 자체를 좌우하게 되었던 것이다. 그리고 반인은 식당을 폐쇄할 수도 있게 되었다. 궐공을 일으킬 수 있게 된 것이다.

앞에서 다룬 1790년 1월 4일 동성균 서유린의 보고 중 '계판揭板' 문제가 있었다. 서유린이, 현방에 각 군문의 순라 군졸이 한밤중에 현방에 들어와 물품이나 돈을 강제로 요구하다가 마음에 들지 않은 것이 조금이라도 있으면 '범야犯夜'(야간 통행금지 시간인 초경과 오경 사이에 함부로 다니던 일)라고 일컫고 잡아가서 정과呈課하는 일을 특별히 금지해 폐단을 제거해야 할 것이라고 건의하자, 정조는 "각별히 금하고, 이후 현방에 함부로 쳐들어가는 자는 '고입인가율故入人家律'을 적용하라고 지시했다.[14] 하지만 이러한 지시가 실제 순라 군졸에게 전달되지 않을 것은 분명했다. 현방에서는 그것을 잘 알고 있었기에 희한한 아이디어를 내었다. 정조의 말을 목판에 새겨 현방에 걸었던 것이다.

왕의 말씀인 '전교傳敎'를 노비가 직접 새겨 쇠고기 가게 앞에 내걸었다는 것은 당연히 문제가 되었다. 공시당상 이문원이 이것을 문제 삼았다.

근래에 들으니, 도사屠肆에서 전날 전교 말씀을 판板에 걸기까지 하였다고 하므로 듣고 깜짝 놀랐습니다. 왕언王言은 얼마나 중대한 것입니까? 그런데 그들이 감히 권위 있는 것에 기대려는 계책을 만들어 이처

02
계판

럼 더러운 곳에 새겨 건단 말입니까? 저들이 만약 은혜로운 전교에 감격할 줄 안다면, 그 전교를 높이 받드는 방법이 어찌 없겠습니까만, 이번에 이런 판을 거는 일이 있었으니 너무나도 놀라운 일입니다.

게다가 판각 아래 또 당상堂上의 수결手決(자필 서명)을 두어 아주 의아한지라 서유린에게 물어보았더니, 그때 봉감捧甘(하급 관아가 상급 관아에서 내려보낸 공문을 받들던 일)할 당시 단지 수결만 하였고 현방이 내건 현판에는 애초 수결을 한 적이 없다고 하였습니다. 그러므로 반한들을 어제 잡아다가 이치를 따져 엄하게 묻고 현판은 가져오게 했습니다만 아직도 소식이 없습니다.[15]

서유린의 수결을 어떻게 구하여 현판에 새겼는지는 알 수 없으나, 그것은 잘못이라고 할 수 있다. 하지만 왕의 명령을 현판에 새겨 내건 것 자체를 문제 삼을 수는 없다. 노비란 비천한 부류가 푸줏간과 같은 공간에 왕의 말씀을 직접 새겨 내거는 행위가 문제가 된다는 것은 조선 사족체제의 신분제가 갖는 모순을 고스란히 드러내는 것이었다.

왕의 명령을 현판에 내건 것은 확실히 효과가 있었다. 2년 뒤인 1792년 뒤 현방 쪽에서 비변사에 현판을 다시 거는 것을 허락해달라고 요청했다. 이들의 말은 직접 들어볼 필요가 있다. "삼법사의 금리들이 현방을 횡침하는 것이 이미 고질적인 폐단이 되어 있었는데, 작년 특교特敎로 금단하신 것이 지극히 엄하여, 전교 한 통을 각 현방 뒤에 현판으로 만들어 내건 뒤 금리들이 전처럼 작폐하지 못하였습니다. 그런데 그때 내건 현판을 경조京兆(한성부)에서 떼어간 뒤로 폐단이 다시 전과 같았습니다."[16] 왕의 명령을 옮겨 쓴 현판은 삼법사 금리들의 불법적 수탈을 막는 데 효과가 있었던 것이다. 현판을 떼어간 것은 한성부였다. 한성부는 삼법사의 하나다! 현판을 떼어간 이유는 자명하다. 현방 쪽에서는 성균관을 움직였다. 성균관 쪽에서 한성부에 연락해 현판을 돌려받았고 따로 깨끗한 궤櫃를 마련해 그 안에 현판을 봉안했다. 과거 이문원의 말을 의식하여 왕의 말씀을 정갈하게 모시겠다는 뜻이었다. 하지만 한성부에서 다시 현판을 떼어갔다. 현방 쪽은 금리들이 현판을 가져간 것은 불법적 수탈을 다시 감행하려는 것이라고 지적하면서 한성부로 하여금 현판을 되돌려주게 해달라고 요청했다. 비변사는 한성부가 현판을 떼어간 것은 잘못이라고 지적하면서도 전교가 현판을 걸어야만 시행되는 것이 아니라는 이유로 현방의 요청을 수용하지 말아야 한다고 했고 정조 역시 비변사의 말을 따랐다.

현방이 현판을 거는 것은 금지되었지만, 그것은 그나마 삼법사의 금리와 궁노의 침탈을 막는 작은 방파제의 역할을 할 수 있다는 것이 중론이었다. 1793년 대사성 심환지는 첩도를 빙자한 금리의 속전 수탈과 궁방 무노배의 침탈이 반인의 가장 큰 고통이라고 지적하고, 후자를 막기 위해 1790년 '특교를 받들어 게판한 적이 있음'을 상기시키면서 게판을 허락할 것을 요청했다. 정조는 비변사에서 검토하여 보고할 것을 지시했다.[17] 비변사는 보고하지 않았던 것으로 보인다.

실제 게판하게 된 것은 3년 뒤인 1795년이다. 전복들은 대사성 이만수를 찾아가 게판을 허가해줄 것을 강력히 요청했고, 이만수는 8월 22일 궁노와 금리의 현방 수탈을 막기 위해 필요한 일이라고 정조를 설득했다. 정조는 베껴서 벽에 붙이는 것보다는 정밀하게 판에 새겨 거는 것이 나을 것이라면서 게판을 허락하고, 과거의 거조擧條와 자신이 게판을 허락한다는 이번의 거조를 모두 판에 새겨 걸 것을 지시했다.[18] 현방의 게판으로 말미암아 삼법사 금리의 활동에 제약이 있었던 것은 물론이다. 이것은 삼법사로서는 견딜 수 없는 일이었다. 형조판서 이재학李在學이 문제를 해결하기 위해 나섰다. 앞서 검토한 바와 같이 이재학은 연석에서 성균관과 현방이 첩도를 하고 있다고 지적하고, 금리를 통한 통제가 없다면 소의 도축은 폭발적으로 일어날 것이고 그것은 결국 농우의 결핍을 초래할 것이라는 해묵은 논리를 반복한 다음, 현방처럼 불결한 공간에 왕의 말씀을 내거는 것은 나라의 체통을 손상시키는 일이라고 지적했다. 그가 하고 싶은 말은 바로 이것이었다. 그는 이어 현방의 현판을 즉시 철거해 형조의 누상고樓上庫에 봉안할 것을 요청했다. 금리의 현방 출입을 봉쇄하는 결정적인 장애물인, 왕의 말씀을 새긴 현판을 없애야 형조를 비롯한 삼법사의 현방 수탈이 다시 가능했기 때문이었다. 농우를 보호하자는 이재학의 논리를 정조는 부정할 수 없었다. 그는 결국 현판의 철거를 명했다. 이로써 현방은 자신을 보호할 수 있는 결정적인 보호막을 상실하게 되었다.

이후에도 현방은 계판에 대한 미련을 버리지 못했다. 1798년 1월 현방 측에서 자신들이 1년에 1만 7,950냥의 신역전身役錢을 바치고 있다면서 광례교 현방의 전례에 따라 왕십리와 뚝섬 사이에 현방 하나를 더 설치해줄 것을 요구했을 때 다시 현판을 걸게 해달라고 요구했다. 과거 현판을 내걸자 삼법사의 금리가 현방에 들어와 수탈하는 불법행위는 없었지만, 현판을 떼자 다시 수탈이 시작되었다는 것이다. 하지만 비변사는 "전처럼 계판하게 해달라는 설은 너무나도 무엄한 일"이라면서 정조에게 들어주지 말 것을 요청했다. 정조 역시 금리를 엄벌하라고 지시했지만 현판을 내거는 일은 허락하지 않았다.[19] 계판은 사소한 일이지만 반인들이 자신을 방어하기 위해 적극적인 행동에 나섰다는 것을 의미하였다.

1763년(영조 39) 4월 10일 형조판서 조운규趙雲達는 성균관 전복들의 집단 행동에 대해 보고했다. 곧 전복 수백 명이 형조로 찾아가서 밀도살의 엄격한 금지를 요구했다는 것이다. 자신들을 수탈하던 형조로 전복 수백 명이 찾아가 집단행동을 한 것은 매우 의미심장하다. 이들은 나름의 논리를 갖추고 있었다. 그들에 의하면, 현방이 1년에 성균관과 법사, 곧 삼사에 바치는 속전이 도합 1만 6,000냥에 이르는데, 잠도潛屠가 전에 비해 더욱 심해져 21개 현방이 실리하여 빈 가게를 지키고 있을 뿐이라는 것이다. 그들은 각 처에 바쳐야 할 속전을 마련하기 불가능하므로 반촌의 남녀가 장차 흩어질 지경이라고 하였다. 조운규는 전복들이 원하는 바를 이렇게 전했다.

저들의 소원인즉, 각 전의 난전례亂廛例와 똑같이 사도私屠에 대한 소문을 듣는 대로 잡아다 고하여 법에 정해진 대로 무겁게 처벌한다면, 일분이나마 보존할 도리가 있게 될 것이라고 하였습니다. 그들이 이익을 잃고 지탱하기 어려운 상황이 정말 호소하고 있는 바와 같습니다.

03
집단행동, 철도

만약 난전 단속을 허락한다면, 법조法曹에서 출금出禁하는 일이 없어
도 사도하는 부류들은 굳이 금하지를 않아도 저절로 금지될 것입니다.
지금 대신이 입시해 있으니, 하문하시어 처리하는 것이 좋을 듯합니
다.[20]

　반인은 형조판서 조운규를 압박하면서 시전 상인이 난전에 대해 갖는
특권인 금란전권을 요구했다. 금란전권을 갖게 되면, 잠도하는 자들이
처벌될 것이고 자신들은 살아날 가능성이 있다는 것이었다. 반인으로부
터 막대한 속전을 거두어들이던 형조로서는 반인들의 의견에 조심스럽
게 동의하였다. 조운규는 좌의정 홍봉한의 의견을 확인해볼 것을 요청했
다. 홍봉한은 현방 외에 사도가 점점 확대되어 전에는 두려워하는 느낌이
라도 있었지만 현재는 전혀 그렇지 않다는 것, 농가에서 농사를 철폐하고
현방이 이익을 잃는 것이 전적으로 사도에 근거한다는 것, 형조에서 단속
을 해도 사도하는 자들을 깡그리 잡아들일 수 없다는 것을 이유로 들어
반인에게 사도하는 자를 잡아 형조에 넘길 수 있도록 해줄 것을 요청하였
다. 영조는 홍봉한의 의견을 수용하여 허락했다.[21] 하지만 반인의 사도
단속이 강력하게 시행될 수 없었던 것은 분명하다. 사도의 배후에는 관가
官家와 사부가士夫家가 있었기 때문이다.[22]

　반인들이 형조판서를 압박해 금란전권을 손에 넣은 것은 매우 중요한
사건이었다. 이 사례는 반인들이 집단행동을 통해 자신의 의사를 표현하
거나 때로는 관철시킬 수 있다는 것을 의미하였다. 이들의 집단행동으로
서 가장 빈번하고 강력했던 것은 철도撤屠였다. 곧 총파업이다. 현방이 소
의 도축을 중지하는 철도는 곧 서울 시내에 쇠고기 공급을 중단하는 것을
의미했다. 제사와 식사에 쇠고기는 절대적인 비중을 차지하고 있었기에

철도는 심상한 문제가 아니었다. 더욱이 왕과 왕실, 고위관료의 젯상과 식탁에 쇠고기를 올릴 수 없는 것은 더더욱 문제가 될 수밖에 없었다.

철도는 처음에는 불가피한, 수동적인 입장에서 일어났다. 우역과 자본의 부족으로 부분적인 철도가 불가피하게 일어났던 것이다.[23] 하지만 반인이 스스로의 결정에 따라 의도적으로 철도를 감행하는 사례도 차츰 나타나기 시작했다. 최초의 의도적 철도는 1773년에 일어났다. 사도세자의 딸과 결혼한 당은첨위唐恩僉尉 홍익돈洪益惇의 노복들이 시정에서 행패를 부리는 일이 많아 그의 집 근방의 현방이 철도하는 경우가 왕왕 있었다.[24] 이것이 문헌에 나타난 최초의 철도 사례다. 하지만 이 경우는 개인적으로 피해를 보지 않기 위해 홍익돈 집 근처의 현방이 일시적으로 문을 닫은 사례다. 이것은 의도적인 것이기는 하지만, 현방 전체의 의사를 따른 철도와는 성격이 다른 것으로 생각된다.

5장에서 살핀 바와 같이 1789년 5월 반인은 궁방의 마직馬直들과 싸웠다. 반인들은 궁방의 마직들이 헐값으로 쇠고기를 사들여 자신들을 실업 상태에 빠지게 했다고 주장하고 항의 표시로 사흘 동안 현방 문을 닫았다. 서울 시민들은 제사상에 올리는 고기를 돼지고기로 대신하는 경우까지 있었다.[25] 현방이 문을 닫은 것은 매우 충격적이었다. 우의정 채제공은 현방을 비난했다.

저놈들이 만약 정말 억울한 일이 있어 법사法司에 호소하고, 묘당廟堂에 호소하면 어찌 마직들을 금지하지 않을 리가 있겠습니까? 그런데 이런 일을 하지 않고 제멋대로 철도하여 경대부卿大夫와 국인國人의 일용은 물론 제사에 쓰는 쇠고기 역시 살 수 없게 만들었으니, 이런 계획은 조정을 두렵게 만들어 자신의 뜻을 관철시키려는 것입니다.[26]

채제공은 반인이 법사와 묘당(의정부)에 호소하면 문제가 해결될 것이라고 말하고 있지만, 그의 말에는 일말의 진실도 없었다. 법사와 묘당이 문제 해결 능력이 있거나 실제 문제를 해결한 전력이 있었다면, 철도 자체가 발생하지 않았을 것이기 때문이다. 그 증거로 철도가 처음이 아니었던 것을 들 수 있다. 검교직각檢校直閣 서정수徐鼎修는 "반인은 전부터 조금만 마음에 맞지 않으면 번번이 '쇄고鎖庫'하는 것이 마침내 하나의 폐단이 되었다"고 말했다('쇄고'는 고깃간을 걸어 잠근다는 의미일 것이다). 하지만 이 말을 음미해보면, 또 앞서 다루었던 궁방의 계속된 현방 수탈을 떠올린다면, 그것은 '마음에 맞지 않아서' 하는 행동이 아니라, 약자의 최후 저항수단이라고 보는 것이 사실에 가까울 것이다. 하지만 정조와 신하들은 분개하여 철도를 주도한 반인의 처벌에 합의했다. 결국 철도를 제일 먼저 주창한 한두 반인을 형조에 회부해 각별히 형장을 치고 유배할 것을 명했다.[27]

반인의 철도에 대한 처벌을 계기로 일반 시전이 철시할 경우, 엄하게 형장을 치고 유배하는 것을 법령으로 정했다.[28] 그럼에도 불구하고 철도가 사라진 것은 아니었다. 현방이 일방적으로 수탈당하는 이상, 철도는 언제든지 발생할 수 있었다. 1793년에 이르면 현방이 성균관에 공용으로 바치는 세전稅錢과 식당에 드는 비용 및 삼법사의 속전은 2만 1,800냥에 이르렀다. 하지만 22개 현방 중 10여 곳은 항상 궐도闕屠하고 있고 나머지 현방에서 잡는 소는 8~9마리에 지나지 않았다. 대사성 심환지에 의하면 막대한 공세는 빚을 내어 메운 것으로 각 현방마다 빚의 규모는 7,000~8,000냥에서 1만 냥에 이르는 수준이었다. 현방은 이자 없는 20만 냥의 공채를 얻기를 바랐다. 정조는 비변사에서 검토할 것을 지시했다.[29] 이 문제가 논의된 것은 1793년 2월 13일이었다. 늘 그렇듯 조정의 결정은 참을

7

수 없을 정도로 더뎠다. 같은 달 19일 우의정 김이소金履素는 반한泮漢이 철도한 사실을 보고했다. 20만 냥의 대출에 대한 결정이 즉시 이루어지지 않았다는 것이 이유였다. 반인들은 자신들의 의사를 관철하기 위해 현방을 닫아버렸던 것이다. 반인의 집단행동은 충격적이었다. 그것은 '조정을 위협하려는 계책'[30]이었고 조정을 두려워하지 않는 소치였다.[31]

20일 행부사직 이병정李秉鼎은 다음과 같이 말하고 있다.

며칠 전 전복의 일은 국가 기강에 크게 관계되나, 너무나도 놀랍고 분한 일입니다. 저들이 만약 조금이라도 두려워하는 마음이 있다면, 묘당에서 회계하기 전 오직 공손히 처분을 기다려야 마땅할 것입니다. 이렇게 하지 않고 도리어 악을 베푸는 계책을 내어 감히 일시에 철시를 하였으니 그 자취가 묘당을 협박하는 데 관계됩니다. 근래 백성의 버릇이 어리석고 완악하다고 할지라도 또한 어찌 이와 같을 수가 있겠습니까? 신은 성균관 당상으로 대죄하면서 황송함을 견디지 못하고, 듣는 즉시 대사성과 왕복하여 두목의 무리를 형조에 잡아다 보내고, 곧 대료大僚(영의정)의 명을 받아 비변사와 의논하고 개시開市하도록 따로 신칙하게 했습니다.

다만 삼가 생각하건대 근래 사도의 폐단이 가면 갈수록 더욱 심해져 거의 없는 곳이 없습니다. 이것은 모두 양반의 행랑에서 이루어집니다. 법사의 금리가 구실로 삼아 도리어 패거리가 되어 애당초 잡지 않으니, 전복의 실업은 실로 여기에 근거한 것입니다. 신의 이번 아룀은 전복을 위해 한 것이 아닙니다. 이와 같다면 법금이 어떻게 행해지겠습니까. 신의 뜻은, 따로 법사에 신칙하여 이제부터 금리가 한 패거리가 되는 폐단을 통렬히 금하시고, 잡은 다음에는 해당 가장을

조율하여 엄히 다스리면 아마도 금지될 가망이 있을 것 같습니다.[32]

성균관은 철도를 이끈 주동자(두목)를 잡아 형조에 넘기고 비변사를 통해 다시 현방을 열도록 지시하였던 것이다. 그렇다고 해서 문제가 해결된 것은 아니었다. 이병정의 지적처럼 현방이 이익을 상실한 것은 사도 때문이었던 바, 사도 자체가 양반의 행랑에서 이루어졌기 때문이었다. 또 20만 냥의 이자 없는 공채를 반인에게 빌려주었는지는 자료가 없어 확인할 수는 없다. 다만 전례를 보건대 그 일부는 대출되었다고 보아야 할 것이다.

1793년 이후 철도는 종종 반인의 의사표시 수단으로 사용되었다. 1801년 8월에도 현방 두 곳이 철도했다. 같은 달 23일 대사성 김근순金近淳은 1800년부터 궁노들이 조정의 금령을 무시하고 현방을 다시 수탈하기 시작했다고 지적한다. 아마도 정조의 사망이 계기가 되었을 것이다. 급기야 명례궁의 무노買奴가 술에 취해 현방 사람을 집단폭행하는 사건이 일어났고, 이에 현방이 철시하게 되었다. 궁노만 현방을 다시 수탈하기 시작한 것이 아니었다. 김근순은 삼법사의 이예吏隸와 포도청의 포교·포졸까지 현방을 불법적으로 침탈하는 것이 갈수록 심해지고 있다면서 궁노와 아울러 엄하게 통제할 것을 요청했다.[33] 하지만 늘 그랬듯 그것은 아무런 소용이 없었다. 왜냐하면 현방의 철도는 1801년 말까지 계속 문제가 되고 있기 때문이다.

같은 해 12월 30일 수렴청정하고 있던 정순왕후는 이후 표지標紙를 소지한 노자奴子가 아니면 현방에서 쇠고기를 구입할 수 없게 하고, 삼법사의 하속下屬들 역시 금법을 범할 경우 해당 관청에서 호되게 다스리며 '외상방전外上防錢'을 모두 찾아줄 것을 명했다. 이것을 보면 8월의 조처가 별 효과가 없었음을 짐작할 수 있을 것이다. 현방의 철도에 대한 언급도 있었다. 현방은 '막중한 아침·저녁의 제향祭享과 화성華城에 보내는 물종'을 철시했다는 평계로 보내지 않았던 것이다. '막중한 아침·저녁의 제향'과 '화성에 보내는 물종'은 왕가의 제사에 쓰이는 쇠고기를 말하는 것으로 보이는데, 현방으로는 철시, 곧 철도란 수단을 통해 왕가의 제사를 방해한 것이었다. 그것은 "완악하고 사나운 버릇으로 마땅히 엄하게 징계해야 할 것"이었으나, "전의 버릇을 반복하면 형신刑訊과 유배를 면할 수 없음"을 경고하는 차원에 그치고 말았다.[34]

1811년 8월 18일 비변사에서는 선혜청의 공금 1만 냥을 빌리고자 한다는 현방의 요청을 전한 뒤 공금을 미리 내려주는 것은 "갑자기 의논하기 어려운 일"이라는 이유로 들어주지 말 것을 건의하였고 순조는 그대로 따랐다.[35] 각 처에 바치는 돈이 1년에 4만~5만 냥에 이르나 이익은 초라하기 짝이 없는, 현방의 절박한 사정은 고려 대상이 아니었다. 현방과 성균관의 재정이 파탄에 이르고 있다는 것은 수없이 지적된 바이지만, 전혀 관심의 대상이 아니었다. 그 결과는 궐공闕供으로 나타났다. 1811년 12월 15일 성균관 대사성 김이교金履喬는 상소에서 "선비에 대한 궐공의 근심이 하루하루 닥치고 있다"고 했다.[36] 궐공은 성균관 유생에게 식사를 제공하지 않는 것을 말한다. 이것은 매우 심각한 문제였다.

궐공은 왜 일어나게 되었는가. 김이교는 법금의 해이로 사도가 없는 곳이 없을 정도로 만연해 현방의 이익이 60~70퍼센트 감소했는데, 이와 반비례하여 성균관과 삼법사 등에 바치는 세금 혹은 속전은 3만 5,000냥으로 증가하였다[37]고 지적한다. 이어 그는 성균관이 호조에서 지급하는 쌀 900석 외에 거의 1만 냥을 현방으로부터 거두어들이고 있다는 것과

04

궐공

여기에 잦은 과거로 인해 거재유생의 숫자는 정원 100명을 상회하여 비용의 압력이 증가하고 있다고 지적했다. 김이교의 요청은 결국 현방에 대한 공채의 대여였다. 그는 1717년에 선혜청과 각 군문으로부터 은자 7,000냥, 돈 1만 냥을, 1754년에 병조·호조 및 각 군문에서 돈 2만 1,000냥을 대출했던 전례를 인용하면서 다시 현방에 공채를 빌려줄 것을 요청했다.

6일 뒤 김이교의 요청에 대한 비변사의 회계가 있었다. 호조와 선혜청에서 빌려줄 것을 긍정적으로 검토하라고 지시하는 것이 좋겠다는 것이었다.[38] 순조는 당연히 그렇게 하라고 했지만, 사실상 왕도 비변사도 호조와 선혜청도 모두 책임을 지지 않겠다는 것이었다. 20일 뒤 1812년 1월 8일 성균관 식당에서 유생들에게 식사를 제공하지 않는 일이 실제 일어났다. 담당자가 말하는 이유는 다음과 같았다.

> 많은 유생에게 날마다 공급하는 물자의 비용은 관에서 지급하는 반미 외에는 현방에서 전적으로 담당하여 거행하는데, 근래 현방이 실업한 것으로 인하여 마련해낼 길이 없는 것이 날이 갈수록 더욱더 심해져서, 비록 힘을 다 쏟아 봉행하고자 해도 어쩔 수 없는 형편이 되어 마침내 이 지경에 이른 것입니다.[39]

대사성 김이교의 조처로 식당을 다시 열기는 했지만, 현방에 대한 지원이 없으면 궐공은 계속 발생할 수 있었다. 비변사에서는 다시 호조와 선혜청에서 공채를 빌려주게 할 것을 요청했고 또 왕은 그대로 따랐다.[40] 궐공은 해결되었지만 현방은 여전히 문을 열지 않았고, 당연히 쇠고기 매매가 이루어지지 않았다.[41] 비변사는 성균관의 식당 담당 낭청과 현방의 관리처인 한성부의 당상을 처벌해야 한다고 말했지만, 이들에 대한 처벌은 실제 이루어지지 않았을 것이다. 처벌을 받은 사람은 현방의 두목 이병의李秉毅였다. 이병의는 한 차례 엄형 뒤 은진현 유배지로 즉시 압송되었다.[42]

반민의 입장에서는 전혀 개선된 것이 없었다. 대사성 김이교는 다시 상소하여 반민들의 문제를 거론했다. 그는 반민의 문제가 해결되지 않았던 것은 같은 시기 발생한 홍경래의 난 때문이라고 핑계를 대었다. 하지만 그동안 현방 문제에 대한 조정의 대응을 생각하면, 홍경래의 난이 핑계가 될 수는 없었다. 또한 대책이라고 내놓은 것도 한심한 것이었다. 조정은 호조에서 500냥, 선혜청에서 3,000냥을 빌려주겠다고 제안했다. 하지만 그 3,500냥은 현방이 성균관과 삼법사에 바치는 1년 3만 5,000냥의 10분의 1에 불과했다. 결코 대책이 될 수 없었다. 김이교는 잠도의 범람, 궁방의 늑탈, 법사 이예의 가렴주구 등을 금지하지 않는다면, 문제를 해결할 수 없을 것이라고 지적했다.[43]

좌의정 김재찬金載瓚 역시 첫째 잠도, 둘째 본전이 없는 것, 셋째 쇠고기를 사들인 궁방이 전혀 값을 지불하지 않는 세 가지를 해결하지 않는 한 현방의 문제를 해결할 수 없을 것이라고 지적했다. 그는 좌우 포도청과 삼법사, 나아가 성균관 등에서 잠도를 금지하는 절목을 만들어 시행하게 할 것, 선혜청에서 1만 냥을 빌려줄 것, 궁방을 엄하게 단속할 것 등을 요청했고 순조는 그것을 그대로 수용하였다.[44] 물론 이 세 가지는 전혀 지켜지지 않았다. 다만 김재찬은 궐공, 철도에서 내비친 반인들의 저항은 단호히 처벌할 것을 요청했다.

반인이 철도한 일은 전에 없던 대이변입니다. 시전이 이익을 잃고 지탱하기 어려운 폐단은 조정에서 이미 충분히 알고 있고 또 일찍이 딱히 여긴 바지만, 아직 따로 방안을 마련해 해결하지 못하고 있을 뿐입니다. 만약 그들이 호소하여 딱한 사정을 알리고 처분해줄 것을 우러러 바라는 것은 본디 괴이하게 여길 것이 못됩니다. 하지만 이에 감히 시전을 닫고 철도하여 누차 신칙하는데도 뉘우치지 않고 막중한 헌어獻御(왕에게 물건을 올림)의 물자를 여러 날 궐공하게 만들었습니다. 형조와 한성부에서 수금囚禁하고 엄하게 신칙하였음에도 불구하고 오히려 사납게 들은 체 하지 않고, 끝내 그만둘 줄을 모르며 마치 조정의 명령에 힘을 다해 항거하는 듯한 태도가 있으니, 실로 세상의 큰 변고라 하겠습니다. 법망이 허물어져버린 것이니, 정말 말을 꺼내고 싶지도 않습니다. 시폐市弊는 시폐고, 민습民習은 민습입니다. 진실로 핵실하여 일률一律로 처벌해야 마땅하겠습니다만, 우선 관대한 법을 따라 수악首惡인 자는 우선 속히 엄형을 가하고, 절도絶島에 기한을 정하지 말고 유배 보내고 수종한 여러 사람은 같이 먼 땅에다가 형배刑配해야 할 것입니다.[45]

주목할 것은 형조와 한성부에서 수금하고 엄하게 신칙했음에도 불구하고 반인은 계속 저항했다. 앞서 현방 두목 이병의를 엄형한 뒤 유배하는 등 처벌 의지를 보였음에도 불구하고 반인들은 계속 '조정의 명령에 항거하는' 모습을 보였다. 강한 처벌이 따랐다. 은진현에 유배된 이병의는 다시 불려와 엄형을 받은 뒤 전라도 영광군 임자도에 물한년(햇수의 제한이 없음) 유배형에 처해졌고, 수종 이명현과 김영동은 한 차례 엄형 뒤 경상도 청도군과 전라도 동복현에 유배되었다.[46]

가혹한 신체형과 유배형에도 불구하고 1812년 이후에도 철도와 궐공은 이어졌다. 1815년 4월 영의정 김재찬은 유생의 반미가 부족해 계속 호조에 빌리는 성균관의 극심한 재정난을 지적하면서 결국은 식당의 궐 공으로 이어질 것이라 예견했다. 김재찬은 성균관의 재정난은 1776년(정조 즉위년)부터 시작되었지만 원인을 파악하고 개혁하는 일에 실패해 결국은 수습할 수 없는 지경에 이르렀다는 것이다. 김재찬의 예견대로 5월에 궐공이 일어났다. 호조에서 지급하는 쌀을 제외한, 현방이 마련해야 할 식재료 부족으로 식당을 열 수가 없었던 것이다.[47] 당연히 처벌이 따랐고 처벌의 논리도 전과 동일하였다. 식당의 궐공과 현방의 철도가 발생할 수밖에 없는 구조적 문제를 인정할 수밖에 없지만, 현방이 '조정을 두렵게 만들려는 습관'은 처벌하지 않을 수 없었던 것이다.[48] 현방의 두목 이신번李信蕃은 강원도 삼척부로 유배에 처해졌다.[49]

반인이 계속해서 철도와 궐공을 할 수밖에 없는 이유는 간단했다. 수탈 방식이 다양해졌고 아울러 수탈액이 증가했기 때문이다. 삼법사와 성균관의 합법적 수탈의 경우 수탈액을 줄여야 하고, 불법적 수탈의 경우 강력하게 금지하고 처벌해야만 했다. 이 간단한 해결책을 누구도 실행에 옮기지 않았다. 이신번에 대한 강력한 처벌을 요구했던 영의정 김재찬은 성균관 대사성에게 재정에 관련된 규정을 검토해 재정 악화의 원인과 해결 방안을 모색할 것을 지시했다[50]고 하고, "현재 초기草記로 개혁하고 있는 중"[51]이라고 대대적인 개혁이 진행되고 있는 것처럼 말했지만, 그것은 거짓말이었다. 아무것도 바뀌지 않았던 것이다.

이후에도 궐공은 이어졌다. 1819년 12월에는 식당의 궐공으로 인해 유생들이 기숙사를 떠나는 공재空齋가 있었다. 쌀 외에 생선 같은 반찬을 제공할 수 없었기 때문이었다. 물론 근본적인 원인은 '현방의 실업'에 있었다. 성균관 대사성이 다시 기숙사로 돌아갈 것을 설득했지만 유생들은 돌아가지 않았다.[52] 다만 현방이나 반인에 대해 과거처럼 형장을 가하고 지방으로 유배를 보내는 일도 없었다.

1850년 3월 현방의 철시撒市가 있었다. 1819년 궐공으로부터 31년 뒤 반인의 항의 표시가 있었던 것이다. 그 31년 동안 아무 일이 없었던 것인가. 수많은 일이 있었겠지만 기록에 남지 않았을 뿐이다. 순조는 1827년부터 아들인 효명세자孝明世子에게 대리청정을 시켰는데, 그 이전부터 이미 질병에 시달리고 통치 의욕이 없었다. 효명세자는 1830년에 사망했고, 순조는 1834년에 사망했다. 왕의 업무가 제대로 수행되지 않았으니, 중요한 기록의 저장고인 《승정원일기》 자체가 부실하기 짝이 없다. 순조에 이어 1849년까지 15년을 재위한 헌종 역시 세도정치하에서 왕으로서의 업무를 제대로 수행할 수 없었다. 《승정원일기》와 《실록》의 사료 역시 엉성하기 짝이 없다. 실제 어떤 사안을 두고 왕과 신하들이 토론하는 과정이 없었던 것이다. 31년 동안 현방에 대한 정보가 희소할 수밖에 없었던 것이다.

1850년 3월 현방의 철시는 그 내용을 확인할 수 없는 침묵 끝에 터져 나온 것이었다. 원인은 다르지 않았다. 궁방에서 쇠고기를 구입하고 대금을 지불하지 않았던 것이다. 당연히 처벌이 따랐다. 철종을 대신해 수렴청정을 하던 순원왕후純元王后는 철시를 주도한 사람을 유배형에 처하라고 지시했다.

현방의 일은 들으니 지극히 한심하다. 근래 각궁에서 사무私貿하는 폐단이 설령 그의 말과 같다 하더라도, 공포公庖(현방)의 소중함이 돌아보건대 어떠한가. 그런데 그놈들이 어떻게 인의로 철거하여 며칠에 이를 수 있단 말인가. 역시 기강에 관계되는 것이니 그냥 둘 수 없다. 반장泮

저항   489

長으로 하여금 엄하게 조사해 먼저 발론한 자를 형조에 이송해 엄형하고 멀리 유배하라. 사무 한 가지 일은 과연 보존하기 어려운 단서가 되니, 바로잡아 고치는 방도가 없을 수 없다. 마땅히 안에서 별도로 금칙禁飭해야 할 것이다. 그들로 하여금 즉시 포사 庖肆를 열게 하라.[53]

성균관은 철시를 처음 발론한 두목 김경환金敬煥을 형조로 넘겼다.[54] 곧 장형을 집행한 뒤 경상도 안동부의 원지에 유배하였다.[55] 이후에 진행된 일은 전과 동일하였다. 철시할 수밖에 없는 상황을 인정하면서 전혀 실행되지 않을, 해결책일 수 없는 해결책을 제시하는 것이었다. 영의정 정원용은 새삼 반인을 불러 상황을 물었고 답 역시 동일하였다. 매년 3만 냥을 상회하는, 삼법사와 성균관에 바치는 예납전例納錢과 궁노의 횡침·늑탈이었다. 정원용은 몇 가지 대책을 제시하였다.

① 호조에서 저울과 저울추를 정확하게 만들어 낙인한 뒤 각 현방과 각 무역처소貿易處所에 나누어 보내고 서로 맞추어 진배하게 함으로써 조종하는 폐단이 없게 할 것.

② 모두 표지標紙에 준하여 값을 갖고 사서 쓰게 하여 조금이라도 빚을 남기는 폐단이 없게 할 것.

③ 4궁四宮 외에는 무소貿所를 더 설치할 수 없는 것이 본래의 법식이다. 만약 더 설치할 경우, 4궁에 나누어 소속시켜 각 궁에서 무소를 설치하지 못하게 할 것. 이에 대해서는 모두 판하判下한 정식이 있으니, 모두 비변사에서 조목을 만들어 엄하게 신칙하게 할 것.

④ 가장 큰 폐막은 무노배가 사무하는 것과 값을 주지 않고 늑탈하는 것이다. 법사로 하여금 무노배가 빚진 돈을 일일이 징수해주고, 그

중 더욱 심한 자는 형장을 치고 유배할 것.

⑤ 서울 시내의 사도 및 서울 근처에 설치한 포사를 엄격히 금지할 것. 서울 가까운 곳은 경기 관찰사에게 공문을 보내어 기한을 정해 포사를 철거하게 하고, 만약 뒤에도 포사가 있다는 말이 들리면 해당 지방관을 중벌할 것.[56]

순원왕후는 ④와 ⑤는 즉각 수용했다. ①과 ②는 쇠고기 판매와 구입에 있어서 궁방 측에서 동일한 값으로 정량을 상회하는 양을 강요하거나, 혹은 정해진 가격을 지키지 않고 구입하는 경우를 의식한 것인데, 이에 대해 순원왕후는 의문을 표했다. 곧 쇠고기는 전부육全部肉을 구입하고 그에 대한 정가가 있어 폐단이 있을 수 없으니, 저울 사용을 굳이 강조하는 것은 납득할 수 없다는 것이었다. 순원왕후의 상황 인식은 정확하지 않은 것으로 보인다. 그녀는 '무노배의 늑탈'에 대해서도 "어찌 값을 주지 않고 가져갈 리가 있겠는가?"[57]라고 하면서 궁노들의 횡포에 대해서도 현실감이 없는 발언을 내뱉었다.

보다 핵심적인 문제는 4궁과 각 궁방의 관계에 있었다. 5장에서 상론한 바와 같이 4궁을 포함한 모든 궁방은 현방으로부터 쇠고기를 구입하는 과정에서 궁방 하속들이 현방을 수탈했던 것이다. 문제의 해결을 위해 4궁 외의 궁방을 4궁에 분속시켜 쇠고기를 대리 구입하도록 규정을 정했던 것인데, 이 규정이 지켜지지 않았다. 순원왕후는 도리어 분속 규정이 폐단을 야기할 것을 고려하여 각 궁방이 독자적으로 쇠고기를 구입하게 했다고 말한다. 하지만 반인에 의하면, 4궁 외의 궁방에서 신설한 무역소에서 무노배가 사흘을 작폐作弊했던 것이 사실이었다. 순원왕후는 궁방의 현방 수탈에 대해 현실감이 없었지만, 정원용의 요청을 수용하지 않을 수 없었을 것이다. 정원용의 요청을 실행하는 데 달리 비용이 드는 것은 아니었기 때문이다. 반인의 입장에서는 궁방의 침탈에 대해 철시를 감행함으로써 자신들의 요구를 관철시킨 셈이 되었다.

2년 뒤 현방에서 다시 철시를 감행했다. 1853년 1월 신년의 관례적인 행사의 하나로 왕이 공인貢人과 시인市人의 폐막을 물었을 때 현방에서는 "각 현방의 공물명색貢物名色은 곧 채주債主가 받는 것으로 매일 30냥이란 많은 액수라 빚이 점차 쌓여 현방의 영업이 어려워지고 있는 것이 걱정"이라고 말했다. 곧 사채 문제를 해결해달라는 요청이었다. '공물명색'이 구체적으로 어떤 것인지 알 수 없으나, 비변사에서는 그것을 '사채私債'라고 지적하였다. 곧 현방은 막대한 규모의 사채를 갚기에 이익을 남기지 못하고 있다고 호소했던 것이다.

하지만 그것이 사채인 이상 조정에서 관여할 일이 아니라는 것이 비변사의 판단이었다.[58] 비변사의 판단은 형식적으로는 타당하였으나 그 사채는 반인에 대한 과도하고 불법적 수탈로 인해 발생한 것이었다. 현방은 즉각 철도로 자신들의 요구를 관철하려 하였다. 하지만 김경환·안종완安種宛·정효번鄭孝蕃 등 현방의 세 소임所任이 곧 형조에 체포되었다. 흥미로운 것은 이 중 김경환은 2년 전 현방 철시의 주동자로 안동부의 원지에 유배된 사람이었다. 그가 언제 어떻게 유배에서 풀려 돌아왔는지는 알 수 없으나, 서울로 돌아온 뒤 여전히 현방의 이익을 위해 투쟁하고 있던 것이다.

김경환은 조사에서 철시는 의도적으로 감행한 것이 아니라 저절로 이루어진 것이고, 사공私貢, 곧 사채가 다른 공물의 3배가 되는 것이 철시의 원인이라고 말했다(형조에서는 이 사채를 문제 삼은 것은 지극히 외람된 것이라고 말했다). 이와 아울러 궁방에서 쇠고기를 구입하는 과정에서의 폐단이 조정의 여러 차례의 조치에도 불구하고 전혀 교정되지 않았다고 지적했다. 구체적으로 그는 '사환배'(궁노들을 지칭하는 것으로 보인다)의 남무濫貿·늑매勒買로 인한 23개 현방의 손실이 매일 수백 냥에 달한다고 말했다. 그 결과 3~4곳만 남기고 모든 현방이 철도하게 되었고, 급기야 그곳마저 모두 철도하게 되었다는 것이다.

김경환은 말할 기회를 얻었지만, 철종은 철도를 국가권력에 대한 항거로 판단했다. 김경환 등 3인은 엄형 뒤 변원지邊遠地로 유배되었다. 현방 문제는 해결된 것이 아무것도 없었다.[59] 같은 달 20일 김경환의 아들 김석규金碩奎는 철종이 생부인 전계대원군全溪大院君과 조부 은언군恩彦君의 사당을 참배하기 위해 대궐 밖으로 나갔을 때 격쟁하여 김경환의 정배가 억울하다고 하소연했다.[60] 물론 수용되지는 않았지만 반인은 점점 더 과감해지고 있었다.

1859년 7월 현방은 사도가 워낙 심해 자신들이 매매할 수 없다는 것을 이유로 '연일' 철시했고 이로 인해 '막중한 제향의 물종과 약간의 진배' 외에는 궐공과 다를 것이 없는 상황이 되었다. 현방의 문을 잠금으로써 국가의 제사 그리고 궁방에서 필요한 양만큼의 쇠고기를 제공했을 뿐 그 외에는 일체 팔지 않음으로써 사도를 단속하지 않은 데 대해 항의했다. 사도인에 대한 처벌이 따랐던 것은 물론이다. 이흥문李興文 등 13명이 체포되어 형장을 맞거나 형장을 맞은 뒤 각지에 유배되었다.[61] 하지만 현방의 철시에 대한 처벌은 없었다.

이후 현방과 관련하여 삼법사의 이예나 궁방의 궁노가 언급되는 자료는 사라진다. 이것은 의미 있는 현상이라고 생각된다. 1859년의 철시, 곧 철도는 아마도 마지막 철도일 것이다. 그런데 바로 2년 전 1857년 〈현방구폐절목〉이 만들어졌다는 점을 상기할 필요가 있다. 1859년의 철도는

1857년의 〈절목〉이 사실상 효력이 없었다는 것을 의미한다. 현방의 문제는 해결되지 않았으니, 그것이 1862년에 새 〈현방구폐절목〉이 만들어진 이유다. 이후 궁방의 침탈이 사라진 것에 대해서는 이미 5장에서 상론한 바 있다.

삼법사 이예와 궁방 궁노에 대한 언급은 사라졌지만, 사도에 대한 기록은 남아 있다. 이 기록을 좀 더 읽어보자. 1865년 9월 25일 영의정 조두순은 "연래에 도성 안팎의 사도는 조금 드물어졌지만, 교외에는 여전히 낭자하다"고 지적하고, 형조·한성부·좌우 포도청, 그리고 경기 감영에서 사도를 엄격히 단속할 것을 왕에게 요청했다.[62] 서울 도성 안팎의 사도가 줄어든 것이 사실이라면, 현방의 손해 역시 줄어들었을 것이다. 같은 해 12월 24일 의정부에서는 자부字部(도성都城) 내에는 아직 철거하지 않은 사포私庖가 있고, 교외에서는 여전히 소의 도축을 자행하고 있다고 보고한다.[63] 아마도 9월 25일의 조두순의 요청으로 서울 시내와 경기 일대의 사도에 대한 단속이 이루어졌던 결과에 대한 보고일 것이다. 그것은 실제 서울 시내에서는 사도가 이루어지는 '사포'의 철거로 나타났을 것이다. 그런데 의정부의 말을 음미해보면, 사포의 철거가 일부만 남기고 대부분 이루어졌음을 짐작할 수 있다. 또 의정부의 관심사는 서울 시내가 아니라, 광주·수원 등의 '사도의 소굴'이라 불리는 곳이었다.[64] 요컨대 서울의 경우는 사도 역시 차츰 소멸해가고 있었다.

1874년 11월 15일 영의정 이유원李裕元은 사도를 금지할 것을 요청하면서 서울의 경우에 대해 간단히 언급하는데, 참고할 부분이 있다. "금도禁屠하는 한 가지 일은, 형리가 나가 단속하면 감히 융통성 있게 하지 못하고, 만약 한 번 체포하는 일이 있으면 여러 곤란한 상황이 닥치기 때문에 비록 조정의 명령을 받들고자 하지만, 그럴 수 있는 형편이 되지 못합니다."[65] 이 말 뒤에 바로 '외방의 포사庖肆로 말하자면'[66]이란 말이 이어지는 것으로 보아, 이 구절은 서울의 도축에 대한 언급임에 분명하다. 형리가 서울 시내의 불법 도축을 단속하기 위해 나가려 해도 융통성을 부릴 수 없다는 말은, 법사의 도축에 대한 단속이 규정을 벗어날 수 없다는 것을 의미한다. 아울러 도축을 실제 단속하는 일이 있다 해도 '곤액'이 갖추어 이른다는 것은, 단속의 주체인 형리가 도리어 곤란한 처지에 빠진다는 말로 이해된다. 이것은 1865년 이후 사포의 철거 이후 서울에서 사도와 현방에 대한 침탈이 현저히 줄어들었던 사정을 반영하는 것으로 이해된다.

사실 이날 주로 논의된 것은 지방의 도축이었다.[67] 물론 현방에 대해서도 언급이 있었다. 고종은 현방의 수를 물었고, 이유원은 23곳이라고 답하며, 현방을 원래의 수 외의 것을 모두 혁파할 것인지를 물었다. 고종의 허락이 떨어진 것은 당연했다. 여기서 미묘한 것은 불법적 사도에 대한 엄금을 논하는 것이 아니라, '원래 법정 수 밖의 현방'을 혁파하라는 것이다. 현방은 아마도 이 시기 23곳을 넘어 증가해 있었고, 그것이 철거한 사포를 대신 맡았던 것으로 보인다. 이후 1875년에도 우역으로 인해 사도를 엄금하면서 서울의 경우 역시 23개 외에는 현방을 첩설하지 말 것을 지시했다.[68] 물론 이후 서울 시내 사도에 대한 단속이 있기는 했지만, 과거와 같은 수준은 아니었다.[69] 1873년 1월 13일 봄농사를 위해 서울과 지방의 사도를 금하라는 왕명이 내려지지만[70] 다분히 관행을 따른 것으로 보이고, 구체성은 확연히 떨어진다. 특히 서울의 경우, 현방과 관련하여 사도가 언급되는 경우는 사라진다.

궁방의 침탈이 그치고, 서울의 사도가 줄어들자 현방은 이익을 남기기 시작했을 것이다. 1865년(고종 2) 경복궁 중건이 시작되자 현방이 원납전을 낸 것이 그 증거가 될 수 있다. 반인은 적게는 200냥에서 많게는 1,000여 냥에 이르기까지 여러 차례 원납전을 납부했고, 때로는 개인 명의로 때로는 집단 명의로 기부가 이루어졌다. 또한 기록으로 남아 있는 것 외에도 정례적인 납부가 있었던 것으로 여겨진다.[71] 원납전은 이름과 달리 강제적인 것이었으므로 반인의 납부 역시 자발적인 것은 아니었을 터이다. 하지만 그것은 반인과 같은 사회 하층집단으로서는 자신의 존재를 증명하는 구실을 했던 것으로 보인다.

반인이 병인양요에 참여했던 것도 동일한 맥락에서 이해할 수 있다. 원래 반인은 군역을 지지 않았고 군인이 될 수도 없었다. 반인은 관노비로서 오직 성균관에서만 사역하는 것으로 설계되었기 때문이었다. 1790년 반민 송수진宋遂鎭 등은 반민이 1,000호, 1만 명에 가깝다고 하면서 새로 만드는 영문營門에 2~3초哨의 규모로 편입시켜줄 것을 요청했다.[72] 새 영문은 아마도 3개월 전인 1789년 11월에 장용영壯勇營에 향군鄕軍 5초를 더 만든 것을 의미하는 것으로 보인다.[73] 송수진 등의 요청은 "반복泮僕을 군문에 소속시킨 전례가 없고" 그 요청 자체가 무엄한 것이라 하여 간단히 거부되었다. 장용영은 국왕의 호위군대다.

반인은 군영에 소속되는 것을 자신들의 신분상승의 계기로 삼으려 했던 것으로 보인다. 반인이 그 의지를 실현한 것은 1866년 병인양요 때였다. 반인은 병인양요에 자원군으로 참전한다. 반인 200명이 총융청摠戎廳에 소속되어 전투에 참여했다.[74] 자원군에게 호궤할 쇠고기와 음식물, 담배 등을 제공하는 반인도 있었다.[75] 또한 전투에 참여한 어떤 관인은 반인이 "적진에 달려가는 정예로움이 한 지역을 맡을 만하였다"고 증언했다.[76] 병인양요의 여러 자원군 중 평소 군대와 전혀 관련이 없는 부류는 보부상과 반인 두 부류였다. 이들에게는 특별히 상이 있었다. 보부상과 반인의 참전자 전원은 목면 2필을, 그리고 그들을 이끌었던 2~3인은 가자加資를 받았다. 고종은 반인에 대해서 특별히 이렇게 말했다.

> 이번에 출정한 도하都下의 백성들 가운데 유독 반민泮民 200명만이 스스로 군장軍裝을 꾸려 위험을 무릅쓰고 기꺼이 싸움터로 나갔으니, 그들이 임금을 위하는 마음이 매우 가상하다.[77]

반인 200명은 스스로 군장까지 갖추어 자원 출정한 유일한 부류로서, 이 점이 특히 주목을 끌고 높이 평가를 받았던 것이다. 이것은 반인의 경제력을 반영한 것일 터이다.

반인으로 구성된 부대 200명은 병인양요 이후 해산하지 않고 이후 계속 사격술을 연마했다. 영의정 김병학金炳學은 병인양요 3년 뒤인 1869년 이 병력을 삼군부三軍府에 소속시켜 호위청扈衛廳의 방식에 따라 초병哨兵으로 만들어 궁성을 경호하게 할 것을 요청하였다. 관료들은 이 안건에 대해 모두 찬성했고, 고종 역시 흔쾌하게 재가했다.[78] 반인이 군안軍案에 소속된 이상 군인으로서의 삭료가 없을 수 없었다. 고종은 관세청管稅廳에서 거둔 세금 중 1,000냥을 반인에게 매달 지급할 것을 명했다. 왕이 궁궐 밖으로 외출할 때에도 수행 임무를 맡게 되었다.[79] 정식으로 군인이 된 것이었다. 정교鄭喬에 의하면, 반인을 뽑아 군적에 넣고 별초군別抄軍이라고 부르게 한 것은 흥선대원군이었다고 한다. 이들은 실제 1884년 갑신정변 때 고종을 호위하는 임무를 수행했다.[80]

8

해
방

1894년 갑오개혁으로 신분제가 폐지된다. 과거제가 폐지됨으로 인해 예비관료에 대한 교육과 일부 선발 과정을 맡았던 성균관 역시 그 기능을 완전히 상실하게 되었다. 곧 성균관은 학무아문學務衙門의 '성균관급상교서국원成均館及庠教書院局'으로 바뀌었다. 이후 성균관은 여러 차례 조직과 성격이 바뀌지만, 갑오개혁 이전의 성격과 기능을 상실했다는 사실은 변함이 없었다. 공식적으로 성균관의 노비였던 반인은 신분제의 폐지, 성균관이 그 본질적 기능을 상실함에 따라 성균관에 대한 일체의 의무적 노동은 더이상 강제되지 않았다. 물론 1801년 관노비를 종량할 때 성균관 노비인 반인 역시 법제상 양인이 되었으나, 그들에 대한 사회적·관습적 처우는 바뀌지 않았기 때문에 반인은 사실상 여전히 성균관의 노비로 존재했다. 하지만 갑오개혁의 신분제 폐지는 일체의 생득적 위계와 사회적 처우로서의 신분 자체를 폐기하는 의미가 있었다. 반인은 이로 인해 진정한 '해방'의 계기를 얻었다. 관제의 변화 역시 반인을 해방시켰다. 형조는 법무아문으로 바뀌고, 한성부는 명칭 그대로 존속했지만, 사헌부는 폐지되었다. 현방에 대한 삼법사의 속전 수탈 역시 존속될 수 없었다. 반인으로부터 노동을, 현방으로부터 속전을 수탈할 수 없게 된 조선 정부는 너무나도 아쉬웠다. 새로운 방법을 찾아야만 했다. 이 과정을 조금 살필 필요가 있다.

1895년 〈포사규칙〉

〈포사규칙〉의 내용

1894년(고종 31) 11월 14일 법무아문은 탁지아문에 공문을 보내어 9월 이후 속전을 과거 형조에 바치던 것처럼 법무아문에 바쳐야 하는지를 묻는다. 법무아문은 과거 현방에서 속전을 받던 삼법사의 하나인 형조였기에 1894년 8월까지의 속전을 과거의 예에 따라 법무아문이 받았음을 상기하며 9월 이후 속전을 계속 받아야 하는지를 물었던 것이다.[1] 소의 도축은 불법이었기에 현방의 속전은 그 처벌을 면제받은 벌금의 형태를 띠고 있었다. 갑오개혁 이후 《경국대전》에서부터 《대전회통》에 이르는 조선의 법령이 폐기되면서, 현방으로부터 속전을 징수할 법적 근거가 사라졌다. 이에 따라 소의 도축과 쇠고기 판매, 징세에 관한 새로운 법령이 절실히 필요했다.

1895년 1월 일본인·청국인淸國人과 포주庖廚의 설치를 둘러싼 논의가 있었는데, 이 시기 이들은 '포점庖店'을 설치해 영업을 하였으나 세금을

01
제도의 변화

내지 않고 있었다. 이것은 조선 포주, 곧 현방의 이익을 잠식하는 것이었다. 내무아문은 허가받지 않은 청국인의 상행위는 《보호청상규保護淸商規》를 어긴 것이라 지적하고 외무아문에서 금지할 것을 요청했지만, 외무아문에서는 현방과 동일하게 납세하면 허가할 수밖에 없다는 입장이었다. 영국·프랑스·미국의 공사가 공문 혹은 편지로 청국인의 포주가 없으면 외국인의 음식에 필요한 육류를 사기 어렵다고 청국 현방의 개설을 요청했기 때문이었다.[2] 결국 현방의 전례에 따라 세금 내는 것을 전제로 하여 청인의 포주 개설을 허가했다. 구체적 실상을 짐작하기 어려울 뿐이지 청국인의 포사 개설 문제를 포함하여 갑오개혁 이후 상당한 혼란이 있었을 것이다. 소의 도축과 쇠고기 판매에 대한 새 법의 제정이 절실하였다. 1895년 12월 3일 14개조의 〈포사규칙庖肆規則〉은 이런 배경하에서 제정된 것이었다.[3] '포사'는 현방을 대체한 말이었다. 물론 이후 '현방'이란 명사가 상당 기간 쓰이기는 했지만, 공식적으로는 사라지게 되었다.

〈포사규칙〉은 모두 14조이다. 그중 중요한 것을 추리면 다음과 같다. 소의 도축과 판매처는 '포사'란 명칭으로 단일화되었다. 포사를 개설하고자 하는 자는 소재지 관청을 경유하여 관찰사로부터 허가를 받아야만 했다. 관찰사는 해당자에게 농상공부에서 인쇄(목판)한 준허장準許狀을 발급함으로써 포사 개설을 허가하였다. 준허장의 발급에는 10원의 수수료를 받았다. 포사는 5등급으로 나뉘었다. 1일에 1두 이상을 도축하면 1등지, 2일에 1두는 2등지, 3일에 1두는 3등지, 4일에 1두는 4등지, 5일에 1두는 5등지였다. 세금도 1등지는 1개월에 24원, 2등지는 12원, 3등지는 8원, 4등지는 6원, 5등지는 4원 80전으로 각각 차등을 두어 책정되었다. 포사의 운영자는 장부와 도장屠場(도살장)을 갖추어야 했고, 담당 관리의 임검을 거부할 수가 없었다.

준허장을 발급받지 않거나 빌려서 포사 영업을 할 경우 3원 이상, 30원 이하의 벌금을 물리고, 현품現品(쇠고기)과 기구를 압수하고 이미 판매한 쇠고기에 대해서는 해당하는 액수를 징수하도록 하였다. 또한 임검을 거부할 경우 2원 이상, 20원 이하의 벌금을, 준허장을 잃어버리거나 손상시켰을 때와 준허장을 받은 뒤 포사를 다른 곳으로 옮겨 포사의 이름을 바꿀 때는 다시 준허장을 발급받아야 하는데 하지 않은 경우, 영업을 그만두면 준허장을 반납해야 하는데 하지 않은 경우는 1원 이상, 5원 이하의 벌금을, 세금 납부를 미룬 경우는 5원 이상, 50원 이하의 벌금을 징수하였다. 나머지 시행세칙은 탁지부대신이 정하기로 하였다.

〈포사규칙〉은 국가가 면허증을 발급하고 도축 수에 따라 수세하는 원칙에 입각하고 있었다. 불법으로 규정되었던 지방의 사도는 모두 국가 수취체제에 포함되었다. 곧 도축업과 육류 판매업을 국가의 세원으로 파악하고 전래의 관습법은 폐기되었던 것이다. 요약하자면 〈포사규칙〉을 제정한 목적은 세수의 확보였다. 물론 〈포사규칙〉이 정확하게 작동한 것은 아니었다. 서울을 제외한 지방의 경우, 인가를 받지 않은 불법적인 도축이 성행했고, 납세를 거부하기도 하였으며, 국가로부터 징세 권한을 구입한 징세업자의 과다한 징세가 있기도 하였다. 또한 지방의 면허를 받은 포사들은 외국인(주로 일본인)이 개설한 불법 포사와의 경쟁으로 이익을 상실하기도 하였다. 실제 〈포사규칙〉 제정 이후 지방 포사의 문제는 1923년 형평사衡平社 운동까지 이어지며 대단히 복잡한 양상으로 전개되었다. 다만 지방 포사는 이른바 '백정'에 의해 개설된 것이므로, 서울의 반인을 집중적으로 다루는 이 책에서 거론하지 않는다.[4]

〈포사규칙〉과 현방

반인은 사실상 합법화되어 있었던 현방의 운영 주체로서, 이들은 지방 사도의 주체였던 이른바 '백정'과 구분되었으나, 〈포사규칙〉의 공포로 인해 동일한 제도의 지배하에 들어가게 되었다. 반인이 신분적 해방으로 인해 현방, 곧 포사를 떠난 것은 아니었다. 1896년 5월 2일 한성부에서는 23곳의 현방에 준허장을 발급하였다.[5] 조선 후기 현방 23곳이 모두 공식적으로 면허를 받았던 것이다. 물론 기존의 현방이 인허를 받고 새 장소에서 영업하는 경우도 있었다(1906년 입동笠洞 현방). 이곳과 겹치는지는 알 수 없으나, 1901년부터 1911년까지의 고문서, 신문 등의 자료에서 청파靑坡 현방, 장동長洞 현방, 왕십리 현방, 수진동壽進洞 현방[壽洞懸房], 삼호三湖(마포나루) 현방, 야주현夜珠峴 현방 등의 존재를 확인할 수 있다. 사도가 성행했던 것처럼 인가받지 않은 포사가 영업을 하여 시민으로부터 고발당하기도 했다. 곧 1900년 11월 서서西署 당주현唐珠峴 주민들은 허가 없이 불결하게 영업하는 포사를 고발하기도 했다.[7]

당장 바뀐 것은 그다지 없었다. 예컨대 현방과 궁방의 관계도 여전하였다. 1896년 6월 궁내부는 탁지부에 명례궁과 동묘·남묘·북묘에 각각 3곳의 현방을 소속시킬 것을 요청하여 허가를 받았다. 육종肉種의 진배가 많고 제사가 잦다는 것이 이유였다. 원래 현방, 곧 도사는 한성부 관할이지만 도사의 세금(포세庖稅)은 탁지부 소관이었기에 궁내부는 한성부로부터 허가를 받아낸 뒤 6곳 현방의 세금을 면제해달라는 것이었다. 탁지부가 면세를 허가한 현방은 다음과 같다.

○ 명례궁—수동壽洞 현방 홍대진, 미동美洞 현방 김가종, 광례교廣禮橋 현방 이계희.

○ 동묘·남묘·북묘—염초청焰硝橋 현방 이흥서, 피마동避馬洞 현방 이 영화, 철교鐵橋 현방 이형서.

이 6곳의 현방은 과거부터 있던 현방의 일부일 것이다. 예컨대 2장에서 수동 현방과 광례교 현방은 《동국여지비고》의 22곳에 나오는 것이다. 나머지도 지명만 달라졌지 사실상 22개 현방에 포함될 것이다.[8]

이곳 외에 같은 해 11월 궁내부에서는 국왕에게 올리는 육종은 각감청閣監廳이 맡고 있으니, 수표水標·허병虛屛[9]·태평太平 3곳의 현방을 각감청에 전속시키고 면세해줄 것을 탁지부에 요청하여 허가를 받았다.[10] 1899년에는 광통교 박문석의 포사가 어떤 궁에 쇠고기를 진배進排(납품)했고 세금을 면제받았다.[11] 이것으로 면세의 특권을 갖는 9개 현방의 위치가 확인된다. 다만 이 현방의 면세특권이 언제까지 유지되었는지는 미상이다. 흥미로운 것은 과거 궁방은 현방을 불법적으로 착취하는 기관이었다. 하지만 이제 궁방의 특권은 사라지고 이제 면세의 혜택을 노리기 위해 현방이 도리어 궁방에 소속되기를 원했던 것이다.

다른 관행도 여전히 남아 있었다. 1897년 4월 민비의 늦은 장례식이 거행되었을 때 '성균관 두민頭民'들은 전례에 따라 여사군轝士軍이 되었다. 이 경우 현방의 속전 5개월분을 감해주는 것이 통례였다. 23개 현방은 속전이 포세로 바뀌었음을 들어 5개월 치의 포세 3,105냥을 감해줄 것을 요청했고, 탁지부에서는 요청을 그대로 따랐다.[12] 갑오개혁 이후에도 반인이 국장 때 죽은 왕이나 왕비의 상여를 메고, 세금을 면제받는 관행은 여전히 유지되고 있었다. 그런가 하면 포사에서 나오는 우근牛筋은 여전히 대가 없이 국가의 몫이었다. 경청警廳은 자신이 관할하는 5서 내 현방의 우근을 활의 제작을 구실로 모두 경청으로 납부할 것을 명령했다.[13]

현방의 포사세

포사에서 내는 세금을 포사세庖肆稅 혹은 포세庖稅라고 한다. 1896년 5월 면허를 받은 서울의 현방, 아니 포사는 같은 해 9월부터 포세를 낸 것이 확인된다. 같은 해 11월 3일 "한성부 5서五署[14] 내 각 포사의 월세금月稅金은 따로 세칙을 정했고 그에 따라 9월 24일부터 31일까지 받은 138원 40전을 보내니, 영수증을 발급해주기를 바란다"는 내용의, 한성부에서 탁지부에 보내는 공문이 남아 있는 것으로 보아,[15] 과거와 동일하게 서울 5서의 도사는 한성부의 관할이었고, 세금 역시 달마다 한성부에서 받아 탁지부로 보냈다.

이와 별도로 1896년 농상공부에서 탁지부로 보낸 공문이 있어, 내역을 보다 상세히 알 수 있다. 이 공문은 한성부의 요청에 관한 것이다. 한성부는 원래 농상공부에 보낸 공문에서 10월 24일부터 30일까지 5서 내 포사가 137마리의 소를 도축해서 1마리에 80전씩 법률에 의거해 납부한 돈 138원 40전, 4곳의 준허장 발급 수수료 40원, 도합 178원 40전을 보낸다며 영수증을 발급해달라고 요청하고 있다.[16] 여기서 중요한 것은, 24일부터 30일까지 7일 동안 서울 23곳의 포사에서 소 137두를 도축했다는 것이다. 하루에 약 20두이고, 23개 포사로 나누면 0.85마리가 된다. 1개 포사 당 1마리가 채 되지 않는다. 그래서 세금을 80전을 적용한 것이다.

두 달 뒤인 1897년 1월 7일과 9일 농상공부와 탁지부가 주고받은 공문에 의하면 12월 1일부터 31일까지 한 달 동안의 포세는 498원 40전, 준허장 발급 수수료는 20원, 도합 518원 40전이었다. 포사의 수를 23곳으로 보면 하루의 세금은 21.65원이었다. 이것을 1두 당 80전으로 계산하면, 하루 27두의 소를 도살한 것으로 나온다. 이것을 23곳 현방으로 나누면 1.12두가 된다. 1896년 10월의 0.85마리에 비해 조금 늘었다. 자료가 적어서 큰 의미를 부여하기는 어렵지만, 대체로 포사 1곳에서 1마리 안팎의 소를 도축했던 것으로 보인다. 이것은 조선 시대 현방과 크게 다르지 않다.

이후 서울의 포사세는 부분적인 통계가 남아 있다.

① 1897년 2~9월(7개월)[17] : 2월(656원 80전), 3월(254원 40전), 4월(294원 40전), 5월(222원 40전), 6월(145원 60전), 7월(159원 20전), 8월(236전 80전), 9월(329원 60전). 합계 2,299원. 전국 도합 6,791원. 전국 도합의 약 34퍼센트

② 1898년 5~8월(4개월)[18] : 5월(124원 80전), 6월(192원 80전), 7월(184원), 8월(231원 20전). 합계 732원. 전국 도합 1,463원 8전 8리. 전국 도합의 50퍼센트

③ 1898년 9~12월(4개월)[19] : 서울의 합계 1,111원 20전

표본 규모가 워낙 작아서 의미 부여가 어렵다. 다만 ①과 ②에서 보듯, 서울의 포사세는 전국의 34퍼센트, 50퍼센트를 차지한다. 이것은 서울에서 가장 많은 도축이 이루어졌고 또 포세 징수도 지방에 비해 원활했다는 것을 의미한다.

이 시기 포사세에 대한 통계는 그야말로 중구난방이어서 정확한 데이터를 얻기 어렵다. 예컨대 《탁지부농상공부공문래거첩度支部農商工部公文來去牒》[20]에 실려 있는 〈각부군포세이봉수송질各府郡庖稅已捧輸送秩〉이란 문서는 1896년에서 1899년까지 탁지부가 전국에서 징수한 포사세의 액수를 밝혀놓은 자료다. 그런데 각 연도의 데이터는 모든 지방의 12개월의 포사세를 담고 있는 것은 아니다. 예컨대 1896년의 자료는 경기도와 서울

(한성 5서 내외) 두 곳에서 징수한 액수만을 밝히고 있다.[21] 1897년에는 1~9월까지 전국 9곳의 포사세를 밝히고 합계를 적고 있는데,[22] 서울의 경우 2,817원 60전, 전국 합계는 7,378원 68전 6리 3모이다. 이런 방식으로 나머지 수치를 밝히면, 1897년 11월~1898년 5월(7개월)의 전국 8개 곳의 합계는 1만 804원 69전(서울은 2,616원 40전), 1898년의 6~12월(7개월)의 7곳의 합계는 1,481원(서울은 732원 80전), 1899년 1~5월(5개월)은 5,004원 16전 7리이다(서울은 1,736원).

각 연도의 개월 수가 다르고 또 포사세를 낸 도道가 계속 바뀌기 때문에 이 통계로 어떤 유의미한 해석을 한다는 것은 당연히 어렵다. 예컨대 대체로 6개월 내외의 개월 수로 통계를 낸 것이지만, 1898년 7개월 7곳의 수세액이 1,481원으로 급격하게 감소한 이유는 짐작하기 어렵다. 이 수치는 바로 앞 8곳의 7개월 치인 1만 804원이나 직후 10곳 5개월의 5,004원과는 개월 수와 납세한 곳의 차이를 감안한다 하더라도 현저히 줄어든 것이다. 다만 서울 포사와 관련하여 유의미한 것은 서울 현방의 납세액이 절대적이라는 것이다. 곧 1897년 1~9월은 전체의 38퍼센트, 1897년 11월~1898년 5월은 25퍼센트, 1898년의 6~12월은 49퍼센트, 1899년 1~5월은 34퍼센트이다. 1898년의 특수한 상황을 제외하면 대체로 서울 현방의 납세액은 전국의 4분의 1 내지 3분의 1에 달했다.

이 사실은 서울에서의 포세 징수가 가장 실제 도축 수에 가깝게 정확하게 이루어졌고, 또 한편으로는 서울에서 가장 많은 소의 도축과 쇠고기 판매가 이루어졌다는 것을 의미할 것이다. 서울에서 이루어진 소의 도축 수는 장기간에 걸친 정확한 통계를 얻기는 어렵지만, 그 일단을 짐작해볼 수는 있다. 1908년 전국의 도축 수는 7만 71두, 1909년 24만 473두, 1910년 1월부터 6월까지 8만 3,129두였다.[23] 1908년도의 도축 수가 아주 적은 것은 아마도 통계가 정확하지 않거나 반년의 통계치일 것이다(후자일 가능성이 크다). 이것을 반년 치로 본다면, 14만 두, 24만 두, 16만 6,000두(8만 3,129×2로 계산한 것)가 된다. 10만 두 중반에서 20만 두 중반 어림이다. 같은 성격의 자료지만 약간 세부적인 사항을 밝히고 있는 경우도 있는데, 이에 의하면 1909년 전국의 도수장은 556곳이고 도축 수는 24만 427두인데, 소가 가장 많았다고 한다.[24] 1910년 매일 평균 66두를 도축했다고 한다.[25] 66두는 아마도 소일 것이다. 왜냐하면 1년 전인 1909년 7월 서울에서는 소 64마리, 돼지 44마리, 양 2마리를 도축했다고 하는데,[26] 이것은 아마도 하루 도축 수일 것이다. 따라서 1909년과 1910년의 경우 서울에서의 하루 소의 도축 수는 60두 중반이었을 것으로 짐작된다. 66두의 소를 도축했다는 1910년의 자료[27]에 의하면 1월 서울의 인구는 한국인 16만 1,656명, 일본인 2만 6,316, 기타 외국인 1,914명이었다(총 18만 9,886명). 도축한 소의 고기는 1만 7,047근, 1인이 하루에 먹는 고기는 15전 1푼重이다. 15전 1푼의 무게가 지금은 현실감이 없으니, 근수로 계산하면 0.09근이다(17047÷189,886=0.0897). 1909년에 개정된 '도량형법'에 의하면, 1근은 600그램이었다. 곧 54킬로그램 정도를 소비하는 것이고, 한 달이면 1.6킬로그램 정도, 1년이면 19.2킬로그램이다.

한국인의 연간 쇠고기 소비량은 1970년 1.2킬로그램, 2000년 8.5킬로그램, 2020년 13킬로그램[28]으로 증가한 것을 감안한다면, 1910년도 서울의 1인당 쇠고기 소비량 19.2킬로그램은 대단히 많은 양이다. 물론 이 수치는 정확하지 않을 수 있다. 다만 서울은 쇠고기를 먹는 문화가 일찍부터 발달했고, 지방보다 훨씬 많은 쇠고기를 소비했다는 것을 상기한다면, 실제 완벽하게 일치하는 것은 아닐지라도 이 수치는 서울의 쇠고기 소비량이 지방에 비해 압도적으로 높았다는 현상을 반영하고 있다고 할 수 있다. 이런 복잡한 계산을 하는 것은, 갑오개혁 이후 특히 〈포사규칙〉 제정 이후 현방의 이익이 큰 폭으로 늘어났다는 것을 보이고 싶기 때문이다. 또한 1896년과 1897년 서울 현방 23곳의 1곳당 평균 도축 수가 1마리 내외였던 것을 떠올려보자. 현방의 수가 증가하지 않았다고 가정한다면, 1910년도의 66두는 1곳당 2.86두이다. 거의 3배에 가까운 수를 도축하고 있었던 것이고, 동시에 궁방과 삼법사에 의한 불법적 수탈이 없어진 것을 감안한다면, 갑오개혁과 〈포사규칙〉 제정 이후 반인과 현방의 이익은 폭발적으로 늘어났던 것이다.

포사와 포사세의 관할권을 둘러싼 논란

〈포사규칙〉 제정 이후 서울 포사세는 한성부에서 징수하다가, 농상공부로 수세권을 이관했는데, 1899년에 궁내부 전선사典膳司로 넘기기로 결정하였다.[29] 이것은 《황성신문》 1899년 9월 18일 자 기사에 의한 것인데, 문제는 전선사로 넘기는 일시다. 1899년 11월 농상공부와 탁지부 사이에 오간 공문에 의하면, '음력 4월'부터 서울 5서五署 내 현방의 포세를 전선사에 이속시켜 비용에 보충하기로 결정했다.[30] '음력 4월'은 좀 애매한데, 1900년의 음력 4월로 보는 것이 타당할 것이다.

지방 포사세 관할권도 바뀌고 있었다. 곧 궁내부에서는 농상공부에 1900년부터의 포사세를 내장원으로 이속시킬 것을 지시했다.[31] 이로써 지방 포사세의 수세권이 농상공부에서 내장원으로 이관되었다. 이어 한성부의 포세 역시 1900년 1월부터 내장원으로 이관되었다.[32] 앞의 전선사로의 이관이 무산된 것인데, 전선사가 궁내부 소속이고, 내장원은 원래 국왕의 개인 재산을 관리하는 내수사의 후신이니, 전선사에서 내장원으로의 이관은 사실상 소속처가 아주 달라진 것으로 보이지 않는다. 포사세를 이

관한다는 것은, 포사세 수입의 증가와 관련이 있을 것이다.

지방 포사세 관할권은 1904년 3월 내장원에서 농상공부로 이관되었다.[33] 농상공부에서는 각 도의 포사세는 관찰사가 관여하지 말고 군수가 직접 거두어 바치라고 지시했다.[34] 한성부 5서의 현방과 경기도·충청남도의 포사세는 그대로 내장원이 관할하였다.[35] 같은 해 이곳들의 포사세와 관리권은 또 제용사濟用司로 이관되었다.[36] 이것으로 끝난 것은 아니었다. 같은 해 9월 말 제용사에서 관할하던 11도의 포사세는 다시 농상공부로,[37] 한성부 5서와 경기·충청남도의 포사세는 경리원經理院으로 이관되었다.[38] 경리원은 1905년 3월에 설치된 궁내부 산하의 황실재산을 관장하는 관청이었다.

1906년 통감부 설치 이후 관세관管稅官 제도를 만든 뒤 탁지부에 13명의 세무감稅務監을 13도에 각각 두고 세무를 감독하기 시작했다. 그리고 그 아래 36명의 세무관이 36곳에 배치되어 세무를 집행했다.[39] 전국 13도의 선세船稅·포사세庖肆稅·전포세典舖稅는 세무관 관할이 되었다. 지방관(예컨대 군수)은 징세권을 잃게 된 것이다. 포사세 역시 세무관이 징세의 모든 사무를 관리하게 되었다.[40] 13도 중 서울과 경기·충청남도 포사세는 앞서 언급한 바와 같이 궁내부 경리원이 수세권을 가지고 있었는데, 서울은 전혀 고려 대상이 아니었지만, 경기와 충청남도의 경우, 수세권을 두고 경리원과 농상공부의 갈등이 있었다.[41] 1907년 10월에 이 두 지방의 수세권은 농상공부로의 이관이 결정되었고,[42] 실제 수세는 1908년부터 시작될 예정이었다.[43] 다만 탁지부에서 정식으로 경기도와 충청남도의 수세에 관한 모든 권한을 넘긴 것은 1908년 5월이었다. 이후 포사세는 농상공부 관할이 되었다.[44] 각 군읍郡邑의 인허장은 군수가 발급하고, 수세는 세무관이 전담하는 방식이었다.[45] 농상공부는 각 도 관찰사에

게 포사의 수, 영업자의 주소·성명·생년월일, 포세 납부 여부, 영수증 등을 보고하라고 지시했다.[46]

농상공부의 포사 관할 역시 오래가지 않았다. 1909년 4월 쇠고기가 '한국인 일반이 가장 기호嗜好'하는, 수요와 공급이 막대한 것이기에 위생에 긴밀한 관계가 있다는 이유로 쇠고기를 공급하는 포사의 관할을 농상공부에서 내부內部 위생국으로 옮겼다.[47] 포사의 인허장 역시 위생국 소관이 되었고 전국에서 인허장 발급의 요청이 쇄도하였다.[48] 위생국은 '포사조합위원회庖肆組合委員會'를 설립하고 위원을 지방 각 군읍에 파견하여 포사에 관한 일의 처리와 세금의 수납을 결정하였다.[49]

이 과정에서 서울 포사의 수세권에 대한 언급은 찾아볼 수 없다. 경리원이 1907년 12월 폐지되었으므로 서울 포사의 수세권도 역시 내부로 옮겨간 것이 아닌가 한다. 다만 이상의 잦은 수세권 관할 주체의 변동에도 불구하고 서울의 포사는 지방과 독립적인 지위에 있었다. 이것은 갑오개혁 이전 현방의 역사성을 인정하는 것이었고, 포사는 여전히 반인이 독점할 수 있었다.

1905년 〈도수규칙〉

1905년 9월 경무청은 동대문 밖 '신작로 오른편'을 도수소屠獸所 설립 장소로 결정하고 〈도수규칙屠獸規則〉을 제출했다.[50] 이 〈도수규칙〉은 도축장과 쇠고기 판매처를 달리하는 것을 기본으로 하고 있었기에 이전의 〈포사규칙〉에 비해 진일보한 것이었다. 그것은 근대의 위생관념을 실현하고자 했던 것이다. 서문을 읽어보자.

이제까지 포사는 일정한 장소가 없고, 인가가 조밀한 곳에 마음대로 개설하여 불결하기 짝이 없었다. 또 병든 짐승을 검사하는 법이 없어서, 육질의 좋고 나쁨이 뒤섞여 구분하기 어려웠다. 게다가 고기를 판매할 때 한데 이곳저곳에 내걸어 평소에는 먼지가 날아들고 여름철에는 파리가 꼬여 보기에도 더럽고 먹으면 병에 걸리기도 하니, 어찌 위생에 크게 해로운 일이 아니냐. 이제부터 따로 방법을 강구하여 청결하게 하려고 이에 조목조목 고시하니, 도수屠獸 및 육류 판매업에 종사하는 인민은 모두 숙지하고 한결같이 시행하는 것이 마땅하다.[51]

근대적 위생관념의 도입으로 도축과 판매가 분리된 것이다. 그 내용을 직접 인용하는 것이 좋을 것이다.

① 도수장은 관에서 설립하여 관에서 쓰는 것과 판매하는 것을 불문하고 소·양·돼지를 도살하는 장소니, 이 밖의 장소에서는 일체 도살할 수 없다.
② 도살할 짐승은 모두 도수장 검사원의 검사를 받아야 함. 도살한 육류라 해도 검인을 받지 못한 경우는 도수장 밖으로 반출할 수 없다.
③ 검사원. 병든 짐승 또는 육질이 불량하므로 ○(원문에 빠진 글자가 있어 의미를 알 수 없기에 ○으로 처리했다. 이하도 같다─필자)할 때는 도살 혹은 판매를 금지하고 병든 짐승은 뿔이나 앞다리에 '금○禁○'이란 글자를 낙인한다.
④ 도살 금지에 관한 병든 짐승 및 판매 금지에 관한 생육生肉·육장肉臟(내장內臟의 오기誤記) 등의 처치는 ○을 따라야 한다.
⑤ 병든 짐승의 뿔이나 앞다리의 낙인은 ○병든 짐승의 건강이 회복한

뒤에 다시 검사를 거치지 않으면 없앨 수 없다.

⑥ 병든 짐승을 양도 혹은 사육지를 옮길 때는 사흘 안에 도수장 검사원에게 말로 또는 서식으로 신고해야 한다.

⑦ 판매를 금지하는 생육과 내장의 처치는 검사원의 지휘를 따라야 한다.

⑧ 도살 수수료는 도살하는 짐승의 종류에 따라 그 금액을 정하여 도수장 문앞에 게시한다.

⑨ 육류 판매영업을 하고자 하는 자는 주소, 성명, 연령, 영업 장소 및 판매하는 육류의 종류를 갖추어 개업 전날까지 그 관할 경무서에 신고해야 한다.

⑩ 육류 판매영업자는 가게의 앞 쉽게 볼 수 있는 곳에 아래와 같은 양식의 나무판을 게시해야 한다.

　폭 1척, 길이 2척, 5촌 수육 판매 영업

　　○서署, ○방坊, ○통統, ○호戶, 아무개

⑪ 육류 판매영업자가 개고기를 판매하거나 또는 쇠고기 판매업자로서 말고기를 판매할 수 없다.

⑫ 육류는 운반 중에는 물론이고 그 점포 안에 둔 경우라 하더라도 덮개가 있는 용기에 담을 것이다. 또는 적당한 보자기로 덮어야 한다.

⑬ 육류 판매영업자는 육류 운반자로 하여금 육류를 운반할 때 아래양식의 표목標木을 휴대하게 해야 한다.

　폭 2촌 5푼, 길이 3촌 5푼3

　　○서署, ○방坊, ○동洞, ○통統, ○호戶

　또는 아무개, 남자, 고인雇人 아무개, 몇 살

⑭ 육류 판매업자의 점포 안에서는 물론이거니와 운반 중이라도 그 용기 및 운반도구를 항상 청결하게 유지해야 한다.

⑮ 경찰 관리 또는 수의는 점포 내에서나 혹은 운반 중의 육류를 검사하는 경우도 있다.

⑯ 육류 판매영업자가 폐업 또는 사망했을 때에는 5일 이내에 그 사정을 관할 경무소에 보고해야 한다.

⑰ 본 규칙을 범한 자는 3일 이하의 구류 또는 10대 이하의 태형에 처한다.

⑱ 경무청은 본 조례를 범한 자에 대해 앞 조항의 처벌 외에 상황에 따라 영업 정지 또는 금지를 명할 수 있다.

⑲ 본 규칙을 시행하는 날은 고시하여 정한다.

⑳ 본 조례 시행 전 현재 육류 판매영업을 하는 자는 본 규칙 시행일로부터 5일 내에 관할 경무서에 신고해야 한다.[52]

1905년 12월 20일부터 시행된[53] 〈도수규칙〉은 서울의 도사에게 적용되는 법이었다. 이 법을 만든 것은 갑오개혁 이후 작동하기 시작한 위생 관념이었다. 예컨대 부패한 육류가 야기하는 건강상의 문제를 방지하기 위해서 도축과 판매를 분리하고, 일상적 감시가 시작된 것이라고 할 수 있다.[54] 한편 〈도수규칙〉이 효력을 발휘한다는 것은 경무청이 도축과 판매에 대한 강력한 권한을 갖는다는 것을 의미했다. 원래 현방에 대한 사무를 장악하고 세금을 받았던 경리원으로서는 애매한 입장이 되었다. 경무청이 주체가 되는 〈도수규칙〉의 강력한 집행은, 포세마저도 경무청에 납입하게 만들었고, 이에 경리원에서 공문을 보내 경무청이 확정된 수세 처인지를 따져 물었다. 현방의 납세액은 소 1마리당 4냥 5전을 거두어 내탕內帑, 곧 황제의 사적 비용으로 쓰고 있었기 때문이었다.[55] 여기에 대한 답은 알 수 없으나, 1907년 12월 경리원이 폐지될 때까지 현방의 면허 권한은 경리원에서 갖고 있었다. 포사를 개설하려는 사람은 경리원에 청원하여 허가를 받았다.[56] 이에 의하면 1907년 12월까지 서울의 포사세는 경리원에서 수세했다고 보아도 무방할 것이다.

〈도수규칙〉에 따라 도수장은 즉각 설치되었던 것으로 보인다. 하지만 1905~1906년 사이의 겨울에 서울의 현방은 '문밖에서 도축을 하는 것은 청결법의 취지'이지만, 한겨울에 옮겨가기 어려워 폐업할 위기에 처했다는 이유로, 도수장에서의 도축을 1906년 음력 15일 이후로 물려서 시행할 것을 농상공부에 청원하여 허락을 받았다.[57] 그 뒤 동문 밖에 설치된 도수장은 포사의 입장에서는 여전히 불편한 것이었다. 따라서 예전처럼 도축을 현방에서 허용해야 한다는 주장이 나오기 시작했다.[58] 현방은 여름에는 육류의 운반은 위생에 문제가 있음을 이유로 음력 4월에서 9월 말까지 각 현방에서 도축할 것을 청원하였으나,[59] 결국은 실패하였다.[60] 이런 과정에서 서울의 동북쪽에 위치한 도수장은 서북쪽의 포사에는 너무 멀어 불편하다는 이유로 서서西署 담당 구역에 있는 효창원孝昌園 터 부근에 30칸 규모의 도수장을 마련하는 계획이 추진되었다.[61] 이 도수장은 서대문 밖에 개설된 것으로 1909년 9월 11일부터 도축을 시작했을 것이다.[62]

1909년 〈도수규칙〉

1909년 7월에 새 〈도수규칙〉이 정해졌고[63] 9월 1일부터 시행되었다.[64] 구체적 내용은 다음과 같다.

제1조. 식용하는 소와 말, 양, 닭과 개의 도살과 해체는 도장 외에서 행할 수 없다. ·지방장관은 토지의 상황에 따라 필요가 있다고 인정할 때 내부대신의 인가를 받아 상당한 기간 내에는 전항前項의 규정을 따르지 않을 수도 있다.

제2조. 도장을 설치하고자 하는 자는 지방장관의 허가를 얻어야만 한다. ·전항의 허가는 허가일로부터 6개월 이내에 사무를 개시하지 않을 때는 그 효력을 상실한다. ·6개월을 연속하여 업무를 그만두었을 때도 또한 같다.

제3조. 지방장관은 전조前條의 허가에 대하여 그 기한을 정할 수 있다.

제4조. 도장 영업자가 도장을 양도하고자 할 때는 양도받는 사람과 양도하는 사람이 연서한 뒤 지방장관에게 청원하여 허가를 얻어야 한다.

제5조. 도수의 검사, 도수검사원, 검사료, 도살해체료, 도장의 단속에 관하여 필요한 규정은 내부대신의 인가를 받아 지방장관이 정한다.

제6조. 지방장관은 위생상 위험이 있거나 혹은 공익을 해칠 우려가 있다고 판단할 때는 도장의 허가를 취소하거나 그 사용을 정지할 수 있다.

제7조. 제1조, 제2조, 제6조에 의한 정지 명령을 위반하는 자는 100환 이하의 벌금 또는 3개월 이하의 금옥禁獄에 처한다.

제8조. 한성부에 있는 도장에 관해서는 따로 규칙을 정한다.

제9조. 본법은 융희 3년 9월 1일부터 시행한다.

제10조. 개국 500년 법률 제1호 〈포사규칙〉은 본법의 시행일로부터 폐지한다. 단 〈포사규칙〉에 의하여 포사 영업의 준허를 얻은 자는 융희 4년 내에 한하여 본법 제2조의 허가를 얻을 필요 없이 그 영업을 계속할 수 있다.

제11조. 본법 발포 전에 도장 설립의 준허를 받은 자는 본법 시행일로부터 4개월 이내에 지방장관의 인허를 받아야 한다. 전항의 인허를 받지 않은 자는 그 효력을 상실한다.

1895년의 〈포사규칙〉이 폐지되었던 것이다. 도수업자는 도축할 때 경찰관과 도수검사원의 검사를 받아야 했다.[65] 각 도에 도수검사원은 2명, 수의獸醫 1~2명이 파견되었다.[66] 1910년 4월 당시 전국의 수의는 37명이고, 수의가 검사하여 수세한 검사비가 2만 5,550원이었다.[67] 실제 처벌 규칙은 작동하였다. 수진동 현방의 영업자 2인은 중서中署에 체포되어 태笞 5도에 처해졌으나 속전을 바치고 방면되었다.[68] 다만 제8조에 의해 서울의 현방은 따로 규칙을 정하게 되어 있었다. 구체적으로 도수인허권은 한성부에서는 부윤이, 지방에서는 관찰사가 처리하게 되었던 것이다.[69] 서울의 포사는 여전히 지방과는 다른 대우를 받게 되어 있었다.

회사 설립을 위한 시도

갑오개혁 이전이나 이후 쇠고기 판매는 상당한 이익을 남기는 일이었다. 즉 소와 쇠고기 사이에는 상당한 가격 차이가 있었던 것으로 보인다. 즉 도축과 육류의 판매는 19세기 말 20세기 초 적지 않은 이익을 보장하는 사업이었다. 서울에 일본인·청국인의 포사가 생긴 것,[70] 1906년 통감부가 설치된 이후 일본인들은 남문(남대문 밖) 전생서典牲署 터[71]와 서대문 밖 한림동[72] 등지에 도수장을 설치하고 세전稅錢을 받기 시작했던 것도 모두 소의 도축과 육류 판매에서 막대한 이익을 올릴 수 있었기 때문이었다. 심지어 프랑스인까지 도수장 설치를 미끼로 사기를 쳤으니,[73] 쇠고기 판매업은 돈을 벌 수 있는 절호의 기회였다. 앞에서 말한 바와 같이 농상공부, 궁내부 등이 포사와 포사세의 관할권을 두고 경쟁한 것도 포사세 자체가 당시로서는 적지 않은 규모였기 때문이었다.

이런 이유로 도축업과 쇠고기 판매, 포사세에 개입하여 수익을 올리

02
갑오개혁 이후
반인의 활동

고자 하는 자들이 족출하였다. 첫 사례는 1900년에 설립한 보공회사補公會社다. 이 회사는 금광과 포사, 피물皮物을 관리하는 목적으로 설립되었다.[74] 이 회사는 내장원의 인가를 얻어 지방 13도에 지사를 설립하고, 각종 상품에 부착하는 인지를 발행해[75] 결과적으로 1퍼센트의 상품세를 걷는 것을 목적으로 하는 징세업을 내용으로 하였다.[76] 그런데 이 회사가 포사와 피물을 이익 수단으로 삼고 있는 것이 매우 흥미롭다. 곧 이들은 포사의 세금을 폐지하고 대신 소 1마리 당 소가죽 1장을 받고자 했던 것이다.[77] 이럴 수 있었던 것은 과거 '비록 민간에서 소를 도살하더라도, 머리와 가죽, 발은 관에 바쳐 공용에 보충했기 때문'이었다.[78] 이들은 과거의 이 관행을 이용해, 일정한 액수의 포사세를 미리 대신 납부하고, 즉 포사에 대해서는 포사세를 면제하는 형식을 취한 뒤, 대신 소가죽을 받아 국가에 일부를 바치고, 나머지는 수출하여 이익을 남기고자 했던 것이다. 하지만 회사의 주역들이 체포되는 등 곡절을 겪으며 실제 아무런 활동을 못하고 사라진 것으로 보인다.[79]

포세의 대리징수를 통해 이익을 얻고자 하는 자들은 종종 회사 설립을 기도했다. 1901년 궁내부 내장원 종목과種牧課의 인허를 받아 설립한 포사를 관할하려 했던 '충의사忠義社'도 그중 하나다. 충의사는 포사 경영자의 신상정보를 파악하고, 월세月稅와 두세頭稅를 빠짐없이 받아내는 것을 목적으로 내부에 완문完文과 훈령을 요청했다.[80] 곧 징세대리업을 공인해달라는 것이었다.* 충의사는 실제 활동한 것으로 보이지는 않는다. 이후 동일한 성격의 회사 설립이 줄을 이었다. 1905년 6월 박완식朴完植

---

* 충의사를 설립한 이정래李廷來·유천혁劉天赫·박유진朴有鎭·한세익韓世益의 출신에 대해서는 알려진 바 없고, 이후 자료가 없어 충의사가 실제 활동한 것으로 보이지는 않는다.

은 종로 이하는 동문 밖 안암동, 종로 이상은 서문 밖에 도수회사를 설립하기 위해 농상공부에 청원하였다. 매년 봄과 가을 두 차례 1,000원의 세금을 납부하겠다는 조건이었다.[81] 이 회사 역시 실제 활동 여부는 미상이지만, 포사세의 대리징수업이 당시 사람들에게 여전히 매력적인 사업 종목이었던 것은 1906년 11월 북촌에 거주하는 '어떤 관원'이 설립한 광흥회사廣興會社를 통해서도 알 수가 있다. 지방 13도(곧 경기와 충청남도를 포함?)에 포세파원庖稅派員을 보내 포세를 징수해, 농상공부에 납입하게 하는 것을 사업 내용으로 삼는 회사였다.[82]

1908년 11월에는 유길준이 주축이 되어 '포사 회사' 설립을 추진하였다. 이 역시 13도의 포사세 징수를 대리하는 징세청부업을 사업 내용으로 하고 있었다.[83] 1908년 포사세의 총액은 12만 8,279원 40전이었고, 수입액은 6만 8,637원 30전, 미납액 5만 9,642원 12전이었다.[84] 약 46퍼센트가 미납이었던 것이다. 징세청부업을 할 경우 거의 절반에 가까운 포사세를 거둘 수가 있었다. 물론 이 포사 회사 역시 정식으로 설립되어 활동하지는 않았다.

1909년 11월에는 대한도수조합소大韓屠獸組合所가 설립되었다. 조합 가입자에게 지방 각 곳의 도수장 개설 허가를 얻게 하는 것이 목적이었다.[85] 도수조합소는 각 지방에 조합의 지소 설립을 원하는 자에게 50환을 보증금으로 내면 인허하겠다고 하였다.[86] 사실상 돈을 벌고자 하는 수작이었다. 1910년 도수조합소가 평양의 천엽희일千葉喜一이 도수조합과 상관없는 사람이라는 것을 신문광고로 알리는 것[87]을 보건대, 실제 활동하고 있었던 것이 분명하다. 하지만 도수조합소(소장 김명제金明濟)는 각 도의 지소 설립에 실패했고, 보증금 100원에 대한 반환 소송이 제기되었다.[88]

검포소

반인 역시 동일한 성격의 회사를 설립하려 하였다. 1905년 11월 한성부의 이문구李文九·김익제金益濟·홍종만洪鍾萬 등은 경리원에 청원서를 올려 검포소檢庖所를 개설해줄 것을 요청했다.

> 삼가 생각하옵건대, 5서五署 안 현방은 원래 반인이 생업으로 삼던 것이고, 각 부·군의 포사는 재설군宰設軍이 생계로 삼는 것이 많았습니다. 이에 의지하여 생활한 것이 500년 이래의 올바른 법이었습니다. 하지만 늘 관리가 침범하는 까닭에 포업庖業이 흥왕하지 못하고 조잔하지 않은 적이 없었습니다.
>
> 새 법을 만든 이후로는 막중한 진공進貢도 시가를 따라 사서 쓰는데, 각 부·군에서는 구습이 아직도 남아 있어 혹은 관포官庖, 혹은 사가私家의 찬포饌庖라 일컫고, 거기다가 관예 무리들의 토색질까지 있어 포업이 계속 지탱하기 어려운 고질적인 병을 앓아 모두가 거의 죽게 되었습니다. 이러던 중 경향의 각 포사를 내장원에 소속시키고 등급을 나누어 세금을 책정하고 파원派員을 따로 보내어 세금 받는 것을 맡아 관리하게 하매, 파원들이 전후로 협잡한 일로 인해 포사의 손해는 헤아릴 수가 없을 정도가 되었습니다. 거기에 다시 군마다 전담시키는 일이 있어 사정이 전보다 배나 어려워지고 온갖 폐단이 겹겹이 생겨나 포업을 보전하기 어려운 지경에 이르고야 말았습니다. 한 줄기 생명을 보존하고자 도모하는 백성이 어찌 불쌍하지 않겠습니까?
>
> 본인 등이 검포소를 설립하여 본원本院(경리원)에 소속시킨 뒤 자본을 갖추어서 세금을 선납하며, 포업庖業을 전담하여 반인과 재설군의 막

대한 폐막을 제거하고 아무런 지장 없이 영업을 편리하게 할 일로 장정章程 6조를 마련하여 이에 감히 청원하오니, 조사하신 뒤 특별히 인허하시어 완문完文을 만들어주시고 본원이 관리하고 있는 5서 내 현방과 경기·충청남도 두 도에 훈칙訓飭하셔서 완문에 따라 실시하게 해주신다면, 위로는 국가의 세금을 온전히 할 수 있고, 아래로는 백성들이 안심하고 포업을 할 수 있을 것입니다. 이러기를 삼가 바라옵니다.

광무 9년 11월 일
청원인 이문구李文九·김익제金益濟·홍종만洪鍾萬
황운성黃雲性·홍재연洪在淵·백낙순白樂淳
유봉렬劉鳳烈·이인구李麟九·염영모廉永模
지호영池鎬榮·안수인安壽寅·이종한李鍾漢
이종각李鍾珏·한경주韓景柱·홍종희洪鍾喜

■ 경리원 처분

장정

一. 본소本所는 검포소라 칭하고 한성 안에 두어 제원諸員 13명을 선정하여 영업을 흥왕하게 한다.

一. 본소는 5서 내 현방 및 경기·충청남도 각 군의 포사와 세금을 관할한다.

一. 본소는 경향 재설군의 소임 명목을 근실하고 일을 아는 사람으로 택정하여 포업을 보호하게 한다.

一. 본소는 경향 각 포사 준허금을 매년 1좌座에 10원씩 전처럼 받고,

소 도축에 따른 세금은 등수에 따라 1마리당 80전을 거두며, 빙표
憑票(영수증)를 정확하게 작성해준다.
一. 각 부府에 관포官庖·찬포饌庖와 관례들이 토색질하는 폐단을 본원
（경리원)에서 엄하게 금지하여, 관에서부터 다시는 포사를 침범하
지 못하도록 하여 편안하게 생업에 전념할 수 있게 한다.

지령
반인 이문구 등, 5서 안과 경기·충청남도 포사의 백성들이 자본을 합
쳐 회사를 설립하고 영업하는 일을, 백성들의 사정을 생각하여, 특별
히 허락한다.

광무 9년 11월 16일[89]

청원인 이문구 이하 15명은 반인이었을 것으로 추정된다. 곧 반인이
검포소의 설립 주체였던 것이다. 검포소는 '자본을 마련하여 세금을 선
납'한다고 되어 있는데, 이것은 아마도 서울 5서의 현방과 경기·충청남도
의 포세를 선납한다는 의미로 읽는다. 즉 경리원과 협의하여 일정한 금액
을 선납한 뒤 서울과 경기, 충청남도의 수세권을 갖겠다는 것이다. 이 시
기 지방의 포세는 징세청부업자인 파원派員이 거두었는데, 이들 역시 포세
의 과다 징수 등으로 숱한 문제를 일으키고 있었다. 반인은 이것을 기회로
자신들이 자본금을 모아 징세청부회사를 설립하고, 각 포사마다 준허금,
곧 영업세와 도축한 소의 수에 따라 일정한 세금을 걷겠다는 것이었다. 무
능하고 타락한 대한제국 정부는 거부할 이유가 없었다.
이것은 즉각 반발을 초래했다. 충청남도의 재설군들이 반발의 주체였
다. 이들은 1905년 12월 경리원에 공문을 보냈다.[90] 주장의 핵심은 다음

과 같다.

지금 들으니, 서울의 반인들이 회사를 창설하려고 우선 선동하고 있다고 합니다. 이른바 반인은 부내部內의 포사만 상관할 뿐이고, 본도(충청남도)는 경·향의 사정이 판이하며, 도마다 각기 같지 않으니, 반드시 폐단이 생길 것입니다. 어찌 편리할 수가 있겠습니까. 또한 더하여 본도 각 군의 포사를 생계로 삼고 있는 백성들은 이익이 서울로 돌아가버릴 것이니, 어떻게 남은 목숨을 보존할 수가 있겠습니까? 너무나도 억울합니다.

여러 번 지적했듯 서울과 지방의 소의 도살과 쇠고기 판매 주체는 반인과 재살군(백정)으로 판이하게 달랐다. 충청남도의 재살군은 그것을 상기시키며 반인이 징세 청부업자가 되는 것을 반대한 것이다. 곧 반인이 경기와 충청남도의 징세권을 갖는다는 것은, 자신들의 이익을 서울로 귀속시킨다는 것이었다. 이어 충청남도의 재설군은 자신이 자본금을 내어 회사를 설립하고 반인들의 '검포소'가 하던 일을 맡는 것이 공·사 양쪽에 모두 편리할 것이라 주장하고, 인허해줄 것을 요청했다. 경리원은 이미 반인의 회사가 있으니, 그곳으로 가서 바로잡으라고 회신했다.

1906년 3월(날짜는 미상) 검포소는 자신들이 1905년 11월의 청원에 대해 경리원에서 이미 허락했음에도 불구하고 '인허장'을 발급해주지 않았음을 상기시키고 인허장의 조속한 발급을 청원했다. 하지만 경리원에서는 3월 4일 이미 다른 회사에 인허했으므로 인허장을 발급해줄 수 없고, 따라서 반인의 검포소는 인허할 수 없다는 내용의 공문을 보낸 것이 3월 4일이었다.[91] 그런데 경리원이 인허했다는 회사는 광원회사廣源會社란 곳이었다.[92] 이 회사 역시 경기와 충청남도의 포사 세금을 대신 거두어 경리원에 납입하고자 하는 징세청부업을 설립 목적으로 삼고 있었다. 신청인은 서울 거주자 7명이었다. 이 중 홍종훤洪鍾萱이 대한제국의 관료이고, 방한 승方漢昇이 역관임을 고려하건대 이 회사를 조직한 것은 반인이 아닌, 관료들이었을 것이다. 경리원이 이 회사 설립을 인가한다는 내용의 공문을 보낸 것은, 1906년 3월 5일이었다. 곧 경리원은 광원회사의 설립을 이미 결정해놓고 3월 4일 반인에게 검포소를 인허하지 않겠다는 공문을 보낸 것이었다. 하지만 광원회사 역시 뒷날 활동한 흔적이 전혀 보이지 않는다. 결국 검포소와 광원회사 모두 출범하지 못하고 말았던 것이다.

균흥조합소

검포소 설립에 실패한 반인들은 1907년 8월 균흥조합소均興組合所를 조직했다. 균흥조합소는 당시 신문에 자신들이 조직한 이 단체를 광고했다.

> 본 조합원 등이 쇠고기 판매영업을 하는데, 개진시대開進時代를 맞아 위생, 청결을 위하여 육종의 부패를 금단하고 영업을 확장하며 영업과 판매를 더욱 풍성히 할 뜻으로 관으로부터 허가를 받아 '균흥조합'을 만들고, 수입인지 분매소分賣所를 본 조합에서 팔겠습니다.* 조합의 위치는 동서東署 후정동後井洞 제115통 2호戸로 임시로 정하고 이에 광고하오니, 여러 군자들께서는 밝게 살펴주시기를 희망합니다. 균흥조

---

* 분매소를 설치해 수입인지를 팔겠다는 뜻으로 이해된다.

합회의소 고백.[93]

　균흥조합소는 쇠고기를 판매하는 상인들, 곧 현방의 조합이다. 균흥조합소가 옛날 현방의 도회소都會所였으니,[94] 과거 현방들의 연합체인 도회가 있었고, 그것의 연장이 균흥조합소인 셈이다.

　이들은 위생과 청결, 수입인지의 판매*를 목적으로 내세웠지만, 이면의 실제 목적은 '균흥均興'이란 말에 있다. '균등하게 흥기한다'는 것은 공동으로 균등한 이익을 누린다는 뜻이다. 구체적으로 현방 내부의 경쟁을 제거해 경쟁에서 오는 위험을 줄이고자 하는 의도를 갖는 것이다.

　이것은 1908년 6월의 광고를 통해서도 알 수 있다. 이 광고에 의하면 경시청의 인가를 받은 5서五署 내 포사 영업자의 집단조직인 균흥조합소는 부패한 쇠고기를 판매하던 악습과 무익한 경쟁을 뿌리 뽑아 균일한 가격을 유지하는 것이 그 목적이었다. 그런데 1908년의 광고는 한두 개인이 반대할 '흥심'으로 쇠고기의 시가가 비등하였다고 근거 없는 거짓말을 만들어낸 것이 계기가 되었다. 곧 조합에서는 쇠고기 가격을 신문에 매일 게재하기로 결정했던 것이다. 6월 8일의 '정육正肉 가격은 구화舊貨 11냥 2전 5푼'이었다.[95]

　상인 조직으로서의 균흥조합소는 이따금 신문에 그 활동이 보인다. 균흥조합소는 매년 1월 총회를 열어 일반 사무를 처리했던 것 같다.[96] 또한 청년지식배양회青年智識培養會의 회관으로 균흥조합소의 공간을 대여

─────────

* 정부에서 세금, 벌금, 허가에 따른 면허료 등을 받기 위해 발행한 인지를 말하는 것으로 보인다. 현방의 경우, 포세가 포함되었을 것 같지는 않고, 면허료와 벌금 등이 그 대상이 된 것이 아닌가 한다.

하는 등 계몽적 활동에도 적극 협조하였다.[97] '도육 영업자'로 조직된 균흥조합소는 1912년 3월 7일부로 인가가 취소되었다.[98] 일제가 왜 균흥조합소의 인가를 취소했는지 그 이유는 분명하지 않다.

반인들은 학교를 세웠다. 김윤식金允植은 1908년 2월 19일 일기(《속음청사續陰晴史》)에서 반인이 '숭교의숙崇教義塾'을 설립하고 장박張博을 교장으로, 자신을 찬성원贊成員으로 하는 공함公函을 받았다고 기록하고 있다.[99] 실제 숭교의숙은 1908년 2월 19일 이전에 이미 설립이 추진되었고, 이 시기에 와서 비로소 교장과 찬성원을 확정하게 되었던 것이다. 그런데 김윤식에 의하면, 반인에게 학교 설립을 권유한 사람은, 자신과 유길준·장박·조희연이었다고 한다.[100] 물론 권유한 것은 이들일 수 있지만, 설립의 내적 계기와 욕구는 당연히 반인의 것이었다. 일재생一齋生이란 인물이 1916년에 남긴 증언에 의하면,[101] "반인을 차별하는 악습을 타파하고 사교상에 대해서도 피차의 구별이 없게 되었으나" 반인의 몇 백 년 단결심은 여전히 "견확堅確하여 뽑아낼 수 없을 것 같다"고 지적했다. 법적으로 신분제가 폐지된 것은 사실이지만, '피차의 구별' 곧 불평등과 차별이 없게 되었다는 것은 사실이 아닐 것이다. '반인의 자의식과 결속력의 존속'은 여전히 차별의 관행이 있었다는 것을 입증하기 때문이다. 차별과 이에 대응한 결속력이 반인이 학교를 설립하게 된 중요한 요인이었다. 이어지

03
숭교의숙 설립

는 부분을 조금 더 읽어보자. "옛부터 저 동리의 인민은 세상 사람들에게 받는 바에 악감으로 거의 자포자기에 가깝고, 전도를 비관하여 향상할 생각이 적었으므로, 따라서 자제 교육에 열심하는 자가 없었고, 또 교육기관도 완비한 것도 없더니, 근자 7년 전에 이 동의 유지로 명망이 높은 홍태윤洪泰潤·김태훈金泰薰 양씨가 선력旋力하여 학교 설립을 발기하매, 온 동리의 인민들이 이에 찬양하여 이구동성 서로 응하여 자원 기부금을 내놓은 사람이 적지 않았다." 곧 반촌에서 존중받는 인사인 홍태윤·김태훈 두 사람이 학교 설립을 발기했다는 것이다.

학교 설립에 대한 어떤 생각도 없던 상황에서 김윤식과 유길준 등의 권고만으로 반인들이 학교를 설립한 것은 아니었을 것이다. 갑오개혁 이후 근대화의 핵심 수단으로 신학新學 교육과 학교 설립은 유행처럼 번지고 있었다. 반촌의 지식분자인 홍태윤과 김태훈은 이런 분위기를 충분히 감지했을 것이고, 그것이 숭교의숙 설립으로 구체화된 것으로 보는 것이 타당하다. 다만 당시 학교는 명망가들을 학교 임원으로 채우는 관행이 있었으니, 그 과정에서 김윤식과 장박·유길준 등이 홍태윤과 김태훈 등 반촌 지식인들과 접촉하였다고 보는 것이 타당할 것이다.

숭교의숙이 정식으로 개교한 것은 이로부터 3일 뒤인 22일이었다. 숭교의숙은 '반인의 자제를 교육하는 곳'이었다. 개교 당시 장박이 회장이자 관장이었고, 김유제金有濟가 부회장, 김윤식이 찬성장, 조희연趙羲淵이 평의장評議長, 정항조鄭恒朝가 감독이었다.[102] 1910년에는 의숙장義塾長(교장)은 장석주張錫周, 회장은 유길준이었고 나머지는 동일하였다.[103] 장석주는 곧 장박이니, 앞의 관장은 곧 의숙장이다. 유길준은 1908년에는 직책을 알 수 없는데, 이때 와서는 회장이 되었다. 이들의 역할은 구체적으로 알 수 없지만, 당시 최고 명망가들이 숭교의숙의 임원진이었던 것만은 분명하다. 물론 유길준·장박·조희연이 반인에게 숭교의숙의 설립을 권유한 때문이기도 하였다.[104] 학교 부지는 학부가 자신이 관리하고 있는 전의 성균관 동쪽의 4현사四賢祠를 빌려줌으로써 해결되었다.[105] 일재생의 1916년 증언에 의하면, 그 정확한 위치는 숭2동崇二洞으로서 이곳에 '사립 숭정학교'를 연와煉瓦로 짓고, 공립 보통학교 과정으로 동 내의 아동을 모집하여 교육했다고 한다. 1910년대 중반 숭교의숙이 숭정학교로 교명이 바뀌었음을 알 수 있다.[106] 1910년 1월 25일 80명의 학생이 입학식을 함으로써 숭교의숙은 정식으로 개교하였다.[107]

안광수와 정학수의 학교 이후 100년이 지나 반인은 자신의 학교를 갖게 되었다. 반인에게 이것은 대단히 큰 의미를 갖는 것이었다. 하지만 신분제가 폐지되고 과거의 지식과 학문은 근대적 지식으로 교체되고 있었다. 반인의 학교 역시 이에 기민하게 반응했다. 반촌의 어떤 지식인은 숭교의숙의 의의에 대해 장황할 정도로 긴 논설을 펼쳤다.

생각건대 우리 숭교방 반수 한 마을이 대성전에 가까이 있어 친당親黨과 권속이 그 문행文杏(문묘의 은행나무)의 그늘 아래서 대대로 만궁彎弓의 샘물을 길어먹은 것이 지금까지 500여 년이었다. 지난날 수선首善의 땅이자, 현사賢士의 관문으로서 사방에서 책상자를 지고 배움을 찾아오는 사람들이 구름처럼 몰려들고 그림자처럼 따라 청빈한 기운과 책 읽는 소리가 사시사철 끊어지지 않아, 완연히 궐리闕里와 창평昌平의 기운이 있었다.

한 번 혁신한 이래 제도가 확 바뀌어 지방에서 유학하러 올라온 준수한 인재들이 동쪽·서쪽의 새로 설립한 학교로 흩어졌고, 숭교방은 책 읽는 소리가 영원히 끊어져 10여 년 사이에 쓸쓸히 들리지 않으니, 이것은 단지 우리 숭교방의 불행일 뿐만 아니라, 실로 성교聖敎를 높이 받드는 사람들의 불행인 것이다. 지금 여기 임하신 우리 선성先聖의 영혼은 반드시 크게 탄식하시며 마치……대대로 수선의 땅에 사는 우리가 그 책임을 맡아야 할 것이다.

상론하는 사람은 "지금 개명하고자 한다면, 마땅히 성균관을 대학교로 만들어야 할 것이다"라 한다. 대학교는 전문고등專門高等의 학문을 말하는 것이니, 이것은 국가에서 제작하는 데 달려 있다. 무릇 우리 국민의 책임은 방리坊里 가까운 곳의 각 집안 청년자제를 모아 중등학교·소학교를 설립하여, 사립私立으로서 이름을 의숙義塾이라 하고, 의연금을 내어서 구학舊學인 한문과 지지地誌·역사 및 신학의 여러 책들을 구입하여 교과서를 구비해 영재를 길러야 할 것이다. 학숙의 이름은 '숭교崇敎' 두 글자를 붙여 그 이름의 뜻을 생각해 일신우일신하면, 나라의 부강함이 실로 여기에 기초를 두어 그 방리의 이름에 부끄럽지 않을 것이다. 이것은 숭교의숙이 사방에 외칠 수 있는 것이다. 그러니 참람됨을 헤아리지 않고 대개 이렇게 논한다.

그 창신創身의 큰 조목과 세목은 따로 장정이 있으니, 이제 불필요한 말을 많이 덧붙일 필요가 없을 것이다.[108]

필자는 전계은인廛界隱人이다. 현방은 과거 시전에 포함되었으니, 전계은인은 현방을 경영하는 사람이었을 것이다. 그는 사라진 성균관의 성시盛時를 떠올리며, 한문과 함께 신학新學으로 영재를 길러낼 것을 주창했다. 근대 계몽기의 식자다운 교육관이다.

숭교의숙은 반인의 학교였기에 눈길을 끌었던 것으로 보인다. 특히 반인들이 학교 유지에 필요한 재정을 적극 담당한 것을 놀라운 시선으로 바라보았다. 학교의 소재지인 '성균관동 인사들'과 '현방 영업인'들이 적극 찬조하고 매달 경비를 내어 재정을 담당하기로 했던 것이다.[109] 좀 더 구체적으로 말하자면, 학교의 재정을 지원하는 찬성회가 따로 있었고, '현방인' 80여 명이 찬성원이 되어 매달 일정한 금액을 내어 학교 재정에 충당하기로 했던 것이다.[110] 일재생에 의하면, 숭정학교는 설립 이후 1916년까지 기본금의 적립금은 없으나(학교 재정을 감당할 수 있는 기본재산이 없다는 뜻이다), 경비에 곤란함이 없고 '금일까지 순순히 진보한 것'은 반인들의 학교에 대한 자발적·적극적 재정 지원 때문이라고 단언했다.

현방 영업자는 소 1마리 당 10전을 학교 지원금으로 납부하는 것이 규정이었다. "납입하는 사람은 이에 열복하여 자기 집 학령 아동의 유무를 물론하고 규정한 금액은 시기를 어기지 아니하고 지출"했고, 영업이 흥왕하여 하루 4~5마리 소를 판매해 '매일 40~50전, 즉 1개월에 14~15원의 의무금을 내는 자'도 있었다. 이렇게 하는 자가 50여 호, 매월 평균 130~140원 이상을 납입하여 학교 운영 경비에 어려움이 없다는 것이다. 반인의 숭교의숙에 대한 열성적인 지원을 충분히 짐작할 수 있다.[111] 이들 현방 경영인들은 모두 찬성원으로 등록한 사람일 것이다. 이와는 달리 반촌의 여성이 학교에 기부금을 내는 경우도 있었다. 숭교방의 최용구崔用九의 아내 박씨는 오로지 숭교의숙을 위해 3년간 돈 4원을 모아 기부하기까지 하였다.[112]

기부금은 반촌의 인사만 담당한 것이 아니었다. 다른 동洞이나 지방으로 이사를 가 '우육 판매업'을 하는 반인들 역시 '근본을 잊지 않는다는 뜻'에서 기부금을 우편으로 보내고, 서울의 반촌 바깥에 있는 현방은 수금원에게 기부금을 전달하였다.[113] 개성에서 도사屠肆 영업을 하는 원재남元才男 등 9명(아마도 서울의 반인이 개성으로 진출한 것일 터이다)이 매달

소 1마리당 12전을 "영구永久히" 기부할 것이라고 신문에 광고를 내기도 하였다. 원재남은 이와 별도로 100원, 이건혁李健爀이란 이는 10원을 기부하기로 약정하였다.[114] 열성적인 재정적 지원으로 학생은 80여 명에서 100여 명으로 늘어났고,[115] 교사들 역시 헌신적이었다는 평판이 있었다.[116]

> 전기한 숭정학교는 현재 생도 150여 명을 교육하는데, 월사금은 한 푼도 징수하지 아니하고, 졸업시험을 거친 지 이미 4회에 이르렀으며, 일반 생도의 기풍은 순실하고 질박하여, 사치에 흐르는 일이 없으며, 학문에 힘을 쏟아 이 학교 졸업생으로 중학 정도의 학과를 마치고 모 회사에서 중용하는 사람도 2, 3인에 이르러 모교의 면목을 빛내며 그 부근 일대의 인민의 기풍이 이처럼 착실함은 한편 생활 정도의 곤란에 의한 것이 있으나, 일반 가정의 풍속을 개론하면 근검저축을 위주로 하여, 일종의 아름다운 풍속을 이루었다.[117]

생도 150명은 당시로서는 상당히 큰 규모이고 학비 전액 무료로 운영되었던 것이다. 반인의 의지가 만들어낸 성과였던 셈이다.

갑오개혁 이후 반인이 해방되었음을 나타내는 증거 중 하나를 마지막으로 검토하고 끝을 맺자. 1908년 숭교의숙의 설립을 이끌었던 홍태윤·김태훈 두 사람의 사례다. 홍태윤은 어떤 경로를 밟았는지 모르나 1896년 9월 1일 당시 영평永平 군수로 재직하고 있었다.[118] 과거 성균관의 노비이자 소를 잡는 도한屠漢으로 인식되었던 반인이 지방관에 올랐다는 것은 놀라운 신분 변화가 아닐 수 없다. 홍태윤은 1902년 4월 양주楊州 군수로 옮기기 전 공무와 행정에 유능하고 열성적이며 지방민들로부터 존경을 받는 지방관이었다.[119] 그는 워낙 치적이 뛰어나 6년을 재임했다.[120] 양주 군수로 재직하면서도 유능함과 공정함, 관대함으로 사람들로부터 칭송을 받았고,[121] 탁월한 행정능력으로 최상등의 평가를 받았다.[122]

홍태윤은 양주 군수로 있으면서 당시 궐석이었던 광주 부윤廣州府尹의 업무를 맡아 보았는데, 그의 유능함에 감동한 광주 부민은 그를 정식 발령해줄 것을 청원하고, 양주 군민은 그를 빼앗길까 하여 10년을 유임시킬 것을 관찰부와 내부에 청원하는 일까지 있었다.[123] 1906년 1월 내부에 사직을 청원하자,[124] 양주 군민 수백 명이 서울로 들어와 유임을 청원할 정도였으니,[125] 당시로서는 보기 드문 탁월한 지방 행정가였다.

홍태윤은 1907년 11월에 양주 군수에서 의원면직되면서 관직을 떠난다.[126] 숭교의숙의 설립을 이끈 것은 그가 관직에서 은퇴한 이후의 일이다. 그는 숭교의숙 외에도 서울 시내 해동신숙海東新塾, 호동소학교壺洞小學校, 왕신학교旺身學校, 인창학교仁昌學校, 동제학교同濟學校, 양주의 일성학교一成學校, 동흥학교東興學校, 포천의 신야의숙莘野義塾 등 여러 곳의 학교 설립자, 교장, 찬성인으로 교육사업에 열중하였으니[127] 전형적인 근대 계몽기의 지식인이었다. 그는 또 일진회 본부의 의연금 요구를 단호히 거절하였으니, 반일적 성향의 인사로도 추측된다.[128]

홍태윤과는 달리 김태훈의 이력은 1936년에 간행된 《대경성공직자명감大京城公職者名鑑》에 수록된 것이 유일한데, 이에 의하면 그는 1870년생으로 1891년 2월 문과 초시에 합격한 것으로 나와 있다. 이 시기 과거는 이미 놀라울 정도로 타락해 있었고 또 김태훈이 최종 합격한 것은 아니지만, 반인이 문과에 응시하여 초시에 합격한 것은 놀라운 변화가 아닐 수 없다. 1801년 공노비가 면천종량免賤從良될 때 반인 역시 성균관의 노비 신분에서 벗어났던 것은 물론이다. 하지만 면천이 반인의 사회적 성격이

나 지위에 큰 영향을 끼치지 않았던 것을 고려한다면, 김태훈의 문과 초시 합격은 엄청난 변화로 볼 수밖에 없다. 김태훈은 1905년 실업회사 동창東昌을 설립하여 사장이 되었다고 한다. 동창이 어떤 회사인지는 알 수 없지만, 김태훈은 기업을 설립하고 경영자가 되었던 것이다. 1908년 그가 숭교의숙을 설립했던 것은 아마도 동창이란 기업의 사장이었던 것이 그 배경이 되었을 것이다. 그는 숭교의숙이 뒷날 숭정학교로 바뀔 때도 깊이 간여한 듯《대경성공직자명감》은 '사립 숭정학교 설립'이라고 밝혀놓았다. 그는 반촌의 일제강점기 동명인 명륜정明倫町에 살면서 그곳의 평의원·총대總代를 맡았으니, 반촌의 유력자였다.[129]

홍태윤과 김태훈이야말로 반인이란 정체성을 갖고 있으면서도 스스로 관료로서, 계몽적 지식인으로서, 기업인으로서 근대화의 흐름에 올라탄 인물들이었다. 반인이라는 이름과 상관없이 오로지 자신의 의지대로 행동했던 이들의 행로는 거의 모든 반인이 바라는 바가 아니었을까? 그것이 아마도 이들의 진정한 '해방'이었을 것이다.

9

끝맺음

한반도 육식문화의 중심에는 쇠고기가 있었다. 한반도에서 고기를 먹는 다는 것은 주로 쇠고기를 먹는 것이었다. 쇠고기를 먹는 식문화가 본격적으로 확산된 것은 조선 건국 이후다. 임병양란 이후 그것은 조선 사람의 보편적 식문화가 되었다. 하지만 축력을 보호해야 한다는 농경사회의 관념은 고기를 얻기 위한 소의 도축을 불법으로 규정하였다. 1894년 갑오개혁 때까지 이 법은 근본적으로 바뀌지 않았다. 하지만 소의 도살을 금지하는 자들, 왕과 관료들 역시 쇠고기를 먹었다. 한편 무기 제작과 기타 다양한 생활용품 제작에 소의 부산물(가죽과 힘줄, 쇠뿔 등)이 필요하였다. 그것은 소를 도축하지 않고는 얻을 수 없는 것들이었다. 소의 도축은 필수불가결한 일이었다.

조선 정부는 소의 도축을 불법으로 단속하면서도 예외적으로 허가했다. 그 예외로서 최초로 허가를 받은 곳이 이 책에서 다룬 현방이다. 그런데 기묘한 것은 허가를 받기는 했지만, 그렇다고 해서 소의 도축과 쇠고기 판매가 합법은 아니었다는 사실이다. 현방은 소를 도축하고 쇠고기를 판매했지만, 그것은 벌금(=속전贖錢)을 내는 것을 전제한 것이었다. 도축과 판매는 원칙적 차원에서는 여전히 불법이었다. 이 원칙은 갑오개혁 때까지 변하지 않았다.

그럼에도 불구하고 국가부터 소의 부산물을 사용하고 모든 사람이 쇠고기를 먹는 것이 현실이었다. 쇠고기 수요를 충족시키기 위해 사도私屠가 범람하고 박제가의 지적처럼 국가의 360군현에서 날마다 도축이 이루어지고 있었다. 당연히 법을 합리적으로 바꿔야만 했다. 어떤 수준에서 도축을 통제할 것인지, 또 세금을 거둘 것인지를 고민했어야만 했다. 하지만 아무도 법의 개정에 대해 말하지 않았다. 불법이면서도 소를 도축하고 쇠고기를 먹고 부산물을 사용하는 일이 계속되었다. 갑오개혁 이후 1895년 〈포사규칙〉을 제정하고 소의 도축과 쇠고기 판매에 세금을 공식적으로 거두기 시작했다. 소의 도축과 쇠고기 판매는 국가로부터 허가를 받아야 하는 영리적 사업이 되었다. 아무도 농우가 부족하여 농사를 짓지 못할 것이라는 말을 꺼내지 않았다. 국가는 도리어 소의 도축에 따른 세금을 확보하기 위해 열을 올렸다. 사실 〈포사규칙〉으로 인한 개혁은 조선시대에 이미 이루어졌어야만 하는 것이었다. 하지만 그 누구도 개혁을 말하지 않았다. 그럴 능력도, 책임의식도 없었다. 무능과 무책임이 지배층 전체를 뒤덮고 있었던 것이다.

전술한 바와 같이 최초로 소의 도축과 쇠고기 판매를 허가받은 곳은 현방이었다. 현방의 운영자는 반인이었다. 반인은 성균관의 공노비였다. 반인은 고려 시대의 안향이 기증한 노비의 후손이라고 알려져 있었고 반인 역시 그것을 자기 정체성의 일부로 삼고 있었다. 하지만 그것은 그다지 중요한 사실이 아니다. 오직 그들이 성균관의 노비라는 사실 그 자체가 중요한 것이다. 반인은 성균관의 건물 관리부터 유생의 심부름, 식당의 운영 등 성균관의 유지에 필요한 일체의 신체노동을 담당했다. 하지만 공식적인 관료조직에 포함되는 스무 명 남짓한 서리를 제외하고는 노동에 대한 반대급부는 없었다. 노비의 노동은 오직 노비주의 소유였기 때문이다. 그럼에도 노동의 재생산을 위해 노비주인 국가는 생계수단을 마련해주어야만 했다. 성균관은 보유 토지로부터 지세地稅를, 절수 어장으로부터 생선과 젓갈을(혹은 이것을 대신하는 포布와 돈을), 지방에 산재하는 노비로부터 신공을 받아 기숙하는 유생과 과거, 성균관의 기타 운영자금으로 사용했다. 반인은 이것들의 수취 과정에서 상당한 잉여를 만들어내고 그것을 자신의 생계수단으로 삼았다.

임병양란 이후 성균관은 차츰 토지와 절수 어장을 잃기 시작했다. 외방노비의 도망, 면천 등으로 신공도 대폭 줄어들었다. 반인의 수익도 따라서 줄어들 수밖에 없었다. 이것이 1638~1653년 국가가 현방의 존재를 공인할 수밖에 없었던 이유였을 것이다. 반인의 노동력을 지속적으로 수탈하기 위해서 국가는 어쩔 수 없이 불법으로 규정된 소의 도축과 쇠고기 판매를 허락해야만 했다. 물론 반인의 도축이 이 시기에 와서 비로소 시작된 것은 아니다. 조선 건국 이후 성균관은 기숙하는 유생들에게 쇠고기를 반찬으로 제공했는데, 그 쇠고기는 반인이 도축한 소로부터 나왔다. 이에 근거해 조선 전기에 이미 반인은 성균관에서 소를 도축하여 쇠고기를 판매하고 있었다. 1638~1653년의 현방은 그것을 국가가 공인한 것이었던 셈이다.

국가가 반인에게 현방의 운영을 공식적으로 허락한 데는 다른 이유도 있었다. 신분제 국가 조선은 신분에 따른 복식·의례·탈것 등을 차등화하고 있었다. 이런 것들을 중심으로 한 여러 금지사항의 위반은 처벌 대상이었다. 서울의 경우, 금지사항의 준수 여부를 적발하는 임무는 형조·사헌부·한성부, 곧 삼법사의 하예들이 맡았다. 이들은 서울 도민都民과 직접 접촉하고 범법행위를 단속, 적발한다는 점에서 현대의 경찰에 상응하는 것이었다. 하지만 국가는 이들의 노동에 대한 반대급부를 공식적으로 지급하지 않았다. 범법행위를 단속하고 벌금을 받아 스스로의 삭료를 해결하라고 방치한 것은 단속행위 자체의 불법성을 증폭시키는 요인이었다. 왕과 고위 정책결정자의 집합인 조정은 그것이 문제라는 것을 충분히 알고 있었지만, 원천적으로 해결하고자 하는 노력은 없었다. 바로 이 지점에서 현방과 삼법사가 접속했다.

반인은 속전을 납부하는 조건으로 현방의 경영을 허락받았다. 현방이 언제부터 속전을 삼법사에 납부하기 시작했는지는 분명하지 않지만, 1638~1653년 사이에 관행으로 정착되었던 것은 분명하다. 조정의 정식 회의 과정을 거친 것이 아니라 관행을 공인한 것이다. 삼법사는 현방으로부터 받은 속전을 하예들의 월료로 지급했다. 삼법사가 수탈하는 속전은 현방으로서는 상당한 부담이었다. 현방을 경영하는 반인들은 속전의 감축을 요청했고, 성균관은 반인을 대리하여 그 요청을 조정에 전달했다. 1704년 속전이 반으로 줄었고 반인들은 처음이자 끝으로 경제적으로 넉넉한 시기를 보낼 수 있었다. 하지만 불과 3년 뒤인 1707년에 속전은 다시 복구되기 시작했고 이후 계속된 요청에도 불구하고 갑오개혁 이후 1895년 12월 3일 14개조의 〈포사규칙〉이 제정되기 전까지 계속 증가했고 단 한 번도 줄지 않았다. 대체로 18세기 후반에는 1만 5,000냥을 상회하는 수준을 유지하다가 1793년 2만 1,800냥으로 폭증한다. 이후 19세기는 자료에 따라 4만 7,000냥, 1만 9,460냥, 3만 냥 등 다양한 수치를 보이지만, 이미 2만 냥을 훨씬 상회하는 액수를 수탈당한다는 사실은 변함이 없었다. 거대한 속전의 규모는 반인을 고통으로 몰아넣었다.

삼법사가 현방의 속전을 수탈하는 것은 성균관으로서는 대단히 불만스러운 일이었다. 성균관은 반인의 노동을 독점적으로 수탈해왔으나, 이제 삼법사라는 또 다른 수탈 주체가 등장했던 것이다. 그것은 결과적으로 성균관의 이익을 침범했다. 성균관은 원래 반인의 현방을 직접 수탈하지 않았다. 성균관의 운영과 유지에 필요한 노동력을 이미 수탈했기에 그 노동에 대한 반대급부로 주어진 현방을 수탈할 수가 없었던 것이다. 분명 성균관에는 반인과 현방의 이익을 대리하는 성격이 있었다. 1704년 삼법사 수탈액이 반으로 줄어들 수 있었던 것도 17세기 후반 내내 성균관 쪽에서 요청했기 때문이었다. 하지만 1708년부터 반인의 수탈자로서의 성균관의 본색이 드러나기 시작했다. 1707년 삼법사의 속전이 복구되자 그 이듬해인 1708년부터 성균관은 매달 150냥, 1년 1,800냥을 현방에서 받아 성균관의 운영에 쓰기 시작했던 것이다. 성균관의 현방 수탈은 성균관이 재원을 계속 상실하고 있었던 것과 맞물리는 현상이다. 결국 1750년 이후 균역법이 본격적으로 작동하자 성균관은 토지, 노비, 절수 어장으로부터 직접 수세하는 대신 호조와 균역청으로부터 급대전을 받게 되었다. 다만 그 총액은 약 7,500냥(정확하게는 본문에서 밝힌 바와 같이 7,487냥) 정도였다. 하지만 1747년에 현방은 성균관에 이미 1년에 8,000냥을 바치고 있었다. 성균관이 균역청과 호조로부터 받는 급대전은 성균관 운영비 중 극히 일부에 해당하는 것이었고 19세기가 되면 성균관은 거의 대부분 현방에서 수탈하는 돈으로 운영되었다. 반인과 현방의 입장에서는 삼법사와 성균관으로부터 이중의 수탈을 당하게 된 것이었다. 그것은 조선 사족체제의 최고 교육기관과 경찰기구가 반인과 현방의 수탈 위에 존립할 수 있었다는 것을 의미한다.

18세기 후반이면 삼법사와 성균관 외에 새로운 수탈자 궁방이 나타났다. 제사 용도와 일상의 식재료로 궁방은 쇠고기가 필요했다. 궁방은 현방의 큰 고객이었을 것이나, 수치화할 수 있는 일반적 구매에 관한 정보는 남아 있지 않다. 궁방과 현방의 관계를 알리는 자료는 모두 궁방 측의 불법행위를 일방적으로 전하고 있을 뿐이다. 간단히 말하자면 궁방의 하예들은 낮은 가격으로 현방에서 쇠고기를 구입해 그것을 다른 곳에서 높은 값으로 되팔거나 혹은 구매한 뒤 값을 지급하지 않는다는 것이다. 이것은 삼법사의 속전이나 성균관 운영비와는 달리 어떤 명분도 없이 현방의 이익을 수탈하는 것이었다. 성균관과 현방은 19세기 중반까지 궁방의 수탈을 단속할 것을 계속 요청했는데, 거의 1세기가 지난 1862년의 〈현방구폐절목〉에 가서야 겨우 뜻을 관철시킬 수 있었다.

반인과 현방에 대한 수탈이 끊임없이 강화되었던 것은, 기본적으로 삼법사 하예들에 대한 삭료를 공식적으로 지급하지 않았고, 성균관의 재원이 심하게 감축되는데도 불구하고 대책을 마련하지 않았기 때문이었다. 궁방에 대한 감독권도 제대로 행사되지 않았다. 정확하게 말하자면 국가권력을 장악하고 행사하는 왕과 조정이라 불리는 고위관료 집단은 문제를 알면서도 방치했다.

문제에 대한 지적과 합리적 대안이 완전히 없었던 것은 아니었다. 성균관과 반인, 현방 문제의 심각성을 지적하고 합리적 대안을 제시하는 사람도 당연히 있었다. 그것은 언제나 성균관 대사성의 몫이었다. 일단 최고 책임자가 되어 성균관 운영을 직접 대면했을 때 비로소 내부 문제가 보였던 것이다. 그중 다수의 개혁책은 구체적이고 현실적이고 실천 가능한 것이었다. 예컨대 1728년 조지빈의 요청과 상소, 1740년 7,000자에 달하는 심성희의 장문의 상소야말로 성균관의 문제를 해결하기 위한 진지한 고민의 산물이었고 또 합리적인 대책이었다고 평가할 수 있다. 하지만 삼법사는 자기 이익의 침해에 대해 언제나 반발했고, 왕과 고위관료들은 그 반발을 무마하지 않았다. 나아가 합리적 조정을 통해 해결할 수 있는 문제조차 해결하지 않았다.

강화되는 수탈에 대해 반인은 생존을 위해 대응해야만 했다. 노비로서의 반인들이 수탈자에게 수탈 자체를 직접적으로 거부하기란 불가능한 일이었다. 가능한 현실적 방법은 성균관을 설득하는 것이었다. 삼법사가 반인과 격절된 무도한 수탈자라면, 성균관은 반인 자신과 기묘하게 얽혀 있는 수탈자였다. 반인은 성균관의 공노비로서 성균관을 배경으로 하여 살아갈 수밖에 없었고, 성균관 역시 반인의 노동력에 의지해 존립할 수 있었기 때문이다. 수탈자와 피수탈자는 상호의존적이었다. 또한 반인은 평소 반주인의 형태로 유생과 친숙하고 밀접한 관계에 있었고 때로는 이익을 공유하기도 하였다. 인간적으로 친밀한 관계가 형성되면, 예전에 유생이었던 관료는 반주인 곧 반인의 호소와 요청을 거부할 수 없었을 것으로 여겨진다. 이 관계를 통해 반인들은 성균관을 움직여 삼법사와 궁방 같은 외부의 수탈자를 제어하려 하였다. 성균관 역시 반인으로부터의 수탈을 안정화하거나 또는 확대하기 위해 반인의 의지를 대변할 수밖에 없었다. 조지빈과 심성희의 상소는 이런 사정의 산물인 것이다. 1707년 이후 속전의 감축에는 실패하지만, 국가로부터 공채를 빌리는 길을 열었던 것은 성과라고 평가할 수 있다. 이렇듯 반인은 성균관을 움직여 자신의 의사를 정확하게 전달할 수 있었고, 반인과 현방의 문제가 심각하다는 사실을 끊임없이 환기시킬 수 있었다. 이것이 반인이 다른 공노비와 확연히 구분되는 점이다.

반인은 한편 현방 외에 다른 영역으로 사업을 확장했다. 그것은 현방에 대한 수탈의 압박에 대응하는 방법이기도 하였다. 가장 의미가 있던 것은 현방의 확장이었다. 쇠고기를 먹는 식문화가 확산됨에 따라 반인은 개성·강화·광주·수원 등 4곳의 유수부에 공식적으로 설치된 도사의 운영을 맡는 것을 시작으로 18세기 말이면 "반복을 외읍으로 내보내어 도살과 매매를 마음대로 하게 한 것은 근년에 처음 만든 일"이라는 말이 나올 정도로 많은 수의 지방 도사의 운영을 맡았던 것으로 보인다. 물론 김치인의 반대로 인해 상당수 줄어들기는 했지만, 19세기 말까지 반인이 설치한 지방 도사는 상당수에 이르렀을 것으로 생각된다.

지방 도사의 확장과 더불어 반인은 소의 구입가를 낮추기 위해 우전에서 소를 구입하는 대신 지방의 소가 우전에 도착하기 전 구입하는 건전乾廛을 설립하는가 하면, 우전의 항의로 건전이 혁파되자 결국은 송파의 난전에서 소의 매매를 독점하는 방식으로 우전을 밀어내고 이익을 확보했다. 한편 현방은 소의 도축 과정에서 나오는 가죽을 매매하기 위해 창전을 설립하여 이익을 확보했고, 소의 기름을 판매하는 우방전을 설립하기도 했다. 또한 쇠고기의 부패를 막기 위해 사용되는 얼음을 근거로 하여 서울 시내 얼음의 판매를 독점하고자 하는 빙계를 설치하기도 했다. 물론 우방전과 빙계는 설립 직후 없어졌지만, 그것의 설립 자체는 반인의 생존을 위한 분투의 일환이었던 것으로 보아야 한다.

한편 반인은 성균관의 절수 어장에서 어물을 수취하여 일부를 판매하던 관행이 있었다. 이 관행은 1670년에 혁파되었던 것으로 보이는데, 이후 1682년 우역으로 인해 현방의 운영이 중단되자 반인들은 어물전과 좌반전의 설치를 요구하였고 결국 관철시켰다. 반인은 이내 어물전과 좌반전에서 철수하지만 그것은 이익을 잃은 어물전의 반발 때문이라기보다는 현방이 다시 설치되었기 때문일 터이다. 이후 반인들은 계속해서 침어전을 개설할 기회를 요구했지만 1769년 조정의 결정으로 기각되었다. 하지만 바로 그해 반인은 마포강인 소금과 젓갈을 파는 마포염해전의 운영권을 3,500냥에 사들여 결국 소금과 젓갈을 파는 상인으로 진출할 수 있었다. 1781년부터 마포강인은 10년에 걸쳐 반인에게서 염해전을 되찾기 위해 소송을 제기했지만 실패했고 염해전은 최종적으로 반인의 소유로 굳어졌다.

이처럼 반인은 일방적으로 수탈당하는 피동적 주체가 아니라, 능동적으로 수탈에 대응해나갔다. 하지만 이런 대응으로도 강고한 수탈 자체를 물리치기란 불가능했다. 보다 적극적인 대응, 곧 저항이 필요했다. 그 저항은 '식당 도고'로부터 시작되었다. 조선 후기 성균관의 재정이 급감하자 식당의 운영조차 점차 어려워졌다. 국가는 식당 운영에 필요한 비용을 반인에게 전가하였고 그 결과 자살하는 자가 속출했다. 급기야 1732년과 1733년 사이에 식모가 연이어 자살하는 사건까지 발생하였다. 반인은 자신들에게 가해진 압박을 '식당 도고'를 통해서 해결했다. 일정한 돈을 지불하고 성균관 식당의 운영을 맡을 사람을 선정해, 식당 운영의 책임에서 벗어났던 것이다. 도고는 1782년에 공인되었다. 도고는 곧 식당 운영의 책임으로부터 벗어나기 위한 저항이었던 셈이다.

식당 도고는 비용이 필요한 저항 방법이었지만 삼법사의 금리와 궁방 무노배가 현방에 들어가 침탈할 경우 '고입인가율'을 적용하겠다는 정조의 전교를 나무판에 새긴 현판을 내건 '게판' 역시 직접적인 수탈로부터 살아남기 위한 저항의 수단이었다. 1790년의 게판은 소를 도축하는 더러운 공간에 거룩한 왕명을 내거는 무엄한 짓을 했다는 지적으로 떼기는 했지만, 반인들은 그 현판 하나로 금리와 궁방의 하속을 물리칠 수 있었던 경험을 잊지 못하여 1798년에도 다시 요청했다. 정조는 허락하지 않았지만 반인으로서는 자신들이 할 수 있는 모든 지혜를 동원하여 수탈에 저항했던 것이다.

가장 효과적인 저항의 수단은 철도와 궐공이었다. 철도는 현방의 도축과 쇠고기 판매를 거부하는 것으로 서울 시내에 쇠고기 공급을 중단한다는 것을 의미했다. 제사와 식사에 쇠고기는 절대적인 비중을 차지하고 있었기에 철도는 심상한 문제가 아니었다. 더욱이 왕과 왕실, 고위관료의 제사상과 식탁에 쇠고기를 올릴 수 없다는 것은 심각한 문제였다. 1789년 5월 궁방의 하속들과 싸운 반인은 궁방을 단속하지 않는 데에 대한 항의 표시로 사흘 동안 현방의 문을 닫았고 서울 시민들은 제사상에 쇠고기가 아닌 돼지고기를 올려야 했다. 이후 반인들은 자신들의 의사를 표명하기 위해 수시로 철도를 감행했고 그것은 조정에 큰 충격을 주었다.

철도보다 더 큰 수단은 성균관의 식당을 열지 않는 권공이었다. 1812년 최초의 권공이 일어났다. 권공을 초래한 근본 원인은 왕과 고위관료층의 무능과 무책임에 있었다. 하지만 문제의 심각성을 인지하고도 방기한 그 자들을 타격하여 일깨운 것 역시 반인의 권공이었다. 권공을 주도한 반인들에게 처벌이 따랐지만 문제는 여전히 해결되지 않았고 이후에도 철도와 권공이 이어졌다. 이런 저항의 결과 1857년 〈현방구폐절목〉이 만들어졌다. 하지만 1857년의 〈절목〉 역시 별 효과를 거두지 못하자, 반인은 1859년 다시 철도를 감행했고 마침내 1862년의 〈현방구폐절목〉을 이끌어내었다. 1862년의 〈절목〉은 강력한 시행의지를 담은 것이었다. 이어 1863년 고종이 즉위하자 내정개혁을 표방한 흥선대원군의 독재가 갖는 압력이 1862년의 〈절목〉에 실행력을 부여했을 것이다. 궁방의 침탈과 삼법사의 횡침이 그치자 반인과 현방은 비로소 경제적으로 안정을 찾을 수 있었다. 현방이 경복궁 중건에 원납전을 내고 1866년 병인양요 때 총용청 소속의 군인으로 전투에 참여했던 것은 그런 경제적 안정 위에서 가능했다. 흥선대원군은 이들을 '별초군'이란 특별한 군대로 편성했으니 반인에게 이것은 신분의 상승을 의미하는 것이기도 했다.

1894년 갑오개혁으로 신분제가 폐지되었다. 1801년 공노비를 종량할 때 형식적 차원에서 천인(노비)의 신분에서 벗어났으나, 그렇다고 해서 그들이 신분제를 벗어난 것은 아니었다. 그것은 반인의 사회적 위상에 별다른 변화를 가져오지 않았다. 반상제는 여전히 존재했으며 그들은 여전히 성균관에 매여 있고 현방에서 소를 잡는 천역을 담당하는 존재였다. 실제 해방은 신분제 자체를 폐기한 갑오개혁으로 이루어졌다. 신분제의 폐지와 함께 갑오개혁에 포함된 각종의 제도 변화 역시 반인에게 엄청난 영향을 끼쳤다. 과거제가 폐지되고 관료 선발제도가 바뀌고 근대적 지식의 보급과 교육이 시작됨으로써 성균관 자체가 불필요한 존재가 되었던 것이다. 신분제가 폐지되고 성균관이 그 본질적 성격을 상실함으로써 성균관에 대한 반인의 의무적 노동은 강제될 수 없었고 삼법사의 속전 수탈역시 즉각 종식되었다.

조선 정부는 1895년 12월 소의 도축과 쇠고기 판매에 관한 14개조의 〈포사규칙〉을 제정했다. 〈포사규칙〉에 의해 현방은 포사로 바뀌었고 국가로부터 면허를 받은 사람은 누구나 개설할 수 있었다. 국가는 또한 포사로부터 정식으로 일정한 영업세, 곧 포사세를 징수했다. 포사세는 대한제국 정부에 상당히 큰 세원으로서 그 관리권을 두고 여러 관아가 경쟁하였다. 기존의 현방은 대부분 〈포사규칙〉에 따른 영업허가를 받았던 것으로 보인다. 〈포사규칙〉은 이후 1905년과 1909년의 〈도수규칙〉으로 개정되는데, 가장 중요한 것은 도축장과 도축의 규칙이 새로 만들어졌다는 것이다.

새로운 제도는 여러 변화를 이끌어내었다. 소의 도축과 쇠고기 판매는 상당히 높은 이윤을 낳는 사업이었기에 그 이윤을 노리는 자들이 출현하였다. 이들은 주로 근대적 회사를 설립하려 했는데, 1900년의 보공회사, 1901년의 충의사, 1906년의 광원회사, 1905년 박완식의 도수회사, 1906년 성명 미상의 관원의 광흥회사, 1908년 유길준이 주축이 된 포사회사, 1909년의 대한도수조합소가 그것이다. 이들은 소의 도축과 쇠고기 및 부산물의 판매, 포사세의 대리 징수를 통해 이윤을 남기려는 회사들이 었으나 예외 없이 정식 설립에 실패하거나 운영 자체가 불가능하였다. 반인 역시 동일한 목적으로 1905년 검포소란 명칭의 회사를 설립하려고 하였으나 실패했고 1907년에 가서야 균흥조합소란 이름의 현방 연합체를 구성하는 데 성공했다. 균흥조합소는 1912년 해산될 때까지 반인의 회의소로서 중요한 역할을 담당했다.

1908년 2월 반인들은 근대식 학교인 숭교의숙을 설립했다. 학교의 설립과 운영에 필요한 자금은 반인들의 자발적 희사금으로 마련되었다. 안광수와 정학수의 학교 이후 100년이 지나 반인은 자신의 학교를 갖게 되었다. 신분제가 폐지되고 과거의 지식과 학문은 근대적 지식으로 교체될 즈음 반인은 기민하게 반응하고 있었던 것이다. 신분제의 폐지와 근대식 교육을 거치면서 반인은 과거의 신분을 씻어내었던 것으로 보인다. 1910년 이후 반인의 행로가 어떻게 되었는지는 알 수가 없다. 확인할 필요도 없을 것이다. 반인이란 이름이 흔적도 없이 사라지는 것이 반인들이 바랐던 진정한 해방이었을 테니까.

주

머리말

1) 宋贊植, 〈懸房攷(上·下)〉. 上은 《韓國學論叢》 6, 국민대학교 한국학연구소, 1984에, 下는 《韓國學論叢》 7, 국민대학교 한국학연구소, 1985에 실려 있다. 이어 최은정의 석사논문이 나왔다. 崔恩禎, 〈18세기 懸房의 商業活動과 運營〉, 이화여자대학교 석사논문, 1996. 현방의 영업 형태와 이를 둘러싼 제반 실증적 사항은 두 논문에서 거의 다 밝혀져 있다.

2) 박지영, 〈조선 후기 泮人의 존재양상과 泮村의 공간 변화〉, 부산대학교 석사논문, 2013. 서울역사박물관에서 2019년 9월부터 2020년 3월 1일까지 '성균관과 반촌'이란 제목으로 전시회를 개최하였다. 전시회는 도록인 《성균관과 반촌》, 서울역사박물관, 2019. 11과 안대회·김세호·박현순·정재훈·조영준, 《성균관과 반촌》, 서울역사박물관, 2019. 12로 출판되었다. 두 책은 풍부한 도판과 반촌과 반인에 대한 중요한 논고를 수록하고 있다.

3) 〈서울의 게토, 도축면허 독점한 치외법권 지대, 반촌〉, 《조선의 뒷골목 풍경》, 푸른역사, 2003.

4) 강명관, 〈조선 후기 체제의 반인泮人 지배와 반인의 대응〉, 《한국문화연구》 15, 이화여자대학교 한국문화연구원, 2008.

1) 〈馬韓〉,《晉書》, 東夷列傳. "不知乘牛馬, 畜者但以送葬."

2) 金富軾, 〈智證麻立干〉,《三國史記》권4, 新羅本紀 제4. "三年春三月……始用牛耕."

3) 이영훈,《한국경제사》1, 일조각, 2016, 152~153쪽. 신라 시대를 비롯한 한반도에서의 소의 사육에 대한 대략적인 정보는 김동진,《조선의 생태환경사》, 푸른역사, 2017, 67~74쪽을 볼 것.

4)《三國史記》권39, 雜志 제8, 職官 中. "肉典, 景德王改爲尙膳局, 後復故. 于二人."

5)《三國史記》권4, 新羅本紀 제4, 法興王 16년. "十六年, 下令, 禁殺生."《三國史記》권8, 新羅本紀 제8, 聖德王 4년. "九月, 下敎, 禁殺生." 同王 11년. "夏五月, 禁屠殺."

6) 一然, 〈法王禁殺〉,《三國遺事》권3, 興法 제3. "是年冬下詔禁殺生. 放民家所養鷹鷂之類焉, 漁獵之具一切禁止."

7)《高麗史》92, 列傳 5, 諸臣, 崔凝. "嘗寢疾, 太祖遺東宮問疾, 勸令食肉曰: '但不手殺耳, 食肉何害?' 凝固辭不食. 太祖幸其第, 謂曰: '卿不食肉, 有二失. 不保其身, 不得終養其母, 不孝也; 不永命, 使予早喪良弼, 不忠也.' 凝乃始食肉, 果平復."

8) 태조·대종戴宗·선의왕후宣義王后의 제사 때는 5일 혹은 3일 동안 도살을 금지하고 육선肉膳을 끊도록 하라고 명령했다.《高麗史》世家 3, 成宗 8년(989) 12월 19일 丙寅. "可自今太祖忌齋, 王考戴宗忌齋, 期五日, 王妣宣義王后忌齋, 期三日, 焚修轉念. 仍於是月, 禁屠殺, 斷肉膳." 또 가뭄이 들면 시장을 옮기고 도축을 금했다.《高麗史》世家 4, 顯宗 2년(1011) 4월 4일 丁未. "以久旱, 禱雨于宗廟. 移市肆, 禁屠宰."《高麗史》世家 7, 文宗 원년(1047) 4월 19일 癸亥. "王以自春不雨, 避殿, 輟常朝, 斷屠宰, 止用脯醢, 令中外慮囚."

9) 崔承老, 〈上時務書〉,《東文選》52, 奏議. "又禁殺生, 御廚肉膳, 不使宰夫屠殺, 市買以獻."

10)《高麗史》世家 2, 광종 19년(968) 미상. "列置放生所, 就傍近寺院, 演佛經, 禁屠殺, 肉膳亦買市廛以進."

11) 서긍은 《고려도경》에서 고려 사람들이 불교를 믿기 때문에 고기를 먹지 않아, 소를 도축하는 데 아주 애를 먹는 장면을 소개하고 있다. 徐兢, 〈屠宰〉, 《高麗圖經》 권23. "夷政甚仁, 好佛戒殺, 故非國王相臣不食羊豕, 亦不善屠宰. 唯使者至, 則前期蓄之, 及期將用, 縛手足, 投烈火中, 候其命絶毛落, 以水灌之. 若復活, 則以杖擊死, 然後剖腹, 腸胃盡斷, 糞穢流注. 雖作羹臛, 而臭惡不絶. 其拙有如此者."

12) 徐兢, 〈房子〉, 《高麗圖經》 권21. "高麗俸祿, 至薄, 唯給生米, 蔬茹而已. 常時, 亦罕食肉. 每人使至, 正當大暑, 飮食臭惡, 必推其餘與之, 飮啗自如. 而又以其餘, 歸遺于家."

13) 서긍은 권신 이자겸李資謙의 사치스런 생활에 대해 증언하면서 뇌물이 사방에서 몰려들었고 썩는 고기가 늘 수만 근이었다고 말한다. 고기가 고위층에게 뇌물로 바쳐지는 귀중한 식재료였다는 것을 의미한다. 徐兢, 〈守太師尙書令李資謙〉, 《高麗圖經》 권8, 人物. "然而信讒嗜利, 治田疇第宅, 阡陌相連. 制度侈靡, 四方饋遺, 腐肉常數萬斤. 他皆稱是, 國人以此鄙之."

14) 고려 시대 돼지의 사육에 대해서는 최승철·김태경, 《대한민국 돼지 이야기》, 펜앤펜, 2021, 48~59쪽을 볼 것. 돼지고기의 식용과 양돈에 대해 서술하고 있지만, 그것이 어느 정도 규모로 이루어졌는가를 충분히 짐작할 수 있을 정도는 아니다.

15) 《태종실록》 17년(1417) 윤5월 8일(1). "帝召內官狗兒曰: '朝鮮人不食豬肉, 令光祿寺以牛羊肉供給.'"

16) 조선 전기의 돼지 사육은 주로 국가의 제사와 중국 사신의 접대를 위해 이루어졌다. 최승철·김태경, 앞의 책, 61~74쪽. 이것은 국가의 용도에 관련된 것이다. 민간의 경우 돼지 사육과 돼지고기 소비가 어떻게 이루어졌는지는 추리할 만한 자료가 없다. 1462년 6월 5일 세조는 우리나라는 짐승의 사육에 능하지 못하여 사신 접대와 제사에 넉넉하게 쓸 수 없다고 지적하고, 서울과 지방에서 닭과 돼지를 길러 해마다 그 결과를 보고하라고 지시했다. 《세조실록》 8년(1462) 6월 5일(1). "我國土風, 不事畜養, 或有賓祭之需, 尙且未贍. 自今京外大小家咸畜雞豚, 京中漢城府五部, 外方觀察使守令, 常加考察, 每歲抄其數啓達." 이런 자료를 근거로 하건대, 조선 전기에는 돼지 사육이 그렇게 확산되지 않았던 것이 분명하다.

17) 《高麗史節要》成宗, 辛卯 10년(991). "冬十月. 幸西都, 所經州縣父老, 有持牛酒以獻者. 酒以賜軍士, 牛還之. 民戶有以疾疫失農業者, 免其租賦. 篤疾癈疾者, 給藥."

18) 李奎報, 《斷牛肉》, 《韓國文集叢刊》12a, 193쪽. "予往者, 方斷五辛, 因作一詩. 其時并斷牛肉, 然心斷而已, 適無眼見其肉而口能卽斷, 故於其詩不得并著. 今見其肉, 斥去不喫, 然後以詩述之云. 牛能於甫田, 耕出多少穀. 無穀人何生, 人命所自屬. 又能駄重物, 以代人力蹙. 雖然名是牛, 不可視賤畜. 何忍食其肉, 要滿椰子腹. 可笑杜陵翁, 死日飽牛肉."

19) 《高麗史》世家29, 忠烈王 10년(1284) 4월 庚寅.

20) 1331년 5월 충혜왕은 5도의 백성들이 쌍성雙城·여진女眞·요양遼陽·심양瀋陽 등으로 유랑한다며 쇄환을 요청하는 표문을 올리기도 하였다. 《高麗史》世家36, 忠惠王 元年(1331) 여름 4월 미상.

21) 《高麗史》世家 권38, 恭愍王 3년(1354) 11월 丁亥.

22) 《高麗史》世家 31, 忠烈王 26년(1300) 6월 戊辰.

23) 조원, 〈《飮膳正要》와 大元제국 음식문화의 동아시아 전파〉, 《역사학보》 233, 2017, 196쪽. 장숙영, 《박통사언해류》, 한국문화사, 2008, 8~9쪽.

24) 원의 음식문화 및 요리서가 고려와 조선에 전래된 사실에 대해서는 다음의 논고들을 더 참고할 것. 김명배, 〈東아시아의 喫茶와 喫湯 硏究〉, 《韓國茶學會誌》 5-2, 韓國茶學會, 1999. 한복려, 〈《산가요록》의 분석 고찰을 통해 본 편찬 연대와 저자〉, 《농업사연구》 2권 1호, 한국농업사학회, 2003. 6. 박현희, 〈燒酒의 흥기 : 몽골 시기(1206~1368) '중국'에서 한반도에로 증류기술의 전파〉, 《중앙아시아연구》 21-1, 중앙아시아학회, 2016. 이종수, 〈13세기 탐라와 원제국의 음식문화 변동 분석〉, 《아세아연구》 163, 고려대학교 아세아문제연구원, 2016. 김일원, 〈조선 후기 치농과 음식의 필용지식 전개로서 《거가필용》과 《산림경제》의 지식지형 고찰〉, 《농업사연구》 15권 1호, 한국농업사학회, 2016.09. 주영하·오영균·김혜숙·옥영정 공저, 《조선 지식인이 읽은 요리책 : 거가필용사류전집의 유입과 역사》, 한국학중앙연구원, 2018. 한복려, 《다시 보고 배우는 산가요록》, 궁중음식연구원, 2011.

25) 보다 자세한 내용은, 이종수, 〈13세기 고려의 湯 음식문화 변동 분석: 개성, 안동, 탐라 음식 문화를 중심으로〉, 《한국전통문화연구》 16, 한국전통문화대학교 전통문화연구소, 2015를 보시오.

26) 金尚寶, 《한국의 음식생활문화사》, 광문각, 1997, 331~332쪽.

27) 조원, 앞의 논문, 201쪽.

28) 조원, 앞의 논문, 200~201쪽; 金尚寶, 앞의 책, 333쪽.

29) 이종수, 〈13세기 탐라와 원제국의 음식문화 변동 분석〉, 《아세아연구》 163, 고려대학교 아세아문제연구원, 2016, 145쪽.

30) 《高麗史》 世家31, 忠烈王 23년(1297) 1월 壬午. "遣郎將黃瑞如元, 獻金畫甕器野雉及耽羅牛肉."

31) 《高麗史》 世家31, 忠烈王 24년(1298) 11월 甲申. "遣將軍李白超如元, 獻耽羅牛肉."; 《高麗史》 世家31, 忠烈王4, 忠烈王 26년(1300) 11월 癸卯. "遣大將軍李白超如元, 獻人參牛肉."

32) 《高麗史》 世家33, 忠宣王 元年(1309) 7월 己酉. "元遣宦者李三眞來, 寵黷耽羅牛肉."

33) 《高麗史》 世家33, 忠宣王 2년(1310) 12월 戊申. "王傳旨, 限三年, 禁打圍及宴飮宰牛."

34) 이종수, 앞의 논문, 193쪽; 이성우, 《한국식품사회사》, 교문사, 1984, 210쪽.

35) 李穡, 〈中和堂洞權密直, 送酒一甁牛肉·白米廿斗, 走筆謝之〉, 《牧隱藁》: 《韓國文集叢刊》 4, 503~504쪽. "肥肉今難得, 芳醪昔所嘗. 侑饌加白粲, 茅屋頓生光."

36) 李穡(1328~1396), 〈農桑輯要後序〉, 《牧隱集》: 《韓國文集叢刊》 a5, 68~69쪽. "自奉甚約, 無問貴賤老幼, 不過蔬菜鱐脯而已.……故其人中枵然而外不充, 望之若病而新起者, 十之八九也. 至於喪祭, 素而不肉. 燕會則槌牛殺馬, 取足野物.……五雞二彘之畜於人而無所用, 則不忍; 牛馬之代人力有功甚大, 則忍之."

37) 1296년 1월 감찰사監察司에서 "무뢰배들이 소와 말을 함부로 죽이고 있다"고 보고하고 금지할 것을 청하는데, 이것은 고기를 얻기 위한 것이었을 것이다. 또한 1310년 충선왕이 민간에서 소와 말을 도살하는 것을 단속하는 것이 순군부巡軍府의 임무임을 확인한 것 역시 고기를 얻기 위한 소와 말의 도살이 증가하고 있다는 것을 알려준다. 1325년 2월 충숙

왕이 소와 말을 훔쳐 잡아 먹는 악소배를 단속하고, 소와 말을 함부로 도살하는 자를 처벌하라고 한 것 역시 민간에서 쇠고기 식용이 늘어나고 있다는 증거로 볼 수 있다.《高麗史》85, 志39, 刑法 2. 1296년 1월 미상. "二十二年正月, 監察司言:'無賴之徒, 擅殺牛馬, 非時放火山野, 燒殺物命, 有違好生之德, 請禁之.' 從之."《고려사》85, 志39, 刑法2. "巡軍府, 本爲捕盜而設. 民間鬪毆, 宰殺牛馬等事, 皆可理之. 其餘土田奴婢事, 並勿理, 以巡綽爲事.";《고려사》85, 志39, 刑法2, 禁令. "十二年二月, 敎曰:'近者, 紀綱不振, 惡小成群, 奪人財物, 淫人婦女, 攘宰牛馬, 人甚怨慼,……自今, 畜養雞豚鵝鴨, 以備賓祭之用, 宰殺牛馬者, 科罪.'"

38) 安鼎福,《東史綱目》第14下, 恭愍王 11년(元 順帝 至正 22, 1362).

39)《高麗史節要》제34권 恭讓王1, 己巳 원년(1389), 12월. "食爲民天, 穀由牛出. 是以本國, 有禁殺都監, 所以重農事厚民生也. 韃靼水尺, 以屠牛代耕食, 西北面尤甚, 州郡各站, 皆宰牛饋客, 而莫之禁. 宜令禁殺都監及州郡守令, 申行禁令. 其有捕獲告官者, 以本人家産充賞, 犯者以殺人論."

40)《世宗實錄》3년(1421) 11월 28일(4). "黃海平安等道有酥油赤, 自言達達之遺種, 以屠宰爲業."

41)《世宗實錄》2년(1420) 11월 7일(3). "洪武二十五年司憲府受判, 節該:'無識之人, 以農牛賣於韃靼禾尺, 賣者買者, 皆以宰殺律論.'"

42)《高麗史》134, 列傳48, 禑王8년(1382) 4월 미상. "禾尺卽楊水尺."

43) 이하의 서술은 다음《世宗實錄》기사에 의한 것이다.《世宗實錄》7년(1425) 2월 4일(3). "刑曹啓:'謹按經濟六典一款, 節該:〈食爲民天, 穀由牛出. 本朝設禁殺都監, 上國有禁宰牛肉之令, 所以重農而厚民生也〉. 其盜殺牛馬者, 專是新白丁, 故於永樂九年, 刷出新白丁, 移置都城三舍之外. 近來禁防陵夷, 乃於城中及城底, 竝還來住, 與閑雜人同盜牛馬, 恣行屠殺, 奸惡莫甚. 上項白丁及妻子, 盡行推刷, 竝遷之水邊各官, 充定軍役, 令所在官不時擧覈, 使不得逃還原住. 且喫牛馬肉者, 只加笞五十, 人皆輕之, 不問來處, 公然買喫, 以致盜殺不絶, 甚爲不當. 今後知情食肉者, 請亦以制書有違律論, 令漢城府搜捕, 嚴加禁斷.' 從之."

44)《世祖實錄》3년(1457) 5월 11일(3). "但元典內:'無識之人, 稱農牛老病, 賣於韃靼禾尺者, 其賣者及韃靼禾尺, 皆以宰殺牛馬律論罪, 身充水軍.'"

45) 《太宗實錄》6년(1406) 4월 24일(1). "申驢粗禾尺宰殺牛馬之禁."

46) 《太宗實錄》7년(1407) 1월 19일(2). "一, 宰殺牛馬, 國有禁令, 有司痛行禁治, 其禾尺才人等, 專以宰殺爲生業. 宜令所在之處, 完聚存恤, 給田耕種, 使不離散. 此輩豈無用處?"

47) 《太宗實錄》11년(1411) 10월 17일(1).

48) 《世宗實錄》2년(1420) 11월 7일(3). "一, 永樂十七年(1419)議政府受判: '禾尺才人不事農業, 唯以弓馬爲事, 不與良民婚嫁, 自成一群, 聚散無常, 宰殺牛馬, 良民受害. 願令分置, 與平民相婚, 俾令安業. 其有尙循舊習者, 沒其所畜頭匹, 幷罪里正長.'"

49) 《世宗實錄》7년(1425) 2월 4일(3).

50) 《太宗實錄》15년 6월 5일(1). "宰牛曾有禁令, 比來宰殺尤甚. 有能捕告者, 將犯人家産充賞, 大小人員毋得食牛肉, 違者論罪. 自死之肉, 京中漢城府著稅, 外方則受官司明文後, 方許買賣, 違者亦依律論罪."

51) 《世宗實錄》12년(1430) 4월 13일(7). "漢城府啓: '京中五部及城底十里物故牛馬, 審驗給立案後, 肉則着標, 皮則不着標, 故盜竊牛馬者常多.'"

52) 《成宗實錄》2년(1471) 8월 24일(3). "舊大典竊盜條: '盜牛馬爲首者絞; 爲從者及殺他人牛馬者, 杖一百流三千里; 私宰自己牛馬者, 杖一百, 徒三年; 知情食肉者, 杖七十, 徒一年半; 病死而不申官開剝者, 杖一百.'" 《經國大典》〈刑典〉은 1461년 7월 완성되었다. 성종은 즉위하자 《경국대전》 전체를 수정해 1471년 1월 1일부터 시행하기로 했으나 누락된 것이 있어서 1474년 2월 1일부터 시행했다(《甲午大典》). 위 기사는 1471년 8월의 것이니, 이 기사에서 '舊大典'이라는 것은, 바로 1461년 7월에 완성된 《경국대전》을 의미할 것이다.

53) 《世宗實錄》7년(1425) 2월 4일(3). "上項白丁及妻子, 盡行推刷, 竝遷之水邊各官, 充定軍役, 令所在官不時擧覈, 使不得逃還原住."

54) 《世宗實錄》1년(1419) 3월 27일(6).

55) 《世宗實錄》7년(1425) 2월 8일(6). "漢城府啓: '自今馬肉買賣, 依牛肉買賣例, 京中則漢城府着標, 外方則受其官明文, 方許買賣, 違者依律論罪.'"

56) 《世宗實錄》7년(1425) 12월 5일(2). "兵曹判書趙末生對曰:'都城西毋岳之下, 新白丁聚居, 盜殺牛馬, 此輩之所爲, 宜黜畿外.' 上曰:'然.'"

57) 《世宗實錄》9년(1427) 11월 27일(3). "刑曹啓:'申明宰殺牛馬禁止之法新白丁平民雜處之令.'"

58) 《世宗實錄》16년(1434) 8월 2일(3). "用牛肉, 人人之所犯也. 昔許遲爲大司憲時啓曰:'臣常犯杖一百之罪.' 此言甚直."

59) 상림원 제거 대호군大護軍 김간金艮은 제조 안수산安壽山에게 쇠고기를 뇌물로 주었다. 《世宗實錄》11년(1429) 10월 11일(5).

60) 《成宗實錄》4년 7월 30일(5).

61) 《世祖實錄》13년(1467) 1월 4일(1). "京中市裏, 一日買牛, 不下數十, 皆用屠宰, 得利最厚, 以成風俗."

62) "昔者, 白丁禾尺宰之, 今則京外良民皆宰之; 昔者, 多以爲筵宴之備而宰之, 今則以市裏販賣而宰之; 昔者, 盜於人而宰之, 今則買於市而宰之. 白丁有數也, 而良民無數; 筵宴有數也, 而販賣無窮; 盜殺有數也, 而買殺無窮. 以有數之牛, 行無窮之殺於無窮之日, 必如南山之松, 盡伐而後已矣. 昔爲宰牛賊, 今稱去骨匠. 閭閻處處, 雜居爲之, 大小隣里, 專不爲怪. 如有用肉之事, 如取諸市, 持價而往, 求無不獲. 臣聞衆心安定, 謂之俗, 此風已成矣."

63) 소를 밀도축하는 또 다른 주체는 갖바치[皮匠]였다. 가죽 제품을 생산하는 갖바치로서는 가죽을 확보하기 위해 소를 절도하여 잡는 경우가 많았다. 《世宗實錄》12년(1430) 4월 5일(3). "判府事崔閏德啓:'盜殺牛馬者甚衆, 必皆皮工無賴者也. 今盜殺司僕馬, 請鞫其黨大懲.'" 저절로 죽은 소는 한성부에서 고기에만 표시를 하고 가죽에는 하지 않았기 때문에 뒤에 한자漢字로 낙인을 한 뒤 매매하게 하였다. 《世宗實錄》12년(1430) 4월 13일(7).

64) 이외에도 도축한 자를 신고하면 도축자의 재산을 상으로 주고, 벼슬을 원할 경우 세 자급資級을 넘어 임용하는 등의 유인책도 썼다. 보다 자세한 것은 다음 자료를 볼 것. 《世祖實錄》13년(1467) 1월 4일(1). "自今限風俗歸正, 始依軍法施行. 凡宰牛人, 勿問盜殺買殺, 不分首從, 俱卽處死, 妻子全家徙邊. 告者以財産賞給, 自願受職者, 超三資敍用. 其容止窩主, 家舍屬公.

士夫則杖一百, 永不敍用. 庶人則杖一百, 全家徙邊. 三切隣, 及知情賣牛, 知情食肉者, 亦依上項施行. 京中管領, 外方勸農, 知情不檢擧告官者, 亦杖一百, 全家徙邊."

65) 《世宗實錄》 31년(1449) 2월 27일(1).

66) 《睿宗實錄》 1년(1469) 9월 1일(1). 말과 소를 훔쳐 도축한 4인을 체포하고, 이후 도축자를 체포한 자, 체포에 실패하거나 숨긴 자에 대한 처벌조항을 만들었다. "作論賞事目: '一, 捕宰殺自己牛馬一頭者, 給別仕二十, 捕盜宰者加十; 一, 一月內全不捕者, 削仕十; 一, 或捕而知情不告者, 許同類人陳告, 依律論罪, 告者給仕二十.'"

67) 초범은 장杖 100대, 도도徒 3년, 재범은 장 100대, 자자刺字, 3범은 장 100대에 경면黥面이었다. 《成宗實錄》 1년(1470) 3월 3일(8).

68) 《成宗實錄》 2년(1471) 2월 9일(4).

69) 《成宗實錄》 2년(1471) 8월 25일(6). 물론 왕명으로 감사減死하였다.

70) 《成宗實錄》 2년(1471) 8월 27일(3).

71) 《成宗實錄》 5년(1474) 2월 7일(1).

72) 《成宗實錄》 5년(1474) 윤6월 15일(3).

73) 《成宗實錄》 5년(1474) 12월 7일(4). 실제 종친인 동양정東陽正 이서李徐는 거골장 김산과 결탁하여 자신의 집에서 소를 잡게 했지만, 종친이라는 이유로 처벌을 받지 않았다.

74) 《成宗實錄》 15년(1484) 11월 15일(2).

75) 《成宗實錄》 5년(1474) 윤6월 29일(2).

76) 《成宗實錄》 6년(1475) 8월 10일(6).

77) 《成宗實錄》 9년(1478) 1월 19일(3).

78) 《成宗實錄》 23년(1492) 2월 24일(1).

79) 《成宗實錄》 25년(1494) 6월 27일(7).

80) 《經國大典》 刑典, 〈捕盜〉. "捕竊盜及殺牛馬者, 一人給綿布十匹, 每一人加二匹, 至五十匹而止."

81) 예컨대 다음 자료를 볼 것. 《燕山君日記》 12년(1506) 3월 14일(2). "王好食黃牛肉, 每於內宴,

不時供進, 司畜署未能及備, 奪行路牛隻, 椎殺而進, 怨呼者盈路."

82) 《燕山君日記》 11년(1505) 4월 20일(1). "傳于承政院曰:'前此宴享時, 不用牛肉, 爲農事也. 然中朝饋我國人, 尙用牛肉, 今可用之. 況宴非常事, 用之無妨.' 䄂問政丞及禮官. 承旨等啓:'愚民不知農事之本在此, 而妄爲屠殺, 故禁之. 然於供上, 用之無妨.'" 《燕山君日記》 12년(1506) 6월 23일 (4). "諭各道進牛脯, 若日寒進生肉. 前此弛殺牛之禁, 又令公宴用牛肉, 自此闕內用之無忌, 內人私辦宴具以進, 至一殺八九牛, 他費稱是."

83) 《燕山君日記》 12년(1506) 6월 23일(4). "前此弛殺牛之禁, 又令公宴用牛肉, 自此闕內用之無忌, 內人私辦宴具以進, 至一殺八九牛, 他費稱是."

84) 《燕山君日記》 11년(1505) 4월 20일(1). "自是, 常時供饋興淸, 皆用牛肉, 日屠十餘頭, 車載以入. 行路駕車載物之牛, 皆奪而屠之, 民皆號哭."

85) 《中宗實錄》 1년(1506) 9월 4일(5).

86) 《中宗實錄》 3년(1508) 8월 23일(1).

87) 《大典後續錄》 刑典, 〈雜令〉. "牛馬宰殺, 爲首者, 杖一百全家徙邊. 隨從者, 杖八十徒二年. 許接家主, 杖一百徒三年. 宰殺人, 永屬絶島官奴, 全家入送. 知情不告三切隣管領, 以制書有違律論斷. 捕告者, 給賞."

88) 《各司受敎》, 漢城府受敎160. "丙辰二月二十五日, 司憲府受敎內, 牛馬屠殺之禁, 昭載法典, 而公然宰殺, 遍賣閭里, 非獨京中, 外方皆然, 以此牛馬乏少. 意宰殺人, 杖一百全家徙邊, 隨從人, 杖八十徒二年, 許接家主, 杖一百徒三年. 去骨匠, 勿論隨從, 絶島全家入居, 去骨匠當身, 官奴定屬. 知情不告三切隣管領, 制書有違律論斷. 捕告人, 一隻, 賞綿布五匹, 至四十匹而止. 不能檢擧所居部官吏, 推考重論. 京外官府, 牛隻打殺現露, 京中則其司行首掌務官掌務書吏, 制書有違律論. 外方, 依右例科斷事."

89) 《宣祖實錄》 26년(1593) 2월 19일(4).

90) 《宣祖實錄》 26년(1593) 10월 2일(14).

91) 《宣祖實錄》 38년(1605) 4월 16일(9). 仁祖 26년(1648) 2월 17일 홍청洪淸·전남 양도兩道의

암행어사 심택沈澤 역시 청주 목사 이만영李晩榮이 쇠고기를 먹은 것과 옥과玉果 현감 문익준

文益晙이 소를 잡은 것을 문제 삼고 있다. 쇠고기를 먹거나 소를 잡는 것은 여전히 불법적인

행위로 간주되었던 것이다.

92) 《肅宗實錄》 9년(1683) 1월 28일(1). "牛疫之後, 所餘無多, 而殺之不已. 我國之俗, 以牛肉爲上味,

不得食則如不可生. 雖有禁令, 而猶不暇顧. 若不別爲禁條, 以頒中外, 則民之失農, 甚於旱災矣. 程

子以歲凶爲殺牛之致, 仍歎人之無行. 蓋以人食牛力而屠其身, 以致怨氣傷和也. 文成公李珥平生不

食牛肉, 故其家尙不以牛肉祭珥. 嗚呼! 今日何能見如此人乎? 伏願以程子珥之言, 責勵群下焉."

93) 김동진·유한상·이항, 〈17세기 후반 우역의 주기적 유행이 기근·전염병·호환에 미친 영향〉,

《의사학》 46, 대한의사학회, 2014, 54쪽, '부록 3. 17세기 후반 전염병과 우역의 전개 추이'에

의함. 여기에는 《승정원일기》에 기록된 폐사 수는 반영되지 않았다. 의미 없는 차이이기 때

문이다. 다만 1684년의 경우 《승정원일기》에 3,809마리가 더 기록되어 있어 합치면 모두 1

만 3,208마리다.

94) 병자호란과 우역과의 관계에 대한 서술은 예외 없이 김동진·유한상, 〈병자호란 전후(1636~

1638) 소의 역병牛疫 발생과 확산의 국제성〉, 《의사학》 22, 대한의사학회, 2013에 의한 것임.

95) 김동진·유한상, 앞의 논문, 77쪽.

96) 김동진·유한상·이항의 앞의 논문은 그 연쇄 과정을 실증적 자료를 통해 치밀하게 서술하고

있다.

97) 조원, 앞의 논문, 202쪽. 원래 이 주장의 근거는 김상보, 앞의 책, 33~332쪽이다.

98) 전경목, 〈조선 후기 소 도살의 실상〉, 《조선시대사학보》 70, 조선시대사학회, 2014. 물론 이

런 이유가 전적으로 사실인 것은 아닐 터이고 다분히 소 도축에 대한 합법적인 구실을 만

드는 경우가 대부분이었을 것이다. 그 과정에서 도축자와 수령, 아전 등이 이익을 누렸을

것이다.

99) 조선 후기 우금牛禁에 대한 집중적인 논의는 김대길, 〈조선 후기 牛禁에 관한 연구〉, 《사학연

구》 52, 한국사학회, 1996을 볼 것. 주로 조선 후기의 우금정책에 집중한 논문이다. 이 논문

역시 우금정책이 큰 실효가 없었다고 결론을 내리고 있다.

100) 《中宗實錄》 19년(1524) 10월 21일(1). "此云:'無告屠剪者, 勿論公私賤, 徒役定罪, 食肉者, 亦以制書有違律論之.' 今雖不更立新法, 大明律與大典之法, 非不詳盡, 但有司不能奉行耳."

101) "食肉人則告官與私屠, 亦未可辨也."

102) 《承政院日記》 孝宗 4년(1653) 6월 20일(13/17). "屠牛禁亂之法, 不得行於諸宮家行廊, 奴婢私屠賣肉, 極爲狼藉, 而禁吏不敢下手."

103) 《承政院日記》 英祖 3년(1727) 9월 25일(56/72). "近來私屠, 多在有勢之家." 영조의 말이다.

104) 《承政院日記》 英祖 17년(1741) 11월 20일(20/22).

105) 《承政院日記》 肅宗 8년(1682) 8월 7일(17/18).

106) 《承政院日記》 正祖 14년(1790) 11월 24일(9/11). "掌令李鎭宅疏曰:'臣待罪本府, 問于禁吏, 則懸房疊屠私屠牟利者, 無慮近百處, 而非士夫家傔從, 則將任家奴輩也, 禁吏莫敢下手云, 豈不寒心哉?'"

107) 《承政院日記》 肅宗 20년(1694) 10월 3일(12/15). "無賴之類, 憑依兩班家, 出沒興販, 禁吏莫敢誰何."

108) 《承政院日記》 英祖 38년(1762) 12월 11일(40/40). "上曰:'私屠者皆小民也. 若形勢家, 則雖屠牛不入矣.'"

109) 《承政院日記》 英祖 48년(1772) 12월 28일(89·14/21).

110) 《承政院日記》 肅宗 40년(1714) 3월 30일(9/10).

111) 《承政院日記》 正祖 5년(1781) 2월 3일(29/32).

112) 《承政院日記》 肅宗 8년(1682) 1월 3일(18/20). "且牛禁設立之後, 私屠之數, 甚於屠販云." "私販之弊, 甚於屠肆設置之時."

113) 《承政院日記》 肅宗 24년(1698) 2월 11일(19/20). "第旣罷汴人屠肆, 則私屠之禁, 尤當申嚴, 而近來國綱解弛, 風俗大壞, 私屠之弊, 猶夫前日, 如閭閻無賴之徒, 則固不足責, 而爲兩班者, 使之宰殺於行廊, 事之痛駭, 莫此爲甚."

114) 《承政院日記》英祖 3년(1727) 11월 22일(30/32).

115) 《承政院日記》正祖 16년(1792) 9월 1일(18/20). "一則都下大釀之宜禁. 近來百物之騰踊, 專由乎大釀之極盛. 蓋人心不古, 專事遊食, 閭巷間饒居之民, 莫不以販酒爲業. 故就以十年前後而言之, 昔則懸燈之肆, 百之一二, 今焉當壚之女, 十居五六. 自通衢大道, 至于曲坊深衕, 無處不然. 惟其賣之者愈多, 故爭爲侈靡, 酒名無數, 看品極備. 鎭日魚鮮之惟積於市朝者, 殆若不可勝賣, 而曩時之間, 盡入於酒家. 縣房所屠之肉, 猶爲不足, 而私屠日熾, 以至于蔬菜柴油之屬, 亦隨而朔貴."

116) 《承政院日記》肅宗 38년(1712) 7월 18일(7/20) · 19일(9/19).

117) 《承政院日記》憲宗 2년(1836) 11월 7일(20/21).

118) 《承政院日記》英祖 3년(1727) 10월 23일(17/41).

119) 《承政院日記》肅宗 13년(1687) 1월 15일(19/22).

120) 《承政院日記》純祖 32년(1832) 6월 20일(21/21). "(都提調金)履喬曰:'近來法紀蕩然, 雖以牛禁言之, 各邑官庖之外, 各處場市與街路, 爲其收稅, 分設屠肆, 狼藉行賣.'" 《承政院日記》哲宗 7년(1856) 1월 15일(16/16). "(右議政朴)晦壽曰:'宰屠之禁, 場庖之弊, 前後朝飭, 不啻申嚴, 而乍行旋弛, 依舊蕩然. …… 市場店幕之間, 狼藉屠賣, 視若尋常, 莫之誰何. 甚至有成給帖文, 收稅官用之邑云.'"

121) 《承政院日記》肅宗 22년(1696) 10월 28일(10/12). "外方則爲守令者, 利其收稅, 全不禁斷, 雖以畿甸觀之, 沿路場市酒幕近處, 屠肆相望, 血肉狼藉, 所見驚駭."

122) 《承政院日記》哲宗 2년(1851) 12월 5일(10/10). "(左議政金)興根曰:…… 內而懸房之疊屠, 閭巷無賴之假托班戶, 私設庖廚, 外而邑村場市之憑藉營邑文蹟, 爛漫宰殺者, 通計一日所屠, 當不下數千牛矣."

123) 《承政院日記》純祖 34년(1834) 10월 20일(20/20). "(右議政朴)宗薰曰:'近聞外邑牛禁蕩然. 場市之上, 旅店之間, 屠賣狼藉, 憑託官庖, 無復顧忌.'"

124) 《承政院日記》哲宗 1년(1850) 4월 15일(24/26). "(領議政鄭)元容曰:'…… 又有所嚴禁者, 卽部

562

內私屠及近京地設庖事也. 此則非但爲懸房地也, 農牛之日致耗縮, 常所悶歎, 嚴飭法司, 隨現痛禁. 而近畿則關飭畿伯, 設庖諸處, 刻期撤去, 而若或有入聞者, 則當該地方官難免重勘, 以此措辭, 申令, 何如?"

125) 《承政院日記》哲宗 9년(1858) 5월 20일(20/20). "將臣此奏, 行會於八道四都, 而凡營庖邑庖, 一處外一切禁斷. 雖以營下言之, 旣有一庖, 則營府及使客支供, 自當支過, 何必於一府之內, 疊設各衙門之庖乎?" 영의정 김좌근의 말이다.

126) 《承政院日記》肅宗 24년(1698) 8월 10일(15/15). "況各邑之中, 多設三四鋪, 收其稅錢, 其數必不至數百兩, 而公用與否, 亦不可知, 誠甚駭然."

127) 《承政院日記》正祖 16년(1792) 2월 30일(17/29). "閔修益, 全羅監司鄭民始狀啓內, 牛酒松三禁, 近益解弛, 冒犯日甚, 關飭各邑及各鎭營, 使之各別察禁矣. 羅州閔修益, 私屠人十八名贖錢收捧上送爲報. 凡私屠者, 必令本邑私治, 遲晚後自臣營照律, 或刑或贖, 乃是法典, 而不付本邑, 不待照律, 任自收贖, 事甚怪訝. 多岐廉探, 則該營將, 多送將校, 遍行島陸, 不計所犯之久近, 一竝收捉, 威脅收贖, 報于臣營者外, 又捧千餘兩, 私自費用. 校卒輩因勢作奸, 恣意橫侵, 羅州一境, 怨聲載路."

128) 《承政院日記》純祖 5년(1805) 12월 18일(21/25). "陽德前縣監黃相轅段 …… 民請私屠, 隨處輒施, 遍搜閭巷, 如有食肉之民, 劫以私屠, 一年之內, 牛皮所捧, 五百七十七領."

129) 《承政院日記》純祖 8년(1808) 8월 3일(24/24). "宜寧縣監朴宗球段, 昨今兩年私屠被捉者, 爲百有餘名, 而贖錢則或捧六七兩式, 或至三四兩, 合爲七百餘兩, 而營納則不過一二匹, 贖錢濫定之官軍, 乍入乍頉者, 前後無數, 殆遍一境."

130) 《承政院日記》肅宗 20년(1694) 10월 3일(12/15). "屠牛之禁, 國令至嚴, 而己巳(1689)以後, 玩法太甚, 至於歲時前後各五日, 不爲出禁, 許人私屠. 蓋其所爲, 多失人心, 故欲以此爲要譽都民之計, 白晝大道之傍, 公然屠殺, 狼藉分肉, 擔載相續, 所見良可駭然." 1690년에는 세전歲前 3일 동안 사도私屠를 허락했다. 金柱臣(1661~1721), 〈不殺耕牛辨〉, 《壽谷集》: 《韓國文集叢刊》176, 134쪽. "庚午(1690)歲除日, 余適出崇禮門, 見池邊閭舍, 万宰牛, 從藩竅棄血, 無所隱. 訝問

僕夫. 對曰: '嘗途聽, 左議政白于朝, 每歲除前三日, 聽民私屠, 而具其歲饌, 故如是.' 余念宰相悅民之道非一, 安有許民殺牛, 而市恩之理哉!'"

¹³¹⁾ 《承政院日記》英祖 44년(1768) 1월 20일(18/18). "(領議政金)致仁曰: '近來私屠之弊, 愈往愈甚, 歲時屠殺, 已無可言, 而過歲已久, 尙復狼藉云.'"

¹³²⁾ 《承政院日記》英祖 46년(1770) 1월 25일(16/17). "上曰: '國依於民, 民依於農, 若問農夫, 其牛最緊. 大抵, 歲時禁肉, 則民不能食肉. 若弛禁則監屠太甚, 其弛其張誠難, 故歲末欲爲下敎而未果.'"

¹³³⁾ 《承政院日記》正祖 11년(1787) 12월 16일(23/25/26).

¹³⁴⁾ 형조는 장패의 명이 내려지기 전 소의 도축이 낭자하게 이루어지고 있음을 지적하고 있다.《承政院日記》正祖 13년(1789) 12월 28일(25/32).

¹³⁵⁾ 《承政院日記》正祖 15년(1791) 4월 30일(37/39). "近來牛禁蕩然, 以外方言之, 場市之間, 屠殺狼藉, 爲方伯守令者, 不特不爲禁斷, 至或捧用屠稅, 故民不畏法, 視若常事, 以故牛價日益踊貴, 較視前日, 不翅三倍四倍之加, 以致村閭中養牛之家, 絶罕而僅有雖欲農作, 何由得以深耕乎?"

¹³⁶⁾ 《承政院日記》正祖 19년(1795) 12월 22일(34/34). "近年以來, 場市貿販, 已成謬例, 富村私屠, 看作常事, 而內浦尤甚, 由是牛價登踊, 貧戶莫得以畜焉."

¹³⁷⁾ 《承政院日記》純祖 19년(1819) 12월 5일(25/27). "近聞京外私庖之弊, 日以益肆, 甚至店肆場市之間, 狼藉屠賣, 無所顧忌, 法禁之蕩然, 萬萬寒心."

¹³⁸⁾ 《承政院日記》憲宗 2년(1836) 1월 20일(40/40). "卽以畿邑近京之地, 言之, 要路場市之間, 堆肉亂賣, 看作常事, 甚至有過去牛隻歇價勒奪, 村家牲口公行偸竊之弊, 而胥吏則受其咯利, 私相符同, 爲官長者亦漫不何問."

¹³⁹⁾ 《承政院日記》憲宗 3년(1837) 12월 10일(20/20). "至於私屠之弊, 殆若無禁. 牟利無賴之輩, 無難犯法, 場市之間, 賣買狼藉. 甚至有勒奪民畜, 攘盜農牛之境, 而畿湖尤甚云, 營邑之任置不察, 誠亦可駭."

¹⁴⁰⁾ 《承政院日記》憲宗 8년(1842) 11월 10일(17/17). "保民之本, 惟在務農, 作農之具, 牛爲最重. 近

年以來, 此禁太弛, 村里場市, 宰屠狼藉, 自官不惟不禁, 或有設庖收稅之處, 牛盜恣行, 牛價倍騰, 窮村之廐養絶罕, 荒田之犁耕幾廢."

141) 《承政院日記》憲宗 12년(1846) 11월 20일(30/31). "近年以來, 場市店幕之間, 狼藉屠賣, 視若尋常, 莫之誰何, 甚至有收稅官用之邑云."

142) 《承政院日記》高宗 11년(1874) 1월 13일(17/17). "挽近以來, 牛禁無效, 場市之間, 宰屠狼藉. 自官不惟不禁, 或有設庖收稅之處. 重之以牛疫熾行, 以臣所見言之, 窮村之牧畜絶罕, 荒田之耦耕幾廢."

143) 《承政院日記》高宗 11년(1874) 11월 15일(10/11). "以外庖言之, 尤無防限, 深巷村曲, 無處不設."

144) 《承政院日記》肅宗 34년(1708) 9월 29일(13/13).

145) 《承政院日記》肅宗 2년(1676) 11월 6일(12/19). "守禦廳, 爲取筋角, 許設屠肆於外方. 此雖出於重軍務之意, 而牟利之徒, 受屠禁帖, 散出四方, 設肆鄕閭中, 憑公營私, 貽弊民間, 有不可勝言者. 本廳, 爲取筋角, 京城之內, 旣設五處, 足以資軍需之用, 則何必別設於外方, 重爲民弊乎? 且屠牛之禁, 載在令甲, 而成給公文, 宰殺販賣, 尤是法外. 諸守禦使從重推考, 屠肆, 卽令撤罷."

146) 《承政院日記》景宗 1년(1721) 1월 15일(20/22). "且屠牛之禁, 朝家前後, 申飭至嚴, 而人不畏法, 犯者滋多, 城內宰殺, 不少懲戢, 外方屠販, 尤爲狼藉. 雖以許屠諸處, 如開城江都平壤等地言之, 一日所屠, 或不下十餘首, 摠以計之, 則一處一年之所屠, 殆至於萬餘頭矣. 殺生之無節如此, 極爲未安, 而其爲農家之害, 當復如何哉? 京外私屠, 各別嚴禁, 營門許屠, 參酌定數, 而凡係勸農之事, 竝令廟堂更爲講定, 分付諸道, 何如?"

147) 《承政院日記》景宗 1년(1721) 2월 2일(14/16). "外方許屠處, 參酌定數云者, 亦有意見. 兩都及畿內水原廣州等地, 他餘諸道, 不得不許屠處, 亦或有之, 竝令限五日一次屠牛, 而如是定式之後, 如或濫數, 則當該官長, 從重論罪之意, 竝爲分付, 何如?"

148) 《續大典》刑典, 〈禁制〉. "兩都水原廣州等邑及其他道不得不許屠處, 五日屠一牛. 違越官長, 從重論."

149) 《承政院日記》正祖 19년(1795) 11월 29일(30/31). "除非皮筋角進排衙門, 則守令之無敢犯屠, 禁條自在." 승지 임제원林濟遠의 말이다.

150) 《承政院日記》正祖 19년(1795) 11월 29일(30/31). "蓍東曰: '今因承宣所奏, 臣亦有仰達者. 故奉朝賀兪拓基爲慶尙監司時, 以大丘之非筋角需用之邑, 故守法甚嚴, 不得宰牛, 終至於氣虛成病, 故尙州牧許屠之規, 與大丘定式相換, 以爲調補之資. 又聞故參判洪錫輔爲平安監司時, 以農牛宰殺, 朝令所禁, 自到任至遞歸, 官庖撤屠, 而終不喫禁肉云.'"

151) 李瀷, 〈祭式〉, 《星湖全集》: 《韓國文集叢刊》199, 377쪽. "今官庖宰牛, 許民共食."

152) 李瀷, 〈索牛〉, 《星湖僿說》권11. "愚謂: '如今之京外官庖國家之所許者, 便是君之所賜. 求買而用之, 於理允愜矣.'"

153) 소의 도축이 불법이었기 때문에 사족들의 제사에서 쓰는 쇠고기는 관포官庖에서 구입하는 것이 옳다는 견해가 있었다. 安鼎福(1712~1791), 〈通政大夫贈左承旨行禦侮將軍世子翊衛司翊贊百弗菴崔公墓誌銘〉, 《順菴集》: 《韓國文集叢刊》230, 288쪽. "酒禁之時, 告廟用醴. 雖藥用, 亦不以酒. 屠牛有禁, 故祭用必貿於官庖."

154) 《承政院日記》正祖 16년(1792) 10월 1일(14/15). "修撰高亳謙疏曰: '……設以湖南一道言之, 列邑官府之間, 一年屠牛之數, 不知其幾千隻, 則他道推此可知矣. 牛之價寧不日漸騰踊, 而貧窮之民, 將何以有牛乎? 自今以後, 各別嚴禁於列邑官府, 每月朔望之外, 不得濫屠, 則一年之內, 必有顯效, 此是斷斷無疑之事也.'" 《承政院日記》正祖 19년(1795) 11월 29일(30/31). "(行右承旨林)濟遠曰: '臣於牛禁一事, 有區區所懷, ……爲守宰者, 間有權屠濫宰之弊, 官廚無論, 市販殆遍, 除非皮筋角進排衙門, 則守令之無敢犯屠, 禁條自在, 而屠不畏法, 一至於此, 其在民事, 所關非細. ……我東羊豕之屬, 不如中國之多産, 養老享先之需, 專靠禁肉, 則一切之禁, 雖難盡行於列邑, 而若其宰屠太濫販貿爲事之處, 不可不痛加禁斷, 以此意令廟堂關飭諸道, 何如?'"

155) 《承政院日記》孝宗 7년(1656) 3월 4일(10/14). "知禮縣監姜元禧, 到任之後, 專事肥己, 至設屠肆, 私占其利, 巧作名目, 徵斂無藝."

156) 《承政院日記》顯宗 2년(1661) 11월 10일(16/16). "一, 生牛打殺, 國之大禁, 而今之爲倅者, 不有

法, 爲民者, 不知恥, **郡邑皆設舖子**, 市廛別設屠肆, 一日所斃者, 不知幾千頭也."

157) 《承政院日記》 顯宗 12년(1671) 7월 23일(9/9). "石城縣監李晉, 居官累年, 善政無聞, 鄙之事, 不一而足, 大小政令, 多不由己. 衙童數人, 各立屠肆, 興販牟利, 盡入衙中, 人言藉藉, 聽聞皆駭. 請石城縣監李晉, 罷職不敍." 1678년에 예안 현감 조지헌趙持憲이 예안에 설치한 2곳의 도사 屠肆 역시 설치 자체는 문제가 되지 않았다. 문제는 도사를 빌미로 백성들을 과도하게 수탈한 데 있었다. 《承政院日記》 肅宗 4년(1678) 12월 19일(9/9). "禮安縣監趙持憲, 居官貪虐, 擧措駭異, 託以賑資措備, 設立屠肆二處, 官給若干價物, 勒捧十倍贏利, 吏緣爲奸, 抑賣取息, 貽害民間, 罔有紀極."

158) 《承政院日記》 顯宗 11년(1670) 8월 24일(12/14). "着令中外所屠(司)及外方各邑, 限牛疫寢息間, 亟罷屠肆." 조복양의 문집인 《송곡집松谷集》에는 '中外所屠'가 '中外所司'로 되어 있다. 문맥으로 보아 '司'가 옳은 것으로 보인다. 趙復陽, 《論陳災等事箚》, 〈松谷集〉: 《韓國文集叢刊》119, 1856면. "着令京中所司及外方各邑, 限牛疫寢息間, 亟罷屠肆, 別樣禁斷, 實爲合宜." 다음 자료를 통해서도 역시 서울은 물론 지방에서도 도사가 상존하고 있었음을 알 수 있을 것이다. 《承政院日記》 顯宗 11년(1670) 10월 19일(17/17). "請自今以後, 京外屠肆, 一切禁罷, 如有犯者, 令攸司一一科罪."

159) 《承政院日記》 顯宗(1672) 13년 2월 18일(9/25). "司憲府啓曰:'……請令該府該曹及各道監司, 京外宰牛, 依上年春夏以前事目, 一切禁斷."

160) 《承政院日記》 肅宗 20년(1694) 10월 3일(12/15). "大露梁屠肆, 畿營所設, 而奸細之徒, 竊人牛馬, 皆歸是肆, 京畿犯禁者, 假託露梁, 用計謀免, 情狀尤可惡也. 諸露梁屠肆, 一倂革罷, 申明法禁, 若於兩班家現捉, 則論罪家長, 如或延拖請囑, 圖避納贖者, 亦且依律文定配."

161) 《承政院日記》 肅宗 24년(1698) 1월 3일(13/16). "李濡曰:'城內屠肆, 雖難猝然變通, 外方則各道監營, 爲其將士支供, 或有仍循謬規者, 爲先一切停罷, 各別嚴禁之意, 申飭, 似當矣."

162) 《承政院日記》 肅宗 11년(1685) 1월 9일(14/16). "持平梁重夏疏曰:'……臣又念比年以來, 牛疫熾盛, 無論京外, 而致斃者無筭, 此誠衆民所□而外方肉禁, 又復解弛. 因歲飢荒, 諉以貿穀, 公私

販賣, 日以益甚, 到處椎殺, 肆然無忌."《承政院日記》肅宗 34년(1708) 11월 25일(5/20). "掌令

梁聖揆啓曰:'……臣伏聞各邑, 托以貿聚賑穀, 冒禁設肆.'"

163) 吳道一,〈辭職兼陳所懷疏〉,《西坡集》:《韓國文集叢刊》152, 226d쪽. "卽今各邑守令, 無不料理

賑資, 而不但邑乏儲蓄, 措手無地. 其中憑公營私者有之, 希望功賞者有之. 或巧作名色而勒徵

穀物, 或肆行不法而侵擾民間. 至於屠肆之辨, 比比有之. 此不但犯國之大禁. **當此凶歲, 貿肉者**

絶少, 則至發官差, 勒令貿去者亦或有之. 其所以救民者, 反所以害民, 事之寒心, 莫此爲甚. 自朝

家發關各道, 嚴飭列邑, 痛加禁斷, 隨其現發, 該邑守令, 繩以重律, 則庶無此弊矣."

164)《承政院日記》肅宗 22년(1696) 10월 28일(10/12). 사헌부의 말이다. "京中則以其有禁令之

故, 猶不至於肆然無忌. 而外方則爲守令者, 利其收稅, 全不禁斷. 雖以畿甸觀之, 沿路場市酒幕

近處, 屠肆相望, 血肉狼藉, 所見驚駭."

165)《承政院日記》肅宗 23년(1697) 3월 12일(18/23). "左議政尹趾善所啓, ……又所啓:'牛疫熾盛,

又從以屠殺之故, 農牛幾至絶種, 民事誠爲可慮. 頃者平安監司関鎭周, 以嚴禁之意狀聞. 忠淸監

司関鎭厚, 亦爲別樣禁斷, 而此外各道州縣, 屠肆狼藉云, 事極寒心矣.'"

166) 朴泰輔,〈湖南廉察啓本別單十一條 丁卯(1687)六月二十九日〉,《定齋集》:《韓國文集叢刊》168,

148a쪽. "前秋, 道內各邑, 以屠販補賑之意, 論報監司, 皆設屠肆. 如羅州則三十八面, 皆立一肆.

自去冬至今春, 所屠農牛, 不知其幾. 民間牛賊尤多, 專由於此. 而不但各邑皆然, 不可偏責一二

處. 旣是監司所許, 則又不可謂守令之罪, 故書啓中, 不爲擧論. 然意在補賑, 雖與無故屠殺者不

同, 措備賑資, 豈無他術? 而屠殺農牛, 違越邦禁, 奉法之臣, 失在擅許, 宜有所責, 以防後日之弊."

167)《承政院日記》肅宗 24년(1698) 8월 10일(15/15). "尹趾仁曰:'外方屠牛, 本有禁令, 而近來紀綱

解弛, 道臣亦不能嚴加案察, 各邑屠肆視爲尋常, 無處無之. 上年雖因年凶, 各別申禁, 而法禁之

行, 不過半年而止. 到今復踵前習, 設肆屠牛, 不翅狼藉云, 事之寒心, 莫此爲甚.'" 소의 도축에

대한 중앙정부의 명령은 실제 지방의 도사에 전혀 먹히지 않았다.《承政院日記》肅宗 34

년(1708) 10월 20일(10/35). "獻納趙泰億疏曰:'……農牛宰殺, 國有常禁, 而各邑多不謹畏, 屠

肆狼藉, 處處皆然, 事之寒心, 孰大於此? 宜令各道, 另加嚴飭, 隨現重究, 恐不可已也.'"

168) 《承政院日記》景宗 2년(1722) 7월 18일(34/48). "忠清道德山幼學鄭世甲李廷夔等疏曰:'……惟是守令, 廣設屠肆, 恣意發賣, 而土豪恃勢之輩, 又從而效尤, 專以興販爲事, 白日場市, 黃肉狼藉.'"

169) 《承政院日記》英祖 49년(1773) 5월 18일(17/22). "幼學李陽來疏曰:'……而近來各邑各驛, 皆有屠漢, 殺牛要利, 恬以爲常, 無賴穿窬之盗, 締結屠漢, 民間農牛, 乘夜偸出, 廉價買賣.'"

170) 《承政院日記》英祖 47년(1771) 4월 30일(22/23). 《承政院日記》英祖 47년(1771) 5월 14일(30/35).

171) 《承政院日記》英祖 25년(1749) 4월 23일(27/28). "京外屠肆, 不可勝數."

172) 《承政院日記》英祖 32년(1756) 2월 6일(43/43). "(京畿暗行御史鄭)尙淳曰:'近來外邑竊發之患甚多, 而至於牛賊, 殆無虛日. 失牛之民, 擧皆號呼, 莫不曰:〈若罷屠肆, 則吾輩庶無廢農之患云〉蓋牛賊, 與官屠漢締結, 屠肆卽滅其蹤迹, 故牛賊之恣行無忌, 尤由於此.'"

173) 《承政院日記》正祖 22년(1798) 11월 29일(19/19). 심환지의 다음 말은 이런 상황을 통제할 수 없음을 고백한 것이다. "京而疊屠私宰, 外而官庖市饗, 大關國綱, 識者寒心."

174) 《承政院日記》正祖 19년(1795) 12월 17일(19/19). "觀輝曰:'近日牛禁, 申飭何如, 而臣於沿路, 參以見聞, 則宰殺之狼藉, 無邑不然, 官庖不撤, 市販依舊. 此或由於新令之未及聞知, 而道路所見, 極爲可駭, 凡係犯屠之官肆, 臣已嚴加懲治, 而各該守令之不有法意, 一例濫屠之罪, 不可仍置. 庶藍兩守, 旣以整理穀事被勘, 則雖不必竝論. 此外牙山平澤新昌大興禮山五邑守令, 竝令該府, 拿問處之, 何如?' 上曰:'旣於狀啓, 五邑之中, 平澤新昌爲甚云. 待畢捧糶, 拿問處之. 其餘三邑守令, 爲先推考, 更觀前頭勤慢, 處之, 可也.'" 正祖 21년에는 임피 현령臨陂縣令 조명철趙命喆이 관포에서 소를 잡아 민간에 판매한 죄로 파직되기도 하였다. 《承政院日記》正祖 21년(1797) 3월 10일(21/24).

175) 《承政院日記》英祖 47년(1771) 1월 24일(19/20). "近來法禁解弛, 不但閭里間私屠狼藉, 三百州郡爲守令者, 無一人不犯禁者. 事之可駭, 孰甚於此?"

176) 《承政院日記》英祖 51년(1775) 3월 24일(10/11). "我國, 內有二十四懸房, 外有三百六十州,

주   569

二十六大營及諸小營諸鎭堡諸郵官所屠, 已過五百餘首. 京鄕私屠, 又過五百餘首, 則通計一日

爲千餘首, 一月爲三萬餘首. 又竝四名日京鄕公私所屠者二三萬首, 而一歲爲三十八九萬首矣. 歲

屠此數, 其爲倒損, 甚於牛疫. 昔者牛價, 多不過十餘兩, 今者牛價三十餘兩, 而農民無牛, 十常

七八. 故借牛晩耕, 以失其時, 無牛廢耕, 以荒其田. 雖値豐歲, 無以應賦稅納還上, 而民不願豐歲

矣. 此無他故也. 禁屠不嚴. 而烏得爲歡[勸]農之政? 昔我宣祖大王, 自龍灣回鑾之路, 見內人

炙食牛肉. 下敎曰:‘非牛不能耕田, 人而殺牛, 不仁甚矣. 今雖嚴禁, 猶懼不足以蕃息, 況屠殺無忌

乎? 內人則已爲重究, 本邑守令其令勘罪.’ 聖祖之禁屠, 不其嚴乎? 臣意以爲, 外方大營不可不設

屠處, 則輪送汗隷. 其他列邑小營諸鎭各郵, 只於四名日許屠, 而無故屠殺, 則亦依聖祖之敎, 各

別勘罪. 別星廚傳, 禁用牛肉, 庶民只於歲時許屠, 而無故犯禁, 則勿受贖錢, 依律刑配, 宜矣. 苟

如是也, 不出四五年, 牛必蕃息, 家牧戶畜, 自無晩耕之弊, 而穀不可勝食也. 上應賦稅還上之納,

下盡仰事俯育之道, 而民皆豐足矣."

177) 《承政院日記》英祖 9년(1733) 5월 11일(47/50). "宬基曰:‘比來國綱解弛, 爲方伯者, 身先犯禁,

而列邑守令, 效之, 閭里豪富, 效之, 公私雷同, 屠宰狼藉, 誠可駭然也.’"

178) 《承政院日記》純祖 32년(1832) 6월 20일(21/21). "各邑官庖之外, 各處場市與街路, 爲其收稅,

分設屠肆, 狼藉行賣. 因以牛種漸少, 牛價倍踊, 窮民之廢農者居多. 致其如此者, 守令道伯, 安辭

其責."

179) 《大典後續錄》刑典, 〈雜令〉. "牛馬宰殺, 爲首者, 杖一百全家徙邊. 隨從者, 杖八十徒二年. 許接家

主, 杖一百徒三年. 宰殺人, 永屬絶島官奴, 全家入送. 知情不告三切隣管領, 以制書有違律論斷.

捕告者, 給賞."

180) 《承政院日記》英祖 20년(1744) 8월 23일(9/10). "且外方則皆以贖錄所載, 全家律徵贖矣."

181) 《承政院日記》肅宗(1700) 26년 2월 15일(24/31). 새 법의 구체적인 내용은 다음과 같다. 《秋

官志》권9, 掌禁部, 法禁, 牛馬屠殺, 屠牛. "二十一年(1695), 本曹判書閔鼎重所啓:‘屠牛之律, 乃

杖一百全家徙邊, 而近來懸房, 例有納贖之規, 故犯屠者, 亦不得依律定罪矣. 今若獨施全家之律

於犯屠, 則似不無輕重懸殊之弊, 此後則現捉者, 刑推一次後徵贖, 或有老病不可施刑者, 只爲受

贖, 不能納贖者, 刑推三次, 以爲定式遵行, 何如?' 依允." 자료에 따라 이 법을 제안한 사람은 민진장閔鎭長, 민정중閔鼎重, 민진후閔鎭厚 등으로 다르다. 《추관지秋官志》에는 민정중으로, 《특교정식特敎定式》에는 민진후로 되어 있다. 어느 쪽이 맞는지는 알 수 없다.

182) 《承政院日記》肅宗 30년(1704) 3월 25일(12/21).

183) 《承政院日記》肅宗 40년 9월 11일(7/18). "日前以私屠犯禁人, 勿爲徵贖, 問其家長定配事, 旣已定奪於榻前, 則其在法官之道, 固當奉行之不暇, 而聞刑曹近日所捉之類, 如前徵贖云. 立法之初, 若是其弁髦, 則前頭之永久遵行, 未可期必, 不可無警責之道. 請刑曹堂上郞廳, 並從重推考."

184) 《新補受敎輯錄》刑典, 〈禁制〉. "犯松家長, 與私屠家長, 一體徒配. 康熙癸巳承傳."《承政院日記》등에는 이 법이 만들어지는 배경에 대한 자료가 나오지 않는다.

185) 《承政院日記》景宗 즉위년(1720) 8월 10일(17/24). 1720년 8월 사도를 범한 존성存誠은 전가사변에 처해졌으나 병으로 사망하였으므로 그 가족은 모두 풀려났다. 전가사변형은 실제 시행되고 있었던 것이다. 하지만 같은 해 12월 사비私婢 노송老松은 사도하는 현장에서 체포되어 전라도 흥양현興陽縣에 정배定配되었다. 《承政院日記》景宗 즉위년(1720) 12월 3일(27/33). 같은 해에 동일한 범죄로 전가사변에 처해지는 경우가 있는가 하면, 유배형에 처해지는 경우가 있었으니, 법의 적용 자체가 혼란스러웠던 것이다.

186) 《承政院日記》景宗 1년(1720) 1월 15일(20/22).

187) 《承政院日記》英祖 3년(1727) 3월 10일(20/22). "各邑官廳之私屠狼藉, 閭巷豪右之潛椎放肆, 而亦不能摘發科罪, 故私屠潛椎之類, 少無畏憚之心, 而視若尋常底事, 豈不大可寒心哉?"

188) 《承政院日記》英祖 10년(1734) 1월 16일(25/31). "近來法綱解弛, 禁屠不禁, 外方則各邑屠肆, 便作應行之規, 京中則閭巷間無賴之輩, 處處私屠, 見捉法司, 則納贖免罪, 全不懲畏. 一邊被捉, 一邊復屠."

189) 《承政院日記》英祖 9년(1733) 12월 5일(10/12). "金時同私婢四分等段, 私屠發賣事也. …… 罪名, 俱不大段. …… 故臣, 仰體聖意, 並卽放釋."《承政院日記》英祖 19년(1743) 9월 17일(12/17). "私婢尙業, 私屠罪人現出事也. 私奴訓男, 私屠犯禁也. …… 此等罪名, 俱不至大段, 故

仰體聖意, 俱爲放送." 사도를 두고 대단한 범죄가 아니라고 하면서 석방하는 경우는 이후
에도 아주 흔하다.

190) 《承政院日記》英祖 20년(1744) 8월 23일(9/10) 24일(18/18).

191) 《續大典》刑典, 〈禁制〉. '奔競牛馬私屠者' "牛馬私屠者. 庶人犯禁者, 杖一百徒三年; 士夫, 則坐
其家長同律."

192) 《承政院日記》英祖 28년(1752) 8월 10일(35/35). "李天輔達曰:' ……聞今私屠之弊尤甚, 而法
司則隨捉徵贖放送, 故其弊至於一邊見捉, 一邊宰屠, 出其利贏, 應副徵贖. 以此私屠之弊, 愈往
愈甚. 若一切不爲許贖, 依法典刑推定配, 則可以懲戢矣.'"

193) 《承政院日記》英祖 29년(1753) 1월 15일(29/29).

194) 《承政院日記》英祖 30년(1754) 10월 30일(16/21).

195) 《承政院日記》英祖 33(1757) 6월 20일(15/18). 다음 자료에도 사도로 서천舒川에 유배된 자
가 탈출한 경우가 보인다. 《承政院日記》英祖 42년(1766) 10월 14일(11/11). "沈鏽進前曰:
'日前捉得私屠者, 推問其根因, 則去五月, 因特敎官配舒川之李莫男也. 其本罪非比尋常, 而有
此逃遷之弊, 事極驚駭.'" 《承政院日記》憲宗 14년(1848) 4월 12일(24/24). "今此江原道平海郡
徒三年定配罪人李大敎, 昨年七月, 以酒屠罪, 定配該郡矣. 纔到配所, 旋卽逃還, 潛自屠牛, 如同
庖肆, 言念紀綱, 萬萬痛惡." 다음 경우는 유배지로 압송되는 도중 탈출한 경우다. 《承政院
日記》哲宗 13년(1862) 12월 12일(5/9). 포도청에서 형조로 회부된 잠도죄인潛屠罪人 허수
보許守甫와 송치삼宋致三은 유배지로 가는 도중 역驛에서 탈출했다. 이로부터 불과 5일 뒤
포교와 포졸이 무뢰배 6~7명의 습격을 받고 압송하고 있던 2명의 '잠도죄인'를 놓쳐버
리는 사건이 발생했다. 《承政院日記》哲宗 13년(1862) 12월 17일(12/17).

196) 《承政院日記》哲宗 10년(1859) 8월 26일(14/14) 27일(15/15).

197) 《承政院日記》英祖 38년(1762) 8월 19일(34/35). "毋論京外民人輩, 利其牛價之至歇, 處處屠
宰, 極其狼藉."

198) 《承政院日記》哲宗 11년(1860) 10월 20일(22/22). "以言乎鄕外, 則毋論大都會小聚落, 有場市

則輒庖, 而皆有巡營公憑."

199)《承政院日記》英祖 51년(1775) 1월 4일(25/29). "近來法禁解弛, 民不知畏, 因循舊習, 勿論京外, 私屠狼藉, 懸於街路, 若賣蔬菜. 鄕外之民, 貪於厚利, 遠近牛商, 首尾相接, 盡歸屠肆. 故十家之村, 或無一牛, 一牛之價, 不啻倍前."

200)《承政院日記》哲宗 2년(1851) 1월 20일(13/13). "近來私屠之弊, 日甚月盛, 無賴奸民輩, 輒憑托班家所在里巷, 甚於懸房通衢, 行肉狼藉, 苟有一分國綱, 豈或乃爾? 禁戢之方, 惟責法司, 而所謂禁隷輩, 與之符同私屠各處. 渠輩皆有收食之物, 故雖目見行屠, 初不執捉, 藉或被捉, 若曰某處, 則自外放送, 而其所塞責, 不過零星坐賣也. 爲堂上者, 果能察其奸狀, 嚴其禁令, 則豈或蕩然至此? 至於各陵寢園所, 所重何如, 而陵隷輩之締結雜類, 無難行屠於局內及齋室近處, 而陵官恬然爲常, 一不禁斷. 淸肅之地, 已極萬萬驚駭. 而聞今內自畿營, 外至諸路, 道臣之行關設庖, 視若應行, 邑倅從以效尤, 無論中外, 一邑境內, 稱以官庖者, 不知爲幾處. 若此不已, 不幾何而將見牛畜絶種, 農務皆廢, 寧不寒心哉?"

201) 박제가, 안대회 역,《北學議》, 돌베개, 2003, 81쪽. "我國日殺牛半千. 國之祀享犒賞及泮中五部內二十四舖與三百餘州官, 必開舖. 或小邑不必日殺, 而以大邑疊殺相當. 又京外婚宴葬射及私屠犯法, 略數之已如此."

202) 정약용도 박제가의 말을 인용하고 동의하고 있다. 丁若鏞,《牧民心書》권7, 戶典, 六條, 勸農.

2장 반인

1)《前漢書》권25上,〈郊祀志〉제5上. "周公相成王, 王道大洽, 制禮作樂, 天子曰明堂辟雍, 諸侯曰泮宮."

2) 李海慶,〈東皐先生年譜〉,《東皐遺稿》:《韓國文集總刊》28, 370쪽. "十年, 中宗二十六年, 辛卯, 先生三十三歲. 十月, …… 是月, 登式年文科乙科第三名, 卽金忠烈榜也. 先生當會試應講, 得優分,

出門則泮人便欲循俗脫先生衣, 先生正色止之, 泮人不敢犯云."

3) 《宣祖實錄》39년(1606) 6월 15일(4). "司諫院啓曰: '館奴中, 頭頭可問人推捉事, 命下之後, 爲該曹者, 所當十分詳密, 或通于館官; 或題名捕捉, 使之從實處置, 而直送使令于泮村, 任其叫呼喧呫於聖廟之庭, 所聞極爲駭愕. 請該曹色郎廳推考, 其日作拏下人等, 摘發囚禁治罪."

4) 《承政院日記》肅宗 30년(1704) 10월 21일(23/23). "館僕之居在碑隅内者, 例不與於坊役矣. 今則生齒漸繁, 家舍漸多, 延及泮村, 四面頗廣, 故漢城與閭民一體差役云. 此輩旣服本館之役, 又被坊役之侵, 蓋無可堪之勢. 以館典僕入籍者, 則無論内外所居之稍遠與否, 坊役勿侵, 何如?"〈雜式〉, 《太學志》제10권, 事實. "三十年甲申, 命典僕之居於泮村者, 勿侵坊役."

5) 《承政院日記》肅宗 18년(1692) 3월 9일(2/10). "漢城府啓曰: '近來人心漸肆, 柴木漸貴, 偸斫禁松之弊, 日以益甚, 四山將至濯濯, 四山監役, 躬率山直, 巡山譏禁, 而守者小而盜者衆. 至於泮村, 則以其近於聖廟, 故大小禁亂, 不得入其洞口之内. **村中所居者, 成均典僕及閭閻雜人, 竝至四百餘戶**, 恃其無禁, 利其便近, 日夜成群, 斫取松木, 或爲材木, 或爲朝夕所炊, 肆然積置其家."

6) 李肯翊 編, 〈成均館〉, 《燃藜室記述》別集 제7권, 官職典故. "肅宗三十三年, 本館典僕, 其數漸多, 而泮村甚狹, 不能容接, 命以司瞻寺基賜之."〈賜與〉, 《太學志》제7권, 餼廩. "三十三年丁亥, 大司成李晩成, 以典僕數多, 泮村不能容, 而司瞻舊基迫於泮村, 本館折受南怡基在稍遠之至, 請令相換, 俾得容接, 從之."

7) 尹愭, 〈泮中雜詠〉, 《無名子集》: 《韓國文集叢刊》256, 37쪽. "下馬碑南一路橫, 泮村界限此分明. 如今立石標何處, 景慕宮池菉藄盈."

8) "舊時泮村, 以自館峴至惠北門之路爲界. 當宁朝立石於景慕宮前蓮池邊, 以爲泮界. 而蓮池以北, 皆爲泮村云."

9) 《正祖實錄》6년(1782) 1월 24일(3). "加設懸房於廣禮橋東, 爲景慕宮底居民生業也."

10) 1782년 1월 21일 정조는 경모궁에 거둥하여 방민坊民을 불러보고는 여염에서 살고 있는 반민을 모두 반촌으로 다시 쇄환할 것을 지시하고 있다. 《承政院日記》(81) 正祖 6년(1782) 1월 21일. "上曰: '京兆郎廳, 率坊民入侍.' 主簿金明鎭率坊民進前, 上曰: '此洞人家之稀疏, 始於

574

何年也?' 坊民等曰:'自四十年以後, 漸致空虛矣.' 上曰:'爾等皆是本洞居民乎?' 民等曰:'或有典僕

矣.' 上曰:'典僕旣非坊民, 卽爲退去, 可也.' 仍下敎曰:'典僕之出居閭閻, 自有禁令, 從今以後, 景慕

宮北邊所居典僕, 使之仍居, 南邊所居者, 卽爲刷還, 可也.' ……上謂有防曰:'典僕之出居閭閻者大

司成申飭坊曲, 盡爲刷還, 可也.'"《承政院日記》(81)은《承政院日記》탈초본 81 책이란 뜻이다.

11) 《英祖實錄》19년(1743) 11월 6일 지평持平 조재덕趙載德의 상소. "泮村一區, 不許他人之入處."

12) 《英祖實錄》19년(1743) 11월 6일(2). "泮村一區, 不許他人之入處, 而猝然爲宰相子橫占. 該部查

報, 而京兆不問, 幷宜查治也."

13) 《承政院日記》英祖 19년(1743) 11월 18일(17/17) "泮村, 自古皆是士大夫家, 而賣家移徙, 纔十

數年, 則雖泮村, 曾無禁令, 況此與泮村隔數岡之他洞乎?"

14) 《承政院日記》正祖 6년(1782) 10월 5일(44/45). "上曰:'泮人闤民, 便同華夷之別. 故先朝以無得

出居閭巷, 曾有禁令, 而今聞典僕輩, 多出泮村外云. 此亦年久法弛而然也. 大抵泮人之弊, 偏及平

民, 故屢有禁條. 如有出去之人, 捕將必爲察飭, 可也.' 敬懋曰:'此非捕將所管, 有難擧行矣.' 命善

曰:'令漢城府查實泮人, 以爲刷還, 宜矣.' 上曰:'卿言誠好. 亦自成均館, 盡爲刷還, 而若有隱避不

來者, 捕將各別查治, 可也.' 命書傳敎曰:'自在先朝, 禁令至嚴, 不但至嚴, 泮村與閭巷自別, 法不得

雜處. 近來此規廢却, 種種有似此弊端. 昨夜之擧, 亦出於泮人中移接閭閻人所犯云. 今後申明舊

典, 嚴飭本館及該府, 從速刷還事, 分付. 如是申飭之後, 弊復如前, 該曹當隨現重勘, 以此一體嚴

飭.'"

15) 《承政院日記》英祖 19년 윤4월 7일(32/36). "昔聞泮村之民, 不踰碑立隅, 而今則流去者夥然云.

卽此一事, 泮民之弊可知."

16) 《承政院日記》正祖 6년(1782) 1월 26일(19/20). "上曰:'本館曲僕之出居館外者, 向有查實刷還

之命矣. 其間果已還入耶?' 民始曰:'姑未知其間已爲還入. 而旣設懸房, 則館屬輩生理, 稍勝於前

日, 似可自願還入矣.'" 이때 정조는 전복이 여염에 살지 못하도록 하는 금령이 있으니, 경모

궁 북쪽에 사는 전복들을 그대로 살게 하되, 남쪽에 사는 전복들은 즉시 반촌 안으로 쇄환

하라고 명한다. 《承政院日記》正祖 6년(1782) 1월 21일(34/36). "仍下敎曰:'典僕之出居閭閻,

自有禁令. 從今以後, 景慕宮北邊所居典僕, 使之仍居. 南邊所居者, 卽爲刷還, 可也.'"

17) 《承政院日記》(76), 英祖 51년(1755) 4월 5일. "刑曹參議趙峻疏曰: '…… 諺曰, 泮村者, 文廟之行廊也, 吏不得闌入喧擾者, 所以敬文廟也.'";《東國輿地備攷》, 서울특별시사편찬위원회, 1956, 4쪽. "列朝優待賢關, 故巡卒及禁吏不得入泮村."

18) 《承政院日記》純祖 32년(1832) 9월 28일(11/15). "至於泮村禁隸, 亦例不得越入館峴."

19) 《宣祖實錄》39년(1606) 6월 15일(2). "刑曹書吏則可疑之人, 皆居東泮水之外, 而必於聖廟之內, 公然捕捉罪人, 此實無前之事, 極爲寒心. 當初不能秘密捕捉, 而如是作拏, 非但罪人未得, 亦未免駭異之變."

20) 《承政院日記》仁祖 17년(1639) 11월 19일. "金堉以成均館官員, 以知館事意啓曰: '國家之太學, 雖國之大禁, 不得越香橋而入泮中, 犯者罰之, 流來規例也.'" 김육은 성균관에 돌입한 나졸들을 처벌할 것을 요구했고 임금의 허락을 받았다.

21) 《明宗實錄》1년(1546) 6월 21일(1). "自前有禁亂, 不得入成均館之言."

22) 李肯翊 編,〈成均館〉,《燃藜室記述》別集 제7권, 官職典故. "成均館蓋自列聖朝優待, 故巡卒及禁吏皆不敢入. 仁祖朝有一軍校巡夜入村, 上聞之, 命治其校."

23) 황윤석은 김자점(1588~1651)이 정승이 되어 건의해서 만든 법이라는 설을 전하고 있다. 김자점은 인조 21년(1643)에 우의정이 되었다. 黃胤錫,《頤齋亂藁》3, 韓國精神文化硏究院, 1997, 649쪽. 1771년 4월 11일. "我朝太學奴隸, 許令業屠賣資生, 自泮村南石橋以內, 東西三千餘戶, 不許巡軍禁夜, 此皆出於待士之厚意, 而前史未之聞者. 或曰: '金自點作相日始建請使然.' 蓋雖奸兇, 亦有一端長處." 앞으로 《이재난고》에서의 인용은 모두 한국정신문화연구원에서 출판한 책에서 인용하고 발행연도를 따로 표시하지 않는다.

24) 《英祖實錄》6년(1730) 10월 11일(3). 文命曰: "聞刑曹判書金取魯之言, 泮人之所爲, 極可駭矣. 北部壯義洞邊, 禁松之令不行, 故使人審察, 則泮人輩, 亂斫生松, 人欲捉之, 以斧斫人, 越城逃走, 仍匿泮中. 凡禁亂不敢入泮中, 故無路捉出, 此誠可悶矣."

25) 《承政院日記》英祖 51년(1775) 2월 2일(22/26), 4월 5일(15/18).

26) 《日省錄》正祖 21년(1797) 3월 21일(7).

27) 《承政院日記》英祖 38년(1762) 11월 14일(18/18). "上曰:'噫! 少有人心, 其何犯釀? 聞捕將所奏, 九月晦所釀者, 其豈尙在乎? 以此觀之, 不知幾次犯釀, 泮村, 禁吏捕校非着足處, 故乃有此事. 旣有釀人, 必有飮者. 渠則自有梟示之律, 而嚴問時, 買飮者, 一體嚴問. 若不直招, 嚴刑取服後, 持供以奏事, 分付該曹.'"

28) 成俔, 《慵齋叢話》권3. "自契丹之後, 學校蕪廢, 文敎隆地. 文成公修學校, 施俸錢, 納其奴婢百餘口. 至今成均館所使者, 皆文成公之臧獲也. 公以功配享文廟."

29) 〈臧獲〉, 《太學志》권7. 饋廩. "太宗七年丁亥, 賜奴婢三百口于太學, 復戶以供灑掃之役."

30) 《成宗實錄》7년(1476) 8월 3일(4). "臣等伏聞前朝文成公 安裕痛國學凋敝, 以家傳臧獲施納, 至于今日. 其奴婢之在京者, 奉文廟祭享儒生朝夕之供, 居外者, 收身貢以爲儒生油炭鋪陳之費."

31) 〈臧獲〉, 《太學志》권7. 饋廩. "世宗九年丁未. 上聞侍女中, 有成均館婢子, 而高麗時安裕所納. 敎曰:'古人納之, 予反奪之乎?' 立命還于本館."

32) 《睿宗實錄》1년(1469) 2월 13일(4).

33) 《成宗實錄》7년(1476) 8월 16일(3). "祖宗八十餘年之間, 九頒宣旨, 蠲免他役, 以至闕內之役, 悉令除下, 祖宗所以崇重國學專委養賢者, 至矣盡矣."

34) 《成宗實錄》5년(1474) 4월 12일(3).

35) 《成宗實錄》7년(1476) 8월 3일(4)·16일(3)·18(3).

36) 李陸, 《靑坡劇談》. "高麗文成公以修葺學校興起斯文爲己任, 施納奴婢於成均館, 至今相傳敬慕. 文成子孫入學, 奴婢曰:'此, 吾主也.' 館官亦待之異於他生."

37) 尹愭, 〈泮宮雜詠〉, 《無名子集》:《韓國文集叢刊》256, 28쪽. "我東有若安文成, 購像輪經更設黌. 奴婢百人多後裔, 至今壇祀罄心誠."

38) 尹愭, 앞의 글, 같은 곳. "安文成公向, ……高麗贊成事, 憂學校之衰, 送貨于中原, 購先聖及七十子畫像與祭器樂器經籍以來, 建置國學, 納奴婢百口, 至今泮人皆其後孫. 故設壇於泮村之北, 遇文成公忌日則祭之, 哀慕誠敬, 不敢少怠云." 《承政院日記》英祖 16년(1740) 8월 1일(21/21). "上:

'成均館, 安裕爲之乎?' 若魯曰: '泮齋及奴婢, 安裕皆納之矣.' 在魯曰: '先聖與七十子畫像, 及祭器樂器, 皆安裕, 自中原購來矣.' 寅明曰: '泮人爲其上典, 故至今爲祭矣.' 若魯曰: '祭時則成均館, 亦以米石助之矣.' 上曰: '廟祭耶?' 若魯曰: '望祭矣.' 윤기尹愭의 기록에 의하면 안향은 100명의 노비를 바쳤다고 한다. 尹愭, 《泮中雜詠》, 《無名子集》; 《韓國文集總刊》 256, 28쪽. "我東有若安文成, 購像輸經更設黌. 奴婢百人多後裔, 至今壇祀罄心誠." 安文成公向, 本名玉邊向字, 避御諱也. 高麗贊成事, 憂學校之衰, 送貨于中原, 購先聖及七十子畫像與祭器樂器經籍以來, 建置國學, 納奴婢百口, 至今泮人皆其後孫, 故設壇於泮村之北, 遇文成公忌日則祭之, 哀慕誠敬, 不敢少怠云."

39) 《承政院日記》英祖 23년(1747) 10월 19일(16/16). "上曰: '泮村, 與松都風俗同矣.' 載浩曰: '文成公, 以其奴婢爲館僕, 故今之泮漢, 皆其後也. 猶有古風, 不與外人嫁娶矣.' 上曰: '文成公誰也?' 載浩曰: '安珦也.' 上曰: '館僕皆俊秀, 人物亦似松都矣.'"

40) 李萬敷, 《奴婢推刷》, 《太學成典》; 《息山全書》 3, 여강출판사, 1993, 339쪽. "京中奴婢, 則每式年, 掌務官推刷."

41) 《續大典》, 刑典, 公賤, '成均館等奴婢' "成均館奴婢, 勿許免賤[四學鄉校及奉常寺同. 雖有免賤之勞, 論以他賞], 本司外, 勿差他役[四學濟用監通禮院同], 勿定舟師格軍[社稷署同]."

42) 《承政院日記》肅宗 8년(1682) 9월 2일(7/28). "今則屠禁極嚴, 坊肆皆已撤罷, 渠等生理, 一朝斷絶, 典僕數千餘口, 遑遑急急, 莫保朝夕, 上無以應役, 下無以糊口, 啼飢奔走, 景象慘然, 如赤子之斷乳, 將有渙散之形."

43) 《承政院日記》肅宗 8년(1682) 10월 10일(6/12). "右議政金錫胄曰: '館人, 多至四千餘名, 以屠肆之罷, 絶其生理, 誠爲可矜矣.'"

44) 《承政院日記》肅宗 8년(1682) 12월 25일(23/23). "館典僕都合三百四十戶, 其男女老弱, 不下二千餘名."

45) 《承政院日記》肅宗 9년(1683) 3월 9일(12/12). "當初成均館啓辭中, 以典僕數千爲言, 典僕之多, 旣過千人, 則聖廟守直官員喚, 輪回立番外, 其餘則任其所業, 各自謀生, 固合事理, 何必別爲許給市廛乎?"

46) 《承政院日記》肅宗 15년(1689) 6월 23일(8/8). "蓋東部民戶二千九百五十七戶內, **成均館奴婢三百二十一戶**, 於義洞二百八十戶, 建德坊契四百八戶, 合一千九戶."

47) 《承政院日記》(18) 肅宗 18년(1692) 3월 9일. "漢城府啓曰:'村中所居者, 成均典僕及閭閻雜人, 並至四百餘戶."

48) 《承政院日記》肅宗 24년(1689) 1월 21일(10/12). "而第泮村人戶, 不過五百戶."

49) 《承政院日記》正祖 14년(1790) 3월 23일(24/24). "上曰:'泮民逐戶坐更事, 果何如耶?' 勉兢曰:'八百戶中, 除減獨戶與無率丁, 則一年當再次坐更云云.'"

50) 《承政院日記》正祖 19년(1795) 8월 22일(20/20). "至於疊屠之弊, 卿亦各別察禁, 旣知其撤板, 則卿莅任幾朔, 今始筵稟, 泄泄甚矣. **千餘戶泮人**, 何以仰哺於泮長乎?"

51) 1712년 대사성 최창대는 성균관 전복의 수가 거의 만 명이라고 말했다. 《承政院日記》肅宗 38년(1712) 2월 7일(33/35). "太學典僕, 數至近萬, 無他生業, 只以屠販爲命." 반인의 생활이 어렵다는 것을 강조하기 위해서 한 말이니, 약간의 과장이 있을 것이다. 다만 반인의 수가 상당히 늘어났다는 것은 짐작할 수 있다.

52) 반인을 포함한 성균관의 인적 구성에 대한 보다 자세한 내용은 박영미, 〈17세기 성균관의 인적 구성과 역할〉, 《한국교육사학》 제40권 3호, 2081, 123~130쪽을 참고할 것.

53) 〈成均館〉, 《經國大典》 吏典, 京衙前.

54) 〈成均館〉, 《續大典》 吏典, 京衙前.

55) 〈成均館〉, 《大典通編》 吏典, 京衙前.

56) 〈成均館〉, 《大典會通》 吏典, 京衙前.

57) 〈差除〉, 《太學志》 권5, 職官.

58) 《大典會通》 刑典, 諸司差備奴跟隨奴定額. "差備奴三十八, 跟隨奴十五." 《속대전》에서의 변화 내용을 기재하는 [續], 《대전회통》에서의 변화 내용을 기재하는 [補]란 표시가 없는 것으로 보아, 차비노와 근수노의 법적인 정원은 《경국대전》부터 《대전회통》까지 변화가 없었던 것이다.

59) 《經國大典》에 의하면, 정2품 지사知事 1명, 종2품 동지사同知事 2명. 정3품 대사성大司成 1명, 종3품 사성司成 2명, 정4품 사예司藝 2명, 정5품 직강直講 4명, 정6품 전적典籍 13명, 정7품 박사博士 3명, 정8품 학정學正 3명, 정9품 학록學錄 3명, 종9품 학유學諭 3명. 도합 37명이다. 다만 지사 1명과 동지사 2명은 다른 관원이 겸직하므로, 실제 인원은 34명이다. 뒤에 정3품 제주祭主 1명, 사업司業 1명을 더했으나, 사성司成 1명, 사예司藝 1명을 감하여 전체 수는 동일하였다(《續大典》).

60) 李萬敷, 〈差役秩〉, 《太學成典》 권3:《息山全書》 3, 여강출판사, 1993, 331쪽. "掌務書吏, 一人. 一望相遞. 掌學動及坐起時諸司員前告目分發 及儒生御前停擧及司員齋拜單子及推治等事."

61) 앞의 글, 같은 곳. "掌食堂監檢便覽冊, 修正考講儒生學案, 半圓點公文, 食堂分數告目. 進止婢子點考, 本館儒生停擧, 司員名御(唧)書送事."

62) 앞의 글, 같은 곳. "掌殿講考講通讀時書冊長籤圓籤課題及凡干書冊看檢出納事."

63) 1674년 이단하李端夏가 대사성이었을 때 성균관과 양현고에 각각 2명을 증원했으므로 본관서리에 공방서리 2명이 늘어났고 여기에 양현고에서 파견되는 공방서리가 2명이었으므로 위의 공방서리의 정원이 4명이 된 것이다. 이만부, 앞의 글, 같은 곳. "工房書吏, 二人. 掌西壁養賢庫米布會計文書, 菜食母番記, 飯米磨鍊等事(判府事李端夏爲大司成時, 加出二人, 西壁養賢庫兩處各二人分送)."

64) 앞의 글, 같은 곳. "西壁養賢庫合元額十五人, 加設無料書人三人, 又七人, 合拾人料布, 自官家每朔木貳匹式上下." 이 자료에서 왜 '무료서리 3명'을 더 두었는지는 밝히지 않고 있다. 여기에 더한 7명 역시 무료서리로 보이는데, 왜 7명을 더 두었는지, 이 3+7명은 앞의 이단하가 증액한 2+2명과 어떤 관계에 있는지 전혀 설명이 없다. 여기에 더해 당상(성균관 대사성)에 소속된 배서리 1명의 삭료에 대한 언급도 전혀 없다.

65) "館婢攸生是直童, 生於他婢吏名充. 齋直長還成守僕, 泮人亦自不相同."

66) 尹愭, 〈泮宮雜詠〉, 《無名子集》:《韓國文集叢刊》 256, 30쪽. "此詠泮人應役之各異. 館婢所生則爲齋直, 他婢所生則爲書吏, 齋直長則爲守僕, 泮人之中, 亦自殊途."

67) 영인본 《태학성전》의 332쪽 상단 왼쪽에 '差役秩'이란 소제목 아래 성균관의 서리書吏 이하 하예들에 대한 자료가 이어진다. 그런데 이 자료는 332쪽 하단 왼쪽에서 '菜母'로 끝난다. 그리고 '養賢庫'란 부분이 나오면서 성균관의 재정에 관한 자료로 이어진다. 성대본成大本 《태학전서》도 동일하다. 그런데 성대본에서는 하예들에 대한 언급이 뒤에 다시 나오지 않지만, 영인본 쪽은 양현고 이하 재정에 관한 서술이 334쪽 상단 오른쪽 2행까지 이어지다가 갑자기 3행 '大廳直'부터 다시 성균관 하예들에 대한 자료로 이어지고 이 자료는 335쪽 2행의 '양현고군사'에서 끝난다. 정확하게 현재 전하는 성대본을 그대로 베낀 것은 아닐지라도, 원래 성대본의 형태로 되어 있는 어떤 사본을 베끼고, 그 뒤에 다시 성균관 하예에 대한 자료를 추가한 것으로 보인다. 이 책에서는 334쪽 3행의 '大廳直' 하예에 대한 자료를 모두 포함해서 서술한다.

68) 사학당 대청직은 몇 명인지 나와 있지 않다.

69) 아방사령의 숫자는 밝혀져 있지 않다.

70) 尹愭, 〈泮中雜詠〉, 《無名子集》: 《韓國文集叢刊》 256, 28쪽. "負木高聲庭揖催, 槐陰齋直詠徘徊. 東西上下分行立, 濟濟一時擧袖廻."

71) 앞의 책, 같은 곳. "旣鼓, 兩齋負木, 各繞齋呼庭揖. 各房齋直, 聯袂徘徊高咏於明倫之庭槐樹之間, 則東西上下齋儒生相繼立揖班. 負木更呼揖, 乃揖而廻入食堂. 負木亦以泮人爲之. 兩齋各四人. 受錢, 冬則一朔十五緡, 夏則半之, 以爲爰突之資. 又應逐日使喚. 而掌議使喚及齋中公故, 則日次負木爲之, 輪回擧行. 又食堂朝及齋會時, 齋直輒相携而咏於庭. 非歌非誦, 自古傳謂是鹿鳴章云, 而終不可曉."

72) 다모茶母에는 나물을 맡는 채다모菜茶母, 국을 맡는 탕다모湯茶母가 있었다고 한다. 尹愭, 〈泮宮雜詠〉, 《無名子集》: 《韓國文集叢刊》 256, 28쪽. "我國法, 各司胥吏着平頂巾紅團領. 每食堂時, 館吏立北軒下, 促其供首, 奴輩又奔走檢飭. 食母菜茶母湯茶母魚廛等屬名目繁多. 熱鬧特甚."

73) 《肅宗實錄》 35년(1709) 3월 8일(1). "大司成尹星駿上疏言: '泮儒食堂, 軌度嚴正, 而女人排饌, 甚爲褻瀆. 旣是亂後一時權行之規, 且乖聖王導之以禮之敎. 請依國朝舊典, 皆令男僕代行.' 上從

之"

74) 박영미, 앞의 논문, 124쪽의 〈표3〉 '성균관 실무직의 직명, 인원, 근무 일수'에서 인원 수를 합산한 것이다. 정확하게는 308명인데, '연청직硯廳直'의 수가 '약간 명'이기 때문에 300명을 상회한다고 말한 것이다.

75) 1793년 4월 1일 장령 김희섭金禧燮은 성균관 식당의 운영에 대해 다음과 같이 말하고 있다.《日省錄》正祖 17년(1793) 4월 1일. "蓋多士朝夕之供, 以近千戶典僕, 井間次排定, 食母輪回應役, 乃是不易之古規矣." 곧 1,000호에 이르는 반인을 장부에 올리고 차례로 노동을 제공할 사람을 배정하고, 조리를 담당하는 식모 역시 돌아가며 맡게 했던 것이다.

76)《承政院日記》肅宗 8년(1682) 10월 10일(6/12). "蓋成均館奴婢, 多至累千名, 而無他生理, 只以屠肆爲業矣. 近年連以牛疫, 罷其屠肆, 不但渠之生理頓絶, 誠爲可惜. 本館凡干使喚大小差役, 專以典僕成樣, 則不當任其失業不爲之所, 而館人, 則直以曾亦應役於魚物塵爲言, 而市民, 則以其言爲無據."

77)《承政院日記》肅宗 33년(1707) 8월 10일(28/31). "蓋公私賤身役之重, 未有甚於館下典僕者. 古者役民, 歲不過三日, 而此輩則一歲之內, 六朔立役. 以至婢子有菜母食母之役, 齋直, 自七八歲立役. 一家之內, 勿論老少, 莫不有身役, 其勢誠不可支保."

78)〈完議〉,《太學成典》권3,《息山全書》3, 驪工出版社, 1993, 340~341쪽.

79) 앞의 글, 같은 곳. "硯廳直乃是官員之使喚, 非諸生所佳推治, 以小有罪負, 直施笞杖. 掌務官及諸生爭詰之端, 每每由此而起. 雖有曲直, 俱爲不當, 今後則硯廳直有罪, 必告該官, 使之施罰. 諸生母得直爲捉致. 菜食母進止婢子, 微有過失, 捶楚紛然, 累處受罰, 其勢難堪, 亦爲一體告官治罪. 無掌務官, 則下色掌治罪事."

80) 앞의 글, 같은 곳. "書吏乃是堂上前使喚之人, 元無齋中干預之事. 近來齋中或書役及紅衣, 無數責定, 若不擧行, 則直爲捉入齋舍, 治罪狼藉. 此是謬規. 自今以後, 依舊例書役紅衣, 切勿勒定, 或有罪科, 則通于色官, 從輕重治罪事."

81) 앞의 글, 같은 곳. "兩序齋舍, 非婢子出入之所, 而近來齋憲不嚴, 往來無常. 或有爲諸生捉致而入

者, 或有爲器皿推尋而入者, 責罰鬪鬨事, 極爲褻慢. 今後, 則婢子之有罰者, 告色官懲治. 器皿之入齋者, 使齋直推還, 諸生不得任意捉來, 婢子無敢私自入去事." 여기서 '설만褻慢'은 성적인 뉘앙스를 갖는 말이다. 곧 유생이 비녀婢女를 대상으로 벌이는 성적 회학戲謔을 의미한다. 곧 성희롱이다.

82) 앞의 글, 같은 곳. "一. 奴子苦役, 園頭爲最, 故稍有財産, 納物圖免者, 至于一百五十名之多. 應役之數, 僅居其半. 役之不均, 莫甚於此. 已前免役之人, 雖不可勸還, 以今後則切勿許納價免役事."

83) 앞의 글, 같은 곳. "亞房使令, 人少役煩, 不能支吾. 因以投屬本館, 圖錄於外居奴婢成案, 歲貢綿布二匹, 而終身閑遊. 爲官者但理奴婢之滋殖, 不思投托之爲非."

84) '辛亥泮中會議' 〈建祠時記事〉, 《鄭義士護聖錄》 권1. "正宗辛亥正月, 泮中父老齊會, 以堂上分付及齋中申飭之意發論. 衆議僉同, 後遂以財力辦備事稟告于堂上與齋中, 則泮人子弟未及入房者二十二人, 出給免役帖, 各人處三十兩式, 納于祠屋營建所事特爲分付." 《鄭義士護聖錄》은 미국 버클리대학교 동아시아도서관 소장본. 여기서는 고려대학교 해외한국학자료센터의 이미지본을 사용했다. 이 자료의 성격은 심규식, 〈丙子胡亂 護聖守僕과 《鄭義士護聖錄》의 편찬〉, 《漢文學報》, 우리한문학회, 2019에 상세히 밝혀져 있다. 면역첩에 대한 언급은 다음 자료에서도 충분히 확인할 수 있다.

'同月齋中助需' 〈建祠時記事〉, 《鄭義士護聖錄》 권1. (이하는 현임 수복 홍오洪五番, 전임 수복 이봉李鳳煻의 답) "月前, 齋中兩班首(尹載厚盧爾鈺)從士論, 呈單于堂上, 則(單子在上)大司成(柳誾)分付于守僕, 特出免役帖四張助役, 故小人等將欲始役矣."

'掌務官稟目' 〈建祠時記事〉, 《鄭義士護聖錄》 권1. "同月掌務官朴公師默稟目曰: '卽接典僕等白活, 則今此古扈從守僕鄭朴兩人至祠室營造時, 物力極其苟艱, 未免中掇至慮, 依前例, 齋直免役帖優數成出, 俾完役事事屢屢齊訴(爲有臥乎所). 蓋此扈聖守僕至祠室, 營建旣因士論至歸一. 于有官家至分付, 而況當初出給免役帖以爲顧助矣. 到今物力匱竭, 不得不更爲助給, 而兩齋旣出四張, 則三郎廳亦當顧助, 而郎廳淺見有難擅.' 便緣由謹稟于大司成柳公誾, 題辭曰: '齋中旣出四張, 則不可一向多出帖, 以生日後弊端, 而所稟旣如是, 限六張加出, 以爲準役之地.'"

'建祠時擇日及物力所辦'〈建祠時記事〉,《鄭義士護聖錄》권1."東西齋各出免役帖二張式, 本館三郎位亦出二張式, 合十張及各處所收, 合爲一千二百兩."

85) 예컨대 노비 중에서 동생 5명이 모두 실역實役에 종사할 경우 1명을 면공免貢한다든지, 부모의 나이가 70을 넘으면 시정侍丁 한 사람을 배정해준다든지 하는 것을 말한다. 하지만 이런 경우는 극히 드물었을 것이다. 사실상 별 효과도 없었을 것으로 생각된다. 《太學成典》. "一. 奴婢同生五口實役者, 從自願一口免貢. 一. 奴婢中所生三口實役者, 父母中免貢. 一. 奴婢中, 父母年七十者, 子女中一口侍丁, 八十則加給. 一. 口九十, 則全給, 而其父母, 雖非私賤, 亦給. 身死後, 則還役."

86) 《承政院日記》肅宗 30년(1704) 10월 21일(23/23). "館僕之居在碑隅內者, 例不與於坊役矣. 今則生齒漸繁, 家舍漸多, 延及泮村, 四面頗廣, 故漢城與閭民一體差役云. 此輩旣服本館之役, 又被坊役之侵, 蓋無可堪之勢. 以館典僕入籍者, 則無論內外所居之稍遠與否, 坊役勿侵, 何如?"

87) 《承政院日記》英祖 19년(1734) 윤4월 7일. "尙魯曰:'自古碑立隅之內, 自成一村, 只令守護聖廟, 元無出坊役之事, 此非爲泮隷所以重聖廟. 而近來碑立隅東西邊村落, 稱以士夫家垈, 勒入於東部一契, 出爲坊役云, 事甚非矣. 自今以後, 合附於成均館契, 俾不得更侵坊役, 何如?'上曰:'泮民異於都民, 其所侵役, 誠爲駭然, 依此, 分付, 可也.'"

88) 《正祖實錄》5년(1781) 11월 4일(1).

89) 《景宗實錄》2년(1722) 5월 5일(7).

90) 尹愭,〈泮宮雜詠〉,《無名子集》:《韓國文集叢刊》256, 29쪽. "或出居泮村與享官廳."

91) 《正祖實錄》15년(1791) 11월 13일(2).

92) 丁若鏞,〈祭菽甫文 泮村主人金錫泰, 字菽甫〉,《與猶堂全書》:《韓國文集叢刊》281, 364쪽.

93) 柳本藝,〈成均館〉,《漢京識略》, 서울특별시사편찬위원회, 1956, 185쪽. "今嶺儒及仕宦人, 上京皆住接于泮民家. 而雖京居儒生, 亦爲應擧時接款, 各定泮主人. 其儒若登科, 則皆有酬勞之賞."

94) 黃胤錫,《頤齋亂藁》3책, 523쪽. 1771년 1월 27일. "全道遇又云:'海運曾居鍾峴時, 門外隔鄰有良民池姓者, 本襄陽陞戶軍, 入居京中多年, 因爲掌樂院樂生. 又爲旅客主人. 襄陽江陵忠州地士

584

人往來京科者, 多寄食其家."

95) 黃胤錫, 《頤齋亂藁》 1책, 516쪽. 1766년 2월 4일. "金聖賓者, 素是湖南都會主人也. 客頻繁多, 而勢出不已. 且念後日兒輩往來 因爲永定主人 而渠亦自言 壬午年父親會行時 溫弟 囑爲主人說話矣."

96) 성균관 대사성 조지빈은 이렇게 말하고 있다. 《承政院日記》 英祖 4년(1728) 7월 28일 (44/44). "中古以來, 則必滿半圓點, 然後始許增別試赴擧, 故雖非明經者, 名臣碩輔太半是居泮之人, 而一自半圓點廢而不行, 論議歧貳之後, 京華士子初不踐齋舍之門域. 設有迫於事勢, 不得不入泮者, 亦無居齋之規, 因是而齋任, 擧皆厭避, 此不但士習之不美, 亦可見世道之不古矣." 다음 자료도 참고가 된다. 《承政院日記》 景宗 4년(1724) 1월 11일(13/13). "大司成李眞儒進伏曰: '……且京華士子, 以居齋爲恥, 故泮中不成貌樣.'"

97) 黃胤錫, 《頤齋亂藁》 1책, 549쪽. 1766년 3월 22일. "余念吾行, 初非專爲科事, 只是春川果川兩處先世事是爲耳. 不幸因此遲滯, 因聞今科定期, 不無觀光之意, 遂以無食之故, 數三日出入食堂矣."

98) 柳潼(1730~1808), 〈筵說〉, 《臨汝齋集》: 《韓國文集叢刊》 b92, 551~552쪽. "辛亥(1791)十二月初十日, 賤臣出司宰監直, 有特敎入侍之命. 時上因次對御熙政堂, 賤臣承由金虎門肅章門, 詣協陽門. 注書引入, 上踏曲拜進前. 上曰: '職姓名?' 臣起伏而對曰: '司宰監奉事. 臣, 柳潼矣.' …… 上曰: '住接何處?' 對曰: '泮主人家矣.' 上曰: '泮主人家不艱楚否?' 對曰: '自前嶺南從宦者, 無城內知舊之人, 故例接泮中定主人以度矣.' 上曰: '常留館洞否?' 對曰: '除供職外, 常留館洞矣.'"

99) 柳本藝, 〈成均館〉, 《漢京識略》, 184~185쪽. "又按. 昔安文成公裕納奴婢百口于成均館. 其後奴(185쪽)婢多至數千餘口. 今之泮村居民, 皆其子孫也. 每年九月二十日文成公忌日, 泮民各出錢布, 盛備祭需以祀. 本館又出綿布五疋, 自養賢庫出米, 以助祭. 于今嶺南儒及仕宦人上京, 皆主接于泮民家, 而雖京居, 科則皆有酬勞之賞. 于泮民生涯, 則國制京城屠牛之肆, 俗稱懸房, 專使泮民主其業. 他人不敢私販. 又館中吏隷, 幷以泮民爲之."

100) 다음 논문은 황윤석이 상경한 연도와 일시, 체류 기간, 반주인 등을 소상히 밝히고 있다.

유영옥, 〈鄕儒 黃胤錫의 泮村 寄食과 卜妾〉, 《東洋漢文學硏究》 27, 東洋漢文學會, 2008.

101) 黃胤錫, 《頤齋亂藁》 1책, 669쪽. 1767년 2월 9일. "余呼震泰, 使覓官敎祿牌以來. 且詰正二月祿米馬料, 不稟擅受之, 故渠亦無辭. 請以或相價而納矣. 乃曰: '一朔價錢 當止二兩.' 只以二兩來獻."

102) 黃胤錫, 《頤齋亂藁》 2책, 374쪽. 1769년 3월 29일. "泮人則請於每朔給錢二兩. 出泮, 則所謂私主人者請給當不下三四兩. 以家力則泮中差可, 而以公故則出泮乃便. 以此二端, 思量久矣, 終未可以決定. 奈何?"

103) 黃胤錫, 《頤齋亂藁》 1책, 546쪽. 1766년 3월 16일. 황윤석은 자신의 노비의 식비를 주인에게 주고 있다. "自今日給奴料錢一兩三錢于主人處(此每飯七分, 今日始準他人例五分."

104) 安鼎福, 〈禁府都事韓公墓碣銘 並序○丙午〉, 《順菴集》: 《韓國文集叢刊》 230, 232쪽.

105) 李熊徵, 〈黔翁志林〉. 《黔州先生遺稿》 卷上, 충남대도서관 소장 사본. "成均館乃儒生之所聚, 故士大夫必定主人於典僕. 每釋奠及疏廳, 聚會儒生之時, 必侵責各主人以致之. 登科者唱榜闕庭, 禁人闌入, 而獨許館主人入庭, 揷賜花於頭. 及四館呼新來及免新回刺之時, 主人爲之先後, 有同乳媼之於小兒. 新來少有不恭, 必罪主人, 其勤苦備至. 故其人官高之後, 頗得厚報, 主人亦視士大夫如其主, 世傳不改. 或以公事詣館, 則必具飯待之, 一如儒生之時." 《黔州先生遺稿》는 성균관대학교 안대회 교수의 호의로 사본을 볼 수 있었다. 이 자리를 빌려 감사의 뜻을 표한다.

106) 《承政院日記》 肅宗 5년(1679) 6월 25일(10/11). "大司成李夏鎭又啓曰: '臣與郞官等, 一依聖敎, 考出生進榜目, 未參疏儒生五十餘人, 皆招其館主人, 急急招致, 鞭扑狼藉, 而諸生等, 尙無一人入來者.'"

107) 尹愭, '咏釋菜' 〈泮中雜詠〉, 《無名子集》: 《韓國文集叢刊》 256, 30쪽. "前三日, 謂之入淸齋, 設別廳於東門, 新榜儒生會集. 使兒房使令捉致方外儒生之泮主人, 促其入來."

108) 朴泰漢(1644~1697), 〈先考止觀齋府君遺事〉, 《朴正字遺稿》: 《韓國文集叢刊》 b55, 343쪽. "閔公必欲使府君行相揖禮, 日撻館主人督之. 且罰立館主人食母之役, 終一年, 館主人持撻痕來泣,

而府君終不動也."

109) 黃胤錫,《頤齋亂藁》1책, 550쪽. 1766년 3월 24일. "是朝, 伏聞, 自上以鄉儒久滯泮村, 泮村主人輩難於接應之故, 特減泮村所納漢城府錢十五日內之二百餘兩."

110) 黃胤錫,《頤齋亂藁》1집, 116쪽. 1752년 9월 25일. "故又向他處 尋甲子年(1744) 父親來次時主人鄭時僑家 仍約爲定主人." 몇 년 뒤 황윤석은 정묵금을 주인으로 삼는데, 어떤 이유로 주인을 바꾸었는지는 알 수 없다. 정묵금이 정시교의 아들이 아닌가 하지만, 추측일 뿐이다.

111) 《承政院日記》英祖 46년(1770) 4월 2일(37/37). "上曰:'不然矣. 儒生各有泮主人矣.' 性源曰:'泮主人, 科時, 例皆通知於各其儒生, 而至如此等事, 則無委通之規矣."

112) 《承政院日記》英祖 12년(1736) 5월 16일(27/33). "昨日臣等, 入侍殿內, 則通禮院書吏, 以外庭已齊之意來告, 故百官先行四拜, 仍卽唱第, 而文榜壯元, 初不來待, 事極駭然. **一邊催促新來, 一邊捉囚該吏及壯元所帶泮主人.** 唱第之中間停撤, 實是前所未有之事, 事體所在, 固宜卽請警責, 而賜花未簪, 恩牌將頒, 先施警責, 事涉, 如何?"

113) 《承政院日記》英祖 25년(1749) 3월 16일(14/14). "在魯曰:'先輩以呼新來事, 或啓或疏, 而欲禁之矣. 卽日唱榜之科, 上前脫衣服擔輿以來者, 誠極駭然. 今番則申飭, 何如?' 上曰:'分付大司成, 嚴禁館主人, 可也."

114) 《承政院日記》正祖 11년(1787) 5월 30일(27/27). "日前陞補時, 儒生輩自其泮主人家, 製寫呈券者, 太半皆是."

115) 《承政院日記》純祖 9년(1809) 11월 9일(8/8).

116) 《承政院日記》英祖 1년(1725) 5월 26일(33/33).

117) 반주인의 대부업은 이자가 매우 높았다. 이헌창, 〈18세기 황윤석가의 경제생활〉: 강신항 외,《이재난고로 보는 조선 지식인의 생활사》, 한국학중앙연구원, 2007, 422~423쪽.

118) 黃胤錫,《頤齋亂藁》4권, 162쪽. 1774년 7월 30일. "令奴掛馬鐵, 因往主人縣房, 貸錢四兩以來."

119) 황윤석은 반주인 김진태에게 13냥을 빌려주었지만, 이자에 대한 언급을 전혀 하지 않는다. 양반이란 체면 때문일 것이다. 黃胤錫, 《頤齋亂藁》 2책, 154쪽. 1768년 7월 9일. "主人震泰貸錢十三兩以去, 約以從速還償. 餘留三兩, 以待不時往來之用."

120) 《承政院日記》英祖 11년(1735) 12월 12일(11/11). "(司諫許)集曰:'……且館主人稱云人, 率置衙中, 而居中用事, 賂門大開, 積謗載路, 闔境怨詛, 南來之人, 無不傳說. 如此之人, 不可仍畀字牧之任. 請彦陽縣監柳文龍罷職.'"

121) 《承政院日記》顯宗 9년(1668) 12월 7일(19/20). "正言閔宗道所啓, ……又所啓:'屠牛之禁, 國法甚嚴, 而近來屠肆狼藉, 已是痼弊, 日者前持平洪受河, 爲其館主人, 勒令加設屠販一處, 雖終有所格而不行, 此豈法官之所宜爲者乎? 聞者莫不爲駭, 請前持平洪受河, 罷職.'"

122) 《各司謄錄》, 京畿道篇4, 京畿道各郡報告存案1, 光武 五年 四月 九日, 발신자—金弼鉉(廣州府尹), 수신자—內藏院卿. "本府 私坡場 庖肆段은 自前以府尹之所親泮主人差出擧行이 便成規例, 于今施行이온 바."

123) 《承政院日記》正祖 12년(1788) 6월 12일(15/17). "若欲永祛此弊, 則亦循湖南監營之近例, 本府府使, 以其館主人, 當其庖子之役, 而撙節於用肉, 則在館人, 必無負債之端, 在萊民, 庶有安堵之望矣."

124) 김경천, 이대형·이미라·박상석 역주, 〈館主人說〉, 《巽窩漫錄》, 서울대학교출판문화원, 2015, 90~95쪽.

125) 김경천, 앞의 책, 94쪽. 원문 215쪽. "自至月念後, 至臘月望後, 周謁隣近公堂親舊諸家. 所得錢五百餘兩木百餘匹, 衣貨稱是. 館人例取其反, 而臨去謹存一馱云." 번역은 조금 고쳤다.

126) 원문 213쪽. "丁亥初秋, 中發解, 館村無主人, 有崔斗生者, 邀余接待勸款."

127) 尹拯, 〈與子行敎 十月十三日〉, 《明齋遺稿》:《韓國文集叢刊》 136, 72~73쪽. "下來時, 不可率來館主人也. 十月十三日."

128) 黃胤錫, 《頤齋亂藁》 1책, 669쪽. 1767년 2월 6일. "初六日 庚子. 曉飯, 過向德旌閭碑, 偶逢泮人金聖賓. 自言:'方往景陽鄭察訪所矣.' 余問:'今年正月祿米馬料, 吾於昨年使之勿受矣. 其果然

耶?' 聖賓曰:'豈有不受之理? 家有父在, 到京日, 問之可知矣.' 又問:'汝昨冬, 往來光州地, 不一見
我, 何也?' 渠囁嚅而去." 黄胤錫, 《頤齋亂藁》 1책, 669쪽. 1767년 2월 9일. "余呼震泰, 使覓官
教祿牌以來. 且詰正二月祿米馬料, 不稟擅受之, 故渠亦無辭. 請以或相價而納矣. 乃曰:'一朔價
錢當止二兩.' 只以二兩來獻." 원래 황윤석은 관교녹패官教祿牌를 김진태에 맡겨두고 자신
이 지시하면 녹미와 마료를 타오게 하였다.

129) 黄胤錫, 《頤齋亂藁》 2책, 468쪽. 1769년 8월 2일. "主人者, 去益無禮. 雖受饌錢, 而不三日盡用
二錢, 又復繼來. 如是者已十許日, 隨求隨給, 而飯既粗惡, 所買牛肉. 非腐則臭, 非骨則筋. 累囑
仲建朘喩而終不聽."

130) 黄胤錫, 《頤齋亂藁》 1책, 611쪽. 1766년 8월 4일. "招方鶴儀, 問債路, 則曰無之. 因督震泰急辦
諸具, 則曰:'進賜主, 己卯(1759)小科時, 墨金出債五十兩, 而歸時, 不給路資, 只給加倍一百兩.
以此之故 洋人一切不欲通債矣.' 余曰:'洋債, 新恩時, 加資以給, 自是前例. 況其時出債四十餘
兩, 而給一百二十餘兩, 豈止加倍耶? 似聞爾家, 近年以來, 出債失信. 今之阻債, 應爲此也.'"

131) 《頤齋亂藁》 2책, 512쪽. 1769년 8월 22일. "洋主人金震泰來言:'今年米價甚至一兩八升. 年事
如此, 秋成又未可占豐. 生計至難, 不可賣宅償債, 而將得小屋移居. 但念移住小屋, 則無客房
與馬廏矣. 進賜及宋察訪主, 勢難容住, 奈何?' 其意 蓋欲余之移寓他處也. 余既旅宦而無力僦屋.
又無財卜妾. 東西狼狽, 此將奈何? 百爾思之, 不如決歸之便也. 況親年已老, 時象多虞, 故不歸
歟. ○奴子來言:'主人欲得馬價四十兩, 買牛取利. 朝者來謁, 必有意思, 而不敢發耳.' 因令:'明日
以馬價全數來此. 以三十五兩, 往趙僉奉宅買馬. 其餘五兩, 因留此處, 無令主人犯手, 可也.'"

132) 《頤齋亂藁》 3책, 335쪽. 1770년 7월 28일. "招震泰五金聖彬三叔姪, 諭以移寓之意. 且曰:'吾
今離汝, 心甚缺然. 宋佐郎進賜元有吾家當償錢四兩, 爾其覓用, 以表我意.' 盖渠輩無禮無情, 厭
我無錢. 而士大夫, 待下輩之道, 不可薄故耳."

133) 《頤齋亂藁》 3책, 321쪽. 1770년 7월 5일. "洋主金震泰來 又請遣本寺使令 捕捉洋村人負債於
渠者 奈本寺非三法司何? 近來閭巷瑣說, 皆入大內. 況徵債又有新禁, 而主者每每苦請, 至生慍
怒, 苦哉苦哉!"

134) 《頤齋亂藁》4책, 14쪽. 1771년 10월 17일. 황윤석은 반인의 돈을 빌리거나 허락 없이 쓰고 갚지 않으려 하는 행태에 대해 "반한이 돈을 보고 침을 흘리는 것이 늘 이와 같으니, 집을 떠나 객지에 머무르는 사람이 어떻게 견딜 수 있겠는가?"라고 한탄하고 있다. "泮漢之見 錢朶頤 每每如此 旅遊之人 安得支堪?"

135) 《頤齋亂藁》2책, 519쪽. 1769년 8월 27일. "蓋觀震泰近日再來, 欲貸余馬價, 而余難於無馬, 方 促奴子買立. 而震泰氣色 則惟恐買馬也. 今日果言請貸二十一兩, 以初二日爲限. 先以渠輩肉廛 收錢之數, 誘余曰:'所收許多而獨自檢察難矣.' 其意或慮余之以渠之貧而不貸也."

136) 《頤齋亂藁》2책, 546쪽. 1769년 9월 21일. "泮主人金震泰來言:'紙廛懸房使喚者鐵古致有罪, 請以明日嚴治.' 余非不知其不緊, 而姑以主客顏情許之." 앞의 책, 548쪽. 같은 달 22일. "泮主 人金震泰之子聖彬來請, 更令下人推捉金古致治罪." 황윤석은 물론 법적으로 김고치의 죄를 다스릴 권한이 없었다. 아마도 김진태는 황윤석이 양반으로서 당시 사포서司圃署 직장直 長이라는 관직에 있다는 것을 이용하고자 했을 것이다.

137) 《頤齋亂藁》4책, 518쪽. 1778년 2월 15일. "是夕, 主人李壽得夫妻, 自縣房入來, 欵甚." 주인 이 수득 부부가 현방에서 들어와 아주 다정스러운 태도로 대했다는 것인데, 이것은 당연히 이수득이 현방을 운영하고 있기 때문일 것이다. 이수득의 현방은 서중문西中門 밖에 있었 다. 《頤齋亂藁》5책, 45쪽. 1778년 6월 7일. "西中門外, 李壽得肉房小兒來, 傳家書, 卽松賈閔 哥所傳也." 육방肉房은 곧 현방을 말한다.

138) 《頤齋亂藁》7책, 211쪽. 1786년 4월 25일. "令陪使令亟訪西泮村洞主人李壽得家, 則果賣家, 移于下馬碑南邊景慕宮北邊開川南, 而渠擧家方赴其客楊州牧使李一曾, 州中依舊例販肉未歸, 而使他人姑寓其家. 其兄富得則雖在未得舊家近處, 而亦他出不遇."

139) 尹愭, 〈泮宮雜詠〉, 《無名子集》: 《韓國文集叢刊》256, 28쪽. "泮人元自松都遷, 女哭如歌男服奢. 豪俠帶來燕趙氣, 風謠怪底異京華."

140) "泮人是自松京移來者, 故其語音與哭聲如松京人 又男子衣服奢麗異常, 尙氣任俠, 視死如歸. 往 往因鬪爭, 輒以釼畫臂刺股. 風習大抵絶異."

141) 李瀷, 〈諺文〉, 《星湖僿說》: 《星湖全書》 5, 驪江出版社, 1987, 556쪽. "我俗, 西邊多濁聲, 都中泮
村亦然."

142) 《承政院日記》 英祖 15년(1739) 1월 6일(28/28). "(檢討官吳)逐采曰: '近來閭巷之人, 全不知禮,
唯以夸侈相尙, 納幣之數或至累百金, 已成痼弊, 故貧者或至老不得娶云矣.' 上曰: '習俗如此, 以
薄婚爲恥, 故致有愆期之弊. 朝家若使之顧助過婚, 則雖薄略, 可爲藉口之資, 故度支顧助之敎,
有意而發也. 婚幣無過五兩之說好矣.' 逐采曰: '五兩, 卽十疋也.' 上曰: '儒臣之言過矣. 此非十疋
也. 若以十疋知之, 則貧人, 何以成婚禮乎?' (參贊官李)重庚曰: '此弊始於泮人矣.'"

143) 一齋生, 〈京城行脚〉, 《每日申報》, 1916. 3. 19, 1쪽.

144) 《正祖實錄》 1년(1777) 7월 15일.

145) 《高宗實錄》 20년(1883) 10월 5일(1). 《高宗實錄》 20년(1883) 10월 6일(2). 《高宗實錄》 20년
(1883) 10월 29일(4). 《承政院日記》 高宗 20년(1883) 10월 6일(4/11). 《承政院日記》 20년
(1883) 10월 29일(1923/23).

146) 자세한 것은 다음 책을 볼 것. 강명관, 《조선 후기 여항문학 연구》, 창작과비평사, 1997.

147) 반인의 여항문학에 대해서는 안대회, 〈반촌과 반인〉, 《성균관과 반촌》, 서울역사박물관,
2019, 236~253쪽에 처음으로 자세히 밝혀 놓았다. 안대회, 〈泮村과 泮人 시인 연구〉, 《漢
文學報》 42, 우리한문학회, 2020는 이 논문의 연장으로 보다 자세하다.

148) 徐命膺, 〈安光洙傳〉, 《保晚齋集》: 《韓國文集叢刊》 233, 252쪽. "其子弟生長, 不出泮村外. 有齋
事, 擊鼓羣跙, 引諸生揖. 朝夕服役于齋, 習聞讀書聲, 往往誦傳句語. 故諺數耳熟目昧者, 曰齋直
句, 言其無實得也."

149) 예컨대 《태학성전》에 의하면 연청직에게도 '어린 노비 중 사람됨이 명민하고 문자를 조
금 이해하는 자로 채운다'라고 하여 한문을 일정하게 해독할 수 있는 능력을 요구했다.

150) 藕山居士, 〈漢城風土記〉, 《大東學會月報》 제19호, 1909년 8월 25일. "成均館. 館在崇敎坊. 國
初創建聖廟時, 環東西兩麓之水爲泮水之制. 泮村之人世居焉, 自相爲嫁姻. 其世業學文字者爲
聖廟員役, 賤者宰牛爲生. 而宰牛之業, 京則泮人, 鄕則白丁. 他人不得奪也."

151) 서명응, 앞의 글, 같은 책, 252~253쪽. "光洙慨然曰:'太學首善之地而俗如是, 可乎?' 倡子弟之
聰悟者七十餘人, 爲之契而名曰齊業文會, 隨其材高下, 各授經史子傳. 以事親敬長之道, 蚤夜誨
廸. 冠昏喪祭, 手自圖式, 令民易曉, 使毋越程朱之儀則. 每月朔, 悉聚其徒, 課業能否, 裒責以勸
戒之. 於是泮村子弟多興起率服. 光洙卽曰:'業貴優遊. 不然, 氣象迫窄, 去風雩詠歸之趣遠矣.'
良辰選勝, 與其徒酬觴賦詩, 聯爲累百篇, 意寄悠遠. 由是其徒成材者甚衆. 旣壯而冠, 爲胥史爲
典僕, 皆知敬廟宇謹釋菜, 各率職無闕也."

152) 안대회 교수에 의하면, 안광수의 아버지는 절충장군折衝將軍 안도정安道挺으로 선대로부
터 반촌에 흘러들어와 살았다고 한다. 또한 그가 순수한 반촌 토박이인지도 의심스러우
나, 반촌의 유력한 집안인 순흥 안씨였다는 점에서는 토박이와 차이가 없다고 말하고 있
다. 안대회, 〈반촌과 반인〉, 256쪽.

153) 안대회, 〈泮村과 泮人 시인 연구〉, 20쪽.

154) 洪直弼, 宋洪洞記, 《梅山集》:《韓國文集叢刊》296, 49쪽. "洞舊有塾. 泮僕鄭學洙敎授於其中, 克
修堅拂秉彛故事. 冠童百餘人, 彬彬有西河之風. 閒已累易主矣."

155) 안대회, 〈泮村과 泮人 시인 연구〉, 24쪽.

156) 趙秀三, '鄭先生'《紀異》, 《秋齋集》:《韓國文集叢刊》272, 490쪽. "泮宮之東, 卽宋洞. 洞中花木甚
多, 講堂翼然, 卽鄭先生敎授處也. 晨夕鳴磬, 聚散學子, 多有成就者, 泮中人稱曰鄭先生."

157) 金鑢는 〈晩春游覽絶句〉란 시에서 정학수의 학교가 이미 초목이 우거진 폐허로 변했음을
말하고 있다. 金鑢, 〈晩春游覽絶句 十二首〉, 《藫庭遺藁》:《韓國文集叢刊》289, 405d쪽. 4번째
시 "講舍書廊綠草蕪, 燕來無着坐殘梧. 憐渠浪費辛酸力, 誰識人間鄭學洙.' 學洙, 殿僕. 曾設講
舍于宋洞曾朱壁立之下, 以訓蒙爲業." 이 시는 〈覽玄觀詩草〉에 포함된 것인데, 1816년에
쓴 〈覽玄觀詩草〉의 발문에 의하면, 7~8수를 제외하고는 모두 1801년 이후의 작품을 모
은 것이라 한다. 이 작품은 《覽玄觀詩草》의 끝부분에 실려 있으니, 역시 19세기 초에 쓴
것이라 보아야 할 것이다. 따라서 19세기 초에 정학수의 학교는 없어졌다고 볼 수 있다.

158) 趙熙龍, 〈朴永錫傳〉, 《壺山外記》. "家貧以邸報自給." '우보郵報를 삯을 받고 베껴주었다'는 말

역시 조보를 베낀 것과 같은 의미일 것이다. 劉在建 編, 〈朴晚翠永錫〉, 《里鄕見聞錄》 권1.

"賃書郵報以供祭祀" 원출처는 金羲齡의 《素隱稿》다.

159) 趙熙龍, 〈朴永錫傳〉, 《壺山外記》. "里中群小或紛競, 已而相謂曰: '朴君子知' 多折節就學者, 有

授徒數十. 凡歲時餽遺, 皆不受."

160) 임형택, 〈半林英華 평설〉: 《半林英華》(영인본), 동아시아학술원대동문화연구원, 2019. 《半

林英華》는 임형택 선생의 유일 소장본을 영인한 것이다.

161) 안대회, 〈半村과 泮人 시인 연구〉, 28~29쪽.

162) 반인의 시에 대해서는 안대회의 앞의 글을 볼 것.

163) 강명관, 《조선 후기 여항문학 연구》, 창작과비평사, 1997, 101~104쪽.

164) 黃胤錫, 《頤齋亂藁》 5책, 319쪽. 1778년 11월 2일. "是夜, 泮人朱永昌來作琴歌, 可慰客心. 永

昌能詩能書能琴能歌能酒,, 卽外舅丁公主人也. 以故亦於余相熟. 永昌因言: '其婿李鳳壽, 卽金

承旨用謙令監宅主人也. 頃往金令公宅, 則令監分付有曰: 〈早晚朝議, 必許我爲開城留守. 如此

則足矣. 於汝豈其無益?'"

165) 《頤齋亂藁》 4책, 519쪽. 1778년 2월 16일. "泮人朱永昌, 能詩能文能筆能歌能琴. 舊所知熟者,

聞余入泮, 來謁久話."

166) 《頤齋亂藁》 3책, 412쪽. 1770년 10월 17일. "是夜 泮人朱永昌來謁 鼓琴而歌 亦足破寂也."

167) 《頤齋亂藁》 5책, 28쪽. 1778년 5월 21일. "泮主人李壽得, 舊買魚參判錫定家良琴, 用錢九兩.

恒邀其隣人朱永昌能詩能筆能歌能琴者, 鳴絃遊樂. 壽得旣有父母喪, 則有千姓人出入樂院者,

貪緣借去, 久不以還. 壽得索之不得. 頃以來訴余題曰: '事係淸債, 徵給可也.' 千姓人逃躱, 尙未

捉致."

168) 《頤齋亂藁》 6책, 43쪽. 1779년 7월 2일. "七月二十三日, 奉陪嘐嘐先生, 游碧松亭. 與李碩士萬

運末正郞益中洪正字光一愼正字性眞張博士漢喆南文義溟學及泮人金喜重[知禮者]朱永昌

[能詩者], 敬步所拈示唐詩韻一律追呈." 7월 2일의 일기에 7월 23일의 일기가 추기되어 있

다.

169) 《風謠續選》권6. "喜重, 字景由, 號醒醒窩, 麗輝子. 嘗裒輯冠婚喪祭禮三卷, 藏于家."

3장 성균관과 삼법사

1) 柳壽垣, 〈論學校〉, 《迂書》권2. "我國學規, 古今之所未聞也. <u>內而太學, 只聚鄕曲治經若干人, 使之</u><u>坐喫幾碗飯.</u> 外則並與幾碗飯而無之, 只令校生一名, 守直聖廟而已."

2) 柳壽垣, 같은 곳. "以成均館言之, 旣欲養士則當劃給其費, 而只令典僕擔當養士, 故典僕不勝支當. 都中買賣之利, 莫如屠牛, 故又令典僕擔當屠牛, 俾共其費. 噫! 聖廟, 何地? 而乃使長在屠肆凶穢 之所者, 灑掃廟庭也. 此誠不可使聞於天下後世之國體也."

3) 《經國大典》禮典, 〈生徒〉. "二百. 生員進士不足, 則取四學生徒年十五以上通小學四書一經者有蔭 嫡子通小學者曾中文科生員進士鄕漢城試者補之. 朝士願赴學者, 亦聽." 원래 150명이었으나 1429년(세종 11)에 200명으로 증원된 것이다.

4) 尹愭, 〈井上閑話〉, 《無名子集》:《韓國文集叢刊》256, 503∼504쪽. "蓋當初國家待士之意甚盛, 齋 分東西以居之, 朝夕設食堂以饗之, 亦分東西, 而食必八簋. 一六日大別味, 三八日小別味, 皆隨所 求而供之. 四時名日則又設別供大卓, 春舍菜以後秋舍菜以前則供黏心, 每朔有紙筆墨, 科時給試 紙筆墨, 到記科則殿庭頒紙. 各房點燈供柴炭, 有疾則給藥, 至許蔘劑, 死則爲之治喪返柩, 動駕時 祗迎則給馬, 有齋直小童以伏侍, 有負木以點竈火, 應使喚. 國恤則給素笠布帶, 歲給塗窓壁之紙, 月給鋪房舍之席.."

5) 〈養賢庫〉, 《經國大典》吏典, 〈京官職〉, 從6品衙門. "掌供成均館儒生米·豆等物. 主簿久任."

6) 《太宗實錄》13년(1413) 6월 30일(4).

7) 《世宗實錄》, 地理志, 京都, 漢城府.

8) 《成宗實錄》15년(1484) 11월 26일(1). "奴婢則有安裕所納, 但無學田, 其於養賢, 或不贍也. 予欲 別賜學田, 以供其需, 以示尊師重道之意, 何如?"

9) 《成宗實錄》15년(1484) 11월 29일(2). 《成宗實錄》15년(1484) 12월 23일(1).

10) 《成宗實錄》15년(1484) 11월 26일(1). "成均儒生供饋, 則有養賢庫, 釋奠祭物, 則奉常寺, 皆足 以供之, 今無可爲之事."

11) 최은정, 〈18세기 현방의 상업활동과 운영〉, 《이화사학연구》 23·24합집, 이화여자대학교, 이화사학연구소, 1997, 85~86쪽.

12) 최은정, 앞의 논문, 87쪽.

13) 《中宗實錄》 6년(1511) 3월 11일(1). 1518년(중종 13)의 하사 기록은 〈土田〉, 《太學志》 제7권, 餼廩에 의한 것이다.

14) 〈土田〉, 《太學志》 제7권, 餼廩.

15) 《世宗實錄》 10년(1428) 윤4월 1일(10). 《世祖實錄》 10년(1464) 10월 25일(2).

16) 〈土田〉, 《太學志》 제7권, 餼廩. 《中宗實錄》 37년(1542) 4월 5일(2).

17) 《太宗實錄》 13년(1413) 6월 30일(4).

18) 《明宗實錄》 4년(1549) 10월 23일(3).

19) 《承政院日記》 仁祖 3년(1625) 6월 14일(11/13). "節該司饔院漁夫等, 本館初受魚箭處, 地稅斜水 所納之規, 實非亂後創始. 設館之初, 江華喬桐南陽富平, 折受之地, 雖或本院漁夫, 船隻到泊之 時, 秀魚網捉之船, 則事係御供, 不敢收稅. 此外民魚眞魚蘇魚等, 雜魚網捉之船, 則皆渠等私私貿 販之物. 故年例收捧, 常養儒生, 本箭下人, 定定三名, 周年支供, 乃是二百年流來舊規."

20) "粤自祖宗朝, 特重文廟, 賜與土地奴婢, 極其優厚, 故古稱物力之盛, 與戶曹竝埒云矣."

21) 《宣祖實錄》 31년(1598) 10월 20일(3).

22) 《宣祖實錄》 38년(1605) 2월 26일(3).

23) 《仁祖實錄》 2년(1624) 7월 25일(2).

24) 《仁祖實錄》 7년(1629) 7월 24일(2).

25) 《承政院日記》 孝宗 1년(1650) 6월 13일(11/31). "承旨李一相所啓: '成均館養賢庫, 自是館儒供 饋之所. 戶曹則例以一日所供七十五員定送, 而常時儒生居館者, 不過二十餘員.'"

26) 〈供給〉, 《太學志》 권7, 餼廩. "國初, 養士二百人, 間因歲歉, 留司奏減其數. 世祖朝因李承召言, 命

復舊. 後又減爲七十五員, 至英宗壬戌, 始以一百人定額. 幷寄齋二十人, 掌議二人, 色掌四人, 通
爲一百二十六人."

27) 《承政院日記》英祖8년(1732) 3월 5일(13/13). "本館財用, 無他出處, 專恃於奴婢貢及若干收稅.
若着實收捧之年, 可以繼用, 而或稅貢不實, 則常患不足, 所謂經用, 在官員則別無所費, 盡歸於養
士之具. 若經一番科擧, 則糜費甚多, 財力大縮."

28) 《承政院日記》仁祖10년(1632) 4월 21일(8/8). "養賢庫事, 則主簿直長奉事主之, 館中事, 器用·
雜物, 西壁掌務官及直講一員主之."

29) 《承政院日記》景宗3년(1723) 3월 21일(53/61). "李肇又啓曰: '成均館, 今無主管堂上, 臣方兼管
矣. 養士之需, 飯米及若干饌價, 自戶曹例爲劃送, 而此外紙地筆墨及名日別供每五日別味科場試
紙, 凡百需用, 其種甚多, 此則皆自西壁進排. 所謂西壁, 卽本館儲蓄所在. 歲入, 只是奴婢貢而已'."

30) 이하 성균관의 재정 수요에 대한 서술은 《太學成全》3; 《息山全書》3, 332쪽의 左下 6행 〈養
賢庫〉부터 334쪽 右上 2행까지, 335쪽 좌하 〈一朔上下〉부터 339쪽 左上 6행까지의 자료를
정리한 것이다. 이 자료가 중간에 끊어지는 것은, 중간인 334쪽 우상 3행부터 335쪽 2행
까지 〈差役秩〉에 관한 자료가 끼어 있기 때문이다. 필사하는 과정에서 착오가 난 것이다.

31) '來歷債木'은 무슨 뜻인지 미상.

32) 《承政院日記》肅宗28년(1702) 1월 17일(18/23). "大司成金鎭圭所啓: '……且在前多士所供魚
菜, 收用於市民, 而中間革罷其規, 朴泰尙金昌協爲大司成時, 泮僕自備魚菜之呼冤, 前後陳達, 則
自朝家, 劃給連山藍浦稅米二百石, 以爲魚菜之價矣." 영인본 《息山全書》3, 333쪽. "連山田稅,
造米壹伯石. 南浦田稅, 造米壹伯石. 已上米貳百石, 丁卯四月日金昌協爲大司成시, 榻前定奪, 永
爲晝給本庫魚菜價補用. 今則戶曹不爲句管."

33) 정식 서리 15명 중 10명은 성균관 소속이고, 5명은 양현고 서리다. 양현고는 사실상 성균
관의 재정 담당 속사屬司로 설립된 것이나 형식상 독립적인 기관이었기에 성균관과 양현
고를 분리하여 성균관을 '서벽西壁', 양현고를 '동벽東壁'이라고 불렀으므로, 1688년 정식
서리 15명 중 10명은 서벽에서 요포를, 5명은 양현고 소속으로 하여 동벽에서 요포를 지

급하기로 하였다. 하지만 《태학성전》이 성립할 당시는 모두 서벽에서 지급했다고 한다. 李萬敷, 〈差役秩〉, 《太學成典》 권3: 《息山全書》 3, 여강출판사, 1993. "古規十五人料布, 盡自西壁出給, 戊申五月依大典, 以十人爲本館書吏, 自西壁給料布, 以五人爲養賢庫書吏, 自本庫給料布. 今則十五人料布, 西壁盡爲上下."

34) 《承政院日記》 英祖 8년(1732) 3월 5일(13/13). "<u>本館財用, 無他出處, 專恃於奴婢貢及若干收稅.</u> 若着實收捧之年, 可以繼用, 而或稅貢不實, 則常患不足. <u>所謂經用, 在官員則別無所費, 盡歸於養士之具.</u> 若經一番科擧, 則糜費甚多, 財力大縮."

35) 《承政院日記》 仁祖 13년(1635) 4월 25일(23/25).

36) 영인본 《태학성전》은 자료의 뒷부분이 떨어져 나갔기 때문에 여기서는 성대본 《태학성전》의 자료를 이용한다.

37) 영인본 《태학성전》의 토지 자료는 여기서 끝난다.

38) 《承政院日記》 英祖 16년(1740) 12월 3일(8/9).

39) 《承政院日記》 英祖 17년(1741) 10월 9일(19/23). "至於館屬田畓, 散在各道, 乃爲五百餘結, 而以今年所捧觀之, 不過爲二百七十餘結零, 所縮過半."

40) "蓋自本館, 或有送差收稅之處, 自本邑或有直上納者, 而勿論送差與直納, 本邑該色與作者輩, 互相掩覆, 成冊修正之際, 以起爲陳, 以實爲災, 逐年減縮."

41) 〈成均館折受〉, 《春官通考》 卷34, 吉禮, 成均館.

42) 〈捧用〉, 《六典條例》 권6, 禮典, 成均館.

43) 《萬機要覽》 財用篇 2, 免稅, 〈八道四都免稅田畓結數〉에 의하면, 성균관의 면세지는 경기에 81결 6부 1속, 호서에 255결 27부 4속, 호남에 164결 34부 1속, 영남에 30결 42부 5속으로 도합 531결 10부 1속이다. 이것은 《태학성전》·《태학지》 등의 약 350결과는 큰 차이가 있다. 《만기요람》은 성균관의 면세전을 기록한 것인데, 이것은 실제 존재하지 않는 장부상의 토지 전체를 그대로 기록한 것일 수 있다. 1741년 10월 성균관은 각 도에 산재한 토지가 500여 결인데, 그해에 받아들인 곡물의 양으로 추정하면 실제 토지는 270여 결에 불과하

다고 지적했던 것을 상기해보라.

44) 《承政院日記》英祖 9년(1733) 5월 29일(30/32).

45) 《承政院日記》仁祖 3년(1625) 6월 19일(2/16). "況非成均館箭所捉, 謬以徵稅, 亦甚未穩."

46) 《承政院日記》仁祖 13년(1635) 4월 25일(23/25).

47) 《承政院日記》孝宗 6년(1655) 7월 24일(8/11). "<u>亂前文書, 蕩失無存, 蝟島當初折給成均館之公</u><u>文, 雖不得憑考,</u> 就得亂後稅案, 詳細査出, 則蝟島漁箭, 或陳廢或收稅, 年各不同, 而自初竝屬成均館, 其間雖有一二箭移屬他衙門者, 旋卽還屬本館."

48) 《承政院日記》孝宗 6년(1655) 7월 21일(8/14).

49) "往者鹽鐵設立時, 靈羅所屬五島, 則皆屬鹽鐵, 而蝟島一島, 猶屬本館. 近年以來, 本道本官(缺一行半)主投獻宮家, 凡島中魚物興産之處, 本館皆不得下手收稅, 國學供饋, 日益無形, 誠非細慮." 중요한 부분이 1행 반 결락되어 있다.

50) 《孝宗實錄》6년(1655) 7월 24일(2).

51) "至是, 巡檢營又欲擅奪, 成均館請以前後被奪者, 一倂還屬本館. 從之." 같은 해 11월 25일 전라도 관찰사 정지화鄭知和는 부안현扶安縣의 20곳 어전 중 11개는 궁가에 점유당하고, 8개는 성균관에 속하고, 1개가 부안현 소속인데, 그곳마저 숙경공주가淑敬公主家에 빼앗겼다고 말한다. 부안현의 11곳 어전은 위도의 어전일 가능성이 크다. 아마도 성균관에서 일시 돌려받은 것일 터이다.

52) 《承政院日記》孝宗 6년(1655) 7월 24일(8/11). "以此見之, 則可知蝟島之從前折給本館. 而其中宋忝金奴恰伊等兩箭, 則庚戌(1610)年間, 移屬巡檢營. 奴皮同金箭, 則取考內需司報本曹文書, 辛卯(1651)八月, 自淑靜公主房折受. 而稅案中, 則自初至今, 以成均館收稅懸錄. 其本以成均館收稅之箭, 移屬宮家之狀, 明白無疑. 此本館之所以啓辭也. 移屬巡檢營之宋忝金奴恰伊等箭及移屬宮家之奴皮同金箭, 所當還給成均館, 以爲養士之資. 至於本道本官所占之箭, 則雖不錄於稅案, 在於蝟島中成均折受之地, 則亦當一體還屬本館, 以此分付本道, 何如?' 傳曰:'依啓. 巡檢營所屬, 則便是國事, 仍屬無妨矣.'"

53) 《承政院日記》顯宗 3년(1662) 12월 14일(22/28). "都草島角里島鵲島紫雲坪等島, 則移屬鹽鐵; 仁川喬桐, 則屬江華." 《顯宗改修實錄》3년(1662) 12월 14일(3).

54) '몇 독'이라고 한 것은 원문에 '缺'이라고 표기되어, 정확한 수치를 알 수 없기 때문이다.

55) 《承政院日記》顯宗 3년(1662) 12월 14일(22/28). "本館乃多士所會之地, 自祖宗朝, 以養士爲重, 前後賜與之地, 其數甚多. 如全南道扶安則蝟島, 羅州則都草島, 靈光則角里島鵲島紫雲坪, 靈岩 則楸子島, 及京畿江華仁川喬桐等地, 俱有斜水收稅, 明白文書, 今至數百年矣. 今則諸處收稅及 魚鹽等物, 盡爲廢閣. …… 只自江華, 每年輸送白蝦醢(缺)甕而已."

56) 《承政院日記》孝宗 6년(1655) 7월 24일(8/11). "蝟島漁箭, 或陳廢或, 收稅年各不同, 而自初竝屬 成均館, 其間雖有一二箭移屬他衙門者, 旋卽還屬本館."

57) 원문에 '呂州'라고 표기된 것은 오기다.

58) 《承政院日記》肅宗 33년(1707) 1월 25일(13/22). "蓋蝟島, 本屬成均館, 故曾前下送典僕輩, 收 稅島中, 及其設鎭後, 則令本鎭僉使, 收稅三百餘兩而上納, 定爲恒規矣."

59) 실제 《承政院日記》, 《實錄》, 《備邊司謄錄》 등의 관찬사료에서 이봉징이 이 4곳의 섬을 성균 관에 반환할 것을 요청한 자료는 찾을 수 없다.

60) 〈賜與〉, 《太學志》第7권, 廩廪. "肅宗十九年癸酉, 以靈光郡諸島漁鹽之稅, 賜本館."

61) 《承政院日記》肅宗 17년(1691) 5월 14일(9/9). "姜碩賓所啓: '全羅道靈光角里島鵲島, 俱是成均 館曾前折受之處, 而於義島鮑作島水島臨子只等處, 皆角里島鵲島之屬島也. 角里鵲島臨子只三處, 則白蝦蘇魚所捉之地, 而元無田土, 於義鮑作水島三處, 則皆有田畓, 而亂後中廢之時, 爲民所占, 而頃者李鳳徵爲大司成時(1689~1690), 陳疏改折受矣.'"

62) 《承政院日記》肅宗 19년(1693) 2월 7일(13/15). "(左議政睦來善)又所啓: '全羅道靈光郡所在角 里島鵲島, 於義浦作島水島林子只島等處, 乃國初本館折受之地, 而中間見失, 前大司成李鳳徵, 陳疏請復舊蒙允.'"

63) 《承政院日記》肅宗 19년(1693) 2월 7일(13/15). "(左議政睦來善)又所啓: '……自備局查問本道, 則監司李玄紀啓請, 還給本館, 而伊時備局, 以事在久遠, 不可率易復舊之意防啓.'"

64) 《承政院日記》肅宗 17년(1691) 5월 14일(9/9). "姜碩賓所啓:'……上年, 南中失稔, 自監營, 收其
白蝦蘇魚, 竝爲賑救之資, 至於啓請, 故本館則未及收稅, 而田畓, 亦以民田, 入於戶曹稅案中. 今
年則賑政已畢, 自營門, 別無句管之事. 白蝦蘇魚, 自本館收稅;田畓, 亦自今秋爲始, 屬之本館, 收
稅取用, 以爲養士之需, 何如?'《承政院日記》肅宗 23년(1697) 7월 28일(15/15). "(大司成朴泰
淳)又所啓:'全羅道靈光郡所在鵲島·角里島·於義島·水島·臨子只鮑作等島, 乃國初賜給本館處也,
中間見失於各處矣. 癸酉年(1693)間, 因本館堂上陳達, 有許給本館之成命. 故自本館下送差人,
則本道稱以本島, 雖屬本館, 而海中魚産, 不當收稅云. 而使本館, 差人不得下手, 國家爲養士之需,
賜給諸島者, 爲其漁稅而已. 寧有只給空島, 而使不得句管漁稅之理乎? 本道之以此防塞, 事甚未
安, 故敢此仰達.' 上曰:'取考文書, 係是應推之地, 則還屬, 可也.'"

65) 《承政院日記》英祖 7년(1731) 4월 13일(27/38).

66) 《承政院日記》英祖 7년(1731) 9월 21일(20/32).

67) 《承政院日記》英祖 7년(1731) 10월 8일(17/30).

68) 〈成均館折受〉, 《春官通考》卷34, 吉禮, 成均館. "英宗七年(1731) 辛亥, 以咸悅龍安林川保寧結
城五邑浦嶼之稅, 屬之成均館."

69) 《承政院日記》英祖 8년(1732) 8월 21일(11/16).

70) 《承政院日記》英祖 10년(1734) 7월 5일(30/33).

71) 《承政院日記》英祖 19년(1743) 4월 14일(11/12).

72) 《承政院日記》英祖 21년(1745) 5월 28일(11/11).

73) 《承政院日記》英祖 31년(1755) 4월 10일(36/36).

74) 成大本《太學成全》권3.

75) 〈成均館折受〉, 《春官通考》卷34, 吉禮, 成均館.

76) 〈臧獲〉, 《太學志》제7권, 饌廩.

77) 박지영, 〈조선 후기 泮人의 존재양상과 泮村의 공간 변화〉, 부산대 석사논문, 2013, 31쪽.
각주114)를 옮겨서 약간 정리를 더한 것이다. 이 논문이 밝히고 있는 통계의 출처는 다음과 같다.

1755년(英祖31), 《內司奴婢減貢給代事目》(奎17203)

1767년(英祖43), 《萬機要覽》財用4, 奴婢貢給代, 成均館奴婢.

1768년(英祖44), 〈臧獲〉, 《太學志》권9, 餼廩.

(*) 1768년 신공은 4동同=500냥으로 환산(1필=2냥 5전: 《承政院日記》465책, 肅宗38년

(1712) 2월 7일)

(*) 1768년 신공은 대전代錢 270냥을 합산.

(*) 1768년 기록은 1768년(英祖44)와 1782년(正祖6) 사이에 기재. 1768년의 것이거나 그

이후의 것으로 추정됨.

78) 1785년에 작성된 《태학지》는 '《성전成典》에 실린 본관本館 노비'(〈臧獲〉, 《太學志》제7권, 餼廩..

"本館奴婢載於成典者.")라고 하여 《태학성전》에 실린 노비의 수를 다음과 같이 밝히고 있다.

그런데 이것은 1686년의 《태학성전》의 노비 숫자와는 다르다. 아마도 이정보李鼎輔가 《태

학성전》을 개정하여 1747년에 편찬한 《태학성전보유太學成典補遺》, 곧 《태학속전太學續典》

으로 보인다. 이에 의하면 외방노비의 수는 5,099명이지만, 이 역시 실제 신공을 바치는 숫

자가 아니라, 문서상의 숫자였을 것이다. 일단 자료는 제시해둔다.

□ 《태학지》(1785), 《성전成典》에 실린 성균관 노비

경기도—장노비(389명), 약노비(211명)

충홍도忠洪道—장노비(1,688명), 약노비(910명)

전라도—장노비(2,901명), 약노비(1,305명)

경상도—장노비(373명), 약노비(198명)

강원도—장노비(19명), 약노비(9명).

(이상 장노비 5,370명, 약노비 2,633명, 합 8,003명)

양현고 노비—경기도, 홍충도, 전라도, 경상도를 합쳐 8,003명이다.

(성균관+양현고=9,305명)

(*) 참고. 경안京案—장노비 844명, 약노비, 609명

(*弱奴婢 0~5세, 壯奴婢 16~59세), 老奴婢 60세 이상)

79) 이진李袗이란 인물이 성균관의 추쇄관으로 차정되어 있다고 말하고 있다. 《承政院日記》孝
宗 6년(1655) 2월 5일(11/15). "檢討官李袗所啓: '小臣方差推刷都廳, 而本館無替直之員, 不得參
於坐起時. 闕員差出, 俾得替直, 往察都監之任, 何如?' 上曰: '依爲之.' 不爲開筵之日及經筵罷後,
晝仕都監, 可也."

80) 《承政院日記》孝宗 8년(1657) 1월 11일(7/26). 다음 기사에 보이는 학정學正 정숙주鄭叔周가
그런 경우다. "政院, 以成均館官員, 以知館事意啓曰: '學正鄭叔周, 以掌務官當推刷之任, 本館奴
婢等, 漏名逃役者, 一一搜括, 不顧强弱, 區別殘盛, 平均差役, 弱者蒙惠, 强者頻怨. 且戶曹所給養
賢庫儒生供饋之米, 自前消欠甚多, 算計其數, 今方還徵於庫子輩, 頗有擧職之效矣. 頃日政, 移差
西學訓導, 不但養賢庫兼官, 移差訓導, 曾無前例, 此兩事, 勢將中輟, 殊甚可惜. 鄭叔周西學訓導
改差, 仍前察任, 何如?' 傳曰: '允.'"

81) 《承政院日記》英祖 2년(1726) 4월 26일(19/32). "大抵學宮奴婢, 本無贖良之法."

82) 《承政院日記》肅宗 1년(1675) 5월 22일(12/18). "本館奴婢居在外方者, 在前則例於式年, 有發送
本館郎廳, 推刷錄案之規, 而此規中廢. 本館差奴與本邑頭目等, 符同欺隱, 非但名數漸至減縮, 或
以壯爲弱者, 或有以少爲老者, 而謀免納貢. 本館, 末由辨其眞僞, 任他其欺瞞, 事之虛疎, 莫甚
於此, 若因循置之, 不爲釐正, 則將至於百不存一之地. 且館奴婢所在之處, 通三南不過二十餘邑,
推刷之際, 似無大段騷擾之弊. 待秋成, 勿論館學郎廳, 各別擇遣, 詳査丁壯老弱, 現存實數, 而郎
廳賫去事目, 則臨時磨鍊啓下, 何如?"

83) 《承政院日記》肅宗 1년(1675) 5월 22일(12/18). "本館無他財力, 儒生供饋之物, 下人朔下之布,
聖廟所用炬燭之價, 其他許多需用, 專賴於奴婢之貢木. 而在前則奴婢身貢, 毋論男女, 皆捧三匹
矣. 一自各司奴婢減貢之後, 館學, 亦隨而減之, 奴捧一疋半, 婢捧一疋, 所捧太縮, 無以成樣. 臣與
知館事金錫冑, 同知館事沈梓相議, 思所以救弊之道, 而身貢變通之外, 更無他策."

84) 순천 부사順天府使 송광벽은 추쇄를 전혀 거행하지 않아 처벌 대상이 되었다. 《承政院日記》

肅宗 1년(1675) 11월 17일(15/17). "卽接全羅左道推刷官姜山斗所報, 則順天府使末光璧, 頗有慢易之色, 推刷一事, 全不爲擧行云云."

85) 《承政院日記》肅宗 2년(1676) 5월 16일(17/21). "成均館學正姜山斗, ……去秋, 以本館奴婢推刷官, 差往湖南, …… 而又憑公營私, 侵責奴婢, 多受賂物, 皆唾罵羞與立談."

86) 《承政院日記》肅宗 12년(1686) 9월 6일(14/22).

87) 《承政院日記》肅宗 37년(1711) 8월 16일(22/27).

88) 《承政院日記》肅宗 37년(1711) 9월 6일(10/15). "推刷官, 帶去書吏首奴等, 周行各邑, 査治推現之時, 居間操縱, 徵捧賂物於奴婢等, 已成流來痼弊. 甚者, 至與奴婢中奸猾者, 符同謀議, 多受情債, 仍以逃故雜頉, 遂得脫漏. 奴婢之漸致減少, 本館之不成模樣, 皆由於此. 事之寒心, 莫此爲甚. 必須別樣立法, 嚴加防禁, 今後書吏首奴中, 如有奸矯犯科, 或徵捧賂物, 或符同謀頉, 因事顯發, 則令攸司嚴刑三次, 依事目全家徙邊, 切勿許納贖免罪, 以爲懲礪之地. 當該推刷官, 或有不能檢下之責, 亦從輕重論罰, 何如?"

89) 《承政院日記》肅宗 38년(1712) 2월 7일(33/35). "本館, 舊稱豊足, 比歲財力, 日有耗敗, 百爲懸乏. 吏屬稍廩之久絶, 官衙例供之將罷, 姑舍毋論. 齋生支養之需, 無以贍給."

90) 최창대가 상소를 올린 바로 그해 11월에 경상도 언양현의 성균관 노비를 추쇄한 결과가 보고되는데, 문서 일부가 《승정원일기》에 남아 있다. 노비 한 가족을 추쇄한 결과인데, 김덕숭金德崇과 사월四月은 모두 성균관 노비로서 그 사이에 비婢 몽복夢卜, 비 소사召史, 노奴 몽이夢伊와 여러 손자가 있었다. 그런데 이들은 모두 은닉하여 녹안錄案된 자가 없었다. 추쇄관의 조사 결과 사섬시司贍寺 노비라고 일컫는 자가 많았다. 보고서는 동일하게 성균관 노비인데 다른 관서에 속한 경우가 많았다고 지적하면서 김덕숭과 사월의 자손도 처음에는 사섬시 노비로 이름을 올리지만, 결국은 양역良役에 투속할 것이고, 모든 노비가 이렇게 평민이 되면 사섬시에서도 한 명도 응역하지 않을 것이라고 말하고 있다. 《承政院日記》肅宗 38년(1712) 11월 16일(12/15).

91) 《承政院日記》景宗 즉위년(1720) 10월 8일(24/33).

92) 《新補受教輯錄》 刑典, 〈公賤〉. "成均館奴婢, 七口以上隱漏, 監色頭目等, 梟示, 本館奴婢, 就訟刑曹者, 移送本館, 明査後, 處決. 康熙庚寅承傳(1710년, 肅宗 36)."

93) 《承政院日記》 英祖 2년(1726) 4월 26일(19/32). "大抵學宮奴婢, 本無贖良之法, 故奴婢中稍有財力, 而欲爲良人者, 百計用奸, 符同色吏, 頭目輩或爲圖頉於貢案, 或爲圖入於査案, 呼訴官長, 欺誣多端, 則守令之信聽頉報, 道臣之依報馳啓, 亦非異事也."

94) 《承政院日記》 英祖 4년(1728) 7월 28일(44/44). "又所啓:'本館, 無他捧入之物, 只以如干外方奴婢貢布, 接濟多士, 近自數十年來, 奴婢輩奸僞百出, 或稱私賤, 或稱良人, 或稱驛奴婢, 敢生圖免之計, 越訴於刑曹掌隷院, 則該曹該院, 稱以事係民怨, 輒許聽理, 若私家奴婢之相訟, 直爲決折後, 始乃移文本館, 使之許頉, 非但事體未安, 若此不已, 則不出數年, 賢關奴婢, 盡失無餘. 自今爲始, 本館奴婢訟事, 刑曹掌隷院, 使不得直決, 移送本館, 從實査處之意, 定式施行, 何如?' 上曰:'依爲之.' 出擧條. 又所啓:'本館, 專以奴婢身貢, 爲一年需用之資, 昨年湖南貢錢布, 至今不爲上送, 以致無限竭急之境. 今年秋節又屆, 奴婢貢上納之期漸迫, 方自本館, 發關列邑, 以爲各別嚴督, 期於準捧之計, 而或有推托, 不卽畢納之邑, 則當該守令, 依事目, 或請拿, 請罷鄕色, 拿致京獄, 刑推定配之意, 申明嚴勅, 何如? 上曰, 依爲之. 出擧條 又所啓, 本館奴婢, 多在於嶺南, 逃散相繼, 而久未推刷. 昨年乃推刷應行之限年, 而又仍凶荒, 不免停廢, 今又經亂, 一向抛置, 亦涉可慮. 生産物故, 不可不急急釐正, 推刷官, 極擇差出, 待秋成, 下送擧行, 似不可已, 令廟堂稟處, 何如?' 上曰:'依爲之.' 出擧條. 諸臣以次退出."

95) 《承政院日記》 英祖 2년(1726) 11월 5일(28/28). "蓋本館, 專以奴婢貢布支過, 而近來人心巧僞, 外方列邑, 亦不肯檢察, 元額漸縮, 布數隨減. 本館之不能貌樣, 專由於此也. 守令之不捧貢布者, 特拘解, 解法意有在, 而亦不動念, 輒以逃故懸頉. 今年以推刷當次, 纔已啓稟發送郎廳. 而收貢則每年以館隷, 差送矣. 差人下去, 徒貽外方之弊, 而小無實效, 故今年則不送差人, 使各邑受送矣. 其中如有不爲惕念擧行, 最爲尤甚者, 別爲啓稟論罪, 何如?"

96) 《承政院日記》 英祖 4년(1728) 7월 28일(44/44). "本館, 專以奴婢身貢, 爲一年需用之資, 昨年湖南貢錢布, 至今不爲上送, 以致無限竭急之境."

97) 《承政院日記》英祖 4년(1728) 8월 11일(9/21). "又以備邊司言啓曰: '因大司成趙趾彬所啓, 成均
館奴婢推刷官, 極擇差出, 待秋成下送事, 令廟堂稟處事, 命下矣. 本館奴婢之大段欠縮, 專由於推
刷官之全不擇送, 推刷之際, 所率吏隷, 恣意弄奸. 而矇不能禁, 弊端則甚酷, 而奴婢則大縮, 今番
則勿送京官京差. 令本道別定剛明守令, 分授諸邑, 奴婢別爲嚴飭, 使之詳細推刷, 成案上送宜當,
以此分付, 何如?' 傳曰: '允.'"

98) 이하 서술은 다음 자료에 의한 것이다. 《承政院日記》英祖 5년(1729) 12월 16일(19/19). "本
館推刷官之行也, 臣稔知中房之作弊不貲, 招而語之曰, 中房, 係是私人, 各邑無供饋之例, 其勢不
得不侵及於奴婢等, 責以供饋. 況聞其多徵錢布, 以充其欲, 苟不厭其心, 入而訴, 出而脅, 操縱多
端, 貧殘奴婢, 何以堪命? 今行則切勿帶去, 爲宜, 及其辭行之際, 臣又縷縷面戒, 則皆言當不率去,
其後聞之, 則六道推刷官, 皆瞞臣, 暗地帶去, 臣心甚痛駭. 卽爲行關, 使之上送, 而所謂中房輩, 旣
至其地, 如見血之蠅, 抵死不肯上來, 惟京畿則道里最近, 故不得不先爲來現, 臣卽答三十度, 以徵
其罪矣. 日昨推刷官金重泰, 始入來, 誤疑書吏, 有所漏言, 捉致其私第, 使其奴結縛而用大杖, 擊
八十度, 數之曰: '大司成, 答吾中房三十度, 吾則當三倍其數.' 其擧措之妄悖, 殆未前見. 又聞重泰
在竹山, 多得隱漏奴婢, 私許贖良, 斂錢以歸, 其數甚夥, 近來本館奴婢之減削, 未必全由於飢饉流
亡, 多出於此等不法之擧, 雖以其所納推刷案, 見之, 丙午所奴婢之減縮者, 至於七十七口之多,
三年之內, 無一口增錄, 殊無別爲差遣之意, 此等罪狀, 不可但施罷職汰去之罰. 亦乞聖明, 亟下重
泰於吏案, 治其所犯, 其所許贖奴婢, 還付館案, 其贖價輸之官司, 竝治臣疲軟見輕郞屬之罪, 以懲
奸贓, 以存體統焉."

99) 《承政院日記》英祖 2년(1726) 10월 24일(12/15). "又以成均館官員, 以知館事同知館事行大司
成意啓曰: '本館凡百需用, 專靠於奴婢貢布. 而近來外方, 全不致察, 以存爲逃, 以生爲死, 謀頉之
類, 日以增益, 收布之數, 逐年減縮. 曾在先朝, 以六年一次發遣郞廳推刷事, 有所定奪. 而庚子推
刷之後, 今年推刷當次矣. 依例發遣郞廳於奴婢所在處, 以爲推刷之地, 何如?' 傳曰: '允.'"

100) "己酉推刷後, 案在奴婢冒頉之數, 至於二千五百餘口之多, 卽今本館財力之蕩然, 實由於此, 來頭
供士凡百, 萬無成樣之道, 誠甚罔措."

101) 《承政院日記》英祖 8년(1732) 9월 5일(19/37).

102) 《承政院日記》英祖 8년(1732) 9월 5일(19/37). "又一件則推刷時書吏典僕輩, 受略用奸, 該官不能束下, 又從而犯手. 日後現發, 則該官則禁錮, 書吏典僕, 依掩匿公私賤律, 分輕重照律, 定式施行事也."

103) "臣曾經湖西守令, 有見而知之矣. **擾民之甚而爲弊劇, 未有如成均館推刷者也.** 卽今兩南, 如大病之餘, 元氣未蘇, 又加之以此等騷擾之事, 尤當如何? 若令監司守令, 從便搜得, 則未必不如送推刷官也. 且推刷官所得, 雖云一千口, 其後頗減者, 幾居半矣."

104) 《承政院日記》英祖 8년(1732) 9월 21일(15/15). "且念本館奴婢, 最爲地方官厭苦之端, 猶恐其或在於境內."

105) 《承政院日記》英祖 11년(1735) 4월 24일(23/23).

106) 《承政院日記》英祖 12년(1736) 9월 6일(31/31). "宗玉曰: '臣待罪湖南時, 以館奴婢減貢事狀聞, 而備陳委折, 自上旣已經覽, 廟堂亦必詳知矣. 其時知館事尹淳, 以爲不便, 而湖西則置之云, 此蓋不知臣曾前陳達之本意而然矣. 湖南旣許減貢, 則湖西不可異同, 而奴婢倍數然後, 亦可以減貢. 本館郞廳, 依前發遣, 推刷, 何如?' 上曰: '依爲之.'"

107) 《承政院日記》英祖 12년(1736) 9월 14일(12/18). "又以成均館官員, 以同知館事, 大司成意啓曰: '頃日儒生親臨殿講入侍時, 臣宗玉, 以湖西發遣本館郞廳推刷事, 陳達蒙允矣. 退考本館文書, 則今夏自廟堂, 本館奴婢所在各道, 待秋成推刷事, 亦已定奪於筵中矣. 京畿江慶尙等道所在, 本館奴婢, 依湖西, 一體推刷之意, 敢啓.' 傳曰: '知道.'"

108) 《承政院日記》英祖 16년(1740) 7월 8일(29/29). 성균관 대사성 심성희의 상소. "頃年大司成臣徐宗玉, 爲慮奴婢散亡之患, 或由於貢布之太重, 以減貢事, 有所陳疏. 及爲湖南伯猗覜莅之日, 復以本道館奴婢, 亟行推刷, 新現倍得後, 一依各司奴婢減貢之意, 奏達蒙允. 男女貢布, 一倂減捧, 作爲定規, 狀聞施行, 各道諸邑, 亦依此例, 一體推刷, **而果有新現比舊倍得處, 則隨減貢布, 新現未得處, 則仍舊不減, 均是一司之奴婢, 而有減貢者, 有不減貢者, 咫尺隣邑, 苦歇懸殊, 旣非朝家一視之政, 且非永久遵行之道矣.**"

109) 《承政院日記》英祖 16년(1740) 7월 8일(29/29). "本館供億多士, 凡百需用, 專在於奴婢貢布, 而卽今應貢, 比之成典, 僅存五分之一矣. 設有饑疫逃故之所縮, 而年年生産, 又自不少, 則其所耗減, 豈至於此也?"

110) "京外奸弊, 在在皆然, 前後主管之臣, 非不加意於此政, 而誠末如之何矣. 究厥弊源, 則都由於紀綱不嚴, 人不畏法之致."

111) "近來人心不古, 公私賤免役之類, 皆着笠冒稱幼學者, 其所厭苦, 不在於身布, 而政在於奴婢之名也. 以此言之, 則雖減全貢, 終無實效, 而今以已推刷邑觀之, 新現奴婢, 百般圖頉, 太半虛錄, 則當初變通, 未知其爲長算."

112) "然今則朝家減貢之法, 旣行諸道, 不可猝反前令, 而若其新現, 未當減貢之數, 則本館經用, 又難成樣. 各邑中未及減貢處, 稍待秋成, 發遣郎廳之有風力者, 與其各邑守令, 眼同推刷, 一邊查出舊頉虛實眞僞, 一邊搜得前後漏落隱匿者, 待其新現, 足當減貢之數, 然後未減各邑奴婢, 一體均減, 似合事宜."

113) 《承政院日記》景宗 즉위년(1720) 10월 8일(24/33).

114) 《承政院日記》英祖 2년(1726) 10월 24일(12/15).

115) 《承政院日記》英祖 3년(1727) 9월 11일(22/35).

116) 《承政院日記》英祖 4년(1728) 7월 28일(44/44).

117) 《承政院日記》英祖 8년(1732) 9월 2일(25/30). 《承政院日記》英祖 11년(1735) 8월 15(18/25).

118) "本館奴婢推刷, 或六年一次, 或三年一次爲之."

119) 《承政院日記》英祖 12년(1736) 9월 6일(31/31).

120) 《承政院日記》英祖 12년(1736) 9월 14일(12/18).

121) 《承政院日記》英祖 17년(1741) 10월 9일(19/23).

122) 《承政院日記》英祖 20년(1744) 11월 7일(14/17).

123) 《承政院日記》英祖 23년(1747) 11월 8일(14/20).

124) 《承政院日記》英祖 26년(1750) 1월 4일(9/11). "金相福, 以成均館官員, 以大司成意達曰: '全羅

左右道本館奴婢推刷事, 今方發遣郎廳, 依事目給馬事, 分付該曹, 何如?' 令曰:'依.'"《承政院日記》英祖26년(1750)11월24일(13/15). "南泰耆, 以成均館官員, 以同知館事行大司成意達曰: '京畿忠淸左右道本館奴婢推刷事, 今方發遣郎廳, 依事目給馬事, 分付該曹, 何如?' 令曰:'依.'"

125) 《承政院日記》英祖27년(1751)11월8일(22/24).

126) 《承政院日記》英祖28년(1752)1월13일(15/21). "洪鳳祚, 以成均館言達曰:'慶尙道所在本館奴婢推刷事, 今方發遣郎廳, 依事目給馬事, 分付該曹, 何如?' 令曰:'依.'"

127) 《承政院日記》英祖31년(1755)4월10일(36/36). "命臣曰:'本館諸般需用, 專責於奴婢貢, 而近來外方奴婢, 只報逃而不報生産. 用度漸廣, 而貢入日縮, 本館之如是凋弊, 實由於此, 推刷後奴婢逃故之類. 此後, 則自本官卽爲充定其代, 毋或減數之意, 定式施行, 何如?' 上曰:'議于査正廳, 日後更稟, 可也.'" "命臣曰:'全羅道務安地, 自本館曾爲築堰之事, 作畓收稅矣. 年前大水, 忽被破潰, 未免荒棄, 待秋若得若干民力, 則可以更築矣.' 上曰:'築堰甚虛疎矣, 自本營, 待秋築給事, 分付.'"

128) 《承政院日記》英祖43년(1767)5월15일(26/26). "樂仁曰:'近來本館物力, 日漸凋弊, 一年所入, 不能支一年所下, 東西貸乞, 每患不足, 誠極可悶. 且本館外方奴婢, 一自推刷官革罷之後, 各邑全不動念, 逃故相續, 生産絶無, 收貢之數, 逐歲耗縮, 若此不已, 將至於莫可收拾之境. 而乙亥(1755)奴婢變通時, 他各司奴婢, 都屬戶曹, 則獨於本館, 不宜異同. 自今爲始, 本館奴婢, 一體屬之戶曹, 一遵乙亥事目中定額數, 自均廳, 依他各司例, 移施給代, 則在戶曹, 少無所損, 在本館, 或爲一分補益之道. 臣方待罪本館, 知其難支之弊, 有不可泯默, 敢此仰達矣.'"

129) 《承政院日記》英祖44년(1768)4월23일(38/39). "蓋奴婢之不得推刷, 已十餘年."

130) 〈臧獲〉, 《太學志》제7권, 饌廩. "自本館六年一推刷, 歲收其貢, 用於養士, 而原額漸多減縮, 至英宗庚午(1750), 始移屬於戶曹. 自戶曹收捧, 劃送于本館, 以爲式."

131) 《承政院日記》英祖43년(1767)5월21일(21/24).

132) 《承政院日記》英祖44년(1768)4월23일(38/39). "金時默曰:'臣以成均館事, 有仰達者. 本館奴婢貢, 移屬戶曹, 貢錢則自戶曹, 以庚午(1750)摠劃送事, 曾有成命, 而該曹以奴婢元數之多有減

608

縮, 至今相持, 不爲劃送, 目下養士之需, 十分苟艱, 誠爲悶迫. 蓋奴婢之不得推刷, 已十餘年, 宜減縮, 而旣屬戶曹, 則自當査括充數, 且均廳則以庚午(1750)摠劃送, 則於本館, 不當斬持矣.'"

133) "頃年各司奴婢全屬戶曹之時, 成均館奴婢, 不入其中, 厥後年年減縮, 比庚午當減近千兩, 而今始移送已縮之奴婢案, 責出最高之實貢, 謂以庚午摠者, 名實各異, 地部之受虛簿, 而劃送元穀, 非定名[正名]之道."

134) 〈臧獲〉, 《太學志》 제7권, 餼廩. "本館奴婢貢, 戶曹以庚午摠, 歲輸錢一千七百八十兩, 綿布三同十四匹代錢二百七十兩."

135) 같은 곳. "又自均役廳每年送奴婢貢給代錢九百三十兩, 綿布九同十四匹二十尺代錢九百二十九兩."

136) 《萬機要覽》 財用篇 3, 給代, 〈奴婢貢給代〉. "成均館, 錢一千九百七十七兩."

137) 《萬機要覽》 財用篇 3, 給代, 〈庚午年給代〉. "館學, 儒生役只鹽石魚價錢一千二百六十八兩五錢六分. 成均館九百七十一兩八錢八分, 四學二百九十六兩六錢八分. ○本自戶曹上下矣. 英宗辛未, 以諸處漁鹽盡屬均廳後, 皆自均廳給代, 而獨於館學, 自戶曹替當事, 甚斑駁. 一體給代事, 定奪."

138) 《世宗實錄》 19년(1438) 12월 23일(2). "刑曹啓: '京中則竊盜三犯者, 除杖刺字, 斷筋; 再犯者, 決杖刺字, 假屬官奴. 其中贓滿罪應徒流者盜殺牛馬罪應身充水軍者, 勿論良賤, 幷皆徵贓. 外方各道則其犯竊盜者, 三犯斷筋, 再犯假屬官奴而已, 其贓雖至徒流及身充水軍, 更不徵贓. 非徒中外用刑各異, 輕重失宜, 懲惡無門, 今後一依京中例施行.'"

139) 《光海君日記(正草本)》 10년(1618) 5월 19일(4). "傳曰: '刑曹·司憲府, 贖木甚多, 限營建畢役間, 沒數移送營建都監, 補用不妨. 令本都監, 議處.'"

140) 《承政院日記》 仁祖 13년(1635) 4월 29일(21/22). "本曹無下人料布, 自前以各官贖木分給矣. 近來備局收而用之於軍需, 戶曹亦爲收捧, 本曹之事, 殊甚無形. 凡諸文書所用紙地, 責出於使令, 非但事體未安, 雖有作弊之事, 勢將不能禁斷矣. 各官贖木, 依前還屬本曹, 何如?"

141) 《承政院日記》 仁祖 16년(1638) 1월 24일(19/20). "統啓曰, 諸曹書吏, 皆有料布, 而獨於刑曹, 未

有給料之事, 故具宏爲判書時, 啓請江原道贖木, 僅僅分給而使喚矣."

142) "亂後此木不來, 而本曹懲[徵]贖, 亦甚零星. 以此吏輩, 無以資生, 不肯時仕, 事多苟且. 辭訟重地, 極爲悶慮."

143) "考見書吏案, 其數甚多. 雖不可盡數付料, 官員六房內, 所掌書吏, 各二三人付料, 以便任使, 何如?"

144) "凡諸文書所用紙地, 責出於使令, 非但事體未安, 雖有作弊之事, 勢將不能禁斷矣."

145) 《承政院日記》 仁祖 26년(1648) 1월 28일(17/18). "書吏元額四十六名中, 餘存者只有數十人, 其中所屬, 則抵死謀避, 投屬他司. 只以若干之吏, 常兼數事, 分掌八房, 不成模樣, 極爲可慮."

146) 《光海君日記(正草本)》 즉위년(1608) 12월 10일(1).

147) 〈各司受敎〉, 漢城府受敎160, 1556년(明宗11) 2월 25일 "丙辰(1556, 明宗11), 二月二十五日, 司憲府受敎內, 牛馬屠殺之禁, 昭載法典, 而公然宰殺, 遍賣閭里, 非獨京中, 外方皆然. 以此牛馬乏少. 造意宰殺人, 杖一百全家徙邊, 隨從人, 杖八十徒二年, 許接家主, 杖一百徒三年. 去骨匠, 勿論隨從, 絶島全家入居, 去骨匠當身, 官奴定屬. 知情不告三切隣管領, 制書有違律論斷. 捕告人, 一隻, 賞綿布五匹, 至四十匹而止. 不能檢擧所居部官吏, 推考重論. 京外官府, 牛隻打殺現露, 京中則其司行首掌務官掌務書吏, 制書有違律論. 外方, 依右例科斷事."

148) 《孝宗實錄》 3년(1652) 11월 4일(2). "大司憲洪茂績曰: '憲府及刑曹漢城府, 三司禁亂, 各有科條, 而今者三司竝行, 吏緣爲奸, 請令遵用舊例.' 許之."

149) 〈羅將〉, 《續大典》 兵典, 京衙前. "羅將(續)今司憲府稱所由, 本曹刑曹都摠府稱使令."

150) 《承政院日記》 顯宗 5년(1664) 10월 16일(18/18). "以禁亂一事言之, 司憲府刑曹漢城府, 皆出禁亂, 而禁吏輩, 執捉犯禁之人, 而操縱受賂, 作弊之事, 罔有紀極."

151) 《承政院日記》 肅宗 2년(1676) 5월 25일(4/12). "三司禁亂, 極其混雜, 故曾在先朝, 令大臣六卿三司會議於賓廳, 酌定當禁之條, 而三司之吏, 如有作弊者, 大臣, 隨現重治事, 亦爲下敎矣. 近來三司下人, 受賂操縱之弊, 反甚於前日, 閭巷之怨苦徹天."

152) 《承政院日記》 肅宗 4(1678) 11월 13일(7/8). "尹鑴疏中, 有言禁吏之弊, 此言誠然. 近來禁吏輩,

610

橫行閭里, 操縱作弊, 罔有紀極, 都民之怨苦, 莫甚於此. 蓋禁吏輩, 皆無料布, 故官員, 亦頻出禁亂, 以其贖木, 爲下吏朔布之資, 事勢亦不得不然也, 不全爲禁借踰正風俗而已也. 近聞一臺官, 以應捧之牛贖木及推考贖木, 切不濫用, 計給朔布, 無不足之慮云. 此後臺官, 果能堅守此法, 而勿頻出禁亂, 則禁吏有應受朔布之資, 閭里無擾騷之端矣. 三司禁吏, 受略作弊者, 大臣隨現重治, 曾有捧承傳之事, 而旋因臺啓還收, 尤無以懲勵, 此後禁吏輩作弊者, 自該府一一摘發重治事, 更爲申飭, 何如?"

153) 《承政院日記》肅宗 24년(1698) 1월 21일(10/12). "漢城府刑曹, 則有奴婢身貢, 而憲府, 則無他物力, 全靠於收贖."

154) 《承政院日記》肅宗 9년(1683) 4월 29일(12/12). "從前規例, 司憲府刑曹漢城府, 各司不同. 其中本曹所出牌數, 比他甚少, 若折半則不過六七牌也. 且本曹書吏元額四十六名, 而朝家無給料之事, 故自本曹每以贖木給之, 憲府書吏, 則自前有若干給料之規, 贖木雖曰減半, 所出牌數, 旣優於臣曹, 則通計所得之數, 亦似不少. 三司收贖, 或優或少, 甚爲不均, 似當有定式之擧矣."

155) 《承政院日記》顯宗 11년(1670) 11월 6일(13/14). 1672년에도 한성부는 동일한 요청을 하였다. 《承政院日記》顯宗 13년(1672) 3월 3일(9/14). 한성부의 요청은 그대로 수용되었다. 《承政院日記》顯宗 13년(1672) 3월 3일(10/14) 3월 5일(6/8).

156) 1682년에도 동일한 요청이 있었다. 《承政院日記》肅宗 8년(1682) 8월 26일(4/4). "漢城府啓曰: '曾於壬子年三月, 以本府員役每朔朔布, 皆以屠肆贖木, 僅成貌樣. 一朔所出, 十三牌, 一牌所收, 十二疋也. 以此分給, 每患不足矣."

157) '패牌'는 나무로 만든, '목패'다. 사헌부에서는 사도를 단속할 경우, 본래 해당하는 목패가 있는데, 출금出禁할 때, 금리의 이름과 시한의 지속遲速을 도장을 찍은 작은 종이(이 종이의 이름은 '제목'이라고 한다)와 목패를 함께 내준다고 한다. 목패는 '장將' 자 모양으로 생겼고 한 면에 '금란의 제목'을 썼다고 한다. '장將' 자 모양이라는 것은 이해하기 어렵지만, 다른 한 면에 '주금酒禁'과 같은 금란 종목이 적혀 있었다. 자료의 근거는 다음과 같다. 《承政院日記》正祖 3년(1779) 4월 8일(19/24). "所謂私屠本有木牌, 而出禁之際, 書塡禁吏姓名及時

限遲速於踏印小紙, 而名之曰, 題目, 竝與木牌而給之者, 自是諸法司通行之規." 《承政院日記》

英祖 17년(1741) 5월 7일(16/16). "上曰:'禁牌之樣, 何如?' 在魯曰:'如將字形, 而一面書禁亂題

目矣.'"

158) 《承政院日記》 肅宗 7년(1681) 11월 2일(12/12). "於禁亂之法, 近甚頹弛, 凡發禁吏, 不限時刻,

至有經夜貽弊於閭閻, 罔有紀極. 所捉禁物, 當焚毁, 而或敢私請放釋, 或以禁物, 給其下人. 禁亂

本意, 豈容如此?"

159) 《承政院日記》 肅宗 12년(1686) 6월 13일(10/17). "到今禁吏之作弊, 都民之怨咨, 日以益甚, 變

通之道, 有不可已也."

160) "朝家設禁, 本欲糾正風俗, 而三司, 皆以禁亂收贖, 充其用度. 其間濫用之弊, 亦無紀極, 名之曰禁

亂, 而先有收贖充用之意, 安有正風俗之理乎?"

161) 《承政院日記》 肅宗 14년(1688) 1월 27일(16/17). "領議政南九萬曰:'丙寅(1686)夏間, 臣曾與

領敦寧府事金壽恒, 相議講定節目, 未及入啓, 臣奉命赴燕矣. 其後臺官, 以爲憲府贖木, 臺官不

得自爲處斷, 歸之於戶曹, 有若戶曹之屬司, 事體未安. 且以不信臺臣爲言, 至於啓辭請寢. 故金

以從後議處, 稟啓而停止云矣.'"

162) 《承政院日記》 肅宗 14년(1688) 1월 27일(16/17). "臣意, 則禁亂徵贖之爲弊於都民, 固不可勝

言. 而雖以臺官事體言之, 自爲出禁, 自爲徵贖, 計數折價, 又自分給於下人, 煩瑣冗雜, 實非執法

澄淸之官所親行者. 今令戶曹收捧, 供給憲府, 若爲戶曹爲屬於憲府, 則可矣. 憲府, 豈爲見屬於

戶曹之嫌乎? 且自用贖木, 易致人言, 歸之戶曹本意, 臺官自尊而遠嫌, 實非不信臺官有所操切

之意, 而論議如彼, 不敢更請矣."

163) 《備邊司謄錄》 肅宗(1668) 14년 4월 4일.

164) 《承政院日記》 肅宗 14년(1688) 3월 7일(15/20).

165) 《承政院日記》 肅宗 15년(1689) 2월 13일(23/25). 《備邊司謄錄》 肅宗 15년 2월 17일.

166) 〈三法司出禁〉, 《續大典》 刑典, 禁制. "三法司(本曹·司憲府漢城府), 毋得在家出禁, 毋得昏夜出

禁, 京城禁標外, 毋得出禁(亂廛同). 禁條外, 毋得刑推出他條. 量定時刻, 毋得踰越. (先以禁條, 申

嚴飭勸後出禁. 每朔六次, 四時名節, 竝弛禁). 禁吏憑依橫挐者, 杖一百. 假稱禁吏閭里作挐者, 論
以遠配之律."

167) 형조의 금제 사항도 원래대로 돌아갔던 것으로 보인다. 1735년 12월 1일 영조는 형조정
랑 김동정金東鼎이 장금사掌禁司 소속임을 물어 알고는 금하는 사항을 물었는데, 신시神祀·
기마騎馬·우마사도牛馬私屠·조선음녀漕船淫女·투기投錢·지혜紙鞋·난전亂廛·주금酒禁 등
모두 8조목이라 답했다. 위의 절목에 기마·조선음녀·투전·주금이 추가되어 있는 것을
확인할 수 있다. 이것은 원래 형조의 금제 항목이었을 것이다. 《承政院日記》 英祖 11년
(1735) 12월 1일(27/27).

168) 《承政院日記》 肅宗 46년(1720) 3월 25일(10/10).

169) 《承政院日記》 英祖 3년(1727) 11월 8일(32/32). "東弼曰:'小臣, 待罪京兆, 以職掌事敢達矣.
…… 本府員役料布與經費一朔應下之數, 除雜上下外, 乃是五百餘兩, 而一朔應捧, 則只懸房贖
百七十餘兩而已. …… 近年以來, 日漸凋殘, 不成貌樣, 胥吏輩每呈自退所志, 擧懷渙散. 若無別
樣變通之道, 殆至於莫可收拾之境, 豈不大可寒心哉?'"

170) 《承政院日記》 正祖 11년(1787) 2월 9일(13/30).

171) 《承政院日記》 英祖 3년(1727) 8월 5일(25/25). "以其禁亂一事言之, 沿襲謬套, 創設禁亂房, 欲
出禁令, 則必致濫雜之弊, 爲慮民害."

172) 《承政院日記》 英祖 25년(1749) 12월 23일(19/21). "若魯曰:'辛酉(1741)五月, 因玉堂洪象漢所
達, 法司出禁之規, 嚴定時刻. 而此法不行, 禁吏動經累日. 或以私屠牌, 捉神祀, 或以酒禁牌, 捉
騎馬, 無處不侵.'"

4장 현방

1) 《承政院日記》 英祖 즉위년(1724) 9월 26일(40/40). "此輩旣不能耕織, 又不能行商."

2) 《承政院日記》 仁祖 3년(1625) 6월 19일(2/16). "至於成均館則賢士所關之地, 而下人則自異他

司, 豪悍頑惡, 國中等一, 而一觸其忤, 人莫敢枝梧. 乘國家之變亂, 則偸國家之帑藏, 亦先於人, 誠可痛惡, 此聖上所曾洞燭也."

3) 《承政院日記》肅宗 15년(1689) 5월 19일(15/15). "玄紀曰: '全羅道蝟島, 有本館魚箭, 故每年, 使館典僕, 下去本島, 納銀三百兩. 其當次者, 先期一年, 差定都使令及魚箭之任. 蓋此兩任, 最爲關重, 責應之際, 多有糜費之事, 故差送蝟島, 俾占餘利, 典僕之得以保存者, 正賴此耳.'"

4) 《承政院日記》肅宗 6년(1680) 윤8월 23일(17/18). "〈吏曹參判李敏敍〉又所啓: '臣待罪知館事. 供士之意, 曾有變通之敎, 而生鮮鹽魚物之廛取用之規, 有同攘奪. 雖難如前還設, 而群議皆以爲: 〈此自古流來之規, 今不可猝革, 而雖欲變通, 若使戶曹給價, 則亦非可繼之道, 不如依前仍存, 禁濫雜之弊, 爲當〉云矣.' 金錫胄曰: '館人之取用於魚鹽, 亦有曲折. 蓋祖宗朝, 折受海坪捉魚之場, 而市人等所賣魚物, 皆出於折受處, 故館人取用於京市, 仍成規例矣. 百餘年流來之規, 今難變通, 酌定規式, 使無濫觴, 則似好矣.' 金壽恒曰: '事勢如此, 則使之相議, 酌定規式, 以爲定奪遵行, 似當. 而未定奪之前, 魚物價, 使該曹一一磨鍊題給, 似當矣.' 上曰: '未定奪間, 自戶曹價米優給, 勿廢待士之規, 速爲相議定式以入, 可也.'" 이민서가 성균관의 동지성균관사同知成均館事로 있을 때 성균관의 재정에 대해 변통하는 안건을 두고 토론이 있었는데, 그중 성균관에서 생선전과 어물전에서 생선과 어물을 가져다 유생들에게 찬으로 제공하는 것은, 빼앗는 것과 같다고 하여 그 관행을 혁파하되 새로운 규정을 만들기 전까지는 우선 호조에서 해당 비용을 지급하는 쪽으로 결론을 내렸다. 그때 김석주가 성균관에서 생선전과 어물전에서 생선과 어물을 가져다 쓰는 관행이 성균관에서 절수한 어장에서 유래했음을 언급했던 것이다. 1681년에는 성균관 대사성 김만중이 '근래' 평시서平市署의 요청으로 금지한, 성균관에서 약간의 생선과 채소를 거두어가는 관행을 복구할 것을 요청하고 있다(《肅宗實錄》7년(1681) 6월 2일(1)). 이에 대해 비변사는 '금지하자마자 다시 허락纔禁還許하는' 것은 불가능하고, 또 호조에서 비용을 주는 것이 타당하다고 반대했다. 이것은 이 관행이 폐기된 것이 얼마되지 않는다는 것을 의미한다. 이것으로 보아 1680년 전반기까지는 예전의 관행이 유지되고 있었다고 보아야 할 것이다.

5) 《承政院日記》肅宗 30년(1704) 10월 21일(23/23). "曾前朝家, 每加優於館隸養士魚物, 魚鹽色

典僕, 收用於各鹽, 而且外方奴婢之身貢, 亦令典僕收捧之故, 下輩頗有夤[夤]緣得食之道矣……

今則魚鹽及奴婢收貢, 以有弊防塞, 久矣."

6) 藕山居士, 〈漢城風土記〉,《大東學會月報》 제19호, 1909년 8월 25일. "成均館. 館在崇敎坊. 國

初創建聖廟時, 環東西兩麓之水爲泮水之制. 泮村之人世居焉, 自相爲嬪姻. 其世業學文字者爲聖

廟員役, 賤者宰牛爲生. 而宰牛之業, 京則泮人, 鄕則白丁. 他人不得奪也." '백정白丁'은 '재설군宰

設軍'이라 부르기도 하였다.《各司謄錄》, 京畿道篇3, 京畿道各郡訴狀18(415d ~416c), 光武 九

年 十一月 日(1905년 11월). 李文九金益濟洪鍾萬 等(漢城)→經理院, 〈請願書〉. 또는 內藏院

編,《內藏院經理院各道各郡報告存案》 7책, 奎19163一v.1~17. "伏以, 五署內懸房은 自來泮人

之爲業이요 各府郡庖肆은 多有宰設軍之生計라 賴此生活이 五百年惟正之規也오나……."

7) 《承政院日記》肅宗 33년(1707) 8월 10일(28/31). "李塾曰:'……肉禁自古甚嚴, 定爲全家徙邊, 而

泮人輩, 則自國初別樣軫恤, 一座每朔, 使納十疋木而許屠, 其設禁之意, 自在懲贖之中.'"

8) 《承政院日記》仁祖 15년(1637) 8월 7일(18/26). "又以備邊司言啓曰:'傳曰:〈一年所用黃大牛幾

許耶?〉 問于該曹以啓事, 傳敎矣. 黃大牛只於釋奠祭用之, 釋奠祭本爲中祀應用羊豕, 而五禮儀中

祀條註, 文宣王祭則以牛代羊云. 故每年春秋釋奠所用, **預差竝三頭, 忠淸黃海兩道分定, 各官輪**

回上納, 而必以黃赤色體極大者捧之, 故極爲難得, 厥價一牛四同, 癸亥年後, 減二同矣, 敢啓.' 傳

曰:'知道.'"

9) 《中宗實錄》 7년(1512) 10월 30일(10). "成均館所餉儒生數夥, 不能繼饌. 以牛肉供饋, 其來已久.

是時生員丁自堅獨不食, 朴薰尹自任等倡言:'禁肉不可用於學宮.' 群議不食, 而諸生於齋中及明

倫堂食之, 唯食堂齋會處不食, 識者憂其矯激."

10) 《承政院日記》 51년(1775) 2월 3일(36/39). "泮儒別味次, 於宋洞, 五日一屠爲之, 是古例也."

11) 《成宗實錄》 21년(1490) 7월 26일(4). "汝昌嘗游大學, ……學宮婢僕, 常於朝夕, 殺牛餉儒生, 汝

昌以爲不義, 獨不食, 諸輩敬憚."

12) 《明宗實錄》 1년(1546) 6월 21일(6). "昨日小臣仕進, 則東西齋儒生來告曰:'昨夜二更, 有人叫呼

泮水之邊, 問之則曰:〈承傳攫奸〉. 不信更問, 則乃探出館奴家禁肉, 仍與亂鬪者也. 儒生等使人毆 黌, 卽軍士也. 軍士卽告部將曰:〈館人之持禁肉者, 反自成群打我〉."

13) 《宣祖實錄》 35년(1602) 6월 10일(1). "以備忘記傳曰:'成均館, 今亦屠牛乎? 此事平時, 傳敎非 一. 國法姑置勿論, 首善之地, 爲屠肆之窟, 豈非可醜? 彼儒生及其師, 何不痛禁? 予聞一草一木, 折之不以其時, 非仁. 古之人, 窓前草不除, 乃反使人恣殺豰觫, 日以十百, 自以爲金城湯池, 有司 莫敢捕詰? 彼牛亦含生之類耳. 其宛轉痛楚之聲, 腥膻血肉之氣, 徹于神聖, 恬不知恥, 人亦不以爲 駭, 甚矣陋習之難變也! 今後另加痛禁, 毋使一屠手, 容於其間. 肅淸泮宮事, 言于成均館."

14) 《宣祖實錄》 39년(1606) 6월 29일. "東廡越邊, 盡是館奴之居, 館奴以屠宰爲業, 晨夜不寢, 乃其 常也."

15) 柳本藝, 《漢京識略》, 서울특별시사편찬위원회, 1956, 319쪽. "懸房. 賣牛肉之屠肆也. 懸肉而 賣, 高稱懸房. 城內外, 凡二十三處. 幷使泮民販業資生, 納稅肉而繼太學生食養需."

16) 《承政院日記》 孝宗 4년(1653) 6월 20일(13/17). "又所啓, 屠牛禁亂之法, 不得行於諸宮家行廊, 奴婢私屠賣肉, 極爲狼藉, 而禁吏不敢下手, 法令不行, 無所徵戢, 自今以後, 犯禁當身, 雖未捉得, 的知某宮家屠牛之處, 則直捉其宮首奴嚴刑, 後日如或中毒於禁吏, 仍踵前習, 則刑曹漢城府本 府, 卽爲啓辭, 有家長則雖在秩高宗班, 從重論罪, 無家長宮家則首奴捉致, 各別囚治事, 捧承傳施 行, 何如?"

17) 《承政院日記》 孝宗 4년(1653) 6월 22일(4/11). "臣府之事, 亦與執義李天基所啓之意無異. 所謂 懸房者, 未知何意, 而自古館下典之屠宰者, 禁令稍緩, 謂之懸房, 而只收贖木."

18) "館下典, 何獨任其屠宰, 而只爲收贖而已乎? 今後則一體以禁, 使小民, 俾無不均怨詈之言."

19) 朴世采, 〈與尹判書泰升 塏〉, 《南溪集》: 《韓國文集叢刊》 141, 261쪽. "愚意泮村之爲屠肆, 於義甚 害. 聞自丙子後始設, 則其來亦淺矣."

20) 《承政院日記》 英祖 20년(1744) 8월 26일(10/10). "景夏曰:'懸房則故副學趙復陽, 當凶年, 慮泮 人之難保, 陳達而創出者也."

21) 도사에서 현방으로 재편한 시기에 관해서는 17세기 후반설(백승철, 《조선 후기 상업론과 상

업정책〉, 연세대 박사논문, 1996, 211쪽), 숙종대설(김옥근, 《조선왕조재정사연구》 III, 일조각, 1988, 315~316쪽), 17세기 중반 혹은 이전설이 있다(최은정, 앞의 논문, 1997, 92쪽). 박지영, 〈조선 후기 泮人의 존재양상과 泮村의 공간 변화〉, 부산대 석사논문, 2013, 22쪽, 각주 97) . 박지영은 이 설들과 약간 달리 현방의 출현을 그 전에 있던 도사屠肆가 1660년대에 와서 현방으로 확대, 재편되었다고 주장한다. 주장의 근거는 조복양이 부제학과 대사성을 겸임한 시기에 현방을 설치했다는 것이다. 조복양은 1664~1668년에 대사성이었고 그가 부제학이 된 것은 1665년이기 때문에 부제학과 대사성을 겸임한 시기는 1665~1668년 사이이다. 이것을 도사가 1660년대에 와서 현방으로 확대, 재편되었다는 근거로 삼는다. 박지영, 위의 글, 21~22쪽, 특히 각주 96)을 볼 것. 하지만 이 주장은 앞의 본문에서 든 1653년(효종 4) 6월 22일 《승정원일기》에서 현방이 토론 대상이 되었던 자료의 존재를 설명할 수 없다.

22) 《承政院日記》 仁祖 26년(1648) 1월 28일(17/18). "書吏元額四十六名中, 餘存者只有數十人, 其中所屬, 則抵死謀避, 投屬他司. 只以若干之吏, 常兼數事, 分掌八房, 不成模樣, 極爲可慮."

23) 현방의 숫자와 변화에 대한 선행 연구로는 宋贊植, 〈懸房攷(上)〉, 103, 106쪽과 崔恩禎, 〈18세기 懸房의 商業活動과 運營〉, 19~22쪽을 볼 것. 숫자가 조금씩 다르기는 하지만 큰 의미가 있는 것은 아니다.

24) 대사성 조명익趙明翼의 다음 상소에 의한 것이다. 《承政院日記》 英祖 9년(1733) 5월 29일(30/32). "懸房屠肆, 初爲四十八廛, 納贖於三司矣. 去癸丑年, 因牛疫, 朝家一竝命罷. 典僕等, 悶其生理之斷阻, 呼訴訓局, 以戎器修補事, 權設屠肆二十坐, 而筋角皮張, 納于訓局矣. 其後五座, 則移屬守禦廳, 五座則移屬禁衛營, 新創疏布一座, 合爲二十一廛." 이것은 마포에 신설한 것을 구체적으로 밝히고 있기 때문에 든 것이고, 이보다 21년 앞선 1712년의 자료에도 48좌를 21좌로 축소했던 사실을 밝히고 있다. 《承政院日記》 肅宗 38년(1712) 9월 28일(12/16). "特進官閔鎭遠所啓, 懸房, 本四十八坐, 而癸丑年, 減爲二十一坐."

25) 〈雜式〉, 《太學志》 제10권, 事實. "初爲四十八廛, 顯宗癸丑, 因牛疫, 一幷革罷. 泮民生理甚艱, 遂稱納筋角御訓鍊都監, 復設二十一廛. 後因本館陳白, 使都監貿用而革納筋角之規." 1763년이 아

닌 1672년이라는 설도 있다. 《備邊司謄錄》英祖 25년(1749) 9월 14일. "京城懸房停止, 亦有二
去壬子(1672)前例, 今姑限朔撤罷, 宜矣." 이것은 원래 1672년에 우역이 워낙 심해서 1673년에
현방을 폐쇄한 것으로 말할 수 있기 때문에 연도가 1년씩 차이가 나는 것이다.

26) 《承政院日記》肅宗 9년(1683) 4월 25일(3/9). "戶曹啓曰:'曾前屠肆四十四, 中間減爲二十坐, 近來
又減爲十五坐, 今減五坐, 復設十坐之意, 敢啓.'"

27) 《承政院日記》肅宗 23년(1697) 3월 12일(18/23). "京中則館人, 以屠販爲生涯, 而卽今屠肆二十處,
盡爲革罷, 則此輩生道將絶, 勢難猝然禁斷."

28) 《承政院日記》肅宗 27년(1701) 4월 20일(13/14).

29) 군문의 요청, 즉 군기軍器 제작 때문에 현방을 늘린 것으로 보이지만, 확언할 수는 없다.

30) 《承政院日記》肅宗 38년(1712) 2월 7일(33/35). "太學典僕, 數至近萬, 無他生業, 只以屠販爲命.
都城內屠肆, 凡二十一廛."

31) 《承政院日記》英祖 46년(1770) 11월 2일(34/34). "今一朔若然, 二十四坐屠肆外, 莫知幾十街道."

32) 박제가, 안대회 역, 《北學議》, 돌베개, 2003, 81쪽. "我國日殺牛半千. 國之祀享犒賞及泮中五部內
二十四舖與三百餘州官, 必開舖."

33) 《承政院日記》正祖 17년(1793) 10월 10일(28/30). "大抵泮僕疊屠, 非但法司禁之, 本館禁之, 非但
本館禁之, 卄四懸房, 互相禁之, 以其無端疊屠, 利分害切於當日當次之人故也."

34) 그런데 1857년 자료에 의하면 도성 안의 현방은 21곳이다. 《備邊司謄錄》哲宗 8년(1857) 윤5
월 20일. "四宮外不得濫稱貿易, 自有法式, 而年前受敎又況截嚴, 則貿易一款, 宜不爲弊, 而夫何見
利蔑法之類, 瞖不知改少無顧忌? 苟究弊源, 一則懸房散在各處, 貿奴輩左右憑藉, 易於加貿故也.
一則貿易之價太歇於私買故也. 不溯其源, 只救其流, 雖日罪十人, 安望其有實效乎? 今以每日貿易,
定以一處, 而加貿之價, 特爲倍給事定式是白如乎. 城內二十一懸房中, 以廣禮二橋鄕校安洞承內
壽進政府禁府廣通紙前合十處永定貿易所." 뚝섬을 제외하면 22곳이 되어야 하는데, 왜 21곳
이 되었는지 알 수가 없다.

35) 著者 未詳, 《東國輿地備攷》, 서울特別市史編纂委員會, 1956, 68쪽. "懸房. 屠牛賣肉之所. 泮人主

618

其販賣, 懸肉以賣, 故稱之以懸房."

36) "合二十三處." 반촌에 현방 1곳이 있어서 23곳이라고도 한다.

37) "懸房. 屠牛賣肉之所. 泮人主其販賣. 凡二十四處."

38) 《承政院日記》 고종 12년(1875) 5월 17일(30/30). "以京中言之, 二十三縣坊外, 毋止疊設之意, 亦爲申飭也."

39) 필자 미상, 〈京城語錄〉, 《別乾坤》, 1929년 10월호:강명관 풀어 엮음, 《사라진 서울》, 푸른역사, 2009, 369쪽.

40) 《민족문화대백과사전》, 〈市廛〉.

41) 《承政院日記》 哲宗 9년(1858) 3월 13일(5/21). "以司謁口傳下敎曰:'御供物種之闕, 極爲駭痛, 懸房行首三所任泮漢, 令秋曹各別懲勵.'"

42) 《承政院日記》 英祖 8년(1732) 1월 12일(23/23). "凡館人屠肆二十一廛, 每廛所入典僕, 至七八十名."

43) 《承政院日記》 正祖 15년(1791) 12월 10일(23/24).

44) 《承政院日記》 正祖 20년(1796) 11월 30일(17/20). "定稅一款, 分付平市署, 招致各廛頭目, 以爲平均決給之地."

45) 宋贊植, 〈懸房攷(下)〉, 《韓國學論叢》, 국민대학교 한국학연구소, 1985, 200~204쪽.

46) 《承政院日記》 肅宗 38년(1712) 2월 7일(33/35). "大司成崔昌大疏曰:'太學典僕, 數至近萬, 無他生業, 只以居販爲命. 都城內屠肆, 凡二十一廛. 而各廛俱無本錢, 逐日宰牛, 而牛價皆出於私債. 往時人口, 不甚多, 販沽之利不甚薄, 以之充償私債, 以之納贖三司, 得以銖兩餘數, 僅僅資生, 而私債貸出, 每患邊利之苦重矣. 近年以來, 生齒日益增衍, 牛價日益騰踊, 販沽之利, 不足以應公私之費, 各廛皆不免負債, 隨續貸出, 隨續落欠, 日加月增, 歲中十倍. 見今二十一廛負債之數, 通計四五萬兩, 舊負則債家之督責四至, 新債則慮其不以時邊報, 各閉不肯, 與許多典僕, 愁苦窘迫, 將無以存保, 屠肆各廛, 勢必至渙散撤罷之境.'" 반인들이 사채를 빌려주고 빌리는 것은 18세기 말에도 여전하였다. 《承政院日記》 正祖 17년(1793) 2월 13일(19/21). "煥之曰:'牛價則日漸增,

錢路則日益荒, 各懸房每日所宰, 不能準一日一首之數, 而各樣稅納, 依舊不減, 遂至賣屋鬻産之不足. 又年年出債而應之, 其殖滋長, 到今所負之散在各懸房者, 每房幾爲七八千或萬數, 而財窮力竭, 無以資生應役' …… 秉鼎曰 '…典僕輩難支之狀, 泮長已有所奏, 臣不敢架疊煩達, 而第伏念, 許多公貨之貸給, 以今經費, 初非可論. 如欲蕩條私債, 則所謂私債, 皆是泮漢之世傳買賣, 殆同貨物, 均是泮漢, 爲此蕩彼, 實有貧富俱困之慮.'"

47) 《承政院日記》正祖 9년(1785) 1월 22일(23/31). "以一懸房之利, 不足以保六十戶半千口之命."

48) 《日省錄》正祖 21년(1797) 4월 13일(18).

49) 《承政院日記》英祖 16년(1740) 7월 8일(29/29). "本館典僕生理之艱難, 莫此時爲甚. 旣無田土, 又無行商坐賈之業, 衣食所資, 公家應役, 專靠於屠販. 而近來生齒漸繁, 一廛屬額, 至於九十餘人之多, 一年內輪屠, 不過三四次矣."

50) 《承政院日記》肅宗 30년(1704) 10월 21일. "卽今此輩生理, 只在屠肆, 而屠肆一頭牛一日之利, 六十人分食, 故一人所分, 僅至一升米."

51) 〈屠牛懸房〉, 《典律通補》刑典, 雜令. "屠牛懸房, 收贖錢. 城內二十處, 城外及京江各一處, 每處每日屠一牛, 每朔收三十八兩, 分納三法司."

52) 《承政院日記》正祖 17년(1793) 10월 10일(28/30). "蓋三法司之贖錢, 出自懸房者, 以卄四懸房, 一日一屠爲準, 雖或多闕, 毋得加減, 故不得不有帖文充闕之例, 而此亦自官照管, 毋敢容奸." 《典律通補》刑典, 雜令, 〈屠牛懸房〉. "屠牛懸房, 收贖錢(城內二十處, 城外及京江各一處, 每處每日屠一牛, 每朔收三十八兩, 分納三法司. 〈補〉 ○國恤卒哭前禁屠[小喪公除前], 〈補〉 〈編〉 而以都監床卓用骨灰, 五肆許設. ○兩都水原廣州等邑及他道, 不得不許屠處, 五日屠一牛, 違越官長重論)" 《전율통보典律通補》는 1786년(正祖 10)에 편찬된 법률서다.

53) 《承政院日記》正祖 19년(1795) 11월 18일(26/26). "在學曰: '向來泮長以懸房疊屠勿禁事, 筵稟出擧條 後, 移文法司修送成冊, 春夏闕屠之 許令秋冬疊屠者, 合爲一千二百餘頭. 而旣是筵稟之事, 故八月以後, 禁吏初不敢按跡於懸房近處, 一任其疊屠矣."

54) 《承政院日記》正祖 19년(1795) 8월 22일(20/20). "晩秀曰: '年來泮民, 生齒日蕃, 産業日艱. 至於

懸房設置, 法意, 何如? 而一歲應役, 數近二萬, 切痼之弊, 漸至難支."

55) 《司畜署事目》〈去毛匠事役式〉(규17204). "一. 城內二十懸房, 每房去毛匠四名式八十名, 給功末肉, 使之應役, 而每歲初逃故代, 姓名年甲牌住主名, 成冊收捧, 付籤元案, 每式年改案事."

56) 《承政院日記》英祖 1년(1725) 12월 18일(9/15). "而所謂去毛匠, 非他各色工匠之比, 俱以泮人之奴隷. 夜則得食於各處懸房私屠之利, 晝則遊手無役. 屬名於司畜署者, 蓋爲祭享所用犧牲宰殺之意. 而其所得食, 亦頗不貲, 則今乃憑藉無料, 欲奪主人等給價之物, 事涉猥越, 情亦可惡."

57) 《독립신문》, 1897년 1월 16일, 논설.

58) 《承政院日記》英祖 41년(1765) 5월 30일(18/22). "至如正朝六日, 小朔六日, 以非販賣之日而感(→減)其納錢, 則通一年所納, 爲五千五百五十四兩."

59) 조영준, 〈서울 쇠고기시장의 구조, 1902~1908:《安奇陽日記帳》의 기초 분석〉,《서울학연구》36, 서울시립대학교 서울학연구소, 2009, 215쪽.

60) 《承政院日記》正祖 11년(1787) 8월 19일(25/45). "且以切於民生日用者言之, 夏節魚鮮之貴賤, 一視氷價之多寡, 而懸房肉肆, 亦皆惟氷是須."《日省錄》正祖 10년(1786) 1월 22일(1). 금군禁軍 최덕우崔德禹는 빙계에서 얼음을 도고하는 것을 지적하면서 얼음 값이 비싸지면 뱃사람이 얼음을 싣고 다닐 수 없어 생선이 부패하고, 육전 곧 현방의 쇠고기가 썩을 것이라고 말하고 있다. "價旣貴, 船人必不能多載氷, 將餒矣. 民亦無以常調氷, 將敗矣. 則都下之人將不知魚肉之味, 上之民亦皆絶資活之業也." 이런 자료를 통해 여름철 현방에서 얼음으로 쇠고기의 부패를 막았던 것을 알 수 있다.

61) 예컨대 소의 가죽은 군병이 차는 칼의 칼집 바깥을 둘러싸는 데, 군마의 말안장에, 갑옷에 사용되었다. 《承政院日記》肅宗 8년(1682) 4월 10일(21/29). "又啓曰:'頃日李翻, 以軍兵所佩刀劍, 皆是貿取之物, 品劣不堪用, 自本曹, 別造累千柄, 而其中刀匣所裹皮甚難, 司僕寺故失馬皮數百張, 雖已取用, 而亦不足於裝造. 故李翻, 以屠肆牛皮收給裝用之意定奪, 而其時適値牛疫, 不得開肆矣. 今則諸處屠肆, 皆已復設, 依前定奪, 收用牛皮, 似好矣.' 上曰:'依爲之.'" 말안장의 경우는 《承政院日記》肅宗 13년(1687) 5월 27일(18/21)에, 갑옷의 경우는 《承政院日記》肅宗 15

년(1689) 7월 6일(13/13)에 나온다.

62) 《日省錄》正祖 16년(1792) 1월 2일. 《備邊司謄錄》正祖 16년(1792) 1월 4일.

63) 〈補公會社廣告〉, 《皇城新聞》 1900년 6월 22일. "大凡 牛皮는 我國 法意가 雖許民宰殺이라도 頭皮足은 每每納官ᄒ야 以補公用ᄒ더니 中古以來로 私自擅賣가 極爲疎漏ᄒ기로 鄙社에서 請願承認ᄒ야 庖肆之准許月稅는 一幷蠲免ᄒ고 每隻頭에 牛皮一張을 收納ᄒ야 公用에도 裨補ᄒ고 外國에도 輸出和賣ᄒ겟고 且百物抽稅之說은 社員中興販利益金으로 百一抽稅ᄒ야 亦補公用홀터이요 無關他商이오니 僉君子는 以此照亮ᄒ시믈 望홈 主務社員 鄭殷釆."

64) 〈警廳의 牛筋責供〉, 《皇城新聞》, 1900년 3월 27일. "近日 警廳에셔 各署에 謂令ᄒ야 五署內 懸房의 所居牛筋을 沒數히 該廳으로 來納케 ᄒ얏다는디 其所用處는 弓弩製造ᄒ는데 供ᄒ 다더라."

5장 수탈

1) 《承政院日記》 顯宗 1년(1660) 10월 17일(20/21). "典獄署參奉許以淸疏曰……其中屠牛禁法, 亦 甚不公, 例有先捧贖木之規, 故納贖之家, 則殺牛懸肉, 狼藉不隱, 行路者目見."

2) 《承政院日記》 顯宗 1년(1660) 10월 17일(20/21). "備邊司議啓曰, ……而唯只屠牛, 先納贖木之 規, 實爲無據, 令法官釐革謬規, 俾無同犯異罪之弊."

3) 《承政院日記》 顯宗 5년(1664) 10월 16일(18/18). "判尹李浣曰: '臣於昨日登對時, 臣以都民怨苦 之弊陳達, 而猶有未盡者. 近來京各司弊端尤甚, 難可盡陳, 都民怨苦, 實由於此. 以禁亂一事言之, 司憲府刑曹漢城府, 皆出禁亂, 而禁吏輩執捉犯禁之人, 而操縱受賂, 作弊之事, 罔有紀極. 牛禁申 嚴之後, 屠牛興利, 反甚於前. 蓋在前則雖似無據, 屠牛之處, (缺)徵捧贖木, 以爲官家補用之地矣. 今則法久(缺)使之勿禁, 故有形勢之人, 任意屠殺, (缺)豈不冤乎?'" 판윤判尹 이완李浣은 속목贖 木에 대해 언급하고 있는데, 결락된 부분이 너무 많아 뜻이 소연昭然하지 않다. 다만 속목 을 계속 거두고 있다는 것은 분명하다.

4) 《承政院日記》顯宗 11년(1670) 11월 6일(13/14). "漢城府啓曰: '本府無他財力, 只於屠肆, 收得 十三牌贖木, 以成貌樣. 一牌則十二疋也.'"

5) 《承政院日記》肅宗 1년(1675) 5월 22일. "京中館奴婢, 白地居生, 身役亦多. 朝家軫念於此, 許專 屠肆之利. 而法典內屠牛有業, 故刑曹漢城府·司憲府, 皆徵贖木."

6) 《承政院日記》肅宗 1년(1675) 5월 22일(12/18).

7) 《承政院日記》肅宗 2년(1676) 4월 13일(27/13). 《承政院日記》肅宗 2년(1676) 4월 16일 (17/16).

8) 《承政院日記》肅宗 2년(1676) 4월 17일(30/30).

9) 《承政院日記》肅宗 9년(1683) 4월 29일(12/12). "從前規例, 司憲府刑曹漢城府, 各司不同. 其中 本曹所出牌數, 比他甚少, 若折半則不過六七牌也. 且本曹書吏元額四十六名, 而朝家無給料之事, 故自本曹每以贖木給之, 憲府書吏, 則自前有若干給料之規, 贖木雖曰減半, 所出牌數, 旣優於臣 曹, 則通計所得之數, 亦似不少. 三司收贖, 或優或少, 甚爲不均, 似當有定式之擧矣."

10) 《承政院日記》顯宗 11년(1670) 11월 6일(13/14).

11) 《承政院日記》顯宗 13년(1672) 3월 3일(9/14). 한성부의 요청은 그대로 수용되었다. 《承政院 日記》顯宗 13년(1672) 3월 3일(10/14)·3월 5일(6/8).

12) 《承政院日記》肅宗 9년(1683) 4월 23일(5/13). "戶曹啓辭, 館奴婢生理變通事. 傳曰: '泮人之失 業呼冤, 不可不念, 而他無變通之路, 屠肆若干坐, 復設, 似可矣.'"

13) 《承政院日記》肅宗 9년(1683) 4월 25일(3/9). "戶曹啓曰: '命下矣. 曾前屠肆四十四, 中間減爲 二十坐, 近來又減爲十五坐, 今減五坐, 復設十坐之意, 敢啓.' 傳曰: '知道.'"

14) 《承政院日記》肅宗 9년(1683) 4월 29일(12/12). "知事李翊所啓: '泮人屠肆贖木, 有減半之令, 而 本曹則當有定奪之事, 敢達……'" 속목을 반으로 줄이라고 한 구체적인 과정은 알려져 있지 않다.

15) 《承政院日記》肅宗 9년(1683) 4월 29일(12/12).

16) 《承政院日記》英祖 4년(1728) 9월 3일(23/33). "癸亥年(1683), 故大司成趙持謙, 三司贖錢, 榻前

諸減, 無弊遵行矣." 다만 조지겸이 숙종에게 재가를 받는 과정은 《承政院日記》를 위시한 문
헌에 나오지 않는다.

17) 《承政院日記》肅宗 12년(1686) 6월 13일(10/17).

18) 《承政院日記》肅宗 12년(1686) 9월 6일(14/22).

19) 《承政院日記》肅宗 12년(1686) 9월 18일(7/9). "又所啓:'頃者大司成金昌協, 以館下人應役苦重,
而屠肆納贖於三司者, 其數甚多, 無以支堪, 請三司所納, 皆以十牌減定, 旣已蒙允矣. 更考其納贖
之數, 仍爲參量事勢, 則漢城府所捧十三牌, 刑曹所捧十二牌, 司憲府所捧十七牌. 今若皆以十牌
定數, 則漢城府減三牌, 刑曹減二牌, 此則所減不至太多, 而司憲府, 則減其七牌, 所減幾半. 常時
需用, 專靠於此, 而禁亂變通節目中贖木外不足之數, 自戶曹移送事, 旣已磨鍊. 若行此法, 而贖木,
如是多減, 則戶曹移送之數, 當至倍多. 此甚不便, 而雖無變通之擧, 憲府需用, 決無可繼之道. 不
審何以處之? 而成命旣下之後, 還寢亦難便. 憲府刑曹漢城府, 竝減二牌, 則所減, 合爲六牌, 在館
人, 蒙惠亦不小, 以此分付, 何如?' 上曰:'依爲之.'"

20) 《承政院日記》英祖 4년(1728) 9월 3일(23/33). "丙寅年, 三司又請還復, 其時大司成金昌協, 旋卽
陳達還寢."

21) 《承政院日記》肅宗 14년(1688) 1월 27일(16/17).

22) 《承政院日記》肅宗 15년(1689) 2월 13일(23/25). "頃者, 三司禁制, 擧皆改定, 雖是爲民除弊之
意, 而非但有違舊制, 反有虧損國體. 而司憲府刑曹漢城府, 俱在法司, 而每朔出禁之規, 刑曹漢城
府則定以六巡, 司憲府則獨無定式, 此豈均一之道也? 至於三司所捉牛禁之贖木, 則令戶曹次知
徵捧, 分給三司, 以爲下人朔料之資, 而不足之數, 自戶曹, 以其經費之物, 充數以給. 是豈合當於
事體, 亦何可以莫重經費, 劃給三司之所需乎?"

23) 李瀷, 〈城上所〉, 《星湖僿說》제15권, 人事門. "今之朝報所謂城上所, 卽景福宮門右曲墻上, 卽其
地."

24) 李瀷, 〈茶時〉, 《星湖僿說》제12권, 人事門. "城上所監察茶時之語, 雖人人誦說不知其義也. 城上
所者舊闕城墻之上, 卽當日臺員會議之所. 而諫官無行公之員, 則監察諸員替會而罷, 謂之茶時.

言其啜茶而罷也. 監察者古之殿中御史也."

25) 《承政院日記》肅宗 17년(1691) 4월 23일(8/8).

26) 《肅宗實錄》17년(1691) 5월 5일(1).

27) 《承政院日記》英祖 4년(1728) 9월 3일(23/33). "及至辛未年, 三司又爲復舊."

28) 《備邊司謄錄》肅宗 14년(1688) 4월 4일. 형조는 한 달에 현방 12패의 속전 201냥 6전을, 한성부는 13패의 속전 218냥 4전을, 사헌부는 16패의 속전 268냥 8전을 거두기로 하였다.

29) 《肅宗實錄》肅宗 21년(1695) 8월 2일(2).

30) 《雜式》, 《太學志》제10권, 事實. "肅宗二十一年乙亥, 本館啓: '官奴婢身役偏重, 而不至流亡者, 以其有屠肆之利也. 屠肆凡二十一廛, 而每月三司所捧贖錢, 至於七百餘兩, 通計一年爲九千餘兩之多, 故頃年趙持謙爲大司成時, 以此陳達, 減贖錢之半, 未過一年而復舊. 後人大司成金昌協陳達, 三司各減二廛之贖, 未及三年而又復舊. 蓋以朝家以所減之數, 代給三司故也. 今須善爲變通, 方可永久遵行. 若使漢城府除減七十兩, 刑曹減三十兩, 一朔所減爲百兩, 則泮人之蒙利大矣.' 從之."

31) 《承政院日記》英祖 4년(1728) 9월 3일(23/33). "乙亥年, 故大提學朴泰尙大司成金萬吉, 又復筵中陳白, 刑曹則仍前減半, 憲府輒請仍復."

32) 《承政院日記》肅宗 30년(1704) 10월 21일. "本館典僕之弊, 罔有紀極, 逐日呼訴, 將至流散之境, 故敢此仰達. 曾前朝家, 每加優於館隷養士魚物, 魚廛色典僕, 收用於各廛. 而且外方奴婢之身貢, 亦令典僕收捧之故, 下輩頗有夤[彚]緣得食之道矣. 朝家劃給之米, 一朔不過四十餘石, 僅爲七十五人齋生糧料. 園頭魚廛之價, 亦在其中, 其所受出, 至爲零星. 而養士糜費之數, 極其浩多, 典僕輩, 率皆稱貸添補而供之, 且使令之役, 最爲難堪, 一經此役, 漸至破産. 蓋一館凡役之酬應, 皆自都使令擔當責辦, 而曾前則外方收貢, 輪回差定, 且有魚物收用各廛之規, 故賴以料理支吾矣. 今則魚廛及奴婢收貢, 以有弊防塞, 久矣. 失業如此, 而供生虛費之弊, 猶夫前日, 實無保存之理. 故都使令之結項致死者, 連有二人, 其苦役難堪之弊, 於此可見矣."

33) "卽今此輩生理, 只在屠肆, 而屠肆一頭牛一日之利, 六十人分食, 故一人所分, 僅至一升米. 如或落本, 則貸買他人之牛, 以救目前之急, 無暇償債, 轉益難支. 而屠肆贖錢, 納於三司者, 一朔所納, 至於六百餘兩之多, 一年通計, 則多至七千七百餘兩. 在前此弊之困, 弊不至此甚, 故得以推移備納, 而今則實無可奈何, 勢將渙散而後已, 誠可慮矣. 三司, 以此贖錢, 充給員役料布云. 近日私屠甚多, 館隸以此失利. 若自三司, 數出屠牛之禁, 竝皆禁雜, 而徵用其贖物, 則不無變通之道. 懸房贖錢, 雖不令全減, 或令半減, 限年減給, 俾無呼冤之弊, 何如?"

34) 《承政院日記》肅宗 30년(1704) 11월 25일(17/26). 반대의 이유와 논리는 다음과 같다.

○ 형조—전에도 여러 번 대사성의 요청으로 속전을 줄인 일이 있었다. 형조의 물력으로는 견딜 수가 없어서 다시 복구했다. 예컨대 1695년에 30냥을 줄였는데, 이번에 절반을 다시 감했다. 30냥을 감했을 때 형조는 겨우 200냥을 받았으니, 다시 반을 감하면 100냥에 불과하다. 역원員役에게 지급하는 삭료가 한 달에 600여 냥인데, 이번에 속전을 다시 줄이면 지급할 방법이 없다. 참작해 달라. 형조는 노비가 있기는 하지만, 역적의 처자가 많다. 신공을 받을 방도가 없다. ○ 한성부—한성부는 250냥을 받는데, 원역의 삭포는 430냥이다. 한성부는 노비가 없어 속전을 제외하고는 수입이 없다. 이번에 반을 감하면 단지 80여 냥만 받게 된다. 감하기는 하되 70냥을 감하고 반을 감하지 않는 것이 좋을 듯하다. ○ 사헌부— 역시 전적으로 지가紙價와 원역의 삭하朔下를 속전에 의지하고 있다. 그 수는 단지 260여 냥이다. 감하지 않을 때도 형편이 어려웠는데 지금 또 반으로 감한다면 하인들의 요포는 물론 기타 공적인 비용도 나오지 않을 것이다.

35) "成均館典僕, 守護聖廟, 可謂重矣, 而全無生理, 勢難保存, 故屠牛乃國之大禁, 而特許設屠, 以爲 資活之地者, 蓋出於別樣優恤之意也. 旣許設屠之後, 法不當徵贖, 而三司所納贖錢, 通一年計之, 其數甚多. 以此之故, 餘利無幾, 不足以分食, 漸至凋弊, 莫可支吾. 此大司成之所以陳請量減其贖 者也. 三司形勢, 亦非有裕, 減此懸房之贖, 則員役朔下, 無以計給, 誠如諸臣之所達矣. 第念此事 若不從本理會, 隨其所請, 或減或否, 則彼此相爭, 無時可定."

36) "且刑曹漢城府, 則堂上各自出禁, 隨卽帖下, 尤涉無據. 自今以後, 依戶兵曹之例, 凡係錢布財用, 長官專管, 佐貳之官, 雖或出禁, 所收贖錢, 則非長官不許參涉, 或於員役朔下應用之外, 有餘數而 別爲區處者, 非所可論. 至於憲府, 則臺閣事禮, 與他自別, 出禁收贖, 極爲苟艱. 此則自戶兵曹磨鍊,員役料布差下,而禁亂被捉之類,只爲治罪懲勵,實合事宜."

37) 《承政院日記》肅宗33년(1707) 1월 5일(18/21).

38) 《承政院日記》肅宗33년(1707) 1월 25일(13/22).

39) 《承政院日記》肅宗33년(1707) 1월 5일(17/21).

40) 〈雜式〉,《太學志》권10, 事實.

41) 《承政院日記》肅宗33년(1707) 2월 30일(14/17).

42) 《承政院日記》肅宗33년(1707) 8월 10일(28/31).

43) "臣方待罪館職, 館中事亦能詳知矣. 頃年趙泰耇爲大司成時, 以泮人不能支保之故房贖減除之意, 陳達蒙允, 蓋公私賤身役之重, 未有甚於館下典僕者. 古者役民, 歲不過三日, 而此輩則一歲之內, 六朔立役. 以至婢子有菜母食母之役, 齋直自七八歲立役. 一家之內, 勿論老少, 莫不有身役, 其勢誠不可支保. 且供士之需, 舊有各㕓收用之規, 而近來廢閣, 故前日懸房贖錢減者, 以此也. 今若依前徵贖, 則泮人實無以資生供役, 憲府員役料布, 則雖以它條變通, 而懸房贖, 則仍勿復舊, 似可矣."

44) 《承政院日記》肅宗33년(1707) 10월 16일(20/22).

45) 《肅宗實錄》34년(1708) 5월 29일(2).

46) 《承政院日記》肅宗34년(1708) 5월 29일(17/19). "大司成李濟上疏. 大槪敢陳職事, 略效愚見, 伏乞聖鑑, 特賜採擇, 俾學務不至隳廢事, 入啓. 答曰: '省疏具悉. 條陳之事, 令廟堂稟處.'"

47) 《承政院日記》景宗4년(1724) 1월 11일(13/13). "曾在甲申(1704)年間, 故相臣趙泰耇, 爲大司成時, 陳達榻前, 三司所納贖錢, 特爲半減. 刑曹則尙今半減, 而京兆憲府, 旋卽復舊."《新補受敎輯錄》, 刑典, 雜令1381. [京兆所納懸房贖……]. "京兆所納懸房贖, 復舊. 康熙辛卯(1711)承傳."

48) 《承政院日記》景宗4년(1724) 1월 11일(13/13). "大司成李眞儒進伏曰……且自戊子(1708)以後, 本館, 每朔捧錢一百五十兩於懸房, 補用養士之需."

49) 《承政院日記》肅宗38년(1712) 2월 7일(33/35).

50) 《宣祖實錄》1년(1568) 5월 26일(1). "自古權臣專國者, 或有之;戚里專國者, 或有之;婦寺專國

者, 或有之, 未聞有胥吏專國, 如今之時者也. ……軍民庶政邦國機務, 皆由刀筆之手, 絲粟以上, 非回俸不行. 財聚於內, 而民散於外, 什不存一."

51) "太學典僕, 數至近萬, 無他生業, 只以屠販爲命. 城內屠肆, 凡二十一廛, 各廛俱無本錢. 逐日宰牛, 而牛價皆出於私債. 往時人口, 不甚多, 販沽之利不甚薄, 以之充償私債, 以之納贖三司, 得以銖兩餘數, 僅僅資生. 而私債貸出, 每患邊利之苦重矣. 近年以來, 生齒日益增衍, 牛價日益騰踊, 販沽之利, 不足以應公私之費. 各廛皆不免負債, 隨續貸出, 隨續落欠, 日加月增, 歲中十倍. 見今二十一廛負債之數, 通計四五萬兩. 舊負則債家之督責四至, 新債則慮其不以時邊報, 各閉不肯與. 許多典僕, 愁苦窘迫, 將無以存保, 屠肆各廛, 勢必至渙散撤罷之境."

52) "臣於赴坐泮宮之時, 十百爲群, 齊聲呼訴, 乞得各衙門銀錢, 限年准償."

53) "其意蓋以爲公貨, 例無邊利, 各廛如各得累百錢貨, 則歲年之間, 得以不求私債, 而買牛屠販, 日有贏羨, 隨得立本, 取利滋多, 磨以時月, 自足以應諸役於官司, 還舊負於債家. 而各廛每日收合二兩或三兩, 別貯館中, 每朔償納本衙門, 則衙門償錢, 亦可不費力而准報. 蓋雖數兩, 比之私債邊利, 則不過爲四五分之一, 故取利輒優, 得展其資用也."

54) "臣以各衙門儲積不敷, 勢難束請之意, 開諭斥退矣."

55) "乞命戶曹太僕販廳及諸軍門, 各出六七千錢貨, 錢如乏儲, 以銀折計, 限年許貸, 以爲蘇救泮隷, 保護太學之地焉."

56) 《承政院日記》英祖 즉위년(1724) 9월 26일(40/40). "頃年本館堂上上疏, 有各衙門銀錢貸下, 料理資生之事, 今若依此爲之, 則庶有救急之道. 其時請貸四萬餘兩, 廟堂只許其半, 卽已還償矣."
《承政院日記》英祖 즉위년(1724) 10월 30일(22/22). "渠輩所請, 前例二萬一千兩之數, 雖難準給, 折半以一萬五百兩, 分給各懸房, 以爲生活之資, 似爲合宜, 自廟堂分排, 使之貸給, 何如? 上曰, 依爲之."

57) 〈雜式〉, 《太學志》제10권, 事實. "四十年甲午, 大司成朴鳳齡疏陳典僕生理之艱暨屠肆應貢之繁, 請貸各衙門錢四萬二千兩, 分給二十一廛, 而其半留爲本錢, 而每日每廛, 各收二兩, 計三十四朔, 足償其元數而爲惠甚大. 於是上命許貸白金七千三百兩錢一萬兩."

58) 《承政院日記》景宗 4년(1724) 2월 22일(7/12).

59) 《承政院日記》景宗 4년(1724) 2월 30일(36/63). "權詹曰:……頃見李眞儒, 備陳館隷難支之弊, 請減憲府懸房納贖, 且請禁太常造脯時, 憑藉貿肉之事, 竝皆蒙允. 其後憲府草記, 請以還仍, 太常草記, 請以勿禁, 亦又允下.'"

60) 《承政院日記》英祖 즉위년(1724) 10월 30일(22/22). "蓋泮人懸房, 二十一所, 而一月六次收捧, 故雖給數萬兩, 收捧有期, 非如譯官輩多貸不能納之比也."

61) 《承政院日記》英祖 1년(1725) 4월 13일(33/33). "頃年李眞儒爲大司成時, 稱以太學用度不足, 陳達榻前, 一百八十兩中, 減其三十兩, 移用於太學. 太學之收用牛贖, 事極不當, 而本府三百年流來所捧之物, 決不可見奪於不干之他司."

62) 《承政院日記》英祖 즉위년(1724) 9월 26일(40/40). 館人誠可矜矣, 旣無經業, 又不敢離聖廟, 散處營生. 近來尤爲失業者, 蓋有其由, 一則猪肉廛多出, 頓然失利, 一則館人亦學奢侈, 婚嫁所費無限, 以致倒懸矣.

63) "臣年少時, 出入泮中見之, 則典僕輩, 衣服飮食家舍, 皆不至疲弊."

64) 《肅宗實錄》31년(1705) 11월 17일(1). "頒柑太學試士, 賜李眞儒及第."

65) 《承政院日記》肅宗 38년(1712) 9월 28일(12/16).

66) 《承政院日記》肅宗 38년(1712) 10월 20일(25/38).

67) 《承政院日記》英祖 1년(1725) 4월 21일(33/33). "猪肉廛比前倍加, 懸房因此失利."

68) 《承政院日記》英祖 1년(1725) 4월 21일(33/33).

69) 《承政院日記》英祖 1년(1725) 8월 16일(29/31).

70) "宜以師儒之長, 久帶其職, 責其作成之效, 掌務之官, 擇其詳明威望之人, 親檢簿書, 使財穀無耗失之患, 奴婢無逃失之弊, 鳩聚財用, 專心於養士, 則多士培養之休, 端可跂踵而俟之矣."

71) 《承政院日記》英祖 2년(1726) 5월 11일(37/38).

72) 《承政院日記》英祖 2년(1726) 5월 11일(34/38).

73) 《承政院日記》英祖 3년(1727) 9월 12일(34/87).

74) 《承政院日記》英祖 3년(1727) 10월 13일(21/21).

75) 《承政院日記》英祖 3년(1727) 10월 23일(17/41).

76) 《承政院日記》英祖 4년(1728) 7월 12일(37/37).

77) 교생포校生布는 신역을 피하기 위해 향교에 유생으로 등록한 양정良丁, 곧 교생校生에게서 받아들이던 포목. 李世弼(1642~1718), 〈答崔汝和論保民策疏〉, 《龜川遺稿》: 《韓國文集叢刊》 b45, 136쪽을 볼 것. "而且各邑鄕校額外校生案, 又是良丁避役之淵藪. 無故平民及軍保子枝, 多萃於此, 大邑則其數屢百.……額外校生, 雖合於軍保, 屢年入屬儒籍之類, 一朝汰定賤役, 則其驚駭愁怨, 必有一場騷屑, 此亦不可不慮也. 蓋此類之謀避軍役, 不但爲納布之難, 以其有定軍之名故也. 今若自朝家深詔執事, 明示約條, 永勿定軍. 其所捧之布則名之以校生布, 一年所納, 亦以五升三十五尺二疋爲限, 充其逃故及減布之數而止, 則無定軍之名而有定軍之實, 公私俱不爲病也."

78) 《承政院日記》英祖 4년(1728) 7월 12일(37/37). "殘忍莫甚."

79) 《承政院日記》英祖 4년(1728) 7월 28일(44/44). "以懸房贖錢, 爲員役朔料之資, 其所用處, 亦有歸宿, 而第本府, 有禁亂贖錢. 禁贖錢, 不過爲出禁臺官之所帶傔人及本府下吏等帖下之物. 出禁, 大爲都民難堪之弊. 而旣出之後, 不得不或有徵贖者, 則宜有補其公用之道, 而無端消融如此, 此非法府所可爲者? 臣以監察一人定掌務官, 以其贖錢一一收付, 一朔之間, 所聚之錢至於數百兩之多. 臣與僚臺相議, 作爲完議, 以其錢爲無料布員役朔料之費, 又爲鋪陳措備之需, 不過數朔, 便成裕財之衙門矣. 厥後, 有一憲臣, 無端革罷, 贖錢之浪用依舊, 此豈執法臺閣之所可爲乎? 臣嘗慨然. 憲府若遵守此法, 則其爲裕財, 一如臣在臺之日. 以其本府禁贖錢, 推移分給於員役. 屠肆贖錢, 則依前定奪許減, 則此爲兩便. 而憲府不思生財給料之道, 輒以本館請減, 爲本府難支之端, 必請復舊乃已. 自今以後, 以此定式, 憲府依前定其掌務官, 付其贖錢, 以爲員役給料之地. 懸房贖錢, 則依先朝定奪, 特許減半, 使將散之泮隷, 得以保存, 何如?"

80) "故判書兪得一爲大司成時, 以軍門給價取用之意, 陳達蒙允矣. 其後, 各軍門一番給價, 更無給價之事. 臣之從叔父故領議政趙泰耈爲大司成時, 亦以此請對陳白. 此後必須給價貿用之意, 更爲申飭, 分付於三軍門事, 申明稟定矣. 故判書閔鎭厚爲守禦使, 故領議政李濡故判書朴權爲禁衛大將時, 連爲給價取用, 故館隸無稱冤之端矣. 到今十餘年間, 元無給價之事, 如前勒令進排取用. 訓局則諉之以當初屠肆之創設, 專爲訓局軍器所入筋角而發, 則今不可給價爲言, 終不一番給價. 設令屠肆之創設, 果如訓局云云之言, 厥後屠肆之失利, 館隸之蕩敗, 無復餘地, 給價取用, 至有成命, 則終始防塞, 殊無當初定奪之本意, 事甚不當. 且屠肆所宰之牛, 皆未必大牛, 而各軍門, 輒以大角督納, 稱以不滿尺數, 點退不已. 因此而庫色輩索賂多端, 此爲館隸大段難保之端. 自今以後, 申明定式, 分付三軍門, 不給價之前, 切勿取用, 筋角納角之時, 亦勿點退索賂之意, 各別嚴飭, 以爲館隸支保之地, 何如?"

81) 《承政院日記》肅宗 27년(1701) 4월 20일(13/14). "入侍時, 兵判金構所啓: '縣房[懸房]二十坐筋角, 自訓局盡爲取用. 其中五坐, 則中間劃給守禦廳矣. 禁義營[禁衛營], 以新設軍門, 物力不敷, 劃給五坐筋角, 以爲補用之地, 何如?' 訓鍊大將李基夏曰: '訓局與禁衛營, 事體自別, 當初專用之意, 蓋以此也. 到今有難變通, 若貸用則容或可也, 似不當永給矣.' 金構曰: '軍器不足之處, 互相補用, 未爲不可. 依守禦廳例, 許令分用, 有何不可乎?' 上曰, : '懸房五坐, 限二年分送, 可也.'"

82) "奉常寺祭用片脯, 古例每於春秋兩等造成矣. 十餘年來, 無時造脯, 濫宰販賣, 私取其利, 故懸房失利, 職由於此. 前後本館堂上, 請對變通者, 累矣. 臣父方帶太常都提調, 臣適忝叨本職, 詳聞兩司弊端, 則太常貢人輩, 憑依祭用造脯, 乘時私屠之弊, 罔有紀極. 臣父, 方申飭本寺, 春秋兩等限日造脯外, 無時造脯, 一切嚴禁, 而此事非有定奪, 則年久之後, 似無遵行之理. 自今以後, 太常春等造脯, 則以二月望後, 至三月望前爲定; 秋等造脯, 則以八月望後, 至九月望前爲定, 毋得踰越之意, 招致貢人, 如是議定. 而此外或有復踵前習, 無時造脯, 若又踰其定限, 則隨其現發, 繩以私屠之律, 斷不撓貸, 一以爲杜其奸竇, 一以爲典僕保存之地, 何如?"

83) 《特敎定式》, 各司稟定, 〈懸贖半減, 英祖 4年(1728). "上曰: '大抵禁亂, 當初設法, 非不好矣. 禁亂之輩, 多有作弊之事, 況今經亂之後, 民心尙未鎭定, 尤不可不別樣申飭. 而贖錢依所達半減, 必須依刑曹定奪爲之, 可也.'" 이 자료는 《承政院日記》 1728년 7월 28일의 자료, 곧 대사성 조지빈의 계사와 위 영조의 재가를 그대로 옮긴 것이다.

84) 《承政院日記》 英祖 4년(1728) 9월 3일(23/33).

85) 《承政院日記》英祖 4년(1728) 9월 9일(27/39).

86) 《承政院日記》英祖 4년(1728) 10월 20일(23/28).

87) 《承政院日記》英祖 5년(1729) 1월 29일(6/8).

88) 《承政院日記》英祖 6년(1730) 1월 21일(24/26).

89) 《承政院日記》英祖 6년(1730) 2월 10일 기유(16/24).

90) 《承政院日記》英祖 8년(1732) 1월 12일(23/23).

91) 《承政院日記》英祖 8년(1732) 1월 12일(23/23).

92) 《承政院日記》英祖 8년(1732) 3월 5일(13/13).

93) 《承政院日記》英祖 8년(1732) 8년 3월 19일(13/13).

94) 《承政院日記》英祖 8년(1732) 5월 2일(22/22)·17일(19/27).《태학지》는 서종옥이 영조에게
   공채를 빌려줄 것을 요청한 《承政院日記》英祖 8년(1732) 3월 19일(13/13)의 계사를 줄여
   서 인용하고, 뒤에 성균관의 요청으로 누차 각 아문의 돈을 빌려주라고 명하여, 2만여 냥
   혹은 1만여 냥을 빌려주었다고 말하고 있다.〈雜式〉,《太學志》제10권, 事實. "後因本館所請,
   屢命貸給各衙門錢, 或二萬餘兩, 或一萬兩." 하지만 시기를 특정하지는 않았다.

95) 《承政院日記》英祖 8년(1732) 3월 5일(13/13). "卽今守齋儒生, 多至百餘人, 將未免闕供, 以至責
   出於殿僕輩, 非但有歉於朝家待士之道, 事體亦甚苟簡."

96) 《承政院日記》英祖 8년(1732) 3월 19일(13/13). "典僕給債事, 廟堂旣已持難, 則今不敢强聒. 而
   臣近以陞學, 淹留泮中, 殆十餘日, 聞其形勢, 實爲矜惻矣. 典僕輩, 每多添補供饋, 而專賴其一族
   之助矣. 年凶以後, 屠肆失利, 無他生涯, 故一族擧皆赤立, 每當供士之役者, 求死不得. 鄭羽良爲
   大司成時, 一食母自刎而死. 臣爲此職後, 一食母之夫, 又飮藥而死, 豈不慘傷乎? 若是外方之民,
   則監司守令, 必賙賑之不暇, 而京司無他拮据之道, 其將立視其死矣. 年凶歲飢, 野有餓殍, 是固
   王政之所矜恤, 而況聖廟典僕, 不勝爲役, 至於自決者乎?"

97) 《承政院日記》英祖 9년(1733) 5월 29일(30/32). "臣於向日在泮考試之際, 數十典僕, 相率慌忙,
   疾聲來告曰: '食婢一人, 夜已死矣. 今日番次食婢, 又方在自縊之中矣.' 使之救而無及. 噫! 此患,

雖曰在前, 亦多有之. 然身爲官長, 雖使渠輩, 不堪其冤, 至於自縊之境, 不覺慘怛, 當食而不能下咽. 繼以貶惡, 無顔對泮隷也. 雖於其時, 不爲徑罷試坐, 旋卽自劾, 然其不安乎心, 則久而益切矣. 蓋飯米受去有縮, 精鑿致耗. 所供之員多, 則見縮之數, 隨而益多. 常年尙難充備, 以渠輩之至殘, 當此大歉, 其何可稱貸而給之乎?"

98) "請依我肅考兩次成命及殿下己酉處分, 憲府京兆兩處贖錢, 亦准秋曹之例, 命減其半. 旣減之後, 俾無如前更侵之意, 亦爲申飭憲府京兆焉."

99) 이에 대해서는 각주 26)에서 《특교정식》을 증거로 든 바 있다.

100) 《承政院日記》 英祖 9년(1733) 6월 5일(24/30).

101) 《承政院日記》 英祖 9년(1733) 6월 11일(19/20).

102) 《承政院日記》 英祖 9년(1733) 6월 18일(19/19).

103) 《承政院日記》 英祖 9년(1733) 9월 2일(19/22).

104) 《承政院日記》 英祖 9년(1733) 9월 2일(19/22).

105) 《承政院日記》 英祖 9년(1733) 11월 2일(15/27).

106) 《承政院日記》 英祖 9년(1733) 11월 10일(29/29).

107) 《承政院日記》 英祖 10년(1734) 1월 20일(20/20).

108) 《承政院日記》 英祖 10년(1734) 7월 14일(21/22). "無論事之當否, 成均館請減則許之, 都監請復則許之. 一減一復, 其來久矣. 論其擧措, 終涉顚倒矣."

109) 《承政院日記》 英祖 10년(1734) 10월 16일(22/23). "近來食堂, 或至於數三次, 而每患不足矣. 蔬菜之屬, 責應於泮隷, 泮隷至有自經者, 可知其難支矣. 泮屬支保然後, 守廟之道, 可以着實, 而自前朝家, 出給賑廳錢五六千兩, 以爲立本資生之道. 今亦許此, 則庶爲保存之道矣."

110) 《承政院日記》 英祖 12년(1736) 5월 2일(51/61). "市廛外上之未給者, 殆至數千貫, 館中應下之未下者, 亦難指計, 而目下乏尺布分錢之儲, 將至多士闕供之境." 그는 성균관 재정의 원천인 전답과 노비를 거의 다 망실했다고 지적했다.

111) 《承政院日記》 英祖 12년(1736) 5월 2일(52/61).

112) 《承政院日記》英祖 12년(1736) 5월 14일(15/25).

113) 《承政院日記》英祖 12년(1736) 5월 2일(52/61). "本館無財力, 養士之費, 全資於典僕之外上, 不可不優恤典僕."

114) 《承政院日記》英祖 12년(1736) 9월 6일(31/31). "自前儒生居齋者不多, 故朝家只以七十五分供需磨練畫給. 而近來則居齋者, 日漸增加, 或當科時, 或至於二百分之多. 故其供需不足之數, 徵責於典僕輩, 其餘柴油等物, 皆出於典僕, 實爲可矜矣."

115) 《承政院日記》英祖 12년(1736) 9월 25일(39/41).

116) 《承政院日記》英祖(1736) 12년 9월 14일(12/18).

117) 《承政院日記》英祖 13년(1737) 9월 11일(30/34). 서종옥이 사헌부 속전을 감축할 것을 요청한 것은 1736년 9월 6일이었다. 서종옥은 1736년 한 달 뒤인 10월 7일 함경감사에 임명된다. 그런데 위 비변사의 검토 결과는 1년 뒤인 1737년 9월 11일에 실려 있다. 또 이 기사는 '曾因大司成徐玉所啓'로 시작된다. 徐宗玉이 아니라 '徐玉'이다. 내용상 이 기사는 1736년 9월 6일 서종옥의 상소를 검토한 결과가 분명하다. 그런데 왜 이 기사가 1년 뒤에 실렸는지 알 길이 없다. 《備邊司謄錄》英祖 13년(1737) 9월 6일 조에도 동일한 기사가 실려 있다. 여기에는 '大司成 徐宗玉'의 계사에 대한 검토 결과라고 되어 있다. 비변사의 회계回啓가 늦는 경우는 적지 않지만, 그것은 검토할 내용이 많거나 까다롭거나 아니면 다른 난처한 이유가 있어야 한다. 이 경우는 그 어디에도 해당이 되지 않는다. 앞으로 눈 밝은 분의 규정을 기다린다.

118) 《承政院日記》英祖 16년(1740) 7월 8일(29/29).

119) 《承政院日記》英祖 16년(1740) 7월 8일(29/29). "蓋京外士夫於典僕, 皆有主客之名, 顔情所在, 不能行一切之法. 主管堂上之主人, 如有帖付未收之價, 則雖當庫儲枵然, 經費方急之時, 不復致念. 許多錢布容易帖給之後, 目前需用, 則色庫輩不得已出債當之, 已成流來謬規. 前者既如此, 後者又如此, 庫儲日空, 債簿歲增. 二百三十同稱貸, 太半皆從此出, 成一耗財之窠窟, 已極慨然. 且其中無形勢者, 雖其身死, 而至子至孫, 不能受一文錢者, 十居八九. 同一典僕, 同一公用之債,

而償與不償, 若是不均, 怨讟滋甚, 有乖一視之道矣. 似此弊源, 如不趁速革去, 則債弊無時可救, 財用逐歲漸竭, 將至於莫可收拾之境矣."

120) "自朝家軫念本館莫大之弊瘼, 備局兵曹賑廳三處木數十同, 特爲許貸, 東壁貿面米一百六十九石, 亦令蕩減, 則以許貸木分給. 西壁朔下稱貸, 以蕩減米抄出, 東壁負債, 計其米布, 相當減給之後, 火其文書, 祛此數十年耗財之窠窟, 則本館財用, 不必至於太窘矣." 내용은 이해할 수 없는 부분이 적지 않다. 그럼에도 핵심은 비변사·병조·진휼청에서 무명 수십 동을 탕감의 재원으로 삼자는 것이다.

121) "究厥弊源, 則都由於紀綱不嚴, 人不畏法之致."

122) "自今爲始, 奴婢所在邑守令所報逃故, 若非其實, 因事發現者, 比推刷官減等, 十口以上則罷職, 二十口以上奪告身定式施行, 色吏頭目, 亦依掩匿公賤律, 分輕重照律, 恐似得宜也."

123) "近來人心不古, 公私賤免役之類, 皆着笠冒稱幼學者, 其所厭苦, 不在於身布, 而政在於奴婢之名也."

124) 〈雜式〉, 《太學志》제10권, 事實. "十六年庚申, 上命蕩減本館東西壁虛錄之米布. 初, 本館以養賢庫稱東壁, 成均館稱西壁, 分掌米錢, 以爲供士之需焉."

125) "答大司成沈聖希疏曰: '省疏具悉. 所陳者, 令備局, 稟處. 爾其勿辭察職.' 原疏下備局."

126) 《承政院日記》英祖 16년(1740) 8월 9일(20/20).

127) 《承政院日記》顯宗 12년(1671) 7월 23일(9/9). "上曰: '民事至此, 凡可以裁減之道, 宜無所不用其極. 內弓房, 各道所納弓箭所用牛筋弓弦絲等各樣雜物及虎豹皮, 限明年權減, 供上紙, 亦當依上年例, 自賑恤廳, 餘品封進, 而大殿世子宮, 則限明秋全減, 尙方所納豹皮, 今年則亦爲全減, 可也.'"

128) 《承政院日記》英祖 19년(1743) 윤4월 7일(32/36).

129) 《承政院日記》英祖 19년(1743) 윤4월 10일(42/68).

130) 《承政院日記》英祖 19년(1743) 윤4월 10일(43/68). "上曰: '沈魚稅, 江民旣不願, 則置之, 可也. 而至於懸房, 則朝家旣許之, 而自法府又爲弛法徵贖者, 甚無義矣."

131) 《承政院日記》英祖19년(1743) 윤 4월 15일(17/30). "司憲府通一年所捧中, 減七十兩, 漢城府
通一年所捧中, 減三十兩, 以示一分軫念之意."

132) 《承政院日記》英祖19년(1743) 5월 5일(12/56).

133) 《承政院日記》英祖20년(1744) 6월 5일(22/26).

134) 《承政院日記》英祖30년(1754) 윤4월 16일(15/15). 대사성 박봉령의 요청으로 4만 냥을 현
방에 빌려주었다는 자료는 여기에 처음 언급된 것이다. 《承政院日記》등의 자료에는 나
타나지 않는다.

135) 《承政院日記》英祖30년(1754) 5월 10일(17/18).

136) 《承政院日記》英祖34년(1758) 8월 26일(13/15).

137) 《承政院日記》英祖(1755) 31년 4월 10일(36/36). "自前朝家每以各司所在錢木米間, 劃給本館,
以爲補用之道, 而近來朝令不行, 雖已請得之物, 防塞不給. 昨年請得戶曹木二同兵曹本一同, 尙
今不給, 本館, 將何以成樣乎?"

138) "昨年所許者, 爲先依數劃給事, 分付兵戶曹."

139) 《承政院日記》英祖31년(1755) 4월 10일(36/36). "命臣曰: '本館奴婢推刷, 每六年一次擧行, 已
有定式, 而庚午年推刷之後, 今年爲當次矣, 待秋擧行, 何如?'"

140) 《承政院日記》英祖34년(1758) 8월 26일(13/15).

141) 《承政院日記》英祖3년(1727) 9월 12일(34/87)의 대사성 송인명의 상소를 말한다. 송인명
은 횡침을 거론하고 있지만, 법규를 만들었다는 내용은 없다.

142) 《태학지》에 의하면, 2만 냥을 빌려주었다고 한다. 〈雜式〉, 《太學志》제10권, 事實. "三十五年
奇妙, 命大司成徐命膺詢泮民弊瘼. 於是命禁三司禁吏之橫侵典僕者, 復貸各衙門錢二萬餘兩."

143) 《承政院日記》英祖39년(1763) 4월 10일(18/18).

144) 《承政院日記》英祖41년(1765) 5월 30일(18/22).

145) 《承政院日記》英祖41년(1765) 5월 30일(18/22).

146) 《承政院日記》正祖5년(1781) 2월 3일(29/32).

147) 《承政院日記》正祖11년(1787) 2월 9일(13/30).

148) 《承政院日記》正祖11년(1787) 1월 2일(19/22). "懸房贖錢之作定需用, 自是屢百年流來之規, 而前後蠲徭之恩, 不啻隆厚, 則今此元數中, 蠲減云云. 民習所在, 萬萬痛駭, 原情勿施, 移送秋曹, 各別懲治, 何如?"

149) 《承政院日記》正祖17년(1793) 2월 13일(19/21). "牛價則日漸增, 錢路則日益荒. 各懸房每日所宰, 不能準一日一首之數, 而各樣稅納, 依舊不減, 遂至賣屋鬻産之不足. 又年年出債而應之, 其殖滋長, 到今所負之散在各懸房者, 每房幾爲七八千或萬數, 而財窮力竭, 無以資生應役. 廿二肉市, 或作或撤廢業者, 殆過其半, 典僕輩皆彷徨於街路, 呼籲於廟堂, 幸冀其轉徹朝家, 而其言則必劃得二十餘萬兩無邊錢, 然後可以補連奠業云. 朝家前後惠澤, 偏及此輩者, 可謂浹肌淪髓, 而猶爲此非分之說, 生僥倖之望者, 其習固可痛, 而察其情而觀其勢, 則亦非過實之辭, 無據之說. 付諸廟堂, 商究其拯救之方, 俾得安其業而守聖廟, 恐不可已矣."

150) "今若任其撤業, 不之痛禁, 則各懸房每年稅錢之納於本館公用, 食堂所供及三司例贖者, 合爲二萬一千八百兩零, 將何以給代乎?"

151) 《承政院日記》正祖24년(1800) 1월 7일(12/14).

152) 《承政院日記》純祖11년(1811) 3월 20일(12/19).

153) 《承政院日記》純祖11년(1811) 8월 19일(24/30).

154) 《承政院日記》純祖11년(1811) 12월 15일(46/48).

155) 《承政院日記》純祖11년(1811) 12월 21일(18/19).

156) 《承政院日記》純祖12년(1812) 1월 8일(20/23).

157) 《承政院日記》純祖(1812) 12년 1월 12일(16/21).

158) 《承政院日記》純祖12년(1812) 1월 14일(18/18).

159) 《承政院日記》純祖12년(1812) 1월 22일(28/29).

160) 《承政院日記》純祖12년(1812) 2월 14일(9/13).

161) 《承政院日記》純祖15년(1815) 4월 5일(26/26). "丙申以前, 薤鹽之需, 綽有餘裕, 以其羨餘, 移

作本館經用. 自丙申後, 年減歲縮, 應入不能當應下. 今則餘裕無論, 加下漸多, 不免先下於戶曹, 負債於戶曹, 朝夕養士, 殆不成食堂舊樣, 而此亦將見其闕供云."

162)《承政院日記》純祖 15년(1815) 4월 5일(26/26). "泮民失業, 逐年愈甚, 東西泮村櫛比之盛, 日漸蕭索, 將至支保無路, 朝夕渙散云."

163)《承政院日記》純祖 15년(1815) 5월 27일(17/19).

164)《承政院日記》純祖 15년(1815) 5월 28일(16/17), 6월 10일(21/22)과 11일(19/20).

165)《承政院日記》純祖 15년(1815) 9월 25일(27/30).

166)《承政院日記》純祖 19년(1819) 12월 17일(13/24). "李墝, 以成均館大司成意啓曰:'臣卽聞居齋儒生, 一竝空齋而出, 馳詣泮宮, 招致諸生, 問其空齋之由, 則諸生等以爲, 近來泮民失業, 凋弊莫甚, 多士供饋, 漸不成樣, 而其中漁箭之役, 尤爲難支, 至於種種闕供之境, 此弊不祛, 勢難居齋, 非不知事體之萬萬屑越, 而見此無前之擧, 實無冒居之望, 故不獲已各自歸家云矣.'"

167) 尹愭,〈泮中雜詠〉,《無名子集》:《韓國文集叢刊》256, 28쪽. "食母菜茶母茶母魚塵等屬名目繁多, 熱閙特甚."

168)《承政院日記》正祖 6년(1782) 1월 24일(19/32).

169) "各宮奴屬之作弊懸房, 近尤益甚. 或廉價而厚取, 或外上而不報, 逐日如此, 失利不些, 實爲典僕輩難支之弊云. 朝家之飭禁此屬, 何等截嚴, 而不少懲戢, 如是侵漁者, 極爲痛駭. 分付內司, 以爲各別禁斷之地, 何如?"

170) "受出厚直於宮房, 勒給廉價懸房者, 究厥所爲, 萬萬痛駭. 四宮之中, 何宮爲最甚與否査問, 泮人處與募入人家, 設置懸房形止, 草記, 可也."

171) 조영준,〈조선 후기 궁방宮房의 실체〉,《정신문화연구》112, 2008 가을호, 한국정신문화연구원, 2008, 282쪽. 이하 궁방에 대한 서술은 전적으로 이 논문에 의한 것이다.

172) 궁방의 쇠고기 구매에 대해서는 비록 1902~1908년이란 늦은 시기이기는 하지만,《안기양일기장安奇陽日記帳》에 나타난 수진궁의 구매액수를 통해 짐작할 수 있다. 1902년에서 1906년까지 수진궁은 안기양의 사동 현방寺洞懸房으로부터 22만 8,915.5냥어치의 쇠고

기를 구매하였다. 안기양이 1907년까지 수진궁으로부터 받아야 할 외상대금은 모두 8,998.20엔円에 이르렀다고 한다. 조영준, 〈서울 쇠고기시장의 구조, 1902~1908: 《安奇陽日記帳》의 기초 분석〉, 앞의 책, 206쪽.

173) 《承政院日記》正祖 6년(1782) 1월 27일(8/18). "宮屬之侵漁懸房事, 嚴明査問於典僕, 則以爲龍洞明禮兩宮馬直之使喚輩, 廉價勒取, 外上不報, 果爲最甚云矣."

174) 조영준, 앞의 논문, 290~291쪽. 내무계통은 수진궁의 사례로 파악한 것이다.

175) 조영준, 앞의 논문, 293쪽.

176) 앞의 논문, 293~294쪽.

177) 《承政院日記》正祖 12년(1788) 1월 8일(17/17).

178) 《承政院日記》正祖 13년 5월 26일(22/23). "渠輩若果有冤, 訴之法司, 訴之廟堂, 寧有不爲禁戢之理, 而不此之爲, 肆然撤屠, 使卿大夫國人, 日用姑毋論, 祭用亦無以買得, 此其計, 欲恐動朝廷, 得充其意慾也."

179) 《承政院日記》正祖 13년(1789) 5월 16일(4/4). "泮漢自前少不如意, 則輒敢鎖庫, 遂成一弊, 今至有撤屠之擧, 此習亦可嚴絶矣."

180) 《承政院日記》正祖 13년(1789) 5월 26일(22/23).

181) 《承政院日記》正祖 14년(1790) 1월 4일(11/11). 《備邊司謄錄》正祖 14년(1790) 1월 6일.

182) 《承政院日記》正祖 14년(1790) 1월 29일(18/20).

183) 정조의 지시에 대한 검토와 보고는 채제공에 의해 이루어졌다. 《承政院日記》正祖 14년(1790) 2월 26일(26/27)의 채제공의 보고를 볼 것. 이 자료는 다음 장에서 상세히 다룬다.

184) 《承政院日記》正祖(1792) 16년 1월 4일(53/58).

185) 《承政院日記》正祖 17년(1793) 2월 13일(19/21).

186) 《承政院日記》正祖 18년(1794) 10월 7일(38/42). "執義李秉喆啓曰, ……近來各宮奴屬, 作弊多端. 日前本府禁吏, 捉一別肉罪人, 使之査實, 則稱以於義宮貿易軍, 以廉價, 勒買懸房之肉, 潛自放賣而被捉者也. 究厥罪狀, 有浮於私屠, 故爲先嚴治牢囚, 方欲移送秋曹之際, 懸房所屬, 聞風

齊會, 來訴至冤之狀. 以此漢輩之憑藉假托, 惟意橫奪, 各懸房一日所失, 其數夥然, 一年通計, 則不知爲幾何. 因此而失利廢業, 許多典僕, 勢難支保云. 朝家之前後申禁, 何等截嚴, 而宮奴輩之冒犯作奸, 愈往愈甚. 以今現發者推之, 其所恣橫, 不但止於此漢而已. 且當歲歉穀貴之時, 如此弊端, 安知不更及於他民耶? 若無別般禁飭, 則日後之弊, 有不可勝言. 請令攸司, 嚴覈各宮所屬, 依法重繩, 亦爲嚴立科條, 俾絶奸弊焉.' 答曰: '……宮奴差人事, 前後飭禁何如, 則焉敢更有奸犯? 厥後令該曹嚴刑懲治, 其餘諸宮同犯之類, 嚴加査實, 照法處置事, 分付, 可也.'"

187) 《承政院日記》正祖18년(1794) 10월 8일(26/35).

188) "此後更以宮奴差人現影於懸房者, 令懸房人, 直爲結縛捉納於本曹, 本曹則差人刑放, 推捉宮奴, 嚴刑定配後, 草記. 行首所任, 嚴狀懲治, 如是定式之後, 或以差人, 假稱宮奴者, 廉探査出, 不告之懸房人, 捉來嚴刑, 可也."

189) 소임所任은 소차여小次知, 장무掌務, 수궁穡宮, 서원書員 등으로 구성된다. 조영준, 앞의 논문 291쪽. 이들은 대개 경아전 층으로 여겨진다.

190) 《承政院日記》正祖23년(1799) 5월 30일(27/32). "此皆無賴之類, 日入市肆, 討索作拿, 便作渠輩之生活."

191) 《承政院日記》正祖23년(1799) 5월 27일(20/23). "明禮宮壽進宮於義宮龍洞宮貿易奴子, 各有隨率, 而此輩作弊, 不一其端. 近來畜産不蕃, 物價漸踊, 而只以常定之價, 必求最大之品, 竝與常定價, 而又或減給. 賣買時, 不令市人操刀, 而多寡惟意割去. 甚或有憑藉貿取, 轉賣酒家之弊. 昨年五月間於義宮隨率崔哥漢, 因廛民之若干爭價, 至於結縛毆打. 今年四月念間, 內需司奴子隨率兩漢, 稱以貿易, 遍行一廛, 隨處勒貿, 計其本價, 幾爲二十五兩, 而僅給半價矣. 追聞之, 則乃爲渠輩會飮之需, 欲爲呈訴於該司而未果云."

192) 《承政院日記》正祖23년(1799) 5월 28일(20/29).

193) 《承政院日記》正祖23년(1799) 5월 30일(27/32).

194) 《承政院日記》正祖23년(1799) 6월 3일(19/32).

195) 《承政院日記》純祖1년(1801) 3월 15일(34/40).

196) 《承政院日記》純祖 1년(1801) 8월 23일(18/18).

197) 《承政院日記》純祖 1년(1801) 12월 30일(17/23). "所謂防錢名色, 雖是物件已盡時, 防給之物, 今則不問有無, 一例徵索."

198) 《承政院日記》純祖 1년(1801) 12월 30일(17/23).

199) 《承政院日記》純祖 3년(1803) 윤2월 13일(17/21).

200) 《承政院日記》純祖 9년(1809) 3월 14일(19/20).

201) 《承政院日記》純祖 10년(1810) 1월 10일(20/30).

202) 《承政院日記》純祖 3년(1803) 윤2월 13일(17/21).

203) 《承政院日記》純祖 4년(1804) 3월 29일(35/36). 《承政院日記》純祖 7년(1807) 2월 25일 (15/25). 《承政院日記》純祖 9년(1809) 3월 19일(19/20).

204) 《承政院日記》純祖 11년(1811) 3월 2일(17/20).

205) 《承政院日記》純祖 11년(1811) 4월 14일(36/45).

206) 《承政院日記》純祖 14년(1814) 7월 9일(15/22).

207) 《承政院日記》純祖 34년(1834) 3월 20일(31/31). "懸房之凋殘, 由於貿易."

208) 《承政院日記》純祖 11년(1811) 3월 20일(12/19).

209) 《承政院日記》純祖 26년(1826) 5월 18일(14/15).

210) 《承政院日記》純祖 34년(1834) 3월 10일(19/19).

211) 《承政院日記》哲宗 1년 4월 15일(24/26). "招致洋民, 詳細詢瘼, 則各處例納錢, 每年過三萬餘 兩, 此外又有橫侵勒奪之弊, 則何以收利而興業乎?"

212) 《承政院日記》哲宗 1년(1850) 2월 12일(15/16). "懸房市民等以爲, 各宮貿奴憑藉私貿之弊, 嚴 立科條, 俾蒙實效, 潛屠之類, 一一痛禁事也."

213) 《承政院日記》哲宗 1년(1850) 4월 15일(24/26). "今番四宮外, 新設貿所之處, 貿奴輩連三日作 弊, 若一向如此, 則其勢難支, 故所以至撤市之境者也."

214) 《承政院日記》哲宗 5년(1854) 4월 2일(15/21). "且庚戌飭敎後啓下節目, 非不申嚴, 然宮奴輩,

縱意操縱, 憑公逞私, 假令該宮所用三分, 則渠輩私用, 恰爲七分, 無異勒取, 中間射利."

215) 《承政院日記》 哲宗 5년(1854) 4월 2일(15/21).

216) 《承政院日記》 哲宗 7년(1856) 1월 24일(20/21).

217) 《承政院日記》 哲宗 8년(1857) 1월 23일(7/15). "泮民失利, 日益凋殘, 其所呼冤, 無歲無之, 此專由於各宮房私貿之弊也."

218) 《承政院日記》 哲宗 8년(1857) 윤5월 29일(4/14). 《承政院日記》에는 〈현방구폐절목〉을 써서 올린다는 말만 있을 뿐이다. 원문은 《備邊司謄錄》 哲宗 8년(1857) 윤5월 29일 조에 실려 있다.

219) 《備邊司謄錄》 哲宗 8년(1857) 윤5월 20일. "四宮外不得濫稱貿易, 自有法式, 而年前受敎又況截嚴, 則貿易一款, 宜不爲弊. 而夫何見利蔑法之類, 瞀不知改少無顧忌? 苟究弊源, 一則懸房散在各處, 貿奴輩左右憑藉, 易於加貿故也. 一則貿易之價太歇於私買故也. 不溯其源, 只救其流, 雖日罪十人, 安望其有實效乎? 今以每日貿易, 定以一處, 而加貿之價, 特爲倍給事定式是白如乎, 城內二十一懸房中, 以廣禮二橋鄕校安洞承內壽進政府禁府廣通紙前合十處永定貿易所."

220) 《備邊司謄錄》 哲宗 11년(1860) 1월 9일. "懸房之弊, 果到極矣, 屢加釐捄, 而尙無實效. 諸民呼訴, 何時可已乎?"

221) 《承政院日記》 哲宗 11년(1860) 10월 20일(22/22).

222) 《承政院日記》 哲宗 12년(1861) 12월 10일(37/37).

223) 《承政院日記》 哲宗 12년(1861) 12월 29일(13/16). "又以備邊司言啓曰: '向以禁屠事, 筵奏行會, 而卽接泮人所訴該館所報, 則其難支難堪之弊, 不一而足. 若不大加更張, 雖日開百庖, 無異杯水之於車薪, 而許多策應, 又復如前而已. 其所謂贖鍰舊債貿易角骨等諸般名色, 蕩減者蕩減, 濫觴者刪除, 而本司公事堂上與泮長, 通同爛商, 成給節目, 以爲安堵奉公之地, 何如?' 傳曰: '允.'"

224) 〈懸房捄弊節目〉: 《各司謄錄》 71, 국사편찬위원회, 1993, 525~526쪽. 一. 私屠與坐賣行賣, 自三法司兩捕廳, 各別察禁, 施以當律是矣. 私屠自有窩窟, 坐賣行賣, 爲其隨從, 到氐譏訶, 一並

鋤治, 則自可禁止. 而惟禁隷輩, 非徒不捉, 反爲耳目, 甘作坐贓. 又或畏㤼, 故爲放過. 苟有一分奉法至心, 豈敢玩令而陰濟其私乎? 善自此輩而另加操束, 無敢復踵前習爲於. 又自本館擇定泮民, 別岐偵探, 隨所見聞, 使至來告, 而秘移法司, 以爲捉治爲於. 潛屠至漢, 皆是齊民之無賴者, 而泮民亦有出來犯科之類. 此則施以加倍之律爲於. 懸房疊屠與泮村私宰, 自本館這這糾禁, 而法司捕廳所屬, 則依庚辰(1820)節目, 無得接跡於懸房近處爲於. 凡係犯屠者, 數上司下隷, 勿爲進來, 直爲推治爲於. 如是別飭之後, 無論禁隷與泮民, 或拘於顔私, 知面故縱, 則施以反坐之律爲齊.

一. 肉種貿易, 供上所需也. 法意何如? 而宮屬之憑藉加貿, 太無限節, 至爲私相酬應之資, 事體褻慢, 莫此爲甚. 自今爲始, 四宮每朔朔會計啓下後, 肉種進排件記, 自各該宮, 出給本館, 與各懸房手本, 考準實數後, 原件記還納, 而如有加數之見發者, 自本館依丁巳(1857)節目, 以受敎辭意, 不飭之該宮次知, 草記論勘, 奴子直移法司, 嚴刑遠配爲於. 割肉之以戶曹烙印稱子爲準, 亦爲一遵舊式爲齊.

一. 牛角骨灰之取用, 未知刱自何時, 旣令進排, 則固當以本色捧用, 而加數濫責, 已極無據, 代錢徵納, 于係可駭. 自今以後, 各其司與有所用, 量其應入, 該司官員, 踏印捧甘, 使之進排, 而自下責納, 切勿擧論爲於. 代錢一款, 永爲禁斷. 而如或有故爲執頉, 夤緣誅求之端, 自本館往復該司, 另爲懲治爲齊.

一. 法司所屬之春秋告祀時, 錢肉討索, 與各節日單子及每日酒債等許多名色, 無非科外橫侵也. 此亦難支之一端. 自本館申飭各懸房, 更勿施行是矣. 與有稱以已例, 惹鬧作梗者, 指名往復于該司, 別般懲治, 而此輩旣不得接跡於懸房近處, 則似此惡習, 不待禁止而自止. 以此意飜謄揭付於各懸房爲齊.

一. 所謂貢物日收等, 名色不正, 久成痼瘼. 所以有年前啓罷之擧, 而近或有更提起訟, 期欲徵推者. 大關後弊, 極爲痛駭. 且泮民訟卞, 專委本館, 自有定式, 則有非法司所關, 似此狀辭, 切勿聽理, 而治其妄訴之罪, 以懲玩法之習爲齊.

一. 三司贖錢, 間因懸房之撤罷, 積年未收, 數甚歇然. 公用之減縮, 極爲悶然. 而欲俟其紓力, 則冊納浩汗, 開市無期. 與其徒存虛簿, 延拖歲年, 無寧趁卽蠲減, 以責來效, 不害爲兩便之方矣. 辛酉(1861)十一月以前賑錢未收條, 一倂蕩減是遣. 如是變通, 寔出於曠絶之典. 若復如前稱托不卽開市復業, 又或怠滯於賑錢所納, 則大行首及該頭目, 斷當施以刑配之律爲齊.

諸般痼瘼, 何莫非汴民難保之端, 而攷是奪利失業無以聊生者, 卽私屠一款也. 節目中已爲申明另飭, 而其痛禁與否, 專在於三法司及兩捕廳. 如或一毫稽忽, 不能永著實效, 豈奉承朝令之意乎? 失飭之策, 當有所歸. 壬戌(1862)正月.

225) 《承政院日記》哲宗 14년(1863) 3월 20일(22/22). "各宮貿易, 日增月加, 轉至於失利撤業之境."

226) "蓋貿易定價本歇, 閭閻閑雜, 各嘱宮屬, 憑藉貿易, 殆無限節, 幾乏賣買之餘資, 在在落本, 實有撤廢包肆之慮, 民弊到極, 何暇他顧?"

227) 《承政院日記》哲宗 14년(1863) 5월 30일(31/31).

228) 《承政院日記》高宗 1년(1864) 5월 1일(17/33). "各宮私貿, 年前救弊時, 旣已痛禁."

6장 대응

1) 《承政院日記》景宗 즉위년(1720) 9월 10일(13/14). "執義洪禹傳疏曰: 汴村之人, 廣設屠肆, 宰殺狼藉, 聚人饋送, 厚售其價, 故洛中老少男女, 逐日蝟集於汴村, 沽酒烹肉, 壓足而歸. 酣酒迷亂之輩, 日日塡咽於汴村往來之街衢, 至使思樂芹汴之地, 反爲屠沽醉飽之場, 事之寒心, 莫過於此."

2) 《承政院日記》景宗 즉위년(1720) 9월 10일(13/14). "只以法司禁亂之不得入汴村."

3) 《承政院日記》英祖 3년(1727) 3월 10일(20/22). "留守經歷辭壯之日, 各率成均館典僕, 設置屠肆於兩處, 日夜椎殺, 其數無算. 雖流來之謬規, 而不可不急時變通者也. 亦令兩都守臣, 率館僕, 設屠肆之弊, 永爲革袪焉."

4) 《承政院日記》英祖 1년(1775) 3월 24일((10/11).

5) 《承政院日記》英祖 52년(1776) 1월 20일(27/37). "我國牛畜, 不爲不多, 而以其潛屠狼藉之故, 日漸耗縮, 借牛之令雖下, 而無牛者每患失時, 誠可憂悶. 潛屠之禁, 非不申嚴, 而京中以其有懸房

亂屠之法. 故摘發甚易, 行禁亦嚴, 而鄉外則無亂屠之法, 只使面任糾察. 故同里閈相親厚者, 相與

蒙蔽, 幸免刑配鄉外潛屠, 比京尤甚, 職比之由也. 莫如依懸房亂屠之法, 輪送泮隷於八道, 如兩都

及廣州水原之例, 詗察潛屠, 告官抵罪, 勿爲懲贖[徵贖], 嚴刑定配, 則犯屠者畏之, 不敢如前之爲,

而牛畜繁息, 農民無失時之歎矣."

6) "至於釋菜所用脯牛, 若使吏奴主之, 必有奸弊, 亦令泮隷, 依四府例進排, 則似無不潔之歎, 憑公營

私之患, 亦可以永杜矣."

7) 《日省錄》正祖18년(794) 7월 15일.

8) 이때 경모궁 근처에는 연초煙草·승혜繩鞋·초물初物·건어·생선 등을 판매하는 상점들이 생

겼다. 자세한 것은, 김동철, 〈18세기 말 景慕宮 募民과 그들의 상업〉, 《지역과 역사》 8, 부경

역사연구소, 2001을 참고할 것. 현방 외에 우방전도 설치되었는데, 이에 대해서는 따로 서

술한다.

9) 《承政院日記》正祖6년(1782) 1월 24일(19/32).

10) 《正祖實錄》6년(1782) 1월 24일(3). 《承政院日記》正祖6년(1782) 1월 27일.

11) 《承政院日記》正祖(1782) 6년 2월 19일(29/30). "還宮時至, 上仍具翼善冠袞龍袍, 出齋殿門外

乘輿, 出大門外降輦所. 上降輿乘輦, 至廛界泮村池邊. 上曰: '判尹率民人等入侍.' 漢城判尹鄭昌

聖率廛民泮人進前. 上下敎于民人等曰: '廛民與泮人, 各有分屆, 或無相雜之弊耶?' 民人等曰: '各

覓厥居, 少無弊端矣.' 上曰: '爾等之募入宮底, 蓋爲所重, 而旣已募入之後, 爾等生利, 自可軫念, 故

旣許泮人之懸房, 廛民則許令魚物賣買. 從此爾等, 足可爲支保徭役及懸房贖, 當限年除減. 以此

知悉退去, 可也."

12) 〈雜式〉, 《太學志》제10권, 事實. "當宁六年任人, 命募入太學典僕之居外者於景慕宮洞口空閑之

地, 特許加設屠肆一處, 俾其資生. 其居於泮中者, 亦令從願移入. 且命大司成徐有防講定節目永

久遵行. 泮人之移居者, 凡六十餘戶."

13) 《承政院日記》正祖8년(1784) 1월 25일(25/27). "而且一廛加設之, 餘利不能饒六十戶數百口之

命, 更無資坐之路, 乞依湖南泮隷替當之例, 諸營閫及列邑貿販處, 與元居典僕, 作伴下去, 便宜分

利, 俾得奠居云矣."

14) 《承政院日記》正祖 9년(1785) 1월 22일(23/31).

15) 《承政院日記》正祖 9년(1785) 1월 25일(17/21). "宮底募入典僕輩, 旣無他條生利, 只以一座屠肆
爲業, 則六十戶半千口之命, 實難支保, 情甚矜悶. 他無助給之道, 而得聞諸道之民, 以貿販難支之
弊, 有所呈訴備局, 請屬典僕者, 比比有之. 貿販, 旣是典僕之生業, 而外方之民, 果爲厭避, 則其所
厭避諸處, 一一搜問其眞僞, 使典僕輩, 下往屠販, 以爲料賴, 則在鄕民, 庶有除弊之端, 在典僕, 不
無蒙利之道, 以此以彼, 俱爲兩便. 爲先呈訴, 陳奠處, 令備局考出後, 卽爲許送典僕, 其餘他道, 亦
自本館行移, 待其報來, 隨其有弊, 次次下送, 何如?"

16) 《承政院日記》正祖 (1787) 11년 1월 19일(34/35). "而至於泮僕之出送外邑, 任其屠販, 又是近年
創出之事也."

17) 《承政院日記》正祖 21년(1797) 8월 22일(13/19). "李肇源, 以備邊司言啓曰: '卽見宮底典僕李弘
弼等上言, 則以爲: 〈以懸房事言之.……且鄕屠肆革罷之後, 姑無自廟堂給代稟處之事, 一依鹽醢
廛還退時例, 戶惠廳移送成均館錢中, 以七千兩無邊貸下, 則以此七千兩, 還報債主, 成均館所納
錢每年一千兩式, 流伊備報. 鄕屠肆則二十一處, 雖難盡爲復設, 元泮人七處屠肆, 依舊自在, 依此
例, 就其可設處, 復設 爲辭矣.……外方屠販, 今旣革罷, 且當申禁至嚴之日, 無論多少, 許令復設,
非所可論. 上言內辭緣, 竝置之, 何如?' 傳曰……'允.'" 이 자료에 대해서는 후술한다.

18) "而今爲泮僕之生理, 法外定送於外方各營之不足, 定送列邑, 列邑之不足, 至送於萊灣邊府, 此非
所以禁之也, 乃所以勸之也. 雖泮僕不下去之各邑, 亦必效尤屠殺, 無所顧忌, 此豈細故也哉?"

19) 《各司謄錄》, 慶尙監營關牒, 正祖 11년(1787) 2월 29일 도착. "雖以五十年內外事言之, 列邑新
反營閾, 亦無屠販之設, 欲食牛肉者, 必取脯脩於京師.……泮僕下送, 雖曰爲除官屠之弊, 而一營
一州之下送, 諸道諸邑之效尤, 十室之縣, 三里之城, 莫不有官屠名色, 躬自犯法如此, 將何以戢土
豪而禁小民乎?……泮隸段, 松都沁都水原廣州完營, 舊有五處外, 竝令卽地撤還, 俾知朝家禁制
之本自嚴重爲㫆."

20) "聞宮底典僕, 與之分利云, 此則令有司堂上, 從長商確, 俾爲聊賴之地, 宜矣."

21) 《承政院日記》正祖 12년(1788) 1월 8일(17/17). "諸道貿販, 自去年禁斷, 而以從長商確, 俾爲聊賴之意, 筵稟蒙允, 又以營閫貿販, 方便措處, 州牧以下, 嚴加禁斷之意, 行會, 則列邑雖無可論, 營閫旣有貿販, 特令決處, 俾得生活之地云矣."

22) 《承政院日記》正祖 14년(1790) 1월 4일(11/11). "各道監兵營及一二邊邑貿販之弊, 漸至難支之境, 故自備局, 關問便否於各道, 就其言便處, 下送典僕矣. 年前因各邑濫觴之弊, 竝與監兵營及一二邊邑, 而還爲防塞, 泮民生涯, 轉致倒懸. 伏乞更蒙天恩, 依前分送云矣. 上曰, 令廟堂稟處, 可也."

23) 《承政院日記》正祖 14년(1790) 2월 26일(26/27).

24) 1789년 4월 20일 비변사는 우통례右通禮 우정규禹禎圭의 개혁 상소를 검토해 회계回啓한다. 이 회계에는 동래의 포자감관庖子監官과 운미감관運米監官의 폐단을 바로잡을 것을 요청한 우정규의 개혁안에 대한 답이 포함되어 있었다. 비변사는 경상도 관찰사에 동래부의 상황에 대해 보고할 것을 지시했고, 경상도 관찰사 김광묵金光默은 '동래부의 포자감은 반인이 맡은 지 7년이 지났고 지금 논할 것이 없다'고 답했다. 즉 1789년 당시 동래부의 소의 도축은 반인이 맡고 있었던 것이다. 《日省錄》正祖 13년(1789) 4월 20일.

25) 《承政院日記》正祖 14년(1790) 10월 5일 임자(27/37).

26) 《承政院日記》正祖 15년(1791) 12월 1일(32/34). "此則渠等, 皆不願故, 故相旣筵稟革罷, 則今何可更設乎? 爾等往告都提調, 如有某般效益之道, 以爲使卽變通之地, 可也."

27) 《承政院日記》正祖 20년(1796) 11월 30일(17/20). "申者, 以備邊司言啓曰, 貢市人詢瘼所懷, 有草記稟處之命矣, 取見其所懷, 則繕工監鴨島契貢人等……懸房市民等, 以爲自北漢延曙彰義門內外契, 至分繕工以下無懸房, 江郊則自龍山, 以上到矗島諸江及東郊牛耳諸村興仁之門外, 亦無懸房, 此兩處加設懸房, 如廣禮橋懸房之例, 則每年所捧, 爲六百餘兩, 以此補入於泮民諸般身役, 則賴以生活云. 五部之內, 二十二懸房, 不爲不多, 且當此牛禁申嚴之時, 敢以新設之計, 如是煩籲者, 極爲猥越, 置之."

28) 《承政院日記》正祖 21년(1797) 8월 22일(13/19).

29) 《承政院日記》正祖22년(1798) 1월 4일(28/31).

30) 《承政院日記》正祖24년(1800) 1월 7일(12/14).

31) 《承政院日記》純祖9년(1809) 3월 14일(19/20).

32) 《承政院日記》純祖10년(1810) 4월 13일(16/24).

33) 《承政院日記》純祖14년(1814) 11월 18일(12/24).

34) 《承政院日記》純祖31년(1831) 4월 11일(19/21). "又以刑曹言啓曰:'因內農圃手本, 毆打庫直之朴興哲兄弟, 捉來詳覈以聞事, 命下矣. 朴興哲及其弟尙快, 竝爲捉來嚴覈, 則興哲所供內, 以爲居在薪島, 爲懸房使喚矣. ……'"

35) 《承政院日記》純祖15년(1815) 9월 25일(27/30) "其一, 洴民救弊, 無出於貿販一事, 毋論營閫邑鎭, 前已設行而中廢者及可合新占處, 次次設置事也. 各道營閫之分送洴人, 昔在先朝, 因大臣所奏, 暫爲許施, 旋以有弊無效, 仍爲停罷, 而外方事情, 隨時移易, 有難遙度而硬定, 自本館移關各道, 問其可否後, 更報本司, 以爲從便停當之地."

36) 《承政院日記》純祖22년(1822) 11월 2일(20/22). "其一, 淸州及畿內諸邑與廣州華城等地, 牛禁解他, 嚴飭禁斷事也. 此是洴人, 符同奸民而然. 令道臣守臣, 各別懲治, 期於禁斷."

37) 《承政院日記》純祖31년(1831) 1월 13일(23/24). "洴民之外道設庖, 雖爲渠輩資生之道, 而若以民邑言之, 亦不無爲弊之端, 況此西原貿販, 撤罷已久, 今不可更議復設, 置之, 何如?"

38) 《承政院日記》哲宗2년(1851) 4월 7일(8/9).

39) 《承政院日記》哲宗5년(1854) 4월 2일(15/21). "懸房市民等以爲, 京外場庖, 皆洴民所主管, 而至于今遵行者, 只爲四都留營及全州原州東萊等七處, 而未復設營梱邑鎭諸處, 使洴民復舊規開庖, 俾爲廣資生補應役之需."

40) 《承政院日記》哲宗7년(1856) 1월 24일(20/21). "懸房市民等, 以爲京外設庖, 洴民主管, 已有受敎, 營梱諸處, 復舊規開庖."

41) 《承政院日記》哲宗7년(1856) 1월 24일(20/21).

42) 《承政院日記》哲宗11년(1860) 1월 10일(9/17).

43) 《承政院日記》高宗 1년(1864) 5월 1일(17/33).

44) 《承政院日記》高宗 4년(1867) 2월 15일(12/22).

45) 《承政院日記》正祖 17년(1793) 9월 11일(25/29). "名邑大都, 泮隷設鋪, 窮蔀殘閭, 頑民分肉. 甚至通衢列肆之間, 販鬻爲事, 有肉如坻. 若論其弊, 兩湖爲尤."

46) 《承政院日記》英祖 32년(1756) 1월 3일(23/23). "噫, 懸房外私屠, 豈小民所爲? 卽勢家及士大夫家所爲, 其令申飭, 意蓋此也."

47) 《承政院日記》英祖 6년(1730) 1월 21일(24/26). "(大司成 李)德壽曰: '近來泮宮典僕等失業, 亦由於私屠狼藉之致也. 私屠則國家禁令至重, 而各衙門及士大夫家, 與禁吏符同作奸, 惟意宰屠, 此非但爲典僕, 失其生理.'"

48) 《承政院日記》哲宗 11년(1860) 10월 20일(22/22). "況年前懸房救弊, 不啻贍悉, 而緣於私屠之如前, 使許多泮民, 蕩散乃已, 此不嚴禁, 法將安施?"

49) 《承政院日記》正祖 5년(1781) 2월 3일(29/32).

50) 《承政院日記》英祖 2년(1726) 5월 11일(37/38). "挽近以來, 刑曹漢城府司憲府禁吏輩, 恣行奸惡, 出入屠肆, 徵責多端. 此已典僕等難支之端, 而小不愜意, 則執捉陳肉, 勒謂之疊屠, 呈課該司, 又徵科外之贖."

51) 《承政院日記》英祖 35년(1759) 7월 26일(11/12). "三司禁吏輩, 稱以疊屠橫侵, 恒數之外徵斂, 以至難支之境, 故丁未年間, 故相臣宋寅明, 陳達筵中, 定式禁斷矣. 今至數十年之後, 橫侵之弊, 又復如前, 此一款願依丁未定式施行云矣."

52) 《承政院日記》顯宗 11년(1670) 11월 12일(15/17).

53) 《承政院日記》景宗 즉위년(1720) 9월 10일(13/14).

54) 《承政院日記》英祖 25년(1749) 11월 20일(21/22). "近聞京城, 則懸房疊屠, 私屠犯禁者, 多有之, 外方則各邑之設屠, 民間之潛屠, 殆無忌憚云, 誠極寒心."

55) 《承政院日記》英祖 51년(1775) 11월 13일(20/20)·23일(17/23)·24일(20/25).

56) 《承政院日記》英祖 51년(1775) 11월 25일(26/32).

57) 《承政院日記》英祖 51년(1775) 11월 25일(26/32)·11월 26일(15·17·18/22).

58) 《承政院日記》正祖 14년(1790) 1월 4일(11/11). "以爲近年牛價, 轉致踊貴, 不得生意於疊屠者, 非但出於畏法而已. 且一肆疊屠, 諸肆受弊, 故互相守直, 無異禁條, 故除非春夏間闕屠數, 呈官充補之事, 則初無一次疊屠之弊, 而三司禁吏輩, 每當秋冬之際, 不禁應禁之私屠, 誤執懸房陳肉, 以爲呈課之資, 一年納贖, 至於六七百兩之多, 事甚冤枉."

59) 《承政院日記》正祖 14년(1790) 11월 24일(9/11). 다음은 장령 이진택의 말이다. "臣待罪本府, 問于禁吏, 則懸房疊屠私屠牟利者, 無慮近百處, 而非士夫大家傔從, 則將任家奴輩也, 禁吏莫敢下手云, 豈不寒心哉?"

60) 《承政院日記》正祖 17년(1793) 2월 13일(19/21). "秉鼎曰: '至於法司疊屠之贖, 各宮房科外之侵, 亦爲渠輩呼冤之一端, 而宮房貿奴輩之侵徵, 曾於庚戌年, 因特敎已有捧甘揭板者. 此則申明另飭, 自當有效, 法司疊屠之贖, 最爲痼弊, 蓋牛價漸踊, 典僕漸貧, 雖以各懸房合而論之, 一日所屠, 多不過八九首十餘處, 則每每闕屠, 尙何疊屠之可論哉? 此則定式革罷, 似或得宜.'"

61) 《承政院日記》正祖 17년(1793) 10월 9일(27/28). "漢城判尹具庠疏曰: 伏以卽者備邊司, 以自今以後, 雖有疊屠, 三法司禁吏輩, 更不得現影於懸房近處捧甘矣."

62) 바로 위 正祖 17년 10월 9일의 상소가 반발의 내용을 담고 있다.

63) 《承政院日記》正祖 17년(1793) 10월 9일(27/28). "漢城判尹具庠疏曰: 伏以卽者備邊司, 以自今以後, 雖有疊屠, 三法司禁吏輩, 更不得現影於懸房近處捧甘矣.……使禁隷不敢現影於屠肆泮村, 則泮人之無復忌憚, 恣行不法之習, 終至於日滋月盛, 罔有紀極."

64) "廟堂之謨, 宜軫嚴禁, 而乃使法司, 不得干涉於疊屠, 是何法也? 疊屠之弊, 甚於潛屠, 蓋列販之肆, 混同狼藉, 其勢甚易, 其利亦厚. 臣之待罪本府, 非止一再, 前後泮人之迭告者, 無慮十數, 禁隷之執捉者, 亦且夥然."

65) 《承政院日記》正祖 17년(1793) 10월 10일(27/30). "於近年以來, 懸房原屠, 亦不得充數, 典僕輩生理, 漸至蕭然."

66) 《承政院日記》正祖 17년(1793) 10월 10일(28/30). "大抵泮僕疊屠, 非但法司禁之, 本館禁之, 非

但本館禁之, 廿四懸房, 互相禁之, 以其無端疊屠, 利分害切於當日當次之人故也."

67) 《承政院日記》正祖 17년(1793) 10월 12일(13/17). 판윤判尹 구상具庠의 상소를 볼 것.

68) 《承政院日記》正祖 19년(1795) 8월 22일(20/20). "其中各官貿奴, 勒買外上之習, 三司吏陳內納贖之弊, 最爲呼冤之端禁."

69) 《承政院日記》正祖(1795) 19년 11월 18일(26/26). "向來泮長以懸房疊屠勿禁事筵稟, 出擧條後, 移文法司修送成冊, 春夏闕屠之許令秋冬暨屠者, 合爲一千二百餘頭. 而旣是筵稟之事, 故八月以後, 禁吏初不敢掩抑於懸房近處, 一任其疊屠矣. 日前自本館又爲移文, 以爲疊屠之數, 今幾盡充, 此後依前出禁云."

70) 《承政院日記》正祖 19년(1795) 8월 22일(20/20). "禁吏之不禁私屠, 反侵懸房, 執其應宰之肉, 徵以疊屠之贖者, 少無顧畏, 一如前日."《承政院日記》純祖 7년(1807) 2월 25일(15/25). "近來私屠日熾, 三法司禁隷, 不禁私屠, 反捉懸房之餘肉, 稱以疊屠, 橫侵禁隷, 隨現重勘事也."

71) 《承政院日記》正祖 21년(1797) 3월 21일(26/28). "(養賢兼主簿鄭)履綏曰:'……三法司禁隷輩, 不禁應禁之私屠, 每於許屠之懸房, 橫侵發賣之陳肉, 勒作兩色三色, 稱以疊屠犯法, 捉去徵贖, 近益滋甚."《承政院日記》正祖 21년(1797) 5월 3일(24/28). "洪仁浩, 以備邊司言啓曰:'……法司禁亂之勒稱疊屠, 侵困懸房, 雖極可痛, 所謂疊屠, 不可謂全無此弊, 今若使之目見然後, 始爲執捉, 則屠宰於人所不知之處者, 禁吏之目, 何以得覷乎? 若然則疊屠之禁, 廢閣之外, 似無他道, 此豈設法之意乎? 所懷雖如此, 不可許施, 至於禁吏之非疊屠而謂之疊屠, 勒加操縱之弊, 亦不可不嚴禁, 分付諸法司, 各別申飭, 俾無如前之弊, 何如?' 傳曰:'允.'"

72) 《承政院日記》純祖 3년(1803) 2월 16일(10/11). "第伏念, 泮橋以內, 元無巡綽之禁. 此則法意甚美, 今不可創行. 而以此之故, 泮人輩酗酒潛屠, 雜技等種種弊端, 殆莫之禁."

73) 《承政院日記》英祖 51년(1775) 2월 3일(36/39). "上曰:'趙㻐事, 亦可怪矣. 請予裁處, 極爲非矣. 今將下敎處置, 太學儒生, 亦當停擧逐之矣.' 李潭徐命善進前曰:'臣等捉致泮人, 究問其委折, 則泮儒別味次, 於宋洞五日一屠爲之, 是古例也. 若額外屠之, 則法司以私屠執去云矣. 臣等嚴覈該吏, 則以爲:〈去二十八日碑立隅捉之, 泮人則謂以別味餘肉云〉矣.' 上曰:'私屠則的實矣.'"

74) 《承政院日記》正祖 22년(1798) 12월 20일(47/47). "復衍曰:'……至於成均館, 則聖廟所在, 所重自別, 法司禁吏, 不得踰香橋一步地. 近聞典僕輩, 潛屠於館內, 出賣於懸房, 以致懸屬, 多犯疊屠之律云, 事之寒心, 莫此爲甚.'……仍敎曰: '近聞閣臣之犯禁, 有甚於他間, 有泮人之犯屠, 而見捉於禁吏者, 責緣一閣臣之從他圖囑, 畢竟脫空云.'"

75) 《承政院日記》純祖 10년(1810) 1월 10일(20/30). "懸房市民等, 以爲泮中私屠之淆雜, 專由於本館庫直之憑藉亂屠, 各處私屠之弊, 另加禁斷."

76) 《承政院日記》純祖 22년(1822) 3월 23일(9/9).

77) 《承政院日記》純祖 27년(1827) 3월 11일(42/43). "近年以來, 泮民日漸凋瘵, 莫可支保. 此專由於懸房之撤業, 而懸房之撤業, 亦由於私屠疊屠之熾盛故也. 懸房一屠, 自是法例, 而疊屠者往往有之, 閭巷私屠, 法禁至嚴, 而私屠者愈往愈甚. 此輩專利, 懸房失業, 此所以泮民之莫可支保, 而又有所謂坐賣名色, 列布坊曲, 便同私庖, 此爲疊屠私屠者之奸窩也."

78) 《承政院日記》哲宗 11년(1860) 10월 20일(22/22). "斗淳曰:'牛禁之蕩然, 莫近日若, 以言乎都下, 則閭巷泮村之私屠, 以致懸房之太牛罔領, 上而御膳, 僅免闕供, 下而賢關, 無以養士.'"

79) 《承政院日記》哲宗 2년(1851) 12월 5일(10/10). "(左議政金)興根曰:'……內而懸房之疊屠, 閭巷無賴之假托班戶, 私設庖廚, 外而邑村場市之憑藉營邑文蹟, 爛漫宰殺者, 通計一日所屠, 當不下數千牛矣.'"

80) 《承政院日記》哲宗 4년(1853) 12월 5일(11/12). "雖以懸房言之, 疊屠之法禁何如, 而無難犯科, 看作應行之事者, 嘗所駭然."

81) 《承政院日記》哲宗 9년(1858) 3월 13일(521/21).

82) 《承政院日記》哲宗 9년(1858) 3월 13일(5/21). "以司謁口傳下敎曰:'御供物種之闕, 極爲駭痛, 懸房行首三所任泮漢, 令秋曹各別懲勵, 疊屠之四懸房泮漢, 竝嚴刑遠配. 各懸房疊屠及閭巷私屠, 令秋曾京兆左右捕廳, 各別嚴禁事, 分付.'"

83) 《承政院日記》英祖 12년(1736) 2월 18일(31/32).

84) 《承政院日記》英祖 20년(1744) 8월 26일(10/10).

85) "尙星曰:'典僕輩, 必以死生爭之, 而牛廛則自古設立, 而乾房, 新出者也.'"

86) 《承政院日記》英祖 20년(1744) 8월 26일(10/10). "近來成均館下人輩, 多繫牛馬於香橋邊而論價買賣, 所見極爲寒心. 而爲其官長者, 不能禁斷, 當該大司成, 從重推考何如?"

87) 《承政院日記》英祖 23년(1747) 10월 14일(24/25). "若曰廛人可矜, 則從他顧恤, 未爲不可, 而奪彼與此, 大有乖於一視之道."

88) 《承政院日記》英祖 24년(1748) 3월 18일(32/34). "鳳漢曰:'從兄臣象漢, 在本職時, 以懸房牛廛稅事陳達, 有令廟堂, 覆奏許施之敎, 而廟堂尙不覆奏矣. 近來典僕, 實有難支之勢, 不可無軫念之道, 從速回啓施行之意, 分付備局, 何如?' 上曰:'依爲之.'"

89) 《承政院日記》英祖 25년(1749) 12월 10일(26/27).

90) 《承政院日記》英祖 35년(1759) 7월 26일(11/12).

91) 평시서平市署 제조提調 심택현沈宅賢은 우전牛廛이 내농포內農圃의 농우農牛와 내의원內醫院 기로소의 타락우駝酪牛의 공급을 책임진다고 하였다. 타락우는 우유를 얻기 위한 소 곧 병자와 노인을 위해 우유를 얻기 위해 둔 것인 듯하다. 내농포는 궁중에 납품하기 위한 채소를 기르던 곳이니, 여기에도 소가 필요했던 것은 당연하다. 《承政院日記》英祖 11년(1735) 1월 17일(18/19). "宅賢曰:'臣有職掌事敢達. 臣方待罪平市提調, 而各廛無不疲弊, 其中最難支堪者, 牛廛也. 內農圃農牛及瓦署踏泥牛, 內醫院耆老所駝酪牛, 皆擔當責立.'"

92) 《承政院日記》英祖 35년(1759) 7월 26일(11/12).

93) 《承政院日記》英祖 35년(1759) 8월 21일(16/17).

94) 《承政院日記》正祖 5년(1781) 4월 10일(20/34).

95) 《承政院日記》仁祖 7년(1629) 7월 11일(14/23). "無出處人蔘貂皮等物, 將賣於昌廛[前]近處市人家云."

96) 《承政院日記》仁祖 12년(1634) 12월 15일(18/19). "李景仁以工曹言啓曰:'卽接戶曹移文, 則平市署令朴知警等上疏據, 昌前耳掩前狗皮前黍皮前等, 還屬本署事也. 臣等竊詳此等匠人非如受廛居貨之比, 出入無常, 素乏恒産. 依他例市役, 則輒必避役, 逃散於外方.'"

97) 《承政院日記》英祖 4년(1728) 7월 12일(37/37). "本館典僕輩生理, 專在於懸房, 三司及本館例
納一年贖錢, 至於八千七百餘兩之多, 殘忍莫甚. 以屠肆所出牛皮, 別爲一廛, 名曰昌廛, 以爲世
傳生業, 且應國役矣."

98) 《承政院日記》英祖 4년(1728) 7월 12일(37/37). "工曹所屬, 馬皮貢物主人, 擔當進上靴鞋, 而所
入熊皮馬皮昌皮價, 自戶曹上下. 貢物人等, 每當進上皮物貿易之際, 昌廛人等, 刁蹬其價. 積憤
於此, 誣呈上言, 願其均役. 該曹乃以懸房三房, 割給貢人之意, 回啓蒙允."

99) 《市弊》(奎15085) 3책,〈昌廛〉. "近來, 無賴之人, 亂廛之弊爲一痼弊. 專奪矣徒等所業, 而廛人輩,
自下私力, 莫能上抗. 各別嚴禁, 俾無稂莠貽弊之患事." 보다 자세한 내용은 김동철,〈19세기
우피무역과 동래상인〉,《한국민족문화》 6, 1993, 부산대학교 한국민족문화연구소,
416~417쪽을 볼 것.

100) 《承政院日記》正祖 14년(1790) 1월 4일(11/11). "有隣曰:'其一, 以爲昌廛, 每張折價, 戶曹爲四
兩, 司僕爲三兩, 而七軍門折價, 則每張爲一兩五錢, 事極冤枉. 此後軍門折價, 一依戶曹或司僕
例, 施行爲願云矣.' 上曰:'元非難從之請, 價本之如是參差, 亦甚不均. 參考戶曹·司僕例, 指一定
價事, 分付, 可也.'"

101) 《備邊司謄錄》正祖 18년(1794) 11월 29일.

102) 《承政院日記》純祖 7년(1807) 2월 25일(15/25). "昌廛市民等以爲:'懸房牛皮, 竝屬渠廛, 而近
來私屠牛皮, 潛自賣買, 應供之物, 無以繼用, 潛屠亂法之漢痛禁事也.' 牛皮之需用, 自有該廛之
進排, 而有諸懸房所出之竝屬, 則別無煩請之端, 至於潛屠之禁, 非爲該廛而設, 而本自至嚴, 置
之."

103) 《承政院日記》純祖 10년(1810) 1월 10일(20/30). "昌廛市民等, 以爲近年以來, 坊曲諸處, 亂貿
私皮, 恣意放賣, 拔例嚴禁事也. 私皮亂賣之弊, 在所當禁, 嚴飭法司, 各別禁斷. …… 昌廛事, 依
所願許施."

104) 《承政院日記》憲宗 14년(1848) 1월 21일(17/21). "昌廛市民等以爲:'京外牛皮之竝屬矣廛, 得
以奉役, 自是定式. 而萊灣商輩, 締結都執, 每患絶乏, 質遷無路, 三南兩西松都私商都買之弊, 一

切嚴禁事也. 牛皮卽是公私緊需之物, 而都賈尤係國典之當禁, 萊灣私商輩, 如果都執權利, 則其
在嚴法之道, 不待廛民之呼訴. 而今若因此而使廛民都執, 則是欲禁都賈, 而反許都賈, 其爲法外
則一也, 置之, 商民都執之弊, 第爲申飭各處, 另加禁斷, 何如?' 傳曰:'允.'" 이후에도 창전昌廛에
서는 계속 동일한 문제로 요청하였다. 《承政院日記》哲宗 1년(1850) 2월 12일(15/16). "昌
廛市民等以爲:'牛皮之三南兩西私商都賈及東萊義州邊門闌入等弊, 一切嚴禁事也.' 或事係猥
越, 而看作歲課, 或屢經稟決, 而終不知止者, 俱極無嚴, 竝置之."《承政院日記》哲宗 5년(1854)
4월 2일(15/21). "昌廛市民等以爲, 京內外牛皮亂賣, 皆是私屠之物, 隨現刑配事也."

[105] 《承政院日記》憲宗 14년(1848) 1월 21일(17/21).

[106] 소가죽 무역에 관한 사실들은 김동철의 논문을 참고했다. 김동철, 〈19세기 우피무역과
동래상인〉, 《한국민족문화》 6, 1993, 부산대학교 한국민족문화연구소.

[107] 《承政院日記》正祖 8년(1784) 2월 28일(24/26). "至如牛肪廛設置, 寔出於保存新寓民人等之
至意. 牛脂一斤詑價一兩八錢, 不給此直, 則初不賣於本廛. 所謂一斤牛脂, 極甚零星. 而其中又
和以沙土冗雜之物, 買之者不惟無利, 大段落本. 如是而其何望本廛之支保, 居民之安業也? 臣
以謂勿論豐歉, 牛脂一斤, 秋冬則折價一兩二十文, 春夏則折價一兩, 永爲定式, 使本廛之民, 以
爲支保之地. 何如?'"

[108] 《承政院日記》正祖 8년(1784) 3월 20일(25/26). "牛肪廛人等進伏. 又以自設本廛之後, 廛人無
甚利益, 乞賜區處爲言. 上曰:'當初此廛之設, 出於不得已. 不但無益於本廛, 都下貧民, 將至於不
得燃燭云. 雖無爾等之齊訴, 朝家方欲更商矣.'" 우방전인牛肪廛人들이 이익이 남지 않는다고
다른 조처를 해달라고 요청한 것이 3월 20일인데, 4월 4일에 우방전 대신 침자전針子廛
을 열 수 있게 해달라고 요청하고 있다. 정조는 이들에 대해 '전에 우방전을 했던 자들'이
라고 말하고 있으니, 3월 20일 이후 우방전은 아마도 없어졌을 것이다. 《承政院日記》正
祖 8년(1784) 4월 4일(16/18). "四十戶居民等對曰:'臣等則願爲針子廛矣.' 上曰:'曾爲牛肪廛者
也. 牛肪廛終不免有弊, 當初誰使爲此乎? 針子廛則床廛市民, 必當稱冤, 豈可奪此與彼乎?' 命善
曰:'渠輩所請, 皆是奪人生業之事, 誠爲難處矣.'"

109) 《承政院日記》肅宗 8년(1628) 9월 2일(7/28).

110) "館奴婢與市人, 均是國民, 該曹該署之偏護市人, 不許變通, 亦非公平之道."

111) 《承政院日記》肅宗 8년(1682) 10월 10일(6/12). "館人之爲市廛, 果有前例, 則雖無文籍, 亦必有
憑據之端."

112) 《承政院日記》肅宗 2년(1676) 1월 16일(19/19). "洪宇遠曰:'祖宗朝缺養多士, 多賜漁箭, 以爲
供饋之地. 其後(缺)奪漁箭(缺)人, 收稅於魚物廛, 而用之矣. 又以有弊防之矣. 今則(缺)月, 只給
三十束乾石魚, 而陳腐不堪食, 故居館儒生, 不堪其苦, 至有生病者云, 似當變通.' 昌明曰:'祖宗
養士之道, 極爲隆盛, 而四學儒生, 亦有賜漁箭之處矣. 其後漸爲見奪於戶曹, 故養士之道, 極爲
埋沒, 亦當有變通之道矣.' 上曰:'待戶判入侍變通.'"

113) 《承政院日記》肅宗 8년(1682) 9월 24일(19/21), 10월 10일(6/12).

114) 《備邊司謄錄》36책, 肅宗 8년(1862) 11월 25일. "曾前館人, 累度見屈, 亦不可以此爲許設之證
矣."

115) 《承政院日記》肅宗 8년(1682) 11월 10일(19/25).

116) 《承政院日記》肅宗 8일(1682) 12월 25일(23/23).

117) 《承政院日記》肅宗 9년(1683) 1월 미상(1/1). 이 자료는 맨 앞부분이 결락되어 발언의 주체
를 알 수 없는데, 대개 평시서의 입장을 반영하고 있다. "(缺) 欲給猪肉廛, 則館人不願……"

118) 《承政院日記》肅宗 9년(1683) 3월 9일(12/12). "閔維重所啓:'太學典僕魚物廛許設之擧, 蓋爲
其一時資生之計, 而實非永久可行之道也. 臣雖知其畢竟難處, 而設廛未久, 不敢徑陳其利害矣.
今則已過數月, 其弊難防, 不得不仰達. 蓋新舊兩廛, 竝設城中, 各占其利, 無相侵奪, 則固無所害,
而館人, 其數極多, 散出四方. 凡魚物之自東西上來者, 無不誘引, 先爲買取, 故以此乾魚鹽魚, 盡
聚於館人之廛. 本廛則累月撤市, 終不得一鱗, 市案載錄二百四十三名, 一朝失其本業, 呼訴道
路, 見之可矜. 當初成均館啓辭中, 以典僕數千爲言, 典僕之多, 既過千人, 則聖廟守直官員使喚,
輪回立番外, 其餘則任其所業, 各自謀生, 固合事理, 何必別爲許給市廛乎? 若渠輩, 必欲爲重業,
則亦令從其自願, 分入各廛, 以專財産興利而已. 又不可使獨專魚利, 以致本廛之失業也. 市廛,

656

雖是平市署所管, 至於此事, 變通有不敢擅便, 何以爲之?' 上曰:'向者市民, 以此擊錚, 而其時泮

人, 出塵未久, 故特爲仍存矣. 到今市人之呼冤如此, 亦不可不慮, 分付該曹, 就議廟堂而稟處, 可

也.' 出平市謄錄."

119) 《承政院日記》肅宗9년(1683) 9월 26일(7/7).

120) 《承政院日記》英祖19년(1743) 윤4월 7일(32/36).

121) 《承政院日記》英祖19년(1743) 윤4월 10일(42/68).

122) 《承政院日記》英祖29년(1753) 11월 22일(19/22).

123) "而當該塵人, 俱以權門傔從, 百般圖阻, 遂乃兼竝私征於塵外販賣之人, 其怨咨愁泣, 已無足言."

124) 《承政院日記》英祖29년(1753) 11월 22일(19/22).

125) 《承政院日記》英祖29년(1753) 11월 29일(19/21).

126) 《承政院日記》英祖30년(1754) 1월 11일(26/27).

127) 《承政院日記》英祖32년(1756) 2월 5일(30/36).

128) 《承政院日記》英祖33년(1757) 10월 5일(23/24).

129) 《承政院日記》英祖45년(1769) 5월 19일(15/15).

130) 《承政院日記》正祖5년(1781) 9월 29일(27/30). "命善曰:'其一, 請祛鹽商之都賈也. 毋論城內

外, 物價貴賤, 惟在都賈輩操縱闊狹, 寧有如許無據之事乎? 近來禁令, 漸至解弛, 使此輩跳踉如

此, 而至於泮人, 獨專鹽利之說, 尤是曾所未聞者. 旣已設塵, 則收稅於私商, 猶或可也. 作爲都賈,

托以亂塵, 東西南北貿遷之販商, 皆令斂手而斷業, 則物價之一時騰踊, 奚但爲江民失利之憂而

已乎? 分付京兆平市, 各別禁斷, 俾更無此等弊端, 其他各塵都賈之名, 一切申禁, 隨現重繩事,

一體嚴飭, 何如?' 上曰:'依爲之.' 出擧條."

131) 내염전과 용산염전 이하의 서술은 金義煥, 〈17~18세기 서울과 京江 일대의 소금 유통〉,

《國史館論叢》96, 국사편찬위원회, 2001, 64~65쪽에 의한 것이다.

132) 이 분쟁에 대해서는 김의환, 앞의 논문, 68쪽에서 짧게 언급되었다.

133) 《承政院日記》正祖12년(1788) 4월 13일(18/19).

134) 《承政院日記》正祖 6년(1782) 11월 21일(27/38). "泮人之不得雜處外廛, 曾有朝令, 以本價還退."

135) 《承政院日記》正祖 12년(1788) 4월 5일(31/42).

136) 《承政院日記》正祖 12년(1788) 4월 13일(18/19).

137) 《承政院日記》正祖 12년(1788) 5월 2일(12/27). "況以權移, 謂之永賣, 萬萬無據. 一考文劵, 可以立判, 而拘於强弱, 以至此境, 乞令還退."

138) 《承政院日記》正祖 12년(1788) 11월 7일(23/31). "今夏京人吳哥及鄭德涵等, 募聚閑雜人, 假稱麻浦工人, 敢生還退之計, 誣罔天聽. 而自本曹, 認其舊市人子孫, 以退給之意, 至有回啓施行之境. 渠輩, 以非理健訟之徒, 冒稱麻浦工人, 欺天售奸, 至此之極, 其爲狡惡, 當如何哉? 設使渠輩, 雖謂舊市人, 斥賣數十餘年之物, 還爲退去, 旣無法文, 況非本江之人乎? 伏乞嚴勘其魁首, 同廛, 卽爲推給."

139) 《承政院日記》正祖 12년(1788) 11월 7일(23/31). "斥賣旣分明, 則還推果無義, 此訟立落, 惟在斥賣眞僞."

140) 《承政院日記》正祖 12년(1788) 11월 9일(16/20). "取考買賣文跡, 則工民之斥賣於泮人, 在於己丑, 毫無可疑之端."

141) "前前判堂之決給江民, 非謂論理之所宜還退, 特以前後法司處決, 皆以鹽醢物種, 本屬江民舊業, 泮人外居, 又係法文禁條, 故只請依本曹前日處決草記, 施行而已."

142) 《承政院日記》正祖 14년(1790) 1월 4일(11/11). "鹽醢廛, 自是泮人舊業, 而不幸見奪於江民, 特蒙天恩, 獲遂還退之願, 而貧殘典僕, 辦錢無路, 尙未還退. 乞令戶曹均廳, 給代條中, 先爲預下, 限年報償, 俾蒙終始之澤云矣."

143) 《承政院日記》正祖 14년(1790) 3월 23일(24/24).

144) 《承政院日記》正祖 14년(1790) 3월 28일(25/25). "濟恭曰: '江民以鹽醢廛事, 方此紛紜矣.' 上曰: '江民曾已捷訟云, 然否?' 濟恭曰: '右相決給江民矣.' 上曰: '泮民江民, 互相稱冤, 未知孰是孰非, 左相意見則, 何如?' 濟恭曰: '臣意則此是江民所可當着之事, 而聞其本事, 則當初江民, 以此爲

業矣. 中間適賣於一富民, 而富民用泮人之錢貨, 故泮人憑藉推債, 奪取鹽醢之業矣. 江民又給價還退, 十餘年爲業, 而其間江民泮人, 互爲爭訟云矣. 右相曾爲秋判時, 決給江民, 訟理極爲穩當, 而近日泮人, 謂有朝家處分, 當以均廳貸下錢出給云云, 而憑此脅持云矣.' 上曰:'正月詢瘼時, 有所云云矣. 向因同成均聞之, 則渠輩願得五千兩貸下條. 故果使之依所願許給矣. 今又有紛爭之擧. 貢市堂上意見, 何如?' 文源曰:'左相所奏, 誠然矣. 鹽與醢盡是江上所出, 江民所可爲業者, 而泮人必欲爭奪之習, 誠可痛矣.' 濟恭曰:'泮民人心, 甚無據矣.'"

145) 《承政院日記》正祖 14년(1790) 4월 4일(25/48).

146) 《承政院日記》正祖 21년(1797) 8월 22일(13/19).

147) 김동철, 〈18세기 氷契의 창설과 도고활동〉, 《역사와 세계》 19, 1995, 효원사학회, 385쪽. 얼음 수요의 증가에 대해서는 이 논문의 395~400쪽에 자세하다.

148) 《承政院日記》正祖 9년(1785) 11월 4일(26/35). "戊子年(1768), 京中牟利輩, 稱以氷契, 萬端沮戲, 故秋曹筵稟, 奉聖敎後, 氷契人刑配, 契名則革罷矣."
《承政院日記》正祖 11년(1785) 8월 18일(55/70). "曾於戊子, 有怪鬼之輩, 指嗾宮房, 締結典僕, 創出都庫矣. 朝家察其奸, 矯其弊, 竄其魁, 刑其徒, 十行絲綸, 明若日月."

149) 김동철, 앞의 논문, 397쪽

150) 《承政院日記》英祖 44년(1768) 4월 4일(21/23). "李翼元, 以漢城府言啓曰:'頃因內需司牒報義烈宮手本內, 沿江諸處私氷之類, 摘奸嚴禁事, 判下臣府矣. 卽遣部官, 摘奸私氷, 則沿江諸處, 果有藏置之所, 當初冒禁藏氷各人, 自臣府依律科罪之意, 敢啓.' 傳曰:'知道.'"

151) "仍顧秋判下敎曰:'予已下敎, 而以卿之故, 知典僕輩, 欲奪江民氷利者, 誠無狀矣. 以卿之處置, 故予怳然覺之矣. 處分之後, 氷契者, 皆破散乎?'"

152) 홍중효洪重孝는 이렇게 말하고 있다. 《承政院日記》英祖 44년(1768) 6월 29일(31/31). "今番事出之後, 使律官, 遍考法文, 則元無私氷禁條, 蓋聞沿江私氷三四十處, 自國初有之云. 不然, 盛暑生鮮, 何以得達於京江乎?" 이하 빙계에 대한 서술은 모두 이 자료에 의한 것이다.

153) 김동철, 앞의 논문, 396쪽.

154) "所謂氷契, 典僕六七人入之, 義烈宮屬只數人入之, 其餘皆京中無賴輩結僞, 托以進排, 遍行江

上, 勒奪私氷, 自取其利. 故臣痛治之, 其初則典僕輩首唱爲之矣."

7장 저항

1) 《承政院日記》(22) 肅宗 30년(1704) 10월 21일.

2) 《承政院日記》(35) 英祖 3년(1727) 9월 12일. "大司成宋寅明上疏:'……卽今公私身役之苦重者,

莫過於本館典僕. 老少男女, 長時應役, 不得暫休. 前後不堪其苦, 引決自死, 殆過六七, 念之誠可

惻然. 況其靠住泮村, 不能離出一步, 實無作業資生之路. 其所仰哺而爲命者, 只在於懸房屠肆.'"

3) 《承政院日記》英祖 8년(1732) 3월 19일(13/13).

4) 《承政院日記》英祖 9년(1733) 5월 29일(30/32).

5) "臣於向日在泮考試之際, 數十典僕, 相率慌忙, 疾聲來告曰:'食婢一人, 夜已死矣. 今日番次食婢,

又方在自縊之中矣.' 使之救而無及. 噫! 此患, 雖曰在前, 亦多有之. 然身爲官長, 雖使渠輩, 不堪其

冤, 至於自縊之境, 不覺慘怛, 當食而不能下咽. 繼以慇惡, 無顔對泮隷也. 雖於其時, 不爲徑罷試

坐, 旋卽自劾, 然其不安乎心, 則久而益切矣. 蓋飯米受去有縮, 精鑿致耗. 所供之員多, 則見縮之

數, 隨而益多. 常年尙難充備, 以渠輩之至殘, 當此大歉, 其何可稱貸而給之乎?"

6) 《承政院日記》英祖 9년(1733) 5월 29일. "大司成趙明翼疏曰:'臣於向日在泮考試之際, 數十典

僕, 相率慌忙, 疾聲來告曰, 食婢一人, 夜已死矣. 今日番次食婢, 又方在自縊之中矣, 使之救而無

及.……蓋飯米受去有縮, 精鑿致耗, 所供之員, 多則見縮之數, 隨而益多, 常年尙難充備, 以渠輩之

至殘, 當此大歉, 其何可稱貸而給之乎?'"

7) 《承政院日記》正祖 14년(1790) 3월 23일(24/24). "臣在進士時, 屢參食堂, 而今於謁聖時, 入見

其擧行, 則大異前日, 而食堂擧行之人, 都是烏合無賴之輩, 故公廨材瓦之偸竊, 亦不無此輩之所

爲, 而甚至今番謁聖後, 又有偸瓦之事矣."

8) 《承政院日記》正祖 16년(1792) 8월 21일(11/12). "蓋食母, 以典僕輪回供饌, 乃是舊例, 而年前

典僕輩, 以貧殘食母, 難於責應, 姑罷輪回食母, 雇立六七泮漢. 而初則無弊供士矣. 歲月稍久, 厥漢輩, 皆以雇立之類, 莫重食堂, 不無遲滯窘急之患. 臣謂特罷雇立食母, 依舊例以典僕輪差, 何如?"

9) 《承政院日記》正祖 17년(1793) 4월 1일(22/24). "朝家之設置賢館, 養士節目, 至矣盡矣. 而近年則財力凋殘, 百弊層生, 莫重供士之需, 每患不足, 至於食堂都庫之弊而極矣. 蓋多士朝夕之供, 自太學設立之初, 以近千石, 典僕井間次排定食母母 或二年一次, 或三年一次輪回應役, 乃是不易之古規矣. 自數十年前泮僕輩, 厭避立役, 擅自都庫. 或因諸生之發論, 或由泮堂之申飭, 乍立旋罷, 如是者久矣. 壬寅年, 宰臣趙尙鎭, 爲長於泮, 永罷輪回之古例, 許立都庫之新規. 大抵雇立輩, 皆以貧窮無恒産之類, 馮藉多士之供饋, 資其生活於其中, 一年二年, 負逋山積, 雖自官家, 刻期督捧, 而懲出無路, 則闕供之非朝卽夕. 典僕輩慮其生事, 多般顧助, 每年收給, 殆至千餘金之多, 隨給隨盡, 便同尾閭. 朝食堂或過亭午, 夕食堂多至犯夜, 每每遲滯, 全不成樣. 食堂關係, 何等嚴重, 而因循近例, 不卽通變, 則來頭之弊, 有不可勝言. 而朝家從厚養士之良法盛意, 果安在哉? 顧今矯捄之道, 惟在於特罷都庫之痼弊, 永復輪次之古法. 亟命有司之臣, 俾盡從長仍舊之方焉."

10) 《承政院日記》純祖 12년(1812) 1월 8일(20/30). "多士每日支供之需, 官下飯米之外, 懸房專當擧行. 而近因懸房之失業, 辦出無路, 日甚一日, 雖欲竭力奉行, 勢無奈何, 竟至此境云."

11) 《承政院日記》純祖 15년(1815) 9월 25일(27/30). "食母之役, 當初輪排於泮戶, 而懸房之添補, 不過柴豆價二兩. 近因泮村凋殘, 別定支供所, 而添補錢, 至於每日十五兩之多, 稍待泮勢之蘇旺, 還復輪排之舊規事也. 食母役錢之輪排與別定當否, 泮長必已詳察事勢, 依所報許施."

12) 尹愭, 〈泮上閑話〉, 《無名子集》: 《韓國文集叢刊》256, 503~504쪽. "而挽近以來, 士不以士自待, 惟規小利. 凡供億之物, 無不以錢受之, 皆有定價. 佐飯石魚, 二文; 點心飯, 二文; 大別味, 八文; 小別味, 五文; 名日別供, 三十文. 其餘苟可代以錢者, 靡不爲之. 於是下輩侮而疾之, 展轉推托, 并與本色而不納. 或權辭或罵拒, 愈往愈甚. 以故日事催索, 叱喝鞭笞之聲, 亂動於二十八房之間. 以今日之人心泮漢之頑悍, 豈有畏憚承奉之理乎?"

13) "朝夕則不入食堂而在房書到記, 一人書十人."

14) 《承政院日記》正祖 14년(1790) 1월 4일(11/11). "有隣曰: '其一, 以爲各軍門巡邏軍卒, 每當深夜之時, 輒入懸房, 有所懲索, 少不如意, 則稱以犯夜, 捉去呈課. 特賜禁斷, 永爲除弊云矣.' 上曰: '甚駭然, 各別痛禁. 此後懸房內橫侵者, 以故入人家律, 施行, 可也.'"

15) 《承政院日記》正祖 14년(1790) 3월 28일(25/25). "近聞屠肆以向日傳敎辭緣, 至於揭板云, 聞甚驚駭. 王言何等重大, 而渠輩敢生藉重之計, 如是刻懸於鄙陋之處乎? 渠若知感於恩敎, 則尊閣之方, 豈無其道, 而今此揭板之擧, 已極萬萬可駭. 且於板刻之下, 又着堂上手決, 甚是可訝, 問于徐有隣, 則以爲, 其時捧甘時, 只着手決, 而懸房揭板, 初無着署之事云. 故泮漢輩, 昨果捉來, 據理嚴責, 懸板則使之來納, 而姑無消息矣."

16) 《承政院日記》正祖 16년(1792) 1월 2일(22/23). "三法司禁吏, 橫侵懸房, 已成痼弊, 而昨年特敎禁斷, 而至爲截嚴, 傳敎一通, 揭板于各懸房之後, 禁吏輩不敢作弊矣. 所揭之板, 自京兆一時撤入, 而弊復如前."

17) 《承政院日記》正祖 17년(1793) 2월 13일(19/21).

18) 《承政院日記》正祖 19년(1795) 8월 22일(20/20).

19) 《承政院日記》正祖 22년(1798) 1월 4일(28/31).

20) 《承政院日記》英祖 39년(1763) 4월 10일(18/18). "渠等所願, 一依各廛亂廛例, 隨聞捉告, 如法重繩, 則庶可爲一分存保之道云云, 其失利難支之狀, 誠如所訴矣. 若許其亂廛, 則雖無法曹之出禁, 私屠之類, 不期禁而自禁矣. 大臣今方入侍, 下詢而處之, 似好矣."

21) 《承政院日記》英祖 39년(1763) 4월 10일(18/18).

22) 《承政院日記》英祖 39년(1763) 4월 10일(18/18). "此後或官家士夫家有此弊, 該司入直官, 當該士夫, 施以制書有違律, 有其堂而不飭者, 該堂龍職事, 奉承傳施行, 雖係宗簿者, 一體以此施行, 內司及四宮, 若有此弊, 當該次知中官, 亦施此律." 영조의 말이다.

23) 대사성 김양택의 말이다. 《承政院日記》英祖 30년(1754) 윤4월 16일(15/15). "近來渠輩生理日窘, 而牛疫累熾, 且無價本, 諸處懸房, 擧皆蕩殘, 御供懸房外, 多有撤屠之弊, 將未免流散之境, 誠甚可矜." 《承政院日記》英祖 38년(1762) 5월 18일(6/7). "徐命臣曰: '成均館用度罄竭已久, 養

士凡節, 不成貌樣, 已極渴悶. 而許多典僕所以資生, 只是牛廛, 近來典僕等, 貧殘特甚, 每多撤屠

之時, 所見亦甚可矜."

24) 《承政院日記》英祖49년(1773) 5월 2일(32/34).

25) 《承政院日記》正祖13년(1789) 5월 16일(4/4). "上曰:'俄者始聞泮漢與馬直輩相鬪, 至有撤屠之

舉云, 卿等亦聞之乎?' 有防曰:'臣亦聞之. 而多日撤屠, 一城之人, 甚至祭肉皆以猪肉代用云. 紀綱

所在, 泮漢決不可仍置矣.'"

26) 《承政院日記》正祖13년(1789) 5월 16일(4/4). "渠輩若有有冤, 訴之法司, 訴之廟堂, 寧有不爲禁

戢之理, 而不此之爲, 肆然撤屠, 使卿大夫國人, 日用姑母論, 祭用亦無以買得, 此其計, 欲恐動朝

廷, 得充其意慾也.'"

27) 《承政院日記》正祖13년(1789) 5월 16일(4/4).

28) 《承政院日記》正祖13년(1789) 5월 26일(22/23). "在簡曰:'大臣以懸房撤屠事陳白, 旣有言端,

敢此仰達矣. 近來民習無嚴, 各廛市民, 往往有鎖廛撤市之擧, 事之駭然, 莫此爲甚. 此後則如或有

撤市之弊, 本事曲直毋論, 該廛頭頭人, 直爲嚴刑定配之意, 出擧條定式施行, 何如?' 上曰:'依爲

之.'" 이때 만들어진 법령은 《特敎定式》, 各司稟定, 〈禁撤市〉; 《受敎定例》, 受敎定例, 〈禁撤市〉

에 그대로 실려 있다.

29) 《承政院日記》正祖17년(1793) 2월 13일(19/21).

30) 《承政院日記》正祖17년(1793) 2월 19일(23/23). "昌順等曰:'近來民習之可駭者, 非一非再, 至欲

威脅朝廷之計, 此爲痼弊矣.'"

31) 《承政院日記》正祖17년(1793) 2월 20일(20/21). "廛民之紛拿, 泮民之撤屠, 皆出於不畏朝廷之

致, 其習漸不可長.'"

32) 《承政院日記》正祖17년(1793) 2월 20일(20/21). "日昨典僕事, 大關國綱, 萬萬驚憤, 渠輩若有

一分嚴畏之心, 則廟堂回啓之前, 惟當恭俟處分而已. 不此之爲, 反生施惡之計, 敢爲一時撤市, 跡

涉脅制廟堂, 近來民習, 雖曰愚頑, 亦豈有若是之甚乎? 臣待罪舘堂, 不勝惶悚, 聞卽往復泮長, 捉

送頭目輩於秋曹, 旋因大僚之知委, 往議籌司, 另飭開市, 而第伏念, 近來私宰之弊, 愈往愈甚, 殆

至於無處不然. 皆在於兩班廊底, 法司禁吏, 作爲口實, 反爲符同, 初不執促, 典僕失業, 實由於此 臣之此奏, 非爲典僕而發, 若是而法禁, 何以行乎? 臣意則另飭法司, 從今爲始, 痛禁禁吏符同之 弊, 執捉之後, 當該家主, 照律嚴繩, 則似有禁戢之望矣."

33) 《承政院日記》 純祖 1년(1801) 8월 23일(18/18).

34) 《承政院日記》 純祖 1년(1801) 12월 30일(8/23). "雖以懸房市民言之, 莫重朝夕祭享及華城所送 物種, 稱以撤市, 不爲應納, 如許頑悍之民習, 亦不可不嚴懲, 而下屬之刑配, 已命安徐, 則其在恤 民之道, 不可無參酌之政. 若復踵前習, 則亦不免刑配之意, 歲後自備局, 嚴明分付."

35) 《承政院日記》 純祖 11년(1811) 8월 19일(24/30).

36) 《承政院日記》 純祖 11년(1811) 12월 15일(46/48). "多士闕供之患, 日迫一日."

37) "屠肆之利, 減於昔時, 不啻十之六七, 而本館之應稅與各司之例納, 通計一年, 爲三萬五千餘兩."

38) 《承政院日記》 純祖 11년(1811) 12월 21일(18/19).

39) 《承政院日記》 純祖 12년(1812) 1월 8일(20/23). "多士每日支供之需, 官下飯米之外, 懸房專當擧 行, 而近因懸房之失業, 辦出無路, 日甚一日, 雖欲竭力奉行, 勢無奈何, 竟至此境."

40) 《承政院日記》 純祖 12년(1812) 1월 9일(15/16).

41) 《承政院日記》 純祖(1812) 12년 1월 12일(16/21). "日前懸房所屬, 稱以失業, 無難闕供, 而至於 尙不開屠, 又致闕貿之境, 萬萬驚駭. 當該不飭之本館郞廳拿處. 懸房旣屬京兆, 則多日撤屠, 而視 若尋常者, 亦有不飭之失. 該府堂上推考. 懸房頭目, 移法司昭律[照律]嚴繩, 何如?"

42) 《承政院日記》 純祖 12년(1812) 1월 13일(25/27).

43) 《承政院日記》 純祖 12년(1812) 1월 14일(18/18).

44) 《承政院日記》 純祖 12년(1812) 1월 22일(28/29).

45) "泮民撤屠事, 卽所未有之大變異也. 廛業失利, 支保不得之弊, 朝家業已洞悉, 嘗所悶矜, 而姑未及 別加釐救矣. 若其號訴告悶, 仰冀處分, 固無足爲怪, 而乃敢鎖市撤屠, 屢飭不悛, 致使莫重獻御之 需, 多日闕供, 秋曹·京兆, 囚禁嚴飭, 而猶且悍然無聞, 終不知戢, 有若力抗朝令者, 實關世變之大, 而法綱之壞, 良欲無言. 市弊自市弊, 民習自民習, 固當嚴置一律, 而姑從寬典, 首惡者, 爲先速加嚴刑, 絶島勿限年遠配, 隨從諸人, 竝邊遠刑配."

46) 《承政院日記》純祖 12년(1812) 1월 24일(27/32).

47) 《承政院日記》純祖 15년(1815) 5월 27일(18/19).

48) 《承政院日記》純祖 15년(1815) 6월 10일(21/22). "載瓚曰:泮民莫保之狀, 懸房失業之弊, 頃因
泮長報備司, 條陳狀辭, 今將草記釐革. 第其食堂闕供, 懸房撤屠, 雖知其弩末之勢, 而蓋藉此爲重,
恐動朝家之習, 切可駿痛, 不可仍置. 弊自弊而法自法, 豈容因弊而弛法乎?"

49) 《承政院日記》純祖 15년(1815) 6월 11일(19/20).

50) "令大司成, 詳考自古恒式, 緣何漸乖, 挽近恒用, 緣何漸耗之由, 如有矯救之方, 出意見論報本司,
以爲稟處之地."

51) "今將草記釐革."

52) 《承政院日記》純祖 19년(1819) 12월 17일(13/24).

53) 《承政院日記》哲宗 1년(1850) 3월 25일(10/36). "懸房事, 聞極寒. 近來各宮家私貿之弊, 設如其
言, 公庖所重, 顧何如, 而渠輩安得任意撤去, 以至幾日乎? 亦關紀綱, 不可仍置, 令泮長嚴查, 先發
此論者, 移送秋曹, 嚴刑遠配, 私貿一款, 果是難保之端, 則不可無矯革之道, 當自內別般禁飭矣.
使之卽日開庖."

54) 《承政院日記》哲宗 1년(1850) 3월 26일(16/29).

55) 《承政院日記》哲宗 1년(1850) 3월 28일(45/51).

56) 《承政院日記》哲宗 1년(1850) 4월 15일(24/26).

57) "貿奴輩勒奪之云, 豈有無價持去之理乎? 似不至此, 而若或犯科, 則豈不可懲治乎?"

58) 《承政院日記》哲宗 3년(1851) 1월 25일(10/15).

59) 《承政院日記》哲宗 3년(1852) 3월 6일(9/21).

60) 《承政院日記》哲宗 3년(1852) 3월 21일(7/9).

61) 《承政院日記》哲宗 10년(1859) 7월 28일(13/17), 8월 5일(29/34), 8월 7일(37/38), 8월 25일
(28/32), 8월 26일(14/14), 8월 27일(15/15).

62) 《承政院日記》高宗 2년(1865) 9월 25일(10/11).

63) 《承政院日記》高宗 2년(1865) 12월 24일(2/3). "議政府啓曰, 向以牛禁事, 有所筵奏提飭, 而連聞部字內, 有未撤之私庖, 郊坰外, 尙有恣行之牛犢."

64) "至於廣州水原等地, 自是私屠之窩窟, 而畿營所不關, 法司捕廳所不到, 亭堠之間, 椎宰相續, 而莫之禁斷."

65) 《承政院日記》高宗 11년(1874) 11월 15일(10/11). "至於禁屠一事, 刑吏之出, 未致闊狹, 而如有一捉, 困厄備至, 雖欲奉行朝令, 其勢末由."

66) "以外庖言之, 尤無防限, 深巷村曲, 無處不設, 所見駭惡."

67) 이유원은 지방 도축에 대해 이렇게 말하고 있다. "以外庖言之, 尤無防限, 深巷村曲, 無處不設, 所見駭惡, 臣擧此仰奏, 非止一再, 道臣守宰, 莫之省察, 或有猛着之人, 傳相非笑, 苟如是, 其何以成國體乎?" 고종 역시 지방 도축에 대해 암행어사의 말을 들은 바 있다고 하였다. "私屠之弊, 予亦欲言之矣, 近聞諸繡衣之言, 則外邑多有此弊云, 甚可駭歎."

68) 《承政院日記》高宗 12년(1875) 5월 17일(30/30). "以京中言之, 二十三懸坊外, 毋止疊設之意, 亦爲申飭也."

69) 《承政院日記》高宗 13년(1876) 윤5월 12일(12/21). 이 기사가 사도 단속 최후의 것이다. 포도청에서 단속을 담당했는데, 좌우 포도청에서는 단속에 크게 힘을 쏟지 않았다.

70) 《承政院日記》高宗 10년(1873) 1월 13일(14/37). 다음해 같은 날에도 동일한 사도 단속령을 내리고 있다. 사도 단속령은 거의 해마다 되풀이되는 관행이었다. 《承政院日記》고종 11년 (1874) 1월 13일(17/17). "至於禁屠一事, 刑吏之出, 未致闊狹, 而如有一捉, 困厄備至, 雖欲奉行朝令, 其勢末由."

71) 이상의 원납전에 대한 서술은 전적으로 조영준, 〈伴民의 생활경제와 懸房〉, 《성균관과 반촌》, 서울역사박물관, 2019, 271~272쪽에 의한 것이다. 272쪽에 1866년 6월 17일부터 1867년 9월 1일까지 9회에 걸쳐 원납전을 낸 기록이 정리되어 있다. 원출처는 《景福宮營建日記》다.

72) 《承政院日記》正祖 14년(1790) 2월 14일(43/62).

73) 《日省錄》正祖 13년(1789) 11월 18일(3).

74) 《承政院日記》高宗 3년(1866) 9월 20일(30/42).

75) 《承政院日記》高宗 3년(1866) 9월 19일(43/49) 21일(49/58) 27일(28/37).

76) 《承政院日記》高宗 6년(1869) 9월 30일(9/10). "元熙曰 : '臣於丙寅年楊花渡摠戎陣, 見泮人二百
名赴陣之狀, 則非但誠意之嘉尙, 其所精銳, 可當一隅矣.'"

77) 《承政院日記》高宗 3년(1866) 10월 20일(14/14). "今番出征都下諸民中, 惟獨泮民二百, 自備資
裝, 冒危樂赴, 其在向上之心, 尤極嘉尙."

78) 《承政院日記》高宗 6년(1869) 9월 30일(9/10).

79) 《承政院日記》高宗 7년(1870) 1월 2일(15/27).

80) 鄭喬, 《大韓季年史》(上), 國史編纂委員會, 1957, 31쪽. 高宗 21년(1884) 10월 18일. "上轉避至
玉流泉後北墻門, 武藝衛士及別抄軍[自國初, 以前朝文廟之奴隷, 因爲使役, 聚居成均館附近之
地東村, 號曰泮人, 而多壯健驍勇者, 大院君選其尤者數百人, 隷於軍籍, 名曰別抄軍, 原註], 始得
入衛, 開北墻門, 扈駕而出, 凶黨阻擋不得."

8장 해방

1) 《사료 고종시대사》18, 1894년(고종 31) 11월 14일. 출처 : 《各司謄錄》(近代篇), 《公文編案》7,
法務衙門來移, 고종 31년 11월 14일.

2) 〈일본인과 청국인이 경영하는 도살장 설치에 대한 세금징수 및 허가 건 조회〉, 《各司謄錄
(近代篇)》, 內各司(關草) 4, 1895년(고종 32) 1월 13일. 〈청국인의 庖厨를 예전대로 허가하고
세금은 각 懸房의 전례에 따르도록 통보〉, 《各司謄錄(近代篇)》, 《內各司(關草)》4, 1895년(고
종 32) 1월 16일(음). 《各司謄錄(近代篇)》, 〈영국미국 공사가 청국 도살장 설치 허가를 요
청〉, 《內各司(關草)》4, 1895년(고종 32) 1월 23일(음).

3) 《日省錄》 1895년 12월 3일. 〈庖肆規則〉 이것은 음력이고, 왕에게 올린 원문은 건양 원년
   (1896) 1월 18일이다.

4) 1894년 이후 지방 포사에 대해서는 엄청난 자료가 남아 있다. 이것은 따로 정리해야 할 것
   이다.

5) 《度支部農商工部公文來去牒》(度支部 編, 奎17880−v.1~6) 〈照覆〉 제8호, 農商工部 主事 趙東善
   →度支部 主事 朴善涵 座下. 建陽 元年(1896) 5월 29일. "漢城府에셔는 本月 2일에 이르러 23
   懸房의 準許狀을 撥給ᄒ엿다 ᄒ오며"

6) 內藏院(朝鮮) 編, 《內藏院經理院各道各郡報告存案》 12책, 8a쪽. "矣身이 多年 庖肆營業이온
   바 此地에 開業코ᄌ、 ᄒ기로 玆에 請願ᄒ오니……." 발신자: 中署長通坊小笠洞三十三統一
   號 洪福萬. 수신자: 經理院卿. 발신일 1906년 1월.

7) 內藏院(朝鮮) 編, 《各府郡來牒》 3책, 121a~121b쪽. "卽接西署夜珠峴居民朴世勳等所訴內……"
   議政府贊政內部大臣 李乾夏, 발신일 1900년 11월 28일, 수신자 內藏院卿 李容翊.

8) 光武 7년(1903) 1곳, 光武 10년(1906)에 11곳 모두 12곳의 현방이 광무호적光武戶籍을 통해
   확인되는데, 이 중 홍재진洪大鎭의 현방이 포함되어 있다(조영준, 〈서울 쇠고기시장의 구조,
   1902~1908 : 《安奇陽日記帳》의 기초 분석〉, 앞의 책, 208쪽). 홍대진의 현방은 곧 위 본문의 수동
   현방이다. 아마 다른 현방도 지명이 달리 표기되어 있어 그렇지 사실상 재래의 현방을 계
   승한 것일 터이다.

9) 허병虛屛은 '虛屛門獎'란 지역을 말한다. 조선 시대 영조 때에는 남부 대평방, 고종 초에는
   남부 명례방에 있던 계로서, 계 이름은 종로구 서린동·종로1가동에 걸쳐 있던 허병동 마
   을에서 유래되었다.

10) 《度支部農商工部公文來去牒》(度支部 編, 奎17880−v.1~6). 〈照會〉 제23호, 建陽 元年(1896) 11
    월 6일/議政府贊政 農商工部 大臣 趙秉稷→度支部 大臣 署理 度支部 協辦 金在豊 閣下.

11) 〈庖肆鐲稅〉, 《皇城新聞》, 1899년 2월 20일. "宮內府에셔 農商工部에 通牒ᄒ얏는딕, 廣通橋 居
    ᄒ는 朴文錫의 庖肆는 某宮 饌需 進排ᄒ기로 稅金額을 鐲ᄒ야 進供에 便케 ᄒ라 ᄒ엿다더

라."

12) 《各司謄錄(近代篇)》, 警務廳來去文 2-1. 〈照會〉, 建陽二年 四月 十三日(1897년 04월 13일) 陪
往大將 金在豊 → 軍部大臣臨時署理度支部大臣 沈相薰 閣下.

度支部 編, 《警務廳來去文》(奎17886-v.1~2) 1권, 032a~033a쪽. 陪往大將 金在豊 → 軍部大臣
臨時署理度支部大臣 沈相薰.

13) "〈警廳의 牛筋責供〉, 《皇城新聞》, 1900년 3월 27일. "近日 警廳에셔 各署에 謂令ᄒᆞ야 五署
內 懸房의 所居牛筋을 沒數히 該廳으로 來納케 ᄒᆞ얏다ᄂᆞᄃᆡ 其所用處ᄂᆞᆫ 弓弩製造ᄒᆞᄂᆞᆫ데 供
ᄒᆞᆫ다더라."

14) 오서五署는 조선 말기 한성부의 행정구역. 갑오개혁 때 서울을 다섯 서署로 나누었다. 東署
南署西署北署中署.

15) 《公文編案》 71책. 16. 한성부 오서 내 각 포사의 월세금月稅金은 따로 세칙을 정하여 9월 24
일부터 31일까지 수봉한 138원 40전을 올려보내니 영수증을 보내달라는 보고서 제2
호.010a/ 漢城判尹 李采淵(1896년 11월 3일)→度支部.

16) 《度支部農商工部公文來去牒》(度支部 編, 奎17880-v.1~6). 〈照會〉 제85호, 建陽 元年(1896) 11
월 6일/ 議政府贊政 農商工部 大臣 趙秉稷→度支部 大臣 署理 度支部 協辦 金在豊 閣下.

17) 《度支部農商工部公文來去牒》(度支部 編, 奎17880-v.1~6). 〈照會〉 제87호, 光武 원년(1897) 10
월 1일/ 議政府 贊政 農商工部 大臣 李允用→議政府 贊政 度支部 大臣 沈相薰 閣下. 한성부와
각 지방의 포사 세금 6,791원 48전 6리 3모를 보낸다는 내용이다. 별지를 첨부한다고 밝
히고 있는데, 이어지는 〈光武 元年度 漢城及各地方 庖肆稅金 收入表〉가 그것이다. 이 중에서
한성부의 오서五署 안의 것만 따로 따낸 것이 본문의 자료다.

18) 《度支部農商工部公文來去牒》(度支部 編, 奎17880-v.1~6), 〈照會〉 제110호, 光武 2년(1898) 12
월 5일 議政府 贊政 農商工部 大臣 署理 農商工部 協辦 申泰休→議政府 贊政 度支部 大臣 署
理 度支部 協辦 高永喜 閣下. 한성부와 각 부군府郡의 6월에서 9월까지 포사 세금 도합
1,463원 8전 8리를 납부한다. 이 공문에 붙어 있는 〈各府郡庖肆稅金收入額納付書〉에서 한

성부의 오서만 따로 적은 것이 위에 인용한 것이다. 같은 책의 〈照覆 農商工部〉, 光武(1898)

2년 12월 9일 司稅局 雜稅課長 金允聲, 大臣, 協辦, 局長. 이 조복은 한성부와 각 부군부군의 6

월부터 9월까지의 세금 1,463원 8전을 받았다고 알려주는 공문이다.

19) 〈庖稅倘晩〉, 《皇城新聞》, 1899. 01. 18. "漢城 五署內 各 懸房에서 農部訓令을 因흐야 今에야

四朔條 庖稅金 一千一百十一元二十錢을 收納흐엿다더라." 《度支部農商工部公文來去牒》(度

支部 編, 奎17880−v.1∼6), 〈照會〉 제6호, 광무 3년(1899) 1월 17일, 의정부 찬성 농상공부 대

신 권재형→의정부 탁지부 대신 민영환 각하. 한성부 오서 내 포사의 무술년(1898)

9·10·11·12월 4개월의 세금 1,111원 20전을 보내니 확인해주기를 요청하는 공문이다.

20) 度支部 編, 奎17880−v.1∼6.

21) 경기 각 군은 379원 80전이고, 한성 오서 내외는 964원 80전이다.

22) 자료는 다음과 같은 방식으로 작성되어 있다. "한성漢城 오서五署 내외, 2,817원 60전, 경기

각 군, 1,336원 7전 3모, 충청북도 각 군, 484원 4전 8리, 충청남도 각 군, 127원 52전 2리,

황해도 각 군, 7원 40전, 함경남도 각 군, 66원 17전 4리, 평안북도 각 군, 167원 60전, 평안

남도 각 군, 2,168원 9전 4리, 강원도 각 군, 102원 77전 8리, 합계 7,378원 68전 6리 3모이

다."

23) 〈屠獸統計表〉, 《大韓每日申報》, 1910년 7월 23일.

24) 〈屠場屠獸數〉, 《大韓每日申報》, 1910년 5월 6일.

25) 〈人口와 食肉〉, 《大韓每日申報》, 1910년 1월 19일.

26) 〈屠獸數爻〉, 《皇城新聞》, 1909년 8월 18일. "京城 屠獸場에셔 七月 中에 屠殺흔 數를 聞흔 즉

牛가 六十四頭, 豚이 四十四頭, 羊이 二頭라더라."

27) 〈人口와 食肉〉, 《大韓每日申報》, 1910년 1월 19일.

28) 〈한국인, 일본인보다 쇠고기 두 배 먹는다〉, 《축산신문》, 등록 2021. 08. 18.

29) 〈庖屬宮內〉, 《皇城新聞》, 1899년 9월 18일. "數年前붓터 城內外에 所在各庖肆稅金을 漢城府

에셔 徵收흐다가 近日에 農部의 直轄로 移屬흐얏더니 今聞한즉 該稅는 宮內府典膳司에 移

屬한다더라."

30) 度支部 編, 《度支部農商工部公文來去牒》(6), 〈照會〉 제112호. "上月(10월)16일에 宮內府大臣
李載純의 照會를 接準ᄒ온즉 五署內 各懸房 庖稅를 陰曆 4월 이후로 附屬典膳司ᄒ야 以爲補
用케 ᄒ올 事로 玆用仰佈ᄒ오니 照亮準施ᄒ심을 爲要라 ᄒ온 바 此를 準ᄒ야 玆에 照會ᄒ오
니 照亮ᄒ심을 爲要.' 光武 3년(1899) 11월 1일. 議政府 贊政 農商工部大臣 臨時署理 議政府
贊政 閔種默→議政府 贊政 度支部大臣 趙秉稷 閣下."

《度支部農商工部公文來去牒》(度支部 編, 奎17880—v.1~6), 〈照覆 農商工部〉. "貴第百十二號照
會를 接準ᄒ야 五署內 各懸房 庖稅를 음력 4월 이후로 附屬典膳司ᄒ야 以爲補用事는 本大臣
이 承認ᄒ얏ᄉ오니, 照亮ᄒ시믈 爲要."

31) 〈庖稅移屬〉, 《皇城新聞》, 1899년 12월 29일. "宮內部에서 農部에 照會ᄒ얏는대 槪意를 聞
한즉 地方各郡에 在흔 庖肆稅金을 明年붓터 內藏院에 移屬ᄒ야 專管收捧ᄒ야 以補帑用케
ᄒ되 各郡稅納의 各樣 可據文蹟을 該院으로 詳錄送交ᄒ고 嗣後로 內藏院訓飭을 依ᄒ야 准施
ᄒ기로 各郡에 另飭ᄒ라 ᄒ얏다더라."

32) 〈內藏院의 漢城庖稅〉, 《皇城新聞》, 1900년 1월 9일. "各地方庖肆稅를 內藏院에 移屬홈은 向報
에 記하얏거니와 漢城 五署 內 庖稅도 同院에 移屬하기로 宮內府에셔 農部에 照會하고 各樣
文簿를 送交하라하얏다더라."

33) 議政府 編, 《起案》 8책(奎17746—v.1~23), 〈照會〉 제16호. 議政府議政 李根命(1904년 3월 3
일)→贊政農商工部大臣 閔泳韶. "庖肆稅移屬農商工部事. 今月二十八日에 本議政이 內藏院所
管庖肆稅를 移屬貴部로 筵奏蒙允이옵기에 玆에 照會ᄒ오니 照亮欽遵ᄒ심을 爲要."

34) 〈郡擔庖稅〉, 《皇城新聞》, 1904년 4월 9일. "農商工部에서 十三府에 訓令ᄒ기를 各 庖肆稅金
을 觀察使는 不爲相關하고 各該 郡守가 擔任收納하라 하얏다더라."

35) 《各司謄錄(近代篇)》, 訓令存案9, 〈照覆〉一號. 內藏院卿臨時署理議政府贊政軍部大臣 尹雄烈(光
武 八年 三月 十六日 1904년 03월 16일)→議政府贊政農商工部大臣 金嘉鎭 閣下. "廟社殿宮享
需進排와 大內進供各樣費額之劃用이 極涉浩大이온즉 莫重需用을 不可疏忽이옵기로 就中五

署內懸房及京畿忠南兩道庖稅는 仍存敝院ㅎ야 以爲依前需用케 ㅎ옵고 其外十一道庖稅는 幷

爲移付ㅎ오며 年來應捧實數成冊을 一體粘交ㅎ오니 照亮ㅎ시믈 爲要."

36) 內藏院 編, 《內藏院經理院各道各郡報告存案》 5책(全19163-v.1~17), 〈照會〉 제1호. 陸軍參將

元帥府記錄局總長兼任濟用司長 嚴俊源(光武 八年 八月 十五日 1904년 8월 15일)→內藏院卿

臨時署理 金永振. "國內庖肆에 關한 事務를 本司로 移管하랍신 勅令을 奉承ㅎ와 玆에 照會ㅎ

오니 貴院 句管時 文簿를 一一送交ㅎ와 以爲憑考케 ㅎ시믈 爲要." 5일 뒤 내장원에서는 한

성부 오서五署와 경기도, 충청도의 문서를 제용사로 이관하였다. 《各司謄錄(近代篇)》, 訓令

存案10, 〈照覆〉 제1호, 內藏院(光武 八年 八月 二十日, 1904년 08월 20일)→兼任濟用司長元帥

府記錄局總長陸軍參將 嚴俊源 閣下. "貴照會第一號를 接準ㅎ온즉 內開에 國內庖肆에 關한 事

務를 本司로 管理ㅎ라신 勅令을 奉承ㅎ와 玆에 照會ㅎ오니 貴院句管文簿롤 一一送交ㅎ와

以爲憑考케 ㅎ시믈 爲要等因을 準査ㅎ와 京畿 忠南 兩道 庖肆 成冊과 五署 懸房 成冊 合三件

를 送交ㅎ오며 玆庸仰覆ㅎ오니 照諒査收ㅎ시믈 爲要."

37) 〈庖肆移付〉, 《皇城新聞》, 1905년 9월 29일. "宮內府所管濟用司에셔 句管하던 十一道庖肆稅金

을 農商工部로 一幷移送ㅎ얏더라." 〈庖肆還付〉, 《大韓每日申報》, 1905년 9월 30일. "前濟用司

所管各道庖肆를 農商工部로 還付ㅎ는 事에 對ㅎ야 宮內府에셔 該部로 照會ㅎ얏더라."

38) 《訓令存案》, 〈訓令〉, 光武 9년 9월 27일(1905년 9월 27일). 宮內府大臣 勳一等 李載克→經理院

卿 李鍾健 閣下. "國內 庖稅를 間自濟用司로 一切句管이더니, 本府 官制 改定時에 濟用司는 自

歸廢止, 而庖稅中五署及京畿忠淸南道條는 依舊還付經理院句管ㅎ고 其餘十一道庖稅는 還付

農商工部句管之意로 奉承指意ㅎ얏기 玆用訓令ㅎ니 唯此施行ㅎ시믈 爲要."

39) 〈租稅〉, 《한국민족문화대백과》.

40) 〈三稅並管〉, 《皇城新聞》, 1907년 2월 25일. "度支部에셔 十三道에 訓令하되 船稅 庖肆稅 典舖

稅를 自今爲始하야 稅務官管轄에 幷屬하얏스니 到卽三項稅簿를 幷爲引繼 後에 准則 收納이

되 其原納幾何와 各年 未納幾何와 已納幾何及繼引情形을 修成冊報來하야 以爲憑准케 하라

하얏더라."

41) 內藏院 編,《內藏院經理院各道各郡報告存案》16책(奎19163-v.1~17), 楊州郡守 洪泰潤→經理院卿 高永喜. 발신일/1907년 3월 12일. 양주군 포세가 농상공부 관할인지, 경리원 관할인지를 묻는 공문에 대해 경리원 소관이라고 답하는 회신. 곧 경기도 포세는 여전히 경리원 관할이었던 것이다.

42)〈農部庖肆〉,《皇城新聞》, 1907년 10월 4일. "農商工部에셔 京畿觀察使에게 訓令ᄒᆞ되 經理院 所管雜稅案件을 調査ᄒᆞ야 京畿及忠淸道의 庖肆稅를 本部에셔 引繼ᄒᆞᆫ 바 自道操縱과 稅務官吏의 濫越ᄒᆞᄂᆞᆫ 弊端을 革除홀지며 管下府郡의 稅額을 附近 支金庫로 收納ᄒᆞ라 ᄒᆞ얏다더라."

43)〈明年爲始〉,《皇城新聞》, 1907년 10월 17일. "連山郡庖肆派員 河相琦氏가 光武十一年度 稅金을 經理院에 先納ᄒᆞ고 現今 收稅ᄒᆞᄂᆞᆫ 中인듸 該郡主事가 忠南庖肆ᄂᆞᆫ 農商工部에 移屬ᄒᆞ얏다 稱ᄒᆞ고 收稅를 沮戱ᄒᆞᄂᆞᆫ듸 該部에셔ᄂᆞᆫ 明年度붓터 管掌ᄒᆞ고 今年度에ᄂᆞᆫ 相關이 無ᄒᆞ다더라."

44)〈度訓稅官〉,《大韓每日申報》, 1908년 5월 21일. "度支部에셔 각財務監督局 及各財務署에 訓令ᄒᆞ되 前經理院所管되얏던 京畿道及忠淸南道에 在ᄒᆞᆫ 庖稅及各道에 在ᄒᆞᆫ 銅鑛稅 鑪店稅 水鐵稅ᄂᆞᆫ 農商工部管理에 移屬인바 右의 關ᄒᆞ야 今般別紙와 如히 農商工部와 協議妥定하얏스니 右諸稅徵事務ᄂᆞᆫ 左開各項을 依ᄒᆞ야 處理ᄒᆞ라 ᄒᆞ얏ᄂᆞᆫ대 其條項이 如左ᄒᆞ니, 一. 庖稅ᄂᆞᆫ 庖制規分을 依ᄒᆞᄂᆞᆫ 銅鑛稅, 鑪鐵稅, 水産稅ᄂᆞᆫ 經理院所管財産收入調 及經理院拾三道甲辰度雜稅 及從來의 慣例를 參酌ᄒᆞ야 其稅額을 調定ᄒᆞ고 租稅徵收規分을 依하야 徵收事務를 處理홈이 可홈. 二. 歲入科目은 旣租稅項 庖肆稅又ᄂᆞᆫ 銅鑛稅以下ᄂᆞᆫ 雜稅로 整理홈이 可홈이라 ᄒᆞ얏다더라."

45)〈各有所管〉,《大韓每日申報》, 1907년 10월 18일. "各郡 庖肆人의 認許狀은 所管各該郡守가 準給ᄒᆞ고 稅額收捧等節은 稅務官이 專管케ᄒᆞ얏다더라."

46)〈各稅査報〉,《皇城新聞》, 1907년 11월 24일. "農商工部에셔 各道觀察使에게 發訓하되 管下各府郡에 訓筋하야 庖肆庫數와 營業者의 住址及姓名과 年月日과 各年 庖稅額納未納과 已納ᄒᆞᆫ 領証有無를 一一詳報케 하얏다더라."

47) 〈庖肆屬衛生〉, 《皇城新聞》, 1909년 4월 16일. "庖肆는 從來 農商工部 管下에 屬ᄒ얏스나 牛肉

은 我國人 一般의 最히 嗜好ᄒᄂᆫ 바로 年年히 需要供給이 至大ᄒ야 人民 衛生上에 審接ᄒ 關

係가 有ᄒᆫ 故로 此를 內部 衛生局 所管으로 移屬ᄒ야 適當ᄒᆫ 方法으로 嚴切히 取締ᄒ야 衛生

의 完全을 圖ᄒᆯ 터이라더라."

48) 〈庖肆請願遝至〉, 《皇城新聞》, 1909년 4월 29일. "農商工部에서 所管ᄒ던 地方各郡에 庖肆認

許權이 內部衛生局으로 引繼된 以後에 認許請願狀이 逐日遝至ᄒ다더라."

49) 〈庖肆委員發程〉, 《皇城新聞》, 1909년 10월 26일. "內部 衛生局에셔는 所管 庖肆委員組合所를

設ᄒ고 該委員 等을 各道郡에 派送ᄒ야 庖肆에 關ᄒ 事를 處理ᄒ고 稅金을 收刷ᄒᆯ 次로 不日

間 各其 發程케 ᄒᆯ 터이라더라."

50) 〈屠獸定基〉, 《皇城新聞》, 1905년 9월 6일. "警務顧問官 丸山氏가 屠獸所基址를 東大門外新作

路右邊田中에 立票定界ᄒ고 屠獸規則을 提出ᄒ얏다더라."

51) 〈警廳告示〉, 《大韓每日申報》, 1905년 9월 12일. "由來 庖肆가 初無一定基地ᄒ고 隨意開設於

人家稠雜處ᄒ야 以致腥穢難堪ᄒ며 亦無病獸檢査之法ᄒ야 肉質美惡을 흔雜難辨ᄒ며 且於肉

種販賣之際에 散掛露寘ᄒ야 常時則塵芥飛入ᄒ고 夏節에 蠅蚋群예ᄒ야 見之醜鄙ᄒ고 食則

受病ᄒ니 豈非大害衛生乎아 從妓以徃으로 另究方法ᄒ야 務圖淸潔이기로 妓以條列告示ᄒ

노니 屠獸及賣肉爲業ᄒᄂᆫ 人民은 咸須知悉ᄒ야 一遵施行ᄒᆷ이 爲宜事."

52) 〈警廳告示〉, 《大韓每日申報》, 1905년 9월 12일에 실린 〈屠獸規則〉의 원문은 다음과 같다.

◆는 활자가 없어서 빠진 것으로 추정되는데, 본문의 번역은 문맥에 따라 적절히 번역하

였다.

一. 屠獸場은 官設立ᄒ야 自用과 ◆賣를 不問ᄒ고 牛羊猪를 屠殺ᄒᄂᆫ 處所니 外他處所에셔

ᄂᆫ 一切屠殺ᄒᆷ을 不得ᄒᆷ.

一. 屠殺ᄒᆯ 獸類ᄂᆫ 摠히 屠獸場檢査員의 檢査를 受ᄒᆷ이 可ᄒᆷ 屠殺ᄒᆫ 獸肉이라도 檢印을 不◆

ᄒ 者ᄂᆫ 場外에 持出ᄒᆷ을 不得ᄒᆷ.

一. 檢査員◆病獸又ᄂᆫ 肉質이 不良ᄒᆷ으로 ◆ᄒᆯ 時ᄂᆫ 屠殺或은 販賣를 禁止ᄒ고 其病獸ᄂᆫ 角

이나 前蹄에 禁◆를 烙印홈.

一. 屠殺禁止에 關호 病獸及販賣禁止에 關호 生肉肉臟等에 處置는 ◆◆에 從홈이 可홈.

一. 病獸의 角이나 前蹄에 烙印은 ◆病獸의 健康에 復호 後에 更히 檢査를 經치 아니면 此를 消除홈을 不得홈.

一. 病獸를 讓渡 或은 其飼養地를 轉홀 時는 三日以內에 屠獸場檢查員에게 口報 又는 書式으로써 呈告홈이 可홈.

一. 販賣禁의 肉及內臟의 處寘는 檢查員의 指揮에 從홈이 可홈.

一. 屠殺手數料는 屠獸의 種別에 依호야 其額을 定호야 屠宰場門前에 揭示홈.

一. 宀肉販賣營業을 爲코져 호는 者는 住所 氏名 年齡 營樂('業'의 誤字로 보인다) 處所及販賣 肉類의 種類를 其호야 開業前日ᄭ지 爲限호야 其所轄警務署에 呈告홈이 可홈.

一. 宀肉販賣營業者는 店頭易見處에 左記樣式木板을 揭示홈이 可홈.

幅一尺長二尺五寸 宀肉販賣營業

何署何坊何統何戶何某

一. 宀肉販賣營業者가 犬肉을 販賣호며 又는 牛肉販賣營業者로셔 馬肉을 販賣홈을 不得홈.

一. 宀肉은 運搬中은 勿論이어니와 其店舗內에 寘홀 境遇라도 覆盖가 有홀 容器에 盛호며 又는 當適호 被包를 爲홈이 可홈.

一. 宀肉販買營業者는 宀肉運搬者로 호야곰 宀肉運搬時에 左式樣의 票木을 携帶케 홈이 可홈.

幅二寸五分, 長三寸五分

何署何坊何洞何統何戶

又는 何某男, 雇人何某何年

一. 宀肉판賣營業者의 店舗內는 勿論이어니와 運搬中이라도 其容器及運搬器를 恒常청潔케 保持홈이 可홈.

一. 警察官吏 又宀의는 店舗內에셔나 或은 運搬中에셔 宀肉의 檢査를 爲홈도 有호니라.

一. 슈육판賣營業者 廢業 又는 死亡홀 時는 五日 以内에 其旨를 所轄警務署에 呈告홈미 可홈.

一. 本則을 犯혼 者는 三日 以下의 拘留 又는 十度 以下의 笞刑에 處홈.

一. 警務廳은 本條例에 犯者에 對ᄒ야 前條 處罰 外에 情狀에 依ᄒ야 營業의 停止 又는 禁止를 命홈을 得홈.

一. 本則施行日은 告示로써 此를 定홈.

一. 本條例施行 前에 現今 슈육판賣營棄을 爲ᄒᄂᆫ 者는 本則 施行日로부터 五日 以内에 所轄警務署에 呈告홈이 可홈.

53) 〈暗屠申禁〉, 《大韓每日申報》, 1905년 12월 15일. "官設 屠獸及獸肉販賣 規則을 警務廳에서 各坊曲에 揭示ᄒ야ᄂᆫ듸 自本月二十日爲始ᄒ야 實施ᄒᄂᆫ듸 從前 暗屠等事ᄂᆫ 一切嚴禁ᄒ다더라."

54) 실제 〈도수규칙〉이 만들어진 뒤 여름이면 매일 경찰서의 도사屠肆에 대한 감시와 검사가 있었다. 〈獸疫檢査〉, 《皇城新聞》, 1908년 7월 24일. "近來 夏季를 當ᄒ야 漢城 內外 各庖肆에셔 腐敗혼 肉種을 人民處에 販賣ᄒ면 衛生上에도 大障碍쑨 不啻라 人命傷害가 不尠ᄒ기로 此를 到底 取締키 爲ᄒ야 各警察署에셔 腐敗혼 獸肉 等 販賣를 禁止ᄒ며 每日檢査를 到底實行ᄒ다더라."

55) 〈庖稅越捧〉, 《大韓每日申報》, 1906년 1월 10일. "經理院 種牧課長 朴弘錫 氏가 警廳에 照會ᄒ되 五署內 庖稅ᄂᆫ 係是 敝院所管ᄒ야 牛每匹 四兩 五戔 式 定規 收納이옵더니 現聞 各庖主所告ᄒ온즉 自貴廳으로 設施屠獸ᄒ고 幷本院稅納條, 收捧, 則今不可疊納於本院云이온즉 敝院應납稅額은 自貴廳으로 初無혼入者를 庖民等이 推托이 然이온지 抑或自貴廳으로 都聚收送이올지 未知 何以歸屬에 不勝訝惑이온지라 帑用應入을 不可虧欠이오니 即爲歸正혼 事라ᄒ야더라."

56) 內藏院 編, 《內藏院經理院各道各郡報告存案》, 〈請願書〉. 中署 長通坊 小笠洞 三十三統 一號 洪福萬. 1906년 1월. 홍만복은 이미 여러 해 포사 영업을 해온 사람이라면서 소립동小笠洞에서 포사 개업을 인가해줄 것을 경리원에 요청했고, 경리원은 그대로 허가하고 있다.

57) 〈屠獸退期〉, 《大韓每日申報》, 1906년 1월 6일.

58) 〈劉氏 經營〉, 《皇城新聞》, 1906년 3월 6일. "劉氏 經營 昨冬 警務廳에셔 屠獸場을 東門 外로 定ᄒ

고 漢城內 各庖肆를 禁戢ᄒᆞ얏더니 近日에 前 議官 劉堂氏가 庖民의 情狀을 深念ᄒᆞ야 依前營業케ᄒᆞᆯ 次로 方今經營中이라더라.”

59) 〈請願前業〉, 《皇城新聞》, 1906년 5월 4일. “請願前業 懸房 事務員 金泰薰等이 農部에 請願하되 東門外 屠獸場에셔 陰四月로 九月ᄭᆞ지 依例營業하고 秋成 後에ᄂᆞᆫ 如前히 城內로 庖肆를 還設하야 使之便利케 하라 하얏더라.” 〈城內宰屠〉, 《大韓每日申報》, 1906년 5월 11일. “農商工部에셔 懸房 事務員 金泰薰等의 請願을 因ᄒᆞ야 內部로 照會ᄒᆞ기를 現當夏初ᄒᆞ야 天惟薰蒸ᄒᆞ고 時漸雨濕ᄒᆞ니 郊外宰牛ᄒᆞ야 擔負入城, 則外乾內腐ᄒᆞ야 反有害於衛生則自陰曆四月로 至九月晦日ᄭᆞ지ᄂᆞᆫ 申飭警務廳ᄒᆞ야 使各懸房으로 依舊宰屠케ᄒᆞ라ᄒᆞ얏다더라.”

60) 〈難以更議〉, 《大韓每日申報》, 1906년 5월 26일. “農商工部에셔 各 懸房 商民等 呼訴ᄅᆞᆯ 因ᄒᆞ야 內部로 照會ᄒᆞ고 炎熱之時에ᄂᆞᆫ 自各房으로 依舊式 宰屠케 ᄒᆞ라 ᄒᆞ얏더니 內部에셔 答復ᄒᆞ기를 當初 屠獸場 移設은 係是淸潔上起見이니 商民輩 載運 生獘ᄂᆞᆫ 容或無怪나 今不可擬議라 ᄒᆞ얏다더라.”

61) 〈隨便設場〉, 《皇城新聞》, 1906년 4월 4일. “警務廳에셔 宮內府에 報告ᄒᆞ되 屠獸場을 門外에 設寘가 已爲經年이온바 該場이 僻在東隅ᄒᆞ고 其他西北庖肆ᄂᆞᆫ 往來稍遠ᄒᆞ야 每多不便ᄲᅮᆫ더러 淸潔日的에도 拘碍가 有ᄒᆞ며 營業에도 困難이 甚ᄒᆞ옵기 西署字內 孝昌園基址東山洞에 另設屠獸場ᄒᆞ야 使各庖肆로 從其遠近輸用케ᄒᆞᆷ이 恐合便宜이오나 該地段이 係是貴府所管이옵기 據實報明ᄒᆞ오니 該基址를 限三十間ᄒᆞ고 認許ᄒᆞ심을 爲要라ᄒᆞ얏더라.”

62) 〈屠獸場開始〉, 《大韓每日申報》, 1909년 9월 11일. “셔大門 外에 屠獸場은 本日부터 개始ᄒᆞ기로 警視廳에셔 告示ᄒᆞ얏다더라.” 이 외에 일본인이 개설한 도수장屠獸場이 서서西署 밖 한림동翰林洞에 있었다. 일본인 소유의 이 도수장은 1907년에 영업을 하고 있었고, 악취로 인해 주민들이 항의하기도 하였다. 〈衛生害生〉, 《大韓每日申報》, 1907년 4월 20일. 〈妨害衛生〉, 《大韓每日申報》, 1907년 8월 22일. 일본인 소유의 이 도수장이 1909년 9월 11일부터 영업을 시작한 서대문 밖의 도수장과 어떤 관계가 있는지는 미상이다.

63) 〈屠獸規則編成〉, 《大韓每日申報》, 1909년 7월 23일. “屠獸規則은 編纂이 完了ᄒᆞ얏슴으로 不

遠間 法律로 頒布홀 터이라더라." 〈屠獸規則公佈〉, 《皇城新聞》, 1909년 8월 21일. "內部에셔
는 屠獸規則法律案을 製定ᄒ얏는디 不遠間에 漢城內 各 閭巷 庖肆에ᄭ지 頒佈홀 터이라더
라." 〈屠則將頒〉, 《大韓每日申報》, 1909년 8월 24일. "屠獸場規則을 勅令으로 頒布ᄒ다는대
牛馬羊犬豚等을 屠場以外에셔는 不得屠殺케 ᄒ다더라.'"

64) 《統監府官報》에 발표된 것은, 1909년 9월 28일이었다. 〈屠獸規則發布〉, 《皇城新聞》, 1909년
9월 30일. "屠獸場規則은 再昨日 統監府公報로 發布ᄒ얏다더라."

65) 〈屠獸規定〉, 《大韓每日申報》, 1910년 1월 11일. "屠獸業을 行ᄒᄂ 者는 所管警察署에 請願ᄒ
야 觀察使의 許可를 得ᄒ고 야行ᄒ다는디 屠獸ᄒ는 時는 警察官及屠獸檢查員의 檢查를 受
ᄒ다더라." 1909년 10월 현재 서울에 '大韓獸醫組合本部'가 결성되어 있었고 수의 면허 소
유자를 모집하고 있었다. 〈獸醫募集廣告〉, 《大韓每日申報》, 1909년 10월 5일. "一獸醫 免許
狀所有者 貳名 右卽時 募集흠. 志望에 諸僉은 履歷書携帶 本部로 來臨 望흠. 京城南部 美洞
三十壹統 貳戶 大韓屠獸組合本部."

66) 〈屠獸檢查員〉, 《皇城新聞》, 1910년 1월 25일. "屠獸檢查員 內部에셔는 今回에 地方費中으로
屠獸檢查員 二名式을 各道에 配置ᄒ야 屠獸場을 監督케 ᄒ다더라." 〈獸醫派送說〉, 《大韓每日
申報》, 1910년 1월 25일. "內部에셔 屠獸法을 實施ᄒᄂ 同時에 一人乃至二人의 獸醫를 各道
에 派遣ᄒ야 獸疫 檢查와 食肉監督等 事務를 任케 ᄒ다는디 獸醫가 不足ᄒ 境遇에는 警察官
吏에게 相當ᄒ 知識을 敎授ᄒ야 該事務를 兼任케 ᄒ다더라."

67) 〈獸醫檢查〉, 《大韓每日申報》, 1910년 4월 26일.

68) 〈違則被捉〉, 《大韓每日申報》, 1909년 12월 1일. "中部 壽進洞 等地에셔 庖肆 營業ᄒᄂ 黃河一
洪鍾晃 兩人은 屠獸規則에 違反이 有ᄒ다 ᄒ야 中署에 被捉ᄒ얏다더라." 〈收贖放免〉, 《大韓
每日申報》, 1909년 12월 2일. "庖肆營業人 黃河一이가 被捉흠은 已報어니와 再昨日 笞五度
에 宣告ᄒ야 收贖放免ᄒ얏다더라."

69) 〈屠獸處理〉, 《皇城新聞》, 1909년 5월 6일. "農商工部에셔 所管ᄒ던 庖肆를 內部에셔 引繼ᄒ
얏다 흠은 已報ᄒ얏거니와 昨日 內部 法令審査會에셔 其屠獸規則을 決定ᄒ얏다는디 該屠

獸認許權에 對ᄒ야 漢城府에셔는 府尹이 處理ᄒ고 各地方에는 所管各觀察使가 處理흔다더라."

70) 〈禁屠請償〉,《皇城新聞》, 1903년 4월 17일. "再昨日붓터 警務廳에셔 各懸房에 訓飭ᄒ야 禁屠케 ᄒ고 日淸 兩國人이 漢城內에셔 屠牛흠도 亦爲禁止次로 聲明흔 則 休業時間에 損害金을 償還ᄒ면 停止ᄒ깃다 흔다더라." 경무청에서 서울 시내 포사에 소의 도살을 금지하자, 일본인·중국인은 휴업 기간의 손해를 보상해주면, 도살을 하지 않겠다는 내용이다.

71) 〈屠場何多〉,《大韓每日申報》, 1907년 2월 6일. "東西郊 屠獸場 外에 南門 外 典牲署 等地에셔 何許日人이 屠獸場을 又設ᄒ고 每日稅錢을 收捧흔다더라."

72) 다음 기사는 서울 서서西署 한림동翰林洞에 있는 일본인의 비위생적인 도수장에 대한 비판이다. 〈衛生害生〉,《大韓每日申報》, 1907년 4월 20일. "漢城內에 所有屠獸場을 日人이 衛生에 有害ᄒ다 藉稱ᄒ고 屠獸營業을 奪取ᄒ야 西署에 屠獸場을 置ᄒ더니 히地는 人烟이 稠集흔 딋방里라 日解數十牛則血川糞山이 炎日훈蒸에 腐爛臭氣가 聞於數里則鄰居人이 觸惡逆ᄀ가 間間有之ᄒ니 衛生를 爲ᄒ야 空虛地로 設場이라든니 翰林동을 空虛地로 認ᄒ고 設ᄒ얏는지 衛生은 姑捨ᄒ고 可謂殺生害生이라 ᄒ더라."

73) 〈法人不法〉,《大韓每日申報》, 1909년 3월 19일. "新門外 新橋 等地에 居留ᄒ는 法國人 壹名이 北部 仁洞居 김진국金鎭國 김학윤金學潤 兩氏와 屠獸場을 設始 營業ᄒ기로 契約金 三百圜을 領受흔 後에 不知去處인 故로 兩김氏가 日本 理事廳에 呼訴ᄒ되 法國領事舘에 移照하야 該法人을 捉治嚴懲ᄒ고 右錢三百圓을 卽爲推還ᄒ라 ᄒ얏다더라."

74) 〈補公會社〉,《皇城新聞》, 1900년 5월 21일. 이 기사는 보공회사가 참봉 이승국李承國의 집에 근거를 두고, 사장은 민영주閔泳柱, 부사장은 이용익李容翊, 총무원은 정은채鄭殷采, 사원은 170명이며, 경비는 사람마다 4원씩 각출한다고 했지만, 이어지는 5월 25일의 기사〈補公社의 後聞〉,《皇城新聞》에 의하면, 이승국은 자신의 집에 회사를 차린 적이 없고, 민영주와 이용익은 자신들은 이 회사에 관계한 바 없다고 밝혔다고 한다.

75) 인지제도는 그 시행을 두고 논란이 있다가 1900년 11월 5일 고종이 결정하였다. 內藏院

(朝鮮) 編, 《各府郡來牒》 3책, 〈照會 제126호〉, 1900년 11월 5일. 발신자:議政府議政臨時署
理贊政内部大臣 李乾夏. 수신자:内藏院卿 李容翊.

76) 〈補公會社〉, 《皇城新聞》, 1900년 6월 18일. "向報에 記호바 補公會社를 貫洞에 設置호얏느디
内藏院認許를 得호얏고 社長은 閔丙漢氏오 十三道 各郡에 人員을 派送호야 支社를 設호야
各種 商品을 句管商販호되 各物種에 印紙를 付호야 百抽一收稅호고"

77) 〈補公會社〉, 《皇城新聞》, 1900년 6월 18일. "從前 庖肆稅金은 廢止호느디 每屠一牛에 皮物을
收入호고" 〈大凡庖肆皮物은 元來 家用이거놀 挽近以來로 人民이 私相賣買호야, 《皇城新聞》,
1900년 6월 19일. "大凡庖肆皮物은 元來 家用이거놀 挽近以來로 人民이 私相賣買호야 公用
을 未補호기로 本社에서 内藏院認可許拖홈을 承호야 本社를 漢城에 設置호고 各府合港社長
을 選定호고 各郡의 支社을 設立호야 牛皮을 收入호되 曾前准許金과 月稅金은 一幷蠲免호
고 每隻頭에 牛皮一張만 收入호야 公用에도 裨補호고 外國에도 輸出轉賣홀터이니 京鄕 僉
君子는 一切照亮호시옵."

78) 〈補公會社廣告〉, 《皇城新聞》 1900년 6월 22일. "大凡牛皮는 我 國法意가 雖許民宰殺이라
도 頭皮足은 每每納官호야 以補公用호더니 中古 以來로 私自擅賣가 極爲疎漏호기로 鄙社에
셔 請願承認호야 庖肆之准許月稅는 一幷蠲免호고 每隻頭에 牛皮一張을 收納호야 公用에도
裨補호고 外國에도 輸出和賣호겟고 且百物抽稅之說은 社員中興販利益金으로 百一抽稅호
야 亦補公用홀터이요 無關他商이오니 僉君子는 以此照亮호시믈 望홈 主務社員 鄭殷采."

79) 〈補公社員의 被捉〉, 《皇城新聞》, 1900년 7월 3일. "日昨에 補公會社 摠務員 鄭殷采氏와 其他
社員 五六人이 警部에 被捉호얏더라." 같은 해 11월에는 경비가 부족하여 임원들이 돈을
더 낸다는 기사가 있는데(〈補公移社〉, 《皇城新聞》, 1900년 11월 23일), 이것을 끝으로 보공회사
에 대한 언급은 보이지 않는다. 보공회사가 추진했던 사업 내용은 실현된 적도 없다.

80) 〈忠義社請願〉, 《皇城新聞》, 1901년 7월 11일. "李廷來劉天赫朴有鎭韓世益 諸氏가 忠義社를
設置호고 內部에 請願호되 '本社는 宮內府 內藏院 種牧課 認許를 因호야 設立이온바 庖肆를
句管호는 故로 宰設軍의 根着居住 姓名 戶數를 不可不審査 記案 然後에 月稅與頭錢을 無一流

漏ᄒᆞ고 收捧之節이 自有便利之方이오나 指揮事務가 此係人物所管 故로 玆實仰請ᄒᆞ니 照燭
後 完文與訓令을 成給ᄒᆞ라' ᄒᆞ얏더라."

81) 〈庖肆請願〉, 《皇城新聞》, 1905년 6월 1일. "漢城內에 屠獸會社를 設立ᄒᆞ고 鍾路 以下 庖肆ᄂᆞᆫ
東門外 安岩洞으로 定ᄒᆞ고 鍾路 以上 庖肆ᄂᆞᆫ 西門外로 定ᄒᆞ고 稅金은 每年春秋에 分ᄒᆞ야 千
元式 農部에 納ᄒᆞ깃다고 朴完植 等이 請願ᄒᆞ얏더라."

82) 광흥사의 설립 주체는 통감부가 농상공부와 경리원에 이미 포세를 광흥회사에 '부속附屬'
시킬 것을 권고했다고 광고하면서 신화新貨 20환을 투자하고 회사 조직에 참여할 것을 유
도했다. 〈廣興設社〉, 《皇城新聞》, 1906년 11월 8일. "近日 北村居 某官人이 廣興會社를 設ᄒᆞ
고 十三道 庖肆를 主管ᄒᆞ야 庖稅派員을 會社中에서 派送ᄒᆞ야 庖稅를 收捧ᄒᆞ야 農商工部로
上納케ᄒᆞ기로 該社規則을 定ᄒᆞ얏ᄂᆞᆫᄃᆡ 該社에셔 聲言ᄒᆞ되 統監府에셔 農部와 經理院에 勸
告ᄒᆞ야 庖稅ᄂᆞᆫ 會社에 付屬케 ᄒᆞ얏다 ᄒᆞ고 入會金으로 每名에 新貨二十圜式 收捧ᄒᆞᆫ다ᄂᆞᆫᄃᆡ
京鄕間 無恒產者가 逐日雲集ᄒᆞ야 該社를 組織ᄒᆞᆫ다더라." 다음 기사를 보면, 광흥사는 경기
도에서 부잡浮雜한 무리들이 일본인과 결탁하여 설립한 것이다. 〈庖肆會社〉, 《大韓每日申
報》, 1906년 11월 6일. "京畿道 庖肆를 浮雜輩가 日人를 協同ᄒᆞ야 會社를 設立ᄒᆞ얏ᄂᆞᆫᄃᆡ 廣興
社라 名稱ᄒᆞ고 派員를 各郡에 派送ᄒᆞᄂᆞᆫᄃᆡ 日司令部指揮라 稱ᄒᆞ고 庖肆마다 討索이 無雙ᄒᆞ
야 或有廢肆處ᄒᆞ야 庖業이 社絶ᄒᆞ고 또 近日에 十三道庖肆會社를 設置ᄒᆞᆯ 次로 統監府에 囑
托ᄒᆞ야 農商工部에 勸告ᄒᆞᆫ다더라." 경기도의 광흥사를 모태로 하여 13도에 확장하려 했던
것이 아닌가 한다.

83) 〈兪氏運動〉, 《大韓每日申報》, 1908년 11월 7일. "兪吉濬 等 諸氏가 發起ᄒᆞ야 庖肆會社를 組織
ᄒᆞ고 拾三道各郡屠獸場主人의게 稅金을 徵收 次로 現今 運動 中이라더라."

84) 〈포ᄉᆞ셰 됴사익〉, 《대한매일신보》, 1908년 11월 13일 2면. "본년도 포ᄉᆞ셰를 됴사ᄒᆞᆫ 금익
이 십이 만 팔쳔 이빅 칠십 구 원 ᄉᆞ십 이젼인ᄃᆡ 슈입된 것과 슈입지 못ᄒᆞᆫ 것을 됴사ᄒᆞᆫ즉
슈입익은 륙만 팔쳔 륙빅 삼십칠 원 삼십젼이오, 미납ᄒᆞᆫ 금익은 오만 구쳔 륙빅 ᄉᆞ십 이원
십이 젼이라더라."

85) 〈屠獸組合趣旨〉, 《皇城新聞》, 1909년 11월 11일. "大韓屠獸組合所에서 趣旨國를 發刊ᄒᆞ얏ᄂᆞᆫ듸 其槪意를 聞ᄒᆞᆫ 즉 産業振興이 現時急務됨으로 組合本部를 創立ᄒᆞ고 各道 各郡에 屠獸場을 本組合人으로 該地方官의 認許를 受ᄒᆞ야 支部를 設立케 ᄒᆞ고 庖肆一欵은 衛生에 關係가 有ᄒᆞ다 ᄒᆞ야 屠獸 解體 時에 檢査ᄒᆞ야 生命의 損傷이 無케 ᄒᆞ고 國計民生에 多大ᄒᆞᆫ 利益을 增長케 홈이라더라."

86) 〈屠獸支所許施法〉, 《皇城新聞》, 1909년 11월 6일. "屠獸場組合所에서ᄂᆞᆫ 將次 各地方에 支組合所를 設置ᄒᆞᆯ 터이라ᄂᆞᆫ듸 支所를 設置 次로 請願ᄒᆞᄂᆞᆫ 人이 有ᄒᆞ면 保證金 五十圜을 先受後 認許ᄒᆞᆫ다더라."

87) 〈目下平壤에 在ᄒᆞᆫ 千葉喜一이가〉(廣告), 《大韓每日申報》, 1910년 1월 8일. "目下平壤에 在ᄒᆞᆫ 千葉喜一이가 本組合에 一切關係가 無ᄒᆞ기로 玆에 布告ᄒᆞ오니 照亮ᄒᆞ시읍."

88) 〈証金欲推〉, 《大韓每日申報》, 1910년 3월 5일. "屠獸組合所長 金明濟 氏ᄂᆞᆫ 各道에 支所를 設立ᄒᆞ려고 保証金 百圓式 收捧ᄒᆞ고 支所ᄂᆞᆫ 實施치못ᄒᆞᆫ 故로 該支所 契約人 等이 右金額을 還覓ᄒᆞᆯ 次로 辯護士 卞榮晩氏에게 委任ᄒᆞ야 日昨 京城地方裁判所에 起訴ᄒᆞ엿다더라."

89) 《各司謄錄》, 京畿道篇 3, 京畿道各郡訴狀18(415d~416c), 光武 九年 十一月 日(1905년 11월 16일). 李文九金益濟洪鍾萬 等(漢城)→經理院, 〈請願書〉. 또는 內藏院 編, 《內藏院經理院各道各郡報告存案》 7책, 奎19163—v.1~17. 49번 자료.

伏以, 五署內懸房은 自來泮人之爲業이요 各府郡庖肆은 多有宰設軍之生計라 賴此生活이 五百年惟正之規也오나 每以官吏之侵漁로 庖業이 不得興旺ᄒᆞ고 無非凋殘이온바 新式以後에 莫重進貢도 從時價貿用이옵거든 各府郡에는 舊習이 尙存ᄒᆞ와 稱以官庖ᄒᆞ며 或稱私家饌庖ᄒᆞ며 且以官隷輩之討索으로 庖業이 仍成難支之痼瘼ᄒᆞ야 擧皆濱死이옵더니 京鄕各庖肆을 付屬內藏院ᄒᆞ옵고 等級을 分定ᄒᆞ야 稅則磨鍊ᄒᆞ며 另送派員ᄒᆞ야 使之句管捧稅ᄒᆞ오매 各派員之前後挾雜으로 庖肆之損害가 不可測焉이오며 更以各該郡으로 專任에 尤倍前日ᄒᆞ고 百弊層生ᄒᆞ야 庖業이 無非難保之境ᄒᆞ니 以一脈圖生之民으로 豈不矜惻乎잇가?

本人等이 檢庖所을 設ᄒᆞ와 本院에 付屬ᄒᆞ옵고 資本을 辦備ᄒᆞ야 稅金을 先納ᄒᆞ오며 庖業을

專轄호야 使泮人及宰設軍으로 莫大훈 弊瘼을 除호고 營業을 無礙便利케홀 事로 章程六條을
備成호와 妓敢請願호오니 査照호신 後特爲認許호시와 完文을 成給호시고 本院에 所管된 五
署內懸房及京畿忠南兩道에 訓飭호옵셔 實施準行호오면 上以完國家之稅金호고 下以保庖民
之安業을 伏望.

光武 九年 十一月 日

請願人 李文九 金益濟 洪鍾萬

黃雲性 洪在淵 白樂淳[白樂淳]

劉鳳烈 李麟九 廉永模

池鎬榮 安壽寅 李鍾漢

李鍾珏 韓景杜 洪鍾喜

經理院 處分

章程

一. 本所는 檢庖所라 稱호고 漢城內에 置호야 諸員三十人을 選定호야 營業을 興旺케홀 事.

一. 本所는 五署內懸房及京畿忠南各府郡庖肆與稅金을 管轄홀 事.

一. 本所는 京郷宰設軍에 所任名目을 以勤實解事人으로 擇定호야 庖業을 保護홀 事.

一. 本所은 五署內懸房及京畿忠南庖肆稅金을 每年四孟朔에 分等호야 本院에 先上納홀 事.

一. 本所는 京郷各庖肆準許金을 每年每座에 十元式依前準捧호며 宰牛稅金은 依等數호야 每
頭八十錢式收聚호며 憑票는 繕成分給홀 事.

一. 各府에 官庖饌庖與官隷輩討索之弊을 自本院으로 嚴飭禁斷호야 自官으로 更勿侵責於庖
肆호야 使之安業資生케홀 事.

指令

泮人李文九等, 五署內及京畿忠淸庖肆, 矣民等, 合資設社營業事, 爲念民情호야 特爲許施事.

光武 九年 十一月 十六日.

90) 內藏院 編, 《內藏院經理院各道各郡報告存案》 7책(奎19163-v.1~17), 〈請願書〉. "伏以, 本院所

關本道各郡庖肆, 本人等生業興販, 無弊奉貢矣. 今伏聞, 則京內伴人等, 刱設會社, 爲先煽動. 所謂伴人部內, 庖肆相關而已, 本道則京鄕辦異, 道各不同, 必有生弊, 豈有從便乎? 又況本道各郡該肆生業之民, 利歸於京, 則何以支保殘命乎? 不勝抑冤, 本人等各出股金, 仍設會社, 上納等節, 依前擧行, 則公私兩便, 故玆以請願, 洞燭敎是後, 特爲認許, 章程成給之地, 千萬伏望.

光武九年十二月 日

忠淸南道道內 趙錫南趙鍾愛李啓明姜道千金宇洪南龍愛成明鎬宋完信田仁奎吳鼎鉉

本院[經理院]卿 閣下

指令

趙錫南, 本道各郡庖肆稅, 本人等仍設會社, 上納等節, 依前擧行事.

已有該會社認許ᄒ니 往議于該會社ᄒ야 從便歸正ᄒᆯ 事.

光武九年十二月十一日.

91) 內藏院 編, 《內藏院經理院各道各郡報告存案》 12책(奎19163-v.1~17), 〈請願書〉, 檢庖所員 李鍾台劉漢世池鎬榮→經理院. 光武 十年 三月 日(1906년 3월 일). 이 공문에 경리원에서 이들에게 답하는 회신이 첨부되어 있다. 곧 "已有認許於他會社ᄒ야 本檢庖所 認許ᄂ 勿施ᄒᆯ 事"라고 하였다. 이미 다른 회사에 인허했기에 반인의 검포소는 인허하지 않는다는 뜻이다.

92) 《內藏院經理院各道各郡報告存案》 12책(奎19163-v.1~17), 〈請願書〉, 請願人 安相基等→經理院, 光武 十年 三月 日(1906년 3월 일).

本人 等이 靈業次로 資本을 鳩聚ᄒ야 會社를 組織ᄒ고 社號를 廣源會社라 稱ᄒ며 本院所管 京畿忠淸南道 稅納을 擔任ᄒ와 春秋 兩等 上納ᄒ며 屠漢을 結社ᄒ와 病牛 宰殺을 禁止ᄒ오며 皮物을 從時價 買買ᄒ오며 商業을 發展키 爲ᄒ야 成社規則을 另具ᄒ와 玆의 請願ᄒ오니 査照ᄒ오셔 特爲認許ᄒ시와 上以完皇室費ᄒ오며 下以達民生營業至地을 伏望홈.

光武 十年 三月 一

經理院卿 閣下

左開

一. 本會社 社號은 廣源會社라 稱ㅎ야 中央의 置홀 事.

一. 本社 趣旨는 庖肆稅納을 擔任ㅎ야 春秋 兩等 上納홀 四.

一. 資本을 鳩聚ㅎ야 營業을 實施ㅎ되 牛皮를 從時價ㅎ야 買賣홀 事.

一. 社員을 派送該道 時의 該員을 另擇下送이되 懸保施行홀 事.

一. 屠漢을 結社ㅎ야 病牛 宰殺을 到底禁止홀 事.

一. 派員이 規則을 違越ㅎ거나 上納을 怠滯ㅎ면 自本社로 報告本院ㅎ야 嚴懲處罰홀 事.

一. 未盡條件은 追後增減할 事.

請願人 北署 苑洞 安相基 洪鍾萱 蔡玄錫. 中署 廟洞 李命俊, 漢洞 金燦基. 西署 夜峴 太極善. 南署 龍洞坊 方漢昇.

93) 〈本組合員等이 牛肉販賣營業ㅎ읍ᄂᄃ〉, 《大韓每日申報》, 1907년 8월 17일. "本 組合員 等이 牛肉 販賣 營業ㅎ읍ᄂᄃ 開進時代를 當ㅎ와 衛生淸潔를 爲ㅎ야 肉種에 腐敗을 禁斷ㅎ고 營業을 擴張히 ㅎ읍고 興販 茂賣홀 意로 官許 承認ㅎ와 均興組合을 成立ㅎ고 收入印紙 分賣所을 本組合에셔 賣下ㅎ읍고 組合處ᄂ 東署 後井洞 第一百十五統二戶로 權定ㅎ고 玆에 廣布ㅎ오니 僉君子ᄂ 照亮ㅎ심을 希望. 均興組合會議所 告빅."

94) 金允植, 《續陰晴史(下). 국사편찬위원회, 318쪽. 隆熙 4年 1月 18日. "泮人所設崇義學校, 今始開會于河橋均興組合所, 與矩堂痴奄杞園(兪吉濬張博趙義淵), 往參均興組合所, 即舊日懸房都會所也."

95) 〈本組合은 警視廳認可될 承ㅎ야〉, 《大韓每日申報》, 1908년 6월 28일.

96) 《大韓每日申報》 1910년 01월 18일. "均興組合所에셔 再昨日下午二時에 總會를 開ㅎ고 壹般 事務를 處理ㅎ엿다더라."

97) 〈組合貸館〉, 《大韓每日申報》, 1910년 3월 16일. "均興組合所에셔ᄂ 靑年知識培養會를 贊成 키 爲ㅎ야 該組合所를 培養會會舘으로 貸與ㅎ엿다더라."

〈靑年培養總會〉, 《大韓每日申報》, 1910년 7월 14일. "靑年智識培養會에셔 昨日下午八時에 特別總會를 中部 帽谷 均興組合所內 臨時會舘에셔 開ㅎ고 事務를 處理ㅎ엿다더라."

〈四員被捉〉,《大韓每日申報》, 1910년 8월 27일. "靑年知識培養會員 四人이 三昨日 下午 八時에 均興組合所에 會坐ᄒ엿다가 警務總監部에 被捉ᄒ엿다더라."

98) 《朝鮮總督府 官報》 제0459호, 明治45年 3月 11日(1912년 3월 11일), 朝鮮總督府警務總監部告示 第3號, 〈京城內屠肉營業者ニ於テ組織シタル均興組合(事務所 所在地 京城 中部 琵琶洞 54統 5戶)ニ對シ與ヘタル規約認可ハ明治45年3月7日之ヲ取消シタリ〉.

99) 金允植, 《續陰晴史(下)》, 267쪽, 隆熙 2년(1908) 2월 19일. "五時還家, 泮人設崇敎義塾, 張博爲長, 以余爲贊成長, 公函來到."

100) 金允植, 앞의 책, 321쪽, 隆熙4년(1910) 3월 4일. " 午後赴河橋均興組合所, 卽舊時頓(泮)人懸房組織成會者也, 自去年矩堂痴庵杞園及余, 勸泮人設崇敎義塾, 財政則排比於懸房八十餘人, 按月捐助者也. 今日會諸員, 各授贊成員名紙, 以獎勉之, 莫不樂從."

101) 一齋生, 〈京城行脚(5)〉,《每日申報》, 1916년 3월 19일.

102) 金允植, 《續陰晴史(下)》, 267쪽, 隆熙2년(1908) 2월 22일. "進纂集所. 退仕, 赴崇敎義塾開校式, 卽頓人子弟敎育之所也. 張博爲會長館長, 金有濟爲副會長, 余爲贊成長, 兪吉濬爲□□長, 趙義淵爲評議長, 鄭恒朝爲監督."

103) 〈宜其致謝〉,《皇城新聞》, 1910년 3월 11일. "漢城 東部 崇敎義塾 經費를 均興組合 諸氏가 營業上印紙의 利益으로 月捐을 出홈은 旣報와 如ᄒ거니와, 該諸氏의 學界發展을 如是計圖홈은 實로 欽歎홀事인, 故로 三月 三日에 該義塾長 張錫周, 會長 兪吉濬. 副會長 金有濟, 贊成長 金允植. 評議長 趙義淵, 地方監督 鄭恒朝 諸氏가 均興組合所內에 會同ᄒ야 該組合長, 梁在德氏와 同組合員 八十餘人에게 對ᄒ야 面面贊揚ᄒ얏다더라."

104) 金允植, 《續陰晴史(下)》, 321쪽. 隆熙 4年(1910) 3월 4일. "午後赴河橋均興組合所, 卽舊時頓人懸房組織成會者也, 自去年矩堂痴庵杞園及余, 勸泮人設崇敎義塾, 財政則排比於懸房八十餘人, 按月捐助者也, 今日會諸員, 各授贊成員名紙, 以獎勉之, 莫不樂從."

105) 〈賢祠借校〉,《大韓每日申報》, 1909년 8월 12일. "學部所管 前四賢祠를 私立崇敎義塾에 特別 許借하고 保管方法에 對ᄒ야 該塾 장張석周氏가 契約書ᄭ지 書納ᄒ얏다더라."

106) 숭교의숙은 1910년 이후 숭정학교로 개명한 것으로 보인다.

107) 〈崇校開學〉,《大韓每日申報》, 1910년 2월 12일. "東部 崇教坊 崇教義塾에셔 去月 二十五日에 開學式을 擧行ᄒ엿ᄂᆞᆫᄃᆡ 學徒가 八十名에 達ᄒ엿다더라."

108) 塵界隱人, 〈崇敎義塾新創論〉,《大東學會月報》 제8호, 1908년 09월 25일. "惟我崇敎坊泮水一村이 密邇于殿底ᄒ야 卿(親?)黨眷屬이 家被文杏之陰ᄒ고 世汲彎弓之泉이 五百餘年于玆矣ㅣ라. 往之時에 以首善之地와 賢士之關으로 四方鼓篋遜志之人이 雲附景從ᄒ야 鼇鹽之氣와 弦誦之聲이 四時不斷ᄒ야 宛然有闕里昌平之氣像矣러니, 一自革新以來로 制度一變ᄒ야 鄕曲俊秀之遊學者ㅣ 散而之于 東庠西棘新設之校ᄒ고 崇敎之坊은 書聲이 永斷ᄒ야 十餘年之間에 蓼蓼無聞ᄒ니, 斯非惟吾坊之不幸이라 實一般崇聖敎者之不幸也ㅣ니, 我先聖洋洋如在之靈이 其必懍然歎息ᄒ야 如當以洙泗訴訴之歎矣러니, 凡吾世居首善之地者ㅣ 其有是責矣ㅣ라. 尙論者ㅣ 曰: '今欲開明이면 當先以成均館으로 爲大學校라' ᄒ니, 大學校者ᄂᆞᆫ 專門高等之學也ㅣ니 此在國家制作이오. 凡吾國民之責은 聚集坊內上隣下社各家靑年子弟ᄒ야 設立中等小校ᄒ야 以其私立으로 名爲義塾ᄒ고 出義鳩財ᄒ야 購合舊學漢文地誌歷史及新學諸書ᄒ야 以備敎科ᄒ고 以育英才ᄒ야 名塾以崇敎二字ᄒ고 顧名思義ᄒ야 日新又日新則民以才智ᄒ고 國以富强이 實基乎此而不愧其坊之舊名也ㅣ니, 此ᄂᆞᆫ 崇敎義塾之可以爲四方倡也ㅣ라. 不揆僭妄ᄒ야 略論如右ᄒ고 若其新創之大條細目은 另有章程ᄒ니 今不多贅云爾ㅣ라."

109) 〈館洞의 義務敎育〉,《大韓每日申報》, 1908년 9월 16일. "成均館洞 中에셔 崇敎義塾을 設ᄒᄂᆞᆫ뒤 該洞人士들이 極力贊助ᄒᆞᆯ뿐아니라 各懸房 營業人이 國民의 義務로 敎育에 熱心ᄒ야 每朔 經費를 專當ᄒ다더라."

110) 金允植,《續陰晴史(下)》, 321쪽. 隆熙 4年(1910) 3月 4日. "午後赴河橋均興組合所, 卽舊時領人懸房組織成會者也, 自去年矩堂痴庵杞園及余, 勸辦人設崇敎義塾, 財政則排比於懸房八十餘人, 按月捐助者也, 今日會諸員, 各授贊成員名紙, 以獎勉之, 莫不樂從."

111) 이상은 一齋生, 〈京城行脚(5)〉,《每日申報》, 1916년 3월 19일.

112) 〈婦人捐金〉, 《大韓每日申報》, 1910년 4월 2일. "東部 崇敎坊 興德洞居 崔用九氏 夫人 朴氏는 崇敎義塾에 금四圓을 捐助ㅎ엿는디 此는 該婦人이 三年間 分分收聚흔바로 敎育을 獎勵키 爲ㅎ야 勤苦所得을 不惜投與흠이라더라."

113) 이상은 一齋生, 〈京城行脚(5)〉, 《每日申報》, 1916년 3월 19일.

114) 〈京城 私立崇敎義塾 告白〉(廣告), 《每日申報》, 1911년 1월 28일. "開城 元才男, 朴元根, 安慶鉉, 金龍甫, 安國鉉, 趙重夏, 金振玉, 邊永奎, 金明淳, 諸氏가 本塾 維持에 對하야 營業의 所得 獸(每一頭에 十二錢式)으로 按月出捐ㅎ야 永久히 寄附ㅎ기로 ㅎ얏삽기 玆에 廣告함. 開城 元才男 氏가 金百圓, 李健爀 氏가 金十圓, 京城 子爵 趙重應 氏가 二十圓을 寄附ㅎ얏기로 盛意를 感謝흠." 친일파의 수괴였던 자작 조중응趙重應도 20원을 기부하기로 약정하였다.

115) 〈義塾漸進〉, 《大韓每日申報》, 1910년 3월 4일. "漢城 東部 崇敎坊 崇敎義塾은 經費가 窘拙흠으로 一般慨歎히 녁이더니 均興組合員 諸氏가 月捐金을 捐助흠으로 該塾이 漸次進就ㅎ야 學生이 百餘人에 達ㅎ엿는디 該組合員의 義務上 熱心을 莫不欽頌ㅎ다더라."

116) 〈敎師實心〉, 《大韓每日申報》, 1910년 6월 18일. "成均舘洞 崇敎義塾 敎師 姜用熙 鄭寅夔 李昌植 朴慶柄 諸氏가 實心敎授흠으로 莫不稱贊ㅎ다더라."

117) 일재생, 〈경성행각(6)〉, 《매일신보》, 1916년 3월 23일.

118) 1896년 9월 그는 영평군에 출몰한 비도匪徒를 군사 20명이 격퇴했다고 군부에 보고하고 있다. 비도는 아마도 의병일 것이다. 〈팔월 이십 스일 영평 군슈 홍태윤씨가 군부에 보고ㅎ엿는디〉, 《獨立新聞》, 1896년 9월 1일.

119) 〈官廳事項〉, 《皇城新聞》, 1899년 7월 22일. "永平 洪泰潤段은 身不遑於奉公ㅎ니 心常勞於曠務흠" 〈官廳事項〉, 《皇城新聞》, 1901년 8월 23일. "永平郡守 洪泰潤 治法이 鍊達에 百度가 修擧ㅎ고 吏民이 咸服에 一心愛恤이라 聽之譽論ㅎ니 猶恐或去흠."

120) 〈滿窠仍任〉, 《皇城新聞》, 1901년 9월 21일.

121) 官廳事項, 《皇城新聞》, 1902년 8월 29일. "楊州郡守洪泰潤 隨處有聲에 無事不濟라 公正持已ㅎ니 奸胥畏縮ㅎ고 寬仁爲政ㅎ니 輿誦藹蔚흠."

122) 〈京畿管下府尹郡守治蹟〉, 《皇城新聞》, 1903년 2월 11일. "楊州郡守 洪泰潤段은 褒悉前報ᄒ니 課最上第홈."

123) 〈請仍爲守〉, 《皇城新聞》, 1903년 5월 13일. 〈楊廣爭守〉, 《皇城新聞》, 1903년 5월 26일. 〈廣民又請〉, 《皇城新聞》, 1903년 7월 13일.

124) 〈楊守請免〉, 《大韓每日申報》, 1906년 1월 14일.

125) 〈洪倅美績〉, 《大韓每日申報》, 1906년 1월 31일.

126) 〈十一倅依免〉, 《皇城新聞》, 1907년 11월 21일.

127) 〈國民教育會贊成金人員〉, 《皇城新聞》, 1905년 10월 25일. 〈贊賀城東志士〉, 《皇城新聞》, 1906년 10월 23일. 〈同濟學校贊成金如左〉, 《大韓每日申報》, 1906년 8월 12일. 〈抱川郡莘野義塾의 教育을 擴張키 爲ᄒ야〉, 《大韓每日申報》, 1906년 3월 8일. 〈東署蓮花坊私立壺洞小學校補助〉, 《皇城新聞》, 1906년 4월 2일. 〈同濟學校贊成金如左〉, 《大韓每日申報》, 1906년 8월 12일. 〈海塾現況〉, 《大韓每日申報》, 1906년 10월 27일. 〈旺校將旺〉, 《大韓每日申報》, 1907년 1월 4일. 〈往十里에 旺新學校를 確立ᄒ고 遠方學員이라도 寄宿ᄒ기까지〉, 《皇城新聞》, 1907년 1월 5일. 〈一成設校〉, 《大韓每日申報》, 1907년 3월 9일. 〈仁昌學校趣旨書〉, 《皇城新聞》, 1907년 3월 18일. 〈借亭設校〉, 《大韓每日申報》, 1908년 6월 3일. 〈校長歡迎〉, 《大韓每日申報》, 1908년 7월 5일.

128) 〈洪시正論〉, 《大韓每日申報》, 1908년 4월 17일. "一進會本部에셔 洪泰潤시에게 摠代를 派送하야 義捐ᄒ라호즉 洪시가 答ᄒ기를 無論何等義捐ᄒ고 個人의 慈善의인대 何名目으로 義捐을 請ᄒ오 一進會에 義捐홀 金額이 有ᄒ면 學校에 補助를 ᄒ깃다ᄒ즉 희摠代들이 無聊而退ᄒ얏다더라."

129) 《大京城公職者名鑑》, 京城新聞社, 1936, 127쪽.

찾아보기

노비와 쇠고기 — 성균관과 반촌의 조선사

2023년 2월 22일 초판 1쇄 인쇄
2024년 5월 7일 초판 4쇄 발행

글쓴이   강명관
펴낸이   박혜숙
디자인   이보용
펴낸곳   도서출판 푸른역사
 우) 03044 서울시 종로구 자하문로8길 13
 전화: 02)720－8921(편집부) 02)720－8920(영업부)
 팩스: 02)720－9887
 전자우편: 2013history@naver.com
 등록: 1997년 2월 14일 제13–483호

ⓒ 강명관, 2024

ISBN 979-11-5612-244-9 93900